世界知识产权组织

知识产权指南

——政策、法律及应用

世界知识产权组织　编著

北京大学国际知识产权研究中心　翻译

郑胜利　王　晔　主编

WIPO

知识产权出版社

全国百佳图书出版单位

内容提要

本书全面、具体、详尽地介绍了知识产权法律各个领域所涉及的基础知识、基本理论和前沿问题，并具体介绍了知识产权领域所涉及的国际公约和条约，是普适性很强的知识产权法律研究、教学及实务的权威著作。本书适合作为实务管理、教学研究、政府保护等领域的工具参考书籍，为知识产权从业人员、科研人员、公务员、企业管理人员、律师、教师、学生等提供有益的指导与帮助。

责任编辑：卢海鹰　　**责任校对**：董志英
装帧设计：卢海鹰　　**责任出版**：卢运霞
文字编辑：王祝兰

图书在版编目（CIP）数据

世界知识产权组织知识产权指南：政策、法律及应用／世界知识产权组织编著；北京大学国际知识产权研究中心翻译．—北京：知识产权出版社，2012.9
ISBN 978－7－5130－1483－0

Ⅰ．①世…　Ⅱ．①世…②北…　Ⅲ．①知识产权法－世界－指南　Ⅳ．①D913－62

中国版本图书馆 CIP 数据核字（2012）第 207459 号

世界知识产权组织出版物第 489（E）号
ISBN 978－92－805－1291－5，2004 年第 2 版，2008 年印刷

世界知识产权组织知识产权指南——政策、法律及应用
WIPO Intellectual Property Handbook：Policy，Law and Use
世界知识产权组织　编著
北京大学国际知识产权研究中心　翻译
郑胜利　王　晔　主编

出版发行：知识产权出版社

社　　址：	北京市海淀区马甸南村 1 号	**邮　　编**：	100088
网　　址：	http：//www. ipph. cn	**邮　　箱**：	bjb@ cnipr. com
发行电话：	010-82000860 转 8101/8102	**传　　真**：	010-82005070/82000893
责编电话：	010-82000860 转 8122		
印　　刷：	北京富生印刷厂	**经　　销**：	新华书店及相关销售网点
开　　本：	787mm×1092mm　1/16	**印　　张**：	25. 25
版　　次：	2012 年 10 月第 1 版	**印　　次**：	2012 年 10 月第 1 次印刷
字　　数：	580 千字	**定　　价**：	68. 00 元
京权图字：	01－2012－7017		

ISBN 978－7－5130－1483－0/D・1550（4345）

翻译编委会

译者序

世界知识产权组织（WIPO）是致力于利用知识产权作为激励创新与创造手段的联合国专门机构，它通过提高全世界对知识产权的认识和尊重，建立兼顾各方利益的有效国际知识产权制度，弘扬创新与创造，促进各国的经济、社会和文化发展。该组织管理着多个知识产权保护体系，为权利人在国际上取得专利、商标、外观设计和原产地名称保护及解决知识产权争议提供便利，并为在世界范围内建立与社会不断发展需求保持一致的国际知识产权法律框架而不断努力。*

《世界知识产权组织知识产权指南：政策、法律及应用》由世界知识产权组织编著，全面、具体、详尽地介绍了知识产权法律各个领域所涉及的基础知识、基本理论和前沿问题，并具体介绍了知识产权领域所涉及的国际公约和条约，是知识产权实务及法律研究和教学的权威著作。

北京大学国际知识产权研究中心，有幸获得世界知识产权组织的授权，翻译此书。为求此书的中文翻译力臻信达，特邀请国家知识产权局、国家版权局、国家工商行政管理总局商标局、最高人民法院中国应用法学研究所等机构的专家学者，对本书进行了认真、细致的翻译。囿于时间、精力所限，对本书中的诸多细节，难免疏漏、偏差、未尽人意之处，乞望不吝赐教指正。

本书的翻译出版，得益于世界知识产权组织的信赖与独家授权，对此，深表谢意。

在本书的翻译出版过程中，各位翻译、审校人员在繁重的日常劳作中，挤出宝贵的时间，辛勤地翻译、审校。对于他们的辛劳，借片牍只字，难表感激之意。本书的译者为：第 1 章/王晔，第 2 章/刘波林、何越峰、肖云鹏、陈文颖、刘小宁、黄文辉、田芙蓉、谢冬伟，第 3 章/何隽，第 4 章/罗东川、李晓民、冯文生、丁广宇、丁文严，第 5 章/刘波林、何越峰、刘小

* http：//www. wipo. int/about-wipo/zh/.

宁、包蕊、汪晰、刘芸、黄文辉、何隽，第6章/刘晓春，第7章/何越峰、曹丽丽、赵军，参考书目及附录/王晔。世界知识产权组织高级官员常城先生对本书进行了通篇的审校，并对错谬之处，进行了重新翻译，其严谨的风范，令人由衷敬佩。

另外，本书的付梓出版，北京山天大蓄知识产权股份有限公司和北京三友知识产权代理有限公司给予了资金支持，在此深表谢意。

知识产权制度已经成为将人类智力劳动成果转化为人类社会物质财富的一个不可或缺的机制。愿我们对此书的翻译，能够为大众以及知识产权从业人员、科研人员、公务员、企业管理人员、律师、教师、学生理解、应用知识产权法律有所帮助。

北京大学国际知识产权研究中心
2012年5月

目　录

第1章　绪　论 / 1

第1节　知识产权的概念 / 2
第2节　世界知识产权组织（WIPO）/ 3
1. 历史 / 3
2. 使命与活动 / 4
3. 组织结构 / 5
4. 行政管理 / 7
5. 组织成员 / 7
6. 组织机构改革 / 7
7. 广泛磋商与拓展 / 10

第2章　知识产权保护的领域 / 13

第1节　专利 / 14
1. 引言 / 14
2. 授予专利权的条件 / 14
3. 专利申请的撰写及提交 / 18
4. 专利申请的审查 / 20
5. 侵权 / 22
6. 专利发明的利用 / 27
7. 强制许可 / 28
8. 实用新型 / 32
第2节　版权与相关权 / 32
1. 引言 / 32
2. 版权保护 / 33
3. 版权保护的客体 / 34
4. 版权中包含的权利 / 35
5. 相关权 / 37
6. 版权的归属 / 39

7. 版权保护上的限制 / 40
8. 盗版与侵权 / 41
9. 法律救济 / 42
10. 知识产权与传统文化表现形式 / 45
第 3 节　商标 / 54
1. 引言 / 54
2. 定义 / 55
3. 可作为商标的标识 / 56
4. 可获得保护的标准 / 57
5. 商标权的保护 / 62
6. 使用要求 / 62
7. 商标注册 / 64
8. 已注册商标的注销 / 66
9. 商标注册所产生的权利 / 67
10. 商标盗版、假冒及标识和包装的仿冒 / 72
11. 所有权的变更 / 74
12. 商标许可 / 75
13. 厂商名称 / 77
14. 特许经营 / 78
15. 角色营销 / 83
第 4 节　工业品外观设计和集成电路 / 89
1. 工业品外观设计 / 89
2. 集成电路 / 94
第 5 节　地理标志 / 96
1. 引言 / 96
2. 地理标志的国家保护 / 97
3. 通过多边条约对地理标志的国际保护 / 99
4. 通过双边协定对地理标志的国际保护 / 102
第 6 节　反不正当竞争保护 / 104
1. 引言 / 104
2. 保护的必要性 / 105
3. 保护的法律基础 / 106
4. 不正当竞争行为 / 108

第 3 章　知识产权在发展中的作用及世界知识产权组织发展合作计划 / 131

第 1 节　发展中国家的目标 / 132
第 2 节　工业产权与发展 / 133

1. 工业产权保护与发展 / 133
2. 发明、技术和发展 / 134
第 3 节 促进创新 / 136
1. 引言 / 136
2. 提供创新与发明支助系统和服务的全球做法 / 137
3. 实施和管理创新与发明的支助系统和服务 / 137
4. 创新中心或创新支持网络 / 138
第 4 节 技术许可与转让 / 139
1. 引言 / 139
2. 技术的商业转让和获取 / 139
3. 许可协议的议定 / 144
4. 报酬 / 148
5. 知识产权许可的类型 / 151
6. 政府对许可协议的控制 / 155
第 5 节 版权与发展 / 157
第 6 节 世界知识产权组织发展合作计划 / 157
1. 引言 / 157
2. 目标 / 157
3. 与知识产权有关的发展合作 / 158
4. 世界知识产权组织世界学院 / 161

第 4 章 知识产权的保护 / 163

第 1 节 工业产权、版权及相关权的实施 / 164
1. 引言 / 164
2. 保护工业产权概述 / 165
3. 专利权的实施 / 168
4. 版权及相关权的实施 / 170
5. 世界知识产权组织与知识产权执法相关的活动 / 175
第 2 节 知识产权诉讼 / 175
1. 引言 / 175
2. 对工业产权局决定的复审 / 176
3. 侵权诉讼 / 179
4. 法律救济 / 182
第 3 节 知识产权纠纷的仲裁与调解 / 184
1. 替代性纠纷解决方式 / 184
2. 跨境执行 / 185
3. 世界知识产权组织仲裁与调解中心 / 185

4. 世界知识产权组织互联网域名争议解决方式 / 187

第 5 章 / 知识产权国际条约与公约 / 189

第 1 节 《保护工业产权巴黎公约》/ 190
1. 历史 / 190
2. 主要规定 / 191
3. 行政及财务规定 / 205
第 2 节 《保护文学和艺术作品伯尔尼公约》/ 206
1. 历史 / 206
2. 主要规定 / 207
3. 该公约的最新（巴黎）文本 / 209
4. 行政规定 / 210
5. 发展中国家与《伯尔尼公约》/ 211
第 3 节 《世界知识产权组织版权条约》（WCT）/ 212
1. 引言 / 212
2. WCT 的法律性质以及与其他国际条约的关系 / 212
3. WTC 的实质规定 / 213
4. 行政规定 / 218
第 4 节 《专利合作条约》（PCT）/ 218
1. 引言 / 218
2. PCT 体系的运作 / 220
3. PCT 体系的优势 / 223
第 5 节 《国际承认用于专利程序的微生物保存布达佩斯条约》/ 225
1. 该条约背景 / 225
2. 该条约概要 / 225
3. 该条约的主要优势 / 226
第 6 节 《商标国际注册马德里协定》及《马德里协定有关议定书》/ 227
1. 引言 / 227
2. 国际注册体系的运作 / 227
3. 成为该协定或议定书的缔约方 / 230
4. 该体系的优势 / 230
第 7 节 《工业品外观设计国际保存海牙协定》/ 231
1. 引言 / 231
2. 国际保存的原则 / 231
3. 《海牙协定》的主要规定 / 231
4. 加入《海牙协定》的好处 / 232
5. 《海牙协定》的日内瓦文本 / 233

第 8 节 《商标法条约》（TLT）/ 234
1. 引言 / 234
2. 该条约及其实施细则的规定 / 234
第 9 节 《专利法条约》（PLT）/ 237
1. 引言 / 237
2. PLT 及其实施细则的规定 / 237
3. PLT 的优势 / 240
第 10 节 分类条约 / 240
1. 引言 / 240
2. 《国际专利分类斯特拉斯堡协定》/ 241
3. 《商标注册用商品和服务国际分类尼斯协定》/ 242
4. 《建立商标图形要素国际分类维也纳协定》/ 244
5. 《建立工业品外观设计国际分类洛迦诺协定》/ 246
第 11 节 相关权领域的具体公约：《保护表演者、录音制品制作者和广播组织国际公约》（《罗马公约》）/ 247
1. 引言 / 247
2. 保护相关权与保护版权之间的关系 / 247
3. 主要规定 / 248
4. 《罗马公约》的实施 / 250
5. 《罗马公约》与发展中国家 / 251
第 12 节 相关权领域其他的具体公约 / 252
1. 其他具体公约 / 252
2. 缔结具体公约的原因和目的 / 252
3. 具体公约的主要特点 / 253
4. 《录音制品公约》的实质规定 / 253
5. 《卫星公约》的实质规定 / 254
6. 《录音制品公约》和《卫星公约》与发展中国家 / 255
第 13 节 《世界知识产权组织表演和录音制品条约》（WPPT）/ 255
1. 引言 / 255
2. WPPT 的法律性质以及与其他国际条约的关系 / 255
3. WPPT 的实质规定 / 256
4. 行政规定 / 260
5. 视听表演 / 260
第 14 节 《保护植物新品种国际公约》/ 260
1. 引言 / 260
2. 保护植物新品种国际联盟（UPOV）/ 261
3. 《保护植物新品种国际公约》的 1991 年文本 / 264

4. 植物品种保护的发展 / 271
第 15 节　《与贸易有关的知识产权协定》（TRIPS）及世界知识产权组织与世界贸易组织（WIPO－WTO）的合作 / 271
1. 引言 / 271
2. 总则、基本原则及最后条款（第一部分和第七部分）/ 273
3. 关于知识产权的效力、范围及使用的标准（第二部分）/ 275
4. 知识产权执法（第三部分）/ 280
5. 知识产权权利的获得与维持及相关程序（第四部分）/ 281
6. 争端的预防与解决（第五部分）/ 281
7. WIPO 与 WTO 之间的合作 / 282
第 16 节　国际知识产权法律的不断发展 / 284
1. 引言 / 284
2.《关于保护驰名商标规定的联合建议》/ 285
3.《关于商标使用许可的联合建议》/ 285
4.《关于在互联网中保护商标及在标记中的其他工业产权的联合建议》/ 286

第 6 章　知识产权的管理与教学 / 289

第 1 节　工业产权的管理 / 290
1. 引言 / 290
2. 工业产权局的管理结构 / 290
3. 专利局 / 292
4. 商标局 / 294
5. 工业品外观设计局 / 296
6. 政府间合作 / 298
第 2 节　版权及相关权的管理 / 306
1. 版权及相关权公共权力机构的作用 / 306
2. 版权及相关权的集体管理 / 306
第 3 节　专利与商标代理人 / 318
1. 引言 / 318
2. 专利代理人的职能 / 319
3. 公司专利律师 / 327
4. 专利代理人协会 / 328
5. 商标代理人的职能 / 330
6. 专利代理人的技能与知识 / 334
第 4 节　知识产权法律的教学 / 335
1. 引言 / 335

2. 知识产权教学计划 / 336
3. 选择知识产权课程 / 338
4. 选择教材及撰写教学大纲 / 339
5. 教学方法及教育策略 / 341
6. 教师在立法过程中的作用 / 342
7. 知识产权培训及研究机构 / 343
8. 结论 / 344

第 7 章 知识产权领域的科技和法律发展 / 345

第 1 节 计算机程序 / 346
1. 引言 / 346
2. 保护计算机程序简史 / 346
3. 计算机程序的专利保护 / 347
4. 计算机程序的版权保护 / 347
5. 计算机程序版权保护的国际规范 / 348
6. 计算机程序版权保护的国家立法 / 348
7. 利用计算机创作和使用作品 / 349
8. 数据库 / 350
第 2 节 生物技术 / 351
1. 引言 / 351
2. 采用与推广 / 353
3. 保护的必要性 / 353
4. 现有保护 / 354
5. 传统知识 / 355
第 3 节 影印复制 / 357
1. 影印复制与知识产权 / 357
2. 录音及录像录制 / 358
第 4 节 通信技术 / 359
1. 引言 / 359
2. 卫星 / 359
3. 有线传播 / 361
4. 数字传播系统 / 361
5. 互联网 / 362
6. 电子商务 / 362
第 5 节 发展知识产权规范的辅助方法 / 364
1. 世界知识产权组织互联网域名进程 / 364
2. 世界知识产权组织的全球网络 / 365

3. 常设委员会及顾问委员会 / 365

参考书目 / 367

附录 1　世界知识产权组织管理的条约成员国名单 / 380

附录 2　其他信息 / 387

译者简介 / 388

第 1 章

绪　论

第 1 节　知识产权的概念
第 2 节　世界知识产权组织（WIPO）

第1节 知识产权的概念

1.1 知识产权的概念非常广泛，是指产生于工业、科学、文化及艺术领域智力活动的法律权利。许多国家制定保护知识产权法律的主要原因有两个：第一，以法律的形式规定创作者对其创造物享有的精神权利和经济权利，以及公众使用该创造物的权利；第二，作为一个体现政府政策的严谨的法案，促进创造力、传播和应用创造成果，鼓励有利于经济和社会发展的合理使用。

1.2 一般来讲，知识产权法律为的是保护创作者和其他智力产品及服务的生产者，授予他们在一定期限内控制使用其成果的权利。这些权利不适用于可能具体体现创造活动的有形客体，而是适用于此类智力创造活动。知识产权传统上分为两部分：工业产权和版权。

1.3 1967年7月14日，缔结于斯德哥尔摩的《建立世界知识产权组织公约》第2条第8款规定，知识产权包括与下列相关的权利：

——文学、艺术及科学作品；

——表演艺术家的表演、录音制品和广播；

——所有人类活动领域的发明；

——科学发现；

——工业品外观设计；

——商标、服务标记和商业名称及标志；

——反不正当竞争保护。

以及所有来自在工业、科学、文学或艺术领域智力活动的权利。

1.4 所说的文学、艺术及科学作品范围的权利，属于知识产权的版权部分。我们所提及的表演艺术家的表演、录音制品及广播节目范围的权利，通常称之为“相关权”，即与版权相关的权利。所说的发明、工业品外观设计、商标、服务标记及商业名称及标志范围的权利，构成了知识产权的工业产权部分。我们所说的反不正当竞争保护范围的权利，也可能被认为属于该部分，《保护工业产权巴黎公约》（1967年斯德哥尔摩文本）（以下简称《巴黎公约》）第1条第2款在“保护工业产权”范围内进一步明确规定“制止不正当竞争”；该公约规定“凡在工商业事务中违反诚实的惯例的竞争行为，即构成不正当竞争的行为”（第10条之二第2款）。

1.5 “工业产权”这一表述包含发明和工业品外观设计。简要来说，发明是对技术问题的新的解决方案，工业品外观设计是对工业品外观美学上的创新。此外，工业产权包括商标、服务标记、商业名称及标志，包括来源标志和原产地名称，以及反不正当竞争保护。因此，智力创造——尽管存在——不常提及，但是在此所指的是工业产权的客体（典型的是包含向消费者传达信息的标记，特别是在市场上提供的产品和服务），以及针对未经许可而使用这些标记的保护，这种使用很可能误导消费者，并会从整体上误导实践活动。
1.6 科学发现，《建立世界知识产权组织公约》中提及的另一领域，与发明不同。《科学发现国际登记日内瓦条约》（1978年）规定，科学发现是“是对迄今为止尚未被认识及不能被证实的物质世界的现象、特性或规律的认识”（第1条第1款第（i）项）。发明是对特定技术问题新的解决方案。从本质上讲，这种解决方案必须基于物质世界的特性或规律（否则，它们不能得到实质性或“技术”上的应用），但是，这些特性或规律，不见得是“迄今为止尚未被认识的”特性或规律。一项发明是对该特性或规律的新的应用，新的技术应用，无论这些特性或规律在产生发明的同时或者在发明之前已经被认识（“被发现”），且与该发明无关。

第2节 世界知识产权组织（WIPO）

1. 历史

1.7 世界知识产权组织（WIPO）是联合国组织体系中的一个专门机构。《建立世界知识产权组织公约》于1967年签署于斯德哥尔摩，并于1970年生效。然而，世界知识产权组织的起源，可以追溯到1883年及1886年，即分别正式通过的《巴黎公约》和《保护文学和艺术作品伯尔尼公约》（以下简称《伯尔尼公约》）。这两个公约规定，建立国际秘书处，而且这两个秘书处在瑞士联邦政府的监督之下。履行两个公约行政管理职能所必需的少数的官员居住于瑞士的伯尔尼。
1.8 当初，有两个秘书处（一个是管理工业产权公约的，一个是管理版权公约的）管理两个公约，但是，1893年，这两个秘书处合并。在其成为世界知识产权组织之前，该组织最后的名称是BIRPI，是该组织法文名称的简写，其名称的英文是：保护知识产权联合国际局。1960年，BIRPI从伯尔尼迁至日内瓦。
1.9 1967年，在斯德哥尔摩举行的外交大会上，建立了世界知识产权组织，对所有当时在由BIRPI管理的多边条约中规定的行政和最终条款，都进行了修改。其修改的原因是成员国希望确定WIPO全职管理机构的地位，由此，撤销瑞士政府的监督机构，授予WIPO与所有其他可比较的政府间组织相同的法律地位，并发展成为联合国组织体系中的一个专门机构。
1.10 现在称为专门机构的绝大多数政府间组织，在第二次世界大战之前并不存在。它们的设立，是出于在国际层面处理某一具体项目或活动领域的特殊目的。然而，某些政府间组织，例如国际劳工组织（ILO）、万国邮政联盟（UPU）及国际电信联盟（ITU）已经存在，并且在联合国成立之前，就已经在各自活动领域内发展为拥有职责的政府间组织。联合国成立之后，这些组织演变成为联合国体系的专门机构。
1.11 同样，在联合国成立很早之前，BIRPI是知识产权领域有职责的政府间组织。WIPO是BIRPI的后继者，当联合国与WIPO签署了一个终止BIRPI的协定，并且于

1974 年 12 月 17 日生效时，WIPO 就成为联合国的一个专门机构。

1.12 一个专门机构，尽管其属于联合国组织大家庭，仍然保持其独立性。每个专门机构有其自己的成员资格。所有联合国的成员国，均有权成为所有专门机构的成员，但是，事实上并不是所有联合国的成员国都是所有专门机构的成员。每个国家自主决定是否愿意或不愿意成为任何一个专门机构的成员。每个专门机构有其自己的组织法、自己的管理机构、自主选举的行政首脑、自身的收入、自己的预算、自己的职员、自己的计划和行动。组织机构的存在，以协调所有专门机构自身的及与联合国之间的行动，但是，每个机构基本上根据其组织法，向其自己的管理机构即该组织的成员国负责。

1.13 关于联合国与其机构的职权问题，联合国与世界知识产权组织之间的协定规定，世界知识产权组织根据其基本规定及其管理的条约和协定，有责任采取相应的措施，特别是为了促进智力创造活动以及为了促进经济、社会和文化的发展，推动与工业产权相关的技术向发展中国家转让。

2. 使命与活动

1.14 世界知识产权组织的使命是，通过国际合作，促进创新、传播、使用和保护全人类为经济、文化和社会进步而做出的智力成果。其宗旨一方面是为了在世界范围内通过充分保护创新者的精神与物质利益激励创新，另一方面为提供在世界范围内有权获得该创新的社会经济和文化利益之间的平衡作出贡献。

1.15 世界知识产权组织自设立以来，其地位在国际范围内已经产生了很大的变化。其设立之初是充当国家间缔结条约的秘书处，后来世界知识产权组织仍然保持着这一职能（直到目前为止，它仍然管理着 23 部条约），以及由此而产生的一个使命：在管理知识产权方面促进政府间合作，其行动不仅得以扩充，而且更加多样化。

1.16 一个世界知识产权组织早期工作扩展的显著例子，是其注册事务的增长——也就是说，利用国际条约的增长，这些国际条约创设了一个申请专利、注册商标及工业品外观设计，并对所有这些条约成员国生效的单独程序的便利。《专利合作条约》（PCT）、《商标国际注册马德里协定及议定书》，以及《工业品外观设计国际保存海牙协定》均大量提升了注册事务的增长。为了加强世界知识产权组织这方面的工作，一个新的国际条约，即《专利法条约》（PLT），已经于 2000 年 7 月制定完成，其目标是确定一个顺畅的申请程序，并削减同时在众多国家获得专利保护的成本。

1.17 在近期的历史发展中，世界知识产权组织并没有明显减少促进各种知识产权的力度。这正是旨在实现一个目标的举措，该目标就是促进人类创新，其成果是提供丰富整个人类社会的工业和文化产品及服务。因此，世界知识产权组织正在日益注重帮助发展中国家，发展中国家的创新有待于得到充分加强，以从其公民及外部世界的创新中获得充分的利益。世界知识产权组织的作用是协助他们制定和实施法律，建立完善的研究和行政管理架构，并进行相关人员培训。世界知识产权组织特别关注 49 个最不发达国家（LDCs）。在第 3 章中可以了解到，世界知识产权组织在中亚、中欧及东欧及波罗的海地区，也向经济转型中的国家提供相同的协助。

1.18 世界知识产权组织合作促进发展计划，与政府及政府间的合作紧密结合在一起，包括世界知识产权组织与世界贸易组织（WTO）的协定。根据该协定，世界知识产权组织协助发展中国家实施 WTO 的《与贸易有关的知识产权协定》（TRIPS）（请参见第5章）。

1.19 发展的难题，是如何跟上技术与科学的飞速进步。世界知识产权组织的方法是双重的：既针对由于数字技术特别是互联网而产生的法律和管理问题，也针对知识产权传统的观念与习惯，确定并改善国际的解决方案。

1.20 世界知识产权组织在解决个人与公司之间纠纷中所做的替代性工作，通过世界知识产权组织仲裁与调解中心（请参见第4章），已经扩展到覆盖互联网域名滥用所产生的问题。世界知识产权组织已经获得指定名称和号码互联网公司的授权，以处理根据 ICANN 统一域名争议解决政策而提交的案件。争端的处理与解决，均在网上进行，使得当事方以省时—低成本—高效的方式解决案件，自己不必亲临现场。

1.21 一个项目将极大地推进价值共享的知识产权信息的利益，该项目是国际性的全球知识产权信息网络（WIPONET），此项目由世界知识产权组织于 1999 年发起。WIPONET 目的在于建立一个安全可靠的、全球性的网络，以联接世界知识产权组织所有成员国的知识产权局，便于在世界范围内获得和交换信息。世界知识产权组织主要的及辅助的网站已经在全世界得到了大量的使用。

1.22 世界知识产权组织不但对知识产权本身，而且还对知识产权不断涌现的更加广阔的领域，诸如传统知识、民间艺术、生物多样性、环境保护和人权，不断采取新的全球性解决方法。这些相关问题，将在第2章和第7章中加以阐述。世界知识产权组织还采纳了咨询磋商和实验研究的方法，以探讨知识产权与遗传资源、传统知识及民间艺术之间的关系。

1.23 世界知识产权组织当前最有影响的使命之一，是普及知识产权，不但使在政府、法律、工业和文化领域内的人们，而且使任何其他构成人类社会的人们，不论其是否在非政府组织或小企业，也不论其是一般公众中的农民、公共卫生职员、个体创新者，还是普通受益者，均认识到，知识产权是日常生活的一部分。由于认识到中小企业是市场经济骨干的这一重要性，世界知识产权组织已经制订了一个计划，以帮助中小企业发挥它们作为创造财富生力军的潜能。

1.24 世界知识产权组织服务于社会所有成员的宣传规划，是作为利益有关者及合伙人，将其融入全球及国家的知识产权制度。为确保这种融入有利于相关的缔约方，世界知识产权组织坚持一项赋予其能力的政策，即，世界知识产权组织的行动，针对给予社会各阶层一种观念，他们如何在健康的知识产权体系内拥有一份收益，并使他们能够有效地利用这些制度，以便获得知识、经验和专长。

3. 组织结构

1.25 世界知识产权组织的组织章程，即基本法律文件，是 1967 年在斯德哥尔摩签署的公约。介绍世界知识产权组织，并非常概括性地回答下列问题：为什么需要一个政府间组织？世界知识产权组织管理的联盟是什么？哪些国家是世界知识产权组织的成员？世界知识产权组织的工作是什么？它是如何进行管理和运营的？

1.26 大会是由所有世界知识产权组织成员及任何联盟成员的国家参加的。

1.27 与大会不同，世界知识产权组织成员国会议是由世界知识产权组织的所有成员国参加的，无论其是否为任何联盟的成员。成员国会议的主要职责起初分为5个小组。第一，成员国会议为所有世界知识产权组织成员国举办一个论坛，讨论与知识产权有关的议题，特别是，考虑到联盟的权限和自主性，在这种情况下，成员国会议被授权对相关议题提出建议。第二，会议为发展中国家制订两年期的合作促进发展计划。第三，为了上述目标，通过预算案。第四，成员国会议还有权通过对《建立世界知识产权组织公约》的修改。修改该公约的动议，可以由任何世界知识产权组织的成员国提出，也可以由协调委员会提出，或者由总干事提出。第五，成员国会议就像大会一样，可以决定哪个国家或组织可以作为观察员被允许出席其会议。

1.28 为什么需要一个政府间知识产权组织？知识产权权利受到地域限制，其存在及应用仅限于该国家的司法管辖范围之内，或限于根据其法律授权的国家。但是智力成果，包括发明创造的想法，在各国互相依赖的世界里，正在或必将轻而易举地跨越国界。而且，许多国家管理知识产权事务的方法和程序日益相同，促使人们产生了通过国际标准化及国家间相互承认其权利和职责，简化实际做法的真知灼见。所以，各国政府开始磋商并在知识产权各个领域通过多边条约，每个条约确立一个各国的联盟，准许给予该联盟其他国家的国民相同的保护，如同该国给予其国民一样的保护，以及遵循相同的规章、标准和准则。

1.29 各联盟接受世界知识产权组织的管理，是基于条约的规定。一个联盟由某一具体条约的所有成员国组成。在绝大多数情况下，该联盟的名称来自第一次通过的条约文本的规定（因此，产生了巴黎联盟、伯尔尼联盟，等等）。这些条约可归纳为三类。

1.30 第一类条约确定了国际保护，这就是说，这些条约是这些国家在国际层面同意的法律保护的最终依据。比如，3个工业产权的条约属于这一类别——《巴黎公约》《制止商品来源的虚假和欺骗标识马德里协定》以及《保护原产地名称及其国际注册里斯本协定》。

1.31 第二类条约，包括有助于国际保护的条约。例如，6个工业产权的条约属于这一类。即规定专利国际申请的《专利合作条约》《商标国际注册马德里协定》，上面已经提及的《里斯本协定》，因为它同属于第一类和第二类条约，《国际承认用于专利程序的微生物保存布达佩斯条约》及《工业品外观设计国际保存海牙协定》。

1.32 第三类条约，包括建立分类体系及对其不断改善和更新的程序的条约。四个条约属于这一类，全部与工业产权相关。它们是：《国际专利分类协定》（IPC）、《用于商标注册的商品和服务国际分类尼斯协定》《建立商标图形要素国际分类维也纳协定》，以及《建立工业品外观设计国际分类洛迦诺协定》。

1.33 不断修正这些条约，并不断制定新的条约，是一项需要在专门的秘书处协助下，通过国际合作与磋商进行不断努力的工作。世界知识产权组织为这项任务提供框架和服务。

4. 行政管理

1.34 《建立世界知识产权组织公约》确定了4个不同的机构：大会、成员国会议、协调委员会、世界知识产权组织国际局或秘书处。

1.35 大会是世界知识产权组织的最高机构。除了其他权利和职责之外，大会根据协调委员会的提名任命总干事；审议和批准协调委员会的报告及活动，以及总干事关于世界知识产权组织的报告；通过世界知识产权组织的《财务条例》，及联盟通用的两年期支出预算；批准由总干事提议的关于管理促进知识产权保护的国际协定的策略；决定秘书处的工作语言、考虑联合国的准则；以及确定哪个国家不是世界知识产权组织的成员国及哪个政府间和国际非政府间组织将被允许作为观察员出席其会议。

1.36 世界知识产权组织第四个机构是世界知识产权组织国际局或秘书处。它由总干事负责，由正式职员组成；这些专业及高级职员根据联合国确定的公平地区分配原则聘任，其他职员更广泛地从世界上所有地区的各个国家聘任。

5. 组织成员

1.37 《建立世界知识产权组织公约》明确规定，成员资格向任何属于任何联盟的成员的国家开放，并向任何不是任何联盟的成员，而是联合国成员、任何联合国专门机构成员或国际原子能机构成员的国家开放，或者向国际法院规约缔约方国家开放，或者向世界知识产权组织大会邀请成为成员的国家开放。只有国家才能成为世界知识产权组织的成员。

1.38 成为会员国，一个国家必须交存批准文件或经位于日内瓦的世界知识产权组织总干事同意。《巴黎公约》或《伯尔尼公约》缔约方的国家，只有在其已经接受其约束，或者同时批准或同意《巴黎公约》斯德哥尔摩（1967年）文本，或《伯尔尼公约》巴黎（1971年）文本最起码的行政管理规定，方可成为世界知识产权组织的成员国。

1.39 《建立世界知识产权组织公约》的成员国名单，见附录。

6. 组织机构改革

1.40 近几年，为了实施《建立世界知识产权组织公约》及世界知识产权组织管理的其他条约，世界知识产权组织成员国已经通过或考虑了一系列迫切需要对这些公约或条约进行修改的政策。

1.41 第一项政策，关系到单一会费制度及会费种类的改变。1993年，世界知识产权组织成员国会议及巴黎联盟和伯尔尼联盟大会通过了单一会费制度，取代了《建立世界知识产权组织公约》及世界知识产权组织管理的条约中规定的多重会费制度。根据单一会费制度，一个任何世界知识产权组织缴纳会费条约的成员国，将支付一种单一会费，而不论其加入条约的数量多少。采用的费用带有临时或试行性，最终取决于评估结果，还可能取决于随后可能对《建立世界知识产权组织公约》及其管理的对缔约方会费作出规定条约的相关条款进行的修正。1989年、1991年及1993年，在同一临时性基础上，相同机构通过了新的会费分类，但仍需取决于对必要条约进行的修正，以使这些条约的规定符合新的分类。

1.42 第二项政策，规定了总干事提名和任命政策及实践工作组的工作，该工作组在1988年由世界知识产权组织协调委员会设立。根据该工作组的推荐，世界知识产权组织协调委员会及世界知识产权组织大会、巴黎联盟和伯尔尼联盟大会及世界知识产权组织成员国会议通过了一项修改《建立世界知识产权组织公约》第9条第3款的建议，规定总干事的总任期不得超过12年。

1.43 第三项政策，来自1998～1999年度计划和财政预算的通过。该计划和财政预算包括一系列精简和合理化世界知识产权组织管理机构的建议。该精简和合理化建议关系到直接由成员国大会设立的委员会；然而，还有其他类似的建议，涉及根据世界知识产权组织所管理的条约设立的机构或部门。

1.44 假如关系到单一会费制度和会费种类的新准则及限制总干事权力的政策，启动条约修改的程序就显得十分必要，世界知识产权组织秘书处会利用这一机会，提出改变世界知识产权组织管理结构的其他选择性建议。

1.45 秘书处建议的最高目标，及由成员国正式采纳的上述政策，是设立一个组织改革工作组。1999年9月，世界知识产权组织大会会议决定设立该工作组，向世界知识产权组织所有成员国及巴黎联盟和伯尔尼联盟成员国开放。三年期间，该工作组举行了六次会议，2000年、2001年及2002年，每年分别举行了两次会议。2002年9月，向世界知识产权组织成员国大会提交了该工作组的最终建议，并获得通过。

1.46 该工作组研究的关于组织改革的各种建议，可以归纳为以下5个主题。

单一会费制度及会费级别的变革

1.47 组织改革的第一批建议是修改有关世界知识产权组织所管理的条约，以便使1993年通过的单一会费制度及1989年、1991年及1993年通过的新会费正规化。

巴黎联盟、伯尔尼联盟及《专利合作条约》（PCT）联盟的执行委员会

1.48 建立巴黎联盟、伯尔尼联盟及PCT联盟执行委员会的原因，似乎是认识到有必要设立一个有较少成员国的机构，而不是大会，以便考虑非常急迫的事项，而不必等到下次大会的例行会议，或者是不太重要的事项，及不需要大会关注的事项。

1.49 实际上，执行委员会并未如所设想的那样发挥作用。PCT执行委员会从未真正设立；巴黎联盟执行委员会及伯尔尼联盟执行委员会，也从未分别举行会议，讨论任何一项实质业务。

1.50 因此，组织改革的第二批建议是修改《世界知识产权组织公约》《巴黎公约》《伯尔尼公约》及《专利合作条约》，废除巴黎联盟、伯尔尼联盟及PCT联盟的执行委员会。

世界知识产权组织成员国会议

1.51 世界知识产权组织成员国会议，是由所有世界知识产权组织的成员国组成的。实际上，成员国会议从未脱离大会而单独召开过。成员国会议在大会的同一时间、同一会议厅举行，唯一在程序上表面的不同是主持会议的官员不同。实际上，成员国会议很少单独讨论实际问题。其实，最初设想的大会与成员国会议之间工作职责分工从未实现过。

1.52 组织改革的第三批建议是修改《建立世界知识产权组织公约》，以废除该世界知识产权组织成员国会议。

其他代表会议

1.53 各个联盟代表会议的前身是那些联盟的大会机构。某一联盟的成员国大会是1967年斯德哥尔摩外交会议改革的结果，规定在由该外交会议修改的这些条约的斯德哥尔摩文本中。因此，代表会议存在于这些联盟之中：

(i) 根据在1967年之前制定的条约文本所设立的代表会议；及

(ii) 拥有尚未加入或批准该条约斯德哥尔摩文本（1967年）成员国的代表会议，下列代表会议仍然存在：

——巴黎联盟代表会议；

——伯尔尼联盟代表会议；

——海牙联盟代表会议；

——尼斯联盟代表会议；及

——里斯本联盟理事会。

1.54 根据组织文件，授予代表委员会的权力是十分有限的。实际上，该机构从来没有单独审议过任何实质问题。其正式会议已经仅仅成为一个仪式。而且，属于这些机构的成员国数量很少，由于加入相关条约的斯德哥尔摩文本的成员国越来越多，这一数量不断减少。

1.55 组织改革的第四批建议，是修改相关公约及其他文件，为的是废除成员国代表会议。

单一的大会

1.56 根据这一建议，世界知识产权组织大会，可能成为有权对所有世界知识产权组织条约作出决定的机构。由某一世界知识产权组织条约所规定的每个大会，将由世界知识产权组织大会所取代，以便实现只有一个组织、一个成员国大会、一个秘书处及一种成员国会费的目标。数个不同的条约还将继续存在，规定不同的成员资格，规定在知识产权领域的权利与义务。但是，这些所有的条约都根据单一结构统一管理。

1.57 组织改革的第五批建议，是为了将世界知识产权组织管理机构的数量削减到只有一个大会，从而修改相关的条约和公约。

2002年大会通过的工作组最终建议案

1.58 2002年9月，组织法改革工作组成员一致同意的3个最终建议，提交给了大会。这些建议是：(i) 撤销世界知识产权组织成员国会议；(ii) 通过条约的形式，正式确定已经实际实行的单一会费制度，及会费级别的变化；及 (iii) 改变世界知识产权组织大会及其他联盟大会例行会议的周期，从每两年一次，改为每年一次。

1.59 2002年9月，世界知识产权组织成员国大会通过了组织法改革工作组的3个建议，制定了一个修改数个世界知识产权组织管理的条约，以及实施这些建议的时间表。2003年9月，世界知识产权组织大会及其他相关联盟大会审议并通过了建议的修正案。

1.60 已经要求世界知识产权组织成员国，根据各自的宪法程序批准这些修改。这些修改将在总干事收到3/4成员国书面的接受通知1个月之后生效。

7. 广泛磋商与拓展

1.61　除了利用上述机制，世界知识产权组织已经在世界范围内积极寻求建立最广泛的基础。为了这个目标，已经设立了数个咨询机构，并且已经推行公共联络政策。

政策顾问委员会

1.62　1998 年 3 月，世界知识产权组织总干事向成员国建议，设立一个由杰出的政治、外交和管理国际人才组成的委员会，以“加强秘书处以一种及时、信息畅通及有效的方式监督、响应知识产权国际及地区发展的能力”。2003 年 11 月，其成员包括圭多·德·马尔科总统（马耳他）、扬·伊利埃斯库总统（罗马尼亚）及若热·桑帕约总统（葡萄牙）。

1.63　成员国批准了此建议。政策顾问委员会（PAC）计划讨论极其重要的议题，比如促进全球化、数字技术、生物技术的突破性发现、向发展中国家转让技术、保护生物多样性与环境、电子商务、保护本土文化与确保继续并广泛使用药物的“国际专利”持久性，以及这些议题与知识产权制度的关系。结论已经提交给总干事，他将根据该结论制订供成员国考虑的可行的政策建议。

1.64　1999 年 4 月，该委员会召开了第一次会议。约旦哈桑王子殿下被选举为由 25 个成员组成的该机构的主席，该机构主持了关于全球化和将知识产权事务大众化及去除政治影响的必要性的详细讨论。之后，机构决定设立一个专门小组，以规划其工作计划：该计划包括制定《世界知识产权声明》（WIPD），向公众清晰而简明地说明知识产权及知识产权权利的好处。

1.65　专门小组召开过两次会议，1999 年 7 月在阿曼，2000 年 3 月在华盛顿，致力于上述项目及讨论其他问题。第一项研究成果在政策顾问委员会的赞助下发表，详细介绍了日本知识产权及创造财富的经验，其作者是成员之一的荒井寿光。1999 年 12 月，该研究成果以一个新的政策顾问委员会的名义出版。《世界知识产权声明》方面开展的工作，促使该声明于 2000 年 6 月在政策顾问委员会第二次会议上获得通过。

1.66　除了致力于《世界知识产权声明》，政策顾问委员会第二次会议也听取和讨论了关于世界知识产权组织国际学院的报告、世界知识产权组织进行全球沟通的成就、以信息技术为基础的世界知识产权网络项目及其对发展中国家潜在的好处、《专利合作条约》在自动化操作方面的进展，以及近期采纳《专利法条约》的外交会议所获得的成果。

1.67　政策顾问委员会第三次会议，于 2001 年 10 月在日内瓦召开，该会议的专门小组预备会议于同年 5 月在纽约举行。讨论的议题，附有说明，是国际专利体系发展进程及知识产权与遗传资源、传统知识和民间艺术问题。

1.68　第四次全体会议，于 2003 年 11 月举行。之前，于 2002 年 5 月，在北京举行了专门小组的预备会。讨论的议题是管理文化财产，有一份由布鲁斯拉曼提供的讨论文件，其名称是“版权、文化及发展：在文化产业中知识产权及世界知识产权组织的作用”及“知识产权政策与日本经济”，有一份讨论文件，名称是“创造、保护及开发知识产权的战略规划”，由荒井寿光先生提供。

产业顾问委员会

1.69 产业顾问委员会（IAC）设立于1998年，是世界知识产权组织总干事在政策制定方面考虑了最广泛的意见之后，所做努力的一部分。该委员会由20位来自私人机构的最高级别代表组成。考虑到地区分配上的平衡及尽可能广泛地代表各行业的需要，这些代表以其个人身份受到邀请，他们所代表是那些与娱乐（电影、戏剧、音乐）、通信、制药及生物技术相关的行业。

1.70 产业顾问委员会的创意来自总干事确信，像世界知识产权组织这样一个以在世界范围内促进知识产权保护为使命的组织，必须与私营机构的发展保持同步。

1.71 产业顾问委员会，每年举行两次会议，对于世界知识产权组织而言，审视行业最直接来自知识产权保护所产生利益的事实，乃是至关重要的。而且，行业所面对的技术全球化及飞速发展的挑战，直接影响或受到知识产权的影响。因此，产业顾问委员会为行业领导提供了一个与世界知识产权组织交换意见的平台。产业顾问委员会也将加强世界知识产权组织秘书处的职能，并以及时、消息灵通和有效的方式监督和回应市场及知识产权制度使用者的需求。

1.72 作为一个纯粹是世界知识产权组织总干事的咨询机构，产业顾问委员会的建议并不具有约束力，产业顾问委员会也未以任何方式取代世界知识产权组织成员国的决定权。

1.73 产业顾问委员会自建立以来，已经主持了议题广泛的讨论，包括电子商务、知识产权与创造财富、生物技术与知识产权制度对全球经济的影响，以及世界知识产权组织促进公众知识产权意识和认识的努力，及其对经济和社会发展的贡献。

私有化特设咨询小组

1.74 由于牢记在数量不断增加的国家内私有化事务的重要性，2000年，世界知识产权组织总干事创设了一个机构，即私有化特设咨询小组，以协助成员国在私有化的努力中，确定强有力的知识产权政策及策略。这是一个由代表政府、外交及学术界的9名专家组成的小组。

1.75 2000年，该小组召开了两次会议，专门考虑了知识产权财产的鉴定及适当评估，可能成为私有化进程中的一部分，特别是通过专利咨询的规定，在私有化进程中，培训及指导评估知识产权财产。

世界知识产权组织与公共联络

1.76 自从1998年开始，世界知识产权组织就不懈地努力，不仅援助知识产权团体，还面向一般公众，为的是向广大公众展示到目前为止知识产权仍然是一个特殊的领域。其目的就是普及理解知识产权作用的基本知识，以及促进和保护知识产权的必要性。世界知识产权组织充分利用了3种方式——信息技术、比较传统的信息资料及生动的活动，推动媒体与公众的联系与互动。

1.77 与广泛公众联系所使用信息技术的主要方式是互联网。世界知识产权组织的网站在2003年就已经开发到访问者平均每个月可以浏览450万个页面的程度。数千页的信息，包括绝大多数世界知识产权组织的会议文件，以及大量世界知识产权组织的印刷品，可以六种语言：阿拉伯文、中文、英文、法文、俄文及西班牙文，通过该网站获得。

1.78 比较传统的印刷品——书籍、小册子、说明书、单页宣传品——越来越多，还增加海报和只读光盘（CD-ROM）等新的传播资料。1998年设立了一个新的访问者中心，1999年开设了一个电子书店，以销售信息资料。成员国可以只读光盘（CD-ROM）的方式获得出版物，以便进行翻译和在当地出版，而且，还可以在世界知识产权组织的网站，通过下载获得越来越多的免费出版物。

1.79 知识产权的传媒活动及展览已经拓展到公众。世界知识产权组织的新闻稿、新闻中的文章及全世界范围的广播和电视上的媒体报道，使得世界知识产权组织及其活动在公众当中得到了更加广泛的宣传，就像在世界知识产权组织及其他地方举办的各种知识产权展览（例如妇女发明者、用于家庭日常生活的发明及数字时代的音乐等）那样。

1.80 全年都会定期组织团体（大部分是学生）访问世界知识产权组织，都会简要地向这些团体介绍世界知识产权组织的历史、结构及其活动，也会应对某一具体知识产权问题更加详细的知识感兴趣团体的要求，对特定主题进行讲解。

1.81 在公众拓展领域，世界知识产权组织也与某些成员国及（在发展合作框架内著名的）组织一同工作，以实现提高公众认识知识产权本质与重要性的目标。

第2章

知识产权保护的领域

第1节　专利

第2节　版权与相关权

第3节　商标

第4节　工业品外观设计和集成电路

第5节　地理标志

第6节　反不正当竞争保护

第1节 专 利

1. 引言

2.1 专利指的是由政府主管局（或覆盖多个国家的地区专利局）根据申请颁发的文件，文件中需要记载发明内容，并且已获专利的发明将只允许在专利所有人同意下才能加以利用（包括制造、使用、销售、进口）。“发明”指的是技术领域中特定技术问题的解决方案。一项发明既可以是一件产品，也可以是一种方法。专利权授予的保护期限在时间上是有限制的（一般为20年）。

2.2 在一些国家，发明还可以通过注册的方式得到保护，这种保护方式称为“实用新型”或“短期专利”，其要求没有普通专利那么严格，特别是在对创造性的要求方面。与普通专利相比较而言，这种实用新型或短期专利的费用更低，保护期限更短，但其享有的权利却是相似的。

2.3 专利经常被称为“垄断”，但其并没有授予发明人或专利权人制造、使用或销售任何事物的权利。专利授权的作用在于，对已获得专利的发明，除专利权人以外任何人不得在该国使用，除非这种使用已经得到专利权人的同意。因此，即使专利权人并没有被赋予实施其发明的法定权利，但他还是被赋予了禁止他人对其发明进行商业性利用的法定权利，也就是经常被提及的禁止他人制造、使用或销售其发明的权利。这种对未经专利权人同意而在该国使用其专利发明的人提出诉讼的权利，成为专利权人最重要的一项权利，这是因为允许专利权人从中获得实际利益，是作为其智力成果的回报，并且也是对其在发明的研究和实验过程中所做花费的补偿。

2.4 然而，需要强调指出，尽管国家可以授予专利权，但当专利侵权发生时，并不是由国家主动执行侵权诉讼，而是由专利权人决定是否提出诉讼。一般来说，此类诉讼都是民事诉讼。因此，专利权人必须自己充当警察的角色。

2.5 简单地说，专利是国家授予发明人的权利，该权利禁止他人在一定期限内对这项发明进行商业利用，以此作为对这项发明内容公开的回报，从而使他人可以从这项发明中获益。因此，发明的公开是任何专利授权程序中的一个重要考虑因素。

2. 授予专利权的条件

2.6 一项发明要得到专利保护就必须满足一些标准。这些标准包括，该发明必须属于可授予专利权的主题，必须适于在产业上应用（有用的），必须是新的（新颖的），必须展现充分的创造性（非显而易见的），并且专利申请中该发明的公开必须符合一定标准。

可授予专利权的主题

2.7 一项发明要得到专利保护，必须属于可授予专利权的主题范围。可授予专利权的主题是以法律形式规定的，并且一般以可专利性的例外情形予以明确，其总的原则是所有科技领域的发明都应当得到专利保护（参见 TRIPS 第 27 条第 1 款）。

2.8 从可专利性的主题中排除的技术领域包括以下几类（参见 TRIPS 第 27 条第 3 款）：

——对自然界中已经存在的材料或物质的发现；

——科学理论或数学运算方法；

——除微生物之外的动、植物，以及生产动、植物的主要是生物学的方法；生产动、植物的非生物学方法及微生物方法除外；

——计划、规则或方法，如进行经营业务，执行智力行为或进行游戏比赛的方法；

——用于人类或动物的治疗方法或在人体及动物体上实行的诊断方法（但不包括应用这些方法所使用的产品）。

2.9 TRIPS（第 27 条第 2 款）进一步规定了成员可以从专利保护中排除特定类型的发明，如当商业利用该发明时，违反了社会公共秩序或社会公德。

工业实用性（有用）

2.10 一项发明要获得专利授权，就必须能满足实际应用的目的，而不仅仅是理论上的。如果发明是一项产品或产品的一部分，那就应当能够制造这种产品。如果发明是一种方法或方法的一部分，就应当能实现这种方法或实际使用它。

2.11 “实用性”和“工业实用性”分别表述的是在实际中制造的可能性和在实际中实现和使用的可能性。

2.12 “工业”一词应当被广义理解为包括任何一种产业。一般来说，工业活动指的是在一定规模下的技术活动，而发明的工业实用性指的是在一定规模下以技术方式应用一项发明。不同国家和地区的法律及实践对工业实用性的要求有很大不同。一种观点认为，只要该发明在工业上可以实现，即满足工业实用性的要求，而不必考虑能否使用该发明。另一种观点则认为，在决定工业实用性要求时，应当考虑该发明的“有用性”。另外，在一些国家根本就不要求工业实用性，而以有用为标准。

新颖性

2.13 新颖性是实质审查的一个基本的要求，并且是判断可专利性的一个毫无争议的条件。然而，必须强调的是，新颖性并不能被证明存在或被确定存在；可以被证明的仅仅是没有新颖性的情况。

2.14 如果一项发明没有被现有技术所在先使用，这项发明就是新的。“现有技术”一般来说，指的是在一件专利申请的相关申请日或优先权日之前已有的所有知识，无论这些知识是通过书面或是口头形式公开而存在的。关于在一个给定的时间点，哪些情况应当构成“现有技术”的问题，一直是争论的主题。

2.15 一种观点认为，决定现有技术时，仅应考虑所要求保护国家的背景技术。如果来自其他国家的知识没有在这项发明做出之前引入这个国家，这类知识将被排除，即使这类知识在做出发明的日期以前就可以从国外获取。

2.16 另一种观点是基于区分纸件出版物公开和其他形式公开的不同，比如口头公开和使用公开，以及这种出版物或公开的发生地。

2.17 一项发明的公开使其成为现有技术的内容，会以以下 3 种形式发生：

——通过在出版物上描述该发明或以其他形式出版；

——通过在公开场合口头描述该发明，这种公开称为口头公开；

——通过在公开场合使用该发明，或通过使公众处于其任何成员都可以使用该发明的状态，这种公开称为“使用公开”。

2.18 有形的出版物要求必须存在信息的物理载体，即广义上的文献，还要求这些文献必须已经出版，也就是说，使公众能够以包括许诺销售或保存于公共场所等任何方式得到这些文献。出版物包括专利文献或已公开的专利申请，文字作品（无论是手稿、打字的文件，或是印刷品），图片包括照片，绘图或电影胶片，以及录制品，无论它们是以口头语言或编码语言记录的碟片或磁带。今天，互联网上的公开必须更多地被予以考虑。

2.19 口头公开，正如这个短语所表达的意思，意味着公开的语言或形式并不一定被记录并且这种公开包括报告和广播。

2.20 使用公开本质上是一种公共场合的视觉公开，如展览、销售、演示、未经录音的电视广播以及实际上的公众使用。

2.21 只有在一项发明的主题明确包含在文献中时，该文献才会破坏所述发明的新颖性。因此，处于审查过程中的专利申请的每个权利要求的主题，都应与各出版物的内容进行单独比较。缺乏新颖性的情形仅出现在出版物本身包括了该项权利要求的所有技术特征（也就是说，该出版物预见到该项权利要求的主题）的情况。

2.22 然而，缺乏新颖性的缺陷也可能是隐含在该出版物中的，即所属领域技术人员在实现该出版物的教导时，不可避免地达到属于权利要求范围的结果。总的来说，专利局只有在没有正当理由怀疑该现有技术教导的实施效果时，才应指出此类缺乏新颖性的问题。

2.23 应当注意，在评价新颖性时，不允许将现有技术中分别记载的方案组合在一起使用。

创造性（非显而易见性）

2.24 判断创造性（也被称为非显而易见性）时，需要考虑的问题是，该发明对所属领域技术人员来说，是否是显而易见的，这可能是实质审查过程中最难判断的标准。

2.25 专利的立法中加入这样一个要求，是建立在这样一个前提基础上的，即专利保护不应该给予人们已了解的现有技术，也不应当给予可以使所属领域技术人员从现有技术中直接推导出的结果。

2.26 “普通技能”的表述，是为了排除能找到的“最佳”的专家。其目的是将该人仅限于一个在相关国家该领域中具有一般技能水平的人。

2.27 应当指出的是，新颖性和创造性是不同的判断标准。只要发明和现有技术之间有任何差别，就存在新颖性。只有当存在新颖性时，才会提出“是否有创造性”这个问题。“创造性”这个术语所传达的意思包括：所述发明是新的这一点还不够，也就是说，即使所述的发明与现有技术存在不同，这种差异还必须有两个特点。首先，它必须是“发明的”，也就是一种创新想法的结果，并且它必须是一个步骤，即它必须显著。在现有技术和所述的发明之间必须存在清晰可辨的差异。这就是为什么在一些地区，存在比现有技术“提升”或“进步”的概念。

2.28 其次，要求这种提升或进步对所述发明来说，必须是重大的或者是实质性的。

2.29 为判断所依赖的这种差异的实质是否具有创造性，应当将现有技术从整体上予以考虑。因此，与判断新颖性不同，处于审查中的权利要求的主题，不应当与每个出版物或其他公开方式单独比较，而应当与它们的组合进行比较，才可确定每种组合对所属领域技术人员是否是显而易见的。这种组合可以是全面的，然而权利要求可以单独定义一系列已知的主题，例如一种新型洗衣机，其包括一种特定形式的马达连接到特定类型的泵上。要否定创造性，不仅这种组合而且对于组合元素的选择都必须是显而易见的。应当与现有技术相比较的，是所发现的差异的总和，并以此判断显而易见性，而不应当与每种新要素单独比较，除非这些要素之间并没有技术关联。

2.30 在大部分情况下，从以下 3 个方面判断创造性是较为实用的，即

——要解决的问题；

——问题的解决方案；和

——如果有的话，该发明参考的背景技术的有益效果。

2.31 如果该问题已知或是显而易见的，则应当针对所述方案的原创性进行审查。如果在该发明中没有发现创造性，则问题变为，其结果是否是显而易见的，或者结果在本质上或在其程度上是否是令人惊讶的。如果所属领域技术人员都可以提出该问题，并且以所述方式解决该问题，还能预见其结果，则缺乏创造性。

发明的公开

2.32 可专利性的一个附加条件为该申请是否充分公开了发明内容。

2.33 专利申请应当以充分清楚的方式公开该发明，并使所属领域技术人员能够实施该发明。

2.34 说明书应当描述至少一种所述发明的实施方式。如果可行，则应当以举例的方式描述，并且在有附图的情况下，应参考附图。在某些国家，要求说明书公开申请人所知的该发明的最佳实施例。

2.35 无论是否有实质审查，一些地区规定了异议程序，这种异议程序既可以在授权前提出，也可以在授权后提出。设计这种异议程序的目的，是允许第三方对专利申请的授权提出反对意见。

2.36 为了使异议可以被提出，公众必须了解申请的内容，这一点是通过专利局在官方期刊或公报上公开其内容的方式来实现的，其主要内容为：

——该申请可以公开让公众审阅；和/或

——专利局将授予专利权，除非异议是在规定的期限内提出的；或

——该申请已被授予专利权。

2.37 提出异议的理由是由相关的立法机构规定的。总的来说，异议可以根据任何不符合实质性要求的理由提出。然而，一些国家的法律将异议的理由仅限于特定的实质性要求。这些典型的理由包括，缺乏新颖性、创造性或工业实用性，发明公开不充分，或者由于对专利申请的修改超出该申请的原始公开范围。一些地区允许提出异议的理由是申请人无权拥有专利权。

3. 专利申请的撰写及提交

发明的确定

2.38 撰写专利申请的首要任务是发明的确定。

这包括：

——总结所有必要的特征，这些特征的结合解决了特定技术问题；以及

——对这种结合进行审查，根据自己的判断，决定其是否符合可专利性要求，特别是创造性的要求。

2.39 在此过程中，可以获得对该发明精髓的全面理解，这对说明书和权利要求书的撰写有很重要的帮助。

2.40 发明经常包括超过一项新的特征。因此确定关键特征是非常必要的，并且要解释为什么这些特征构成了解决问题的有效方案。这有两个重要的原因。首先，权利要求应当越宽泛越好，最宽泛的权利要求是由最少数量的特征限制的。其次，在确定了关键特征和其效果后，就有必要问这种效果是否可以通过其他方式获得，也就是说，在同样达到最终结果的情况下，该特定的特征是否可以被替代或改变。这不仅对撰写权利要求很重要，因为权利要求必须足够宽泛以包括这些代替或选择，而且对撰写发明的说明书也很重要，因为说明书必须包括这些代替或选择的细节，以使宽泛的要求得到说明书的支持。

专利申请的实际撰写

2.41 撰写的实践和要求随国家不同而不同。然而，在撰写专利申请时一般应符合三方面的要求。

2.42 第一，要求申请应当仅和一项发明有关，或者应当与属于一个总的发明构思的一组发明相关。这被称为“发明单一性”的要求，在撰写权利要求时非常重要。

2.43 第二，说明书应当以足够清楚和完整的方式公开发明，并使得所属领域普通技术人员能够实施该发明。这点非常重要，因为说明书的一个主要作用就是向第三方提供新的技术信息。在这项要求中，要注意一个重要的短语“所属领域普通技术人员”。这将简化说明，因为可以假定读者是有背景知识的和有学识的人，因此不必要去描述发明的每个基本细节。

2.44 第三，要开始申请，申请中必须包含限定保护范围的权利要求。权利要求必须清楚和简要，并且得到说明书的支持。本项基本要求是非常重要的，因为权利要求书是解释专利保护范围的基础。第三方是从权利要求中得知哪些他们可以做，哪些他们不能做。权利要求书不可以比其所描述的内容更加显著地宽泛或不同。

2.45 说明书的第一部分通常含有两个要素，即该发明的标题和发明所在技术领域的简要声明。通常此声明是以简短的介绍性段落的形式，并以短语“本发明涉及……”开始。

2.46 在说明书的第二部分描述背景技术。在起草此部分时，专利代理人通常会列出本发明已克服所存在的任何问题或困难。以前任何解决这些问题或困难的方案都应当被描述，最好通过清楚地列出当前和以前方案之间差异的方式描述。本部分也可以描

述发明的目的，也就是说，该发明要达到什么目的。说明书的第二部分对更好地理解该发明非常重要，并且将该发明与现有技术相区分。

2.47 说明书的第三部分应以容易理解的术语概括该发明。专利代理人一般先以总括的方式描述该发明，并与他在主要权利要求中准备使用的措辞相对应。通过这种技巧，代理人可以避免由于所描述的发明和在权利要求书中所确定的发明之间存在差异的争论。这种以总括方式所作的描述，通常是继之以一系列的段落，在这些段落中列出该发明不同的优选特征。这些段落通常构成从属权利要求的基础，而这些从属权利要求紧接在宽泛的主权利要求之后。

2.48 在说明书的第四部分中，一般会发现两个要素，即附图说明（如果存在合适的附图的话）以及该发明的一个或多个实施例的详细说明。例如，如果该发明涉及某种形式的机械物体，则应包括附图说明方案，该物体的正面图和剖视图。所描述附图的各要素在附图中应当编号，并且这些编号还会被应用在说明书的实施例中。

2.49 如果发明涉及一个电路，使用附图可以有效地显示电路中那些不同元件或组件之间的连接。为了引用方便，这些元件或组件应当编号。这些附图一般不应当含有文本内容。然而，也有例外情况，如在不影响附图线条的情况下，仅使用单个描述的词语。因而在任何描述电路的附图中，例如，标准的组件可以通过标注框的形式在附图中标注。类似地，当发明涉及一个过程，附图可以通过框图、示意图或流程图表的形式表示，并且所包括的块或框应当被适当地标注。

2.50 当发明涉及化学领域，附图可以是一个或多个化合物的化学式。当发明涉及冶金领域，附图可以是一张图解，例如组分的相位图。

2.51 通常实施例的描述包括一个段落，其简要地描述本发明的实际操作。例如，如果所涉及的是一台机器或一个电路，则机器或电路的操作方式对理解该发明是极其有帮助的。

2.52 权利要求书是任何一件授权专利的中心或核心内容，因为申请专利的目的是为了得到保护，而权利要求书确定了保护范围，也就是说，权利要求清晰地确定了专利权所提供的排他权的范围。因此，在准备专利申请的过程中，专利代理人工作中最重要的一项任务就是确定权利要求的措辞，它以说明书所公布的技术特征的形式阐释该发明，并且不得含有任何提及商业优势的内容。

2.53 专利代理人撰写的系列权利要求一般以一项宽泛的主权利要求开始，并且继之以多项范围较窄的权利要求。撰写该宽泛权利要求的目的，是为了避开准备申请时就已知的现有技术。专利代理人以更窄的方式撰写后续的权利要求，希望这样产生更强的权利要求，能经受住更多的在专利局审查过程中产生的相关现有技术的预料，或者能经受住异议或无效程序。应当强调的是，在任何一项后续的权利要求中附加发明的一些要素，都会使该权利要求更强。

2.54 更狭窄的权利要求通常是跟在宽泛的主权利要求之后的，它们通常会引用一项或多项在先的权利要求，因此被称为从属权利要求。任何一项从属权利要求引入的特征，必须在说明书中找到依据。这通常被解释为，这些特征是为产生本发明更好的技术形式的优选特征。

2.55 专利的最后一个组成部分是摘要。摘要是对说明书和权利要求书简短的概要。摘要可以使第三方快速地获得发明实质内容的信息。必须强调的是，摘要不能用做解释保护的范围。

2.56 撰写摘要的指导方针是，它可以有效地作为特定领域检索的搜索工具。因此，摘要应当在公布允许的范围内，越简洁越好。总体来说，它应当包括 50～150 字。

4. 专利申请的审查

形式审查，申请日和优先权日

2.57 现在有必要按照申请在专利局的进度，解释其中 3 个方面的工作，即

——形式审查；

——检索；和

——实质审查。

2.58 在以上任何一个方面的工作中，其正常的审查程序是为了实现专利局审查员和申请人之间的沟通机制，这主要是以书面方式进行的。专利代理人在某种程度上扮演的是中间人的角色，他需要接收专利局的通信文件，向申请人建议合理的后续动作，并按照申请人的要求，对专利局的通信文件做出答复。

2.59 在形式审查之前，需要审核申请文件，以保证确定申请日的所有要求都被满足。这项审核是最重要的审核，因为如果没有确定申请日，则专利申请就会被认为从未被提交过，也就不会有后续程序。申请日在整个审查程序中非常重要，因为它构成很多特定行为的起算日期，如专利权期限，以及在适当的情形下，根据《巴黎公约》保护工业产权的条款，确定在其他国家的后一申请的优先权日。申请日（优先权日）与评价新颖性和创造性也是密切相关的。

2.60 优先权可以建立在一件国家申请、地区申请或国际申请的基础上，只要这些申请的提交时间在之前的 12 个月以内。其效力是以在先申请的申请日替代该国家申请的申请日，这对评价新颖性和创造性所要求的相关现有技术尤其重要。

2.61 所有《巴黎公约》和 TRIPS 的成员都可以享有优先权。然而，应当注意的是，对于非《巴黎公约》的成员国，许多国家法律规定，可以根据互惠的双边协议给予优先权。

2.62 对于希望在一个或多个国家寻求保护的申请人来说，优先权有许多实际的好处。由于并不要求申请人在本国和外国同时提出所有申请，因此申请人有最多 12 个月的时间决定希望在哪些国家得到保护。申请人可以利用这段期限，合理地按既定步骤在对其有利的多个国家获得保护。

2.63 一件申请的申请日一旦确定，一般就会立即进行形式审查。其审查内容包括以下几点：专利代理的委托（如果已委托），请求书的内容，发明人的声明，针对说明书、权利要求书和附图的各项要求，以及申请中包括摘要的要求。在形式审查过程中，申请人会被给予修改申请中所发现缺陷的机会，如果此类缺陷没有在规定的期限内修改，专利局就会驳回该专利申请。

检索

2.64 根据相关法律所规定的审查程序，检索或者与实质审查分开并且在实质审查之

前进行，或者与实质审查同时进行。无论哪种情况，检索的目的都是确定该发明相关领域的现有技术。在检索过程中，专利局核查所收集到的文献，以确定是否有任何文献描述了与申请中相同或相近的技术方案。

2.65 如果检索与实质审查分开进行，应当向申请人传送检索报告，并列出：

——在检索中所定位的公开了该发明相同或相近主题的文献目录；以及

——申请中的权利要求应当与每件上述文献相比较。

2.66 该报告还可以指明检索的范围，即可能检索的文献种类、检索的时间跨度、检索的特定技术领域。

2.67 检索本身应当是对所收集的专利文献的检索，这些专利文献是根据特定的技术领域，主要为了检索的目的进行整理的。技术期刊上的论文和其他所谓的非专利文献可以作为这些专利文献的补充。这些收集文献的总合通常被称为“检索文件”。

2.68 专利局可以仅在检索文件中所包括的文献进行检索，也可以在一个或多个商业数据库中进行附加的在线计算机检索，还可以在互联网上检索。检索不应扩展到除出版物以外的公开方式，并且特别不能寻求确定是否通过公开使用的方式而进行的公开。这种类型的公开，即使存在，仅会在实质审查的时候予以考虑，条件是由于第三方的行为已使此种使用引起专利局的注意。

2.69 检索首先应当涵盖所有直接相关的技术领域，然后可以扩展到相近的领域，但这种扩展必须由审查员按照每个案例的具体情况来决定，还应当考虑在直接相关的技术领域的检索结果。必须意识到的是，尽管检索的理想目标是尽可能做到全面，但由于分类体系和信息检索系统中存在不可避免的不足因素，此目标并非一定要实现，而且如果需要将成本控制在合理的范围内，这个目标在经济上也不尽合理。

实质审查

2.70 实质审查程序的目标是保证专利申请满足一定的可专利性条件。在本质上，这是为了在授予专利权时避免以下情况：

——在立法的特定条款中，从专利保护中排除的发明；

——该发明不是新的发明，不具有创造性，和/或不适于工业应用；或者

——该发明在所提交的文件中，没有以清楚和完整的方式被充分公开。

2.71 与形式审查一样，申请人会被给予消除在实质审查阶段出现的任何缺陷的机会，如果申请人没有在规定的期限内消除缺陷，专利局就会拒绝授予专利权。

2.72 允许对专利申请进行修改符合申请人和公众的利益。这不仅可以消除缺陷并以此获得更好的专利授权，而且通过对澄清公开内容的修改，不仅可以对发明作出更好的描述，还可以对专利权保护范围进行更加准确的限定。

2.73 不是所有的修改都被允许。作为一个总的原则，如果修改的内容超出了申请原始公开的范围，那么就不允许进行这种修改。

2.74 应当注意的是，由于任何一部专利法的目的都是为了保护发明，所以仅当审查的结果明确妨碍授权的情况下，专利局才可以拒绝授予专利权。总的来说，应当站在申请人利益的角度来消除疑虑，因为关于专利有效与否的最终判决通常取决于法院。

授权和公告

2.75 如果当审查的结果对申请人有利，也就是说，当所有必要的形式要求和实质要求都被满足的情况下，并且假设没有人提出异议或者异议不成立，专利局将授予该申请专利权。从专利局方面来说，这涉及特定的行为。

2.76 首先，在专利授权以后，专利的详细资料将进入专利登记簿。登记簿一般包括著录项目信息，如专利号、申请人/专利权人的名称和地址、发明人的姓名、原始的申请号、申请日、特定的优先权信息以及发明名称。登记簿不包括任何技术信息。

2.77 另外，在需要缴纳年费以维持专利权有效的国家，登记簿还应包括这些费用的缴纳时间信息，还可以列出任何被记录的许可或转让的信息。

2.78 因此登记簿对第三方尤其是专利权人的竞争对手非常有用，因为它描述了专利权的实际状态。在一些国家，法院可以接受登记簿摘录的经核准的副本，作为相关专利真实状态的证据。

2.79 其次，专利局在官方公报上公布专利权的授权范围以及规定的著录项目信息。官方公报上的记录内容可以包括摘要或主要的权利要求，当有附图时，还包括最有说明性的附图。

2.80 再次，向申请人发出授权证书，这是确定其拥有该专利权的法律文件。授权专利的副本也同时发出。

2.81 最后，专利局一般以印刷的形式公布专利文件。最近，某些专利局决定仅以电子形式公布特定类型的专利申请，如包括序列表的申请或页数较多的专利申请。专利文件的副本由专利局提供给专利图书馆等使用，作为技术信息的来源，还可以提供给第三方使用，当然这要付出一定的费用。许多专利局还在优先权日或申请日以后 18 个月公布申请。

2.82 如上所述，要维持专利权在保护期限内持续有效，需要向专利局每年缴纳规定数额的续展费或维持费。例如，在一些存在延迟审查制度的国家，甚至在专利授权以前也要缴纳维持费。在一些国家，维持费并不要求每年缴纳，而是每三至五年缴纳一次。还有少数的一些国家不需要缴纳维持费。

5. 侵权

专利权人的排他权

2.83 总的来说，专利权人获得了可依法施行的权利，来决定谁可以以及谁不可以实施其专利发明。只要专利权人已缴纳任何必要的续展费或维持费，他就可以在专利权期限内一直保留其权利。

2.84 专利权人对其发明所拥有的法定权利一般限制在几个不同的方面。

2.85 首先，限定垄断范围的权利要求可以由法院根据授权前没有发现的缺陷进行修改或认定无效。

2.86 其次，如果发明是对较早存在专利的改进或发展，专利权人需要获得许可并且要向在先专利的持有人支付专利许可费用。

2.87 再次，专利权人的权利通常受到专利法的限制，这与其专利有效性的问题有较大不同。例如，在大多数专利制度中，专利权人被要求实施其发明，如果专利权人希望保留其垄断权利，就需要或者自己实施，或者通过许可他人使用的方式实施其专利。如果已获专利权的发明被证明没有在这个国家实施或者未被充分实施，则会向第三方授予非自愿许可。

2.88 最后，对专利权人实施其发明的第四项法律限制，是其已获专利权的发明经常会被政府使用，或者被经政府批准的第三方使用，这需要在公众利益的要求下使用，使用的期限由协议或由法院确定。

2.89 除上述提及的限制情况外，专利权的授予允许其权利人禁止他人实施其专利发明。权利人的权利被称作排他的，是由于该权利允许禁止他人实施该发明，还由于其他人在未通过许可的方式获得同意使用时，权利人就成为唯一被允许实施该发明的人。实践中，专利权人的排他权主要应用在两个方面，即对侵权的保护以及转让和许可部分或全部权利的可能性。关于专利发明许可的内容将在下一章讨论。

2.90 侵犯专利权人持有的排他权，涉及第三方未经授权而实施其专利发明。该发明的制造及其在工业应用方面的开发，通常会涉及专利申请人和权利的未来持有者数目可观的花费。专利权人因此希望通过实施专利发明的方式补偿这些花费，特别是通过销售该发明产品的方式获得补偿。

权利的实施

2.91 行使专利权的主动权完全在于专利权人。专利权人负责查明侵权行为，并促使侵权人注意其侵权行为。许多司法管辖区有严格的规定，其专利权人在不会招致包括损害在内的严厉反措施的情况下，如不是建立在充分理由的基础上，则他们不可以威胁采取法律行动。在法律中这些规定的主要目的，是为阻止专利权人威胁所指控的侵权者的客户，而没有追踪主要的侵权人。在实践中，一封指明其专利权的存在的措辞得体的信件，可以含蓄地暗示当侵权继续发生时，专利权人将会采取法律诉讼。这样的信件已被证明可以相当有效地抑制侵权。

2.92 如果侵权人的侵权行为是持久的，专利权人可以考虑是否能够通过提供许可的方式解决。许多初始的争议都在早期通过许可的方式协商解决了，许可的条款反映了双方议价的能力。但如果专利权人不愿意向被许可人许可其可以接受的期限，专利权人可以求助于法律诉讼，通过控告侵权并寻求制止侵权的禁令。对希望继续这场竞赛的侵权者来说，其不变的法律回应是请求宣告专利权无效。

2.93 绝大多数的专利侵权争议都没有到达诉讼阶段，而是通过协商解决。对那些确实已采取法律诉讼的情况，极少超越预审阶段，常见的结果是在法院听证之前解决，这可能需要非官方仲裁员的帮助。

侵权的类型

2.94 可能出现侵犯专利权的方式有以下几种。第一种情形是，第三方故意侵犯一项专利权，并且没有任何避免侵权行为的意图。这可以通过直接复制该发明或仅涉及微小的变化或修改的方式进行。发生这种侵权形式的原因，可能是由于第三方毫无道德可言，或者是因为听从其专利代理人的建议，认为该专利存在问题，或该专利的一项或多项权利要求是无效的。

2.95 对于这种形式的侵权，关于是否存在侵权的问题一般是毫无争议的。如果专利发明的所有技术特征都被复制，则确定发生侵权，接下来要解决的问题就是该专利权的权利要求是否有效。

2.96 第二种情形，侵权是故意的，但侵权人有意图为避免侵权行为显露出来做了一些掩饰。这种侵权在以下的情况下经常发生，当一项发明通过包含本发明的产品销售的方式被公开，或在出版的专利文献中被公开，或在一些其他出版物中被公开，第三方就会获得想法。出版物通常会概述问题并给予解决问题的方法。第三方就会努力构思出做相同事物的替代方法。尽管第三方可能真的试图回避该专利，但其仍然利用了发明人的基本构思，其结果并不总是明显不属于该专利权利要求的范围。这可能是专利权人面临的最常见的侵权形式，它导致了绝大多数的诉讼。

2.97 最后一种情形是偶然的侵权案件。只要专利权人遇到任何体现其发明构思的事物，他会当然地认为他的发明被复制。而这并不是必然如此的，因为许多人可能会同时工作去解决一个特定的问题。例如，不同大型机构的研究部门可能都会致力于解决一个类似的问题。同样，可能有几家公司，被要求通过投标合同的方式解决一个特殊问题或达到某种结果，在这样做的过程中所产生的相似想法，则可能涉及该专利发明。因此，尽管专利所有人可能会以为他的发明被复制，但实际上，第三方是通过不同的途径完成相似的（如果不同）方案。

确立侵权的要素

2.98 要确立侵权，专利权人必须证明以下要素：

——实施了禁止行为；

——禁止行为必须在专利申请公布以后发生，或者当没有早期公布时，在颁发专利以后发生；

——禁止行为必须在专利授权的国家发生；

——禁止行为必须是关于属于专利权利要求范围的产品或者方法。

◎ 禁止行为

2.99 一项禁止行为构成侵权的最重要的因素是，它包含了制造、使用、销售或进口专利产品，或者使用专利方法以及制造、使用、销售或进口通过该专利方法直接获得的产品。

2.100 制造专利产品指的是实际生产载于专利说明书和权利要求书中的专利产品。这里说的制造也指工业生产，特别是以商业规模进行的生产。产品的制造方法以及质量，与判定是否侵犯涉案专利的专利权无关。但是，在大多数国家，关于制造专利产品构成侵犯排他权的法律规定，都有以下 3 条例外规定：

——仅以科学研究和实验为目的制造专利产品的；

——包含在产品中的发明创造申请专利之前，第三方已经开始制造该产品的；

——根据非自愿许可，或者政府在考虑公共利益的基础上而授权，生产专利产品的。

2.101 涉及专利方法的，只有制造以该专利方法直接获得的产品，才能称为禁止行为。这里所说的“直接”是指“不需要进一步改造或者修正的”。

2.102 判断应用专利方法直接获得的产品侵权的难点之一，就是如何证明该产品是通过涉案的专利方法直接获得的。有些国家的法律在实践中部分解决了这一问题，这些国家的法律中对方法专利引入了如下的假设前提使举证责任倒置：如果依专利方法直接获得的产品在专利申请日或优先权日是一种新产品，那么第三方生产出的完全相同的产品则被认为是依据同样的方法获得的。还有一些国家的法律作了进一步的规定，并通过不限制最终产品须是新产品的方式消除该难点。

2.103 使用专利产品，并不要求这种使用是反复的或连续的。原则上，使用行为本身即构成禁止行为，与使用专利产品的主体或者使用目的无关。专利产品的使用构成禁止行为，与该专利产品是否由专利权人生产无关，也和该专利产品得到专利权人的授权或没有得到专利权人的授权无关。

2.104 在大多数法律中，都有以下五条关于使用专利产品构成侵权的除外规定：

——仅以科学研究和实验为目的使用专利产品的；

——所使用的专利产品，是由该发明的专利权人投放到该国市场的，或者是由专利权人授权的他人投放的；

——使用专利产品的行为发生在临时通过本国境内的交通工具上；

——使用专利产品的第三方拥有继续生产这种产品的特殊权利；

——获得非自愿许可，或者政府在考虑公共利益的基础上授权后，使用专利产品的。

2.105 销售专利产品构成禁止行为，与所销售的专利产品是否由专利权人所生产，或者是否得到专利权人的授权无关。任何符合专利说明书和权利要求书描述的产品都是专利产品，即使它并非由专利权人授权生产。

2.106 进口产品就是指把组成或包含专利产品的物品引进到该专利权获得保护的国家境内。因此，进口是指跨越边境线将产品运输至该国领土范围内的客观行为，与该产品从哪个国家进口无关。而且，与进口的目的是使用还是销售无关，与是否免费发放无关。另外，它还与进口的产品在其生产国或者出口国是否享有专利保护无关。

2.107 与专利产品的使用、销售、进口相关的原则，就这些行为的定义而言，亦可比照适用于通过专利方法直接获取产品的使用、销售和进口。

◎ 专利申请公布之后或专利授权后

2.108 构成侵权的第二个要素，即禁止行为必须是在专利申请或专利权被公布之后完成的。这与正常的审判相反，如果在发明创造的细节还不能被公众所知的时候，第三方被指控侵权，则这一指控则有违公平且不成立。

◎ 在专利权被授予的国家内

2.109 构成侵权的第三个要素同样毫无疑问。通常来讲，专利的保护范围不超过授予其权利的国家的国境线。本国的专利法在其他国家没有效力。但是，在小部分国家中，特别是英联邦国家，如果英国的专利权人提出申请，那么英国的专利的保护范围就可以扩展到这些国家，这种申请通常要在专利授权之日起三年内提出，并且要在相应国家进行专利登记。

◎ 在专利权利要求范围内

2.110 构成侵权的第四个要素通常是任何专利诉讼的决定因素。在所有的国家中，专利的保护范围都是由权利要求确定的。权利要求的含义由法院作出最终解释。法院依据本国的法律和一定的法规和规章来依次解释权利要求。因此，权利要求的含义依赖于对其作出解释的司法管辖区域。

2.111 特别是在普通法系中，法院试图从权利要求的文字描述中确定权利要求范围，从而判断所谓的侵权构成是否同权利要求中文字表达的构成一致。

2.112 要想判定一个特定的构成是否侵犯某特定的发明专利权利要求，需要把权利要求分解成单独的要素，然后将这些要素分别与所谓的侵权构成要素进行比较，判断是否一致。如果在不需要进行过多的引申情况下，权利要求就能与所谓的侵权行为构成相匹配，那么侵权成立。另一方面，如果权利要求中包含的某一限制，在所谓的侵权行为中没有找到，那么就不能认定为侵权。

2.113 在比较权利要求的各个要素和所谓的侵权行为的构成要素时，要回答以下几个问题：

——是否所有的权利要求的构成要素都能在侵权行为中找到？

——是否所有的要素都具有相同的表现形式？

——是否所有的要素都具有相同的功能？

——要素之间的关系是否相同？

2.114 在涉案的权利要求有效的前提下，如果对于以上问题的答案都是肯定的，那么侵权成立。一种侵权的专利产品或者方法必须包含权利要求中记载的发明创造的任何一项要素。

2.115 当然，对于侵权的认定并不总是一目了然。例如，如果仅是形式上发生变化而最终结果没有改变的话，不影响侵权的认定。对于专利方法的步骤所作出的调整，如果最终取得同样的结果，也不影响侵权的认定。如果权利要求的构成要素都存在于指称的侵权行为的构成要素中，那么即使指称的侵权行为存在另外的构成要素，也不影响侵权的认定。

2.116 解释专利权利要求的一个难点是如何确定在所谓的侵权行为中等同的要素是否能被替代。这就是所谓的“等同原则”，它在许多国家的诉讼实践中广为知晓。简单地说，这个原则明确了如果侵权方基本上使用了已经获得专利权的发明创造，而仅替换了其中一个要素，而且这个替换的要素与记载在专利权利要求中的要素在技术上和功能上等效，则不管这个替换的要素是否已经作出改进，都不应该允许侵权方继续其行为。等同原则仅限于当侵权方所作的改变与记载在权利要求中的要素在作用方式和产生结果上都相同的情况。

专利权人可得到的救济方法

2.117 当侵权成立时专利权人可申请的救济方法，通常在各国的专利法中都对此作出规定。一般有两种方式：民事制裁和刑事制裁。

2.118 概括地说，在故意侵权的情况下，民事制裁在所有侵权案件中都适用，但刑事制裁只有符合特定的条件时才适用。

2.119 通常可获得的民事制裁包括损害的赔偿，禁令的授予，或者一般法律中规定的其他补救方法，如查封或者销毁侵权产品以及用以生产该产品的工具。

2.120 如果专利权人在法庭中确认了侵权行为已经发生或正在发生，其有权要求损害赔偿，赔偿的数额将由法庭评估。对于侵权损害赔偿的计算，仅从专利局对专利申请或专利权的公布之日起算。对损害数额的计算至少包含两种途径。一种途径是侵权行为给权利人造成的财务损失。第二种途径是通过统计所得利润来确定损害数额。并不是说专利权人必须获得侵权方在侵权产品中获得的全部利润，尽管如此，所统计的利润额与实际的利润也非常接近。损害数额也可以通过被许可人所付的实施许可使用费的金额来评估。在这种情况下，法院所确定的每件产品的损害数额不会低于其每件产品的许可费，由于发生的是损害而不是许可，所以很有可能法庭会判定更高额度的损害数额。

2.121 在一些国家的国内法中，如果侵权人能够证明在侵权发生时他不知晓且没有理由知晓专利权的存在，那么侵权人可不负赔偿责任。

2.122 禁令是对侵权行为的禁止命令。在这种情况下，法院会发布让侵权者停止制造侵权产品或停止侵犯专利权行为的命令。如果侵权行为还没有实施，但是由第三方已经做好了侵权行为的准备（“即发侵权”），那么禁令就意味着不会开始侵权行为。

2.123 刑事制裁取决于本国的刑事法律和司法程序。通常的刑事制裁手段包括入狱监禁或者罚款，也可能两种手段同时使用。

6. 专利发明的利用

出售发明

2.124 单单评估产品本身是不够的，发明者还应该调查是否存在充足的应用其发明的产品的市场需求。

2.125 谁会买这些产品？潜在市场人群有多大？这是很难评估的，但是它却是产品生存的关键。相关政府机构公布的关于当地人口和潜在市场份额的统计数据，以及私人公司做出的调查结果，能够为研究预期市场中的年龄结构、婚姻状况等提供基础。

2.126 对于一些更加精密的技术，研究机构、跨国公司等对处于萌芽期的和尚未完善的技术的发展越来越感兴趣，以达到完成技术进步、获得研究成果并且在竞争者中保持领先的目的。

2.127 “试销”是很多大企业在开始全面商业生产前的一个步骤。它们将有限数量的产品推出到被看做是潜在市场的典型人群中。即使是小型企业，在把过多的时间和金钱投入到最后有可能卖不出去的产品之前，也需要考虑使用这种方法。

2.128 发明人基本可以利用两种方法，将创意变成产品。他可以转让或者许可一家企业来实施他对产品的创意。他还可以自己成为生产者，如果可能的话可以通过自己开设工厂或者同加工型企业订立合同。

2.129 一些企业冷静接受关于产品的新奇创意。经常，企业被公众主动提出的各种创意所包围，这些创意中很多都是不值得一提的。大型企业通常会向自己的研发部门投入大量资金。从管理上讲，自己内部的开发有优势。有些企业也担心发明人会在企业开发相同创意的时候却宣称其创意是窃取的。

2.130 比较大型的企业经常将其处理外来创意的政策和程序公布出来。有一些还专门成立“创意收集部门”。多数企业更希望发明人仅将有关创意的专利文件复制一份发给他们。或者，发明人也可以在一提交申请专利时就把专利申请的复印件交给企业。

2.131 当提交一件不能申请专利的创意时，发明人应该在提交之前弄清楚企业对于主动提出的创意的政策。一些企业保留了对于他们认为适合创意的定价权。

2.132 当一个已经申请了专利的创意被接纳，发明人可以选择是转让专利权获得一笔固定的收益，还是同企业签订实施许可协议。

7. 强制许可

2.133 专利权人许可他人实施专利，被看做是“自愿”许可，与此相对应的还有“强制的”或“非自愿的”许可。自愿许可的受益人在获得发明的专利权人的授权后可以实施原来受排他权限制的行为。以订立合同的形式进行授权，通常被称为许可合同，它是由发明专利的权利人和许可的受益人签订的。对比之下，非自愿许可的受益人在获得政府违背专利权人意愿的授权后，可以实施原来受排他权限制的行为。

2.134 在非自愿许可被授予的国家中，这种许可通常可以分为两类：

在滥用专利权的情况下：一些国家通过给予强制许可来防止专利所赋予的排他权在实践中可能的滥用。《巴黎公约》第5条A款第2项规定，不作为就是这种滥用行为的一个例子。

为了公共利益：一些国家会在公共利益保护需要的前提下给予强制许可，这些公共利益包括健康、国防和经济发展。

给予非自愿许可，以杜绝专利权的滥用

◎ 专利的不实施

2.135 对“实施”的定义乃是各国国内法应规定的，它通常至少包含以下内容：对于产品专利，指的是产品的制造；对于方法专利指的是方法的使用过程。一些国家的法律中还特别规定了，进口包含发明的产品不构成实施，但目前的倾向是不作这样的规定。作为一项原则，实施既可以由发明专利权人本人完成，也可以通过订立实施许可合同由其他单位或者自然人完成。

2.136 开始的时候我们已经谈到一项专利必须公开其发明使本领域技术人员能够实施。因此，虽然一些专利没有被实施，但专利还是被认为是对工业有益处的，它的公开能够启发其他的发明。另外，专利中的发明在超出保护期之后就进入了公有领域，也就是说，保护期过后，对已公开的专利技术任何人都可以不经专利权人许可而免费使用。

2.137 尽管有上述这些优点，一些国家仍然认为，为公平起见，授予专利权的发明应该在授权的国家内被实施，而不仅仅是作为一项排他权限制他人实施和控制进口。规定获得专利权的发明要在本地实施的主要目的是促进技术的传播，专利技术在本国的实施被看做是将技术传播到这个国家的最有效率的途径。

2.138 关于在特定的国家中反对进行强制实施的争论主要由两部分组成：首先，这种强制实施发明的行为可能与传播技术的目的相悖；其次，在经济上也不可行。

2.139 反对非自愿许可的第一个观点认为，相对于自愿许可它们在鼓励技术传播上的效率更低，而且很可能事与愿违。从另一个角度来说，自愿许可清楚地表达了通过技术的传播可以获得利益，但是非自愿许可就不能扮演这样的角色，而应当被限制为更正实践中的专利权的滥用。

2.140 当转让者和被转让者（在本节中，指的是专利权人和潜在的被许可人）处于合作的氛围时，技术的传播才能达到最好的效果。这种合作通常会造成非专利技术的公开，这种公开是制造可供商业销售的产品所必需的，但就获得专利权的公开要求而言不是必需的。在非自愿许可的情况下，这种合作的氛围和对非专利技术的公开都是不存在的。因此，给予专利的强制许可的结果仅仅是对于专利发明的实施权，这很可能会阻碍技术的充分传播。

2.141 另外，在经济学角度，要求专利权人在他获得专利权的每一个国家都制造专利产品是不可行的。这种要求否认了地区间和国家间市场的结合以及不同国家或地区间的比较优势。比如，专利权人会发现，结合了专利技术的产品或依专利方法生产的产品，可能在一个国家利用一套生产设备来进行生产会更便宜，其他国家的需求可通过进口来满足。事实上，专利权人会发现，组成专利产品的各个独立的部分（这些部分也分别受专利保护）分别在几个国家或地区生产然后在一个国家或地区用一套设备组装成最终产品是最好的。

2.142 有两点可以作为对非自愿许可质疑的回应。首先，虽然一些国家作了这样的规定，但提出申请的人非常少，即使提出申请也很少被给予强制许可，这些规定在实践中发挥的作用并不大。其次，这样的规定提供了一种在法律上的可能，即使这些规定很少被申请执行，这种可能也会鼓励专利权人更主动地进行自愿的许可。然而，对于鼓励技术充分的持续的传播来说，自愿许可的合作环境要比强迫的环境更有效率。

2.143 《巴黎公约》第5条A款第2项特别规定了本联盟各国都有权采取立法措施规定授予强制许可，以防止由于行使专利所赋予的专有权而可能产生的包括不实施在内的滥用。《巴黎公约》第5条A款第4项还规定，由于不实施或不充分实施发明而请求强制许可，必须在这种不实施或不充分实施的行为已经持续一段时间之后才能请求。这一期限是从申请专利之日起4年届满或者从授予专利权之日起3年届满。在个案中的具体应用时间，以后届满的期限为准。

2.144 3年或者4年的期限被认为是专利权人在享有专利权的国家开始实施其专利的最少的准备时间。如果专利权人能够为他的不作为提出合理的理由，那么他将会得到更长的期限，例如，法律上、经济上或技术上的障碍阻碍了在该国实施或者充分实施该发明。如果这些理由成立，那么强制许可的请求将会被驳回，至少一开始会被驳回。3年或者4年的期限只是一个最低的期限要求，在各国的法律中可以规定更长的期限。

2.145 《巴黎公约》第5条A款第4项还进一步规定，由于不实施或不充分实施发明而请求的强制许可，必须是非独占许可，而且如果转让该许可，还必须与利用该许可的部分企业或商誉一起转让。专利权人必须保留授予其他非独占许可的权利和自己实施专利技术的权利。另外，因为强制许可被授予给有一定能力基础的特定企业，那么它就同这个企业捆绑在一起，不能脱离这个企业单独转让。这些限制都是为了防止获得强制许可的人在市场中获得比强制许可目的更高的市场地位，即保证专利技术在本国内充分实施。

◎ 程序性保障措施和补偿金

2.146　给予强制许可的结果就是对专利权人的有价值的财产权的使用。由于授予这样的许可没有经过专利权人的同意，那么就应该建立起包括有效的上诉程序在内的程序保障措施，来保证强制许可的恰当授予和有效执行。TRIPS 第 31 条也就保障措施作了规定（见以下章节，TRIPS 下的强制许可）。

2.147　具体来说，授权机构，比如专利局，应该保证给予强制许可的各项条件均已达到，并允许专利权人对此陈述自己的意见。另外授权机构还应该保证强制许可的受益方要支付给专利权人适当的使用费，并且当给予强制许可的条件不存在时，或强制许可的受益方没有履行义务时强制许可可以被撤销。

2.148　强制许可的给予并不意味着受益方（被许可方）可以不用支付实施许可费。相反，对于这个问题各国的法律通常都规定了被许可方应该根据发明实施情况支付给专利权人使用费。

◎ 权利滥用境况下的专利权的丧失与撤销

2.149　虽然在绝大多数情况下，强制许可的给予能够充分地纠正专利权的滥用，《巴黎公约》第 5 条 A 款第 3 项预想了当强制许可的授予不足以防止滥用时，可以规定撤销专利权。该段还进一步规定："自授予第一个强制许可之日起两年届满前不得提起取消或撤销专利的诉讼。"

为公共利益授予非自愿许可

2.150　一些国家规定即使没有发生专利权的滥用，但是当强制许可是为了保护公共利益所必需的途径时，也可以给予强制许可。总体来讲，为了公共利益而授予的强制许可可以划分为使私营团体受益、使政府受益和使政府的代表人受益 3 种情况。

◎ 为公共利益使私营团体受益而授予的非自愿许可

2.151　为公共利益使私营团体受益而授予的强制许可，所谓"从属专利"的情况就是一例。如果不实施一项专利（"基础专利"）就无法实施另一项专利（"从属专利"），可以应用强制许可来弥补这种情况。在这种情况下，如果从属专利的专利权人无法在合理的条件下得到基础专利的权利人的实施许可，那么从属专利的权利人可以对基础专利请求强制许可。如果没有这种可能性，基础专利的权利人就可以通过拒绝给予实施许可从而阻碍从属专利的实施。这种阻碍实施从属专利的情况在一些国家被认为是妨害公共利益的，由于公共利益要求可以不受妨碍地实施所有的专利发明。

2.152　一些国家的法律规定，一旦这种依赖的情况发生，就可以给予强制许可。另一些国家的法律要求从属专利相对于基础专利应具有不同的目的，或者从属专利相对于基础专利具有实际的技术进步。后一种规定有助于避免申请人仅对无足轻重的发明申请专利而应用强制许可制度来实施重要的发明。

2.153　为了平衡双方专利权人的利益，一些国家法律中还规定了如果从属专利的权利人获得了对基础专利的强制许可，那么基础专利的专利权人也可以获得对于从属专利的强制许可。

2.154 作为对不实施的补充，一些国家还规定如果专利的使用触犯了反垄断的法律，那么它就是违反公共利益的，可以通过对其专利授权实施强制许可，或者使它失效或无效，作为对违反反垄断法律的行为的制裁。

◎ 为公共利益使政府或其代表人受益的而授予的非自愿许可

2.155 相当数量的国家都允许政府为了公共利益不经专利权人同意实施发明，或者委托第三方作为其代表人实施发明。通常有如下三种典型的情况：国防安全、国民经济和公共卫生。

2.156 在多数涉及公共利益的情况下，政府应该有足够的权利，违背专利权人的意志授权给任何单位或者个人作为政府的代表通过各种方式来实施已获得专利保护的发明。在每一个特定的案例中，政府都要确定通过何种方式实施。

2.157 这种保护公共利益的手段能够很好地适应在国家发生危机时的情况。拿医疗设备来举例，在流行病突然爆发时迅速地进口医疗设备非常必要。如果专利权人不愿意进口也不愿意在合理的条件下签订许可合同，那么政府就可以决定由其他的单位来进口这种仪器或者自行进口。一旦流行病得到控制，那么，就没有理由再使用这种手段，专利权人也就可以重新获得对其专利的完全控制权。

◎ 程序性保障措施和补偿金

2.158 因为给予强制许可是在未经专利权人许可的情况下将专利权人的有价值的财产的使用权授予他人，所以应该建立程序性保障措施，来保证强制许可只有在条件允许时才能授予，并且其有效期不超过条件允许的持续期。另外，还应该为专利权人提供补偿金，作为使用其财产权的费用。TRIPS 第 31 条对保障措施作了规定（见下文）。

◎ TRIPS 下的强制许可

2.159 引自第 5 章中关于解释 TRIPS 的部分。TRIPS 第 31 条中允许成员授权第三人实施专利技术，即使这种授权违背了专利权人的意愿，并规定了这种授权要满足某种先决条件。协定中并没有规定或者限制在何种情况下能够进行这种授权。

2.160 如果成员的法律允许这种强制许可，包括政府或者其代表授予的强制许可，也包括所规定的其他形式的在没有获得专利权人许可的情况下对专利技术的使用，那么都必须满足如下的条件：

（a）授予强制许可必须考虑个案的特点，意即对于强制许可的申请必须分别考虑每个案例的情况。

（b）强制许可只能在申请强制许可方已经努力按合理的商业条款和条件请求权利持有人给予许可，但在合理的期间内这种努力没有成功的情况下，才能授予。在国家处于紧急状态或者有其他极端紧急的情形下，或者在公共的非商业性使用的情形下，成员可以放弃这一要求。

（c）强制许可的范围和期限应受许可使用目的的限制。并且在半导体技术的情形下，只能限于为公共的非商业性使用，或者用于为反竞争行为而给予的补救。

（d）强制许可必须是非独占性的。

（e）强制许可不得转让，但与享有强制许可的企业或者商誉一起转让的不在此限。

(f) 强制许可应当主要是为了供应给予许可的成员的本国市场。

(g) 在对被许可人的合法利益给予足够保护的前提下，如果导致这种许可的情况已不存在，并且不大可能再发生时，强制许可应当终止。

(h) 应当根据每一案例的情况，并考虑许可的经济价值，向权利持有人支付足够的报酬。

(i) 有关强制许可决定的法律有效性，应当受到司法审查，或者受到该成员内其他明显更高一级机关的独立审查。

(j) 有关强制许可支付报酬的决定应当受到司法审查，或者受到该成员内其他明显更高一级机关的独立审查。

(k) 如果允许强制许可是对确定为反竞争行为给予的补救，各成员没有义务适用(b) 项和 (f) 项规定的条件。在这种情形，在确定报酬的数额时可以将纠正反竞争行为的需要考虑在内。如果导致强制许可的情况可能再发生时，主管机关则有权拒绝终止强制许可。

(l) 在两项专利有从属关系并分属于不同所有人的情况，如果在后专利的利用，会不可避免地侵犯在先专利的情况下，还应适用以下的附加条件：

——与在先专利声称的发明相比，在后专利声称的发明中应当包含具有相当大的经济意义的重要技术进步；

——在先专利的所有人应有权以合理的条件依交叉许可使用在后专利的发明；

——除与在后专利一起转让外，就在先专利许可的使用是不可转让的。

8. 实用新型

2.161 很多国家知识产权的保护中包含对实用新型的保护。从本质上讲，实用新型就是某些发明的名称，在绝大多数保护实用新型的国家的法律中，实用新型是指在机械领域的发明。这就是为什么实用新型的保护客体有时被表述为装置或有用的东西。实用新型与可获得专利的发明的区别主要有两个方面。首先，实用新型对于技术上的进步（创造性）的要求要小于可获得专利的发明对于技术上进步的要求。其次，法律规定的实用新型的最长的保护期通常比可获得专利的发明的最长保护期要短很多。在有些国家中，实用新型的发明人所获得的证书也称为专利。如果被称为专利，为了与发明专利相区别，它总是被具体地称为“实用新型专利”。

第 2 节　版权与相关权

1. 引言

2.162 版权法是法律涉及智力创作者的权利那一部分的一个分支。版权法涉及各种特殊形式的创作性，主要与大众传播有关。它实际上与所有形式和方法的公开传播有关，不仅涉及印刷出版物，而且涉及广播电视、在电影院公开放映的影片等，甚至涉及用于信息存储和检索的计算机化系统。

2.163 版权涉及智力创作者对其创作享有的权利。大多数作品（如图书、油画或素描）只要体现为有形物即可存在。但有些作品的存在不体现为实物。例如，音乐或诗歌即使没有以音符或文字记录下来，甚至在记录下来之前就已经是作品了。

2.164 但版权法仅保护思想的表现形式，而不保护思想本身。版权法保护的创作性是在选择和编排文字、音符、颜色、形状等方面的创作性。版权法保护艺术作品的权利所有人防止他人“模仿”，换言之，防止他人攫取和利用作者原创作品的表现形式。

2. 版权保护

2.165 版权保护尤其是一种促进、丰富和传播民族文化遗产的手段。一个国家的发展在很大程度上取决于其国民的创作性，鼓励个人的创作性并使之普遍化对于进步而言是必不可少的。

2.166 版权构成发展过程中的基本要素。经验表明，民族文化遗产的丰富与否直接取决于给予文学和艺术作品的保护水平。一个国家的智力创作数量越多，它的声誉也就越高；文学和艺术产品数量越多，它们在图书、唱片、娱乐业的所谓“辅助者”（表演者、录音制作者和广播组织）的队伍也就越大；总之，鼓励智力创作实际上是所有社会、经济和文化发展的一个基本前提。

2.167 立法不仅可以为智力作品的创作者提供保护，而且可以为协助传播这些作品的辅助者在其自己的权利方面提供保护。对发展中国家而言，保护这些智力创作者的辅助者也十分重要，因为其中一些国家的文化成就在很大程度上也包括各种民间文学艺术创作的表演、录音和播放。尽管发展中国家常常需要外国图书（特别是科学、技术、教育和研究领域的图书），但它们也能向世界大量提供其民族文化遗产。通过保护这些辅助者的权利或所谓的相关（邻接）权，这种民族文化遗产可以在版权立法的框架内受到保护。

2.168 法律的通过是第一步。法律的实际价值在于其卓有成效的实施。这可以通过建立收取和分配作者报酬的适宜的作者组织来实现。版权通过有效行使，可以刺激作者及其受让人（出版者）创作和传播知识。社会只要希望鼓励智力创作，确保科学、艺术和知识进步，促进使用作品的产业发展，并使这种作品能够以有序的方式在感兴趣的公众成员范围内尽可能广泛地发行，就必须接受版权这种事物。

2.169 从作品创作者的角度看，只有在创作者实际通过这种作品获益的情况下，版权保护才有意义；如果他的作品没有出版和传播，以及这种出版和传播没有得到促进，这是不可能发生的。这就是版权在发展中国家所起的基本作用。

2.170 在发展中国家，除大多数作者和智力创作者本身的经济条件（他们需要获得奖励和补贴）外，还有若干因素影响智力创作。纸张短缺，难以生产继续教育（正式和非正式的）进程所需要的教科书，也难以生产规定的和推荐的图书及一般图书，这些图书在这些国家应是普通人均能得到的。

2.171 政府在这一活动中的作用可以包括：资助教科书及其他教育文学的创作和生

产，为培训投资，协助扩充图书馆系统，创建服务于边远乡村地区的流动图书馆，等等。在这一完整的链条中，各个环节（创作、出版、发行、在广泛的基础上促进图书馆运动）的作用均不能低估，而是需要细心地培育和协调。

2.172 在19世纪后期和20世纪，一方面社会经济和政治上发生重大变化，另一方面技术上有了迅速发展，使得人们对版权的看法发生实质性改变。新闻业的自由和扩展，封建命令的逐渐消失，成人培训和大众教育方案的兴起，高等教育标准的提高，大学、高等教育机构及图书馆的增多，对使用本民族语言的强调，科学技术的发展，世界版图随着诸多新独立的发展中国家的出现而发生的改变，所有这些因素均导致观念上的变化。

2.173 这一新形势提出的挑战是维持这样一种平衡：既使作品的创作者获得适当的回报，又确保这种回报与公共利益及现代社会需求协调一致。

3. 版权保护的客体

2.174 版权保护的客体包括文学、科学和艺术领域内的各种产物，不论其表现方法或形式如何。但作品要享有版权保护，它必须是原始创作。作品中反映的思想无须是新的，但表现它们的形式（不论是文学还是艺术的）必须是作者的一种原始创作。最后，保护与作品的质量或价值无关（一件文学或音乐作品不论根据不同品味而被认为是好是坏，均受到保护），甚至也与打算实现的创作目的无关，因为作品可能具有的用途与它受到的保护没有任何关联。

2.175 符合版权保护条件的作品通常是一切原始智力创作。这些作品在各国版权法中均有非详尽的、示例性的列举。作者的作品要受到版权法的保护，就必须来源于作者本人，即它们必须是经作者劳动而产生的。但版权保护不要求作品通过想像力、创造力的检验。作品不论质量如何，以及在与文学、艺术和科学几乎毫不相干的情况下（如纯粹的技术指南、工程设计图甚至地图），均受到保护。这种一般规则的例外情况在版权法中有明确的列举，例如，法律及官方决议或单纯的每日新闻通常被排除在版权保护范围之外。

2.176 从实践来看，各国版权法均规定对以下各类作品的保护：

文学作品：小说、短篇故事、戏剧及其他任何文字作品，不论其内容（虚构的或非虚构的）、篇幅、用途（娱乐、教育、信息、广告、宣传等）、形式（书写、打字、印刷；图书、小册子、活页、报纸、杂志）如何，不论是否发表；在大多数国家，“口述作品”（未转换为书写形式的作品）也受版权法保护。

音乐作品：不论是严肃音乐还是轻音乐，是歌曲、合唱、歌剧、音乐喜剧还是轻歌剧；如果用于教学，不论是用一件乐器（独奏）、几件乐器（奏鸣曲、室内乐等）还是多件乐器（管乐、管弦乐）演奏。

美术作品：不论是平面的（如素描、油画、蚀刻、石印等）还是立体的（雕塑、建筑作品），不论其内容（具象派的或抽象派的）、目的（“纯”艺术、用于广告等）如何。

地图和技术绘图。

摄影作品：不论其主题（肖像、风景、时事等）和拍摄目的如何。

电影片（“电影作品”）：不论是无声片还是附带音轨，也不论其用途（影院放映、电视播放等）、种类（影视剧、纪实片、新闻片等）、长度、拍摄方法（“实”拍、卡通等）、技术过程（画面制作在胶片、磁带、DVD 上）如何。

计算机程序（或作为文学作品或作为单独一类作品）。

2.177 很多国家的版权法还保护“实用艺术作品”（艺术首饰、灯具、壁纸、家具等）和舞蹈作品。有些国家也将唱片、磁带、广播节目视为作品。

4. 版权中包含的权利

2.178 受保护作品的版权所有人可以根据自己的意愿使用作品（但不能无视他人的合法权益），并可以排除他人擅自使用作品。

2.179 因此，法律赋予受保护作品的版权所有人的权利往往被称为授权他人使用受保护作品的“专有权”。

2.180 除了经济性的专有权之外，受版权保护的作品的原作者还享有“精神权利”。

2.181 “使用”受版权保护的作品的含义是什么？大多数国家的版权法均对涉及作品的各种行为进行了界定；除版权所有人之外的其他人未经版权所有人授权，不能实施这些行为。

2.182 这种需要经版权所有人授权才能实施的行为通常包括：作品的复制、作品的公开表演、作品的录音、作品的电影摄制、作品的播放、作品的翻译、作品的改编。

复制权与有关的权利

2.183 版权所有人制止他人复制其作品的权利是版权中最基本的权利。例如，出版者实施的行为是制作受保护作品的复制品，他希望以印刷复制品形式或者诸如 CD - ROMs 等数字媒介形式向公众发行以文字为基础的作品的复制品。同样，录音制作者生产和发行录有音乐作品表演的光碟（CDs）的权利，是部分基于这种作品的作曲者给予的在录音制品中复制其乐曲的授权而存在的。因此，控制复制行为的权利是对受保护作品进行多种利用的法律基础。

2.184 国内法中还确认了其他权利，以确保基本的复制权受到尊重。例如，有些国内法中包括授权发行作品的复制品的权利。发行权通常在特定复制品经首次销售或以其他方式转让所有权后穷竭，这意味着，在版权所有人销售作品的特定复制品或以其他方式转让其所有权后，该复制品的所有人可以不经版权所有人的进一步许可而处置该复制品，如赠送甚至转售他人。另一种正得到越来越广泛的确认并被纳入 TRIPS 的权利（见第 5 章 5.241 段），是授权出租某些类作品（视听作品、计算机程序和包含在录音制品中的音乐作品）的权利。确认出租权是合情合理的，因为技术发展已使复制这些类作品变得非常容易。一些国家的经验已表明，复制品是由出租店的顾客制作的，所以，为防止版权所有人滥用复制权，控制出租业务的权利是必不可少的。最后，作为防止影响版权的地域性原则的一种手段，一些国家的版权法中还包括控制复制品进口的权利；换言之，版权所有人如果不能根据地域性原则行使复制权和发行权，其合法经济利益就可能受到危害。

表演权

2.185 另一种需要经授权才能实施的是公开表演的行为，如在观众面前公开朗诵、演戏、演唱、演奏。控制这种公开表演行为的权利不仅对本来打算用于公开表演的作品的版权所有人具有重要性，而且当其他人希望安排对本来打算用于复制和出版的作品进行公开表演时，对这些作品的版权所有人及其授权的人也具有重要性。例如，一件本来为在家庭或图书馆阅读而以特定方式撰写的作品，可以转换（改编）成打算用于在剧院舞台上公开表演的戏剧。

录制权

2.186 这里讨论的第三种行为是对受版权保护的作品进行录音。就音乐而言，录音制品是向广大公众传播作品的最佳手段。录音制品对于音乐作品，就像图书对于文学作品一样适应相同的目的。

2.187 录音制品中可以仅包含音乐或仅包含词句，也可以既包含音乐又包含词句。授权制作录音制品的权利属于音乐版权所有人，也属于词句版权所有人。如果两个版权所有人不是同一人，而且录音制品中同时包含音乐和词句，录音制作者必须分别取得两个版权所有人的授权。

2.188 依照一些国家的法律，录音制作者还必须取得演奏音乐以及演唱和朗诵词句的表演者的授权。这是说明这一事实的又一例子，即版权所有人不能以损害他人的法定权利的方式使用或授权使用作品。

摄制权

2.189 “电影片”是给观看者以动感的视觉录制品。在版权法的技术语言中，它常被称为“电影作品”或“视听作品”。在一些国家，“电影胶片”一语被用来替代“电影片”这一表述。或许“电影片”的表述更为可取，因为在当今，这种产品往往借助不需要使用摄影胶片的技术方法（诸如磁带）来制作。

2.190 本来为表演者直接在观众面前表演（现场表演）而撰写的戏剧，可以进行视觉录制并放映给人数远多于来到表演现场的观众；这些观众可以在远离表演现场的地方和在远晚于现场表演的时间观看该电影片。

播放权

2.191 版权所限制的主要的一种行为，是播放作品和以有线方式或通过电缆向公众传播作品的行为。

2.192 当作品被播放时，就会有无线电信号发射到空中，在信号覆盖的范围内，任何人只要拥有将信号转换成声音或声音兼图像的必要设备（收音机或电视机），就能接收到这些信号。

2.193 当作品通过电缆向公众传播时，所传输的信号只有拥有与信号传输电缆相连接的设备的人才能接收到。

2.194 原则上，根据《伯尔尼公约》，版权所有人享有授权无线播放和通过电缆传输其作品的专有权。

2.195 播放和通过电缆传输受版权保护的作品，引出了因技术发展而产生的新问题，这些技术发展可能要求政府重新审查其国内版权立法。它们包括空间卫星被用来扩展无线电信号覆盖的范围，收音机、电视机与电缆传输信号相连接的可能性不断增加，以及能够录制被播放节目的或通过电缆传输的声音和图像的设备被越来越多地使用。

翻译权与改编权

2.196 对受版权保护的作品进行翻译或改编的行为需要经版权所有人授权。

2.197 “翻译”是指以不同于原文的语言来表述作品。

2.198 “改编”一般被理解为将作品由一种体裁改变成另一种体裁（如改编小说以摄制电影），或改变作品而使之适应不同的利用情况（如将本来为高等教育编写的教科书改写成供较低程度的学生使用的教科书）。

2.199 译作和改编物本身也是受版权保护的作品。因此，为了复制和出版译作或改编物，出版者必须分别取得原作品的版权所有人授权和译作或改编物的版权所有人授权。

精神权利

2.200 《伯尔尼公约》要求成员国赋予作者：

——就作品主张作者身份的权利；

——反对任何曲解、篡改或以其他方式窜改作品，或其他可能损害作者名誉或声望的与作品有关的毁损行为。

2.201 公约要求这些权利（通称“精神权利”）不受一般经济权利的影响，甚至在经济权利转让之后仍由作者保留。

5. 相关权

2.202 有一些权利与版权相关或相“邻接”。这些权利一般被简称为“相关权”（或“邻接权”）。

2.203 一般认为有3类相关权：表演艺术家对其表演享有的权利，录音制作者对其录音制品享有的权利，以及广播组织对其广播节目享有的权利。相关权被尝试用来保护那些辅助智力创作者向一般公众传播其作品及其寓意的辅助者。

2.204 智力作品是为了尽可能广泛地传播而创作的。作者本人一般无法实现这种传播，因为这需要媒体的介入，即以其专业能力赋予作品各种适合于将它们呈现给广大公众的形式。戏剧需要在舞台上展现，歌曲需要艺术家来演唱，需要以录制品形式来复制或借助广播设备来播放。所有使用文学、艺术或科学作品以将它们公开提供给其他人的使用者，其自身也需要受到保护，以防止对其在传播作品的过程中所作出的贡献进行非法使用。

2.205 现在来讨论一下，为什么对智力创作者的辅助者给予这种保护被认为是必要的，以及这种保护是如何发展的。对作者利益的保护并不仅在于防止对其创作的使用，也不能仅限于禁止对法律赋予作者的权利的侵害。他们的作品是用于向一般公众提供的。不同种类的作品以不同方式提供给公众。出版者复制定稿形式的手稿，而不对作者创作的作品的表述进行补充。图书出版者的利益是通过版权本身来保护的，而法律也确实承认：版权作为一种激励因素，不仅对创作性写作是必要的，对支撑出版经济也是必要的。

2.206 对于戏剧、音乐作品、哑剧或其他类通过听觉或视觉感知的创作性作品，情况稍有不同。在某些这类作品向公众传播时，它们是通过表演者来展现、表演或朗诵的。在这种情况下，产生了表演者自身的、与使用其个人对作品的表演有关的利益。

2.207 随着技术的迅速发展，关于这类媒介的问题已变得比较敏感。尽管在21世纪初，戏剧家、演员、音乐家曾经中止了他们在戏剧或音乐会中的表演，但由于摄影、广播、电影、电视、录像和卫星的出现，情况不再会是这样了。

2.208 这些技术发展使表演有可能固定在各种不同的物质（唱片、盒式磁带、磁带、胶片等）上。先前在礼堂内面对人数有限的观众所能进行的局部化的、直接状态的表演，已变成一种越来越长久的、能够在跨越国境的无数观众面前不受限制地反复复制和使用的表现形式。广播和较近一些年的电视的发展，也产生了类似的影响。

2.209 这些技术创新使得复制表演艺术家的个人表演，并在他们未到场且使用者无须与他们达成协议的情况下使用这些表演成为可能，因而导致现场表演的数量减少。这造成后来人们所称的职业艺术家的技术性失业，从而增加了保护表演者利益的重要性。

2.210 出于完全相同的原因，录音、盒式磁带和近年来的光碟（CDs）在技术上的不断发展以及它们的迅速激增，也表明有必要保护录音制品制作者。录音制品具有很大的吸引力，而且人们很容易在市场上买到各种越来越精密的录制设备，这就引发了日益严重的盗版问题，它现在已成为世界性灾害。此外，广播组织也在越来越频繁地使用录制品和光碟；尽管广播组织的这种使用为录音制品及其制作者作了宣传，但反过来，这些录音制品也成为广播组织的日常节目的基本组成部分。因此，正如表演者在寻求对其自身的保护一样，录音制作者也开始寻求其自身应受保护的理由，以防止对其录音制品的擅自复制，并且因录音制品被用于播放或其他方式的向公众传播目的而要求获得报酬。

2.211 最后，还有广播组织对其各自编排的节目享有的利益。广播组织要求为这些利益以及针对其他类似组织转播其节目而对其身给予保护。

2.212 这样，对表演者、录音制品制作者和广播组织给予特别保护被认为是必要的。表演者通过其国际组织开展了一项研究，得出应给予其保护的结论。尽管表演者可能因他人录制其表演而获得一次性报酬，以及表演的录制品可以为第三人的利益而用来反复播放，但表演者仍然认为：他们不仅不会从这种次要使用中获得任何收入，而且还会被置于一种危险的境地，即不得不将其可能在剧院、餐馆、咖啡厅等场所进行现场表演的职业与其表演的录制品来竞争。

2.213 与大多数国际公约沿袭国内立法并由现行法综合而成的情况不同，《罗马公约》尝试在很少有国内法存在的新领域内建立国际规范。这意味着大多数国家在同意参加该公约之前均不得不制定和颁布法律。自从1961年该公约通过以来，一大批国家已就与该公约有关的重要事项进行了立法，其他若干国家也在考虑进行这种立法。

2.214 相关权的概念被理解为：越来越多的国家所赋予的保护表演者、录音制品制作者和广播组织的与其公开使用作者的作品、进行各种艺术表演或向公众传播国内外大事、信息及任何声音、图像的活动有关的权利。其中最重要的几类是：表演者防止未经其同意而录制以及直播或向公众传播其表演的权利；录音制品制作者授权或禁止复制其录音制品以及进口和发行擅自制作的复制品的权利；广播组织授权或禁止转播、录制和复制其广播节目的权利。越来越多的国家已通过主要在其版权法的框架内法典化的适宜规则，对这些权利给予了全部或部分保护。有几个国家还赋予表演者防止曲解其表演和要求在涉及其表演时提及其姓名的精神权利。一些国家还通过防止非预期的传送者在其境内或从其境内截收并传送任何发往或经过卫星的节目信号，来保护广播组织的利益。但对任何相关权所受保护的解释，均不能限制或妨害国内法或国际公约给予作者或其他相关权受益人的保护。

2.215 对表演者提供保护，是为了维护演员、歌唱家、演奏家、舞蹈家和演出、演唱、表现、朗诵、演奏或以其他方式表演文学或艺术作品或民间文学艺术表现形式的其他人的利益，以防止对其表演进行某些非法使用。录音制品制作者是指首次固定表演的声音或其他声音的自然人或法人。录音制品是指任何表演的声音或其他声音的单纯听觉固定物。录音制品的复制品是指包含直接或间接取自录音制品的声音，并具体表现该录音制品中固定的全部或大部分声音的任何物品。留声机唱片（唱盘）、磁带录音机的盒式磁带和光碟均属于录音制品的复制品。播放一般被理解为指利用无线电波来远距离传播声音和（或）图像以供一般公众接收。广播节目是指通过播放来传输的任何节目，换言之，是指为公众接收声音和声音兼图像而以任何无线方式（包括卫星传送）传输的任何节目。

2.216 以有线方式向公众传播一般被理解为指：通过电缆网络以声音或图像形式将作品、表演、录音制品或广播节目传输给不限于私人群体中特定个人的接收者。

2.217 声音的首次固定是指：最早赋予现场表演的声音或其他任何并非来源于已有固定物的声音一种持久的物质形式（如磁带、唱片或其他适宜器件），使它们能被反复感知、复制或以其他方式传播。声音的首次固定不应与录音制品的首次出版相混淆。

2.218 还有转播的概念，是指同时传输正从另一来源接收的节目的广播节目；重播［在英语中与转播是同一词］则是指重新、延迟传输正式录制的先前传输或接收的节目的广播节目。

2.219 必须阐明，由于艺术遗产在各国（包括发展中国家）的文化生活中受到充分的重视，对相关权的保护可以使那些为表演和传播这种遗产作出贡献的人享有权利。这对于某些主要拥有口头传统以及作者常常也是表演者的发展中国家尤其重要。在这方面，必须记住民间文学艺术作品的流传地，而且在使用这些作品的表演时，表演这些作品从而使之长久留存的艺术家的利益必须得到维护。此外，特别是在发展中国家，通过保护录音制作者也为经济中建立一项第三产业打下基础。这样一种产业在确保传播民族文化的同时，在本国和全世界均可以构成国家经济收入的重要来源，在这种产业活动跨越国境时，还可以体现为外汇的流入。广播组织在发展中国家所发挥的作用也不应忘记，同时还应想到，广播组织必然会对保护其节目以防止转播、复制和向公众传播表示关注。

6. 版权的归属

2.220 作品的版权所有人一般（至少最初）是创作该作品的人，就是说，是该作品的作者。

2.221 这一基本原则可以有一些例外。这种例外在国内法中均有规定。例如，国内法可以规定，在作品是由受雇来创作该作品的作者完成的情况下，该作品的版权所有人是雇主而不是作者。

2.222 但需要指出，不论版权所有人是谁，“精神权利”始终属于作品的作者。

2.223 在很多国家，版权（精神权利除外）可以转让。这意味着，版权所有人将它转移给另一自然人或法人，后者则成为版权所有人。

2.224 在其他一些国家，版权转让在法律上是无效的。但通过许可也能产生与转让几乎完全相同的实际效果。许可是指版权所有人在保留其所有人身份的前提下，授权他人行使其全部或部分权利，这些权利可能受到某些限制。如果这种授权或许可在整个版权保护期有效，而且涵盖受版权保护的所有权利（当然，精神权利除外），那么相对第三人而言，被许可人实际上处于与版权所有人相同的地位。

7. 版权保护上的限制

时间限制

2.225 版权不会无限期地延续下去。法律规定了一个时限或期间，版权所有人的权利仅在这一期间存在。

2.226 版权的时限或期间始于作品的创作产生，延续至作者死亡后的某一时间。法律作出这一规定的目的在于使作者的继受人仍然能够在作者死亡后享有经济利益，而且保护在作品的制作和传播过程中进行的投资。

2.227 在《伯尔尼公约》的成员国和其他很多国家，国内法规定的版权保护期为作者终身加作者死亡后至少50年。近些年来已出现延长保护期的趋势。

地域限制

2.228 这里讨论的第二类限制或例外是地域限制。一国法律仅对作品的版权所有人给予防止在该国实施受版权控制的行为的保护。为了受到防止在另一国实施相应行为的保护，他必须诉诸该另一国的法律。如果两国均属于同一国际版权公约的成员国，由这种地域限制产生的实际问题就非常容易解决。

被准许的使用

2.229 在法律规定的情况下，可以不经版权所有人授权而实施某些通常由版权控制的行为。这种例外的某些例子被称为“合理使用”。这种例子包括专为复制者的个人使用或私人使用（非公开使用）而复制作品；另一个例子是对受保护作品进行引用，只要指明引文出处（包括作者姓名），而且引用程度与合理惯例相符。

非物质作品

2.230 在一些国家，作品如果未以某种物质形式固定下来就不受保护。在一些国家，法律、法院判决及行政机构的决议被排除在版权保护范围之外。需要指出，在其他一些国家，这种官方文件并非不受版权保护，政府是这类作品的版权所有人，并以符合公共利益的方式行使这些权利。

其他各种限制

2.231 除了基于“合理使用”原则的例外，在国内法和《伯尔尼公约》中还可以见到其他例外。例如，在已授权播放作品的情况下，很多国内法准许广播组织为自己播放目的而制作该作品的暂时录制品，即使录制行为没有取得明确授权。一些国家的法律准许不经授权而播放受保护作品，只要向版权所有人支付合理的报酬。这种以获得报酬的权利取代授权实施某特定行为的专有权的制度，往往称为“强制许可”制度。这种许可之所以称为“强制”许可，是因为它们由实施法律而产生，而并非由版权所有人行使授权实施特定行为的专有权而产生。

8. 盗版与侵权

2.232　在某种需要版权所有人授权才能实施的行为由他人未经其同意而实施的情况下，版权所有人的权利受到侵害。擅自为商业目的复制受版权保护的客体和擅自商业经营这种复制品称为“盗版”。

<u>盗版的发生</u>

2.233　盗版的一个基本成分是：未经授权的活动是为商业利润进行的。这一商业利润要素意味着盗版往往是基于有组织的活动进行的，因为它不仅涉及作品的擅自复制，而且涉及非法复制品后来的销售或发行，这就需要有某种形式的有组织的发行网络或与潜在的购买者进行联系。对于消费者，所能看到的往往只是这种发行网络链条以一个销售盗版产品网点的形式出现的终端。但重要的是，特别是当解决有效应对盗版活动的手段问题时，要记住在这样一个网点的背后往往有一个经系统组建的非法企业，它非法复制有版权的作品并通过若干这种销售网点向公众发行。

2.234　尽管盗版不是近些年才有的现象，但已有两个方面的新发展使它呈现出惊人的程度，并危及版权制度的基础。

2.235　第一个方面是可用来传播智力作品的手段有了改进。在印刷文字的媒介之后，逐步有录音制品、音乐盒式磁带、电影、录像制品形式的录音录像传播媒介出现。同样，计算机的广泛商业化也成为录制和传播信息的又一种手段。最近一些年，数字技术的出现也对作品的创作、传播和使用产生巨大影响。

2.236　版权制度对这些发展作出的反应是逐步扩大赋予智力作品创作者的权利所控制的活动范围。但这些发展也扩大了盗版者干扰作者对公众使用和传播其作品实行控制的范围。

2.237　在智力作品的传播手段有了改进的同时，这些作品的有形载体的复制手段也有了重要改进。第二个方面的发展中最主要的是：

——印刷和复制的胶印技术以及复印机的发展；

——录音磁带的发明，光碟的出现，以及物美价廉的盒式录音机的研发，它不仅可以用已录好的盒式磁带放音，而且可以录制现场表演、广播或留声机放音；

——录像机的发明，它极大地扩展了观看电影和其他（主要是视觉）作品的方式。

2.238　这些发展产生的一个结果是：作者及其商业合伙人制作原始载体的费用与他人复制这样一种载体的费用之间有很大差距。就电影而言，制片者必须通过自己及其合伙人的投资，为编剧者及其他任何有关的作者、作曲者、主要演员、配角演员提供资金，承担外景地和场景设施费用，以及租用、购买精密的拍摄器材。但一旦电影的有形载体制作出来，特别是在以录像制品形式制作出来的情况下，该作品的其他载体就可以相当容易地以很低费用复制出来。这样，录制技术的改进就为盗版者便利地制作原作品的非法版本提供了手段。由于盗版者没有对原作品的制作进行任何投资，也无须收回投资成本，盗版复制品通常以较低的价格出售，从而妨碍了原作者、表演者、投资者和发行者可能就其作品和投资获得合理的精神方面和经济方面的回报。

盗版对消费者、创作者及其赞助者以及政府当局的影响

2.239　尽管消费者有时可能考虑盗版能使他们买到便宜的产品这种短期利益，但盗版者制作的复制品的质量却非常差。由于盗版者不向作者和表演者支付报酬，并侵占了出版者和制作者的经济收益，从长期来看，消费者还是受到盗版的损害。作者及其商业合伙人应获得的经济回报这样流向盗版者，也就打击了他们为新作品的创作付出时间、运用技巧和投入人力物力的热情。

2.240　由于盗版是一种秘密活动，通过盗版产生的收益并不纳税。政府税收这样减少的一个不利影响可能是艺术活动获得政府资助的数额的削减，因为这种资助的多少可能部分决定于由发行或销售受版权保护的作品产生的税收对政府预算的促进作用。

2.241　因此可以认为，盗版对构成版权制度的各种要素均有不利影响。结果，盗版可能会使版权制度准备促进的民族文化特性的形成和发展成为一句空话。

9. 法律救济

引言

2.242　侵害版权或相关权的法律救济是民事补偿，即由法院责令侵权人停止侵权并采取任何适宜的弥补措施，例如在报刊上纠正错误或承担损害赔偿责任。一些国家的法律还规定了罚金或（和）徒刑形式的刑事救济。由侵权产生的侵权复制品、侵权收益和用于侵权的任何工具通常会被没收。

2.243　在普通法国家，版权所有人可以就侵权得到的主要法律救济是制止继续侵权的禁令，以及因侵权使版权贬值而要求给予版权所有人的损害赔偿。联系盗版来看，由于它往往是作为一种有组织的活动进行的，这些法律救济可能出于若干原因而很难产生实际效果。

2.244　首先，制作和发行非法复制品的组织者可能在使用大量的临时销售网点。版权所有人可能会面对一种情况：只能确定其中一小部分网点的位置，却无法证明这些网点之间存在联系或为这些网点供货的共同来源。其次，对侵权开始采取行动的命令的送达，由于通知了盗版者或其非法复制品的发行者，可能造成指明供货来源和已进行销售的范围所必需的关键证据被销毁。再次，由于盗版往往可能具有国际规模，存在的一种风险是：盗版者的资金及其他财产可能从他被起诉的国家转移，从而使版权所有人无法获得损害赔偿。

2.245　这些困难突显了可以迅速得到的审前救济的必要性，这种救济手段将有助于收集盗版证据，以及防止证据的销毁和可据以主张损害赔偿的资产的转移。近年来，在很多普通法国家已应这一需要而出现了若干进展。

安东·皮莱尔禁令

2.246 在审前救济方面出现的新进展中，首先是所谓的安东·皮莱尔禁令。安东·皮莱尔禁令在英国上诉法院认可其后作为案例法的个案（Anton Piller K.G..v. Manufacturing Processes Ltd. ［1976］RPC 719）后定名，它是由法院签发的一种命令，以准许检查被认为其中正进行某种侵害原告版权的活动的房屋。这种命令具有以下若干特点，使之在发生盗版的情况下成为特别适宜的法律救济：

第一，这种命令可以单方面签发，即应版权所有人的申请，并在仅有版权所有人出庭而不预先通知被告的情况下签发。因而，这种命令的要旨在于出其不意地采取措施，防止被告销毁或转移关键证据。

第二，签发这种命令的有关条件使版权所有人能够检查被告的房屋和所有与被指称的侵权有关的文件（包括账单、发票、供货来源和顾客名单等商业信息）。由于有这些条件，版权所有人就能凭借赋予他的手段来证明盗版产品的供货来源和已进行销售的范围，反过来，这将有助于证明他可能有权索取的损害赔偿数额。

第三，这种检查令往往附带一种禁令，以制止被告以任何方式更改或转移在检查令中提及的物品或文件。

2.247 安东·皮莱尔禁令无疑可以成为一件打击盗版的重要武器。但由于它是按单方面程序签发的，因而需要谨慎从事，以确保其活动尚未经认定的被检查者的权利受到适当保护。特别需要指出，在可以签发这种命令的国家，法院一向要求采取两项保护措施。第一项是，只有在原告必须拥有检查权才能在双方当事人之间实现公平的情况下签发这种命令。为了符合这一标准，版权所有人通常必须证实：有明显的证据表明被告持有显示其侵权的文件或材料；如果预先通知被告，这些文件或材料确有被销毁或藏匿的可能或危险；以及被告被指称的不法行为对原告可能或实际获得损失赔偿产生严重影响。

2.248 第二项被经常要求采取的保护措施，是在执行这种命令时对被告的权利给予适当的尊重。在这一方面，可以要求在执行这种命令时，原告由其律师陪同，给予被告适当的机会来考虑这种命令，以及不违背被告的意愿而强行进入其房屋。当然，如果被告拒绝进入其房屋，将可能导致在以后审理中作出对其非常不利的结论。

2.249 关于安东·皮莱尔禁令，最后需要指出，这种命令的实际效果在一个案件中遭到怀疑。在该案中，被告辩称其享有不自证其罪的特权，以这种命令使其遭受被控犯罪的实际危险为由，成功地申请撤销了这种命令（Rank Film Distributors Ltd. v. Video Information Center［1981］2 All E.R. 76）。为使这种裁定不生效力，可能有必要像英国《1981年最高法院法》所做的那样，通过立法废止可据以拒绝服从安东·皮莱尔禁令而不自证其罪的特权。

要求第三人披露信息

2.250 在某些普通法国家，因他人的不法行为而受牵连的善意第三人，一向被裁定有义务向原告提供他所持有的与原告对不法行为人提起的诉讼有关的证据。这种裁定曾在英国 Nowich Pharmacal Co. v. Commissioners of Customs and Excise（［1972］RPC 743，［1974］AC 133）一案中作出过，其中作为某化学合成物专利所有人的原告发现很多人在向国内进口该化合物而侵害其专利权，但无法证明这些人的身份。这一信息由海关关长持有，因为进口者被要求按海关条例在项目表中填写进口者姓名和货物说明摘要。海关当局以进口者身份是作为秘密信息提供给海关的而拒绝披露。尽管如此，诸如海关当局等因疏忽而受他人不法行为牵连的善意第三人仍被裁定有义务向原告提供有关不法行为的信息。虽然该案涉及专利，但它也适用于版权，而且可能对无法证明盗版产品的进口者身份的版权所有人尤其有用。

2.251　一种相关的但更为有效的程序可见于1957年印度版权法第53条。这一规定使版权局局长可以下令，如果在印度境外制作的复制品在印度境内制作将侵害版权，这些复制品不得进口。这一条规定还授权版权局局长为检查被指称的侵权产品而进入任何船舱、码头或房屋。在涉及穿越印度境内运输盗版盒式录音磁带的 Gramophone Company of India Ltd. v. Panday（[1984] 2 SCC 534）一案中，印度最高法院批准了对这一条规定的适用。

临时禁令

2.252　为了最大限度地减少盗版造成的损失，版权所有人迅速采取行动，设法防止盗版的继续十分重要。因为只要盗版在继续，他就会丧失一部分可能属于他的市场，因而无法再获得其创作或投资的经济回报。采用临时禁令的目的是：在完整审理侵权行为之前的期间，为满足这一需要而给予快速的和临时的救济，从而防止原告的权利遭受无法弥补的损害。

2.253　临时禁令经历的困难之一是：它们本身反倒很容易成为对案件事实进行全面考虑的长时间审查，结果它们作为临时救济的实际效果也就大打折扣。在很多普通法国家，这已引起对中间救济依据的原则、特别是对原告得到临时救济而需要提供的证据的标准进行重新评价。

2.254　先前，版权所有人被要求证明这是一个有初步证据表明其版权正受侵害的案件，即根据对可能性的权衡来证明他提起的侵权案件可能遇到被告的抗辩。为了避免这一证据标准形成的延缓和持久程序，很多普通法国家现在已要求原告仅证明有“严重问题”需要审理即可。换言之，案件中涉及的法律问题的是非曲直仅需在中间阶段切合一点来考虑，即法院确信原告就侵权提出的主张不是无足轻重的。因此，是否应采用禁令的裁定是根据案件的事实情况作出的，特别是根据在中间阶段失利、后来在审理时被证实有利的一方当事人能否因其权利暂时受损而获得适当补偿作出的。

2.255　采用这一方法的中间程序，有助于避免过度延缓版权所有人在对其至关重要的期间（即其作品刚刚出版和销售的期间）得到救济。

最后救济

2.256　在普通法国家，版权所有人通常可以在侵权诉讼的终审后得到的两种救济是永久禁令和损害赔偿。采用永久禁令是为了防止侵权行为重复实施。为使禁令发生作用，往往一并签发强制侵权人交出受保护作品的所有侵权复制品的命令，这些侵权复制品随后将被销毁，以确保它们不能再被使用或销售。

2.257　给予版权所有人损害赔偿的目的，是使版权所有人恢复到其版权未受侵害时可能具有的状态。原告常常遇到一个影响他就损害赔偿获得满意的判决的困难，是就已进行销售的范围与其版权因此受到损害的程度进行举证。正是出于这一原因，旨在使原告有可能取得侵权证据的安东·皮莱尔禁令等审前救济在近年来取得的进展也就显得尤为重要。

2.258 与盗版特别有关的是，一些普通法国家就肆无忌惮地侵害版权的情节规定了额外损害赔偿。但在这些国家，原告必须证明侵权人的行为是故意和预谋实施的，以及他获得的经济利益超过了他本应给予的损害赔偿额，法院才能判决给予额外损害赔偿。

10. 知识产权与传统文化表现形式

引言

2.259 一个社区或民族的文化遗产是其保持属性以及将其过去与其现在及将来联系起来的实质所在。文化遗产也是“有生命”的——当传统艺术家和从业者将新的认识和感受注入其工作时，它也被不断地再创作。

2.260 因此，尽管传统可以被认为仅与模仿和复制有关，但它也涉及传统范围内的创新和创作。对于土著、本地及其他文化社区，传统可能是创作和创新的重要来源。对旧传统进行单纯的再创作和重复，未必是保存这种文化社区的特征和改进这种文化社区的经济状况的最佳方式。例如，手工艺品就反映了很多具有传统的社区为保持其属性以及改善其社会和经济条件，而将传统与具有现代特征的影响及文化交流结合起来的能力。

2.261 文化遗产对于处在传统和习惯环境之外的各方，诸如娱乐、时装、出版、设计及其他文化行业，也是灵感和创作性的来源。当今很多小型、中型和大型企业均利用传统文化的形式和内容来创造财富——地方合作社制作和销售手工艺品；工业纺织品生产商使用传统设计；录音制品出版商录制出版传统音乐；制药商利用有关本地药用植物的知识；旅游赞助商和娱乐联合大企业将各种形式的传统表现用于电影、娱乐主题公园和儿童玩具。

2.262 但传统、现代和市场之间的关系并非总是令人愉快的。对于新技术和文化、商业全球化可能造成世界上诸多文化社区鲜明的、多种多样的品性变得千篇一律，土著和传统社区表示了担忧。

2.263 还有人提出，传统文化表现形式以及创作、创新的传统形式并未受到现行知识产权法的适当保护，或在涉及现行知识产权法的情况下受到适当保护。土著和传统社区还特别提到：

——擅自对传统文化表现形式进行改编、复制并继而进行商业化，而他们未能分享经济收益；

——以侮辱、贬损和（或）文化侮辱方式使用传统文化表现形式；

——通过使用有关真实性或原产地的误导性标记或虚假标记，或采用相似的制造方法及“风格”，以让人联想到正宗传统产品的方式盗用传统文化表现形式的声誉或特征；

——不指明以传统为基础的创作或创新的来源。

2.264 从这些例子可以看出，对传统文化表现形式的保护可以是指对以下客体的保护：

——表现形式本身；

——与表现形式相联系的声誉或特征；和（或）

——表现形式的制作方法（如就手工艺品而言）。

2.265 对于保护传统文化表现形式，所有分支、所有形式的知识产权均是有意义的，不论是版权、相关权、商标、工业品外观设计、专利或反不正当竞争。但这一节的重点还是在版权和相关权方面，尽管其他知识产权在适当时也会被简要提及。

2.266 对传统文化表现形式的保护十分复杂并由此引出了基本的政策和法律问题。一个民族的文化遗产“属于”谁——它可以由谁以及在什么情况下作为创作性（其成果——如新音乐作品或外观设计——可以受知识产权保护）的来源使用？知识产权“保护”与文化遗产意义上的“保存”（“维护”）之间的关系是什么？哪一种知识产权政策最符合社会以及土著及外来社区竭力追求的文化多样性和文化多元性的需要？怎样才能最大限度地满足土著和传统社区的需求和期望？哪一种知识产权政策和机制最能鼓励作为可持续发展的组成部分的创作性？最后这一问题也许最关键——知识产权怎样才能最大限度地作为以传统为基础的创作和创新的工具，因而也是作为经济发展的工具？

2.267 这一节将在提及以下题目的情况下，比较详细地探讨这些问题：

——对“传统文化表现形式”的有效描述；

——WIPO 过去和现在的活动；

——土著和传统社区的知识产权需求和期望；

——保护传统文化表现形式的趋势和历程；

——理念和政策问题；

——WIPO 近期与未来可能的发展。

对“传统文化表现形式”的有效描述

2.268 诸如“传统文化表现形式”（也称“民间文学艺术表现形式”）、“土著文化和知识产权”、“无形和有形文化遗产”（也许是其中概念最宽泛的）等术语的含义和范围，在本地、国内和国际上一直都在讨论。它们可能包含极为广泛的一大批来源于全世界诸多社区的各种各样的习惯、传统、艺术表现形式、知识、信仰、产品、制作方法和地点。这些术语没有被广泛接受的定义，因为什么被认为是“文化遗产”或“传统文化表现形式”取决于对此概念进行界定的背景和目的。

2.269 在涉及知识产权的这一领域的国际政策讨论中，“传统文化表现形式”和“民间文学艺术表现形式”两个术语是作为同义语使用的。“传统文化表现形式”（或 TCEs）在这一节中作为中性工作术语使用，因为有些社区已对“民间文学艺术”一语的负面含义作出保留。传统文化表现形式或民间文学艺术表现形式可能常常与具有技术性的传统知识或秘诀（如生态或医疗知识）结合在一起，但这一狭义的传统知识在概念上是有所区分的，对它的保护引出了不同的政策问题。本章不直接阐述对技术性传统知识的保护。

◎ 有形和无形的文化表现形式

2.270 传统知识的“表现形式”（或民间文学艺术的“表现形式”）可能是无形的，

也可能是有形的，但最常见的是两种形式混合的。来自北美的合并有形和无形成分的传统文化表现形式的例子包括：以嵌花图案描述《圣经》故事的非裔美洲人的被子；纽芬兰的圣诞节“化装演出”习俗，村民在此期间表演各种精心设计的象征性动作、演奏、食肉、饮酒、跳舞和制作扮演戏装；以及新奥尔良的狂欢节“印第安人游行”，他们展示了民间文学艺术的有形成分（服装、乐器、独木舟）和无形成分（音乐、歌曲、舞蹈、吟唱）不能分割的一个实例。

◎“传统”一词的使用

2.271 文化存在于长久的生产过程中；如上所述，它具有积累性和创新性。因而，“传统”一语并非指“古老”，而是指文化表现形式来源于传统或基于传统产生，指明土著或传统居民或与土著或传统居民相联系，以及能以传统方式制作或进行。

2.272 这从知识产权观点来看是具有意义的，因为与某一社区已有的基本传统文化（可以称为严格意义上的传统文化或民间文学艺术）不同，由社会当前几代人创作并基于或来源于已有传统文化或民间文学艺术的文学和艺术产物比较容易受知识产权保护。

2.273 已有传统文化一般是世代传承（即古老），由一个或一个以上的群体或社区“拥有”，以及可能是来源不明的，以致作者身份的观念在任何情况下都是具有意义的。已有传统文化本身、特别是其表现形式一般不受现行版权法保护，从知识产权制度的观点来看，它们是被作为“公有领域”的一部分对待的。像澳大利亚、比利时、加拿大、哥伦比亚、捷克、洪都拉斯、意大利、荷兰、日本、吉尔吉斯斯坦、韩国、俄罗斯和越南等国家的国内法采用的就是这种解决方案。

2.274 另一方面，基于或来源于传统文化或受传统文化启发但包含新成分或表现形式的现代文学和艺术产物，则是创作者一般可以确认并仍然健在的“新”作品。这样一种现代产物可以通过对公有领域内已有文化遗产和表现形式进行新的诠释、编排、改编或汇集，甚至通过以数字增强、着色及类似方式对它们进行“重新包装”而产生。基于传统的现代表现形式及表现物具有足够的“独创性”而通常受到现行版权法保护。法律并未基于“真实性”或作者身份作出区分，换言之，即使作者并非作为该传统来源的有关文化社区的成员，仍然可以满足版权的独创性要求。

2.275 匈牙利和突尼斯等几个国家的国内版权法承认这一区别，并明确规定了对基于民间文学艺术产生的文学和艺术作品的版权保护。1976 年突尼斯示范法像保护原作品一样保护包含“来源于本国民间文学艺术作品”的派生作品，而民间文学艺术本身（称为“本国民间文学艺术作品”）则被赋予一种特殊（指“专门”或“自成一类”）的版权保护。这种区分在 1982 年示范条款中也是不言而喻的（见下文）。

◎ 对传统文化表现形式的有效描述

2.276 仅举几例，文化表现形式包括音乐、乐器、故事、美术、手工艺、词句、名称、标志、表演、织物、地毯及首饰设计、家具形式。1982 年示范条款对“民间文学艺术表现形式”的描述是以下讨论的一个有益起点：

“‘传统文化表现形式’是指由［国名］的某一社区或反映这种社区的传统艺术观念的个人之间形成和传承的传统艺术遗产的特性要素构成的产物，特别是指：

（a）文字语言表现形式，如民间故事、民间诗歌、谜语、符号、标记和象征物；

（b）音乐表现形式，如民歌和民乐；

（c）动作表现形式，如民间舞蹈、民间戏剧和艺术形式的民间礼仪，不论是否限于物质形式；

（d）有形表现形式，如：

（i）民间美术产品，特别是素描、彩画、雕刻、雕塑、陶器、陶塑、镶嵌工艺、木器、金属器皿、首饰、筐篮编织、刺绣、纺织、地毯、服饰；

（ii）船只；

（iii）乐器；

（iv）建筑形式。”

WIPO 过去和现在的活动

2.277　WIPO 过去在知识产权和传统文化表现形式这一领域的活动，30 多年来始终在确认和试图解决法律、观念、操作和管理方面的需求和问题，其中一些活动是与联合国教科文组织（UNESCO）合作开展的。

◎《伯尔尼公约》中有关“未出版作品”的国际保护的规定

2.278　1967 年修订《伯尔尼公约》的斯德哥尔摩外交会议，试图在国际范围引入对民间文学艺术的版权保护。结果，《伯尔尼公约》斯德哥尔摩文本（1967 年）和巴黎文本（1971 年）包含了以下条款：

“（4）（a）对作者的身份不明但有充分理由推定该作者是本同盟某一成员国国民的未出版的作品，该国法律得指定主管当局代表该作者并有权维护和行使作者在本同盟成员国内之权利。

（b）根据本规定而指定主管当局的本同盟成员国应以书面声明将此事通知总干事，声明中写明被指定的当局全部有关情况。总干事应将此声明立即通知本同盟所有其他成员国。”

2.279　根据修订会议的意图，这一条暗示了对传统文化表现形式给予保护的可能性。将它纳入《伯尔尼公约》是对当时要求明确给传统文化表现形式以国际保护所作出的反应。只有一个国家（印度）指定了主管当局。

◎《适合于发展中国家的突尼斯示范版权法》

2.280　为了满足发展中国家的明确要求和便利这些国家获得受版权保护的外国作品，同时确保其本国作品受到适宜的国际保护，《伯尔尼公约》在 1971 年进行了修订。被认为适宜的做法是向各国提供一份示范法文本，协助各国在其国内法中遵守公约的规则。

2.281　这样，1976 年，在 WIPO 和 UNESCO 的协助下，突尼斯政府在突尼斯召集的政府专家委员会通过了《适合于发展中国家的突尼斯示范版权法》。突尼斯示范法明确规定了对本国民间文学艺术作品的保护。这种作品受到保护无须以物质形式固定，这种保护没有时间限制。

◎ 示范条款

2.282　1982 年，在 WIPO 和 UNESCO 的支持下，政府专家委员会通过了《关于保护民间文学艺术表现形式防止非法利用及其他损害行为的国内法示范条款》。

2.283 WIPO和UNESCO召集的工作组事先一致同意，对民间文学艺术给予适宜的法律保护是可取的，这种保护可以在国内范围由立法示范条款予以促进。这种示范条款应精心制定，以使它们既可以适用于未制定有关立法的国家，也可以适用于现行立法能够继续改进的国家。它们还应准许在可能的情况下通过版权和相关权给予保护。这些适合于国内法的条款应为民间文学艺术创作的次地区、地区和国际保护作好准备。

2.284 示范条款的起草是对担心民间文学艺术表现形式容易遭受各种形式的非法利用和损害所作出的反应。具体地讲，正如示范条款的序言所述，专家委员会认为：对民间文学艺术的传播可能导致对民族文化遗产的不适当利用；对民间文学艺术的任何商业性或其他性质的滥用或任何歪曲均有损于民族文化和经济利益；体现智力创作性的民间文学艺术表现形式值得借鉴保护智力产物的方式给予保护；以及保护民间文学艺术已成为一种促进其进一步发展、留存和传播的不可缺少的手段。

2.285 若干国家已将示范条款用作保护民间文学艺术的国内法律制度的基础。但有些国家已表示需要对它们加以改进和更新。

◎ 制定国际条约的尝试

2.286 在通过示范条款的会议上，很多与会者表示，为将某一国家对民间文学艺术的保护扩大到该有关国家边境以外，国际措施将是不可缺少的。WIPO和UNESCO采取了相应的行动，它们共同召集了一个关于民间文学艺术表现形式知识产权国际保护的专家组，在1984年12月召开了会议。尽管会议上普遍承认需要对民间文学艺术表现形式给予国际保护，但大多数与会者仍然认为，特别是鉴于在实施示范条款方面的国内经验尚不充分，制定一项国际条约尚为时过早。专家组指出了两个主要问题，即缺乏确认应受保护的民间文学艺术表现形式的适宜原始资料，以及缺少解决民间文学艺术表现形式不仅存在于一个国家而且存在于同一地区几个国家的问题的有效机制。《伯尔尼公约》的执行委员会和《世界版权公约》的政府间委员会在1985年6月于巴黎召开的共同会议上，表示赞同专家组的结论，认为在那一阶段制定一项建议书而不是国际条约比较现实。

◎《世界知识产权组织表演和录音制品条约》（WPPT）的通过

2.287 《世界知识产权组织表演和录音制品条约》（WPPT）于1996年12月通过，并于2002年5月20日生效（见第5章），它规定该条约中“表演者”的定义涵盖民间文学艺术表现形式的表演者。这一规定解决了在1961年《保护表演者、录音制品制作者和广播组织的国际公约》（以下简称《罗马公约》）确定的“表演者”这一关键概念（及由“表演者”概念间接产生的“表演”概念）方面的问题。依照《罗马公约》第3条第a项，“‘表演者’是指演员、歌唱家、演奏家、舞蹈家和演出、演唱、叙述、朗诵、演奏或以其他方式**表演文学或艺术作品**的其他人。”（黑体字是后改的）鉴于民间文学艺术表现形式不符合严格意义上的文学和艺术作品的概念，WPPT拓宽了这一定义。

2.288 在1996年12月通过WPPT与《世界知识产权组织版权条约》（WCT）的外交会议上，WIPO关于可能的《伯尔尼公约》议定书专家委员会和关于可能的保护表演者和录音制作者权利的文书专家委员会建议，“应准备组织一个国际论坛，以便对有关保存和保护民间文学艺术表现形式、民间文学艺术的知识产权方面和协调不同地区利益的各种问题进行调查研究。”

◎ WIPO 和 UNESCO 关于保护民间文学艺术的国际论坛

2.289 根据1996年外交会议期间提出的建议，WIPO 和 UNESCO 关于保护民间文学艺术的世界论坛于1997年4月在泰国普吉举办。论坛通过了一项“行动计划”，其中特别确认了某些需求和问题，即需要就民间文学艺术的法律保护制定新的国际标准，以及在拥有民间文学艺术的社区与民间文学艺术表现形式的使用者之间实现平衡的重要性。

2.290 行动计划还建议“应举办地区磋商论坛……”，以逐步满足这些需求和解决这些问题。

◎ WIPO 实情调查任务

2.291 在1998年和1999年期间，WIPO 指挥在28个国家执行实况调查任务（FFMs），以确认传统知识持有人与知识产权有关的需求和期望。依照这些任务进行咨询的各组人员包括土著和本地社区、非政府组织、政府代表、学者、研究者和私营部门代表。为执行这些任务，“传统知识”包括作为其中一种特殊形式的传统文化表现形式。调查获得的大量信息直接或间接与传统文化表现形式相关。

2.292 执行任务取得的结果已由 WIPO 以题为“传统知识持有人的知识产权需求和期望：世界知识产权组织关于实况调查任务的报告（1998—1999）”（FFM 报告）的报告形式出版。

◎ WIPO 和 UNESCO 关于保护民间文学艺术表现形式的地区磋商会议

2.293 根据在1997年 WIPO 和 UNESCO 关于保护民间文学艺术的世界论坛上通过的行动计划中的建议，WIPO 和 UNESCO 在1999年组织了4个关于保护民间文学艺术表现形式的地区磋商会议。每个地区磋商会议均通过了确认知识产权需求和问题的决议或建议，以及有关民间文学艺术表现形式的未来工作的提案。其中3个地区磋商会议建议在 WIPO 内成立有关民间文学艺术和传统知识的单独委员会，以便于这些领域的未来工作的开展。

◎ WIPO 关于知识产权与遗传资源、传统知识及民间文学艺术的政府间委员会

2.294 因此，继遗传资源领域有了其他某些发展之后，在2000年末，WIPO 成员国成立了一个关于知识产权与遗传资源、传统知识及民间文学艺术的政府间委员会。

2.295 委员会正在取得的重要进展是：以知识产权术语阐明土著居民和传统社区与其传统文化表现形式有关的需求和期望；划出在其中审视这些需求和期望的概念框架；以及有条不紊地阐发政策选择和实用工具，以对这些需求和期望作出反应。

2.296 委员会详细审议了秘书处关于利用现有知识产权和特殊方式对传统文化表现形式给予法律保护的分析报告。这一分析报告是基于 WIPO 于2001年发放的调查表概述的64个国家的国内经验、在委员会会议期间的陈述和一组案例研究编写的。这些案例研究之一题为“关注文化：知识产权与传统文化表现形式案例研究”，包含土著澳大利亚人试图利用知识产权来保护其传统文化表现形式的具体案例的实际研究。此外，WIPO 还出版了一本印度、印度尼西亚和菲律宾的实践经验的研究报告。委员会收到了

新西兰、尼日利亚、巴拿马、俄罗斯、突尼斯、美国和太平洋共同体秘书处关于传统文化表现形式法律保护的近期立法经验的详细介绍。

土著和传统社区的知识产权需求和期望

2.297 在WIPO开展广泛的实情调查和磋商的过程中，土著居民和传统社区表达了种种与知识产权有关的需求，诸如：

——受到知识产权保护，以支持经济发展：一些社区希望对其基于传统的创作和创新主张和行使知识产权，使他们能够对其创作和创新在商业上进行利用，以作为对其经济发展的贡献。

——受到知识产权保护，以防止他人的有害使用：一些社区可能希望主张知识产权，以便能够积极行使知识产权，防止他人对其文化遗产和传统文化表现形式进行使用和传播，包括文化侮辱性和贬损性使用；可能需要防止的使用包括：例如以欺骗方式暗示与某一社区相关的使用，毁损性、诽谤性、诋毁性或谬误性使用，以及对神圣的和秘密的传统文化表现形式的使用。

——防止他人取得传统文化表现形式的知识产权：社区还在意防止他人取得或保留民间文学艺术表现形式的派生物和改编物的知识产权，这就有必要采用防御性机制，以制止或防止被认为有损于该社区利益和有损于其文化遗产及文化表现形式完整性的第三人知识产权。

后一种情况下的对策不同于前两种情况下的积极的知识产权保护，在前两种情况下，社区积极取得和行使知识产权。防御的和积极的保护对策可以由同一社区采用，取决于这些对策对其全面的目标和利益的评价。特殊的防御性保护机制也可以纳入国内或地区知识产权法，例如，新西兰、美国和安第斯共同体采用了特殊措施来防止他人取得土著或传统标记的商标权。

2.298 WIPO政府间委员会的工作已强调，当“知识产权保护”和“保存或维护”应用于文化遗产时，需要澄清和阐明其不同的概念。“保护”一语被广泛使用，但它可能掩盖广泛的一系列潜在的目标。重要的是明确知识产权保护在多大范围和在哪些情况下满足土著和传统社区的需求才具有意义，因为其中一些社区更关心的也许是保存和维护而不是知识产权保护。反不正当竞争法以及销售法、标签法及其他消费者保护法可能尤其具有意义和价值，特别是因为对传统文化表现形式的商业滥用的担忧常常是由一种感觉引起的，即他们正在被人利用来制造某一产品是“正宗的”或由某一传统社区制作或认可的假象。

2.299 一般来说，对传统文化表现形式仅给予一种单一形式的保护不可能满足某一传统社区的所有需求，它可能需要使用一系列积极的和防御的法律工具，以实现它所选择的保护和保存其传统文化的各种目标。

保护传统文化表现形式的趋势和历程

2.300 若干国家已在其国内法律或法规中，大多在其国内版权立法中对传统文化表现形式（作为知识产权客体）提供了明确的法律保护，尽管保护样式可能有所区别。

2.301 在一些国家的法律或法规中，传统文化表现形式被索性称为某种形式的享有版权的作品，版权的大多数一般规则均适用于它们。这些国家的例子包括巴巴多斯、科特迪瓦、印度尼西亚和伊朗。另一类国家已在其版权立法中纳入专门为民间文学艺术表现形式设计的条款。这些国家的例子包括布基纳法索、加纳、肯尼亚、墨西哥、莫桑比克、纳米比亚、尼日利亚、塞内加尔、斯里兰卡、多哥、坦桑尼亚和越南。在大多数这些国家的版权立法中，这种条款都是基于1976年《突尼斯示范法》或1982年示范条款制定的。

2.302 第三类是巴拿马和菲律宾等在明确的特殊立法中对民间文学艺术表现形式提供保护的国家。2000年巴拿马法基于登记要求，对该国土著居民的手工艺品及其他创作提供了永久的和集体性的知识产权类型的保护。1999年修订的《非洲知识产权组织（OAPI）班吉协定》规定了对传统文化表现形式的特殊保护。近些年，太平洋共同体秘书处为太平洋岛屿国家制定了特殊保护的示范法。

2.303 但谈到实施时，即使在对传统文化表现形式明确提供法律保护的国家，从WIPO调查表的调查结果来看，似乎没有几个国家的这种条款被积极地利用或有效地实施。看来各国在实施法律中规定的现行制度和措施方面几乎没有经验。各国列举了它们在国内范围实施可行的和有效的立法条款时经历的种种法律、观念、基础设施及其他操作上的困难。一些国家已要求在这方面加强法律和技术合作。一些国家已证明，有必要考虑以1982年示范条款作为起点，为国家和地区组织提供更新和改进的准则或国内法示范条款。

2.304 但很多国家提出，只要充分发掘现行的和常规的知识产权制度的潜能，就足以保护传统文化表现形式，而无须建立特别制度。有很多例子说明，传统社区可以成功地通过版权和表演者权利保护诸如歌曲、平面造型艺术作品与其他文学和艺术作品。当前在知识产权制度中的利益平衡表明，文化社区成员和他人均可以自由地基于其文化遗产进行创作和创新，并取得创作和创新可能存在的任何知识产权以及从中获益。这有助于其经济发展，并符合文化遗产和文化交流政策的某些目标。知识产权保护可以鼓励创作和传播新的智力作品，包括以传统为基础的创作。实际上，如上所述，现行版权法看来能够保护基于传统的现代创作形式，至少是那些在要求固定的国家已经固定的创作形式。另外，从严格的知识产权观点来看，已有文化遗产仍然处于“公有领域”。

2.305 例如，澳大利亚的Milpurrurru v. Indofurn Pty Ltd.（1995）30 IPR 209一案，涉及在越南生产的地毯向澳大利亚进口，这些地毯（未经许可）全部或部分复制了土著艺术家基于造物主创造万物的故事创作的著名作品。土著艺术家成功地要求确认了侵害版权和不正当贸易行为，因为地毯附带的标签声明该地毯由土著艺术家设计，以及版税按销售的每一张地毯向艺术家支付。为给予原告损害赔偿，判决书承认了“文化伤害”的概念，并判决所有艺术家获得集体损害赔偿，以按照其文化惯例自行分配。

2.306 除版权和相关权以外，商标、地理标志和反不正当竞争等其他形式的知识产权也具有意义。例如，澳大利亚、加拿大、新西兰和葡萄牙提供了使用商标，特别是证明标记来保证土著艺术品和手工艺品的真实性和质量的实例。在哈萨克斯坦，民族装束、头饰、地毯、鞍具装饰、民族毡房及其结构成分以及手镯等妇女服饰、民族童床、有围栏的摇篮和餐具的外观，均作为工业品外观设计受到保护。包含哈萨克装饰品成分的标示作为商标进行注册和保护。在中国，一个传统手工艺人已就其基于传统的银茶具受到工业品外观设计保护。

2.307 其中一些国家认为，为满足特殊需求而在知识产权制度中对已有权利作出某些变通和（或）采取某些具体措施是必要的和可取的，例如对尚未固定的集体作品（如一直以口述形式传承的作品）的版权保护，以及防止同时构成文化侮辱的侵害版权行为的特殊救济。在商标领域，如上所述，例如美国建立了一个数据库，可以进行搜索并由此防止与联邦及州确认的印第安部落的正式标志相混淆的类似商标进行注册。在新西兰，对商标法的新近修改准许商标局局长拒绝对商标进行注册，只要它的使用或注册构成对社会的某一重要组成部分（包括毛利人）的侮辱。

2.308 WIPO 的实况调查、其他磋商和 2001 年调查表还证明了来自很多国家、对传统文化表现形式的有效国际保护的强烈要求。在 WIPO 政府间委员会内部也发出了类似呼吁，也许最终基于国内和地区经验以及各种方案的整合，有可能形成一个适宜的国际保护框架。

理念和政策问题

2.309 国内和地区经验似乎反映了两大类保护传统文化表现形式的方法：一类表明，现行的和常规的知识产权制度已很充分，因为它们保护基于传统的现代文化表现形式，没有任何控制“公有领域”的知识产权类型的财产权被证明是合理的或必要的。为满足特殊需求，对现行知识产权制度的某些变通和强化可能是必要的。另一类表明，控制“公有领域”的财产权是适宜的，而且由于常规的知识产权制度并不充分，要求采取特殊的措施和制度。尽管有一种趋势将这两类方法描述成对立观点，但它们未必相互排斥，而一种综合的解决方案有可能基于这两种观点形成。

2.310 一个关键的政策问题是：将知识产权保护限于基于传统的现代文化表现形式是否充分符合已确定的文化和知识产权政策目标。它能为创作力和经济发展提供最大的机遇吗？它是否最符合文化多样性和文化保存的需要？它能否处理传统文化保管者所关心的事情？这些问题的关键是：现在处于所谓“公有领域”的传统文化表现形式（即那些本不符合当前知识产权保护条件的传统文化表现形式）是否应受到知识产权保护。形成一个审视传统文化表现形式知识产权保护的适宜政策框架所不可缺少的，是对公有领域的作用、轮廓和界限有一个比较清晰的认识。

2.311 例如，正像欧共体及其成员国所阐明的：“民间文学艺术大多处于公有领域并不妨碍其发展。相反，这使现代艺术家有可能基于民间文学艺术或受它的启发而完成新的创作。”加拿大也表述了类似的观点：“版权通过向社会中在其现代创作或作品中使用各种‘已有文化遗产’表现形式的个人提供版权保护，来鼓励社会成员延续‘已有文化遗产’的生命。”根据这些观点，只要规定了文化遗产的私有财产权，不论有关文化社区的成员还是文化产业均不能基于文化遗产进行创作和创新。坚实的公有领域也使那种永远表示音乐及其他文化形式的特征的文化流动和交流成为可能。爵士乐等音乐传统于 20 世纪初出现在新奥尔良等文化汇集地，合并了美国黑人文化、加勒比黑人文化和欧洲文化元素。摇滚乐是由布鲁斯逐渐演变过来的，这是对模仿、改动和即兴发挥的评价和奖励。同样，来自“主流文化”的文化表现形式和习俗在非主流文化中被持续不断地吸收和普及。是打算控制所有这些种类的流动和交流或为此要求获得补偿吗？

2.312　另一方面，传统文化表现形式的持有人和从业者反对知识产权法规定的传统文化的“公有领域”地位。他们提出，“公有领域”纯粹是知识产权制度的一种构想，它并不考虑土著和习惯法律制度建立的私有领域。他们的传统文化表现形式从未受过保护，因而并非“公有领域”的一部分。此外，他们怀疑文化遗产的“公有领域”地位是否能为创作和发展提供最大的机遇。难道仅仅因为它们不够现代，就应使所有具有重要历史意义的物质处于公有领域而被拒绝给予保护吗？他们认为，仅仅对基于传统的现代文化表现形式给予知识产权保护，是一种并非最符合文化多样性和文化保存需要的、不妥当的“适者生存”方法。几乎所创作的一切均具有文化和历史背景，应建立各种制度使文化社区从基于传统形成的创作和创新中获得利益。

WIPO 近期与未来可能的发展

2.313　根据2001年调查表的调查结果，以及受 WIPO 政府间委员会的委托，WIPO 秘书处就国内和地区范围的传统文化表现形式的法律保护，在建立、强化和有效实施现行制度和措施方面提供了法律和技术合作，而且作为该计划的一部分，它正在编写一部适合于国内立法者、政策制定者、社区和传统文化表现形式的有效保护涉及的其他利害关系人的《使用指南》。秘书处还在进行关于习惯法与议定书及常规知识产权制度在传统文化表现形式保护方面的关系的案例研究。此外，秘书处还在进行调查研究，以考虑制定供文化遗产档案馆、博物馆和其他机构使用的示范合同、行为准则和指导方针，协助它们做好其文化遗产藏品的知识产权管理工作。

2.314　在政策层面，WIPO 政府间委员会审议的大量法律分析，国内和地区提交的意见、报告及其他材料，使得有可能对希望根据变通的或扩大的常规知识产权制度和（或）独立的特殊制度来加强对传统文化表现形式的保护的国家和地区组织可以做出的各种政策和立法选择进行提炼和评注。这些基于国内和地区实践经验产生的选择方案，只要各国愿意，就可以成为制定国内和地区立法建议书、指导原则或示范条款的基础，而且最终可以成为制定传统文化表现形式的地区和国际保护框架的基础。

第3节　商　标

1. 引言

2.315　商标在古代就已经存在。人们有时在准备自用物品时或者常常是在从当地手工业者手中获得他们需要的东西时，都会涉及商标；当时已经有一些富有创造性的企业家将他们的商品卖到外地，有时候甚至很远的地方。早在3 000年以前，印度商人在将他们的艺术作品卖到伊朗之前，就在上面刻上自己的名字。而在2 000年前，中国制造商将带有他们标志的产品卖到地中海地区。曾有一段时间，大概有1 000个不同的罗马陶器标记在使用，包括 FORTIS 标记，当时就非常有名，甚至出现了抄袭和假冒。到几百年前的中世纪，随着商业的繁荣，使用标记来区分不同商品的商人和制造者也随之变得越来越广泛，但它们在经济中的作用还很有限。

2.316 随着工业化的到来，商标开始发挥重要的作用，并且成为现代世界中国际贸易和市场经济的重要因素。工业化和市场经济体制的发展，使互为竞争的生产者和商人有机会就同类商品向消费者提供更多的选择。往往在消费者看来，没有明显区别的产品，通常在质量、价格和其他方面存在着区别。很明显，消费者需要指导，使他们能够在各种互为竞争的商品中更好地进行选择。所以，商品必须命名，给在市场上流通的商品进行命名的媒介正是商标。

2.317 为了使消费者能够对市场上的多种商品作出选择，商标能够鼓励商标所有人为满足消费者的愿望而保持或提高商品质量。所以，对于品质稳定、质量好的商品，商标使生产者获利，从而促进经济的发展。

2. 定义

商标

2.318 “商标指能够赋予特定企业的产品以个性并且使之与竞争对手的产品区分开来的任何标记。”该定义包括两个方面，它们有时被认为是商标的两种不同的功能，但实际上，它们是互相依赖的，在实际操作中应该一并考虑。

2.319 为使商品对消费者富有特色，商标必须标明出处，这并不是指它必须告诉消费者生产或经营该商品的具体个人，只要消费者相信某一企业（也许他并不熟悉）会对使用该商标的商品负责就足够了。

2.320 上述标明来源的功能预示着商标将某一企业的商品与其他企业的商品区别开来；商标只有能够使消费者将该品牌商品与其他企业在市场上流通的同种商品区别开来，才算完成了这一功能。这表明区别功能和标明来源的功能是不能真正分离的。在实际应用中，我们可以仅仅依赖商标的区别功能，并且给商标定义为“用于区分一个企业与其他企业的商品的标记”。

2.321 这是《世界知识产权组织工业产权法草案》（以下简称《法律草案》）第 22 条第 1 款所选择的提法。

服务商标

2.322 在现代贸易中，消费者不仅面对各种各样商品的多样选择，也要面对国内和国际市场上提供的日益增多的服务的选择。因而消费者也需要区别不同服务的标记，例如区分保险公司、租车公司、航空公司等提供的服务标记。这些标记称为服务商标，与商标一样，具有标明服务来源和区别服务的功能。

2.323 因为服务商标具有与商标十分相似的性质，基本上能适用与商标同样的标准，所以，关于服务商标的保护在商标法中篇幅很短，仅规定保护商标的条款比照适用服务商标。

2.324 根据上述原则，服务商标与商标一样，能够注册、续展和撤销；同样，还可以进行转让和许可。所以，原则上，对商标的规定都可以同样适用于服务商标。

集体商标和证明商标

2.325 一般来说，商标仅能区别单个企业的商品或服务的来源。有些国家规定了集体商标和证明商标的注册，用来表明使用某一商标的关联企业，或者用来标明使用某一商标的商品所达到的特定标准。

2.326 以下是各国内法有关规定的共同点。

◎ 集体商标

2.327 集体商标由社团所有，社团本身并不使用该商标，而由其成员使用；符合该集体商标使用管理章程条件的成员均可使用，使用集体商标的企业有权同时使用自己的商标。

2.328 申请集体商标注册时必须提交集体商标使用管理章程，对章程进行的任何修改都应该通知商标局。在一些国家（例如，德国、芬兰、挪威、瑞典和瑞士），如果集体商标的使用违反章程的规定或者误导公众，商标注册可能被撤销。所以，集体商标在保护消费者免受误导方面起着重要的作用。

2.329 《巴黎公约》在第7条之二规定了对集体商标的保护。这些规定特别确保了集体商标在其所属社团所在国家之外的国家得到注册和保护。这意味着社团不是根据被请求给予保护国家的法律所建立这一事实，不得成为拒绝给予这种保护的理由。另外，《巴黎公约》明确规定，每个成员国有权适用自己的保护条件，并有权在该集体商标违反公共利益时拒绝予以保护。

◎ 证明商标

2.330 证明商标只有按照特定标准才可使用。集体商标与证明商标的主要区别在于，前者只能由特定的企业使用，例如拥有该集体商标的社团的成员，而后者则可以由符合该特定标准的任何人使用。因此，集体商标用户组成了一个“俱乐部”，而证明商标则适用“开放企业”原则。

2.331 证明商标注册的一个重要要求，是申请注册的机构应“有资格证明”有关产品。所以，证明商标所有人必须是该证明商标所适用的产品的代表。这是保护公众免受误导的重要保证。

2.332 证明商标的定义在各国不尽相同。例如在美国，不是符合证明商标特定标准的任何人都能使用该商标，而只有经过证明商标所有人授权的企业才能使用，因此，在美国集体商标与证明商标的区别要比其他国家小，其区别仅仅涉及这两类商标的目的：证明商标涉及产品或服务的某种标准，而集体商标则涉及其使用者在特定社团中的成员资格。

3. 可作为商标的标识

2.333 根据商标的用途，实质上，任何能够将一种商品与其他商品区别开来的标记都能作为商标。所以商标法律不应试图起草一份能够穷尽列举被接受作为商标注册的标记的名单。如果举例，也只是对可以作为商标注册的标记进行说明，而不穷尽。如果需要限制，也仅限于实际操作问题，例如为了使注册簿更便于使用和满足对注册商标进行公告的要求。

2.334 如果严格遵照作为商标的标记必须能够将一个企业的产品与其他企业的产品区分开来的原则，下列类型和种类的标记可以成为商标：

——文字：包括公司名称、姓、名、地理名称和任何无论是否自创的文字或词组以及口号。

——字母或数字：例如一个或多个字母、一个或多个数字或者其组合。

——图形：包括臆造的图形、图画和符号以及商品或包装容器的平面图。

——以上列举的任何元素的组合，包括标识和标贴。

——颜色商标：包括彩色文字、图形及其组合，还包括颜色组合和颜色。

——三维标记：三维标记的典型类型是商品或其包装的形状。但是其他三维标记例如奔驰三点星也可以作为普通商标注册。

——听觉标记（声音商标）：两种典型的声音商标能够具备显著性，即那些能够用音符或其他符号描述的声音和其他声音（例如动物的叫声）。

——嗅觉商标：想象一下，某一公司出售带有某种香味的产品（例如书写纸），消费者习惯了凭他们的嗅觉来识别这些产品。

——其他（隐形）标记：指那些只要通过触摸才能被识别的标记。

2.335 如前所述，一些国家出于实际应用的考虑，对商标的可注册性作了限制。大多数国家仅仅准予那些能够用文字或图形表示的标记注册，因为只有它们能成为有形注册的商标并在商标公告上予以刊登，将该商标的注册情况告知公众。

2.336 一些国家准许立体商标注册，要求申请人在申请立体商标注册时提供立体标记的平面图形（图画、照片或其他任何可以印刷的图形）或描述，或以上两者。但在实践中，立体商标注册保护的到底是什么经常不是很清楚。

2.337 听觉商标存在同样的问题。一串音符当然能够作为图形商标注册，但是该注册在一般情况下并不能给该音符所表达的音乐句给予保护，它保护的仅仅是那组音节，制止相似图形的使用。但是，声音显然也能作为商标，美国就允许声音商标注册，实际上，这意味着申请人必须把申请注册的声音录制下来并把磁带提交给美国专利商标局。

2.338 美国是唯一已经承认气味商标可注册性的国家——在缝纫线和绣花纱线上注册使用的清新的鸡蛋花香味商标——TABB（1990 年）。欧共体内部市场协调局（商标与外观设计）上诉委员会于 1999 年 2 月 11 日作出裁定，支持使用在网球上的“新切草气味”商标注册。（R156/1998 – 2）

4. 可获得保护的标准

2.339 世界各国都制定了合理的标准，规定某一标记成为商标必须满足的条件。一般说来，有两个不同的条件值得注意。

2.340 第一个条件与商标的基本功能有关，即商标将某一企业的产品或服务与其他企业的产品或服务区别开来的功能。根据这个功能，商标必须在不同的产品中具有显著性或区别功能。

2.341 第二个条件与商标的误导性质或违反公共秩序或道德而可能造成的不良影响

有关。

2.342　在各国立法中几乎都提到了这两个条件。《巴黎公约》第6条之五B项也声明根据第6条之五A项给予保护的商标只能在“这些商标不具备任何显著性”或“违反道德或公共秩序，并且构成了欺骗消费者的性质”时才不予注册。

显著性的要求

2.343　根据商标的功能，商标必须具有显著性。没有显著性的标志不能帮助消费者区分和选择商品。“苹果”文字或图形不能在苹果上注册，但用在计算机上就具有很高的显著性。这表明商标是否具有显著性必须与商标所使用的商品联系起来。

2.344　测试商标是否具有显著性依赖于消费者或至少是看到它的人对它的理解，如果一个标志被看到它的人识别或能因此区别商品的特殊商业渠道，那么，使用在该商品上的标记就具有显著性。

2.345　商标的显著性不是一个绝对和一成不变的因素。商标可能具有、提高或甚至丧失显著性，这依赖于商标使用人或第三人所采用的使用方法。当注册部门认为一个商标缺乏必要的显著性，也就是说，被认为其本身的显著性不足以区分商品与服务时，就必须考虑诸如（可能长时间和集中）使用标志的情况。

2.346　当然，商标的显著性具有不同程度，问题是一个标记的显著性要达到怎样的程度才具有可注册性。所以，人们总是将某一特定种类的商标——没有任何含义的臆造和生造的商标和其他商标作出区别。臆造商标的著名例子就是KODAK商标。

2.347　因为这种商标需要巨大的广告投入才能为消费者所熟悉，它们可能不是销售人员的最爱，但它们天生就能得到强有力的法律保护。

2.348　日常用语中的普通文字，如果其传达的含义与它所使用的商品无关，也能具有很高的显著性，图形也一样。著名的例子有使用在香烟上的CAMEL商标（和同样著名的图形商标）以及上述提到的使用在计算机上的APPLE商标（文字和图形）。

2.349　一般说来，营销人员喜欢那些能使消费者对某一商品产生积极联想的商标，因此，他们偏向于选择那些多少带有描述性的词汇作为商标。如果一个标记完全是描述性的，那么它就缺乏显著性，不能注册为商标。但并不是所有有含义和使用在相关商品上的标记都必然缺乏显著性：还有一种介于以上两者之间的标记，它们在所使用的商品上暗示了商品的性质、质量、原产地或其他特点，而不是真正的描述，这种标记是可以注册的，在实践中的关键问题是某一商标到底是对它所使用的商品的暗示还是描述，这个问题必须根据各国的法律和法学理论以及具体案件的情形来判断。一般的原则是，描述性的词汇在它使用的商品上如果取得了第二含义，也就是说，看到它的人能够将它作为识别商品来自某一特定商业渠道的标记时，它就具有显著性。

2.350　如果拿不准某一词汇是具有描述性还是暗示性，那么，该商标已在商业活动中使用了一段时间这样一个事实就足以使它得到注册保护了。

2.351　但是，越是描述性的词汇，就越是难以证明它的第二含义，从而要求获得消费者更高的认知度。

◎ 缺乏显著性

2.352　不具备显著性的标记，不能作为商标，其注册申请应予驳回。通常情况下，商标是否具有显著性，不必由申请人证明，而由注册部门证明，对是否具有显著性存在疑问的商标应予注册。有些商标法将商标是否应获得注册的举证责任推给申请人，但这种作法被认为很严厉，有时候使确实能够区别商品所有者来源的商标得不到注册。就像《欧盟协调指令》（*EC Harmonization Ditective*）第3条及《法律草案》第23条第2款第1项所反映的那样，现代商标注册的趋势就是明确地把缺乏显著性作为驳回商标注册申请的一个理由。

2.353 因缺乏显著性而驳回商标注册的标准是什么呢？

◎ 通用名称

2.354 对某一种类的商品进行描述的标记就是通用标记，通用标记无论在贸易中还是对消费者而言，均属基本用语或标记，不应独占。

2.355 例如：“家具”（用在家具上和桌子、椅子上，等等）和“椅子”（用在椅子上）。再比如“饮料”“咖啡”和“速溶咖啡”。以上词汇的共同点在于它们均是用于描述或大或小的商品种类的泛泛的词汇，是商品的通用名称。

2.356 这些标记完全没有显著性，有些法律认为，即使它们一直在使用并且已经获得了第二含义，也不能给予注册，因为特定的行业必须能够使用它们而不能为个人独占。因此，印度德里高级法院于1972年驳回了JANTA商标的注册申请，因为在印度语中，它的意思是“廉价”。

◎ 描述性的标记

2.357 描述性的标记指在商业活动中用来指明意欲使用或使用该标记的商品的种类、质量、目的、价值、产地、生产时间或其他特点的标记。

2.358 为了与上述显著标记的定义保持一致，必须建立这样一种测试方式，即看消费者把该标记看成是商品的产地（描述性标记），还是将它看成表明商品其他特点的标记，抑或是商品的原产地（描述性标记）。此处“消费者”指在某一特定案例中需要考虑的相关人群的缩写，即该标记需要针对的人群（和在某些特定的案件中，这些标记能够到达的人群）。

2.359 其他商人在公平使用某一专有名词中具有合法利益这一事实，也可以用来作为制定测试是否消费者将某标记看成标明商品产地还是其他特点的标记的一条附加理由，但是在尚不清楚消费者是否可能认为某一词汇为描述性词汇时，该理由不能单独作为驳回该专有名词注册的基础。

◎ 其他缺乏显著性的标记

2.360 一个标记可能由于其他原因而缺乏显著性。过于简单或者纯属说明性或装饰性的图形，可能根本无法抓住消费者的注意力，对消费者而言，他不会把它看成是表明商品来源的标记，而仅仅是商品包装的说明性部分。

2.361 例如（对于文字）一条制作在商品包装上、向消费者推荐商品的较长的广告语，因为对消费者而言，它太复杂而难于了解，消费者因此不会将它看成表明商品来源的标记。

2.362 在实际操作中，各国主管机关还需处理其他一些类型的典型案件，这些情况在很多国家的法律中被列为驳回的依据，并按以下方式处理。

◎ 指明地理来源地

2.363 表明商品地理来源地的标记一般都不具备显著性，因为它们向消费者传达了与原产地名称的某种联系，表明了商品的生产地或用于制造商品的成分，或根据实际情况，具有该地理来源地商品的某些特点。

2.364 由于向消费者传达了这样一种联系，所提到的地理名称必定——至少在某种程度上——成为消费者最先知道的信息。所以，表明商品来源于在实际生活不为人知的地方的标记才是具有显著性的，表明商品来源于一个实际上无人会想到出自该地区的标记也是具有显著性的。

2.365 即使某一地理名称为消费者所知，如果没有其他的生产者或商人从事同一领域的活动，并且未来也没有潜在的竞争者进入该领域，那么，这样的地理标记也可以具有或变得具有显著性。

2.366 即使在同一领域已经存在竞争者，或者他们将来将涉及该领域，一个地理名称也可以通过长时间的集中使用，变得具有显著性，成为某一企业的商标。

◎ 字母、数字和基本的几何图形

2.367 这些标记通常被认为不具备显著性，从而不能注册为商标。有些商标法（例如德国商标法）甚至明确规定这些标记不能注册，至少三个字母和/或数字的组合，或者可拼读的字母才可予以注册。

2.368 的确消费者一般不会将字母、数字和简单的几何图形看成是表明商品来源的标记。但是，通过使用，字母、数字及其组合也能变得具有显著性，并且，如前面所提到的其他商人对公平使用这些标记具有所谓的合法利益也不能成为驳回注册的理由。

2.369 此外，图形化的字母和数字即使未经过任何使用也能够注册。

◎ 外文及其意译

2.370 想象一下，在斯里兰卡或印度使用泰文商标，在瑞士使用中文商标，在美国使用僧伽罗文，在日本以外的地方使用日文（片假名、平假名），对绝大多数普通消费者来说，它们仅仅是臆造的图形。所以，一般来说，只要该图形不是纯粹的装饰图，就具有显著性。

2.371 因为这些商标具有显著性，因而基本上都是可以注册的。但是审查员可能要求申请人提供翻译成当地文字（意译）的翻译件。

◎ 颜色

2.372 总的来说，使用彩色或与颜色组合的文字和/或图形商标，通常会提高商标的显著性，使其更易获得注册。1876 年在英国注册的最早商标是一个红颜色的三角（基本的几何图形）。但是，那时候的保护原则上仅限于商标所注册的实际颜色。黑白两色被认为可能与在先注册的商标产生混淆，因而不予保护。由于黑白颜色的商标能够制止任何颜色的混淆商标的注册和使用，并且商标所有人可以以任何他们喜欢的颜色使用商标，所以，在实际中，申请人往往不申请注册带有颜色的商标。但是，有时候，某种颜色或颜色组合可能是一个商标的重要元素，经常被商标所有人所使用，所以很可能为竞争对手所模仿。这表明尽管黑白颜色商标已经具有足够的显著性而获得注册，商标所有人可能依然希望将商标注册为一直使用的显著颜色的商标。为了消除上述对该类商标保护的局限性，商标所有人可以同时将商标注册为黑白商标和他所实际使用的颜色商标。

2.373 单纯的颜色组合也能注册为商标，只是不同国家做法不同，有的认定这种商标具有内在显著性——而在更多的情况下——认为这种商标基本上是具有描述性的，但通过使用可能获得显著性。

◎ 名字、姓氏

2.374 公司名称和商号只要不具有欺骗性或缺乏显著性，就可以注册为商标。

2.375 普通姓氏因为缺乏显著性，在一些国家不能注册。对于那些不太普通的姓氏，确定它们在日常用语中的其他含义是否能够被消费者所广泛认知，这一点非常重要。如果存在这样一个主要含义，就可以注册为商标，只要该含义不是对使用商品的描述。

基于其他理由的不予注册：公共利益

◎ 欺骗性

2.376 商标有可能对商品的性质、质量或其他特点或原产地对消费者造成欺骗的，为了维护公共利益，不能获得注册。

2.377 这里的检验标准，是指商标与它拟使用的商品相联系时，本身所固有的欺骗性。这种检验标准，与在相同或者类似商品上使用相同或者近似商标、以混淆消费者所产生风险的标准，是有明显的区别的。

2.378 臆造商标和具有臆造含义的商标，使用在商品上的确不可能产生欺骗性。但是具有描述性意义的商标，哪怕仅仅是提示性或暗示性的，并且其本身具有显著性，仍然可能是具有欺骗性的商标。所以，此类商标应从两方面进行审查：首先必须具有显著性，其次必须不具有欺骗性。

2.279 通常我们可以这样说：越具有欺骗性而又未使用在其所描述特点的商品上的商标，就越容易产生欺骗性。

◎ 指示原产地

2.380 用于描述或指明某产品原产地的标记，而其实产品不来源于该地的，则具有欺骗性。在这种情况下，如果该原产地标记传达给了消费者错误的含义，消费者就会受到欺骗。

2.381 如果某个地区或地方具有声誉的话，情况尤其如此，这种标记的著名案例为“香槟”和“瑞士巧克力”。

2.382 实践中，这种直接指明原产地名称的情况相对较少，更多的是间接指明，这种情况更难以解决。在巧克力上提及著名的瑞士山峰仍然会导致对消费者的欺骗，由典型的阿尔卑斯山风景组成的图形商标也一样。

2.383 确实，有时候，即使未指明任何原产地名称的外国文字的使用也可能对消费者造成欺骗，这是因为明显属于某国的文字可能给消费者造成某产品就来源于该国的印象，如果该国的这种产品刚好具有声誉，那么消费者就会被欺骗。

2.384 但是，应该认识到，英语作为一种在全世界很多国家通用的语言，它也是现代的市场营销语言，所以，很多商标具有独立于商品原产地名称的英文含义，而消费者通常也意识到了这一点。

◎ 部分欺骗

2.385 我们看到，一个商标是否具有内在的欺骗性必须通过它所申请的商品来审查。所以，根据商品清单，一份商标申请对某些人来说可能是具有显著性的，对另外一些人来说则可能是描述性的；或者，再对另外的人甚至是具有欺骗性的。在这种情况下，审查员必须要求申请人对商品进行限制。如果申请人不同意，在一些国家，审查员会驳回整件申请。在另外一些国家，审查员仅接受他认为不具有欺骗性的商品申请，而驳回其他的商品申请。

◎ 与道德或公共秩序相悖的标记

2.386 对于与道德或公共秩序相悖的标记，商标法律一般都规定不予注册。《法律草案》第23条第2款（ii）项也将此作为驳回商标的理由。

◎ 由国家、公共机构或国际组织使用的标记

2.387 为了本国利益，一个国家通常会保护自己的国旗、国名和官方机构名称。并且受《巴黎公约》第6条之三规约的国家，还必须保护其他成员国和政府间国际组织（例如联合国）所通报的标记。

5. 商标权的保护

2.388 商标基于使用或注册而得到保护。这两种保护方法都有其发展的历史过程，但是今天的商标保护体系已经在总体上融合了这两种保护方法。《巴黎公约》的缔约国有义务提供商标注册，世界上有150个国家遵守《巴黎公约》。今天，几乎所有的国家都提供商标注册，而完全的商标保护只能基于商标注册。

2.389 但是，使用确实仍然占有很重要的地位。在基于商标的使用对商标进行保护的国家，商标注册只是确认了基于使用而取得的商标权利。所以，商标在先使用人在商标争议中具有优先地位，而非商标在先注册人。

6. 使用要求

使用义务的必要性

2.390 保护本身并不是一个终结。商标法一般也不要求将商标的使用作为申请商标注册乃至实际取得注册的条件，商标保护的最终理由就是商标具有的将使用该商标的商品区别于其他商品的功能。所以如果不要求商标注册人履行使用义务，那么通过商标注册对商标进行保护就没有任何经济意义。不使用商标对新商标的注册构成了一道人为的障碍。所以，绝对有必要在商标法中规定商标的使用义务。

2.391 但是，商标所有人在其商标取得注册后需要一段时间才能履行商标使用的义务，对那些从事国际贸易的公司来说，尤其如此。他们为了不让竞争对手对他们的新商标有可乘之机，避免商标保护的漏洞，必须从一开始在所有未来可能使用的国家进行该新商标的注册申请。即使在他们本国，这些公司也经常需要几年的时间才能推出一件新开发的产品，对制药公司尤其如此，因为药品必须通过临床测验和健康部门的批准。

2.392 商标法中规定的商标必须投入使用的期限有时为3年，但更多的是5年。

不使用的后果

2.393 对于无正当理由不使用的商标，主要后果是，应合法权益人的请求，商标可能被撤销。一般倾向于由商标注册人提供使用证明，因为由第三方很难提供未使用证明。为了将这些“朽木”从注册簿中清除，由商标注册人承担举证责任的做法是合理的。

2.394 不仅商标撤销程序，而且在其他任何诉讼程序中，只要判定商标所有人从未使用的商标权利中获利（争议程序、侵权行为），商标所有人就应当承担商标使用的举证责任。

2.395 但是对商标续展不应当要求提供使用证据。鉴于有关当事人可以在任何时候采取适当的方式对未使用商标提起诉讼，因此举证在续展中是不必要的行政程序。

2.396 未使用也不总是导致商标权利的无效。因不可抗力引起的未使用，和其他非由商标所有人的过错或疏忽所引起的未使用就属于这种情况。例如某一国家的进口限制和或特殊的法律要求，都是合法的。

商标的适当使用

2.397 商标未使用可导致商标权利丧失，商标的不当使用也能导致同样的后果。如果商标所有人驱使或容忍自己的商标蜕化成该商标所使用的一个或多个商品或服务的通用名称，使该商标在行业内、相关消费者和公众眼中，丧失了作为商标的意义，就可能被清除出注册簿。

2.398 通常，两种情况可导致商标通用名称化：一是商标所有人对商标的不当使用，驱使商标蜕化为商品通用名称，二是第三方对商标的不当使用，而商标所有人采取容忍态度。

2.399 为了避免商标的不当使用，拥有商标的公司中每一个从事品牌广告或宣传的人都必须遵守一些规则。

2.400 基本的原则是不应当将商标当做或代替商品名称使用。商标所有人在使用商标时，还应系统地使用商品名称，从而明确告知公众其商标能够识别某一种类商品中的某一特定产品。如果商标所有人发明的某种新产品一开始在该类产品中具有唯一性时，这样做尤为重要。FRIGIDAIRE、CELLOPHANEH 和 LINOLEUM 之所以蜕化为商品通用名称，是因为它们在所属类别产品中是唯一的，而商标所有人未给自己的产品再取一个名字。1938 年，人类发明速溶咖啡，也叫溶解咖啡，发明该产品的公司将上市第一批产品叫做 NESCAFÉ，同时在标贴上系统地使用“速溶咖啡”或“溶解咖啡”作为商品名称。

2.401 第二个重要原则是应当将商标当作真正的形容词使用，而绝对不是名词，换句话说，商标不应当加冠词和所有格的“S”使用，并避免使用复数形式。我们不应当说 NESCAFÉ′s 味道（NESCAFÉ′s flavor）或用三 NESCAFÉ′s（three NESCAFÉ′s）取代三种 NESCAFÉ（three varieties of NESCAFÉ）。

2.402 除此之外，建议在使用中总是突出商标部分，使它从整体中突出出来。

2.403 最后，商标应带有能够被识别为商标的符号或说明。只有一些国家对此作了规定，而强制要求将这些说明使用在商品上为《巴黎公约》第 5 条 D 款所禁止。《美国商标法》允许使用较长的说明（例如“在美国专利商标局获得注册”）替代短的符号，即带圈的R。多年来，该符号已经传遍世界，成为大家都能识别的注册商标符号，同时也成为一种警告竞争对手不要涉及任何可能侵犯注册商标权益的手段。

2.404 但是，仅仅遵循这些原则是不够的：商标所有人还必须防止第三人和公众不滥用其商标，更重要的是，商标不可在字典、官方出版物和杂志等上面作为或替代商品说明使用。

7. 商标注册

注册申请

2.405 在大多数国家，申请商标注册的主管机关同时也是受理专利申请的机关，通常叫做"工业产权局"或"专利商标局"或"商标局"。

2.406 一般而言，国家提供商标申请表，在一些国家使用申请表是必须的。申请表上必须填写申请人名称和地址。外国人可以填写其在申请国的联系地址或使用具有由申请人签名的委托书的代理机构的地址。通常，还需要一些别的手续，《商标法条约》（TLT）第3条规定，申请商标注册时，缔约国商标局应提交一份详尽的信息清单，同时明确避免某些手续，例如认证或公证，认为没有必要或过于烦琐。TLT还提供国际书式范本（MODEL INTERNATIONAL FORMS），表中包含缔约国商标局必须接受的所有相关信息。

2.407 申请注册的标记必须出现在申请书或其附件上，注册彩色标记的，必须指出申请注册的颜色并提交彩色图样和颜色说明。

2.408 申请立体商标注册的，必须声明保护三维图形。此外，商标必须以书写的方式表达，能够为以下两个目的进行复制：必须能够录入注册簿（不管注册簿是何种形式，也就是说，不管商标是收录在书上还是在卡片上或是在计算机系统上）；在先权利所有人必须能够注意到商标申请，商标申请的情况通常在商标公告上得到确认。

2.409 同时，申请人必须提交注册商标的商品清单。商标法一般都规定了商标注册用商品分类原则。在一些国家，一份申请只能包含一类商品；而另外一些国家，一份申请可以包含多个类别的商品。

2.410 《商标注册用商品和服务国际分类尼斯条约》是国际贸易的一个重要条约，建立了商标注册用商品和服务的国际分类体系。

2.411 最后，商标注册必须支付一种或多种费用。一个国家可能采取单一的、一次性的收费方式或多次收费方式（申请费、类别费、审查费、注册费等）。两种方式各有利弊，单一收费更加简便，成本较低。但是另一方面，对那些决定在审查程序中部分或全部撤回商标申请，例如，由于在先权利人的异议或由于商标审查官的异议而撤回商标的申请人可能会产生不公平的结果。

审查

◎ 形式审查

2.412 一般而言，各国只接受符合形式要求的商标注册申请。

◎ 实质审查

2.413 大多数国家为了公众和商业竞争对手的利益，对商标进行实质审查。

2.414 必须弄清楚商标驳回的两种理由。

2.415 商标审查员可能对商标驳回的绝对、客观的理由进行审查，也就是说，审查商标是否具有充分的显著性、不具欺骗性、不违反公共道德等。这种审查对于保护消费者的利益是极为必要的，对竞争对手和商业贸易而言，任何人不应因为一个简单的行政法令而对商品的描述性词汇甚至商品通用名称拥有独占权。

2.416 很多国家也规定了对商标驳回的相对理由进行审查，也就是审查申请的商标是否与同一种商品或类似商品上申请或注册的在先权利相同或近似。这样的审查可以依照职权进行，也可以在异议程序的基础上进行。

2.417 总的说来，国际上对商标审查有3种方法。

2.418 英国法体系规定商标局对商标驳回的绝对理由和相对理由进行审查，同时也对异议程序进行审查。欧洲的一些国家例如葡萄牙、西班牙和北欧国家适用该体系。

2.419 第二种方法是商标局仅对商标驳回的绝对理由进行审查，商标法中未规定异议程序，而是由在先权利所有人对在后商标的注册或使用提出撤销或侵权诉讼。法国和瑞士的老商标法曾使用这种体系，现在两国在其新商标法中都规定了商标异议程序。

2.420 第三种是德国法规定的商标局对商标驳回的绝对理由进行审查，同时也对商标的行政异议程序进行审查。在异议程序中，在先权利人能够以更加简便经济的方法对侵权商标申请提出异议。该体系为上述两种极端体系的折中，遵循了欧共体商标法所反映的现代发展趋势。

2.421 企业界较为青睐最后一种体系，因为它更加省时，更加灵活。纵观世界各国的注册商标，建议无论如何在申请注册商标之前，甚至在开始使用之前，对在先权利进行检索。大多数申请人定期作这样的检索，很多公司对其已注册的重要商标委托商标代理人或国际监督机构进行监督，以获得潜在冲突的类似商标申请的任何信息。

2.422 原则上，审查商标申请是否因在先权利存在而驳回，审查官所使用的准则与异议程序所使用的准则，或法官在裁定侵权案件中所使用的准则是一致的，尽管在后一种情形中，侵权的事实具有辅助作用。

2.423 因为注册商标所有人的基本权利之一就是防止他人使用其商标或类似商标，本书第6章在介绍由商标注册而产生的权利时，对商标类似的各种情况作更充分的讲解。

注册的驳回

2.424 商标局在给申请人发送商标部分驳回或驳回通知书前，应给予其对商标进行说明的机会。

2.425 对部分或全部驳回商标的裁定必须准予上诉。根据各国不同的法律体系，申请人可以向审查官、行政上诉委员会或法院提起上诉。

注册日

2.426 商标申请获得注册的，商标局应向商标所有人颁发注册证书。商标专用权从商标注册之日起开始存在。但是，商标的在先权利应该追溯到商标申请之日。虽然，一般来说，申请确实不足以作为对在后权利采取反侵权行动的基础，但肯定是商标异议程序的有效基础。并且，更重要的是，商标申请日期在以后法院处理案件中将起决定性的作用。商标在最终获得注册之前的那段时间的长短差别很大，在某些案件中，那段时间可能特别长。一个在后的申请可能先获得注册（例如，某一在先的商标申请被审查官驳回了，但在上诉中获得了注册）。显然，相对于在后的商标申请，在先申请的所有人必须享有在先权利。

2.427　此外，根据《巴黎公约》第4条，申请人可以商标国内注册为基础，在商标首次申请之日起6个月内就同一商标申请国外注册的，可享受优先权。

期限和续展

2.428　商标未被授予专有权利，因而没有必要限制有效期。但由于行政的原因，商标法中一般都规定了商标期限，到期后可续展。

2.429　规定期限的理由之一是商标局能够收取续展费，这是一个受欢迎的收入来源。此外，无期限的商标注册可能导致一些对商标所有人毫无意义的注册商标的存在。即使不使用的商标可以从注册簿中清理出去，但该程序对有关当事人来说费钱又费时，并且不一定总是成功。

2.430　所以，要求商标续展和支付续展费对商标申请人来说也是一个好的机会，使其能够考虑商标注册是否值得续展，因为商标也许已经被新的商标图样代替，甚至不再使用。因此，商标续展费不应太低，甚至也许要比原始注册费更高，但是不应该再收附加的费用。在任何情况下，商标申请人只要缴纳了续展费，就应该给予商标续展，而无须对商标驳回的绝对或相对理由进行新的审查。当然，商标所有人可能自愿对原始注册的商品进行限定，特别是这样做能节省费用的话。

公告和在注册簿上登记

2.431　对在先权利所有人和公众来说，注册簿中包含的所有相关数据，包括申请、注册、续展以及商标所有人名义和地址的变更都应该在官方杂志上公告。这样做能够使在先权利人采取必要的措施，包括对某商标提出异议（如果规定了）或撤销。商标申请和注册公告应包含所有重要的数据，例如申请人的名称和地址、商标图样、根据分类体系所确定的商品类别、商标的颜色、（如果是立体商标）有关立体商标的说明、（如果某一商标根据《巴黎公约》第4条要求了优先权）与优先权有关的说明。

2.432　此外，公众应该能够查阅到注册簿。为保证在先权利所有人得到准确的信息，注册簿应包含最新信息，即所有记录的不仅限于注册，同时还包含正在申请中的商标的情况，不管这种数据储存在何种媒介上。

8. 已注册商标的注销

2.433　撤销注册商标对商标所有人来说是一件很严重的事情，因为它导致注册权利的丧失。然而，有几个理由可能使商标从注册簿中清除出去。

因未续展而注销

2.434　由于行政的原因，商标的注册仅能维持一段时间。如果商标所有人未对其商标进行续展，尤其是未缴纳续展费，将导致商标从注册簿中清除。商标局一般都给予缴纳续展费一段宽展期（通常要缴纳宽展费）。

2.435　如果法律允许仅就注册商标的部分商品进行续展（作为一种鼓励将“朽木”从注册簿中清除出去的方法），将导致注册商标的部分撤销。

应注册所有人的请求而注销

2.436 商标注册人能够在任何时候宣布在其注册的部分或全部商品上放弃其商标。所以，应商标注册人的请求，商标局原则上将就全部或部分商品将商标从注册簿中清除。

因为不使用而注销

2.437 如果商标所有人在法律规定的宽限期内未使用商标，原则上，任何有关当事人可请求撤销该商标。如果商标所有人不能提供未使用的合理理由，法院可以裁定撤销该商标。

2.438 这并不意味着商标所有人的权利将严格受限于所使用的商品，或商标注册的某一个商品。即使商标被撤销至仅剩一个他能提供使用证明的商品，他仍能阻止其竞争对手在与其所注册和使用的该个商品相同或近似的所有商品上注册和使用相同或混淆的商标，从而捍卫自己的商标专用权。

因商标无效而注销

2.439 对于不应获得注册的商标，应有关当事人的请求，法院可宣布该商标无效。有的商标法规定了依职权宣布商标无效的程序。因此，商标被从注册簿中清除。

2.440 宣布无效的理由仅针对注册商标之部分商品的，清除仅针对该部分商品。

2.441 一般只有当商标无效的理由在商标获得注册时已经存在时，才能裁定把商标从注册簿中清除。此外，即使商标因缺乏显著性而不应获得注册，但因使用而获得了显著性的，也不应裁定撤销。

2.442 但是，这种后天获得的显著性不能阻止把由商品通用名称或欺骗性词汇组成的商标清除出注册簿。也可能存在例外的情形，这种一开始应该阻止商标注册的欺骗性含义在后来消失了。

因丧失显著性而注销

2.443 商标所有人在其注册的一个或多个商品或服务上，驱使或容忍他人将商标转化为商品通用名称的，该商标可能被清除出注册簿。在第2.383段中，已经对此作了解释。

9. 商标注册所产生的权利

2.444 商标所有人具有注册商标专用权。这个有关商标专用权的短定义包括两个含义：使用商标的权利和排除他人使用的权利。

使用商标的权利

2.445 商标所有人对商标的绝对使用权为大多数国家商标法所认可。如果在规定商标所有人有义务使用商标的同时不授予其绝对使用权，那么就真是矛盾了。当然，使用的权利要受限于其他的法律和权利，就像法律规定的任何其他权利一样。商标法规定允许的行为可能是竞争法和公共法规所禁止的行为。

2.446 使用权意味着什么？首先，它意味着权利所有人将其商标使用附着在商品上，商品的容器、包装、标签等上面，或以任何其他方式使用在注册商品上。

2.447 它也意味着将带有该商标的商品推向市场。

2.448 分清这两种均产生于商标使用权的权利是很重要的。

2.449 当商标所有人已经将带有其商标的商品推向市场时，不能反对他人在交易过程中进一步销售其商品，这就是所谓的商标权利耗尽原则的基本含义。一些国家允许商标所有人或经其同意的第三人平行进口在国外销售的产品。而另外一些国家适用区域权利原则，不允许平行进口。还有一些国家，例如英国和瑞士，在裁定是否允许平行进口时，则根据消费者是否会对进口商品的性质或品质产生错觉。

2.450 商标权利耗尽原则除了适用平行进口首次在国外市场销售的产品之外，还适用于本国市场，但是，仅限于首次将带有商标的商品推向市场的权利。商标所有人将其商标附着在其商品上或商品的包装、容器、标签等上的专有权利继续存在。所以，能对抗侵犯其商标专有权的行为，例如将带有其商标的商品重新包装、毁坏其商标或改换其商标后销售产品的行为。改换产品后，仍使用同一商标进行产品销售与将商标附着在商品上具有同样的影响，也就是说，它给消费者造成的印象是商标所有人在销售带有自己商标的商品，如果事实并非如此，商标所有人有权干预。

2.451 最后，商标使用系列权利之三是商标所有人有权将其商标使用在广告中、贸易文书或文件上，等等。

排除他人使用其商标的权利

2.452 商标的基本功能是能够将商标所有人的商品与他人的商品区别开来，所以，商标所有人必须有权反对他人使用近似商标，使普通消费者和公众不被误导。这是商标注册赋予商标所有人商标专用权的根本所在。他必须有权反对第三人在其所注册保护的商品上以任何方式使用其商标，包括将商标附着在这些商品或相关商品上、提供带有该商标的商品供销售或将该商标使用在广告、商业文书或任何其他的文件中。此外，为保护消费者不至对商标产生混淆，商标保护应予扩大，对在类似商品上使用近似商标，可能使消费者产生混淆的，商标所有人也有权反对。

2.453 但是，必须强调，商标所有人不能无条件地反对他人在其注册的商品或类似商品上使用其商标或与之近似的商标。对注册商标的保护必须限制在注册指定的商品上。各国法律一般都规定，在商标使用有效期内，自动地对所有的注册商品进行保护。有效期届满时，对商标的保护缩小到实际使用商标的商品及其类似商品上。虽然已经注册，但已不再使用的商品不再是给予商标专用权的有效基础。根据各国的商标程序，商标所有人也许能够依赖已经注册但不再使用的商标先前所赋予的权利，但可能要面对他人的反击，导致商标被部分撤销。

2.454 商标所有人可以采取打击侵权行为的方式行使商标专用权。如果有人在相同或类似商品上使用与注册商标相同或近似的商标，侵犯了商标的专用权，就有导致公众误认的危险。判断是否侵权，不能基于假设，而必须基于在市场上发生的侵权事实。

2.455 很多国家的法律规定了打击侵权行为，并且制定了行政程序，对可能产生混淆的近似商标不予注册。在这种情况下，判定商标侵权的范围更大了，因为如果申请人的商标获得注册，必须考虑申请人可能使用该商标而引起混淆的危险。事实上，这种对商标侵权的判定方式与各商标主管机关所适用的对第三人在先权利的审查是一样的。

2.456 与商标是否具有显著性一样，商标是否与在先权利近似以致产生混淆，是现实商标保护的基础之一。

◎ 商品类似

2.457 商标注册须针对某些类别的商品，这纯属是为行政管理的目的而建立的制度，所以，商品类别不能决定商品是否类似。有时候，完全不同的商品归在同一类（例如，9类的计算机、眼镜、灭火器和电话），而类似的商品能够列入不同的类别（黏合剂可以分别在1、3、5和16类）。

2.458 判定商品是否类似必须以在该类似商品上是否使用了相同商标为基础。即使使用了相同商标，如果商品相差很大，也可能不会对商品的来源造成混淆。原则上，如果商品使用同一商标出售，消费者可能认为商品来自同一渠道的，就应判定商品类似。在处理案件时，所有的情形都必须加以考虑，包括商品的性质、用途和销售渠道，特别是商品的通常来源、商品的通常销售点。

2.459 另一点是商品的属性和成分。如果商品由同样的物质组成，即使用途不一样，一般也应视为类似。但是，原材料和由这些原材料制成的成品一般不视为类似，因为通常不由同一企业进行销售。

◎ 商标近似

2.460 商标可能或多或少相互近似。而判定近似的标准当然是看它们之间是否会产生混淆。如果某一商标使用在与某一在先商标类似的商品上，以致消费者对商品的来源产生误解，那么，该商标就与此在先商标近似。如果消费者产生了混淆，说明商标没能发挥其区分功能，消费者则可能没买到他所想要的产品，这对消费者不利；而对商标所有人来说，则失去了市场。

2.461 对商标侵权人来说，他不必具备混淆的意图，或者其行为已经产生混淆的事实，判定的唯一标准是产生混淆的可能性。

2.462 当然，对诸如“在消费者中（或‘在公众中’）产生混淆的可能性”这样的句子，需要进行解释。混淆总是产生在某一特定群体的公众中，所以，必须根据具体案件来判断哪些是必须加以考虑的相关的公众群体，换句话说，也就是商标所传递和到达的人群。

2.463 因为在实践中，对于可能产生混淆的类似这样一个大的定义很难界定，所以，各国都制定了一些规则来帮助判断在具体案件中两个类似的商标是否可能产生混淆。

2.464 首先，最重要的是，消费者不会将商标放在一起进行比较；他一般都是在商店看到侵权商标商品，而没有同时看到他所知道的和大致确切记得的商标的商品。他错误地将带有侵权商标的商品当做了他真正想要买的商品。在这种情况下，必须考虑到普通消费者的记忆也是普通的，所以，必须有足够的提示使他能够对所遇到的商标是否为他所知道的那个商标产生怀疑。

2.465 因为普通消费者一般不能第一眼就识别出那些只有花时间进行更仔细地研究才能识别出有所区别的商标及商品，因而对商标的第一印象是至关重要的，这对于在自选超市出售的大众消费品尤其如此。

2.466 此外，不成熟、缺乏经验的消费者和孩子更容易对此产生混淆。购买复杂和昂贵的机器、汽车或航空器的消费者无疑比在超市购买东西的消费者考虑得更加周全。所以，在那些领域，非常相似的商标确实共存，而这些商标如果使用在大众消费品上，则很有可能产生混淆。

2.467　用于说明商品的类别将如何影响对引起混淆的类似的判断标准的另一个例子，就是药品领域。出售给消费者的处方药，一般是根据医生开具的处方或受过职业教育的药剂师开具的处方销售的。医生和药剂师对于使用在药品上具有不同使用说明但较为类似的品牌不容易产生混淆，所以，对于类似的判断标准可以宽松一点。而对于在柜台上出售的药品则刚好相反。鉴于无经验的消费者购买错误的药品所存在的潜在的严重后果，判断药品商标是否近似的标准必须格外严格。

2.468　判定商标是否近似的第二个重点，是对其应该从整体上加以比较，着重考虑那些可能引起混淆的共同因素，而不是考虑那些被普通消费者忽略的区别。除了将商标作为一个整体而不是将它分割成几部分加以比较这一基本原则之外，商标的结构也很重要。普通前缀比普通后缀更为重要；两个开头部分非常近似或相同的商标比后面部分近似或相同的商标更容易引起混淆。具有普通开头字母或相似开头部分字母的较长的词汇比具有不同开头字母的短词汇更容易引起混淆。

2.469　第三个要点，是具有高度显著性的商标（杜撰或臆造商标）比那些与注册商品之间有关联含义的商标更容易引起混淆。

2.470　如果一个商标包含高度显著的部分（仅由一个词汇或由几个词组成的商标的部分），并且该高度显著部分是完全复制或几乎完全复制侵权商标的，情况也是如此。另外，如果这两个商标的普通部分具有描述性，则消费者的注意力可能会集中到商标的其他部分。

2.471　在对具有某一共同元素的商标进行比较时，也必须确定是否在注册簿中存在着由不同的所有人使用的具有相同元素的商标。如果情况是这样，则消费者将习惯于不同的所有人对这一元素的使用，而不再注意该商标的显著元素。

2.472　但是，如果具有相同的共同元素（一般为前缀或后缀）的所有商标都得到注册并由同一所有人（经他同意）使用，情况则不同。这是系列商标的一种情况，在此情形下，消费者习惯于将该系列商标与某一商品来源相联系，并且对包含该同一元素的任何新商标会作出同样的推测。但是，某人使用包含某一普通元素的系列商标这一事实，不足以排斥其竞争对手在整体区别很大的商标中使用同样的元素作为商标的一个组成部分。只有当消费者真正将商标所有人使用的系列商标中的相同元素看做是任何包含该元素的商标都具有同一商品来源时，他人使用该相同元素才构成侵权。

2.473　第四个要点是，混淆也能由商标的书写、发音和含义引起，这样引起的混淆如果足以误导公众，也足以构成商标侵权。

2.474　关于商标书写引起的近似，商标的书写表达方式具有重要的作用。发音的近似也很重要，因为书写不同的商标很有可能发音一样，而发音是口头交流的方式：即使由于采取了不同的书写表达方式而避免了书写的近似，也不能影响两个商标进行口头比较。

2.475　对于两个通常被看做混淆性近似的商标，截然不同的含义可排除混淆的可能。

2.476　除了上述规则外，对于图形商标，还应考虑一些特殊情形。

2.477　对于纯粹臆造的两个商标，它们所传达的感官印象起决定性的作用。

2.478 对于组合商标，通常文字部分近似就足以判断商标类似了，因为商标拼法的近似构成商标侵权。只有商标的图形部分构成商标的显著元素时，图形的近似才可能导致混淆。此外，对于组合商标，如果商标的图形部分相似，那么，对于文字的任何相似部分应从严把握，即使文字部分在书写和拼法上不会产生混淆，但就它们的图形相似这一点来说，商标从整体上会产生混淆。

2.479 这种情况的特别例子是能够用文字命名的图形，例如星星图案与文字“星星”，问题在于是否应禁止该文字作为商标注册，或文字“星星”的商标注册人有权禁止所有星星图案的注册使用。但对于两个图形商标，例如两个同一动物的图形商标，情况则不一样。这样的两个图形商标，例如两个老虎、狮子或牛的图形（已经有一些牛的图形商标注册使用在牛奶制品上），足够近似以致混淆。

◎ 使用和未使用的影响

2.480 虽然，商标只有实际使用在类似商品上，才会在市场上引起混淆。但是，为防止混淆，商标保护制度仍有必要允许商标所有人反对任何仅仅是为了使用该商标而提出的商标注册申请。

2.481 出于同样的保护目的，很多国家商标法规定，不管商标所有人是否将商标使用在商品上，注册商标所有人都可以在异议程序中禁止他人在与其注册商标所覆盖的所有商品相同或近似的商品上申请类似商标注册，在侵权诉讼中反对他人在与其注册商标所覆盖的所有商品相同或近似的商品上，使用类似商标。所以，发现商标未使用或部分未使用的被告人必须提起反诉，适用商标无效程序，寻求以不使用为由使注册商标部分或全部被撤销。

2.482 更为现代的理念认为，在5年宽限期届满后，如果发生商标异议或其他法院诉讼，应当允许商标所有人仅在他实际使用的商品上，禁止他人在相同或类似商品上，注册或使用与其相同或类似的商标。如果商标所有人未使用商标，则驳回其提出的异议申请。如果仅在注册的一个或几个商品上进行了使用，则在判断商标是否近似时，仅就该部分商品进行考虑。在异议程序中，证明商标使用的举证责任由商标所有人承担。

2.483 也有很多法律规定，在商标侵权诉讼中，被告人可以商标未使用为由主张权利，而商标所有人想胜诉，就必须证明商标已经使用。

2.484 如果被侵权的商标实际使用了，使用的范围会影响对混淆的判断。商标的集中使用能够增强其显著性，驰名商标更容易引起混淆，即使这些商标使用在不那么类似的商品上或商标间的类似不那么明显，情况也会是这样。

◎ 对非混淆近似商标的保护

2.485 一些国家对于具有很高声誉的驰名或著名商标的保护不仅限于类似商品。应仅在当他人在其他非类似商品上使用相同和几乎相同的商标而对著名商标的显著性或声誉造成损害时，才考虑作出这种延伸保护，而不必覆盖所有可能的商品。他人在相关商品上使用与著名商标相同的商标很可能给著名商标带来不公平的损害，而在完全不同的商品上使用则不会伤害著名商标所有人的利益，应该根据具体案件的所有情形作出裁定，包括商标的著名程度、侵权人使用的商品和商品展示方式等。

2.486 当然，仅有声誉是不够的；只有当他人无正当理由使用商标对商标的显著性或声誉造成不利影响或损害时，才能对其进行扩大保护。

2.487 1999 年 11 月，世界知识产权组织大会及巴黎联盟大会通过了《关于保护驰名商标的联合建议》，为认定某一商标是否驰名及其保护范围提供了指导（见第 5 章第 5.731 段和 5.732 段）。

为公共利益对专用权进行限制

2.488 正如商标所有人使用商标的权利可能因其他权利而受到限制一样，商标所有人禁止第三人使用其商标的权利也可能因他人的合法利益而受到限制。很多商标法都规定商标注册不应赋予商标所有人禁止第三人善意使用诸如自己的姓名、地址或笔名。

2.489 商标所有人也不能禁止非竞争对手的第三人在商标一览表或在字典中引用其商标，或者在报纸、书或其他出版物中使用其商标。

对商标侵权的法律救济

2.490 成功的商标侵权诉讼导致近似商标的禁止使用，如果该侵权商标为注册商标，则导致商标的撤销。

2.491 一般而言，商标所有人可要求损害赔偿，但基于商标侵权案件的损害难以证明，因而救济措施在实务中不是很重要。

2.492 商标假冒的情形当然各不相同，下面就谈这个问题。

10. 商标盗版、假冒及标识和包装的仿冒

商标盗版

2.493 商标复制指注册或使用未在本国注册的或因未使用而失效的外国驰名商标。

2.494 《巴黎公约》第 6 条之二规定：驰名商标在未注册的国家也必须得到保护，但是，该条仅限于对将驰名商标使用在相同或类似商品上。驰名商标也经常被复制使用在完全不同的商品或服务上，此外，法院有时候要求商标必须在复制发生国驰名，商标所有人即使能够证明商标在其他的很多国家驰名，法院也不予以保护。1999 年世界知识产权组织大会和巴黎联盟大会通过的《关于保护驰名商标的联合建议》，对此提供了一些指导。

假冒

◎ 什么是假冒？

2.495 假冒首先是对某一产品的模仿。假冒不仅仅表现为用词上的相同，它同时也给人造成印象：假冒商品就是真实产品（例如，Louis Vuitton 的包），来源于真实的生产者和交易者。

2.496 当然，只有当某种真实的商品为消费者所知时，提供这样的假冒商品才有意义。所以，假冒商品一般限于奢华产品和驰名商标产品。但事实上，这只是一个巧合：假冒商品也能是大众消费品，或者其销售不是以商标形式而是受例如版权和工业品外观设计等其他知识产权保护的商品。假冒商品还能是那些仅为一个特殊的小的消费群体所知的商品，例如车辆或航空器用的刹车，或农户使用的杀虫剂。同时，这些例子也说明使用假冒商品是多么危险——因为使用假冒的杀虫剂，大半个非洲一年的庄稼

归于毁灭。

2.497 假冒商品的一些特别典型和广为人知的例子为：Louis Vuitton 包，Rolex、Cartier 和其他高档手表，Puma、Reebok 运动鞋，Lacoste 运动衫等。一些假冒商品在世界的销售量超过了真实产品的销售量，这表明假冒是在世界范围内都具有重要意义的经济现象，在世界贸易中占有惊人的比重。确实，认识到假冒是一种可与偷窃相提并论的经济犯罪非常重要。假冒者不仅欺骗消费者，同时也损害了真实厂商的名誉，并且还不向国家缴纳税款和其他费用。

◎ 依法打击假冒

2.498 假冒商品通常都带有商标，尽管这不是假冒的条件，事情也不总是如此。该情形有利于对商品假冒作为商标侵权案提起诉讼，并且通常比假冒所涉及的对其他工业产权的侵权处理容易一些。但因假冒是一个在经济上很严重和重要的问题，商标法所规定的补救措施常常不足以构成有效的威慑。此问题涉及执法的三个方面，要成功打击假冒，这三个方面至关重要。

2.499 法律必须设置严厉的刑事制裁措施，包括拘禁。很多商标法规定了商标侵权刑事制裁措施，但那是很早以前的事了，已没有现实意义。假冒者被处以罚款，但却极少被处以拘禁。

2.500 制定快速、效力广泛的补救措施势在必行。假冒者的经营场所不固定，发生诉讼时很难追踪，通常只有经过长时间的彻底调查，才能发现他们的行踪。所以极有必要制定诸如临时禁令这样的临时措施：在英国，所谓的 Anton Piller 命令就是一个很有作用的措施。通过采取这样的临时措施，可没收假冒商品，拥有假冒商品者有义务将假冒商品的来源告知商标的真实所有人。

2.501 因为假冒是一种发生在国际贸易领域的现象，所以，也有必要赋予海关在其国家边境对商品进行检查并应商标所有人的请求没收假冒商品的权利。

标识和包装的仿冒

2.502 该节讨论的情形介于普通的商标侵权和假冒之间，有时非常接近假冒。就假冒而言，竞争对手的商品标贴和包装被仿冒，但不会使人产生该产品即真实产品的印象。尽管消费者很少将假冒商品和真实商品放在一起进行比较，但如果他们这么做，就能区分这两种商品，并且仿冒者不总是躲在真实制造商的背后；他使用自己的名称进行交易。他不是一个罪犯，但他是一个利用不正当手段进行竞争的对手。

2.503 仿冒者不付出代价树立自己的产品形象，开发自己的标贴和包装，而是试图利用竞争产品的声誉，极力模仿竞争产品的外形，在市场上造成混淆。

2.504 仿冒者经常使用与其竞争对手极为近似的商标，这样便构成了商标侵权。

2.505 在一些案件中，仿冒者使用的文字商标与竞争对手使用的商标有一些近似，但不至于引起混淆，而有一些则可以完全不同。在这种情况下，在市场上引起的混淆的原因，仅仅是或主要是由于他使用了与竞争对手的产品标贴或包装相同或极为近似的颜色和图形。标贴和包装极少能够注册为商标，对这种情形，商标法一般无法进行干预，只能按不正当竞争规则进行处理。

2.506 总的说来，各国法律普遍认为假冒竞争对手的商品是不合法的（不正当竞争）。

如果某人在自己的商品上使用与竞争对手的商品极为近似的标贴或包装，一般符合此条件。

11. 所有权的变更

所有权变更的原因

2.507 商标所有权因不同原因和方式而改变。

2.508 商标权利可因自然人死亡而由继承人继承。此种改变仅限于商标法允许商标权私有的情形。同样，商标也可因企业破产而转让给新的所有人。另一个导致商标所有权自动发生改变的是两个公司的合并。但是，通过获得公司的股份或获得包括知识产权在内的公司的部分资产而对公司进行接管时，不会发生商标权的自动改变。

自愿变更所有权：转让

2.509 转让是商标所有权发生改变的最普遍形式。商标转让一般但不必属于买卖合同的一部分，购买商标必须支付一定的费用。

2.510 一些国家只允许与商标善意使用有关的转让，理由是消费者习惯于购买带有某一商标的商品，如果商标转让时，企业不进行转让或部分转让，可能造成对消费者的欺骗。但是，允许商标自由转让仍然是一个很明显的趋势。非善意使用商标的受让人经常多年不使用转让商标。此外，公司的法律结构常常比较复杂，当一个公司被另一公司接管时，很可能商标已经转移给新的母公司，而生产该商标商品的企业仍然属于被接管的公司。只要新的母公司和商标所有人继续保证被转让商标的商品具有稳定的质量，消费者才能不受欺骗。

2.511 所以，没有绝对的必要将商标转让与其善意使用相关联。

2.512 部分转让中出现的问题要多一些。有时，为了避免公众产生混淆，商标法规定，商标转让仅涉及不与转让人保留的商品相类似的商品。这样，就能绝对防止混淆，因为两个商标从一开始就可能由不同的人注册。

所有权变更的登记

2.513 一般而言，商标所有人变更不用登记即可生效。对于外国商标所有人死亡、破产或合并的情况，这一点显而易见，甚至对于商标所有人通过转让的方式自动变更所有人，原则上也不必登记即可生效，至少具有对内效力。但因以下两个原因，商标法一般都对商标所有人变更进行登记：

——未经登记，新商标所有人无法正常行使商标权利；

——未经登记，商标移转对第三人不具约束力。

2.514 适用该原则时必须限制：如果新所有人已经提交了所有必要的手续，也就是说，已经向商标局提交了办理商标名义变更注册的所有材料，就有权对商标侵权行为提起诉讼。有时，登记程序耗时很长，还有一些法律规定对处于申请中的商标不予变更登记。在此情况下，新商标所有人的权利行使完全受到妨碍，因为在先商标所有人或许已不存在，或者至少对侵犯原本属于他的商标专用权的侵权行为提起诉讼不感兴趣。

2.515 商标法通常规定，对于转让登记，注册官认为可能欺骗消费者的，可予以驳回。

2.516 如果商标转让确实构成对消费者的欺骗，该转让通常自动无效，因而不能有效登记。但是，注册官对于那些他认为仅仅可能在公众中产生混淆的商标转让，不能予以驳回，这种情况显然依赖于他从档案中无法知晓的事实，例如，新的商标所有人将如何使用商标，消费者是否真正被欺骗等，而这些事实证明商标转让本身并不构成对消费者的欺骗。

2.517 拥有多个商标的商标注册人将其中的几个商标进行转让，如果适用商标近似判断标准，该几个商标应为近似商标。但部分转让则不同于此。

2.518 以上商标转让本身并不构成对消费者的欺骗。消费者是否被欺骗不仅仅依赖于新的所有人如何使用转让商标，同时也依赖于原商标所有人对依然属于他的商标如何进行使用。通常，转让各方会根据自己的利益，在转让合同中规定双方以避免在有关消费者中引起混淆的方式使用各自的商标。在此情形下，注册官无权驳回转让注册申请，而应由法院裁定。

2.519 如果已经登记注册的商标转让因为其本身构成对消费者的欺骗，或者因为商标法之外的原因而无效，那么，问题就是登记注册的后果是什么。

2.520 商标转让的无效不导致商标权利的无效，但是商标权利属于商标转让人，即原商标所有人，这意味着新的商标所有人对商标的任何使用实际上都不构成使用，并且，商标使用的宽展期届满后，商标可能被撤销。当然，仍然是商标所有人的商标转让人和原商标注册人可能对商标进行使用，但是因为当事人各方通常都不知道转让无效，所以，他实际上也不可能对商标进行使用。

手续

2.521 为法律上安全起见，商标转让应以书面形式证明。转让申请必须以书面形式提交，并由转让人和受让人签字。转让申请由转让人提出的，应提交一份由其本人或法定代理人签字的简单的书面申请即可。但由受让人和其他新商标所有人提出对变更商标所有人进行登记的，则一般还需要提供相关文件（由转让人签字的转让合同或其他变更所有人的证明文件）。对此，仅有新商标所有人或其法定代理人要求变更所有人的签字也应足够，而无须公证、认证或其他证明。

12. 商标许可

许可的重要性

2.522 商标所有人将商标许可给其从事经营活动的所在国的第三方使用，这是很普遍的做法。但是商标使用许可的主要作用在于其对国际贸易关系的作用。许可确实是当地企业使用外国商标的最主要方式。这种许可协议普遍存在于不同的发达国家的贸易伙伴之间，也存在于发展中国家的贸易伙伴之间，甚至存在于来自发展中国家的许可人和来自发达国家的被许可人之间。

2.523 然而，许可协议最重要的作用在于在发达国家的许可人和发展中国家的被许可人之间建立起来的关系，这种关系通常不仅限于商标许可，而是还包括专利、商标和技术许可的总协议，其中可能还包括其他知识产权许可以及对被许可人提供的技术援助。这些协议是发展中国家经济发展的一个关键因素，并常常表现出转让技术、创造就业机会和利用当地原料的特点；这些协议受当地法律的专门规定的制约，由当地主管部门，例如负责技术转让的部门批准或管理。

2.524 就总协议赋予商标被许可人使用许可人的商标的权利来说，许可人必须遵守被许可人所在国的商标法关于商标许可的相关法律规定（即使对于也可适用上面提到的专门规定的情况）。很多国家的商标法都包含商标许可的规定。下面谈到的是商标许可的总的指导性原则，而不考虑外国所有人的身份和技术转让的因素。

基本概念：所有人的控制权

2.525 为了保证商标区别商品来源的功能，必须使商标所有人有权充分行使对被许可人使用商标的控制权，尤其对商品的质量（与许可人建立的质量标准一致）和对商品进行销售所应具备的条件进行控制。如果控制充分有效，商标注册所有人不必亲自使用其商标，就商标保护的目的而言，被许可人的使用可视为商标注册所有人本人的使用，这更意味着，任何人不能宣称该商标未使用而进行攻击，被许可人不能主张对该商标拥有所有权。

形式要求

2.526 一般商标保护制度对商标许可不要求任何手续。唯一重要，也是商标保护制度所固有的一点是所有人对被许可人行使充分的控制权。该原则的重要性已成为普遍共识，但只有一些国家的商标法对商标许可的质量控制问题作了规定（例如美国和斯里兰卡商标法）。确实，如果商标法中未对许可商品的质量进行控制所应承担的法律后果作出规定，那么书面协议的存在就没有任何意义，尽管该书面协议可能记录在商标注册簿中并且可能包含所有的质量控制条款。很多商标法都规定对商标许可进行强制登记，而注册机构也经常对商标许可人对被许可人提出的条件进行仔细研究。

2.527 2000年9月，世界知识产权组织大会和巴黎联盟大会通过的《关于商标许可的联合建议》（见第5章5.733段和5.734段）规定了对于商标许可登记商标局可要求申请人提供的有关指标和因素的详细清单（第2条第1款）和国际书式范本。同时，该建议试图对不符合许可协议登记条件情形之效力进行限制，规定未登记许可不应影响：(i) 作为商标许可主体之商标的有效性（第4条第1款）；(ii) 根据成员国法律，商标被许可人可享有的参加由商标所有人提起的商标侵权诉讼程序的权利；(iii) 第三人对商标的使用是否可视为与商标使用条件有关的商标所有人对商标的使用。

2.528 一种特别的商标许可手续是英国的使用人注册制度，该协议一旦登记，注册使用人的使用被视为商标所有人的使用。但是，必须注册的并不是制约双方当事人之间贸易关系的真正的许可协议。在注册机构确认使用者协议之前，法律规定了一种附有若干必要条件的简要形式。因为注册簿是可以公开查询的，当事人一般不注册许可协议，而以简要形式注册。

对被许可人的限制

2.529 被许可人不总是被允许转让许可权或进行再许可，是否可以享有这些权利可以清楚地写入协议中。

2.530 许可可以是独占许可或非独占许可。

2.531 如果为独占许可，商标所有人无权将商标许可给当地的任何其他人使用，甚至本人也不能使用。

2.532 如果为非独占许可，商标所有人当然可以使用其商标，并有权再许可其他的人使用。对于多个许可的情形，为了保护消费者的利益，有必要采取非常严格的质量控制手段。

2.533 独占许可和非独占许可可以覆盖一个国家的全部地区或部分地区，可以包括注册商标的全部商品或部分商品。许可与转让不同，只要商标所有人行使充分的质量控制权，就无在相关公众中产生混淆的危险。

13. 厂商名称

2.534 企业可以拥有和使用一个、几个或很多不同的商标将自己的产品和服务与竞争对手的产品和服务相区别。但同时企业也须将自己与其他企业相区分，因此需要拥有自己的厂商名称。

2.535 厂商名称与商标和服务商标的共同之处在于它们的区别功能，不同的是，厂商名称是将一个企业与另一个企业区别开来，而与企业所销售的商品或提供的服务无关。

法律条件

2.536 各国都规定了对厂商名称允许和接受注册成为公司名称所应具备的必要条件，公司名称可以在国家区域范围内存在，但事实上经常具有地区性，甚至地方性的。厂商名称中必须包括企业的性质（例如，用缩写 LTD 代表有限公司），还经常必须包括企业经营目的。厂商名称一般都很长，所以在日常经济生活中，在提到某个公司时，厂商名称并不常用。

2.537 所以，企业在拥有正式注册的厂商名称全称时都倾向于再使用一个更短的厂商名称或其他的公司识别标志。

2.538 厂商名称作为注册和使用的条件，一般不需要具有显著性。

法律保护

2.539 具有显著性的厂商名称（trade name）或商号名称（business name），不管是否注册，只要使用即可获得保护；不具显著性，通过使用获得显著性后可以得到保护。这里所说的显著性是指消费群体能够识别该商号，将它看成某一特定的商业来源。

2.540 厂商名称或商号名称也可通过商标注册获得保护。通常企业全称和短的商号名称均可作为商标注册。为保证获得注册，当然必须将厂商名称作为商标使用。在指代带有说明小字的企业全称的生产或经营企业名称时不必满足此要求，而商品标签规定往往有此要求。因而在实务中将更为简短的厂商名称注册为商标更为妥当、普遍，更为重要的是该名称往往同时是公司的重要商标（例如所谓的“公司专用标识”）。

2.541 与企业可将厂商名称和商号名称注册为商标一样，企业不仅可以使用它们来区分其他企业，而且经常用来区分所提供的商品和服务，同时，这也与上文提到的注册商标使用义务相关联。

2.542 因而，厂商名称、商号名称和商标之间的冲突不可避免。如厂商名称或商号名称作为商标使用（无论注册与否），优先原则和保护消费者不对商品或服务来源产生误认将决定与近似商标相冲突所产生的结果。

2.543 即使企业正常使用厂商名称或商号名称，换句话说，未将其作为商标使用在所提供的商品或服务上，如果这种使用可能对商品或服务来源造成混淆，仍然被普遍认为侵害了在先商标权利。反之亦然，商标、服务商标或集体商标也同样可能侵犯在先厂商名称或商号权（无论注册与否）。

14. 特许经营

引言

◎ 对特许经营的简要说明

2.544 很多消费者或许对“特许经营”这个词不太熟悉，但对特许经营的结果一定熟悉。最为人知的结果似乎是快餐店、宾馆或化妆品零售店。实际上，特许经营已拓展到各种领域，例如正式服装的租赁、准备税收声明或返税、草坪护理、日间护理学校和牙科服务。简而言之，特许经营可适用任何可发展为商品生产、加工或分配体系以及提供服务体系的经济活动，这个“体系”正是特许经营的主题。

2.545 在市场经济发展成熟国家，自20世纪50年代以来，通过特许经营方式销售商品和服务得到迅猛发展，在一些国家的零售业中占有很大比例。

2.546 特许经营的迅速发展和成功归功于多个因素，最基本的也许是特许经营将企业即特许者的知识深度和力量与商人即受许者的企业家精神结合起来。

2.547 不管一国是否对特许经营颁布了政府授权的法令，如在所有商业活动中一样，防止其可能被滥用的最好方式是潜在受许者和为他们解答什么是特许经营及其如何操作问题的专业顾问所拥有的知识。所以，本小节的目的在于对特许经营方式的组织结构和属性进行综合但简要的介绍，尤其是帮助潜在受许者了解特许经营，更好地捍卫自己的权益，从而使特许经营在经济中发挥积极的作用。但本小节内容不应被视为可替代专家关于特许经营的建议。

◎ 特许经营模式范例

2.548 为了更好地阐述特许经营，本小节将不时采用一个虚构的案例——一家使用VESPUCCI名称的意大利风味餐厅。VESPUCCI为商标（使用在商品和服务上）和餐厅的厂商名称，提供特许经营的公司（特许人）名称为Vespucci Inc.。

2.549 Vespucci Inc. 的商品以统一方式在市场上大量销售，是一家商品配送已发展成体系的公司。该体系包含VESPUCCI餐厅成功的诸多因素，包括保持食品质量稳定和餐厅上座率的商品配方和制作方法、雇员制服的设计、建筑物和广告牌的设计、高质量的供货渠道、包装设计、对食品所含成分的创新、企业管理和财务系统。

2.550 Vespucci Inc. 将特许经营的知识和经验传授给被特许人，帮助他们建立新店。如果没有特许人的指导，当地餐厅所有人可能犯严重错误，导致新店经营失败。此外，Vespucci Inc. 有权对当地被特许人经营VESPUCCI餐厅的方式进行监督控制，以维护VESPUCCI商标和厂商名称的良好声誉，使当地餐厅的价值，其实也是VESPUCCI餐厅下的整个体系的价值不贬损。

2.551 作为交换，当地特许店支付Vespucci Inc. 一笔费用，Vespucci Inc. 因而获得经济利益。该笔费用应包括预支费或预付费以及基于被特许人总销售额一定百分比的后续费用。此外，根据合同性质，被特许人还可能需要为其他一些项目支付费用，例如用于购置特殊食品香料费、设备（例如微波炉、切割机器等）租赁费、为商店购买消耗品和其他杂项物品的费用。

零售、标准许可和特许经营模式之比较

2.552 商业交易可采取多种方式，特许经营只是其中之一。为了解何为特许经营模式，先讨论其他两种经营模式也许有益，它们与特许经营不同，但具有特许经营的某些重要特征：零售模式和标准许可模式。

◎ 零售模式

2.553 零售模式由民商法，例如合同法的传统原则进行规范。制造商或批发商通过以足够高的价格将商品出售给零售商获取利润。

2.554 零售模式涉及商品制造商和/或批发商一方当事人和销售商品的另一方当事人。经销商可能是制造商的代理人，也可能是独立的商人，购买商品进行再销售。如果经销商为独立商人，他可能已经与制造商或批发商签订了商品“分销权”协议。如为独占分销权，制造商或批发商就合同确定的区域内（例如一个省、地区或整个国家）的商品销售问题只能交由该商人处理。独占经销商在商品宣传和销售商品时，一般有权宣布自己与制造商或批发商的特殊关系，并且使用其商标和商号。

2.555 尽管存在独占分销权，但分销权一般都为非独占形式，从这点看，特许经营模式也许更有吸引力。

◎ 标准许可模式

2.556 最简单地说，标准许可协议就是一方（许可人），也即权利人禁止他人对自己的某项智力创造（例如发明、设计）或显著标志（例如商标、商号）进行商业开发利用，但通过收取费用，同意特定方（被许可人）开发利用，但也许仍受许可人的控制。对于涉及商标或其他显著标志的许可协议，许可人一般对被许可人不再实施控制，除了保证带有该标志出售的商品或提供的服务具有某种品质和/或某种特征。

◎ 特许经营模式

2.557 尽管可能有不同的定义，特许经营也许可描述为在某一行业发展成为体系的一方（特许人）允许他人（被特许人）按照其意见使用该体系，以获得补偿的一种经营模式。特许经营是一种连续的关系，被特许人按照特许人建立和控制的标准和习惯进行操作，并获得特许人的长期协助与支持。

2.558 所以，特许经营模式与体系有关，特许人允许——或许可被特许人开发利用。该体系可称为特许经营体系，或简称为“体系”。特许经营体系为知识产权权利整体，包括与商品销售和为终端用户提供服务的开发利用有关的一个或多个商标、厂商名称、外观设计、发明、版权保护作品以及相关的专有技术和商业秘密。

2.559 特许经营关系的典型特征包括以下几点。

2.560 关于使用体系的许可：被特许人支付费用后可使用特许体系，事实上，他被许可使用特许体系经营自己的商业。如特许经营仅限于某个特殊地点，例如在一个特许的饭店或商店，该地点通常被称为“特许经营店”。

2.561 持续的相互关系：特许经营关系是在一段时间内持续的、涉及被许可商品（或提供的特许服务）的连锁销售关系，在此期间，特许人为被特许人建立、维护和提高发展特许经营店提供持续帮助。而被特许人具有持续义务就特许体系的使用向特许人支付费用或为特许人提供的持续管理支付补偿费用。

2.562 特许人拥有对经营方式的建议权：被特许人同意遵守特许人就体系运行方式所作的指示，包括质量控制、体系保护、区域限制、操作细节以及其他众多规范被特许人行为的规则。

◎ 各种模式之比较

2.563 上述讨论指出了典型特许经营模式的三个显著特点：使用统一体系之许可、持续的相互关系和对建议的运营方式的遵从。这些特点可将特许经营与零售和标准许可模式相区别。在实践中，特许经营模式也可为借鉴两种或以上合同特点的“混合体”。此外，欲进行特许经营的商人一般更多地关注交易的商业特点，而较少关注准确的法律形式。

◎ 特许经营体系之许可使用

2.564 特许经营模式的核心是许可，通过许可，特许人授予被特许人使用特许经营体系。这是允许被特许人以特许人开发的方式进行商业经营的关键。与之相比，零售模式仅涉及商品的销售，而不必要求授予许可。

2.565 特许经营模式与标准许可模式的差别则更小。有观点认为特许经营模式只是标准许可的复杂形式，特许经营许可不仅限于一种或几种知识产权，例如商标，因为它许可的是一个体系，包括但不限于知识产权。确实，对于特许经营模式，被特许人所做的不仅仅是销售带有他人商标的商品或提供服务，尽管其本身可能根本不生产商品。特许经营远超于此，作为更大体系的一部分，特许人允许被特许人生产、销售商品或提供服务。

2.566 例如，Desk Gear 有限公司（虚构案例）许可他人生产和销售带有 FLUME 商标的铅笔，即可视为一个标准许可协议。但是，如果 Desk Gear 有限公司决定建立一个包括店铺设计和营销技巧体系以及允许他人使用销售 FLUME 铅笔体系的，则为特许经营。

2.567 对于零售关系，制造商一方将商品以包含利润的价格销售给另一方，另一方以更高价格出售以获得利润。而对于典型的特许经营关系，特许人向每一个被特许人解释如何使用体系，并从其收入中获取部分收入，例如根据销售额的百分比确定收入额。此外，特许人可向被特许人出售商品而获得稳定收入，被特许人成为特许人的永久“客户”，从特许人处获得特许经营必需的商品。

◎ 持续的相互关系

2.568 对于零售模式，生产商与批发商往往彼此独立。而对于标准许可模式和特许经营模式，各方当事人虽相互独立，但根据许可协议和特许经营协议，相互具有密切的工作关系。每一方当事人之收益均依赖于双方的共同努力。被许可人或被特许人经营越成功，双方的收益越大。

2.569 然而，与标准许可模式相比，被特许人的成功同时也依赖于特许人开发有利可图的体系的能力、培训被特许人正确运作、不断提高和改进该体系的能力、在特许经营协议期间监督控制并帮助被特许人以提高其成功的概率的能力。对于特许经营模式，特许经营关系的至少部分特性取决于特许人不断开发特许经营体系并将该体系的新发展传达给被特许人。

◎ 遵从规定的方式

2.570 在零售模式中，卖家对买家将商品销售给终端用户的方式不予控制。在许可模式中，许可人许可他人使用商标，商标所有人一般会对使用许可商标的商品或提供的服务的质量进行一定的控制。这样，尤其可保证许可人的商标声誉不会因为被许可人提供的商品或服务的质量下滑或不稳定而造成任何损害。关于商标，一些国家的法律要求许可合同包含由许可人进行质量控制的规定，在很多国家，这些规定对于许可商标权利的执法和避免丧失商标权很重要。

2.571 具体到特许经营模式，特许人不仅对被特许人使用权利，例如商标权的具体方式进行监督，并且指定特许经营体系运转管理的基本方式。

特许经营的类型

2.572 本小节仅粗略涉及一种类型的特许经营模式，即经营模式特许。当然，该类模式包含一些变化因素，包括特许经营体系性质的变化、许可内容和范围的变化、双方持续关系的性质或主体的变化以及特许人对特许运行方式进行监督的范围和程度的变化。

2.573 经营模式特许的特点可描述为：特许人与被特许人之间持续的商业关系，不仅限于产品、服务和商标，而是涵盖整个经营模式本身——营销技巧和方案、运营手册和标准、质量控制以及持续的双向沟通交流。

2.574 为更清楚地了解特许经营的潜力，有必要简单介绍经营模式特许的几种基本类型。按照其功能，可分为三种基本类型：加工特许、经销特许和服务特许。特许经营也可根据特许人与被特许人之间可能存在的关系分类，包括生产商与批发商的关系、批发商与零售商的关系以及服务商与零售商的关系。

2.575 在加工特许（也称“生产”特许）中，特许人向加工者或生产者提供基本原料和技术知识，并允许被特许人使用其商标进行商品生产和销售。有时，被特许人还被许可使用特许人拥有的商业秘密或专利技术，但事先得接受培训并获得与商品市场营销、经销和服务有关的信息。该类特许方式在诸如餐厅及快餐业中较为普遍。

2.576 在服务特许中，特许人开发一种服务，由被特许人根据特许协议的规定提供给消费者。服务特许的例子涉及提供汽车音响调谐或维修服务、信用卡服务。

2.577 在经销特许中，特许人（或其代理人）生产商品并出售给被许可人，被许可人使用许可人的商标，在所属区域内将商品出售给消费者。例如，汽油、化妆品或电子产品的销售可采取特许经销模式。

实现特许经营的组织形式

2.578 选择何种组织形式很大程度上取决于特许人和被特许人的具体情况以及特许的性质，以下几个因素应加以考虑：

——特许人选择特许经营的原因；

——特许人的资源；

——区域加盟商或特许经营发展商的规模和资源；

——市场特点（包括地点，国内或国外以及对特许人的重要性）。

◎ 单店特许经营

2.579 单店特许经营是特许经营的最直接方式，因为在单店特许中，特许人与被特许人保持直接联系，使特许人可直接深入特许协议中。对于国内情形——即特许人与被特许人同属一国的情况，单店特许是最为普遍的形式。

2.580 但对于特许人与被特许人分属不同国家的情况，由于语言、文化、贸易、法律、政治和经济上的差异，因而有必要在被特许人所属国以区域加盟商方式建立区域特许店，或以区域子公司或合资公司方式进行多店特许经营。

2.581 能够替代开办区域特许店的是特许人在其公司内部成立专家意见组，提供使其特许经营能够适应拟开拓的每个地方市场的需要的专门建议。该方法使特许人对特许经营方式的监管达到最大化，但也极大地增加了行政成本，也即在他国运行的成本，同时如果不将资源用于国外的商业运转，则可能背离特许经营的主要优势之一。

◎ 地域特许经营

2.582 特许经营合同旨在协议的期间内，同时或相继建立多个覆盖整个区域或地域的店铺、商店或折扣店，可称为“区域特许经营”。区域特许经营分两种形式：“特许经营发展商协议”和“主特许经营协议”，也可两者结合。下面对以上两种形式进行讨论。

2.583 选择何种特许经营组织形式与被特许人或区域加盟者的法律组织形式有关。两种组织形式应该被提到，尤其涉及国际或跨境特许经营许可合同：子公司和合资。但同时也应看到，特许经营合同可采用任何可能形式的法律组织结构和公司形式，这取决于经营考虑和可适用的法律——尤其是税务、劳动力、外国投资和竞争法律。

2.584 在当地区域加盟者为特许人之子公司的国际特许经营中，加盟者对被特许人网络拥有直接控制权，同时保证必要的当地投入。这就要求在特许人意欲进行经营的国家存在一个子公司实体，可能组成为当地的一个公司。该子公司充当特许人，将特许经营权授予一个或多个当地被特许人。

2.585 与子公司不同，合资是两个不同公司的联合形式。两公司协商统一行动，通常为某一目的而成立一个独立的法人实体。合资的具体形式，也即法人实体的类型则取决于合资双方的愿望和合资国家的国内法。特许人会积极参与合资企业事务，推进特许经营的实现。合资企业的成立由特许人参与管理，从而对特许经营体系的使用进行控制，有时能够为知识产权所有人提供保护。

2.586 合资经营的一个独特现象是特许人与其合资伙伴的关系。通常，特许人会挑选了解当地习俗、富有商业经验的个人或企业作为合资伙伴，并与之一道对合资企业进行管理。

◎ 特许经营发展商协议

2.587 特许经营发展商协议将特许人与拟开办和运营几个单店的被特许人直接联系起来。该特许经营包括一份“发展协议”，要求被特许人在指定区域建立一些特许经营单店或品牌折扣店，一般直接由其本人拥有，以促进该区域特许经营的发展。被特许人不得向第三人再特许。

2.588 一般情况下，该协议会包含一份被特许人建立特许经营单店和发展指定区域的时间框架表。在此结构下，被特许人开办的单店不具有独立的法人地位，可能是被特许人企业的附属或分支机构。

◎ 主特许经营

2.589 在主特许经营协议中，特许人授予另一方，常被称为“主经销商”，在指定地域之权利（可为独占权利）。主经销商被授权向第三人，常被称为“次特许人”，授予特许经营权在一个较大的地域内充分开发潜在的商业机会。一些次特许人将开办不止一个加盟店，此种情形的次特许经营协议称为“多店特许经营”。

2.590 在主特许经营中，特许人授权他人，即主经销商开发偏远或陌生的特定地域，或者其认为该特许方式有利于商业经营战略的实施。

2.591 对于特许人意欲前往某国开展特许经营业务而缺乏当地经营经验的，或者，仅仅出于经营策略的选择，该模式对于国际特许经营尤为重要。

2.592 一般，主特许经营合同规定特许人对于特许经营国主经销商开展特许经营方式的控制程度，同时还详细规定了主经销商为适应当地市场需要对特许经营体系进行调整的自由度。

◎ 结合的组织形式

2.593 特许经营合同也可基于以上两种组织形式的结合。举例说，它可以将存在多个次特许经营情形的主特许经营合同与同一主经销人或其次特许人之一与还必须担负在同一地区开办多个自己的单店的特许经营发展商协议相结合。对于主特许经营合同，主经销商还必须与一个或多个独立的被特许人签订特许经营发展商协议。

特许经营协议的典型条款

2.594 典型的特许经营合同必须符合相关国家的国内法，并且包含特许人与被特许人的权利义务。

2.595 特许人的义务应包括为开办特许经营店提供操作手册、培训、协助，以及长期的支持。被特许人的义务包括支付费用、质量控制要求、商定的保密程度要求和独占性要求、可能还包括逐步发展特许经营的规定。在其他类型合同中常用的更为概括的条款，也可在特许人与被特许人之间特别适用。

2.596 为实现某一特许经营合同的目标及某些特殊情形，应寻求有利的专业咨询，以获得合同双方当事人最为合适的、平衡的相互关系。

15. 角色营销

角色的概念

◎ 定义

2.597 大体来说，“角色”一词包含虚构人物（例如人猿泰山或詹姆斯·邦德）或非人物角色（例如 Donald Duck 或兔八哥）和真实人物（例如著名电影、音乐或体育明星）。

2.598 角色营销主要是指易被相关公众认知的角色的基本人格特征，例如角色的名称、外貌、声音或标记。

◎ 角色的来源和首次使用

2.599 虚拟角色的主要来源为：

——文学作品（例如 Colldi 著的《匹诺曹》或 E. R. Burroughs 著的《人猿泰山》）

——漫画连续剧（例如由 Uderzo 和 Goscinny 创作的《丁丁历险记》或《亚力与欧比历险记》）；

——艺术作品（比如绘画，例如达·芬奇的《蒙娜丽莎》或世界自然基金会的熊猫形象）；

——电影作品（例如电影《鳄鱼邓迪》《金刚》《第一滴血》或《外星人》，电视连续剧 McGyver 或 Columbo，卡通电影 Banbi）。

2.600 应该注意到电影作品中的角色可能，也确实经常来源于文学作品（例如狄更斯作品《雾都孤儿》中的人物 Oliver Twist）或卡通连续剧（例如蝙蝠侠）。

2.601 在多数情况下，虚拟角色的首次使用被认为具有“娱乐功能”，该角色可出现在一部小说、故事或卡通连续剧中（例如小说《森林之王泰山》中的人猿泰山、《松鼠纳特金的故事》（Squirrel Nutkin）中的 Mr. Brown 以及詹姆斯·邦德和丁丁）。对角色进行刻画获得的成功通常会产生新的故事。对于已经享有高知名度的角色，将由角色原创人完成角色的首次使用，如果角色原创人去世，其继承人或其版权利人可以合同形式安排角色在新的故事中“活下来”（例如 Lan Fleming 去世后其书中角色詹姆斯·邦德）。有些原创人则不希望在他们死后其创造的角色成为新的故事角色（例如丁丁的原创人 Herge）。与此不同，对角色进行首次使用的电影作品很少是角色的原创者，但例外也确实存在，例如查理·卓别林创造的角色“Little Man”。

2.602 虚拟角色的首次使用有时也可具有“促销、广告和认知功能”。这种情况经常与某一公司（例如“米其林人”（“Michlin man”）、埃索公司的老虎形象、标致汽车公司的狮子形象）、某一产品（例如与苏格兰威士忌有关的人物 Johnnie Walker）或某一特定事件（例如与奥林匹克运动会或足球世界杯有关的吉祥物）密切相关。这些角色是为了宣传企业、产品或服务及其各种活动而创造出来的，一般不由其原创人即角色的受托创作人对其进行首次使用。

2.603 真实人物角色的主要来源为电影和表演业以及体育赛事活动，在此情况下，应以“首次活动”代替“首次使用”。角色为真实人物的困难在于，例如，演员本人和其刻画的电影或电视人物可能均享有知名度。有时，真实人物仅以角色人物名称被提及（见以下角色营销的类型）。

角色营销的概念

◎ 定义

2.604 角色营销可定义为由虚拟角色原创人、真实人物和其他经授权的第三人在相关商品或服务上对角色的基本人格特征（例如名字、形象或外表）进行改编或第二次开发利用，以激发潜在消费群体因对这些角色的喜爱而希望获得这些商品和使用这些服务的欲望。

2.605 前面已经强调过，组织角色营销活动的企业或个人（商人）几乎都不是虚拟角色的原创人或相关的真实人物，基于角色产生的各种财产权和人格权是合同的主体（例如转让或许可协议、商品或服务认可协议），该合同使一个或多个相关第三人可视为角色的授权使用人。

2.606 以下为角色营销的例子：

——虚拟角色米老鼠形状的三维玩具；

——带有虚拟角色名字和形象的T恤；

——在标签上带有某演员名字的香水瓶；

——播放某一流行巨星正在饮用的饮料促销广告片。

◎ 角色营销的历史简介

2.607 角色营销作为一个有组织的体系，于1930年起源于美国加利福尼亚州Burbank的Walt Disney Studios。该公司创造了卡通人物（Mickey，Minnie，Donald），其雇员Kay Kaman成立了一个部门，专门负责这些角色的第二次开发利用，出乎大多数人的意料，该部门在低价大众消费品（招贴画、T恤、玩具、纽扣、饰品、饮料）的生产和经销上成功地授予了一系列重要的许可权。

2.608 当然，对角色的声誉进行二次开发利用的理念在20世纪前即已存在，但其理由却不是直接商业化的。例如在东南亚，“Ramayana”中的宗教人物，诸如“Vishnu”和“Sita”，几个世纪以来一直使用在雕塑、玩偶和玩具上。近些年代（19世纪末），一些实业家为宣传自己的产品，决定创造一些能够使用在商品、包装或其他文件上的虚拟角色，或能够通过二次开发利用而使用于功能性或装饰性商品上，例如装饰性碟子、服饰、钟、玩偶等，例如法国的Pierrot Gourmand（一个著名的棒棒糖商标）和轮胎制造商的Michelin Man。

2.609 这种现象在20世纪得到快速发展。20世纪50年代，政治、电影和演艺明星将自己的名字或形象授权他人在服饰上使用（即所谓的“搭配广告”）。

2.610 20世纪，“角色营销”覆盖的商品和服务范围迅速扩大，例如在美国，至少包括《尼斯国际分类》商品的42个类别中的29个类。

◎ 角色营销的类型

2.611 从商业或市场角度，角色营销也许可视为只存在一种类型。但从法律角度而言，有必要区分不同的营销对象，因为对象不同，法律保护的范围和权限也可能不同。

2.612 角色营销的两种主要类型，决定于营销涉及的是使用虚拟角色还是使用真实人物（一般称为“人格营销”）。在这两种类型当中，还有一种混合形式，通常称为“形象营销”。

◎ 虚拟角色的营销

2.613 这是最为古老也最有名的营销，通过对虚拟角色的基本人格特征（例如名声、形象等）的使用，对商品或服务进行销售推广。

2.614 最初，角色营销的做法，作为一种有组织的促销体系，逐渐发展成为一种对卡通人物、魅力人物肖像及其类似角色的名望进行开发利用的手段。这些卡通人物来源于：

——改编为卡通形式（为电影或连环画目的）的文学作品，例如《匹诺曹》（*Pinocchio*）或《爱丽丝漫游仙境》（*Alice in Wonderland*）；

——来源于创造卡通人物电影（Mickey Mouse，Donald Duck，Pluto）或连环画（Tintin，Snoopy，Asterix，Batman）的作品；

——为广告或商业目的，后来又被再加工或改编的电影角色（电影角色 Zorro，甚至是电影“Jaws”中的真实动物鲨鱼）；

——起初非为电影或连环画目的而为商业目的创造的卡通人物（例如为各种活动，例如体育比赛而创造和使用的吉祥物）；

——为电影或电视设计的玩偶（例如 E. T.，The Gremlins 或 the Muppets）。

2.615 涉及卡通人物的角色营销，主要是对角色的名称、形象和外貌进行使用，外貌可以为平面图形（画像、贴画等）或立体图形（玩偶、钥匙圈等）。

◎ 人格营销

2.616 这种营销的最新形式，包括在商品和服务的销售推广中，使用真实人物（换句话说，某个人的真实身份）的基本特征（姓名、形象、声音和其他个性特征）。一般来讲，将其特征“商业化”的真实人物，是在普通大众当中非常著名的；这就是为什么这种营销形式有时被称为“名望营销”的原因。事实上，从某种商业角度来看，商人相信人们购买低价大众商品（杯子、丝巾、饰品、T 恤衫等）的主要原因，不是因为该种商品本身，而是因为复制在该商品上吸引人的知名人物的名声或形象。

2.617 这种类型的角色营销，可以细分为两种形式。第一种形式，包括使用真实人物的名称、肖像（平面或立体）或者其象征。这种形式主要与电影界或音乐界中的著名人物相关，但是，也会涉及其他社会活动领域的人物（例如，皇室成员）。正如以上所述，销售推广的主要手段，不在于对于消费者来说非常重要的商品本身，而在于商品所承载的名声和形象。第二种形式，是某一领域的专业人员，例如著名的体育或音乐人物，出席与商品或服务相关的推广活动。这种出席活动，对于消费者来说，意味着该人物认可该商品或服务，并认为该人物是一个专家。例如，一场网球比赛对网球鞋或网球拍的推广，一次跨国赛跑对运动饮料的推广，或者一名通俗音乐明星对高保真音响设备或乐器的推广。

◎ 形象营销

2.618 这是一种最新的促销形式，在商品或服务的营销和广告中，涉及由真实人物扮演的电影或电视虚拟角色的使用。对于此种促销形式，公众有时无法将演员（真实人物）与其扮演的角色（刻画的角色）区分开来。但有时两者合而为一，该真实人物被扮演的角色名称所指代，为人所知。以下例子可以诠释这个现象：在电影方面，Laurel 和 Hardy，the Marx Brothers，由 Boris Karloff 扮演的 Frankenstein 怪物和 Johnny Weissmuller 扮演的 Tarzan；在电视方面，由 Peter Falk 扮演的 Columbo，Richard Dean Anderson 扮演的 McGyver，印有 R. D. Anderson 形象的 T 恤被称为“McGyver T 恤”，带有其形象的奶制品包装盒被命名为 McGyver，而购买这种产品可能赢得“McGyver”副产品，比如 T 恤或旅行包。

法律保护形式

◎ 版权

2.619 就版权而言，与虚拟角色营销联系最为紧密的是书籍、刊物和其他文学作品，电影作品，绘画作品和摄影作品。对于人格促销，与版权相关的主要体现在摄影作品中。

2.620 另外，改编的概念很重要。《伯尔尼公约》第2条第3款规定：“对文学或艺术作品进行翻译、改编、音乐改编或其他更改的，只要未损害原始作品的版权，应作为原始作品进行保护。”

2.621 现代传播媒介的多样性，为改编创作（派生作品）提供了更多可能性。很多电影改编作品可能比原始的小说或故事更有名（例如，对孩子们而言，他们对 Walt Disney Studio 制作的卡通人物 Pinocchio 和 Cinderella 可能比分别由 Collodi 和 Charles Pcrrault 创作的小说更为熟悉）。一些著名的艺术人物一旦进入公共领域立刻被广泛地用于商品或服务促销。在一些商品或服务上，虚拟角色可能被独占使用（通过商标注册），但一般而言，任何人均可开发利用。例如，由达·芬奇创作的著名的《蒙娜丽莎》就已经并且一直使用在各种商品及其包装上（明信片、纸牌、玩偶、酒精饮料、巧克力或水果盒、矿泉水、奶制品），还被进行了多种形式的改编（卡通、漫画、幻想画等）。

2.622 图像或卡通（平面图形）如符合版权保护的实质要求，可获得独立保护。因此，需要强调的是，原创作品不要求必须是新的作品，因为对现有文学人物（不管其是否已进入公共领域）的改编即可满足版权保护的要求（例如，由 Walt Disney Studio 改编为卡通形式的文学人物 Pinocchio 和 Cinderella）。这点同样适用于普通动物图形（例如，卡通人物 Donald Duck）。此外，还要注意，版权还保护连环画和动画片中角色的每一个不同的原始造型。

2.623 立体作品（主要是雕塑、玩偶或机器人），可为原始作品或改编自平面或视听虚拟角色的原始改编作品，如果符合要求的标准，一般可独立于它们出现的作品而获得版权保护。

2.624 包括虚拟角色的影视作品（电影、计算机游戏、照片、胶卷框或电影剧照）作为一个整体（形象和电影配乐），如果符合要求的标准，一般可获得版权保护。因为影视虚拟角色常常以图像（电影、电视节目或商业广告等的情节串联图板或连环漫画）或因文学作品的刻画而“开始生命”，获得保护的可能性更大。版权保护可延伸至对虚拟角色的单独的视觉特征或身体、图像特征进行保护。

2.625 对于人格促销，版权的保护有限，因为版权不对真实人物进行保护，而是对创造真实人物的基本人格特点的作品的创作人进行保护。例如，对于传记作品，版权属于作者；对于刻画真实人物的雕塑作品、绘画作品，版权属于艺术家；对于电影或电视剧，作品的版权属于使其能成为作品的人或监督指挥作品演员的人——即作者或电影制片人。当然对于后一种情况，作为表演者，演员享有一些权利，如果其所在国的法律规定了表演者权利，或者该国为1961年10月26日缔结的《罗马公约》的成员国，该公约对表演者、录音制品制作者和广播组织提供保护。

2.626 更具争议的也许是摄影作品，答案要看谁享有版权。在大多数情况下，摄影作品的作者（更准确地说底片拥有人）享有版权。如果为私人或公共目的而委托拍摄的照片，受委托方通常有权阻止他人复制照片或进行公开展览。与此相关的最后一个问题是作品的委托人不是摄影作品的主体。在任何情况下，都可采取版权以外的其他方式对摄影作品的商业利用进行控制。

◎ 商标与服务商标

2.627 虚拟角色的基本人格特征在某些情况下（主要为实质特征）可注册为商标。至于真实人物的基本人格特征，尤其是其形象（肖像），问题则变得更加具有争议性。就商品化权而言，趋势是采用更容易获得商标注册的艺名和人格化标志（例如，在流行音乐领域，像Beatles和the Rolling Stones这样的艺名及它们的标志“苹果”和“舌头与嘴唇”）。真实人物保护其名称的另一个方法是将其具有知名度的绰号作为商标注册。

2.628 在仅以注册获得权利的国家，主要障碍在于获得注册所需要的时间，因为就商品化权而言，拖延的时间应尽量缩短，因为公众对许多角色的认识和角色受欢迎的时间是有限的。但也有一些例外，例如Walt Disney制作的卡通人物和文学人物Beatrix Potter。

2.629 商标申请需要满足的某些条件对角色营销权的保护具有重要影响。其中之一就是一些国家要求申请商标的商品或服务应与商标所有人经营的实业相联系，但是，无论是角色营销权的代理机构，还是角色的创造人，一般都不参与二次开发商品的生产与营销，因为不亲自从事商品与服务业务，因而难以获得虚拟角色的商标权利。此外，商标被许可人所从事的与商标有关的行为不视为许可人的商业行为，除非后者成为被许可人实业的共同拥有人。

2.630 然而，现代趋势对此日趋宽松，因为不论申请人真正的经营范围是什么，商标可以不受限制地申请在任何类别的商品或服务上，当然，可能存在的注册商标未使用问题的规定还是要予以考虑的，这一点已越来越成为共识。

2.631 关于“美学功能”原则（主要在玩具或玩偶领域）或商品外销的“基本功能”，商品的立体图形（以平面图形的方式提出申请）在很多国家不能作为商标获得注册，除非商标在有关商品上已经获得第二含义。

2.632 其他条件具有实质特征。其中之一是商标应当具有显著性，换句话，商标在所申请的商品或服务上不得具有通用性或说明性。此外，商标不得误导公众或违背公共秩序或道德。

2.633 在一些国家，仅仅具有显著性还不够，虚拟角色的人格特征只有获得第二含义后才能取得商标注册。

2.634 而一些国家的做法更为宽松，大多数虚拟角色的名称和形象被认为是臆造的，因而是具有足够显著性的。

2.635 关于真实人物的基本特征，在一些国家，真实人物或其代理人或代理机构，可以取得真实人物的名称或形象的商标注册权。但是，对于获得商标注册的姓氏（也可为一商号），其商标所有人的独占权可能受到限制，因为其他同一姓氏的人可能在某种情况下须继续使用他们的名字，除非注册商标涉及著名人物和/或商号以及他人欲以寄生手段利用注册商标的声誉。

2.636 在一些国家，为了获得商标保护需要提供商标使用证据，授权使用例如被许可人或推销商对商标的使用视为商标所有人的使用。该规定与涉及角色营销权项目的商标所有人关系最为紧密。

◎ 工业品外观设计

2.637 外观设计的保护主要涉及具有美学设计感、使用在玩具或人造珠宝领域（娃娃、机器人、玩偶、动作人物、胸针、“别针”）的立体商品上的卡通角色，这些卡通角色通常来源于卡通片，但有时也可能是真实人物。外观设计对卡通角色保护的重要性在其无法获得版权保护或版权保护较弱的情况下极为显著，如果角色的创造就是为了对其进行商业开发，这一点尤为重要。此外，由于外观设计只能通过注册获得保护，外观设计申请将有助于申请人自申请之日起确定其角色所有权的初步证据，尽管外观设计的实质保护将从注册之日开始。

◎ 其他形式的保护

2.638 许多国家都以普通法（宪法、民法等）或特殊法的形式进行规定，使真实人物能够禁止他人未经授权对他或她的基本人格特征进行商业或广告使用；或使塑造某一角色的知名真实人物能够禁止他人未经授权对其塑造角色的基本特征进行商业或广告使用。这些权利大体上对最大含义的知识产权保护（包括商标、外观设计、版权、反不正当竞争）进行补充。这种保护可以通过名誉损害、隐私权、人格权或公开权获得。

第4节 工业品外观设计和集成电路

1. 工业品外观设计

工业品外观设计的介绍

2.639 从非专业或广义的角度讲，工业品外观设计是指为符合正规或者装饰性的要求而对批量生产的工业品的外观进行的创造性活动；在控制成本的前提下，既要满足该工业品在视觉上吸引潜在消费者的需要，也要满足能有效实现预期功能的要求。在法律意义上，工业品外观设计指的是在许多国家中依据一定的登记制度而授予的权利，用以保护工业产品在设计活动中体现的原创的装饰性特征和非功能性特征。

2.640 视觉吸引力是影响消费者选择某一件商品的考虑因素之一，特别是当市场上有大量相同功能的可供选择的商品时。在后者的情况下，如果不同生产商所供给的不同商品在技术功能上基本相同，那么审美方面的吸引力以及价格因素将决定消费者的选择。对工业品外观设计的法律保护，正是针对使生产商在市场中获得成功的某项特色要素的保护。这样一来，通过对作出工业品外观设计创造者的奖励，此项法律保护也激励企业增加对于改善产品设计方面的投入。

外观设计保护的演变

2.641 历史上，对工业品外观设计保护的产生与工业发展和规模生产方法的发展密不可分。在英国，最早的保护工业品外观设计的法律是1787年的《棉麻织品的设计与印刷法》，它对任何发明、设计和印刷，或将导致发明、设计和印刷任何新的具有原创性的图案的棉麻纺织品的人，给予为期 2 个月的权利保护。从此，设计在日益增长的纺织工业中的贡献和重要性开始被承认。

2.642 人们逐步认识到工业化的扩张，以及在多数工业领域中大规模生产方法的可能应用，使得对设计的保护逐渐地扩展到了其他的领域（特别是在陶瓷工业中应用的雕塑人物），直到1842 年通过了《设计法》。该法将可保护的范围扩大到：“任何新的原创的设计，无论其被应用于装饰制造业的产品，还是其他物品、人造物品或自然物品、或半人造半自然物品；无论该设计被应用于图案、形状、构造或者装饰，或者兼备两种及以上这些目的；无论这个设计以何种方式应用，无论是用于印刷、绘制、刺绣、编织、缝纫、模型、铸造、印制、雕刻、着色，或者其他手工的、机械的、化学的方式，也无论是单独一种或者多种方式组合。”从此，设计被认可为所有生产和制造业的基本要素。

2.643 在对于设计的保护方面，法国经历了相似的发展过程。1793 年的《文学和艺术产权法》在某些情况下适用于设计保护。特别是由于纺织工业的增长，很快导致了1806 年关于工业品外观设计特别法的颁布。1806 年 3 月 18 日颁布的该项法律，在里昂建立了一个特别理事会（Conciliation Board or Conseil de Prud’hommes)，负责受理设计产品的保存并调解制造商之间的有关设计的纠纷。这一制度虽然最开始是为里昂的工业设立的，特别是那些丝绸制造业，但是特别理事会的保存和管理制度却扩展到了其他城市，并且通过司法解释，还扩展到所有工业活动中的二维或者三维的设计。

工业品外观设计的法律保护

2.644 对于工业品外观设计保护的法律体系的建立，同其他形式的知识产权法律体系的建立一样，需要平衡各方的利益。一方面，需要有效率且有效果的保护，使得该法律可以履行其提升产品设计要素的功能。另一方面，也需要保证法律不会不必要地扩大保护的范围，使其超过对设计活动的必要奖励，所以对自由使用可获得的设计引入最少的限制。这种平衡的建立需要考虑多方面的因素，其中最重要的是以下方面：

——对保护客体的定义；

——主题所有者的权利；

——权利的有效期限；

——权利的授予；

——获得权利的方法。

保护客体的定义

◎ 作为构思或创意的设计

2.645 法律保护的工业品外观设计的客体不是物品或产品本身，而是应用于或体现在这些物品或产品的设计。

2.646 设计保护的客体所强调的是抽象的构思或创意。对于物品或产品设计的保护，并不是赋予设计拥有者对于那些物品或产品的在商业应用中的专有权。而是保护那些体现或再现所保护设计的物品或产品。所以说，对设计的保护并不妨碍其他的生产者制造或使用那些具有相同实用功能的相似物品，只要这些替代品没有体现或再现出所保护的设计。

2.647 构成设计的构思或者创意，可能表现为二维的，也可能表现为三维的。例如，1949年的《联合王国注册设计法》对“设计”的定义是“形状、结构、图案或者装饰方面的特征”（第一部分）。通常的理解是，这个定义中所说的“形状”和“结构”是同义的，都指的是该物品制成后的形态，也就是说三维的形态。同样，“图案”和“装饰”这两个词也通常被理解为同义的，指的是印制、雕刻或安放在物品上的以装饰为目的的东西，换个词说就是二维的形态。

2.648 1988年的《英国版权、外观设计和专利法》，也规定了“设计权”。设计在这里被定义为“物品整体或者局部的形状或者结构（无论内部或外部）的任何方面”（213（2）节）。

2.649 在其他国家的法律中也应用相似的方式来强调包含二维与三维的设计。因此，《日本外观设计法》（4月13日第125号法，1959年修正）将“设计”定义为“物品的形状、图案或者色彩，以及这些的结合”。法国和意大利的法律规定了绘画或者草图（二维的设计）以及模型（三维的模型）都属于设计。

◎ 应用或体现在产品中

2.650 虽然设计保护的主题基本上是抽象概念，但工业品外观设计保护的一个根本目标就是激励产品中的设计要素。相应地，工业品外观设计法律的一个通常特点是仅保护适用于工业生产或大规模制造的设计。

2.651 设计必须应用在具有实用功能的产品上才能获得保护，这一要求是区分工业品外观设计保护客体与版权保护客体的基本原则。后者仅关注美学创作。不同国家的法律对这一原则作了各种各样的表述，例如，《日本外观设计法》同意把设计的保护范围延及“能够用于工业制造”的外观设计（第3条第1款）。

◎ 功能性设计的例外

2.652 通常在工业品外观设计法中，对于产品外观的保护还有一项要求，仅以功能决定的产品的外观设计不能得到保护。在这方面，TRIPS第25条第1款规定，WTO成员可以规定工业品外观设计的保护范围不包括本质上仅由技术或功能上的考虑而决定的设计。

2.653 工业品外观设计保护的根本目标，是将仅由产品的功能决定的设计排除在保护范围之外。许多体现设计的产品，产品本身并不具有新颖性，而且同一类产品是由很多不同的生产厂家制造的。例如皮带、鞋、螺丝和活塞环，可以被上百家不同的生产商制造，同一类别的所有产品都具有相同的功能。一种产品，比如螺丝，如果其设计仅由该螺丝的功能决定，那么对于这种设计的保护就会使其他的生产商不能生产具有相同功能的产品。这是不被允许的，除非设计有足够新颖性和创造性并且达到专利保护的严格标准。

2.654 根据工业品外观设计的特定理论，形式是由功能决定的，所以很多人质疑在设计保护中排除仅由功能决定的设计，可能使过多的设计被排除在了保护范围以外。这种担忧是现实的，但却是不必要的，因为这种例外仅指那些为达到预期功能而不可缺少的设计。现实中，为了达到预期功能可能有很多的方式。因此，只有当改变其设计，功能就无法实现的情况下，该设计才会被排除在保护范围之外。问题的关键在于，寻求保护的设计是否是实现预期功能的唯一的设计。

◎ 新颖性或原创性

2.655 所有工业品外观设计法律中对于通过登记获得保护的设计都有新颖性或表述为原创性的要求。新颖性是给予工业品外观设计创作者这种受保护权益的基本要求。

2.656 虽然新颖性要求在所有国家的法律中都有规定，但是作为保护条件的新颖性要求，其特征在不同国家的法律中有不同的规定。新颖性要求有时候是绝对的或普遍的，意味着能够被登记的设计必须是相对于在申请以前的任何时候、其在世界上任何地方以有形或口头的方式公开的外观设计都是新的。另外，有时对新颖性要求的标准是有条件的。在后者的情况下，限定条件可能与时间有关，意味着新颖性的判断仅涉及一定时期内公开的设计；限定条件也可能与地域有关，意味着新颖性的判断仅涉及相关管辖区内公开的设计；限定条件还可能与表达形式有关，意味着评价新颖性将涉及在世界任何地方通过有形的记载而公开的设计，对于口头的公开将仅被限定在相关的管辖区内。

2.657 在广泛的政策讨论中，支持绝对新颖性标准的人认为只有设计的创作者创作出真正新颖的东西，他才能被授予这项专有的权利，并因此合理地享有这项权利带来的利益。而在讨论中支持相对新颖性标准的人认为，设计登记制度的目的是在一定的管辖区内鼓励新设计，所以在这个管辖区内被登记注册的新设计不应该因为在其他地方的公开而丧失权利，况且设计的原创者并没有将其设计引入这个地区使其能够在工业中应用。需要注意的是，相对新颖性标准不见得导致一个人可以简单地通过登记注册他在国外看到并复制的设计而获得在国内有效的权利，因为，在设计法律中经常还有一项要求，就是申请人应该是设计的作者。

工业品外观设计中的权利

2.658 权利人所享有的经注册有效的工业品外观设计权利再一次强调了工业品外观设计立法的目的，就是鼓励并保护工业产品的设计要素。因此，尽管版权给予作者防止他人复制作品的权利，但工业品外观设计却给予了权利拥有者防止对工业品外观设计的未经授权使用的排他权。

◎ 赋予权利

2.659 关于工业品外观设计的法律保护权利属于工业品外观设计的创作者（作者或者原创者）。如何运用这一原则引发了两个问题，同时这两个问题也往往是特定法律规定的主题。

2.660 首先，第一个问题是关于由雇员创作或者根据合同约定被委托方创造的工业品外观设计的法律保护权属问题。在这种情况下法律通常规定，对于设计的法律保护权利应属于雇主或者是委托设计的一方。这一原则的基础是雇员所进行的设计创作属于其获得报酬所应履行的工作职责，因此，雇员应当在合适的薪酬水平、工作职责和其他雇用条件等方面为自己寻求创作活动的回报。同样，对于合同约定中的被委托方来说，他将从使用该设计产品的委托方处获得酬劳。

2.661 许多现代设计是由计算机协助完成的。引发的问题是借助计算机进行设计创造的作者或者创作者能否被赋予法律的保护。对待此问题的一个方法就是将计算机视为协助设计者完成设计的一种工具。据此，负责操作计算机并完成设计的人就应被认为是该设计的作者。我们可以在《英国版权、外观设计和专利法》1988 年文本的第 214 条第 2 款中找到这样的规定：“如果从事设计创作的人使用计算机完成设计是从事这项工作所必须的，则他应被视为设计人。”

◎ 获得权利

◎◎ 注册

2.662 工业品外观设计的保护通常依据该设计的注册程序而获得。最为普遍采用的审查制度是规定仅对提出注册申请的设计进行形式审查。根据这一制度，被审查的申请要确保其满足相关法律对其形式要求的规定（例如，是否与申请一起提交必要的设计的说明或者样品），但是，不需要检索现有技术以判断其是否具有实质审查标准的新颖性或者原创性即可满足设计注册制度要求。

2.663 仅要求形式审查的制度将评估新颖性的负担转移给那些在市场上希望使用或者已经使用了该设计或者在实质上与其相似的设计的利益方。如果相关法律规定了异议程序，使用这一设计的任何利益方，将有机会对已经提出申请进行注册的设计提出反对，或者提出诉讼对设计的注册宣告无效。因此，该制度减轻了工业品外观设计注册制度中权利维持的行政管理负担。它还提供了解决如何获得充足检索文件以确保设计实质审查中新颖性的问题。这种检索文件往往不可能获得，因为基于绝对新颖性的基本条件，它必须包括自有历史记载以来在世界上任何地方、任何时间内的所有设计。

2.664 另一种审查制度规定了需要对过去的设计进行检索，并对已经注册的设计进行审查，确认其是否满足新颖性所需的条件。这就需要建立检索文档并且有足够的本领域技术人员，以完成此种实质性审查。

◎◎ 创作与固定

2.665 根据某些法律的规定，外观设计的权利也可以通过创作，及通过以文字的形式或体现在物品中的形式，将外观设计予以固定而获得。这些制度不要求对希望获得专有权利的外观设计履行任何正式注册程序。这一制度在法国法和《英国版权、外观设计和专利法》1988 年文本中的“外观设计”法中均有所体现。

◎ 权利性质

2.666 为了阻止他人使用自己的工业品外观设计，权利人的权利通常体现在工业或商业中拥有独占权来采取以下措施，即：

——制造应用或体现其设计的商品；

——进口应用或体现其设计的商品；

——销售，出租或许诺销售任何此类商品。

2.667 在一些法律中，专有权利的所有人将自己的权利也扩大到阻止其他人供应任何应用或者体现其设计的商品。虽然仅为预防某些有可能出现的侵权行为而行使的这种权利有时被认为有些过分，但因为它往往比那些正在销售或许诺销售的某类侵权商品更容易取证，可以说是从这一方面为权利所有人行使其权利提供了便利。

2.668 从版权的角度而言，其权利的客体即由作者创造因而也由作者定义的作品，故工业品外观设计所有人的权利客体是由所注册的设计决定的。尽管如此，它通常规定所有人的权利不但可以扩展到不允许对未经授权就使用已注册的设计，而且还包括不允许未经授权擅自使用那些仅在细节方面不同于已注册设计的模仿品。

◎ 权利期限

2.669 工业品外观设计权利的期限因国家不同而异。通常情况下最长期间是在10年到25年，期限被分成不同阶段，权利所有人需要更新登记以获得期限的延续。与时尚相关的设计的保护期限相对较短，它趋向于享受短暂风靡或成功，特别是在具有高度时尚意识的领域，如服装或鞋类。

与版权的关系

2.670 符合工业品外观设计法律保护条件的对象，同样也可能得到版权法的保护。因此，工业品外观设计法与版权法和工业产权法都有密切的关系。假如某个设计所体现的元素或特征既受版权法保护，又受工业品外观设计法保护，工业品外观设计的创作者需要依次或同时要求两部法律对其保护吗？如对这一问题的回答是肯定的，则保护是可重叠的。设计的双重保护意味着两部法律同时并共同对其进行保护，在这种意义上讲，创作人能够选择受版权法或工业品外观设计法中其中一部法律的保护或者是受两部法律同时保护。这也意味着，即使因为他没有通过外观设计的注册程序而不能获得工业品外观设计的法律保护，却能要求获得版权法的保护，这种保护对形式没有特殊要求。最后，这意味着注册的设计保护期届满后，创作者仍然可以受到版权法的保护。

2.671 但是要注意一点的是“双重保护制”与“择一保护制”的区别。“择一保护制”意味着创作者要么选择工业品外观设计法的保护，要么选择版权法的保护。如果他选择受其中一部法律的保护，那么他就不能受到另一部法律的保护。如果他注册了工业品外观设计，注册期限届满后他不能要求根据版权法的规定受到保护，至少对特定的工业品外观设计申请而言是不行的。

2.672 法国和德国实行工业品外观设计法和版权法双重保护制。其余大多数国家则采用了择一保护制。

2.673 版权法保护和工业品外观设计法保护的差异如下：根据工业品外观设计法的规定，除非申请人在该设计在任何地方或者至少是在要求保护的国家内公开或者被公众使用前对其进行了注册，否则该设计将得不到保护。而在大多数国家，版权的生效不需要办理任何手续，登记程序不是必须的。一般而言，工业品外观设计的保护期限较短，通常为3年、5年、10年或15年。而在大多数国家，版权的保护期是作者的终身加去世后50年。

2.674 经注册的工业品外观设计被授予的专利权是绝对权利，在某种意义上说他人无论是否故意复制都属于侵权行为。即使侵权人的行为属于自己的创意并在对注册的设计不知情的情况下也属于侵权行为。根据版权法的规定，版权中的所述侵权行为仅仅是指在版权有效期间，对其作品进行复制的行为。

2. 集成电路

2.675 知识产权保护的另外一个领域是集成电路的布图设计（拓扑图）。

2.676 集成电路的布图设计是人类智力劳动的创作成果。他们通常是巨大投资的成果，既需要安排非常有能力的专家，也需要财务的支持。创造出既缩减现存集成电路的尺寸，同时又要增加新功能的新布图设计是人类不断的需求。集成电路越小，需要制成产品的材料就越少，需要容纳的空间也越小。集成电路被应用到许多产品上，包括日常用品，例如手表、电视机、洗衣机、汽车等，以及更为复杂的数据处理设备。

2.677 由于新集成电路布图设计的创作需要巨大的投资，而布图设计的复制可能只需要花费巨大投资的一小部分。复制可通过对每一个集成电路层进行拍摄并根据获得的信息为产品准备模板而完成。这种复制的可能性是对布图设计进行立法保护的主要原因。

2.678 1989年在华盛顿举行的外交会议通过了《关于集成电路的知识产权条约》(IPIC条约，也称作《华盛顿条约》)。该条约对WIPO或联合国各成员国以及满足某些条件的政府间组织开放。

2.679 该条约的相关内容已被纳入WTO的TRIPS中，修改如下：保护期自提交申请之日起或自该设计于世界任何地方首次付诸商业利用起至少10年（而不是8年）；但是成员国自行设定的保护期可以是自布图设计创作完成起15年；权利人的专有权利也可以扩展至含受保护的布图设计的集成电路，只要对该布图设计的非法复制还在进行；对未经权利人同意就使用其布图设计情形的限制更为严格；某些不知情的行为不会构成侵权。

保护客体的定义

2.680 《华盛顿条约》第2条提出下列定义：

“(i)‘集成电路’是指一种产品，它的最终形态或中间形态是将多个元件，其中至少有一个是有源元件，和部分或全部互连集成在一块材料之中和/或之上，以执行某种电子功能。

(ii)‘布图设计（拓扑图）’是指集成电路中多个元件，其中至少有一个是有源元件，和其部分或全部集成电路互连的三维配置，或者是指为集成电路的制造而准备的这样的三维配置。”

◎《华盛顿条约》所建立制度的本质

2.681 根据《华盛顿条约》的规定，每一缔约方有义务在其领土范围内对集成电路布图设计（拓扑图）进行知识产权保护，无论这个集成电路是否包含在物品中。规定这些义务的本意在于，布图设计应当是其创作者自己智力劳动的成果，在创作之时，对于其他布图设计创作者和集成电路制造商来说，其设计不能是一个司空见惯的设计。

2.682 任何缔约方最低限度应认为在以下方面未经权利持有人许可而进行的行为是非法的：复制布图设计，为商业目的进口、销售或者以其他方式供销受保护的布图设计或者其中含有受保护的布图设计的集成电路。

2.683 然而，某些为了私人目的或者单纯为了评价、分析、研究或者教学目的的特定行为，不应认为是非法行为。

2.684 这里必须提及与之相关的“反向工程”的概念。在集成电路产业方面，反向工程是利用现有布图设计从而达到对其改善的目的。尽管使用它可能涉及现存布图设计的复制，但是反向工程也是被允许的，因此完善而被创造的新的布图设计是技术上的进步，利于公众利益。

2.685 缔约方可以依据布图设计的商业利用或者登记申请或者登记对布图设计进行保护。

第 5 节 地理标志

1. 引言

2.686 “香槟”“干邑”“洛克福”“勤地”“皮尔森”“波特”“谢菲尔德”“哈瓦那”“龙舌兰”“大吉岭”——是一些与产品的某种特性和质量相关的全球著名名称的示例。这些名称的一个共同特点就是它们的地理含义，换言之，是它们指示既有的一个地点、乡镇、地区或国家的功能。但是，当我们听到这些名称时，想到的是产品而不是它们所指示的地方。

2.687 上述示例表明地理标志能够享有盛誉，因而可以是具有价值的商业资产。正是这一原因，它们经常被盗用、假冒或伪造，因此，非常需要国家和国际层面的保护。

2.688 由于法律设计的例外，知识产权法律中没有哪个领域像地理标志领域这样存在如此多样的保护概念。这一点“地理标志”术语本身可以说是最好的证明。地理标志是一个最近才在国际谈判中出现的比较新的概念。

2.689 《巴黎公约》中没有地理标志的概念。第 1 条第 2 款将“产地标记”和“原产地名称”定义为工业产权的客体。这是 WIPO 管理的公约和协议中一直使用并继续被官方使用的术语。根据这一术语，“商品产地标记”和“原产地名称”的区别在于：产地标记是指示一个产品或服务源自某个国家、地区或特定地方的表达与标志。原产地名称是指示产品来源的国家、地区或特定地方的名称，这种指示使产品质量特征唯一或关键性地取决于地理环境（包括自然或人文因素或二者兼有）。

2.690 明确“产地标记”和“原产地名称”的区别很重要。原产地名称的使用要求在产品和产地之间存在质量上的联系。这种质量联系意味着产品特性唯一或关键性地取决于其地理来源，比如，气候、土壤或传统生产工艺。与之不同，产地标记只是表明产品产自所指示的地方。“原产地名称”可被视为特殊的“产地标记”。根据传统上使用的术语来说，产地标记包括所有的原产地名称，但是在一般使用中，它更多地成为来源地的指示，而不被认为是原产地名称。

2.691 WIPO 选择“地理标志”术语来描述一个新的有关名称和标记国际保护条约的客体，这些名称和标记用来表明一个给定产品的特定地理来源。在这点上，该术语试图在其最宽泛可能的意义上使用。它包括了全部现有的名称和标记保护手段，不论它们是显示给定产品的质量决定于地理来源（像原产地名称一样）还是只表示产品的来源地（像产地标记一样）。上述定义也涵盖标记，因为地理标志不仅由名称组成（比如小镇、地区、国家的名称，即“直接地理标志”），还由标记组成。这些标记不用借助文字就可以表明货物的来源地。这种间接地理标志的例子包括巴黎埃菲尔铁塔、瑞士马特峰和伦敦桥。

2.692 另外，地理标志一词也应用于欧盟关于农产品和食品原产地名称和地理标志保护的第2081/92号条例（1992年7月14日）以及TRIPS中。在上述两个法规中，地理标志适用于质量与特性决定于地理来源的产品，是接近于原产地名称的保护方式。换言之，上述两法规中的地理标志概念不包括仅表示来源地的概念。但是在本手册中，考虑了全部现有地理标志的保护形式，在最宽泛的意义上使用该术语。

2.693 由于地理标志是商业中使用的特定种类的区别性标记，因而也是知识产权的特殊内容，因此将它们与商标区别开来就很重要。与商标表明向市场提供特定产品和服务的企业不同，地理标志表明一个地理区域，在该区域中一家或多家企业生产地理标志所标明的产品。因此，个人或企业不能排除其他人或企业使用地理标志，从这个意义上说地理标志没有“所有者”。然而，尽管在地理标志所指示的区域中的个人或企业都有权使用该标志以标明来源地，但是需符合一定的质量要求（比如由管理原产地名称的行政法规所规定的质量要求）。

2.694 地理标志的“保护”意味着什么？首先，保护意味着有权阻止未经授权的人使用地理标志，其产品或者不源自地理标志区域或者不符合规定的质量标准。保护的第二个方面是保护地理标志免于沦为通用名称。按照国际协议，一个地理标志是否是通用名称从而失去保护由各国的国内法决定。一个地理名称可能在一国是地理标志从而受到保护而在另一国是通用性或半通用名称。这种不同待遇的著名例子是法国的“香槟”和“夏布利”。在法国，上述名称只允许用在来源于特定地理区域并遵从特定质量标准的产品上。但在美国，它们被视为半通用名称，可以用在不来自法国产区的葡萄酒上。第二个方面的保护在涉及地理标志的国际保护时尤其重要，比如，由《原产地名称保护及其国际注册里斯本协定》等来规范。

2. 地理标志的国家保护

2.695 国家层面形式多样的地理标志保护主要分为3类。第一类包括所有可能的保护，此类保护不是来自有资格的管理当局对特定地理标志建立保护的决议；而是来自立法条款的直接适用或司法确定的原则。第二类是通过集体商标（包括农业标签）或证明商标（或保证标志）保护地理标志；第三类是由有资格政府机构作出的地理标志保护的所有决定所建立的保护，该类保护特别包括原产地名称保护——不管它们是出自工业产权局的注册（如根据新俄罗斯法）还是出自对判决的采纳（如法国自1919年原产地保护特别法的采纳）。

特殊保护

2.696 早在20世纪初，人们就感到对虚伪产地标记的保护是不足的。此外，保护并鼓励地区性的、传统的生产方式的需求也出现了。法国颁布了第一部成文法，通过工业产权的特殊保护来保护地理标志，称之为原产地名称。

2.697 1919年5月6日的法国法承认原产地名称并设置了保护条件。根据该法，原产地标志由一个国家、地区或地方的名称组成，指示产品来源地；并且产品的质量与特性来自地理环境（包括自然的和人文的因素）。这意味着只有来自特定区域并且其特定质量源于该区域的产品才能受到这种特殊保护。为保证产品具有特定的质量，有资格的管理机构建立起定期的质量控制机制。只有符合质量标准的产品才受到原产地名称的保护。最初，原产地名称只涉及葡萄酒和汽水。之后定义扩大到其他产品，如奶制品（主要是奶酪和黄油）、畜产品和植物产品。

2.698　由于法国原产地名称保护的成功，其他国家也建立了相同或相似的体系，主要涉及葡萄酒和烈性酒的生产。

集体商标或证明商标注册

2.699　给定地理标志的保护不仅基于公共的或行政的行为，也可以来自私人动议。与后者相关，集体商标或证明商标提供了在成文法或司法方式之外保护地理标志的手段。集体商标或证明商标（或者，在一些国家是保证商标）的概念在每个国家各不相同，依据适用的国家法律，一个集体商标或证明商标可以用来标示商品或服务的来源，因此，在一定程度上适合地理标志的保护。

2.700　集体商标是只允许集体机构成员使用的一个标志。该集体机构可以是一个协会或是一个制造者、生产者或贸易商组成的联合体。集体商标由协会所有，协会能够排他地授权会员使用该集体商标。协会可以是国内的或国外的。通常集体商标的使用受规则控制，该规则必须与注册申请一并提交给工业产权局。一个地理标志是否注册为集体商标完全取决于特定的国内法。一些国家的商标法禁止地理标志注册为集体商标，但最近，部分国家废除了这种禁止。

2.701　一旦地理标志注册为集体商标，拥有该标志的协会有权禁止非协会成员使用该地理标志。但是，在与高一级权利相冲突的情况，协会成员将被禁止使用该集体商标。此外，地理标志注册为集体商标本身并不能阻止该标志演变为通用名称。而且，一些国家法律规定了严格的使用条件，如果该集体商标没有连续使用，有可能导致该集体商标注册被撤销。

2.702　相比之下，证明商标（和保证商标）不由生产者协会之类的集体机构所有，而是由一个证明机构所有。这种机构可以是一个地方理事会或一个不从事相关产品生产或贸易的协会。后者特别重要，因为作为证明商标的所有者，它必须确保带有证明商标的商品具有所证明的质量。证明商标可以用来证明产品或服务的来源。证明商标的注册申请必须附有证明商标使用管理规则。在地理标志作为证明商标和保证商标的可注册性方面，适用集体商标注册的相关原则。

2.703　当地理标志注册为证明商标或保证商标后，它就可以被所生产产品符合规则要求的每个人所使用。但这种权利的使用不适用于与高一级权利相冲突的情况。拥有证明商标或保证商标的机构有权禁止所生产产品不符合规则要求的人使用该商标。一般而言，地理标志注册为证明商标或保证商标所受到的保护程度与注册为集体商标所受到的保护程度是相同的。

2.704　类似于集体商标概念的受保护地理标志的特殊形式是法国的“农业标签”（法语为“label agricole”）。农业标签是证明食品或非营养和非转变的农产品（如谷物种子）具有特殊特征和高于类似产品质量的一种集体标志。农业标签可以是国家标签（如众所周知的“红标签”）或地区标签，后者指具有一个地区特定的、传统的或代表性的特点。已确定为原产地名称的相关产品和某些葡萄酒（即使未从原产地名称中受益）不能够通过农业标签来保护。农业标签以控制其使用的机构名义注册。该法令的申请并不限于法国产品，但是迄今为止将该法令适用于外国产品也只有很小的可能性。“苏格兰鲑鱼”（Scottish salmon）标签即是适用于外国产品的一个示例。

反不正当竞争法

2.705 在商品或服务上使用某个地理标志但并非来源于相关地理区域，可能使人误解并可能欺骗消费者。而且这种使用可能构成对真正被授权使用该地理标志者商誉的盗用。反不正当竞争的诉讼（取决于国内法律，或依据由法院判决解释的法律条款，或依据普通法）可以阻止竞争者在贸易过程中采取这种误导性手段。

2.706 尽管每个国家反不正当竞争诉讼成功的条件都不一样，但是通常被认可的有以下几个基本原则。可受保护的地理标志必须已经获得一定的声誉或商誉。换言之，产品潜在的购买者必须将地理标志与产品或服务的来源地联系起来。该诉讼还进一步要求，如果使用在商品或服务上的地理标志并非来源于相关的地理区域则是误导，消费者会受到产品或服务真实来源地的欺骗。根据一些国家法律，还要求提供这种误导所导致的损害或损害可能性的证据。

2.707 尽管地理标志的误导性使用可以引致反不正当竞争诉讼这一原则已得到公认，但是这种诉讼的结果仍然是不确定的。特别是，争议中的地理标志必须取得何种程度的声誉在各国的要求是不同的。法律可能要求受保护的地理标志必须在贸易过程中被使用了一定时期，从而在相关的“圈子”里建立起该地理标志与产品和服务来源地之间的联系。因此，一个地理标志，如果在市场上尚未建立声誉，就不可能通过反不正当竞争诉讼来保护其免于竞争者的误导性使用。此外，一个地理标志如果一段时间没有使用有可能会丧失其声誉，并因此不能再通过反不正当竞争诉讼来获得保护。一个地理标志如果在某个国家演变为通用名称，丧失其显著性，那么该地理标志在那个国家也不再受到保护。

3. 通过多边条约对地理标志的国际保护

2.708 WIPO 管理的以下 3 个多边协定中包含地理标志保护的内容：《巴黎公约》《制止商品来源虚假或欺骗性标记马德里协定》（以下简称《马德里协定》）、《保护原产地名称及其国际注册里斯本协定》（以下简称《里斯本协定》）。

《保护工业产权巴黎公约》

2.709 《巴黎公约》的几个条款特别针对产地标记或原产地名称：第 1 条第 2 款将“产地标记”和“原产地名称”包含在工业产权的客体名单中；第 10 条规定了产地标记的保护；第 9 条规定了适用的处罚，尤其是直接或间接使用虚假产地标记的情况；第 10 条之三加强了第 9 条和第 10 条的保护。

2.710 第 1 条第 2 款规定工业产权的保护以“产地标记”或“原产地名称”为客体。第 10 条特别规定了对产地标记的保护义务，但是《巴黎公约》并没有对原产地名称予以特别规定。虽然如此，但从定义上说，每个原产地名称都构成一个产地标记，因此第9条、第10条和第10条之三都适用于原产地名称。

2.711 第10条第1款是《巴黎公约》有关产地标记的基本规定。它规定第9条一切有关非法标有商标或厂商名称的商品的处罚措施适用于任何使用“虚伪的产地标记”的产品。这意味着不能够使用产地标记来指示一个并非是争议产品来源地的地理区域。由于任何直接或间接的使用如在广告中使用均应受到处罚，因此适用该条款并不需要在产品上显示一个虚伪的产地标记。但是，第10条第1款并不适用于并非虚伪但可能误导公众或至少是某个特定国家的公众的产地标记：例如，位于不同国家的某个地理区域具有相同的名称，但是只有一个地区是因某个特定产品而享有国际盛名，虽然另一地区使用该名称会使人误以为产品来源于同名的著名地区，但是这种使用不受处罚。

2.712 对使用虚伪产地标记的处罚，第9条建立了一个原则，即必须在进口时予以扣押，或至少禁止进口或在国内扣押，但是如果在一个特定国家没有这些处罚措施，则应适用在这种情况下可获得的诉讼和救济。

2.713 第9条第3款和第10条第2款规定，检察官，其他主管机关和利害关系人可以请求在进口时扣押或实施其他处罚。第10条第2款对“利害关系人”进行了定义，即“凡从事此项商品的生产、制造或销售的生产者、制造者或商人，无论为自然人或法人，位于被虚伪标为商品原产的地方、地方所在的地区或国家；或是在使用该虚伪原产地标记的国家中，无论如何均应视为利害关系人。”

2.714 第10条之二与反不正当竞争保护有关，对禁止混淆、虚伪或产生误解的地理标志的使用提供了基础保护。第10条之二规定《巴黎公约》成员国有义务保证提供制止不正当竞争的有效保护，规定了构成不正当竞争行为的一般定义，并包含了必须予以特别禁止的三种行为的非穷尽列举。

2.715 第10条之三也规定《巴黎公约》成员国有义务一方面应提供适当的法律救济；另一方面应允许联合会和社团代表有利害关系的工业家、生产者或商人，在一定的条件下对制止虚伪产地标记提出控诉。

2.716 《巴黎公约》对产地标记所提供的保护，主要优点在于其地域范围覆盖巴黎联盟成员国；有关成员国数量的信息可以在本出版物的有关文件中找到。此外，对一个国家内的标记是其他国家产品的通用名称而不是表示来源国的问题，《巴黎公约》未予规定，这方面巴黎联盟成员国完全可以自己规定。尽管《巴黎公约》特别规定了处罚措施，但这些处罚并非在所有情况下都是义务性的，并且只适用于虚伪的产地标记，不包括误导性产地标记。

《制止商品来源虚假或欺骗性标记马德里协定》

2.717 《马德里协定》是《巴黎公约》框架内关注地理标志保护的一个特别协定。该协定不仅制止虚假的，而且制止欺骗性的产地标记。

2.718 第1条第1款规定任何带有虚假或欺骗性标记的产品（该标记直接或间接指示一个协定成员国或其国内某个地方为产品原产地或原产国），都必须在进口到该协定的任何成员国时被扣押。

2.719 第1条和第2条的其他分项明确了请求并执行扣押或类似措施的情况和方式。没有专门条款允许个人直接请求扣押。因此，成员国可以自行规定这类个人应通过公共检察官或其他主管机构申请扣押。

2.720 第3条允许卖主在产地与销地不同的商品上标记其姓名和地址，并规定当卖主这样做时有义务让其姓名与地址伴有制造或生产的国家或地方名称的准确标记，或其他足以避免误导货物真实来源地的标记。

2.721 第3条之二规定《马德里协定》的成员国有义务禁止在销售、展示或许诺销售货物时使用任何可能欺骗公众的有关商品来源地的标记。

2.722 第4条规定各国法院应决定由于其通用性质而不适用《马德里协定》的条款。只有与葡萄酒产品来源有关的地区名称被排除在该保留条款外。尽管与葡萄酒产品来源有关的地区名称构成的重要例外所提供的保护是绝对的，但是该保留条款实质上限制了《马德里协定》的范围。

2.723 《马德里协定》的成员国名单见本书附录。

《保护原产地名称及其国际注册里斯本协定》

2.724 《里斯本协定》有限的地理范围源于该协定实质条款的具体特点。

2.725 第2条第1款规定了原产地名称的定义，即指“某个国家、地区或地方的地理名称，用于标示某产品来源于该地，其质量和特征完全或主要取决于地理环境，包括自然因素和人文因素”。据此只有与该定义一致的名称可以受到《里斯本协定》的保护。简单的产地标记（标记的产品特征并不源自地理环境）则被排除在外。这种限制阻止了那些不了解原产地名称概念的国家进入该体系。

2.726 原产地名称定义的第一个要素是它必须是某个国家、地区或地方的地理名称。第二个要素是必须标示某产品来源于某个国家、地区或地方。第三个要素是产品与地理区域之间必须存在质量联系：“质量和特征”必须完全或主要取决于地理环境；如果质量联系不足，也即特定质量不是主要取决于而仅是较小程度地取决于地理环境，则该名称就不是原产地名称而只是货源地标记。至于地理环境，既包括自然因素，如土壤和气候，也包括人文因素，如生产者在相关地理区域建立起来的专门的专业传统。

2.727 即使广义解释，第2条第1款中原产地名称的定义，对于那些不适用农产品或手工艺品，但适用于工业品名称的国家来说有一个严重缺陷，其困难在于第2条第1款要求在产品和地理环境之间存在一个质量联系，即使纯人文因素的表现已经足够。这种联系可能在工业品制造之初存在，但在随后的生产过程中可能已难以证明联系的存在。而且，考虑到世界各地人力资源流动性的增长，制造传统和熟练技工可能从一个地域迁移到另一个地域。

2.728 第1条第2款规定，《里斯本协定》的成员依照《里斯本协定》的条款，在其境内对在WIPO国际局注册，并在产品来源国被同样认定和保护的《里斯本协定》其他成员国的原产地名称产品予以保护。为了得到《里斯本协定》的保护，原产地名称必须满足两个条件。第一个条件是原产地名称必须在来源地国家被认定和保护（后者被定义在第2条第2款）。这一条件意味着来源地国家以通常方式保护其原产地名称是不够的。每个原产地名称应从源于特定官方行为（立法或行政规定，或是司法判决，或是注册）的明确和专门的保护中受益，要求这种官方行为是因为要判定保护客体的特定要素（地理区域，原产地名称的合法使用者，产品的性质）。根据《里斯本协定》实施细则第 1 条，这些要素必须在国际注册申请中明示。

2.729　第 1 条第 2 款设置的第二个条件是原产地名称必须在 WIPO 国际局注册。协定的第 5 条和第 7 条以及实施细则规定了国际注册的程序。

2.730　第 2 条第 2 款将原产地定义为“国家或在国家内的地区或地方名称，构成赋予产品声誉的原产地名称”。

2.731　第 5 条第 1 款和相应的实施细则（根据《里斯本协定》制定）条款定义了国际注册的程序。国际注册必须由有资格的主管局申请而不是由利害关系人申请。但国家主管局不能以其自己的名义申请，而是以根据适用的国内法律“任何有权使用该名称的自然人或法律实体（公共的或私有的）”的名义申请。WIPO 国际注册局没有资格对申请进行实质审查，而仅审查形式。按照协定第 5 条第 2 款的规定，国际注册局应无拖延地通知《里斯本协定》成员方的主管局注册事宜并在其定期的“原产地名称”注册公告上公布（实施细则第 7 条）。

2.732　根据第 5 条第 3 款至第 5 款的规定，《里斯本协定》的成员国主管局可以在收到注册通知后的 1 年内声明不能确保特定名称的保护。在前述时间限制之外，仅在一种情况下可行使拒绝权：拒绝的理由必须明示。该必要的依据不被协定所禁止。这就事实上使各国有权自主决定是保护还是拒绝保护已注册的原产地名称。在未声明拒绝的国家中，已注册的原产地名称受到保护。但在一国中如果第三方在注册通知前已使用该名称，根据协定第 5 条第 6 款，该国的主管局可允许第三方在最多两年内终结该名称的使用。

2.733　国际注册所授予的保护没有时间的限制。第 6 条规定授权保护的名称只要在原产地国中是被保护的原产地名称，就不能成为通用名称。第 7 条规定注册不需要更新并只支付单一的费用。国际注册仅在两种情况下失效：一是在原产地国中，注册的名称已成为通用名称；二是国际注册局应原产地国主管局的要求取消了国际注册。

2.734　按照《里斯本协定》第 3 条的规定，根据协定而注册的原产地名称的保护内容十分广泛。任何形式的争夺与模仿都被禁止，即使标明了商品的真实来源，或者地理标志表现为译文的形式，或者使用诸如“型”“类”“式”“仿”等表达的使用。

2.735　有关依据协定注册的原产地名称保护的实施问题，第 8 条规定为国内法律。该条款明确指出采取行动的权利一方面属于有资格的主管局和公共检察官；另一方面属于利害关系人，不论其是自然人还是法律实体，是公共的还是私有的。除了适用《巴黎公约》和《马德里协定》（第 4 条）中的惩罚措施以外，国内法律中的全部惩罚措施，不论是民事（限制或禁止非法行为的禁令，损害诉讼等），刑事还是行政的都适用。但《里斯本协定》没有为成员国规定惩罚措施设立一个标准。

2.736　《里斯本协定》的成员国名单见本书附录。

4. 通过双边协定对地理标志的国际保护

2.737　地理标志国际保护可能性更大的是两国间缔结双边协议。很多国家达成了这种协议。这种双边协议一般包括一个由签约方起草的地理标志名单以及签约方各自保护地理标志的任务。该协议通常还特别指出授权保护的种类。虽然总的来说双边协议是有用的，但是由于谈判要求的多边性以及由此导致的不可避免的标准多样化，它并不能够完全充分解决缺乏国际保护的问题。

TRIPS 有关地理标志的规定

2.738 TRIPS 的第二部分第三节专门对地理标志进行了规定，第 22 条第 2 款规定了地理标志保护的一般标准，如下所述：

"2. 就地理标志而言，成员应当向利害关系人提供法律手段以防止：

——在商品的名称或说明中，以任何方式明示或暗示争议商品来源于真实原产地之外的地理区域，从而在商品的地理来源上误导公众；

——构成《巴黎公约》（1967 年）第 10 条之二规定意义上的不正当竞争行为的任何使用。"

2.739 第 22 条第 2 款由第 3 和第 4 款补充规定。第 3 款专门规定包含有非货物来源地的地理标志的商标注册，如果该地理标志的使用会使公众对该商品的真实来源地产生误解，成员应依法或应利害关系人的请求，拒绝该商标的注册或宣告其无效。

2.740 第 22 条第 4 款规定第 22 条第 1 ~3 款的保护也适用于欺骗性地理标志，比如，字面上正确的地理标志，实际上却向公众虚假显示来自其他地区的货物。

2.741 第 23 条第 1 款向葡萄酒和烈性酒提供了地理标志的额外保护。如下所述：

"成员应为利害关系人提供法律手段，以防止将识别葡萄酒（烈性酒）的地理标志用于并非来源于该地理标志所标明的地方的葡萄酒（烈性酒），即使标明了商品的真实来源，或者地理标志表现为译文的形式，或者伴以诸如'型''类''式''仿'等表达的使用。"

2.742 第 23 条第 1 款有如下所述的脚注："尽管有第 42 条第一句话，但成员有义务提供行政执法。"

2.743 第 23 条第 1 款是一段补充规定，专门解决含有或由一个葡萄酒地理标志构成的葡萄酒商标的注册，和含有烈性酒地理标志的烈性酒商标的注册，而这个葡萄酒和烈性酒商标并不表示地理来源。这类商标注册或在相关法律允许的情况下依据职权，或应利害关系人的请求，应当被驳回或撤销。

2.744 第 24 条包含了第 22 条和 23 条所述地理标志保护义务的一些例外。广义而言，有 3 类例外规定，即葡萄酒和烈性酒的地理标志的持续和类似使用；在先善意取得的商标权；以及通用名称。

2.745 第一个例外（第 24 条第 4 款）授权 WTO 成员允许另一个成员的国民或居民继续或类似地使用一个与商品或服务有关的用以区别葡萄酒或烈性酒的特殊地理标志。这些国民或居民在该成员境内应在 1994 年 4 月 15 日之前至少已有 10 年，且已诚实守信地连续使用了在相同或相关商品或服务上的地理标志。

2.746 第二个例外与商标权有关（第 24 条第 5 款）。它主要明确，WTO 成员在实施地理标志一章时，对相同或相似于地理标志的商标的注册、注册申请及使用权应无偏见，只要符合下述条件：在 TRIPS 在该成员内生效前或在争议地理标志在其原产国已受保护之前，这类商标的注册申请已提交；或商标已注册；或是（在商标通过使用才能获得的地方）商标已在有关 WTO 成员内被善意使用。

2.747 第三个例外（第 24 条第 6 款）与通用名称有关。允许一个 WTO 成员的地理标志被另一个 WTO 成员认为是以通常语言表述的惯用术语而作为商品或服务的通用名称，或 TRIPS 生效之日，葡萄酒商品上使用的地理标志与存在于另一个成员境内的葡萄品种的惯用名称完全相同。

第 6 节　反不正当竞争保护

1. 引言

2.748 近百年来，反不正当竞争保护一直被认为是工业产权保护的一部分。在 1900 年修改《巴黎公约》的布鲁塞尔外交大会上，这一认识首次在新加入该公约的第 10 条之二中得到阐明。经过此后的历次修改，对这一条规定形成了目前的如下表述：（《巴黎公约》1967 年斯德哥尔摩文本）

"（1）本联盟国家有义务对各该国国民保证给予制止不正当竞争的有效保护。

凡在工商业事务中违反诚实的习惯做法的竞争行为构成不正当竞争的行为。

下列各项特别应予以禁止：

——具有采用任何手段对竞争者的营业所、商品或工商业活动产生混淆性质的一切行为；

——在经营商业中，具有损害竞争者的营业所、商品或工商业活动的信用性质的虚伪说法；

——在经营商业中使用会使公众对商品的性质、制造方法、特点、用途或数量易于产生误解的表示或说法。"

2.749 乍一看，似乎工业产权保护，如专利、外观设计、注册商标等，与反不正当竞争保护之间有根本的差别。因为这些工业产权由工业产权局基于申请授予，权利人对权利客体享有专有权；反不正当竞争保护则不是基于这种授权，而是基于对违反诚实商业惯例的行为应予禁止的认识，这种认识或者在法律中有明确的规定，或者被认为是法律的一般原则。然而，当考虑特定不正当竞争案件时，这两种保护之间的联系是很清楚的。例如，在很多国家，基于法律的一般原则，未经授权使用他人未注册商标是一种违法行为，这是一种属于反不正当竞争领域的保护（在很多国家这种未经授权的使用被称为"假冒"）。在发明领域有另外一个这样的例子：如果一项发明技术没有向公众公开而被认为构成商业秘密，第三人未经授权实施与该商业秘密有关的特定行为可能构成违法。的确，如果一项发明技术已经向公众公开而不能授予专利，或者该发明专利已经过了保护期，在非常特殊的情况下实施与该发明技术有关的特定行为也可能构成违法（作为一种"盲目模仿"行为）。

2.750 上述例子表明，当一项发明技术或者一个标记没有受到专利或注册商标保护时，反不正当竞争保护是工业产权如专利或者注册商标保护的有效补充。当然，其他一些不正当竞争的情形，如《巴黎公约》第10条之二第3款第2项所述的情形，即贸易过程中损害竞争者信用的虚假陈述，在这种情形下，不正当竞争保护不具有这种补充功能。这是因为不正当竞争的概念涵盖很多类型的行为，这在下面的分析中还会述及。

2. 保护的必要性

2.751 很多发达国家和发展中国家，正在采用或者已经采用了市场经济制度，这一制度允许在法律规定的特定条件下，在工业和商业企业间展开自由竞争。企业间的自由竞争被认为是满足经济中供给和需求的最好方式，也是服务消费者利益和整个经济的最好方式。然而，有竞争的地方，就会发生不正当竞争。这种现象在所有国家所有时间都可以看到，不管这些国家占优势地位的政治或社会制度如何。

2.752 有时候人们将经济竞争与运动场上的竞争做比较，因为在这两种情况下都是优胜劣汰。在经济竞争中，企业应当是以最经济、（使消费者）最满意的方式提供最有用、最有效的产品或者服务。然而，这一结果只有在所有竞争参与者按照一套基本的规则行事的条件下才能实现。违反经济竞争的基本规则可以有多种形式，从违法但无损害的行为（最诚实、最谨慎的企业家也可能有这样的行为）到恶意犯规，故意损害竞争对手或者误导消费者。

2.753 经验表明，仅仅通过自由发挥市场力量来实现公平竞争的希望很小。理论上，消费者作为经济竞赛的裁判，将通过抛弃其商品或服务来制裁不诚实的企业，支持诚实的竞争者。但实际情况则不同。由于经济情况日益复杂，消费者越来越难以担任裁判的角色。通常他们甚至不能自己辨别不正当竞争行为，更别说对这种行为作出相应的反应。的确，正是消费者，以及诚实的竞争者，需要得到反不正当竞争保护。

2.754 没有证据证明自我约束足以防范不正当竞争。如果自我约束得到很好发展并得到普遍遵守，将会比任何司法系统更经济、更有效。然而自我约束很难得到所有竞争参与者的持续遵守。为了有效防止不正当竞争，执法系统至少在某些特定领域须作为自我约束的补充。

2.755 防止不正当竞争的规则和防止限制商业行为的规则（反托拉斯法）是相互关联的：它们都致力于保证市场经济的有效运行。但是，它们以不同的方式来实现这一目标：反托拉斯法关注的是通过打击限制贸易和滥用经济力量的行为，以保持自由竞争；而反不正当竞争法关注的是通过迫使所有参与者按照相同的规则竞争，以保证公平竞争。虽然这两种法律在不同的方面发挥作用，但都同等重要，并互为补充。

2.756 仅仅通过保护工业产权并不能保证市场中的公平竞争。广泛的不正当竞争行为，如误导广告和侵犯商业秘密，通常不能通过特定的工业产权法来处理。这就需要反不正当竞争法作为工业产权法的补充，或者提供一种其他法律所不能提供的保护。为了实现这一功能，反不正当竞争法必须富有弹性，这种保护必须独立于任何形式上的要求，比如注册。尤其反不正当竞争法必须能够适应所有新型的市场行为。这种弹性并不必然导致缺乏可预见性。

3. 保护的法律基础

反不正当竞争法的发展

2.757 所有建立市场经济体制的国家都对不正当的商业行为设计了某种防范措施。但是，它们却选择了非常不同的方式。虽然在其他工业产权法领域，如专利法、外观设计法或商标法，人们普遍认同通过专门的综合性法律可以提供最好的保护，但制止不正当竞争的法律基础却可以从简洁的一般性侵权规范变化至专门法的详细规范。这种方式多样性的理由往往纯属历史的原因。

2.758 近年来，很多国家就此通过了专门立法，或者制定新的法律取代了以前关于不正当竞争的法律。就近来在此领域的立法活动而言，瑞士在 1986 年制定了一部反不正当竞争法，该法包括了一个宽泛的一般性规定和特定市场行为的详细规定，例如盲目模仿；匈牙利在 1990 年制定了一部禁止不正当市场行为法，该法规范不正当竞争行为和反托拉斯法；西班牙 1991 年的反不正当竞争法包含了对损害消费者行为和损害竞争对手行为的详细规范；1991 年比利时则通过了一部贸易行为和消费者保护法，该法强调了保护消费者的理念。

国际保护：《保护工业产权巴黎公约》第 10 条之二

2.759 《巴黎公约》第 1 条第 2 款将制止不正当竞争和专利、实用新型、工业品外观设计、商标、厂商名称、产地标记和原产地名称等列为工业产权的保护客体，第 10 条之二则包含了这种不正当竞争行为的明文规定。在《巴黎公约》150 多个成员国中，反不正当竞争保护的法律基础因此不仅来自国内立法，也来自国际层面。

2.760 根据《巴黎公约》第 10 之二第 1 款，巴黎联盟成员国有义务保证提供反不正当竞争的有效保护。该公约第 10 条之三进一步规定了保证“适当法律救济”的义务。尤其应当采取措施允许联盟和协会代表相关工业企业、生产者、商人采取法律行动，只要这不违反有关国家的法律，不超越通常授予国内协会的权利。

2.761 《巴黎公约》第 10 条之二第 2 款将不正当竞争定义为任何违反诚实工商业习惯的行为。这一定义将“商业诚实”概念的认定留给国内法院和行政机构。巴黎联盟成员国也可以自由针对特定行为给予保护，即使相关方相互之间没有竞争关系。

2.762 《巴黎公约》第 10 条之二第 3 款列出了 3 种“尤其”应当予以禁止的行为。不能认为这 3 种行为就穷尽了所有应当予以禁止的行为，而是所有成员应当给予的最低保护。前两种行为，即造成混淆和损害信用，可认为是竞争法的“传统”领域，也就是保护竞争者。第三种行为，即误导，是 1958 年里斯本修改大会上增加的，则既考虑了竞争者的利益，也考虑了消费者的利益。

2.763 除了第 10 条之二和第 10 条之三，《巴黎公约》有几项规定在更广泛的意义上与反不正当竞争保护有关，特别是那些与商标和厂商名称有关的规定。例如，第 6 条之六和第 8 条分别规定保护服务商标和厂商名称。在第 10 条之二第 3 款没有规定的情况下，对原产地标记的保护，来自第 10 条和第 9 条，其中第 10 条提到了这一点。在《巴黎公约》框架内达成了特别的协议，即《制止虚假或欺骗性商品产地标记马德里协定》和《保护原产地名称及其国际注册里斯本协定》，以及一些双边条约，尤其是规定了地理标记的国际保护。

国家保护：不正当竞争法的3种主要方式

2.764 根据《巴黎公约》第10条之二第1款，巴黎联盟成员国必须针对不正当竞争提供有效保护。虽然它们没有义务为此进行专门立法，但它们至少在现有一般立法的基础上，必须针对所有“违反诚实商业习惯”的行为，尤其是第10条之二第3款所述行为，提供有效的保护。在实施这些条约义务时，可以区分出3种主要方式。

第9条

一切非法标有商标或厂商名称的商品，在进口到该项商标或厂商名称有权受到法律保护的本联盟国家时，应予以扣押。

在发生非法粘附上述标记的国家或在该商品已进口进去的国家，扣押应同样予以执行。

扣押应依检察官或其他主管机关或利害关系人（无论为自然人或法人）的请求，按照各国本国法的规定进行。

各机关对于过境商品没有执行扣押的义务。

如果一国法律不准许在进口时扣押，应代之以禁止进口或在国内扣押。

如果一国法律既不准许在进口时扣押，也不准许禁止进口或在国内扣押，则在法律作出相应修改以前，应代之以该国国民在此种情况下按该国法律可以采取的诉讼和救济手段。

第10条

前条各款规定应适用于直接或间接使用虚伪的商品原产地、生产者、制造者或商人的标记的情况。

凡从事此项商品的生产、制造或销售的生产者、制造者或商人，无论为自然人或法人，其营业所设在被虚伪标为商品原产的地方、该地所在的地区，或在虚伪标为原产的国家、或在使用该虚伪原产地标记的国家者，无论如何均应视为利害关系人。

◎ 基于专门立法的保护

2.765 许多国家在宽泛的法律下制定特别法规或具体规定，有时候与一般法比如民法典的规定相结合，来处理反不正当竞争保护。这些法规规定了民事或者刑事制裁，包含一个宽泛的一般性规定（往往仿照《巴黎公约》第10条之二第2款），并辅之以有关特定形式不正当贸易行为的详细规定；他们通常规定民事制裁，在一些特定情况下，也规定刑事制裁。虽然这些国家大多也针对与特定产品（食品、药品等）、媒体（电视）或者市场推广活动（礼品、奖金）有关的行为制定了补充法律，反不正当竞争法仍然是保护的主要基础。通过假设违反任何其他法律的行为，都让行为人对遵守法律的竞争者而言有一种不正当的竞争优势，这种法律的适应范围通常会更加广泛。在一些国家，竞争特别法的概念已经演化为制定一部关于市场行为的更一般的法律，或者通过制定法律规范竞争本身以及公平竞争来强调其与反托拉斯法的关系。

基于一般侵权法和/或基于“假冒”和商业秘密法的保护

2.766　在一些具有大陆法传统的国家，遵循保护诚实商人的方式，这种保护通常体现在一般侵权法中。在另外一些遵循普通法传统的国家，由法院（至少最初是）发展起来的对假冒和侵犯商业秘密行为的制裁仍然是保护竞争者的主要基础。就保护消费者而言，上述两类国家中的许多国家都另外制定了单独的法律，规范特定的市场不良行为，如误导广告、价格比较、抽奖、赌博以及有奖销售；这些法律实质上独立于大陆法或普通法原则中对竞争者的保护。

◎ 上述两种方式的组合

2.767　《巴黎公约》的大多数成员国——即使是那些最初试图通过一般侵权法规范不正当竞争的国家——通过一般民法原则、案例法和专门法的组合来规范不正当竞争。在很多实行联邦制的国家，在联邦立法和联邦州立法之间的立法权分割，导致形成了一种甚至更为复杂的多种保护形式的组合。那些国家中的某些国家，联邦甚至没有对不正当竞争的立法权，因为这种行为被认为属于州普通侵权法的调整范畴。在这些国家，保护由州给予，通常比联邦层面给予的保护还要好。尤其在美国，通过建立一个行政机构（联邦贸易委员会），最初由联邦法对反不正当竞争行为提供有限的普通法救济，并且近年来通过将联邦法关于商标的规定（商标法（兰哈姆法）第 43 条第 a 款）延伸到范围更广的各种误导表述。但最为激进的规范存在于“商法”“小公平贸易法”“消费者保护法”，以及其他美国各州所制定的法律。

<u>司法的作用</u>

2.768　尽管有上述各种不同的方式，所有对不正当竞争行为提供有效保护的国家，都特别关注法律的执行，并且通常允许他们的法院有相当大的自由裁量权。一部反不正当竞争法的成功很大程度上取决于法院如何执行它。虽然一部其起草最令人印象深刻的法律也可能带来令人失望的结果，普通侵权法规定中的几个字，就可以为发展一个有效的反不正当竞争法律体系提供足够的基础。但这并不意味着，一部规定明确、详细的反不正当贸易法律没有什么用；它至少对市场行为有某种预防效果；但如果它没有被法院激活，它仍然是无效的。在一个竞争形式不断变化的世界，即使是最具洞察力的立法者，也不可能预料到未来不正当市场行为的所有形式，因而必须依靠法院对法律的解释。因此，很多国家用一个一般性规定补充他们针对特定市场行为的明确规定，这就允许法院将新型的不正当市场行为纳入一般制度中去。

4. 不正当竞争行为

<u>一般定义</u>

2.769　根据《巴黎公约》第 10 条之二第 2 款，不正当竞争由“任何违反诚实商业习惯的竞争行为”组成。大多数制定了不正当竞争专门法的国家，都在他们的一般性规定中采用了相同或近似的定义——如使用“诚信的贸易惯例”（比利时和卢森堡）、“诚信原则”（西班牙和瑞士）、“专业的公认标准”（意大利）和“良好的道德规范”（德国、希腊和波兰）等表述。在缺乏专门立法的国家，法庭则用诸如“诚实和公平交易的原则”或者是“市场的道德准则”（美国）等短语来定义公平竞争。

2.770　的确，用违反“诚信的贸易惯例”“诚信”等表述来描述不正当竞争，没有提供一个清晰、普遍接受的行为标准，因为这些表述的含义是变化的。竞争中的“公平”或“诚实”标准，只不过是一个社会中社会、经济、道德以及伦理观念的反映，因此可能会因国家的不同而不同（有时甚至在一个国家之内也不同）。这种标准也可能随着时间而改变。进一步而言，往往会出现新的不正当竞争行为，因为对竞争领域的创新显然没有任何限制。任何企图用一个概括的定义涵盖所有现有和将来的竞争行为的尝试——定义所有禁止的行为并同时有足够的弹性以适应新的市场行为——到目前为止都是失败的。

2.771　但是这并不意味着不能够用一个概括的定义来涵盖不正当竞争。人们普遍认为一些特定的商业行为往往（或者像《巴黎公约》第10条之二第3款所述“尤其”）被认为属于不正当竞争。这些行为中最典型的是引起混淆、损害信誉，以及使用误导性陈述。这些典型（但不是所有）不正当市场行为的共同之处是，（一个企业）试图不通过自己的产品和服务的质量和价格的优势来取得竞争的成功，而是通过不正当地利用他人的工作，或者通过用虚假或误导性陈述影响消费者需求来取得竞争的成功。因此，涉及用这种方法竞争的行为因其竞争的公平性而令人质疑。

2.772　不正当行为中的另外一个参考点是主观因素。乍一看，“诚实”的概念似乎是一种道德标准，并且的确涉及某种法律或伦理标准。但这应该与在缺乏任何过错、恶意或过失的情况下某一行为是否构成不正当竞争区别开来。在反不正当竞争法是由普通侵权规范发展而来的情况下，“不正当竞争侵权”要求某种形式的主观因素，比如“过错”或“恶意”。但是在实践中，往往由法院推定过错或者恶意因素的存在。

2.773　但是，确定市场中“不正当性”的最重要因素，是从反不正当竞争法的立法目的推导出来的。在这方面，反不正当竞争法最初设计是用来保护诚实商业的。同时，消费者保护也被认为同等重要。此外，一些国家特别强调保护广大公众的利益，尤其是他们在自由竞争中的利益。因此，现代反不正当竞争法有3个目的，即保护竞争者，保护消费者以及广大公众在竞争中的利益。

2.774　总是保持“小心谨慎”的一方就是诚实的商人。既然反不正当竞争法始于作为保护诚实商人的专门法，一个商人的行为标准从逻辑上就构成一个起点。因此，一个受到所有商人谴责的行为，就很难够得上是一个“正当”的竞争行为。

2.775　另一方面，某些特定行为可能在一个商业行业内被普遍接受，但无论如何都会被其他市场参与者认为是“不适当的”。在这种情况下，要对实际的行为标准进行某种道德修改。道德标准尤其意味着不能不必要地损害消费者的利益，例如，不顾真实性原则（这是消费者在交易中所依赖的），怂恿消费者实施与社会不符甚至有害的行为，或者侵害消费者的隐私。

2.776　进一步而言，有的行为乍一看既不构成对其他企业的歧视，也不对消费者构成歧视；但却可能会对经济整体造成人们所不愿看到的影响。例如，以倾销价格来销售商品，从长远而言可能会摧毁中小企业，从而对自由竞争产生负面影响。在引入这些经济考虑的反不正当竞争法中，这样的行为通常会被明确贴上“不正当”的标签。

2.777　当在商业活动中认定是否“诚实”时，要考虑所有这些因素。实际上，不正当竞争的概念已经日益反映了利益的平衡。通过强调上述不同的方面，一般可以解释在评估“正当”或“不正当”方面存在的不同。例如一种特定的市场行为在不同的国家会有不同的判断，采用传统反不正当竞争法的国家仍然关注保护诚实竞争者，与之相对的是，一些国家特别强调保护消费者和一般公众。

2.778　另一方面，人们的确广泛认同至少有一些行为总是与诚实竞争的概念不符。这在下面还会详细讨论。

不正当竞争行为的分类

2.779　为了对不正当竞争行为进行分类，以利于在研究中进行分析，可以划分出两种广义的不正当竞争行为类型，即《巴黎公约》第10条之二明确提到的行为和第10条之二没有明确提到的行为。

2.780　《巴黎公约》第10条之二第3款包含一个非穷尽的3种不正当竞争行为清单，即可能导致混淆的行为、损害竞争对手信用的行为以及可能误导公众的行为。由于可能导致混淆的行为和可能误导公众的行为相互类似，有时会有重叠，在分析损害竞争对手信用的行为之前，我们先分析这两种行为。

2.781　有很多行为在《巴黎公约》第10条之二中没有提到，而被法院认为是不正当竞争行为，这些行为越来越多成为法律调整的对象。其中人们尤其关注的趋势是，在反不正当竞争法中明确规定保护商业秘密，并还在不断地形成对比较广告的管理规定。此外，人们也越来越认识到有必要针对无正当理由的“不适当”行为或者是对竞争对手的成果“搭便车”的行为提供保护，而不考虑特定知识产权的可获得性，只要在个案中，这样的行为是不正当的。

导致混淆

◎ 混淆成立的一般条件

2.782　《巴黎公约》第10条之二第3款第1项要求成员国有义务禁止以任何方式给竞争对手的营业场所、商品或者工商业活动造成混淆的任何行为。第10条之二第3款第1项的范围非常广泛，因为它涵盖了贸易过程中涉及商品的商标、标记、标签、广告、包装、形状或颜色，或者一个商人使用的任何其他显著性标记。因此，不仅用于区别商品、服务或营业的标记，而且商品外观、服务外观都被认为与禁止混淆有关。

2.783　在《巴黎公约》第10条之二第3款第1项中，混淆的“意图”对认定某一行为是否构成不正当竞争行为是不重要的。但是，在对模仿者实施制裁的时候，可能要考虑恶意的因素。另外，通常无须要求实际产生混淆，因为通常可能混淆就足以构成不正当竞争行为。最后，针对混淆提供的保护没有任何时间限制。只要有混淆的可能，就应获得保护，但是应当允许有足够的自由在产品、服务和营业中使用非混淆性标记，以不抑制相关市场中的竞争。然而，一旦一个有市场价值的创造变为通用或常用，它就失去了其原创性或者显著性，就不再认为具有相同程度的混淆的可能。

2.784　有两个主要领域经常产生混淆。一个是商业来源标记，另一个是商品外观。然而，这并不排除或限制针对混淆对其他表征或纹章进行保护。

◎ 混淆的类型

2.785　构成混淆可以有不同的方式。对基本类型的混淆的测试是看模仿受保护商标的近似商标，是否在商品或服务的商业来源方面可能使大批普通消费者产生混淆。认定混淆的通常考虑因素是受保护商标的显著程度，商标所有人的规模和声誉，相关消费者的熟练程度，以及商标和有关商品或服务的相似性。在很多国家，混淆不限于基本的商业来源混淆，也包括使人误认为使用相同或近似商标的两个用户彼此之间有很密切的业务联系的行为，即联系上的混淆。然而，在明显不相关或完全不同的商品上使用相同或近似商标通常不在保护范围之内，因为涉及的商品或服务的很大程度的不近似，将使消费者认为商品或服务的来源不同，并认为使用人之间没有特定的商业联系。

2.786 第三种形式的混淆，如美国兰哈姆法第43条第a款和澳大利亚贸易行为法第53条所述，被称为赞助混淆。测试这种混淆时，消费者不会认为商品或服务是来自相同的地方，也不会认为两个企业具有密切、持续的业务关系以致产生联系上的混淆。但是，基于商标的近似性，商标所使用的商品或服务的类型，以及第二个使用人的使用方式，消费者会认为第二个使用人使用受保护的商标，是在一定期间内根据协议获得了权利人的授权。例如，当第三人（未经授权）在商品上以装饰目的使用商标时，就会与这种混淆有关。然而，与来源混淆或联系混淆不同的是，第三种混淆不像其他两种混淆那样在成文商标法中有完备的救济理由，因为它的确切边界还在不断发展中。

2.787 混淆的概念也可能与所谓的“公开”权相关，涉及著名艺术家、媒体或体育人物，也与“商品化”权有关，涉及文学或艺术作品中的虚拟形象。这些权利关注相对新的市场营销技术，企业获得“许可”在一个特定时期内使用特定人物或形象的姓名或肖像所象征的名望或声望，因为他们期望这种使用会刺激“被许可人”的商品或服务的消费需求。消费者通常会被产品或服务上所使用的人物或形象的姓名或肖像误导，认为该人物或形象的权利拥有人（这也可以是一个注册商标）已经明确授权使用他们的人物（姓名）或形象。

◎ 与标识有关的混淆

2.788 一个标识可以是任何能向消费者传递市场上某产品或服务来自某特定商业来源信息的记号、符号或设计，即使不知道这一来源的名称。标识因此可以由二维或三维的记号、标签、广告语、包装、颜色或曲调组成，但不限于这些。针对与标记有关的混淆的保护已经在关于商品商标、服务商标或商号的专门立法中规定。但是，这种保护经常在几个方面受到限制。这种限制可能来自特定法不适用于特定标识，或者是保护的确切范围方面的限制。在特定法律没有针对混淆提供全面保护的情况下，在反不正当竞争法中规定针对混淆的这种保护仍然是有必要的。这也与《巴黎公约》第6条之二所要求的针对混淆对驰名商标的保护相关。

2.789 商标法一般仅限于适用特定的标识。例如，一些国家的商标法不保护单一文学作品的标题或电影的名称、产品外观、商店内饰、颜色或颜色组合，或者是商业外观。对于服务商标而言，虽然大多数国家都有与商品商标同样的注册系统，但对那些不是如此的国家而言，仍然需要按照制止不正当竞争的原则来予以保护。同样，即使在那些认可并可以注册立体商标的国家，一些特定的形状不可避免仍会被排除在外。例如，仅由商品性质决定的形状，由商品的某些技术或工业功能所产生的形状，以及决定商品实质价值的产品形状，明确被《协调和统一各成员国关于商标法律的指令》排除在保护范围之外。“功能性”原则，尤其是美国所发展而来的，也产生近似的结果。

2.790 除此之外，有时只有已经在寻求保护的国家注册的商标才能获得商标法的保护。在这方面，《巴黎公约》第6条之二关于驰名商标的规定是一个例外，驰名商标不需要注册就可以获得保护，以制止在相同或类似商品上使用一个复制或者模仿驰名商标的商标以造成潜在的混淆。需要注意的是，一个商标在一个国家注册或者甚至使用之前，也可以因为在这个国家所做的广告或所享有的声誉而在这个国家驰名。保护未注册驰名商标的义务在1999年9月召开的世界知识产权组织成员国大会和巴黎联盟成员国大会通过的《关于保护驰名商标的规定的联合建议》中得到了澄清和补充。

2.791 反不正当竞争法可以为不受商标法保护的标识或标记提供制止混淆的保护。但是，一个标记是否可以获得反不正当竞争法的保护，其原因只是部分基于特别法不能对未注册标记提供保护。如果一个标记原则上可以为特定法律所涵盖，但却不符合该法律的实质要件，则对该标记按照反不正当竞争法给予与按照特别法可以给予的相同保护，似乎与平衡保护制度不符。因此有观点认为，如果寻求保护的标识或标记有足够的显著性将一个企业的商品、服务或其他有关商业活动与另一个企业的相同或近似活动区别开来，只有按照反不正当竞争法才能给予制止混淆的保护。不过，为了促进商标的注册，一些反不正当竞争法对未注册标记的保护不是仅仅要求具有最低限度的显著性就可以了。例如，《韩国反不正当竞争法》第2条第1款要求一个标志“广泛知晓”，这在一些案件中会将实际保护限制在一个特定区域中。

2.792 评估一个不受商标法保护的标识的显著程度，考虑的因素与评估注册商标的考虑因素相同，包括该标识的含义和表现形式，以及与用于相同或近似活动中的其他标识相比所具有的独特性。即使缺乏内在显著性，例如，由于该标识用于某特定商品或服务具有描述性，如果该标识在寻求保护的国家通过使用获得显著性或第二含义，则该标识可以获得保护。第二含义表示，作为在市场上持续并且排他使用一个标识的结果，相当数量的消费者已经知道该标识，并将使用该标识的活动与某个特定商业来源联系在一起。例如，在德国，用在香水上的“4711”商标，由于公众认为使用该商标的商品来自一个特定的来源，因此被认为具有足够的显著性。实际上，第二含义的程度取决于有关商品或服务的市场，以及该标识使用在这些商品或服务上的描述程度。获得足够显著性所需的第二含义的程度（或消费者的百分比），根据有关法院实践的不同而不同。在一些国家，对消费者所进行的民意测验或者市场调查往往提供了决定第二含义程度的经验数据；但在另一些国家，法院自己就会决定一个标识是否获得了足够的显著性。

2.793 第二含义分析也适用于被法定商标保护明确排除的标识。例如，按照欧盟协调成员国商标立法指令，商品的外形或形状不受商标法的保护，但仍然可以在特定市场的消费者中获得第二含义。在这种情况下，如果导致消费者错误地认为其他使用这一形状的商品来自第一个使用人，则予以制止混淆的保护就是正当的。但是，获得必要程度的第二含义并不总是一件容易的事情，因为商品的特定形状必须被相关消费者认为是表示一个特定来源。如果特定法律排除保护某一标识的明确意图是认为该标识根本不值得保护，例如，对于纯粹描述性的词语，反不正当竞争法也可能拒绝对其提供保护。

2.794 商标法保护范围的限制也可能导致通过反不正当竞争法对某些标识给予制止混淆的保护。虽然商标法通常对任何使用一个注册商标可能产生潜在混淆的行为予以制止，但制止混淆进行保护的确切范围仍然可能有差异。例如，制止使用相同或近似商标的保护可能限于该商标注册的商品或者服务上。如果一个相同或近似商标使用在其他商品或服务上，并可能产生混淆，可能只有按照反不正当竞争法或者假冒原则获得这种保护。一般而言，对商标的保护不仅禁止在相同商品或服务上使用相同或者近似的商标，而且禁止在类似商品或服务上使用相同或者近似的商标。这种保护由所谓的“专属原则”演化而来。因为这种保护与商标的首要功能有关，即将一个企业的商品与竞争者或者其他市场参与者的商品区别开来。因此，如果由于涉及的商品或者服务不类似而不能获得商标保护（虽然来源上的混淆事实上可能存在），可以寻求通过反不正当竞争法获得制止混淆的保护。但是，也有一些商标法将混淆的可能作为保护的唯一标准，涉及的商品或服务的类似性对能否获得保护不具决定性，只是多个考虑因素中的一个。这种法定保护可以涵盖所有类型的混淆。

2.795 虽然存在一些细微的差别，判断标识近似的标准在世界各国都基本相同。考虑因素包括有关商标的形状、发音、含义或者文字翻译，但是决定性因素是有关商品或服务的一般消费者的整体印象。尤其是大众消费商品，有关商标的个别因素较少被一般消费者仔细辨识。由于作为一个原则，两个商标不能放在一起近距离进行比对，实际上标志之间的近似性比它们之间的差异性更重要。商品或者服务的相似性很大程度上取决于消费者是否普遍认为有关商品或者服务来自同一来源。然而，这些商品或者服务并不需要在功能上具有相互可替代性或者竞争性。

2.796 对所谓的“驰名商标”而言，尤其对甚至具有更高声誉的商标而言，制止混淆的保护可能是太有限了。《巴黎公约》第6条之二要求成员国保护在该国驰名的商标，以制止任何近似商标的潜在混淆性使用，但是这一义务只与相同或者近似商品有关。在一些特定情况下，未经授权在不同商品或者服务上使用驰名商标可能也会在消费者中产生混淆。例如，如果一个商标使用在广泛的产品上并进行了大肆宣传，或者由于其所有人的特定“形象”而驰名，消费者可能将该商标与某个特定来源和一致的质量联系起来，而不是和某种特定的商品或服务联系起来。这种联系也可能引起混淆。在第6条之二中，成员国没有义务授予这种延伸的保护，但是可能与不正当竞争相关。一个商标是否属于《巴黎公约》第6条之二意义上的驰名商标，需要在事实的基础上在个案中认定。通常，对一个商标知名度的事实认定基于特定案件中在相关地点、相关时间该商标在相关商业圈和消费者群体中的声誉和印象。通常考虑的因素包括该商标的内在区别力、在有关国家使用的时间长短、广告及其他在各种媒体上所进行的宣传的数量，以及该商标与特定商品或者服务所建立起来的联系。《关于保护驰名商标的规定的联合建议》甚至要求成员国在特定情况下没有混淆也要保护驰名商标。根据该联合建议第4条第1款b项，应当在非类似商品或者服务上制止使用相同或者近似的商标以保护驰名商标，如果这种使用：

——将表明这些商品或者服务与商标所有人之间存在某种联系并将可能损害其利益；

——可能以不正当的方式削弱或者淡化该驰名商标的显著性；或者

——将不正当地利用该驰名商标的显著性；

——在上述后两种情况中，成员国可以要求该驰名商标在广大公众中驰名（第4条第1款c项）。

2.797 成文商标法往往要求近似标记的使用必须以商标的形式使用，即作为指示产品或者服务商业来源标志的使用。装饰性使用，如在广告材料上的使用或仅仅作为商品装饰的使用，例如用在圆珠笔或者烟灰缸上，或者甚至是作为实际产品的一部分，如标记形状的柄，往往不被认为属于商标的法定保护范围。然而，可根据反不正当竞争法获得制止这种使用的保护。保护范围非常广泛的一个商标法例子就是1971年的《比荷卢统一商标法》，该法对可注册的商标给出了一个宽泛的定义，并制止他人任何没有正当理由使用相同或者近似商标并可能损害商标权人的行为。

2.798 制止未经授权使用贸易或商业标志方面的近似性限制也存在于对厂商名称的保护中。厂商名称起到将一个企业及其商业活动与其他企业及其商业活动识别和区分开来的作用。《巴黎公约》第8条赋予在所有巴黎联盟成员国保护厂商名称的义务，但没有说明应该授予何种保护以及如何给予这种保护。无论如何，必须对厂商名称给予保护，并没有申请或者注册的义务。大多数国家已经保护厂商名称以防止混淆的风险。这种保护不仅可以通过专门法进行，而且可以通过反不正当竞争法、民法、公司法或者商法中的专门规定获得。作为通用原则，有关企业间的直接竞争关系并不是决定性的，但仍然与认定使用相同或近似厂商名称是否会使消费者在识别企业及其相互间的关系方面产生混淆有关。保护的范围可能会延伸到在先厂商名称使用的特定范围以外，因为商业惯例或者扩张的可能，以及企业活动的多样性，都是法院经常考虑的因素。因此，制止混淆对厂商名称保护的范围可能有时会比商标法中对商标的保护范围略宽。

◎ 与产品形状有关的混淆

2.799 产品的实际形状也可能导致消费者产生混淆。如果产品的形状如此有名以致消费者将该产品与一个特定商业来源联系起来（如“可口可乐”瓶一案中的情况），则该形状可能被认为是一个可保护的标志。

2.800 还需注意的是，在很多国家有保护工业品外观设计的专门法律，补充或者代替对所谓“实用艺术”的版权保护。这些法律往往禁止在相同或者类似商品上使用相同或者近似的产品外观。但是，像商标立法一样，专门法对工业品外观设计的保护也在很多方面有所限制，这种限制在不同的国家变化很大。与商标法的专门保护类似，这种限制可能关注外观设计法对特定产品外观的一般可适用性，也关注专门法授予的确切保护范围。例如，如果对一个表面装饰的外观设计保护限于在该外观设计注册的产品上使用该装饰，制止在其他产品装饰上复制该外观设计的保护可以通过反不正当竞争法获得，只要复制的外观设计在商业来源上具有误导性或导致混淆。

2.801 对仅仅制止有关产品混淆的保护来说，反不正当竞争法中的大部分要求是通过案例法建立起来的，通常会引用“盲目模仿”的惯例。在反不正当竞争法的这一特定领域中，往往会被提及的是，作为自由市场体系的内在法则，市场参与者可以自由模仿那些不受专利法、版权法或商标法等专门法保护的产品的外观设计或其他形状、外观或视觉特征。这些专门法有的甚至明确排除在反不正当竞争法中保护那些在专门法中可以获得保护的外观设计。例如，1975年《比荷卢统一外观设计法》第14条第5款排除了用反不正当竞争法保护那些已经获得注册从而受到保护的外观设计。因此，如果该外观设计可以在专门法中获得保护并且产品模仿受该专门法调整，只有产品形状混淆的风险不足以构成不正当竞争。另外，如果有关外观设计一定程度上揭示了产品的来源，但由于特定法律的其他规定而不能获得注册，或者已经申请注册但还没有获得注册，存在产品混淆的风险就足以获得反不正当竞争法的保护。

2.802 如果产品的外观设计、形状或者其他非功能性特征实质上被消费者与一个特定来源联系起来，产品来源的潜在混淆通常会构成不正当竞争行为。认定在模仿的情况下是否会发生潜在混淆，考虑的因素与上述有关标志的因素相同，也就是说，在审查一个产品的独有特征是否获得足够程度的第二含义后，有关产品的外观设计将在考虑它们相似性的基础上进行判断。在一些国家，接受通过弃权声明以降低来源混淆的风险，比如一份明确可见的声明，排除该产品或服务来自某特定来源的可能。但是，这样的弃权声明很少被认为足以降低混淆的风险。

2.803 制止产品商业来源混淆的保护也可以通过专门的商标法获得，如果该商标法保护三维商标或者产品的外观。但是，如果该产品外观没有作为商标注册，或者如果法定商标保护可能排除一些特定形式，上述相同原则可以适用于在反不正当竞争法下制止产品形状混淆的保护。

误导

◎ 概述

2.804 误导可以粗略地定义为对竞争者自己的产品或服务制造虚假的印象。这可能是唯一最常见的不正当竞争形式，并且绝不是没有害处。相反，误导可能会产生严重的后果：基于错误的信息，消费者可能受到经济上（甚至更严重）的损害。诚实的竞争者失去了客户。市场的透明度下降了，并对整体经济和经济福利带来负面的后果。

2.805 由于真实性被认为是诚实商业习惯一个主要的原则，人们普遍认可，禁止欺骗对竞争中的正当概念非常重要。或者，如《巴黎公约》第10条之二第3款所述，任何可能引起误导的表示或说法，“尤其”被认为违反诚实的商业习惯。

2.806 因此，巴黎联盟大多数成员国已经在其法律体系（或者甚至就此通过专门的法律）中禁止误导性行为或做法。另外，法院也已经在误导方面发展了相当多的案例法。即使在那些以前对制止欺骗的保护不如其他国家强的国家，最近也在朝着更严格保护的方向发展。但是，在寻找有效的法律解决方式的过程中，不同的国家选择了十分不同的方式。产生这种差异的一个重要因素是误导行为主要是针对消费者而不是直接针对竞争者。在那些主要通过刑法保护消费者的国家，执法由国家的执法机构进行。但是，大多数有专门的不正当竞争立法的国家，都在相关法律中规定了制止欺骗的内容，并采用了民法的方式。

2.807 但是，整体而言，对误导的规范呈现出多面性，大多数国家区分可能是基于善意的“普通”误导和可能有相当严重后果的特殊误导。对于最严重的误导，比如在健康和药品方面故意的误导或者欺骗，很多国家在民事救济之外还引入了刑事制裁。此外，有潜在欺骗可能的一些特殊情况，如有奖销售、礼品赠送、清仓销售和旅游品销售，往往予以详细的规范。自律组织往往对此施加了更加严格的限制，一些国家在制止误导的保护方面已经发展到了一个相当领先的程度。

2.808 在一些国家，现有制止误导行为的保护在某种程度上是国际协调的结果。由于商业活动以及通讯传媒如电视的国际化，误导行为和做法，尤其在广告中，很少止于一国的边境。不同国家的法律不仅导致不同并因而至少存在某种程度不足的消费者保护水平，而且影响商品和服务的自由流通。经济上属于一个共同市场的国家尤其需要协调在误导方面存在的不同国家立法。因此，欧共体在 1984 年发布了一个《关于误导性广告的指令》，为认定一个广告是否存在误导制定最低的客观标准。北欧和非洲国家也达到了相当程度的协调。

◎ 误导的概念

2.809 误导的概念既不限于内在的错误陈述，也不限于实际使有关消费者产生错误认识的陈述，对这一点人们是有共识的。相反，有关标识可能产生误导性的影响就足够了（如《巴黎公约》第 10 条之二第 3 款第 3 项所述）。即使有关陈述字面上正确，仍然可能是欺骗性的。例如，通常禁止在面包中添加化学成分，大多数国家的法院都会认为一个声称某种面包中“没有化学成分”的广告具有欺骗性，因为即使是字面上真实，这种广告会使人们误以为广告中所述的情况与平常的情况有所不同。

2.810 客观而言，并不要求说有关产品是低等级的，只要有关标识或者陈述对消费者有一定的诱惑效果即可。例如，如果公众偏好国产商品而不是进口商品，一个使人认为进口商品是国产商品的错误陈述就是误导性的，即使该进口商品具有非常好的品质。

2.811 人们普遍认同，是否存在欺骗必须由有关陈述的受众的反应来决定，而不是由作出陈述的人的意图决定。但是，实际认定和评估这种反应因国家的不同而不同，同时也取决于受众（消费者或商人）的类型和商品或服务的类型。《巴黎公约》将这个问题留给成员国决定，就像欧盟关于误导广告的指令那样。对下列问题的不同回答，导致在适用何种标准上有不同的观点：

——禁止误导是否意味着保护普通或者（也）是受教育程度较低、不太挑剔的消费者？

——如何认定公众的反应？是采取经验主义的做法还是完全由法官自己来作出全面评估？

——须有多少受众被误导才可认定某一陈述是否构成误导？

2.812 在很多国家，相关标准是在普通消费者概念的基础上建立起来的。虽然法院的判断标准是基于法官自己的经验，有趋势认为普通消费者一般可以获得良好的信息，并有足够的知识免受欺骗带来的大多数危害。在大多数国家，起点还是相当高的。虽然经常强调，如果“数量众多的受众”可能被误导就足够了，但趋势是采用平均消费者被欺骗的比率。

2.813 但是，在德国所清楚强调的是受到较少教育、不太挑剔的消费者，他们易于受到虚假陈述的影响。通常通过经验法则来证明误导的存在，主要是消费者调查，调查的起点设置得非常低，如 10% 到 15% 的消费者。

◎ 误导性陈述的传播

2.814 由于商业中的误导主要出现在广告领域，大多数国家的专门立法都聚焦于误导性广告。其他国家则如《巴黎公约》第10条之二第3款所述，选择了宽泛的“表示或说法”的概念。在那些有关于不正当竞争的原则性规定的国家，这种差别是很小的，但是，由于人们基本认可，广告之外的欺骗与“诚实贸易习惯”是不符的，因此可以根据原则性规定来作出判断。

2.815 人们还认可，形成有关说法、表示或陈述的确切方式是非物质的，即采用信息的形式。所有传播的方法——书面、口头或者甚至是符号——都必须考虑。传播的方式可以是商标、标签、宣传册、商业广播、电视广告、海报等。总而言之，误导只与有关陈述对其受众产生的影响有关，而与该陈述传播的途径无关。

2.816 在误导性做法的名义下，传播无需包含中性、客观的“信息”。另外，误导的概念严格限定于那些可能在部分消费者中产生错误概念的表示。因此，有关说法、表示或陈述必须能够产生某种具体的印象，这种印象能够被证明是真实的或者是不真实的。因此，那些只就某一产品产生模糊积极感觉的“非客观”或暗示性广告，不在误导的范围之内。在一些国家，禁止一些特定种类的暗示性广告。不是根据有关误导的规定来禁止，而是根据有关诚实商业习惯的一般性规定来禁止。

2.817 一个误导性的信息不一定必须是积极的信息：半真往往也就是半假。例如，如果有人宣称一片特定的面包比其他面包所含的卡路里要低，而这仅仅是因为这片面包比较薄，省略这一信息能像明确的陈述那样产生同样强的错误印象。因此，一些国家将省略有关信息明确列入误导性行为的清单中，或者选择由法院认定这种省略是误导性的行为。但是，省略信息也不能总是和一个积极的陈述同等对待。由于商人没有普遍的义务来披露他所提供产品的的不足之处，只有当公众在缺乏明确的信息产生了对某一特征的期望时，才构成欺骗。

◎ 夸大宣传

2.818 不同的误导概念的后果可以在对待夸大宣传时很好地看出来。虽然在所有国家，明显的夸大宣传（甚至是词义上的错误）不被认为是欺骗性的，因为它们可以很容易被认为是“销售语言”，但对什么仅仅是“夸大宣传”或“吹嘘”，什么要认真对待，不同的国家有不同的回答。在一些国家，比如德国，公众基本上相信所有广告性陈述，尤其是那些宣称具有唯一性（“最好，第一”等）的广告；因此要适用特别严格的标准。其他国家（如意大利和美国）则采取正好相反的立场，对一般程式化的表述采取容忍的态度，尤其是对那些宣称具有唯一性的表述。因此在美国，一般只有当宣传最好的产品实际上质量低劣时，法院才会进行干预。

◎ 误导的客体

2.819 在商业所有相关方面都可能有欺骗性陈述。但是，原则上，禁止欺骗应当足以涵盖那些立法者没有想到的新的误导形式。另外，一项法律规定必须对法院有指导作用。在那些以民法为主的国家，这往往通过明确哪些“尤其”应该被认为是误导的形式来实现，让法院可以自由裁量其他形式的欺骗。通常至少包括《巴黎公约》第10条之二第3款第3项所述的情形，即“在经营商业中使用会使公众对商品的性质、制造方法、特点、用途或数量易于产生误解的表示或说法。”通常也包括服务和地理来源标志。近来的反不正当竞争立法也提及一些“现代”的误导情形。例如，希腊误导性公告法令明确指出，产品保证或假冒广告中的误导性陈述是一项紧迫的问题。比利时也是这样。在匈牙利，明确禁止在其他事物中对其环境的任何误导性指示。还有其他国家（以及欧共体《关于误导性广告的指令》）禁止任何对广告主身份的欺骗。有趣的是，似乎有一个基本共识，这些特定的有关身份的错误（当然，当他们这样做时，就涉及欺骗）更倾向于在混淆（或假冒）的名义下进行处理，而这大部分是由商标法和商号法所调整的。但是，明确将商业来源方面的错误包含在欺骗的名义下是很重要的，因为可以适用反不正当竞争法的特殊程序规定。例如，在涉及商标的误导案件中，消费者协会可以提起诉讼，而商标法本身可能会限制商标所有人的诉权。

2.820 但是，只有主要以民法方式制裁误导行为，才能采取列举典型误导行为加一般性规定的方式。刑法通常要求一个词义相对狭窄、列举式的禁令，虽然实际上这种差异常常由于明确列举的行为清单具有相当的综合性而得以减小。

◎ 主观要求

2.821 即使是最谨慎的商人的陈述也可能会使消费者产生意想不到的误解。因此，误导性陈述，尤其在广告中，并不总是出于恶意。另外，即使广告方没有任何错误，为了保护消费者和其他竞争者的利益，也必须制止竞争中的欺骗。例如，欧共体《关于误导性广告的指令》中要求成员国，确保制止误导，“即使没有证据证明有实际损失或损害，或不能证明广告主有故意或疏忽”。采用民法方式制止不正当竞争的国家这样做通常很少有问题，但在主要通过刑法制止误导行为的国家，至少理论上有一些主观因素的要求。由于提供这样的证据有难度，这种“主观”概念实际是一个障碍。因此，实际上，法院已经逐渐减少了对主观意图的要求，这在法国最明显，在刑事上禁止误导广告的“Loi Royer”法第44条仍然在理论上要求“恶意”，但是法院首先已经将这一要求降到仅仅知道有关事实，后来又降到推定知道。

2.822 当然，这种以客观为主的制止误导性陈述的方法，仅限于停止并抵制违法行为(也可能适用于公开的救济)。在所有国家，只有至少存在主观上的疏忽，才能获得损害赔偿金诉讼的成功。真正的刑事犯罪案件，比如在食品和药品领域，要求有故意，或者甚至是恶意行为。

◎ 举证责任

2.823 在误导广告案件中，谁应该提供陈述准确性的证据，或者是有欺骗可能性的证据，这是一个相当重要的问题。根据大多数国家程序法的一般原则，由原告（或公共检察官或行政部门）承担举证责任。但是在误导领域，尤其在误导性广告中，存在一些这一原则的例外。例如，欧共体《关于误导性广告的指令》中，成员国有义务要求广告主举证证明请求的事实的准确性，只要这一要求在特定案件中是适当的。一些国家甚至走得更远，实行普遍的举证责任倒置，或者要求广告主承担“合理地证明”其所有广告请求的举证责任。

损害竞争对手信用

◎ 概述

2.824 损害信用（或贬低信誉）通常定位为任何可能损害竞争对手商业信誉的虚假陈

述。像误导一样，损害信用行为试图用错误信息诱导消费者，但是，与误导不同的是，损害信用行为不是对其自己产品的虚假或欺骗性陈述，而是使消费者对竞争对手的产品或者服务产生不真实的印象。因此，损害信用行为往往涉及对某一特定商人或某一特定类型商人的直接攻击，但其后果还不限于此：因为关于竞争者或其产品的信息是不正确的，消费者也可能同受其害。

2.825 《巴黎公约》第10条之二第3款第2项规定成员国有义务禁止所有“在经营商业中，具有损害竞争者的营业所、商品或工商业活动的信用性质的虚伪说法”。在大多数国家的反不正当竞争法中都可发现类似的规定。但即使没有这样明确禁止，人们普遍认同损害信用行为与竞争中的“公平”概念不符。在那些在一般侵权规则基础上发展而来的反不正当竞争法中，损害信用行为被认为是“经典”的不正当竞争形式之一。所有的普通法国家都认可（普通法上的）损害信用或贬低侵权；这些国家有的最近还辅之以法定救济。由于首先是某个商人受到损害信用性评论的损害，优先适用民法制裁（禁令救济或损害赔偿金）。但是，在大多数严重的案件中，尤其在那些涉及故意或恶意毁誉的案件中，通常按照普通刑法典提供刑事制裁。

◎ 提及一个具体竞争者

2.826 如上所述，损害信用行为本质上要求直接针对一个特定商人或一个特定类型的商人。但是，并不要求必须指出竞争者的名称：有关陈述的受众易于确认就足够了。这可以通过提及诸如“一个在某地的特定企业”来实现，或甚至可以是一个特殊市场地位导致的结果，例如假定只有一个相关竞争者。

2.827 通常，受到攻击的人是一个竞争者。如《巴黎公约》第10条之二第3款第2项所述，大多数国家将制止损害信用行为的反不正当竞争法保护限定于原告和被告之间至少具有某种竞争关系的案件。但是，在一些国家，已经完全放弃了对竞争关系的要求，这导致产生了一个相当宽泛的损害信用行为的概念：不仅竞争者，而且消费者协会或者媒体都可能按照反不正当竞争法承担责任，如果他们针对一个具体工商业者作出了损害信用性的陈述。

◎ 攻击的对象

2.828 关于攻击的对象，《巴黎公约》第10条之二第3款第2项列出了营业所、商品以及工商业活动。但是，任何类型可能损害一个企业商誉的损害信用性评价都应当禁止。造成损害的方式是无关紧要的。提及一个企业或其商品、价格、雇员、信用等级、资质等的所有形式，都可能对商誉造成损害。也可能通过提及一个企业主的个人状况，如他的种族、国籍、宗教或政治地位，对商誉造成损害。这种与商业活动无关的所谓“个别提及”在一些国家明确作为损害信用行为予以禁止；在其他国家，这种行为被认为是制止不正当竞争的一般规定中的违法行为。

◎ 主观故意或实际损害

2.829 以影响商业信誉的方式提及一个竞争者可能是出于善意，例如作出陈述的人相信该陈述是真实的。因此制止损害信用行为的有效方式是无须证明实际损害或出于主观故意。但是，在一些国家（如美国），普通法上的损害信用侵权理论上要求证明有恶意或造成了损害。虽然美国的法院已经逐渐停止了这种要求，这种概念仍被证明过于狭隘，并导致制定法律规定，对没有任何证据证明存在损害或主观故意的行为予以制止损害信用的法定救济（见兰哈姆法第 43 条 a 款）。

◎ 陈述事实

2.830 对于损害信用行为是否应限于对事实的陈述有不同的意见。在一些国家，损害信用行为的法定概念足以涵盖对观点的陈述。在其他国家，至少法院认为这种对观点的陈述是包含在制止不诚实商业习惯的一般规定范围之内。在另外一些国家，则认为损害信用行为主要与陈述事实有关。

◎ 虚假陈述

2.831 人们认为，对意见的陈述是否可以构成损害信用的问题与另一个问题相关，即这种保护是否可以延伸到准确陈述的案件中。《巴黎公约》第 10 条之二第 3 款第 2 项讲到虚假陈述。但是，很多国家走得更远，它们认为真实但损害信用行为性的评价或者直接属于明确禁止的损害信用行为，或者至少违反了关于诚实的习惯做法的一般规定。因此，一个对竞争对手字义上真实的评论也可能构成不正当竞争，如果这种“攻击”超出了适当的范围，或者所用的词语造成了不必要的伤害。另一方面，一些国家明确将损害信用的概念严格限定于不准确或至少是误导性的陈述。例如，在美国，真实但损害信用性的陈述既不在普通法的损害信用侵权范围之内，也不在兰哈姆法第 43 条 a 款所授予的法定救济范围内，或者是——在州的层次——关于商业惯例的立法范围内。

2.832 对这种态度差异的解释可在对“商业荣誉”的不同评价中找到答案。当反不正当竞争法致力于保护单个商人的商业信誉时——如同欧洲大陆国家所做的那样——出现了一种“特定商业贬低侵权”，在此情况下，原则上采用了比超出竞争边界的诬蔑性陈述更加严格的准则，对宪法上的言论自由也加以考虑。在其他国家，尤其在那些还没有建立一个制止不正当竞争的广泛系统的国家，则采取了完全相反的态度：他们认为，为了竞争，对个别竞争对手的攻击是不可避免的，因此必须予以广泛容忍，只有当攻击是基于虚假事实时才应当划下红线。在这些国家，原告通常也承担对虚假陈述的举证责任——这有时候使得一个诉讼不可能成功。

侵犯商业秘密

◎ 概述

2.833 竞争力通常依赖于工业和/或商业领域的发明技术以及与之相伴的技术秘密。但是，这样的技术和技术秘密并不总是通过专利法保护。首先，只有技术领域的发明才能获得专利，有关商业行为等的发明性成果则不能获得专利。另外，一些技术发现或信息，虽然可能为特定工商业者提供有价值的商业优势，但却可能缺乏获得专利所需有的新颖性或发明性。此外，当一项专利申请等待处理时，只要有关信息没有向公众公开，申请了专利的信息的所有人应当得到保护以制止他人任何错误地公开有关信息，而无论该申请最终是否可以授予专利。虽然《巴黎公约》没有这样提到商业秘密，但关于不正当竞争的第 10 条之二仍要求制止工商业活动中任何违反诚实商业习惯的竞争行为；人们普遍认可有必要制止错误公开“未公开信息”（商业秘密的另一种表述）的行为。

2.834 通过多种法定方式制止未经授权的使用和公开来保护商业秘密。一些国家或者在关于不正当竞争的专门立法中，或者作为其他法律的一部分，有专门的规定来保护商业秘密。其他国家将商业秘密作为侵权法的一个方面。还有其他国家制定了刑事、行政、商事或民事法律规范来禁止未经授权地使用或公开商业秘密。但是，在实践中刑事规定不是那么重要，因为通常需要证明知晓有关秘密，以及具有恶意或欺诈的意图。然而如果公开商业秘密构成刑事犯罪，它通常也构成不正当竞争。另外，由于雇员、顾问、独立承包商和合资方通常也会接触到商业秘密，民法有关雇佣合同的几个方面以及普通合同法也会与此相关，这取决于案件的具体情况。最后，通常可以混合采用上述方式。例如，侵犯商业秘密可以导致不正当竞争或侵权责任，以及刑事制裁。当没有竞争者胁迫或影响代理人或雇员，或者引诱他们或其他知晓秘密的人披露秘密信息时，只适用民事侵权法。

◎ 什么信息可以成为商业秘密？

2.835 虽然很少有关于商业秘密的法律定义，许多国家（遵循法国的例子）之间的差异在于制造（或工业）秘密和商业秘密之间，这可能导致适用刑法。第一类商业秘密是纯粹的技术信息，如生产方法、化学配方、蓝图或样品。这样的信息可以构成可获得专利的发明，但通常有关信息的可专利性，尤其是专利法意义上的新颖性，并不是保护该秘密所要求的。商业秘密包括销售方法、分销方式、合同样式、商业计划，价格协议详情、消费者信息、广告策略以及供货商或客户清单。通常，商业秘密的客体相当广泛，最终确定何种信息可以构成商业秘密将取决于每个案件的具体情况。例如，在日本反不正当竞争法中，将商业秘密定义为任何与生产方法、销售方法或任何其他不为公众所知的技术或商业秘密。《美国统一商业秘密法》中也有与之近似的定义。

2.836 认定何种信息构成商业秘密有几项指标：公众或特定工商业内对该信息的知晓程度，工商业者研发该秘密信息所付出的努力和所花的金钱，该信息对该工商业者及其竞争对手的价值，该工商业者为保护该秘密所采取的措施，以及其他人可能获得该信息的难易程度。从主观上而言，该工商业者必须有相当的兴趣将有关信息作为一个商业秘密予以保持。虽然合同上的义务不是必须的，该工商业者必须表明具有将该信息作为秘密对待的意图。通常，也要求采取特定措施以保护特定信息的秘密性。秘密提供信息的事实并不够。在一些国家（如美国和日本），信息所有人为保持该信息的秘密性所做的努力被法院认为是决定该信息是否构成商业秘密的最重要因素。

2.837 从客观的角度而言，为了符合商业秘密的要求，该信息必须仅为有限的人群所知，即它不应为该领域的专家或竞争者所普遍知晓。甚至专利申请也可以被认为是商业秘密，只要他们未被专利局公开。因此，外部出版物或其他可获得的信息将不被认为是秘密。例如，某人使用或披露一项通过合法的商业交易获得的商业秘密，并且没有任何疏忽，将不被认为是不正当的。另一方面，并不要求绝对的秘密性，因为该信息也可能被其他人独立开发。同样，如果一项信息明显需要处于保密状态，可以将该信息通知商业伙伴而不丧失其秘密性。判断一个信息是否具有构成一项可保护的商业秘密所必须的秘密程度的指标因素有：如果孤立地看，该信息中是否包含非秘密的成分，该信息是否是雇员有效工作所必须获得的，以及该信息是否严格限于高层管理人员或者也为中层人员所知晓。当然，最可靠的证据是该信息的严格秘密性以及保密的合同义务。

◎（前）雇员的使用和披露

2.838 即使在适用专门规定对错误或不正当披露进行规范的国家，雇佣合同也可作为反不正当竞争法或侵权法对商业秘密保护的强化或补充。人们普遍接受，为了谋生，雇员有基本的权利使用和开发他们在以前的雇佣期间所获得的所有技能、经验和知识，即使是借助了商业秘密。然而，雇员在雇佣期间的确有义务以一种对其雇主善意的方式行事，并在雇佣关系结束后，不使用或披露任何他在雇佣期间所注意到的有关其雇主事务的秘密信息。在一些情况下，如果有关信息必须保持秘密状态，（前）雇员使用或披露该信息将构成违反雇佣合同。但是，通常很难区分合法使用雇佣期间的有关技能、知识和经验与禁止使用或披露前雇主的商业秘密。清晰的是，当雇员的行为等同于盗贼、贪污、工业侦探或与竞争者共谋时，将被认为是故意违反保密义务的行为。

2.839 通常，雇佣合同中会有专门规定禁止披露商业或贸易秘密，但是这样的规定，像竞业禁止，必须不能对雇员将来的专业能力太过严格以致构成对贸易不合理的限制。刑法、民法或劳动法，可以在雇佣关系中创设相关的义务：例如，它可以禁止雇员披露秘密信息。当雇员不受合同条款约束，或前雇员使用该信息与竞争行为无关时，这样的规定是很重要的。如果前雇员可被认为是前雇主的竞争对手，如他在同一领域建立了一个自己的公司，前雇员违反保密义务的行为通常构成不正当竞争行为。例如，前雇员诱使前雇主的顾客成为其新公司的客户可能被认为是不正当的，尤其是如果该雇员错误地使用顾客名单或内部商业细节以获得更好的报价。但是，如果利用对雇主有关客户事务活动的特殊知识，以劝说客户将其业务转给其他人，也可以构成恶意错误使用秘密信息。

◎ 竞争者的使用和披露

2.840 竞争者通常对获得别人的商业秘密很感兴趣。但是，由于商业秘密本身与工业产权法下的专有权利并不完全等同，对使用或披露他人的商业秘密的竞争者正当性的认定是基于其获得该信息的方式。例如，《日本反不正当竞争法》中明确规定，只要获得秘密的人没有使用不诚实的方式，或没有主观上的疏忽不顾及这种不诚实的方式，保护商业秘密的原则不适用于通过合法贸易活动获得的商业秘密。因此竞争者如果没有运用任何影响导致公开有关秘密信息，只是仅仅利用了前雇员或该竞争者的商业伙伴违反合同的行为，他将很少为此承担责任。竞争者意识到前雇员或商业伙伴披露该商业秘密的行为将构成违约，这被认为是认定责任的最低水平的主观目的。例如，墨西哥法律将明知第三人未经授权向其披露商业秘密仍然使用该商业秘密的行为界定为犯罪行为。任何情况下，不允许竞争者轻率地干预他人的合同关系。例如，如果竞争者采取行贿或其他非法手段劝说一个（前）雇员披露其竞争者的商业秘密，他将承担不正当竞争的责任。

不正当地利用他人的成果（“搭便车”）

◎ 概述

2.841 除了混淆的可能外，在各种学说中，还有其他一些情形也可能与之相关，像模仿标识、产品或其他有市场潜力的创造物。这些情形涉及不正当地利用或搭便车于他人已被消费者或者其他市场参与者，如销售商、贸易商或供货商所认可的成果。通常这些成果与一个特定标识或者产品有关，但也可能是纯粹的技术特征。

2.842 在这些情况下进行保护取决于很多因素，这些因素随国家不同而不同。竞争行为的不正当性不仅归因于明显利用竞争者标识的声誉、产品的商业成功或技术成果，而未付出任何努力使之实质上区别于该特定成果的个性特征，而且归因于损害现有商业信誉的风险。作为最低的前提条件，该标识或产品必须有一定的显著性（这可能在专门法律中是一个不足以获得保护的水平）。由于保护的范围可能取决于显著程度，完全平庸的标识或产品通常将不符合制止纯粹模仿的保护。

2.843 从纯粹系统性的观点看，“搭便车”的概念和导致混淆或误导的概念有很多共同之处。对他人的市场成果搭便车的行为可以定义为，一个竞争者或另外的市场参与者为其自身的商业目的，故意直接利用另外一个人的工业或商业成果，而未实质性区别于原来成果的任何行为。在此意义上，搭便车是通过模仿进行竞争的最广义形式。但是，在自由市场的原则之下，非法利用或“盗用”另一个人的成果只在特定的情形下才是不正当的。另一方面，导致混淆或误导的行为通常意味着搭另一个人成果的便车，但一般往往被认为是不正当的搭便车形式。

2.844 当在没有混淆的情况下，评估给予他人的市场成果以制止不正当竞争保护的可行性时，人们常常说仅仅利用他人的市场成果符合自由市场制度的原则。因此，按照反不正当竞争原则提供的保护，不能简单地被认为是一种不用遵循特定工业产权法规定的保护要求就可以获得的保护路径选择。当通过采用关于专利、外观设计、商标等专门立法，已经在相关市场中的不同利益之间获得某种平衡时，在适用反不正当竞争法时，也必须考虑这种平衡。作为一个一般原则，如果专门的工业产权法已经涵盖了被复制或者盗用的成果，并且通过反不正当竞争法寻求的保护类型已经至少在一定期间内可以通过该专门法律获得，则（该成果）不能获得反不正当竞争法的保护（先占原则）。

2.845 如上所述，如果专门法律的保护客体不涵盖有关成果，则可以援引这样的保护。例如，如果该法律不适用于某特定日期前所做的成果，或者如果该专门法律授予的保护范围在特定案件中不足以给予所寻求的救济。一些工业产权法明确规定，该法不能保护的成果可以援引反不正当竞争法予以保护。一些工业产权法则明确排除了反不正当竞争法对发明、标识、标记或产品形状这些该专门法律可以保护的成果的附加保护。然而，采用专门法律事实上平衡了哪些利益并不总是清晰的。即使立法评论也没有完整地厘清这一问题。因此，在反不正当竞争法下针对搭便车行为予以保护的通常采用的一种方式是，使这种保护只在特定的情形下才能获得，并且这种情形必须与专门法律给予保护的情形在某些方面不同。对这些情形进行定义往往只有在某种“符合所有”规定的情形下才有可能，因此通常在案例法中予以确定。对于下列类型的搭便车行为，反不正当竞争法下的特定情形已经在很多国家得到了确认：淡化一个商标的显著性或广告价值、盗用声誉、盲目模仿以及所谓的“寄生行为”。这在下面几段中将要论述。

◎ 淡化商标的显著性或广告价值

2.846 一般而言，在不同的商品或服务上未经授权使用一个商标不可能导致混淆，不会有商品或服务商标侵权，也不会构成不正当竞争。这来自商标法中的“专属性原则”，这是商品或服务商标区别功能的结果。但是，在一些国家（如加拿大、遵循《欧盟协调成员国商标立法指令》的欧盟成员国）以及美国的很多州，对已经获得一定声誉的商标，给予针对所谓淡化其显著性或广告价值的附加保护。“淡化”的概念可理解为冲淡或逐渐缩减商标使消费者或者一般公众立即将其与一个特定来源联系起来的能力。由于一些淡化可被认为是在完全不同的商品或者服务上使用相同或者近似商标的内在结果，淡化概念背后的主要理论是，已经获得某种声誉的商标应当予以保护，以制止其他市场参与者利用该商标的本质上的“独特性”的明显企图。对商标所有人造成重大损害的可能，可以从该商标可能失去其已经建立起来的与某特定商品联系的事实推定而来。有关商标所要求的声誉程度，由相关公众或者消费群体决定。如果某商标所使用的商品仅针对特定的消费群体，它将比针对大众消费的商品上所使用的商标更有机会达到所要求的声誉。但是，所要求的声誉程度仍然可能因不同的国家而有很大的变化。

◎ 利用他人的声誉

2.847 另一种近年来被认为违背诚实商业习惯的擅用行为是不正当地利用其他工业或者商业企业市场成果的声誉或者信誉。这一理论尤其与擅用驰名标志相关。例如，如果使用真商标的商品或者服务的质量已经让消费者将该商标与某个特定来源或稳定的产品质量联系起来，未经授权将该商标使用在其他商品或服务上的行为，虽然没有在其来源上导致混淆，仍然可能被认为属于不正当地利用了其声誉。这一理论也可同样适用于产品外观，但是在这种情况下，该产品外观必须被认为是指明了某种程度的质量、形象或者声誉。但是，不同的国家有不同的方式处理这种侵占行为。例如，在法国，擅自利用他人商标或者产品声誉的行为通常被认为是不正当的；在西班牙，1991年《反不正当竞争法》第12条没有任何前提条件，明确禁止这种类型的侵占行为。在德国，由于允许第三人的擅用行为，要求不能合理地期望对该商标的二次利用。在美国，原则上不反对擅用行为，除非有混淆的可能，例如提供“赞助”，就要为此考虑商标的声誉。

2.848 利用他人的商品或者服务商标多少可能是一种隐形的擅用形式。例如，竞争者可能使用一个一般情况下近似，但仔细看不同的商标，无论如何是有意识地靠近另一个商标的特点和驰名特征。他可能选择使用该商标来宣传他自己已使用商标的商品，其目的是将该驰名商标的形象转移到他自己的商品上，或者选择以质量性词语如“型”“类”“式”等来使用他人的商标。但是，在一些国家，在与备件或零件有关时，可能允许使用“适合于”或其他类似的词语。在这种情况下，只要有可能损害该商标或有关商业的独有形象或者声誉，市场参与者无须是商标所有人的直接竞争者。

◎ 毫无创见的模仿

2.849 盲目模仿作为一种单独的不正当竞争行为的概念已经在欧洲的好几个国家发展起来了。这种不正当搭便车行为通常被认为是自由使用产品或标识领域的一般原则的例外，在这些领域中，有关产品或标识不能获得保护，或者在专门法律中这种保护已经丧失，或者在产品来源上没有混淆的可能。在缺乏混淆的可能时，案件的特定环境必须显示一些例外的特征以使该行为被认为是不正当的。通常不正当性表现在尽管有其他可以进行有效竞争的方式可供选择，模仿者仅仅复制他人的成果，而缺乏研究、投资、创造和投入。被模仿的产品或者标识还必须具有特定的显著性，这种显著性不能仅仅是来自使该产品具有适当功能所需要的技术特征，而必须是具有美学或者装饰性特征，以有足够的空间留给替代性的形状和外观设计。

2.850 但是，不是所有国家对盲目模仿的前提条件都是相同的。除此之外，有时候符合条件的情形可能混合了淡化、盗用声誉或者“寄生性竞争”。通常，在竞争者为开发其成果、将其引入市场并取得一些成功或认可所付出的努力，与模仿者为从事被视为不正当行为而进行复制和利用他人成果所付出的努力之间，应当存在着很大差异。

2.851 应当区别盲目模仿行为和所谓“反向工程”行为。后者通常被理解为通过解构或分离，检查或分析某个产品或物质以理解其结构、成分或工序，以了解其是如何制造或者构建的，并随后制作出一个改进后的产品或物质。反向工程通常出现在与竞争者产品相关的工业领域，目的是学习该产品所包含的技术，并最终制造出一种具有竞争性（改进或者不同但与之相关）的产品。事实上，这是自由市场环境中普通竞争方式的一部分，也是基于更广泛的公共政策考虑。因此，反向工程的做法并不一定是不正当的；但无论如何，产品或其他通过反向工程获得的成果，在特定的情况下，可能构成工业产权侵权。例如，如果一个从竞争者产品进行反向工程所制造的产品，属于一个有效专利的权利请求范围内（适当时候，考虑等同原则），就可能构成专利侵权。如果没有侵犯专利权，但是复制原来产品的方式被发现是不诚实或不正当的（无论是否进行了反向工程），有关行为仍然可能构成不正当竞争。

◎ 寄生行为

2.852 在一些国家认可的另外一种不正当搭便车是“寄生行为”的概念。这个概念和盲目模仿的概念有很多相似之处。在这里，仅仅模仿他人的成果仍然被认为是自由市场体系的内在属性，但是在例外的情况下，这种模仿可能是不正当的。例如，模仿一个不太新或没有原创性的产品可能是允许的，但是，只要有关成果被认为有创新性或者对消费者有很强的吸引力，模仿者就没有足够的理由主张其行为是正当的。一定会打破针对模仿者的平衡的是，其以一种常规的方式，系统性、有组织地利用一个特定竞争者的特有成果。此外，与竞争者做法有关的情形可能表明其不正当性：例如，向竞争者订购样品，以更容易、更系统地模仿其产品，这种行为可以被视为不正当的寄生行为。一些国家在这些案件上采取了弹性的方式，特别是通过调整禁令的适用范围以及特定案件的保护时限。例如，革新成本的分摊将被认为是决定一个特定模仿行为是否正当的相关因素。其结果是，保护可限定于相同的模仿，并仅是一个比专门工业产权法短得多的时间。但是，需要注意的是，在有些国家（如美国），仅仅复制他人的产品（即使是系统性的，或者是针对一个特定竞争者），不认为是不正当竞争，除非是复制了非功能性的特征，该特征具有显著性或者已经获得了第二含义。

比较广告

◎ 定义

2.853 对真实但损害信用的陈述的不同态度，可以很好地从审查比较广告中看出。比较广告有两种形式：积极地提及他人的产品（表示自己的产品和别人的一样好），或者消极地提及（表示自己的产品好于他人的产品）。在第一种情形下，竞争者的产品通常比较驰名，关键的问题是可能盗用他人的商誉。第二种情形下，竞争者的产品受到了批评，这就出现了损害信用的问题。但是，两种类型的比较都涉及（未经授权）提及竞争者（或者被提及名称，或者是可含蓄地被公众识别）。

◎ 一般限制："误导性"和"损害信用性"比较

2.854 比较广告必须遵守适用于所有广告的限制，尤其不能具有误导性或者损害信用性。在所有国家，禁止基于对自己产品的虚假或误导性陈述的比较，或者是包含对竞争者产品的虚假陈述的比较。

2.855 但是，必须铭记的是，"误导性"尤其是"损害信用"的概念有不同的评估方式。如上所述，一些国家认为声称优秀或者唯一的陈述（如"最好"等）具有误导性，除非能够证明这种陈述是准确的；而其他国家则认为这些陈述是无损害的夸大行为。对"损害信用"和"盗用"行为概念的不同评估甚至更为重要。在对真实但损害信用的陈述采取比较宽容的态度的国家，一般容忍比较广告。只要所说的是真实的，法院就不会干预，即使提及竞争者或其产品明显具有损害信用性或利用了其商誉。在那些传统上特别强调保护"诚实"商人或其声誉的国家，要么是禁止比较广告，要么至少对之进行严格限制。有时仅仅是未经竞争者同意提及其名称，就被认为是损害信用性从而是不正当的。根据"诚实的商人有权不被提及，即使所说的是真实的"这一规则，一些国家的法律甚至明确禁止所有不必要地提及竞争者的比较广告。同样的理由导致其他国家的法院发现比较广告或多或少无意识地违反了诚实的商业习惯（因此违反了反不正当竞争法的一般性规定）。虽然有时候强调真实的比较，可能是消费者的利益所在，但成文法和判例法实际上只在非常特殊的情况下才允许进行比较。例如，如果是顾客明确要求，或是为了回击对广告客户的非法攻击，或者比较是一般性解释一个特定系统或者新技术发展所需要的，才属于特殊情况。

◎ 接受真实比较广告的趋势

2.856 但是，近年来，对比较广告所持的负面态度已经有所改变。人们日益认识到，对有关事实的真实比较不仅可以降低消费者的信息搜索成本，还可以通过提高市场透明度对经济产生积极影响。那些传统上认为比较广告是损害信用的国家的法院，已经逐渐放松了对有关识别竞争者的所有陈述的严格限制。例如，如果基于真实、有的放矢和充分的材料，可以允许进行价格比较。整体而言，似乎有一种接受真实的比较广告的明显趋势。

◎ 比较广告的特殊危险

2.857 另外，不能否认，比较广告比大多数其他类型的广告更易于具有误导性或损害信用性，例如，如果比较是基于不相关的（或不是真正可比的）内容，或者如果给人的整体印象是误导性的。对这些潜在的危险须有特殊的防范措施以制止滥用。允许比较的国家特别强调，即使是真实的陈述，也不应不必要地损害信用或比较不相关的事实。1997年欧盟《比较广告指令》甚至走得更远，明确要求只有对满足同样需要或者为了同样目的的商品或服务的本质的、相关的、可证实以及代表性的特征，才能进行比较；并要求给人的整体印象不能具有误导性；没有混淆的风险；不能损害竞争者及其产品的信誉或对其进行诋毁；比较不得不正当地利用竞争者的商标、厂商名称或其他区别性标记的声誉，或者是竞争产品的产地名称的声誉；不得以受保护商标或厂商名称产品或服务的模仿品或复制品的形式提供商品或服务。

◎ 比较广告和商标法

2.858 通常比较很难脱离某一指向特定商品、服务或者商业的具体商标而进行比较。在这种情况下，不仅需要考虑反不正当竞争法，而且还需要考虑商标法。

2.859 在那些仅将商标作为指明产品或服务来源标记保护的国家，在比较广告中使用商标可能不受商标法规约。但是，的确有一些国家认为在比较广告中使用他人的商标可能构成商标侵权。尽管如此，目前这些法令没有适用于真实比较广告的情形，并且在比较广告中存在这一例外可能有体制上的原因。有的情况下会允许这样的广告，尤其只要没有在广告客户的商标和竞争者的商标之间产生混淆，并且没有对竞争者的商标进行损害信用、诋毁或者表示蔑视，就可以得到允许。

◎ 第三方所作的比较

2.860 在很多国家由消费者组织和/或私人或公共机构，如报刊、电视以及其他媒体对产品进行测试。通常这会产生两个问题：组织者要承担不正当竞争的责任吗？他们的测试结果可以用于广告吗？

2.861 在那些已经放弃要求原告和被告之间具有竞争关系的国家，反不正当竞争法也适用于这些组织。在其他国家，对商业信誉有负面影响的“不正当”的产品测试，首先是由一般民法的侵权规范进行调整。

2.862 关于广告主是否并在什么情况下可以使用这样的测试结果，似乎没有形成普遍共识。在一些一般不接受比较广告的国家，基本上认为这种间接的比较是合法的。在其他国家，明确禁止竞争者提及消费者组织所作的测试，而在其他国家则是严格限制这样做。

其他不正当竞争行为

◎ 概述

2.863 如前所述，反不正当竞争法尤其反映了一个社会的关于社会、经济和道德观念。除了已经讨论的一般被认为是不正当竞争的特定类型的行为之外，还有很多行为或做法可能在一个国家适用反不正当竞争法进行调整，而在另外一个国家则不一定是这样。因此，下面要讨论的将限于那些大多数国家认为（虽然可能侧重点不同）违反“诚实商业习惯”的情形，这些情形或者以一种在专门法，更常见的是关于不正当竞争的一般规范，或者在其他专门法律、法令及类似规范的方式明确禁止。需要注意的是，下面的解释只是举例，不是一个穷尽这些不正当行为的清单。

◎ 有害广告、利用恐惧、不适当的心理压力等

2.864 现代竞争法致力于制止所有不正当的市场行为。因此，“不适当地”影响消费

者或者试图这样做的行为都可能被认为是违反竞争的诚实要求。但实际上，很难认定需要符合哪些要求才能认为对消费者而言是“不适当”的。由于所有市场营销或广告活动的目的都是为了影响消费者的消费倾向，因此必须划出这种影响的确切边界。当消费者的隐私被侵犯，或者消费者被广告技术操纵时，这种边界往往在具体案件中得以确定。

2.865 例如，在很多国家，除非其明确拒绝或返还该商品，主动向某人提供商品并要求其付费的行为，被认为是不正当竞争，这是基于这一事实，即很多消费者或者忘记返还该商品或者甚至认为有义务保留该商品。另一方面，很多国家允许主动家访行为（“上门推销”），只要不涉及任何欺骗或向消费者施加不适当的心理压力。对主动的电话推销，可能有不同的意见：虽然一些国家认为它们本质上是对消费者隐私的侵犯，其他大多数国家对此采取容忍的态度，只要没有利用消费者经验的不足并侵犯其隐私。对于主动散发广告材料的行为也是这样。

2.866 在很多国家，滥用消费者的迷信、轻信、恐惧或仁慈的行为也被认为是不正当的。例如，一个广告如果利用了老年人对死于私人小型医院的恐惧，或导致对死亡或者健康问题产生不必要的焦虑，也可被认为是违反了“诚实”的商业惯例。如果出于商业目的利用了消费者特别脆弱的特殊情况，也同样如此。例如，纠缠发生交通事故的受害者要求提供拖车服务，或对刚刚蒙受丧亲之痛的人推销丧葬服务。此外，大多数国家对任何滥用儿童经验不足的行为都采取特别警惕的态度。

2.867 除了这些通常在专门法中规定的特殊情况之外，一些国家的法院已经按照制止不正当竞争的一般条款确认了一类案件，即所谓的“在心理压力下购买”或“夸大性引诱”行为。这些案件主要见于特殊的市场营销活动中，但是，其类似于提供免费商品、打折和抽奖。

◎ 促销行为：奖金、礼品、抽奖等

2.868 通常采用的吸引新顾客的市场营销技术是提供赠品、礼品及许以好处的其他方式，或者是抽奖、赌博等。这样的促销行为可以成为新的、有效的分销渠道，并可因此刺激竞争。另外，它可能使消费者从主商品或服务的优点上分散注意力，并因此诱使他们购买一些质价不符或并不真正需要的东西。像赌博、抽奖和其他竞争等市场营销手段尤其如此，这些手段出于广告目的利用了消费者的赌博天性。因此这些行为大多被以这样或那样的方式予以规范，有时甚至明确予以禁止。另外，它们也是自我约束措施的内容。然而，什么样的特定行为应当被认为是不正当竞争却很少有一致（并连贯）的意见。例如，赠品、折扣或其他任何由于购买一个商品所产生的好处，在一些国家原则上被禁止，而在其他国家则原则上允许，或者在其他国家没有严格的予以约束。由于获得奖品纯粹是出于偶然，抽奖如果与购买产品有关，一般都被禁止，或者是予以严格的限制。如果竞赛的结果某种程度上受参与者自己的技巧影响，则一般认为这种竞赛更易于接受，只要不涉及欺诈，消费者也没有承受任何购买的压力。另外，“金字塔”（“滚雪球”）式销售以及其他类似方式往往被认为具有潜在误导性因而被禁止（有时甚至是刑事制裁），或者至少是严格限制，但是彩票销售往往被认为是合法的。

2.869 总体而言，大多数国家的法院，即使是那些允许采取上述促销手段的国家，特别关注这些销售行为发生的实际情况：如果消费者是在任何心理或其他压力下购买，或者如果奖金很高而非常具有诱惑力，一个本应被接受的市场营销行为也可能被认为违反了“诚实的商业惯例”。

◎ *妨碍市场的行为*

2.870 最后，有一些行为会直接或间接阻碍或妨碍竞争对手的商业活动。一个直接妨碍的例子是，在一个特定市场对贸易进行实际妨碍，这通常被认为是不正当的。另外一个例子是，故意损毁软饮料制造商预定要回收并重新装瓶的瓶子，以降低其供应市场的能力。其他（间接）妨碍行为通常由反垄断法调整，但在特定情况下，反不正当竞争法可以提供一些额外的保护。传统上由反垄断法调整的妨碍行为是歧视、联合抵制和倾销，但这不排除反不正当竞争法的适用，至少当该行为是在个体的规模时是这样。例如，不合理的干预竞争对手的商业活动，以不合理的低价销售，如低于成本的价格，或者强迫接受固定零售价，这些行为被日本公平贸易委员会认定为日本反垄断法所禁止的行为，但理论上也可被认为是不正当竞争行为。在一些国家，反不正当竞争法明确禁止以低于成本销售或以“额外低的边际利益”销售。在英国、美国和其他国家，考虑到会损害竞争者，竞争法禁止“掠夺性定价”。

2.871 其他类似不正当行为是怂恿离开竞争者，或者引诱竞争者的职员或代理人终止其雇佣合同或代理合同。如前所述，这些不正当竞争行为通常伴随着侵犯商业秘密，但无论如何也构成独立的不正当行为。仅仅通过提供更好的条件引诱竞争对手的客户或雇员改变供应商或雇主，是自由竞争的内在要求，不能因此被认为是不正当的。但是，采取诸如收买或欺骗客户、代理人或雇员的手段，或者引诱其违反一个有效的约定不进行竞争，将被认为是不正当的，为了损害一个特定的竞争对手，系统性地引诱其职员离开，也同样如此。

第3章

知识产权在发展中的作用及世界知识产权组织发展合作计划

第1节　发展中国家的目标

第2节　工业产权与发展

第3节　促进创新

第4节　技术许可与转让

第5节　版权与发展

第6节　世界知识产权组织发展合作计划

第1节　发展中国家的目标

3.1　发展中国家的长期总体目标仍然是建立一个良好的发展基础。这包括了实现农业自给自足和刺激工商业活动。产业政策继续强调在重点部门建立小型、中型和大型产业；商业政策重在促进占主导地位的原材料出口与已完成产品和服务出口之间更好的平衡。与此同时，发展中国家还力图从其丰富的传统知识、土著艺术、工艺品和民间文艺中获得最大的经济收益。

3.2　发展中国家通过政策促进适当条件下获得和使用科学技术的目标仍然是当前面临的重要任务，因为这样做可以改善立法和行政的基础结构，以及培养运行知识产权制度的人力资源。

3.3　然而最近寻求实现这些发展目标的环境出现了新的演进。新世纪的许多新的挑战需要新的方法。挑战之一即是信息技术，特别是全球互联网的广泛使用，这引发了版权和相关权以及工业产权的合理使用方面的诸多问题，其中最迫切的是关于域名的使用问题。另一个挑战来自生物技术领域，出现了基因工程领域的重大突破，引发的问题不仅包括生物技术，还涉及人道和道德领域。对传统知识和遗传资源的利用也影响到发展中国家：应该将其带来的收益在创造这些知识和资源的社会与使用者之间分享。

3.4　知识产权本身始终是全球经济、社会和文化发展不可分割的一部分，但是这些新的挑战，更强调如何形成全球范围内相互联系的国家和地区间的知识产权制度。迎接新挑战的办法也在全球应运而生，在国家、区域和国际层面上协调一致的行动帮助发展中国家参与并从技术进步中受益。

3.5　WTO与WIPO合作管理的《与贸易有关的知识产权协定》（TRIPS），加强了国际立法框架和对发展中国家的行政援助。WTO成员的发展中国家被给予不同的适应期限，在最终必须适用TRIPS前修改其知识产权制度。最终必须适用的期限对最不发达国家来说是2006年6月1日。（相关内容，参见第5章之“TRIPS与WIPO和WTO的合作”）WIPO加强了对最不发达国家的援助和支持计划以帮助这些国家履行最后期限，其他发展中国家也继续得到相关协助。

3.6　WIPO采用综合性的方法作为其向社会普及知识产权的重要特征，它已扩大与全社会各层面的接触和伙伴关系。WIPO目前保持并增加联系的对象，不仅包括政府层面直接对口的部委、国家知识产权局，而且还包括其他有关的部委、非政府组织、不同发展阶段的商业团体、知识产权创造者、涉及相关利益如农业、公共卫生、环境保护的民间团体以及普通大众，以促进对所涉及的更广泛的议题和利益的关注。

第2节 工业产权与发展

1. 工业产权保护与发展

引言

3.7 工业产权早已被承认并应用于工业化国家，并且作为经济和技术发展的一个重要工具，应用的发展中国家数目也在不断增加。许多发展中国家都意识到，建立国内工业产权制度符合其最佳利益，尽管目前尚不存在这种制度，但强化、提升源于过去历史的固有的现行制度，已不再充分适应新的需求和重点。

3.8 各国采用法律保护工业产权有两个相互关联的主要原因。其一是给创造者创作的精神和经济权利以法律定义；其二是促进创作及其成果的传播和应用，鼓励公平交易，这些都将对经济和社会发展作出贡献，也是政府政策的目标所在。

3.9 工业产权让新发明（包括产品、工艺、器具等）的创造者更容易自行创业、以低风险开拓新市场、分期偿还研发投资，这使得创新始终放在第一位。在实践层面，这些创新成为了国际最先进技术的领头羊。在技术逐渐占据主导的现代社会，上述作用变得越来越显著。

3.10 例如，对一项发明申请专利的权利，将鼓励资金和人力在研究和开发上的投入，授予专利权将鼓励对该发明进行工业应用的投资。

◎ 对工业产权制度的认知

3.11 如果工业产权制度所保护的获益人无法了解和运用它们，无论是多么完善的法律基础和多么有效的运行，工业产权制度都不可能对经济和技术进步作出积极贡献。工业产权制度的建立是为了满足交易商、生产商、实业工商业者、研究者、商人和消费者的需求。工业产权的潜在消费者和获益者是无穷无尽的，对有效利用所产生的收益也将跨越经济部门界线。

3.12 一个重要的任务是，在工业产权的所有人（潜在所有人）和使用者之间，在政府和私营部门内，促进对工业产权的认知，了解工业产权主要部分如何在工商业领域开发与成功利用，以使得工业产权制度更好地服务于国家利益和国家发展目标。

专利和专利信息

3.13 一个公平和现代化的专利制度，通过对发明人提供权利确认和物质利益，构成了对发明和创新活动的激励。它还通过给专利权人提供安全的交易手段创造了技术转让的有利环境。

3.14 专利法规定发明专利的申请必须清晰完整地描述发明的所有技术细节，以使本领域普通技术人员仅通过阅读说明书就能够实施该专利，获得专利授权的发明须经公告。换句话说，至少在一项发明被授予专利权时，该发明需要公开，其创新点和开发模式将为希望了解的人所获悉。

3.15 通过对披露信息的利用，避免了对已解决技术问题研究的重复投入和多次花费，它是未来发明的灵感和催化剂，也有助于推进科学和技术的发展。

3.16 通过对专利文献的技术检索，可以找到之前已解决问题的技术方案。专利文献常常讨论采用某一特定工艺流程或设计可以避免的不利和困难，还会讨论由此而带来的优点和利益。

3.17 如果把专利信息的利用充分纳入相关国家的管理基础设施，则这些由专利制度信息系统所带来的优势就能得以发挥。在这个层面，专利制度及其信息系统可以被充分理解并被当做政府为发展所做努力的重要组成部分。有关专利制度对技术发展作用的认识，以及提供专利信息服务的工业产权制度的存在，乃是基本要素。同样重要的是，需要协调专利制度及专利信息服务与政府其他与科技发展、科技转化相关的行政部门的关系。

3.18 在这方面，非常重要的是要将一国的发展目标反映在该国的专利制度上。特别重要的是，负责处理专利事务的行政部门必须具备相关能力和授权来处理并完成专利法所设定的任务和目标。值得一提的是，在很多情况下，发展中国家专利制度不健全，只是政府专利部门与其他相关部门之间缺少合作的结果。不同部门之间良好合作联系的建立将能确保专利制度（专利法和专利管理）对发展进程的积极贡献。

实用新型

3.19 专利制度的一个主要优点在于对本土创新的鼓励和国民创造力的激励。这种鼓励和激励将会产生大量有创意的产品，但其中部分产品并不满足发明专利的所有要求。无论怎样，这种创造值得鼓励并获得回报。对实用新型的保护正符合上述目标，它提供了一种比专利要求宽松、但保护时间更短的保护形式。

工业品外观设计

3.20 许多发展中国家都有非常丰富的传统艺术和民间文学，这些都激发了本土的工艺品创作。这些创作通常都属于“工艺品外观设计”的定义范围。通过对工业品外观设计的创作者提供权利确认和经济利益，一个有效的保护制度将促进创造性活动。

商标

3.21 一个精心挑选的商标对企业来说，是其具有重大经济意义的资产（在一些情况下，是其最重要的资产），因为商标可以帮助企业建立市场地位和市场上的良好声誉。因此对商标的有效保护在任何国家都是商业行为的重要方面。

3.22 对任何公司来说，其生存和增长主要取决于其在国内和国际环境中的进步能力。由于技术进步不断加快，市场处于持续变化、发展和更新中，竞争者不断向市场推出新的产品和/或工艺。任何不想参与现代市场竞争的企业，就注定会在曾经被认为是其后院的市场，在接受国内和国际竞争者挑战时变得不堪一击。

2. 发明、技术和发展

3.23 创新性和创造力被誉为是人类在进化过程中区别于其他物种的重要特征。将上述特征应用于生产的能力在人类的经济和社会生活中依然至关重要。事实上，任何企业、组织甚至民族的生存，可以说都是取决于其保持发展与进步的能力。

3.24 衡量经济进步的一个最广泛使用的标准是生产率（无论是对一个国家还是单个企业），即每单位投入的产出。

3.25 提高生产力的重要意义，当然是促进经济发展。如果能够以更少的投入获得同样的产出，那么由更有效生产过程中结余下来的资源就能作为他用，从而使总体产出扩大，经济得到发展。

3.26 建立在鼓励发明创新基础上的良好的科技管理政策的一个重要因素，无疑是专利制度。有效的专利制度有3个激励创新的主要途径。

3.27 第一，专利制度的建立，授予一项发明在一定期限专有权的可能，是对发明和创新活动的一个重要激励。

3.28 第二，授予专利持有人在一定期限内阻止他人使用其发明，创造了有利于专利发明有效开发和利用的环境。它保护了特定发明人，以对抗来自其他没有冒最初财务风险的发明人的无序竞争。因此，它创造了风险资本安全地将发明转化为创新的环境。发明人可以放心地对发明进一步开发，并经商业包装，最终成为可以进入市场并产生效益的产品或工艺。

3.29 第三，专利制度提供了一个将当今世界丰富的现有科技信息进行收集、分类、传播的架构。换句话说，它有利于新知识的传播，因为发明人在一定期限内阻止他人使用其发明的权利并不是随意授予的。为了授予专利权，发明人必须向公众披露其发明的细节。因此，专利中所包含的信息在专利权授予期内，能够被公众用于研究和实验的目的（当然不包括商业利用）。当专利保护期届满，这些信息就进入公有领域，可以被公众用于任何商业目的。专利制度从而促进了产业科技基础的发展。

政府对发明活动的支持

3.30 政府对发明人的责任不限于制定和加入对发明给予实质性保护的法律和条约。为了避免存在于发明人和其法定权利之间不必要的障碍，行政机构必须是高效的，且成本不能过高。

3.31 某些国家已经建立了特殊的制度和体制来帮助个体发明人、小企业和非营利机构获得发明保护和有效管理（比如支付各类费用、免费的咨询服务等）。

3.32 一些财政或税收法规中包括一些惠及发明人和发明活动的规定，归纳如下：

——对专利和技术秘密的许可费实行减税；

——对个体发明人申请和维持工业产权减少费用；

——特殊的贷款或补贴，包括无息和低息贷款；

——有可能签订政府或公共资助的“研究合同”。

3.33 在越来越多的国家，建立了专门的政府机构以鼓励发明，并通过对发明人提供相关支持，促进当地发明的开发、利用和一定程度的商业化。

3.34 例如，在一些国家，发明人能够获得帮助，他们的发明能够在政府所有或政府资助的研究测试实验室和研究所进行相关检测。通常这些都是在非营利的基础上进行的，在有些情况下，当发明在市场获得成功后需要偿还所花的费用。

奖励和表彰发明人

3.35 政府促进发明行为的一个重要手段是通过公共认同直接鼓励发明人。非物质奖励（如奖章、证书）和一些时候的经济奖励不仅颁发给已作出贡献的发明人，还在青年科技和发明竞赛中颁发给未来的发明人。在一些国家这样的精神奖励和表彰已被政府法规确认下来。其他重要的支持手段还包括举办发明展览会、重点推荐发明、促进发明与产业界达成合同。在有些国家，政府机构，有时也包括工业产权行政部门，组织并参与上述推广活动。

3.36 教育是这一进程中的一个重要因素。在许多国家，对青年人发明活动的鼓励和激励受到越来越多的关注。为了给那些有才华的年轻人尽早提供更好的发展机会，一些国家为中小学生、大学生和年轻人组织了特别的发明竞赛和展览。

发明人之间的合作

3.37 无论政府对发明人有多重要，发明人必须意识到发明人之间需要集体协作。如果发明人能够组成并积极参与协会，并且这些协会能够在地区或国际上保持密切的合作，那么发明人的意见就能够得到更好的倾听，他们的愿望也能更好地实现。

3.38 在国际层面，这种发明人协会之间的合作或是双向的，或是在国际发明人组织的框架内。发明人的国际组织有全球性组织如国际发明人协会联合会（IFIA）和区域性组织如非洲发明人协会联合会（AFIA）。

第3节　促进创新

1. 引言

3.39 在新千年的开端，如果没有各层面的创新，不可能实现创造新的就业机会、经济增长以及全球经济发展和产业网络的加强。在政府层面，创新意味着有效的政策，以吸引国外投资，推动应用导向研究，建立创新和创业文化，促进新技术融合，支持中小企业和其他创作者的创新努力。

3.40 事实上，对发达国家和发展中国家来说，创新都是新产业形成和现有产业振兴的一个关键因素。一项最新的研究发现，现有20%的国际贸易依赖于新专利。在全球化经济中，产业竞争力只能通过持续的创新来保持。

3.41 并非只有大型跨国机构和国家型或国际型研发项目才能产生出创新和创新产品，中小企业和私人研究行为不仅是，而且应该成为促进经济增长的主要的创新推动力。随着国际商业贸易的全球化，市场关系日益复杂，对创新知识和科技转化的支助系统和服务变得越来越重要。

3.42 从原始想法或初步研究到可销售产品或创新的发展过程通常是困难、漫长而且昂贵的。遗憾的是，在很多情况下，发明和创新都被认为是高风险的投资，不容易获得资金支持。因此，在发展中国家，创新或发明进行市场性开发所需的必要资金通常稀少而且自然更成问题。

2. 提供创新与发明支助系统和服务的全球做法

3.43 创新往往受到创新者工作环境的影响。创造一个有利于创新活动整体环境的因素包括：

——科学技术的状况；

——法律、财政和整体财务制度；

——科技和创业文化；

——科技和生产基础设施；

——人力资源和教育知识水平。

3.44 影响创新的特定因素还包括大学、金融机构、政府部门和产业网络之间的关系。此外，规范新公司创建的行政和财务法规也扮演着重要作用。

3.45 由于上述因素会受到国家政策的影响，因此服务机构或发明创新结构的建设应该被政府优先考虑。同样，国家创新支助系统和服务项目应该视为一个统一的整体，其主要目标是增进社会培育发明和创新的能力，其中包括在国内和国际进行技术转让的能力。

3.46 技术转让不仅包括知识产权的转让，签订许可合同、支付许可费和转让知识产权只是技术转让的一个部分。非专利的技术秘密、点子和建议常常包含大量有用信息，但是难以评估价值；更进一步，其他一些因素，如会议、面谈、甚至是技术人员之间的个人关系都对技术转让起到重要作用。促进上述转移模式的联合将有助于各种形式的创意活动。

3.47 不过，对影响创新活动的决定性环境因素的评估是第一步，以此来决定为了在国内和国际市场上提升竞争力所采取的创新和发明系统和服务。

3. 实施和管理创新与发明的支助系统和服务

3.48 激励创新作为国家政策目标只有在该国所有经济主体都参与这项政策时才能得以实现。因此，创新支助系统应当被视为是对创新思维的公共服务，就和提供其他公共服务如健康和教育服务一样。这项公共服务应当鼓励和加强发明人、创新者和中小企业投资于其原创想法并将其转化为产品、工艺和技术，这些都将最终给整个社会带来收益。

3.49 创新和发明支助系统和服务应当发展出其自身的管理形式，其规划和政策需要依据该国当时的环境而定。然而，通常来说，对创新支助系统的管理需要由政府批准建立一个有效且自主的机构。

3.50 它可能是一个运作需要向政府当局负责并具有独立机构灵活性和适应能力的组织（如一个由所有利益相关人代表组成的管理委员会或执行委员会）。它也可能是一个开发新技术、新产品，或对知识产权限价的组织。

3.51 该组织应当负责对全球化环境及建立创新支助系统的改革向政府当局提出建议，尤其是创新中心应成为沟通创造者和市场之间的桥梁。参与人员需准备基于对当地实际优缺点评估的科技发展计划，并考虑开发阶段的资金支持，在某些情况下这需要持续数年。

3.52 这一计划需由所有相关方批准。该组织的第一批成员应当从当地政府和相关私营公司中产生，他们被指派负责监督、提供预算并整体监督和运作该项目。WIPO 和/或其他国际合作伙伴可以提供咨询帮助。

4. 创新中心或创新支持网络

3.53 这些创新体系的一个重要元素是一个组织或实体网络，它在以研究者、个人发明人、研究中心及大学为代表的一方，和中小型企业、投资者、产业界等最终将产品和服务带入市场的另一方之间提供了无形的联系。这个组织可以被称为“创新中心”，其任务是帮助个体发明人（包括大学研究者）、中小型企业、其他创造者和商业体完成创新项目。创新中心提供的服务应该能够帮助开发他们的发明和创新想法，帮助他们实现商业化或在市场推广。

3.54 为了实现上述使命，创新中心除了提供行政服务外还需要提供一些主要职能。这些功能可以由内部工作人员、专家网络提供，也可以通过合作系统（这可能最终成为对发展中国家有吸引力的选项）提供，包括：

——信息和宣传计划，以解答发明人、研究者、企业家或任何人寻求充分信息，以实现创新或发明项目必要步骤，特别是关于知识产权管理的问题；

——评估计划，包括对所提交想法和发明的初步筛选以决定是否需要进行评估。中心能够提供初步评估，提供专家对发明新颖性、技术可行性和市场潜力的优势和弱势的观点。

——商业协助计划，负责所选择项目的发展全阶段，包括市场调研、技术研究、开发和原型制作、知识产权管理、填写权利保护申请表、创建企业、市场化运作和确定决策、提供与第三方许可协议谈判支持、准备商业计划、为中小型企业试生产提供咨询、帮助个人创作者寻找产业或其他合作伙伴实现发明或创新的市场化。

——原型制作服务，生产用于演示目的运行模型或组织试点（实验）生产；

——研讨会或讲习班计划，与专家如专利律师、知识产权公共关系官员合作，在团体内扩充创新评价和估算、知识产权管理知识等相关知识；

——经纪人计划，旨在寻求给中心所支持项目的开发和商业化提供资金支持；

——协助大型机构或公司建立小型分支公司（衍生公司），特别是在一些工业结构还不完全具备将创新与高含量知识、研究与开发相结合能力的国家。

3.55 在某些情况下，在这一领域知识产权局和私人专家倾向于仅仅将自己当做是中间人、审查员和律师。他们常常没有意识到由于他们能够促进一国保护和限定知识、发明和创新的战略，他们对全球经济领域有重大影响。

3.56 WIPO 建立了在线咨询服务，由全球创新中心提供有关活动和服务的信息。相关信息可查询网站 http：//www. wipo. int/icdir。

第4节 技术许可与转让

1. 引言

3.57 通过技术转让实现经济发展的一个方式是商业转让和获取技术。当然，技术可以通过除商业模式以外的其他方法转让和获取。人员可以在研究开发机构、技术研究所或其他高等教育中心获得教育和培训。这些人才可以转而钻研专业技术方向的书籍、期刊和其他出版物，阅读专利文献，通过这些方式获得专业领域内的科技知识。但是这些方法均不能赋予上述人员或其他人具备运用知识，特别是运用专利文献中所描述发明知识去制造产品、生产商品和提供服务的能力。

3.58 以下是两个真正的原因。首先，一项发明的独占所有权归属于发明所有人。没有所有人的授权，其他人不能利用其被授予专利权的发明。其次，上文中曾提起，即技术秘密，它能帮助或有助于实现记录在专利文献中所描述的发明。因此，购买该权利，或购买使用发明的许可，或购买使发明更有效应用的技术秘密，变得非常重要。

2. 技术的商业转让和获取

概述

3.59 出售和购买专利发明的专有权，或发明的使用许可，或技术秘密，在两类主体间产生法律关系，即被称为“转让方”的专有权所有人或技术秘密的提供人，和被称为“受让方”的收购权利或许可，或取得技术秘密的个人或法律主体。

3.60 这种法律关系本质上属于合同性质，这意味着技术转让方同意转让，且技术受让方同意收购所涉权利、许可或技术秘密。

3.61 有三种主要的法律方法用来实现技术的商业转让和收购。

销售：转让

3.62 第一种法律方法是所有人将其专利发明的全部专有权全部售出，由另一个人或法律实体购买这些权利。

3.63 当专利发明全部的专有权，被发明所有人或其他个人或法律主体，不附任何时间或其他条件限制予以转让，则该权利发生了“转让”。“转让”这一概念在很多国家的法律中都被承认。转让的概念也可以被应用于实用新型、工业品外观设计、商标以及其他类型的工业产权上。为简单起见，对这一法律概念的进一步解释将被限定于专利发明转让的原则和特点。类似的原则和特点同样适用于对工业产权其他客体的转让。

3.64 发明专利所有人将其权利转移给他人的法律行为，以在法律文件上签字为证，通常是指“专利权转让文书”或“专利权转让”或更加简单，被称为“转让”。转让人被称为“转让人”，受让人被称为“承让人”。当转让发生时，转让人不再享有专利发明的任何权利。承让人成为专利发明的新的所有人，有权行使该专利发明的所有专有权。

许可合同

3.65 第二种法律方法是许可，即专利发明所有人允许其他个人或法律主体在专利权所在国和专利权期限内实施其专利专有权中一项或多项内容。当给予准许时，即被授予“许可证”。回顾之前的内容，这些行为包括制作或应用包括发明的产品，或通过包含发明的工艺生产产品。“许可证”概念同样被一些国家的法律所认可。它也能用于工业产权其他客体的专有权。同样，为简单起见，接下来对许可证原则和特点的解释仅限于专利发明。

3.66 证明专利发明所有人给予授权的法律文书通常被称为“许可合同”，也可简称为“许可”。专利发明所有人，即给予许可的一方被称为“许可方”，接受许可的一方个人或法律实体被称为“被许可方”。许可合同通常书面记载了给予被许可方授权的条件。

3.67 条件中显然会有被授权方对许可付款的要求。其他条件可能包括限定被授权方仅能使用发明生产特定用途的产品，比如，生产人类使用的药品而不能生产动物用药。条件还可能包括限定被授权方仅能在特定的工厂使用该发明，或被授权方仅能在特定地区销售含有发明的产品。

3.68 限定条件中也可能包含对授权方所作承诺或采取行动的限定。例如，许可方需承诺，当第三方指控被许可人使用的发明侵犯了第三方所有的已被授予的另一个单独的或不同的专利的专有权时，许可方应出庭抗辩。

3.69 一些国家，在专利法或商法中，规定了证明转让或许可合同的法律形式或其他手续和要求。因此，会对履行专利权转让法律文书的特殊方式加以规定，例如，规定法律文书不仅需要有转让方的签字，也要有受让方的签字。

3.70 另外，在有些国家，专利法要求将专利权转让或许可合同送交专利机关登记。通过登记，受让人或被许可方被政府认定为权利受让方或转让权利的持有方或许可合同的被授权方。

3.71 法律还有可能要求转让或许可合同法律文书中的条款或条件需要经过指定政府部门的审查和认定。例如，当技术是从国外获得，或者需要使用外汇支付时，法律规定转让或许可合同需经外国投资委员会或中央银行单方或双方审核和批准。

技术秘密合同

3.72 三种主要法律方式的第三种是对技术秘密的转让和获取。

3.73 除了许可合同以外，很有可能另有包含技术秘密条款的文书或文件。也有可能上述条款就包含在许可合同内。在技术秘密与一个专利发明或注册商标或工业品外观设计相关时，上述条款通常会包含在处理专利发明或其他工业产权客体的许可合同中。特别是当专利发明或其他工业产权客体的所有人，同时也是技术秘密的开发者和持有人时。然而，因为多种原因，即使在上述情况中，技术秘密条款也可能被列入单独的或不同的文书或文件中。当有关技术秘密的条款列入单独的或不同的文书或文件中时，该文书或文件通常被称为“技术秘密合同”。

3.74 通过上述条款，技术秘密的提供方答应或承诺将技术秘密告知接收方以供其使用。

3.75 技术秘密可以有形的方式传递。文件、照片、蓝图、计算机卡和微缩胶片等，是其中有形方式的实例。例如，技术秘密可以转化成工程建筑的建筑方案、设备的工厂布局图、机器的图纸或蓝图、备件清单、机器操作或装配手册或指令、新材料列表和分类、人工和机器时间的计算、过程流程图、包装和存贮指示、对稳定性和环境方面的报告以及对技术和专业人才的职务说明。上述技术秘密的有形形式有时被称为“技术信息或技术数据”。

3.76 技术秘密也可能被以无形的方式传递。比如，技术秘密提供方的工程师向接收方的工程师解释某一生产过程；或者接收方的制造工程师亲自见识了提供方的生产线。其他例子还包括，在接收方工厂或技术提供方企业的培训，或对技术接收方人员的培训。

3.77 与生产或操作示范或建议相关的技术秘密，其无形方式有时被称为“技术服务”。与培训相关的无形的技术秘密有时被称为“技术支持”。当技术秘密的无形方式包含了对制造业务的实际指导或包括了诸如规划、财务和人员管理、市场开发等其他业务时，有时被称为“管理服务”。

3.78 技术秘密的提供方非常关注技术秘密因意外或其他原因被泄露给第三方的可能性。因此，合同中有关技术秘密的条款将包括防止技术秘密被披露给未经授权的人的多种保护措施。

生产资料的销售和进口

3.79 对技术的商业转让和获取可以与出售、购买和进口设备和其他生产资料同时进行。例如，生产资料是为了制造产品或实施工艺所需的机器或工具。

3.80 例如原油或磷酸这样的原材料，也可以被视为生产资料，尽管它们自身就是产品，但同时也是生产其他产品如汽油或化肥必不可少的生产资料。因此，中间产品，如棉花或聚酯纤维或织布和皮革，这些将被裁剪制作成服装；又如，其他部件，如轮胎、电池、散热器和发动机，他们将被装配成汽车；由于它们都是生产其他产品必须的，因此都能被视为生产资料。

3.81 在某种意义上，应该在技术转让交易中考虑上述生产资料的出售、购买和进口。生产资料的销售、购买和进口合同可以与许可合同、技术秘密条款或合同相关联。在特定情况下，生产资料的销售、购买和进口条款就可以包含在许可合同或技术秘密合同中。

特许经营和分销

3.82 技术的商业转让也可采取与商品和服务的特许经营或分销系统相联系的方式。

3.83 特许经营或分销是一种商业组织方式，将一方的商誉、技术信息和专业知识与另一方的投资相结合，以直接向消费者销售商品或提供服务。

3.84 所涉及的商品可以是耐用型的，如汽车和家电设备，也可以是消费型的，如加工食品和饮料。服务可以拓展到租赁固定设备，例如汽车、卡车和其他电力设备，也可是宾馆运营、干洗设备或秘书服务。

3.85 这些商品和服务的营销渠道通常基于商标或服务标志或厂商名称以及营业场所

的特殊外观和设计。对标志和名称的许可通常伴随着提供所有者的一些技术秘密，即与生产、销售、维护和管理相关的技术信息、技术服务、技术支持、管理服务等。商业标志或厂商名称和技术秘密的所有人称为“特许专营所有人”或“许可方”。接受许可和取得技术秘密的一方被称为“特许专营经营人”或“分销方”或“加盟商”。特许专营经营人、分销方或加盟商可能拥有自己的经营场所或者以金钱或时间投资进入公司。合同各方的商业关系的其他内容，包括分享特许经营或分销的利润，需要由特许专营所有人或许可方与特许专营经营人或分销方或加盟商达成一致，并在所谓的“特许专营合同”或“分销协议”一类文件中予以规定。

3.86　如同转让合同、许可合同和技术秘密合同一样，法律可能会要求特许专营合同和分销协议进行登记，并需经过一个或多个政府指定部门的审查、核准和批准。

顾问协议

3.87　个人顾问或顾问公司为规划或实际收购一项技术提供建议和其他服务，即使不是必不可少的，对有意从国外获取技术的企业、单位和政府也是很有帮助的。

3.88　在上述商业安排下，不仅能得到获取技术的帮助，还能从与个人顾问或顾问公司的共事中学习到经验和教训，这些都对更好地开展未来的项目提供有价值的知识。

3.89　对于收购技术规划，建议或服务可能涉及所需生产或改进产品以及使用技术的选择、所需的投资、商业组织或所建立关系的类型、预期目标与单个目标适当性。

3.90　顾问服务也可能拓展到项目的实施阶段。“设计和工程”服务是一个典型的例子。上述服务涉及：厂区选址的规划准备、厂房建筑设计、机器和其他设备的规划、对建筑物或设备或民用工程施工招标文件的编制、对投标的评估和对合同的建议、对工厂建设的监理（包括设备安装、启动监督、设备测试、对所采用工艺性能状态的监管，以及对整个工厂或特定设备初期运行给予建议）。

3.91　一个或多个个人顾问或顾问公司可能都参与提供服务。然而，通常单个公司或个人专长提供特定领域的服务，如投资规划、设计和工程、环境影响、市场营销或商业组织和管理。在某种意义上，这种咨询服务是技术秘密的一种类型。它们可以被看成属于技术秘密合同框架内，更具体地说，属于技术服务合同或协议。

交钥匙工程

3.92　在某些情况下，两个或多个商业安排以及它们所涉及的法律方式，可以被合并在一起，将工厂的规划、建设、运作都委托给单个技术提供方，或者数目有限的技术提供方。

3.93　因此，“交钥匙工程”可能涉及特定法律方法的综合性安排，由一方负责提供给客户，即技术接收方，一个完整符合工艺性能标准的能够运转的工厂。更常见的，交钥匙工程是由一方提供给客户工厂的设计和运作的技术信息。在后一种情况下，通常还会签订补充协议，协议涉及获得相关技术权利、民用工程施工和工厂建设的技术服务和支持条款、设备的购买和安装、原材或零部件，以及至少涵盖开始阶段的培训和运作监管。

3.94　之所以称之为“交钥匙工程”，是因为最终是将一家生产企业的大门钥匙交到客户手上。这是一个象征性表达，代表合同双方完成所承诺的任务。

3.95 顾问咨询和交钥匙工程都有其缺点。对于顾问咨询，顾问通常不会对结果承担责任；对于交钥匙工程，技术提供方将承担责任。无论是第一种还是第二种都不能保证技术提供方的继续参与，以便保证最新的技术改进。这是因为两者都没有对技术获取方承诺提供改进技术或额外技术的长期建议和服务。两者都不提供未来发展所需资金的筹集手段。

3.96 由于上述缺陷和其他原因，合资企业成为工商业运作的更具有吸引力的一种方式。

合资协议

3.97 “合资”的性质主要在第2章“地区特许专营”中涉及。本标题是要进一步探讨可能的合资形式和适用的法律方法。

3.98 合资有两种基本形式，即股权式合资和契约式合资。

3.99 股权式合资，是一种由两方或多方根据协议创建一个独立法人的安排。各方承诺提供资金或其他资源作为对该法人资产或资本的股本。该实体通常设立为有限责任公司，是不同于参与创建各方的实体。公司成为各方所提供资源的所有者。出资各方成为公司的所有者，即各方都拥有该公司的“股权”。

3.100 如果有一方或多方是外国企业或实体，则其被称为“外资方”或“外资各方”。成员或参与方，正如其名，赞同有限责任公司的设立目的和职能、各方的出资比例、各方对有限责任公司利润的分成比例，以及其他事项，如管理、运行、存续期和终止。

3.101 另一方面，当不需要或者不可能建立一个单独的法人时，可以采用合同式合资。上述合同式合资适用于项目仅涉及小范围任务或有限的活动或有限的时间，或者在一国法律尚未承认外国人参与商业运作时的财产所有权时。这时参与方之间的关系将通过合同或协议进行约束。

3.102 技术商业转让和获取的不同的法律方法，可以运用于任何一种合资协议的形式中。

3.103 对专利发明、实用新型、工业品外观设计或商标专有权的转让，可以作为合资企业中一方成员对企业的出资。同样，对发明专利或其他工业产权客体的许可或提供技术秘密也可以成为成员对合资企业的部分出资。然而，更常见的是，在合资企业成立后通过一个或多个合同分别规定上述许可或提供技术秘密。上述合同将在合资企业与作为技术转让方的合营企业一方成员之间签订。通过上述方式，将所涉技术转让给合资企业，以便通过获取技术实现企业运转。

3.104 无论一个或多个法律方式被运用于建立合资企业，或者无论一个或多个法律方法被合资企业运用以实现其运转，有意参与方之间的谈判都非常重要。他们的谈判结果将体现在合资协议中。许可合同、技术秘密合同、技术服务或技术协助合同、特许专营合同和其他商业事项合同，将被作为合资协议的附件。一旦合资企业成立，上述文件就将签署生效。

3.105 合资协议，无论是建立有限责任公司，还是使用多种法律方式的不同合同，无疑都必须根据适用于公司的相关法律法规签署，还需要遵守税法、涉及机构和合伙的法律，以及规范劳工、商品销售、保险和外资经济和贸易合同的经济法。

3. 许可协议的议定

引言

3.106 任何技术许可合同都可以按照以下几个基本要素进行分析：

——合同标的；

——许可人的义务；

——双方共同的义务。

3.107 下列主题都是谈判中决定许可合同内容的议题，或是需要在起草合同条款时特别关注的。这些条款是从专利许可的角度来讨论的，但同样适用于其他形式的知识产权。

签约方的身份

3.108 议定许可合同第一点需要关注的问题，就是作为合同签约方的法人或自然人的身份，换句话说，就是谁将签署合同并成为合同条款的法定履约人。

3.109 在合同中描述合同各方是为了充分确定各方的身份，这样他们的身份就不会在日后成为一个有争议的问题。

3.110 上述目标对于复杂的商业交易更具意义，特别是当交易双方涉及多个自然人或法人时，或者交易双方的自然人或法人来自不同的国家。

3.111 例如，签订许可合同的一方可能是一组法律实体法人，均位于国外一个国家或分别位于多个国家，上述两种情况下，都有一个共同的所有权、控制权和其他利益。在上述情况下，可以考虑将专利许可颁发给该组成员中的一个主体（或者甚至是该组成员外的一个法人），其他履行行为将由该组一个或多个成员完成或接受。

3.112 类似的情况也会出现在谈判的另一方，可能涉及多个政府机关，如各部、各委员会、各局或管理部门，或者其他政府机构，如公共实体、国有企业或私营部门，包括与国外法人共同建立的合营企业。

3.113 此外，需要考虑在合同双边之间是准备一份文件规定全部多方成员需要执行的全部条款和承诺，还是准备多份文件，分别记载不同的条件、条款和承诺，由双方不同的成员分别制定并签字。

签约方的目标：许可的范围

3.114 当双方进行许可谈判时，他们通常基于以下基础，即某一技术是生产某一特定产品所必须的，或通过实施某一特定的工艺可以制造某一产品或得到特定结果。换句话说，许可合同双方的最终目标是许可人转让，被许可人获得某一特定技术或权利，以使用该技术制造、使用或销售某特定产品，或运用某一特定工艺获得某一特定产品或结果。

3.115 签约方的目标一般会反映在合同的序言部分，包括一系列条文通常被称为“说明条款”或“鉴于条款”，或者直接作为许可合同中一个可操作元素，包括一个名为“背景信息”的特定条款。

3.116 许可合同在其后的条款中更具体地规定了契约各方的目标，以划定许可合同的

"范围"。一组条款将专门规定技术合同的技术标的，即产品或工艺、一个或多个发明、技术秘密、技术进步等。另一组条款将规定哪些成员将采取一种或多种利用行为，指定一个或多个地点实施上述行为、确定技术使用的周期，明确技术使用的一个或多个特定目的。其他条款将规定发明工作的程度、确定实施手段，如果可能，规定协助技术利用、定出技术利用的报酬、指出失败的后果或者技术利用的影响，以及其他商定的承诺。

标的物

3.117 这些条款将描述制造、使用或销售的产品，或使用的工艺，以及获得该产品的方法，进而可以使用和销售；还将确定包括该产品或工艺的发明，如果可以提供技术秘密，将说明技术秘密，还将确定一方或他方的技术进步，以及实现技术进步的条件。

产品或工艺的确定

3.118 由于被许可人的最终目标是产品或工艺，因此许可合同中将有专门的条款简明定义该产品或工艺。典型的情况是，该条款将在许可合同的定义部分予以规定。

3.119 产品可能被广义确定，例如"用于书写的工具"，包括了自来水笔、圆珠笔和毡尖笔。产品也可能被更具体地确定，例如只是一种或几种而非全部类型的钢笔。

3.120 工艺可能被定义为化学方程式，根据该方程式，添加特定的催化剂，一定的化学物质相互反应，生成所需的特定产品。

3.121 产品或工艺发明被授予专利的申请书中的标题和摘要，提供了必要信息，可以从此入手撰写该产品或工艺的说明。

发明的确定

3.122 对包含产品或工艺的发明进行确认的条款，通常需指明该发明的专利号和申请号，专利授予国或申请国，专利授予时间或申请递交日期，在有些情况下，需指出发明的名称和申请的状态。当产品和工艺涉及多个发明时，各个发明的相关信息通常集中起来，列成表格放入许可合同。

技术秘密的确定

3.123 绝大多数专利法都要求，专利申请书必须充分、具体和完整地披露发明，以使得本领域普通技术人员可以实现该发明。有些专利法进一步要求，发明人须将其所知的实现该专利的最优方案在申请书中披露。但是上述专利法没有再进一步要求描述协助实施该发明的其他额外手段。这些额外手段可能包括技术信息的使用和从长期发明实验中获得的专业知识。

3.124 对于技术秘密的说明，技术信息可以在相关文献中找到，比如：工厂的布局图、机器草图或蓝图、备件列表、机器操作守则或指令、部件组装、原材料分类、人工和机器时间计算、包装和存贮指南、稳定性和环境方面的信息等。职位描述说明专家所需的技术和专业知识。上述信息可以写在一个或多个附件、附录或列表中，并列入许可合同。

保密条款

3.125 技术秘密是许可人在研发过程中或在其企业的工商业实践中开发或获得的。技术秘密往往是许可人在相关技术领域处于有利竞争地位的原因。因此，它是许可人持有的一笔宝贵的财富。同时，它也是许可人用以在合适价格转让给被许可人或其他有意使用者的资源。技术秘密被提供给被许可人，被许可人不仅需要根据许可合同支付相应的金钱报酬，还需要承诺除了在特定的情况或得到许可人的同意，不得将技术秘密告知第三人。

改进技术的取得

3.126 许可合同各方的技术改进通常有显著和实质性影响，例如：对于某一产品，产量、生产消耗或使用效率；或者，对于某一工艺，工艺实施的物质条件、应用工艺的花费或是应用的效率。

3.127 合同各方可能会决定互相交换各自的技术改进，这样符合各方的最大利益，各方均可以免费使用对方的改进技术。这被称为交叉许可。合同各方可能也会约定，如果任何一方因技术改进获得他方或第三人的报酬，其他合同方有权根据约定的方式和数额分配其报酬。通常会进一步规定作出技术改进的一方应该申请专利保护。如果当事方没有提出申请，其他方可以任一方的名义申请，由申请方支付费用。

许可的限制和反竞争行为

3.128 许可合同可以对许可行为，如制造、销售、使用地点等，作出多种合同限制，限制部分许可行为，也可以限制使用地区、质量或销售价格。

3.129 然而，任何条款如果与反垄断或反竞争惯例的禁止行为冲突，都被视为无效。最主要的要求是，由于独占性的知识产权仅在有限时间内具有鼓励竞争的垄断性，因此权利人不能滥用其垄断，例如，将反竞争的义务强加给被许可人。最重要的滥用形式，例如，搭售条款、禁止出口、最低许可费条款、独占性回授、阻止挑战一揽子许可有效性和强制性的条款。搭售条款规定被许可人只能从特定来源购买原材料，回授条款规定技术改进的专有权只能惠及原许可方。

3.130 在 TRIPS 中，各成员承认一些有关知识产权的许可做法和条款存在限制竞争的情形，将会对贸易产生负面影响，会阻碍技术转让和传播。

3.131 TRIPS 不阻止其成员具体规范其许可做法或条款，规定在某些特定情况下构成对知识产权的滥用，会构成对相关市场竞争的负面影响。成员国可以依据 TRIPS 的其他相关条款，按照该成员国的相关法律法规，采用合适方式控制上述行为。

地域专营权

3.132 根据合同规定，许可合同的哪些成员可以在哪些区域采用哪些利用行为，上述规定将给对利用技术感兴趣的第三方与许可人和被许可人之间的关系带来哪些影响，这些是不同但又相互关联的问题。它们之间的相关性是由于许可方对所涉发明的专有权将是许可合同的标的。对上述问题的决定必须清晰地反映在许可合同中。

许可使用的领域

3.133 依据指定用途或目的，对发明或技术秘密使用场所的限定条款，规定了被许可人实施的范围。同时，根据该实施范围，许可人可以将专利许可或技术秘密传授给多个被许可人，各被许可人从事其专门的实施内容。这种方式提供了最实用的技术实施方法，给予每个特定被许可人实施能力。

3.134 虽然从长远来看，被许可人都希望能够有机会按照全部目的应用该技术。然而，需要将全部实施的情况下的许可价格与仅在有限目的实施的更低的许可费用相比较。如果被许可人无论现在或是将来都不可能超出有限使用目的去利用该技术，那么这种对比就会非常重要。

技术利用

3.135 许可人不但期望被许可人利用发明和使用技术秘密，还期望其在许可合同条文和条款规定的最大范围内予以利用和使用。

3.136 合同各方希望具体规定被许可人为达到利用技术的特定程度或特定结果，而制造、使用或销售包含专利发明产品或使用技术秘密的具体方式。各方会希望对许可人的承诺作出规定，以协助被许可人实现预期的使用方法和技术利用程度的承诺。

3.137 有关技术利用的程度和方式，经常提到的问题涉及以下几个方面：产品的质量、生产量、被许可方授权第三方生产产品的部分、在本国生产不足的情况下从国外进口该产品以满足当地需求，以及使用许可人的销售渠道。

3.138 被许可人可寻求确保技术秘密能够充分实现与许可人议定的目标。上述保证是指对技术秘密的担保。这种担保是对技术秘密存在与否和其性能的担保，担保同时伴随这样的承诺，即如果技术秘密不存在或其性能达不到预期，将给予惩罚或作出其他补偿。

3.139 许可合同的担保条款可能涉及提供的技术秘密须符合对承诺提供所作的议定说明；也可能涉及应用技术秘密所能达到的效果；还会对技术秘密符合被许可人的技术要求作出规定。

纠纷的解决

3.140 当可能或确实发生违约情况时，如果在许可合同中没有对相关事项达成一致的条款，那么一方可以提出解决方案以寻求其他方同意。该解决方案可能是给予额外的时间以完成履行，或者彻底纠正未完全履行合同的行为；也可能是接受以其他履约方式取代上述有瑕疵的履行方式。利用这些方式，可以由各方通过友好的方式解决争端，避免在法庭或其他司法机构寻求法律救济。

3.141 通常情况下，相关争议适用合同履行地国家的法律，该国的法院是其管辖法院。在许可合同涉及国外许可人和本国被许可人时，适用被许可人国的法律，由被许可人国法院管辖，因为即使不是全部，绝大部分的履约行为都发生在被许可人国。然而，许可合同可能规定，合同标的受到被许可人国法律限制，但是合同争议将提交仲裁而不是司法程序。

3.142 然而也可能发生下述情况，当一方因违约行为受到损害时，对方没有提供让其满意的解决方案。这可能是一方宣称不履约，或者是拒绝承认履约失败。无论在上述哪一种情况下，都需要在进入法庭和司法程序之前，提供一套可供求助的争议解决机制。因此，上述求助方式可以是独立专家的建议、各方代表小组的决定和建议、调解或仲裁程序，最后才是进入法院或司法程序。值得注意的是，可以在许可合同中加入委托 WIPO 仲裁中心作为争议解决场所的条款。

许可合同的期限

3.143 许可合同的时间范围，即许可合同的生效时间、期限和终止时间必须在合同中加以规定。知识产权的许可最长可以是其整个有效期（例如，对专利来说，通常情况下最长是20年）。根据合同各方的约定，也可以选择更短的许可期限，或者由各方保留在将来特殊情况下终止合同的权利。

4. 报酬

引言

3.144 工业产权的获取“价格”或“成本”取决于多种因素，包括工业产权权利和技术的性质和期限、双方议价的能力。可能的转让人通常都会对特定技术的需求和价值、可能的替代技术、技术优势的预期以及可能给潜在接收方带来的生产力和收益等，作出仔细评估。有意转让方还会为潜在的被许可方或技术受让人列出具体的生产规划和随后的收益流量。

3.145 潜在的受让方对总支出的评估，可能针对某一特定技术并根据该技术的进步在一段时间内为企业带来的收益进行评估，还会针对替代技术的成本或类似交易的费用来评估该技术的支出。

直接货币补偿

3.146 对工业产权或技术的直接货币补偿，可以采用不同的形式：（1）“一次性付费”，预先计算数额，一次性支付或分期支付；（2）“提成费”，事后计算，定期付款，数额取决于其经济功能或收益（生产单位、服务单位、产品销售、利润）；（3）“收费”，对技术专家或专业人员服务或协助的补偿，金额固定或按照服务人次或时间计算。

3.147 这些报酬形式可以在一个特定的工业产权或技术转让协议中合并使用。在某些情况下，一次性付费可能完全取代提成付费，但是在某些情况下，两种形式可能相结合，在必要时，被许可人或技术接受方可能选择一次性支付取代一种或其他形式的提成收费。还有些情况下，被许可方或技术受让人可以选择按照生产单元而不是销售来支付提成费。无论是提前规定，还是在提供服务时协商，为技术服务和技术支持所支付的费用需单独核算。

3.148 但是，这里必须指出，如下面所阐述的那样，在一些国家规范技术转让的法律中，各种不同的权利类型或技术元素需要被分开定价或估价，甚至需要是不同许可合同或协议的标的。

◎ 一次性付费与特许权使用费比较

3.149 一次性付费的特点是可以立刻或相当快地完成合同义务。此外，双方没有必要像收取提成费的情况一样，保持长期账户或控制计算和汇款。

3.150 一次性付费对比提成费，可能会也可能不会具有一定的税收优势。特许权使用费的持续支付，从税法角度来看，是许可人或技术提供方的收入，因此，特许权使用费需要缴纳所得税。一次性付费，甚至整笔款项的分期支付，可能被认为是一次销售或购买的对应产物或财务结果，工业产权的让与或转让以及技术秘密的提供被视为类似商业货物的销售。许可人或技术提供方也必须为一次性付费缴税。但是，单次的一次性支付的税率（通常更高）和特许权使用费收入税率不同。根据有些税法，如果采用分期支付可以降低一次性支付过高或递进式税率，或分为数个税务年度付款可以采用更低的税率。

3.151 当需要根据一次或多次业绩计算对价时，一次性付费产生的结果对各方会在经济上更加合理。例如，如果是因为货币波动或其他经济环境因素的影响，特许权使用费体系就给许可方或技术提供方超出预期的不合理的回报。在一次性付费的情况下，许可方或技术提供方只能收到签订合同时一次性计算的合理的对价支付款项。

3.152 另一方面，一次性付费也需要被许可方或技术受让方承担一定的风险，例如当产品的生产或销售低于预期时，或一次性付费与许可人或技术提供方的经济价值不相称时，都会存在这样的问题。

◎ 一次性付费与特许权使用费组合

3.153 在多数情况下，工业产权或技术秘密的报酬是采用一次性付费和特许权使用费的组合方式。

3.154 一次性付款往往被作为首期付款，以向潜在的被许可方或技术受让人披露技术信息使其能够评估技术。实际交易中的首付款差别很大，可能是为获取最初技术信息支付的一笔很少的付款，也可能为获取经大量研发所得到的复杂技术而支付的一笔巨大金额的付款。在有些情况下，最初的一次性付费可以看成是最低付款，或者被视为特许权使用费的头期付款或垫付的保证金。此外，被许可方或技术受让人也可能提前规定或在协商付款时，作出额外的一次性付款选择，以取代特许权使用费，并索要回之前已经支付的特许权使用费。

3.155 在谈判一次性付费和特许权使用费组合的报酬形式时，被许可人或技术受让人需要仔细估算各种组合方式的全部付出和意外支付。例如，利息支出对于决定一次性付费的数目非常重要，但是对许可期间的产量预测和对销售带来的现金流量的估算，对于决定特许权使用费的比例非常重要。

◎ 技术服务和技术支持的费用

3.156 由许可人和技术提供方提供的技术服务和支持，对于在某一商标下连接技术转让方的技术以及市场非常重要，需要单独为此付费。

3.157 与专利或商标许可、技术秘密合同相关的技术服务和技术支持的费用，包括：(1）对被许可方或技术受让方人员培训的费用；(2）许可期间在被许可方或技术受让方工厂，由许可方或技术提供方的技术专家提供的技术服务或技术支持的费用；(3）在被许可方或技术受让方工厂，为运用该技术，提供的与机械、设备或其他生产资料有关的技术服务和技术支持的费用。

间接的或非货币性补偿

◎ 相关业务收入

3.158 许可方或技术提供方可以通过多种渠道获得收入。包括当被许可人或技术受让方利用许可方或技术提供方的分销途径销售产品时给予的销售佣金，通过独家购买协议向被许可方或技术受让方销售产品而获得的利润，为完善销售计划向被许可方或技术受让方销售相关产品而获得的利润，向被许可方或技术受让方销售原材料、中间产品、零部件以及租赁机器、设备或其他生产资料而获得的利润。

◎ 红利

3.159 如果许可方或技术提供方对被许可方或技术受让方的企业注入资金，或者加入了合营企业，如果商业运作成功，许可方或技术提供方因此可获得红利收入。如果许可方或技术提供方的知识产权或技术对于商业运作是不可缺少的，那么提成费和红利之间就存在相关性，即提成费越高，红利收入越低，反之亦然。参与的程度、财务和税收因素都将决定分配给各方的数额、储备金和利润保留，这些都将导致资本参与的价值升值。

3.160 在这种情况下，某些国家的法律会特别关注在以下情况中技术转让中知识产权的价格被当作利润支出的情况，如在母子公司之间，或各子公司之间技术转让；或技术转让各方存在经济联系或利益联盟；或技术受让方的有效技术、行政、财政或商业管理被技术许可方掌握；或由技术许可方提供的用于生产的原材料、半成品的价格等于或超出产品总费用的一定比例。其中有些法律规定，在上述情况下，一次性付费或提成费不能被记入出资额，或构成股份利润，或计入被许可方或技术受让方企业的资本，也不能在计算税收时从收入中扣除。

3.161 在其他国家管理技术转让的法律中，尽管允许在许可方或技术提供方资本参与被许可方或技术受让方时，由后者向前者支付许可费，但是如果许可方或技术提供方是被许可方或技术受让方的大股东时，许可费的金额必须被大幅度降低；此外，当许可费是由全资子公司向其国外母公司支付时，通常是不允许的。

◎ 成本转移和分摊措施

3.162 某些成本转移或分摊措施，如专利或商标的维持或保护费用，具有降低技术转让中许可方或技术提供方费用的作用，并具有增加被许可方或技术受让方费用的作用。

技术信息的反馈

3.163 被许可方和技术受让方的技术秘密移交给许可方或技术提供方，可以构成后者的一种收入形式。

◎ 市场数据的采集

3.164 许可方或技术提供方可能从被许可方或技术受让方提供的产品在当地市场的销售数据上获益，包括新的促销技术，可能在其他地区进行产品销售时被证明同样有用。

降低或节约被许可方成本

3.165 技术转让的一些因素将导致被许可方或技术受让方运行成本的降低，至少可以节约技术受让方的成本。

3.166 可以提到的因素包括，被许可方或技术受让方利用许可方或技术提供方的销售渠道，无须付费使用许可方或技术提供方的商标，被许可方或技术受让方可以接触到有关现有发明的改进信息、技术秘密的发展，许可方或技术提供方的新发明或相关技术进步的权利，以及从销售信息中得到的机会，和许可方或技术提供方提供的其他技术服务和技术支持。

履约货币和支付货币的说明

3.167 有必要区分有关货币指定的两方面情形。首先需要决定哪种货币用来作为支付手段，其次需要决定哪种货币用来履行义务。作为履行义务的货币和作为支付手段的货币可能是一种或相同，但是也可能是不同的，在国际商务交易中常常不同。

◎ 履约货币

3.168 履约货币在一次性付费的情况下，或者是许可方或技术提供方国家的货币，或者是被许可方或技术受让方国家的货币，或者是第三方国家货币。

3.169 在使用费情况下，当使用费取决于生产量而不是单位生产的价值时，选择的货币可能是生产地国货币或其他国货币。如果提成费取决于销售，选择的货币可能是销售地国货币。如果是出口销售，可能会选择多国货币——被许可方或技术受让方国的货币，在那里发生生产和当地销售，或者是出口销售的一国或多国货币。如果使用费取决于被许可方或技术受让方企业的利润，那么会选择企业法定注册地国的货币。

3.170 涉及技术服务和支持费用时，主要在专家所属国货币和技术服务提供地国货币之间选择，但是，在技术专家被派往被许可方或技术受让方国家提供服务时，通常采用专家所属国货币支付全部或部分费用，剩余的部分，有时加上生活费用和其他设施花销，以被许可方或技术受让方国货币支付。

3.171 根据一些国家管理技术转让的法律，规定履约货币必须是被许可方或技术受让方国的货币，尽管向国外汇款必须兑换成等额外国货币；然而，根据另外一些国家的法律，尽管履约货币可以使用外国货币，但是技术专家在被许可方或技术受让国的生活维持费用必须以该国货币支付。

3.172 很多因素将影响支付货币的选择。包括履约货币是否可以在许可方或技术提供方国使用、履约货币国的通货膨胀率、该种货币在国际货币市场与其他货币兑换的稳定性、履约国货币兑换的限制、被许可方或技术受让方收入来源地、使用哪国税法会给一方或对方带来额外收益。

◎ 汇率

3.173 当选择的支付货币与履约货币不同时，兑换比率通常会在许可合同或转让合同中作出规定。有多种汇率可供选择，例如，由国家或国际金融机构确定的官方汇率、平均汇率、商业汇率（如电汇卖出汇率或其他特定国内或国外银行的卖出汇率）。

5. 知识产权许可的类型

引言

3.174 有关知识产权许可合同的典型条款在上文已经对一般性条文作了讨论。有些条款是针对所许可知识产权特有的。以下将介绍其中一些重要条款。

专利许可

3.175 对于专利许可，合同的目的是授权使用专利所保护的发明。所涉及专利需首先列明授权国家和专利号。通常，在合同的序言部分或定义条款中，会简要说明发明的技术主题。当许可涉及多个由不同国家授权的专利时，通常会制作参照资料作为单独的附件。其中列出在哪些国家专利申请尚未授权，并且规定为了维持专利由哪些主体负责完成相关行政和法律手续。

3.176 专利赋予所有者一系列专有权：对该发明的使用、制造、销售或准备销售。通常，专利许可提供给被许可人实施上述全部行为的授权。

3.177 许可可能是独占许可、独家许可、非独占许可或一般许可。独占许可保证被许可人没有竞争对手，甚至没有来自许可方或其附属机构的竞争。上述内容必须在协议中加以规定。独家许可确保许可人在合同规定的区域内不会授权给被许可人以外的其他制造方。一般许可在上述方面没有提供任何保证，只是构成对使用发明的授权。非独占性许可意味在合同区域内，已经授予了其他制造许可。

3.178 在上述情况下，建议在许可合同规定所谓“被授权人最惠条款”。该条款确保被授权人将享有之后可能授予第二位被许可人的最优惠条件（在同一地域内）。该条款将避免技术提供中因不同合同条款导致的竞争扭曲。

3.179 对侵权人提起诉讼的权利通常是许可人作为专利所有人的特权。但是，独占被许可人能够以专利权人的名义提起诉讼。

3.180 在发生侵权时，任何被许可人都有权对抗专利所有人的不作为，并且如果被许可人要求专利所有人提起诉讼而专利所有人在一定期限内没有采取行动的话，则被许可人有权以自己名义提起侵权诉讼。

3.181 在合同许可中，被许可人可以被授予无须请求专利所有人即自行提起侵权诉讼的权利，也有可能，被许可人被完全禁止提起侵权诉讼。

3.182 被授予专利使用权的一方可能会质疑专利的有效性。所谓“不质疑条款”禁止被许可人质疑专利的有效性，这种行为被认为是反竞争的。

商标许可

3.183 商标许可在商标的历史上只是最近才开始发生。因为商标的最初功能是表明商品的来源，源自非商标持有人的商品，不得欺骗性地使用许可人的商标。事实上，授予商标权许可，会使得商标所有人陷入不使用商标争议的不利地位，导致其商标权失效。商标许可人对被许可人所销售商品进行质量控制，以达到该品牌所代表的质量水平，上述质量控制为避免商标使用者因未使用商标导致的商标权丧失提供了理由。四十多年来，这一理念成为将注册使用条款纳入大部分商标法的基础。

3.184 大部分注册使用条款要求许可协议双方必须将许可协议送交负责审查的注册机构，以确认许可人对产品质量控制的性质和程度。注册机构负责依据国家利益确认许可协议的登记，并且有权在其认为存在为非法交易提供便利时拒绝注册协议。值得注意的是，上述注册并不被认为是确认商标许可协议有效性所必须的。注册条款被描述为是任意性的而非强制性的。许可人保持对许可产品质量的控制，许可方被认为依然与许可产品保持了某种联系，可以避免商标无效。

3.185 应当指出，在这方面，2000 年 9 月，世界知识产权组织大会和巴黎联盟大会通过了《关于商标许可的联合建议》，限定了商标局要求登记商标许可所需提供信息和元素的最大清单（第 2 条第 1 款）。该建议同时试图限制对许可协议未遵守注册要求的影响，规定未注册的许可协议不影响（1）许可协议标的的商标的有效性（第 4 条第 1 款）；（2）根据成员国法律被许可方所享有的参与商标权人提起的侵权诉讼的权利（第 4 条第 2 款 a 项），以及（3）是否第三人对商标的使用可以被视为商标权人在使用要求范围内的使用（第 5 条）。

3.186 商标许可可能与专利或技术秘密许可同时授予也可能分开授予。其中针对商标许可的特别条款包括：

3.187 使用许可。对相关商标的授权许可是很多许可协议中开门见山的第一条款。特定的商标通常在许可协议中被列成表格，与授权使用的产品相对应列出。

3.188 被许可人数。对被许可人来说，非常重要的是知道在许可区域内还有多少其他被许可人被授权。同样这对确定许可人是否有计划在本地区实行分销非常重要。最后，对存在他人被授权的情况下，被许可人了解并确保其竞争对手是否以相当的条件被授权非常重要。

3.189 质量控制。如上所述，任何注册使用协议的核心都包括，要求被许可方不得将商标使用在不满足许可方所规定质量的产品上的条款。质量控制条款要求，使用者在保密原则基础上，获得许可方的全部规格、技术数据和技术秘密以满足许可方规定的质量标准。对该条款的监督包括要求使用方将产品样品交许可人检验，允许对使用者工厂、仓库、生产方法、所用原材料以及成品储存和包装的检查。协议应当允许使用方处理未达到质量标准的产品，只要他们不在产品上使用该许可商标。

3.190 销售。许可协议会指定商标可被使用的区域。该部分将包括禁止被许可方在指定区域外进行贸易的条款，也包括将许可方排除在授权区域外的条款。许可方使用的广告材料必须征得授权方的同意。

3.191 财务约定。除了收取授权使用的费用或提成费，为了达到协议所规定的质量标准，许可人还可以针对向被许可方提供技术专家指导被许可方员工和提供材料，收取费用。同样需要约定如何分配试生产的成本。最后，被许可人通常被要求对授权使用商标的产品做销售记录和详细账单。

3.192 侵权。被许可人通常被要求向许可人汇报所有发生的侵权事件，通常许可人对进行侵权诉讼负责。

版权使用许可（出版）

3.193 在出版合同中，版权人通常不需要也通常不会愿意放弃其版权甚至其控制自己作品发表的权利。根据有些版权法规定，考虑到作者经济权利和精神权利的不可分割性，作者出版权的转让也是不可能的。论及出版合同，版权所有人仅承诺在所出版的作品中限制其权利行使，且限制程度以使出版商可以使用其作品为限。与此同时，版权的所有权并不发生改变，仍由作者或者版权的其他所有人持有。

3.194 因此，一个典型的出版合同是版权所有人向出版商授予的单个许可。由于对出版商很有价值，出版许可必须允许出版商保护其出版行为以对抗第三人。

3.195 出版许可通常在版权领域被理解成，是作者或其他版权所有人（许可人）给予作品使用人（出版商或其他被许可人）按照双方约定的条件和方式使用该作品的授权。

3.196 出版商获得的许可，应包括为实现预期最佳出版的所有权利。通常来讲，出版商会获得独占许可（提供给他专有权），以便按照标准商业版，以合理的数量，复制和出版所涉作品，或者，如果合适，复制、出版其翻译稿。

3.197 出版许可可以只授予一个版本，也可以授予之后的版本。单次或第一版的规模通常会在合同中加以规定，或者规定该版需要印刷的固定册数，或者规定一个最低和或最高的出版数量限制（“印数”）。协议对单次或第一版印刷数量的规定，通常会考虑到以固定的图书市场类似图书通常每本的零售价格，预计到的大众需求。

3.198 在许可出版翻译稿的情况下，授权翻译的一种或多种语言的版本必须在合同中加以规定。

3.199 为了促进出版作品的传播，并且考虑到在出版合同下对出版作品的进一步利用，被许可人可能会要求获得所谓“附属权利”。上述权利是为了复制和向公众传播或许可他人复制和向公众传播普通版以外的该作品的规定形式（或其译文）。

3.200 上述附属权利包括：之前或之后出版商出版作品一个或多个节选的权利；连载权，即在作品的标准普通版出版前或出版后，在报纸或期刊上以连载的形式出版整部或部分作品的权利；以声音或电视广播的形式传播作品有声版的权利；将所出版作品或其部分收入文集的权利；在标准普通版出版后以口袋图书或读书俱乐部形式出版的权利。

3.201 出版商通常会要求许可方在附属权利的框架下赋予他们以微缩胶片或其他翻印复制品的形式出版作品的权利，以达到超出法律所规定的合理使用的范围。出版商还会要求将作品存储于电脑以提供给大众的权利。同样，出版商会要求许可方授权他们以录音的形式复制作品。有时，要求许可他们以微缩胶片的形式复制。所有这些采用现代科技的复制，通常在当代出版合同中被称为作品的“机械复制”，涉及机械复制的权利称之为“机械复制权”。该术语不应该与“音乐作品的机械复制权”相混淆，后者是指采用录音带形式复制音乐作品的权利。

3.202 当涉及作品改编时，很合理和通常的做法是不会授予出版商以各种方式利用作品的权利，例如舞台戏剧改编权、广播或电视广播权、一般性翻译权。严格地讲，对上述权利的利用已经超出了促进和直接利用出版商自行出版的作品的范围。

3.203 考虑到作者的精神权利和作品的完整性，“摘要权”（出版作品节选版或缩略本的权利），或所谓的“连环漫画权”的授权，通常是针对单个情况所作的特别授权。

3.204 考虑到出版作品的完整性，合同中可能包括一些特殊规定。特别是在那些没有在法律上确认“精神权利”的国家，上述规定非常必要。例如，合同中规定“出版商复制作品不得对其进行任何修改、删节或增加。”

3.205 对于作品的翻译，通常协议要求“出版商应该自费获得作品准确且忠实原著的译稿。译文的标题需要取得许可人的书面批准。根据要求，译文的最终版本也需要提交许可人批准。”

3.206 合同中也可以规定“出版商应保证作品标题和作者姓名应该出现在每本复制本的显著位置”。根据情况，还可以规定“出版商应在标题页的背面印有原版出版商和作品之前版本的出版年份”。

3.207 考虑到在少数国家（主要是美国）对特定形式的要求，作为所出版作品充分享受版权的条件，出版合同需规定在标题页采用适当的方式告知作品版权。告知的内容包括符号 C、或© 、首次出版的年份和作品的版权所有人姓名。

3.208 对于印刷品的发行，合同通常规定“出版商应自费提供作品的有效的促销”。当许可合同不限于一个版本时，通常会增加规定“出版商应保证作品在市场可持续获得，并且根据市场的实际需求及时印制新版”。

6. 政府对许可协议的控制

3.209 在许多发展中国家，技术输入受到多种控制，以确保技术转让合同符合政府的经济目标。在有些国家，这些控制属于处理在该国外商投资法律综合体系的一部分。在另一些国家，这些控制来自外汇管制，以控制资金作为红利、收入或其他形式流向国外。进口条例，特别是对包含所需技术的产品实行低关税或减免关税的规定，也间接对技术的输入产生影响。在另一些发展中国家，还制定了相关具体的法律制度，以控制向本国或在本国内的技术转让。在这种制度内，对知识产权许可的要求和技术转让协议，必须依据相关政府部门制定的法律或发布的规定或指南，通知政府机关或经其登记或批准。

3.210 责任方如果在规定的时间及其他规定条件下，没有向政府相关部门递交登记或经其批准对工业产权的许可、技术转让协议及其修改、增加、延期或终止，需承担一系列相应的法律后果。根据相关法律，不遵守上述规定，将导致许可合同或协议失效或不具执行力，并导致责任方被处以罚金或暂停商业经营权或被吊销营业执照。对许可合同或协议的登记或批准，在这些国家是实际使用发明或商标的先决条件，同时需要从财政部门得到授权，才能向境外付款，或得到为鼓励在特定部门或产业投资所给予的优惠。

3.211 《WIPO 针对发展中国家发明示范法（第 2 卷）》（以下简称《示范法》）包括了在订立中对上述合同进行法律、行政登记和审查的相关法条，以确保上述合同不得将不公正的限制强加于技术获取方（即，技术受让人），同时避免作为合同的整体效果损害相关国家的经济利益。

3.212 上述做法的目的不仅是为了保护通过签订合同获取技术的当地企业，因为通常这些企业处于相对弱势的谈判地位；同时也是为了在更高程度上，防止因为某些合同导致政府的经济政策受挫。对于发展中国家来说这一点非常重要，尽管这些国家迫切需要获取国外的技术，但是不能因此给该国经济带来沉重负担。如果技术的花费超出了其能给当地经济带来的收益，将带来一系列严重后果，例如，工业增长速度下降、自然资源消耗、不利的贸易平衡以及财务资源分配不当等。

3.213 根据《示范法》规定，对合同的登记和审查是专利局的职责。根据政府的组织结构，除了专利局以外，其他政府机构也可被委派这项任务。

3.214 为了协助专利局审查上述合同，《示范法》列出了专利局必须特别关注的 17 个事项。首先这 17 个事项的清单并没有穷尽列举：即使没有包含在该清单内，也可以拒绝登记合同；这种情况可能是合同中没有出现清单中列举的事项，但是合同对被许可人强加的某些特定限制，从整体考虑将导致对该国的经济利益造成损害。其次，在合同中出现上述清单中的 17 类情况时，也未必导致一定拒绝登记合同；合同登记仅在给被许可人强加的限制是不公正时，或整体考虑将损害该国经济利益时才被拒绝。事实上，考虑到具体情况，出现上述禁止事项也不一定给该国的经济利益造成不利影响，或者，即使造成了上述影响，也将被合同中其他条款带来的积极影响所抵消。这是因为，具体条款的汇编不可能被期待解决，所有在具体经济环境中决定合同影响的实践中背景因素（如商业、贸易、技术等）。换句话说，专利局必须灵活运用上述规定，结合国家经济利益具体考虑每个合同的特定情况。

3.215 上述所说的17种情况及其影响，如下所列：

——当实质相似或等同的技术能够以相同或更优惠的条件且无需从国外进口时，从国外进口技术。

——强迫被许可人为合同相关技术支付与其价值不相称的对价。

——迫使技术受让方从转让方那里或转让方指定或批准的来源处获取任何材料，除非由于实际原因，为了确保所生产的产品质量必须从转让方处取得，并且相关材料应该以合理的价格获得。

——限制受让人从别处获得任何材料的自由，除非由于实际原因，为了确保生产产品的质量，必须从转让方处获得。

——限制受让方使用任何不是转让方或转让方指定或批准来源提供的材料的自由，除非基于实际原因，为了保证生产产品的质量，必须由转让方提供。

——迫使转让方将所生产产品独家或主要出售给转让方所指定的对象。

——强迫被许可人在没有合适补偿的情况下，将其对合同所涉技术的改进提供给转让方。

——限制受让方所生产的产品数量；

——限制受让方出口或允许他人出口其所生产产品的自由，理由是：转让方在那些适用此种限制的国家拥有某项专利，而在该国进口上述产品时转让方的该项专利将会被侵权；转让方要承担不允许他人向该国出口该产品的合同义务；或如果转让方已经向该国市场提供了相同产品，上述事实都将被列入考虑。

——强迫受让方聘用转让方指定的、不是合同所涉技术有效转让所必须的人员。

——对受让方开展技术开发和研究强加限制。

——限制受让方使用非合同所涉的其他技术的自由。

——将技术合同覆盖的技术范围延伸到实现合同目标以外，并且强迫受让方考虑接受上述技术。

——为受让方所生产产品制定销售或转售价格。

——免除或不合理地限制转让方因合同所涉技术固有缺陷造成的赔偿责任。

——限制受让方在合同义务终止后使用通过合同所获得的技术的自由，而是须以转让方专利所包括的权利为限。

——制定的合同期限远远超出了合同经济功能的合理时限，但只要不超过合同所涉专利的有效期，则不能认为是不合理的长度。

3.216 《示范法》规定的制度，尽管列举了一些需要考虑的最重要的条款，但是仍建议灵活使用，允许对单个合同的审查针对该国总体技术和经济背景，从其具体特点出发。

第5节 版权与发展

3.217 版权对发展有着特殊作用。特别是自19世纪50年代以后，世界政治版图发生巨大变化，不少国家逐渐成为独立国家或建立新的国家，发展中国家不得不面临应付其大量人口受教育的问题。一些发展中国家为了以正式或非正式途径提供大众教育，正在与时间赛跑，在鼓励和培育知识创造和满足对知识特别是科学技术领域知识的迫切需求方面，这些国家面临严峻挑战。

3.218 大多数发展中国家，为了获得独立，将对其人民的教育和培训放在优先位置，以满足制定和实施发展政策和计划的工作人员和管理人员方面的需求。工作重点循序渐进地放在使人员培训具有本民族特点上。

3.219 以适应其自然环境的方式开展培训工作确实非常重要。因此，包括文化、艺术和科学等领域方面的教材，应该由来自本社区的作者完成以反映当地社区的生活，反过来该社区也会看到并承认这些作品。外国作品也应该保持合理的数量，以便于文化交流和思想互动。

3.220 在很多发展中国家，缺少具有某些专业领域知识的专家。需要对使用常用语言和当地语言的本国作品给予奖励和补助。在版权法中还要对公众进行教育。

3.221 发展本国作品和创作不可能在没有对作者提供充分保障和报酬的前提下就开始启动，需要保证作者能完全将其时间和注意力投入到创作教育素材中。版权保护不仅包括确保作者获得有吸引力和合理的许可费，还要给予出版商适当保护，作者传播其作品的机会同样取决于法律对出版商的保护。对国内和国际作家和创作者的保护要求有完备的立法。

3.222 发展中国家需要制定上述立法也是为了保护代表其民族属性的文化传统表现形式。一旦颁布了法律，就需要同时建立实施法律的基础设施。

第6节 世界知识产权组织发展合作计划

1. 引言

3.223 WIPO发展合作的目的是协助发展中国家，包括最不发达国家，为此目的在WIPO秘书处设立一个特别机构，通过知识产权制度实现他们的社会经济发展，帮助他们与发达国家之间建立有效的合作关系，以便在世界获得他们应有的地位。

2. 目标

3.224 WIPO合作发展项目的直接目标是，为发展中国家的政府和组织提供法律、实用和管理方面的信息、建议和培训；间接目标是，为发展中国家与全球范围的公共或私营部门建立联系提供便利，这同样可以帮助发展中国家。

3.225　WIPO 合作发展项目的主要目标表现在对发展中国家提供如下帮助：

——建立现代和功能良好的知识产权制度，包括立法、行政和充分的人力资源培训以及使用最新的设备；

——人力资源发展，主要由 WIPO 世界学院（WWA）完成；

——采用及时和知情政策，以应对新的知识产权的挑战，例如生物多样性的保存、保护和传播，有利于持有人的传统知识的利用，民间文化表现形式的进一步保护，以及电子商务的影响；

——促进发展中国家之间的合作，特别是利用 WIPO 全球信息网络（WIPONET），以达到在次区域和区域层次上汇集有用技术信息资源的目的；

——在法律和实践层面，对信息技术进行发展和调整，以达到知识产权在全球范围内的协调和加强。

3.226　通过建立创新支助系统和技术转让，创造和利用知识产权。

3.227　为了开展活动实现上述目的，WIPO 从事的项目和活动专门针对发展中国家特殊群体的具体需要。

3.228　一个独立的知识产权相关的合作发展常设委员会于 1999 年建立，以负责工业产权和版权及相关权领域的长期项目。其成员资格向所有 WIPO 成员国开放，同样也向政府间组织和非政府组织开放观察员位置。

3.229　常设委员会提供了一个有关知识产权政策和实践，特别是关系到发展中国家相关事务的辩论场所。它关注所有以上提到的新的挑战（参见本章开始有关发展中国家目标部分）。常设委员会会议特别评述 WIPO 最新举措，以帮助发展中国家迎接那些挑战。讨论的主要主题是：WWA 工作中人力资源的培养；帮助最不发达国家；版权及相关权集体管理的发展和促进（特别是发展区域系统）；促进各领域的知识产权创新以刺激经济发展和文化；传统知识新的利用途径；遗传资源和民间文学；为了支持上述举措，需要有使得发展中国家从最新的信息技术中充分受益的措施。常设委员会每两年举行一次会议。

3. 与知识产权有关的发展合作

3.230　WIPO 在知识产权领域发展合作活动的目标是在以下方面帮助发展中国家：

——培训政府官员和私营机构代表，如律师、代理人、版权及相关权领域集体管理组织的工作人员；

——为制定新的或修订已有的知识产权法规提供法律意见和帮助；

——建立和加强知识产权机构和其他相关机构；

——促进本土创新、发明和创造活动；

——利用专利文献中的技术信息；

——为立法者和司法部门制订方案；

——促进当地企业和教育机构的知识产权保护意识。

培训

3.231 WIPO 培训计划包括各类每年定期和专门的课程，在一些发达国家和发展中国家，会举办针对政府官员和其他人员的集体培训、定期研讨会、讲习班；以及会举办发展中国家政府官员和其他人员参加的其他形式的全国性、次区域和区域层次的会议。此外，提供给发达国家和发展中国家从属于知识产权机关和其他机构的政府官员的实践培训，以及派遣中高层级官员参观考察上述机构。在一些国家 WIPO 还组织由国际专家负责的在职培训。培训的层次从基础性、入门性课程到为知识产权管理机构负责官员的进修课程、专业性课程。

3.232 除了国家知识产权部门工作的政府官员，培训课程的受益者还拓展到其他类型人员。包括私人律师和执业者，研发机构、企业和集体管理组织的工作人员，司法机构的代表，执行机构的官员（如警察，海关人员，商务部、外交部以及其他处理知识产权相关问题的人员）。

3.233 在发展中国家的部分大学开展知识产权法的教学是可取的做法。国际局已经为发展中国家的大学教师提供了奖学金机会，以帮助他们检验课程和课程内容，实现大学层次介绍和加强该门课程。这意味着要对培训师的培训给予更密集的投入。

3.234 对发展中国家政府官员和其他人员培训使其了解知识产权各领域知识并加以实践的目的，是为了他们能够有效组织和管理其本国的知识产权制度。培训活动占据了 WIPO 发展合作计划的重要部分，这是因为无论法律和机构建立得多么好，如果没有合格的人员来实施都很难发挥作用。

法律咨询和援助

3.235 近年来，在世界各地的发展中国家都逐渐致力于将知识产权作为发展进程有利工具。知识产权法律是否满足该国的需求是有效知识产权制度的前提。

3.236 基于上述原因，WIPO 收到很多相关立法请求：对此前没有知识产权立法的情况，请求对制定法律草案提供咨询意见；对现行法律不适应本国经济需求和重点发展的，请求对法案修订提供咨询意见。除此之外，此外，加入国际条约要求各国对其立法进行修订，从而使之符合这些条约所制定的保护要求。

3.237 根据国家政府的请求，WIPO 针对政府所提供的立法草案提出意见，或者依据该国政府的愿望并考虑该国的需求准备立法草案。上述愿望和需求将通过 WIPO 专家的调查和咨询来落实。之后草案文本送交相关当局以供研究和评论。然后，通常由相关主管机构和 WIPO 专家之间为明确和改进文本进行书信交流或互访。

3.238 法律援助由 WIPO 国际局按照以下两种形式提供：示范法的起草和协助制定本国法规。国际局已经制定了很多示范法供发展中国家使用。这些文本在国际局提供的草案基础上，由发展中国家和发达国家的专家经会议讨论形成，一般都将其提交给成员国供其评论，随后经政府专家会议通过。

3.239 此外，WIPO 已经制定示范法，并为发展中国家编制了各种指南，帮助它们处理专利、商标、工业产权、知识产权许可、版权和相关权、实施条约、依据《伯尔尼公约》实施翻译许可和复制许可程序以及传统知识和民间文学表达形式保护等。

组织协助

3.240 对所涉国家而言，法律制定完成并不是法律的结束。它提供了一个重要的框架，使知识产权制度得以运行。法律的实施和运用势在必行，因此适当的行政机制和程序是必须的。

3.241 同样在该领域，WIPO 拥有相当的专业能力提供给政府和机构。WIPO 的专家，被派往各请求国，以针对多种事项提供现场咨询意见，包括建立、分流和自动化程序、组织系统筹备、购置适当设备，包括计算机软硬件、获取所需技术文件、建立与外部机构联系、评估工作人员要求和培训需求、利用办公空间和确定合适的费用计划。在版权和相关权领域，WIPO 特别关注建立和加强集体管理组织，这种组织能够承担保护作者、作曲家和表演者的权利和利益，收取和分配作品使用费；并且能够促进教育和文化；协助参与国际间文化交流。

3.242 通常情况下，上述行政改进和变化由 WIPO 与当地政府部门协商安排，经过一段时间的运行，以决定优先次序和现有资源。

3.243 知识产权行政管理制度只有服务公众才能起到作用。在很多国家，知识产权制度没有发挥其全部作用，部分是由于公众，包括创造者和商业界并不了解该制度在发展过程中所能提供的优势和发挥的作用。WIPO 因此组织了一些会议，从建立知识产权意识入手，通过回答基本问题提高知识产权意识，这些问题诸如：什么是知识产权，主要构成要素有哪些，知识产权如何有助于贸易、技术发展和文化发展，如何在国家层面运用和保护知识产权。

促进本土创造、创新和发明

3.244 如前所述，发展中国家长期以来已经认识到知识产权在技术、经济和文化发展中所发挥的重要作用。知识产权法提供的保护导致了更多的创造、创新和发明，更多对科技领域研发的投资和投入，导致技术进步，并因此提高了工业产出量，能够更多地接触到来自国外的创造，在文化和教育氛围中促进整体发展。

3.245 没有本国的知识产权制度，对一个国家来说就很难激励和保护本土的创造和创新。政府可以在 WIPO 专家的帮助下，设计如下途径，如鼓励当地企业家和企业、本领域国家协会的创造、对保护程序的法律建议、财政支持和刺激、对发明人和创作者的公开承认、通过竞赛提供奖金等。通过大规模参与全国性活动、竞赛和学校俱乐部，激励公众意识和对知识产权的运用。一个例子是，自 1979 年，WIPO 建立了针对发明者和创新者的奖励，该奖励已经被发展中国家广泛运用以鼓励发明行为。

3.246 在此之后，自 2001 年又新设了两个新的奖项。一个是 WIPO 创造奖，颁给个人和团体，以表彰其创作力、技术技能和想像力导致的与版权和相关权领域的原创作品、表演和产品，包括在数字环境和相关领域开发和使用的原创作品。另一个是 WIPO 创新企业奖杯，以鼓励所有成员国的企业和公司，在其生产和商业活动中积极运用知识产权制度。

利用专利信息

3.247 WIPO 在协助发展中国家发展进程中的一项活动是指导提高这些国家从专利文献中获取技术信息的能力，通过提供必要的专利文献和培训相关检索和传播方法。

3.248 一项名为WIPO对发展中国家专利信息服务的项目自1975年启动。它的目标是依据国际局与参与的二十多个国家的（包括发达国家和发展中国家）工业产权局共同议定的协议向发展中国家的机构提供免费的专利信息服务。

3.249 WIPO对专利信息和文献中心的规划和建设给予协助和建议，这些中心是用来为发展中国家本国和本地区的机构提供服务，同时WIPO也是联合国开发计划署几个项目的执行机构。这些中心可以在现有或规划中的工业产权局内建设，或者建在科学和技术信息中心内。

立法者和司法机构项目

3.250 WIPO在国内和国际层面展开合作，以促进立法者之间的经验和信息交流，使他们在从事知识产权立法以适应变化的经济和技术局势时，能够更好地思考其本国的需求，并且找到这些需求的解决方案。这种合作可以采取国内或区域研讨会或外出考察的形式。

3.251 除此之外，WIPO努力促进司法机构的成员（各级法院的法官）的经验和信息交流，以使他们能够更好地解释和适用知识产权领域内的本国法律和国际条约，并且能够下令采取措施以防止侵犯知识产权行为的继续。这些合作可以采取国内或区域研讨会、模拟审判和外出考察的形式。

提高地方企业和教育机构的认识

3.252 人们逐渐认识到，知识产权保护制度的有效利用能够大大促进经济增长。中小型企业（简称SMEs）司成立于2000年，得到了WIPO代表大会的一致支持，旨在提高小型商业机构的知识产权意识，促进相关行动以使中小型企业以合适的价格获得知识产权。

3.253 WIPO中小企业司采取的行动认识到这些企业在加强一国经济福利中扮演的重要角色。研究显示中小型企业能够并且应该为创造就业和贸易作出重要贡献，并且最终促进经济增长。研究同时显示，只要有机会，中小型企业具有创新力和竞争力。然而，需要鼓励中小型企业充分利用现有知识产权保护制度的优势以在全球经济的竞争中有成功表现。

3.254 本项目的重点之一就是提高中小型企业对知识产权潜在好处的意识，以使得他们能够有效利用该制度。培养意识的活动是政府机构对中小型企业的责任，其他机构通过提供互联网信息来支持中小型企业。包括WIPO组织的国际、地区和国内的研讨会，由WWA提供的远程学习课程以及与其他国际或地区组织或机构联合举办的针对中小型企业的活动。

3.255 WIPO已经积极在高等教育机构提高人们对知识产权制度重要性的认识，通过与大学和类似机构的合作，提供知识产权课程。为实现这一目标，已经与一些大学和地区培训机构签订了合作协议。

4. 世界知识产权组织世界学院

3.256 世界知识产权组织世界学院（以下简称“WWA”）成立于1998年3月。这是WIPO人力资源发展的中央协调机构。WWA的总体目标是为教育机构提供知识产权教学、培训和研究服务，特别是面向发展中国家。为了实现上述目标，WWA 不仅在总部日内瓦，也在世界不同地方展开项目，并与多家学术机构和知识产权局开展了合作。

3.257 由于在成员国有关知识产权活动的水平上升，对量身打造的课程的需要也在继续稳步增加。作为回应，WWA 在 2000 年扩展了它的培训项目范围，包括知识产权制度立法、行政和执行方面的课程和研讨会。

3.258 WWA 的项目包括 3 大类，即专业培训、政策培训和远程教育。

3.259 专业培训项目为知识产权局的管理者和技术人员以及系统的其他专业用户提供中高级培训课程。这些课程不仅提供给知识产权局的工作人员，也提供给大学和研发机构进行研究工作的人员，还包括在商业和产业协会工作的人员。

3.260 在政策培训项目下，WWA 组织为政策制定者、政策顾问、发展主管、外交人员和其他团体组织会议，促进政策辩论和对知识产权制度实际意义的更深理解。这些会议还旨在提供一个信息分享和意见交流的平台，以交换各国在利用知识产权作为工具进行发展的经验。除此之外，还为特殊利益团体举办特别学院会议以处理特殊和局部议题，例如为教授们举办知识产权教学的会议，为司法机构举办知识产权执法的会议。

3.261 远程教育计划是教学方法的一个进步，随之而来具有时间和空间灵活、成本有效和获取方便的优势。远程教育课程是对传统培训方式的一种补充，也是增加培训受益者的一种方式。这些课程通过互联网送达，在线注册、师生互动、学生测试和课程检测评估制度均在网上完成。除了知识产权一般性课程外，针对知识产权具体领域的 5 个专题高级远程课程也即将推出。

3.262 WWA 与大学和其他机构合作，还组织有知识产权法的学位课程项目，例如与南非大学（南非）合作的知识产权法项目、与都灵大学（意大利）合作的知识产权联合硕士学位课程、与隆德大学（瑞典）瓦伦贝里人权与人道主义法研究所合作的知识产权法和人权的硕士资格项目。

3.263 WWA 与 WIPO 知识管理中心及电子图书馆密切合作。该中心是 WIPO 知识管理行动的催化剂并与 WIPO 图书馆合作。图书馆专门研究知识产权内容，旨在为 WIPO 和 UPOV 工作人员、WWA 的学生和外部研究人员提供研究和信息支持。图书馆大约有 35000 册专著和近 300 种期刊。图书馆的收藏进一步丰富，完成了电子期刊和电子图书的电子资源建设（其中大部分资源根据联合国机构间联合协议获得）。数据库如 Proquest、牛津参考、在线大英百科全书和 Lexis-Nexis 在图书馆的阅读服务处可以使用。

第4章

知识产权的保护

第1节　工业产权、版权及相关权的实施

第2节　知识产权诉讼

第3节　知识产权纠纷的仲裁与调解

第1节　工业产权、版权及相关权的实施

1. 引言

概述

4.1　在任何精心设置的知识产权制度中，易于应用、行之有效而且有足够资金支持的权利保护的制度安排，至关重要。在一个因技术发展而使受保护的权利比以往任何时候都更容易遭受侵害的世界里，如果权利人无法有效地行使自己的权利，那么，即使建立一个保护知识产权和传播相关信息的周密、全面的制度，也毫无意义。权利人必须能够采取打击侵权者的措施，以防止进一步侵权的情况发生，并能够弥补实际侵权所造成的损失。权利人也必须能够请求国家权力机关处理假冒仿制的问题。

4.2　所有的知识产权制度都应该辅以强有力的司法体系来处理民事侵权和刑事犯罪，并配备相当数量的具有相关知识和经验的法官。知识产权纠纷应当主要依据民法来裁决，司法部门应当尽力公正而快捷地处理这些纠纷。如果没有既能保障权利人实施权利，又能避免向其他人授予相同权利的适当体制，那么，知识产权制度就没有任何价值。

避免诉讼

4.3　一名其经营受到在先权利妨碍的竞争者，通常会采取合法的途径避免或者解决这个问题，比如，在某个在先专利保护范围的周边进行发明创造。另一种解决的方法，就是寻求一项许可，或者以一种友好的方式磋商某种协议。当然，与竞争者达成协议，公司必须非常谨慎，不能违反竞争政策规则，以避免扭曲竞争。这通常意味着，任何许可的条款，都不应包含限制竞争或不合理的规定。

4.4　一个受他人权利影响的公司，应当认真分析该权利的保护范围及其是否有效。这着重强调了对于专利权人来说非常重要的一点，即必须将权利要求撰写清楚，并充分公开发明内容。他们必须清晰地区分被保护的客体及现有技术，既不能过度贪心，也不能太过谦让。一项精心撰写的专利本身，就能够对潜在的侵权者形成威慑。这一点同样适用于其他的权利，例如商标和外观设计。

4.5　权利人是自己权利最好的保护人。对于销售其产品或提供其服务的工业和商业市场，或者应用其方法的工业和商业市场，他必须予以密切关注。他必须及时掌握竞争者的动态。如果他发现一个明显的侵权行为，不必推定该侵权行为是蓄意的（不过，如果侵权产品与专利产品完全一致或者属于假冒的话，几乎可以肯定侵权行为就是蓄意的）。他应该首先与竞争者进行联系，表明其拥有权利的状况。许多国家的专利、外观设计和商标法律都规定，权利人不能滥用知识产权，对竞争者或他们的经销商进行毫无根据的威胁，比如，当没有充分证据证明侵权行为，或者当权利期限已经届满的

情况下，而对竞争对手进行诉讼威胁，但是，他可以发出警告函，引起对该权利的关注，以使侵权者不能以疏忽为理由进行抗辩。

4.6 谈判是一种保护和实施权利的重要方式。在谈判过程中，侵权者可能被规劝改变其做法。在谈判过程中，涉嫌侵权者可能会否认其侵权行为，或者认为该知识产权没有什么价值，不应获取高额许可使用费，或者还会对拟议的许可条件提出质疑。对此，建议最好由中间人进行调解，或者对该问题进行仲裁裁决。当然，双方应当接受仲裁的裁决，并在合同中明确规定。

2. 保护工业产权概述

工业产权局的职能

4.7 工业产权局常常在工业产权制度管理上具有准司法职能，并为对该局审查中的或已经授权的权利进行质疑的程序提供一个平台。这些程序经常被称为异议程序。

4.8 “异议”这一术语可以作广义理解，它是指在工业产权局授予权利的过程中以及在授予权利之后对授权进行争辩的过程中，第三方介入的所有可能性。异议尤其可能出现在诸如专利和商标等权利的注册过程中，这是因为，对于这些权利的注册，可能存在争议。而对于版权及其相关权，则很少出现异议的情况，这是因为，在绝大多数国家，这类权利均自受保护作品创作完成之时便自动产生。

4.9 为什么这么多国家都提供异议程序？因为，即使有最严格的审查制度，这些国家也不能保证其所授予的权利都是有效的——总是存在某一在先权利被忽视或某一具体说明被误解的可能性。许多审查制度并不十分严格，使得其很可能在与在先权利冲突的情况下授予某些权利。因此，在先权利的所有人必须能够在此阶段提出反对。这当然可能是法庭诉讼。然而，从保护个人利益角度出发，异议应当是一种简捷并且低成本的方式，应当在该项权利的有效期内尽早予以解决。于是，许多制度规定，国家工业产权局可以发挥准司法机构的职能，处理异议问题，法院同样也可以裁决异议问题。授权前的异议程序，总是由各国工业产权局来负责。

4.10 其他人，例如生产与专利申请所保护的产品具有相同特点的产品的竞争企业，应当知道可能影响到他们经营的专利正在申请中的第一次机会，是在优先权日之后的18个月，即在第一次公告的阶段。相关企业，特别是那些拥有专利的企业，应当关注竞争者的活动和市场的变化，尤其应当关注在他们经营领域中的专利申请，比如，仔细审视专利局的公告和已经公开的申请。不仅对竞争者对在其专利保护范围内的技术发展是否正在寻求保护的情况予以了解是重要的，而且密切关注他们是否将公知技术或其他人专利保护的技术纳入其保护范围也是同样重要的。同时，也要对那些与专利申请一同公开的、可能影响审查结果的现有技术检索报告进行研究。

4.11 有些制度规定，在授予专利权之前必须经过正式的异议程序，或者为第三方提供一个机会，使其能够对是否应当授予专利权进行辩论。这种授权前异议程序所引发的问题是，经常会出现获得专利授权的时间被大大延迟的情况。延迟即意味着，需要专利授权以便对侵权行为进行追溯的专利权所有人，不能在短时间内完成对侵权者的诉讼。

4.12　在适当的时候进行授权后的异议是非常重要的。如果出现延迟时间过长的情况，随后专利的应用人，就会争辩前一专利所有者已经默许后一专利的授权，其结果是，前一专利所有者就不能提起诉讼。这就可能使针对后一专利所保护的产品和方法实施前一专利权变得非常困难。

4.13　在有些国家，如美国，并没有规定异议程序[1]。然而，与授权专利相关的第三方，可以请求专利局对该授权专利进行再次审查。该第三方不会成为该程序的直接当事方，但是可以提交在之前审查中可能被忽视的现有技术的资料，以引起审查员的关注。再次审查的结果可能是，驳回专利申请，或者使专利申请的撰写更加严谨。

4.14　在许多国家，根本没有异议的规定，因为该工业产权局没有相关专家。这种情况可能出现在那些不进行实质审查的国家，比如法国。如此，在法庭进行专利权撤销的程序，就是撤销或者限定竞争对手专利权的唯一方式。

4.15　许多国家都有商标注册前的异议程序。商标是以将要注册的形式进行公告的，并且允许在短期内提出异议。总之，与专利审查相比，其审查更加简明，其程序更加快捷。在英国，很少出现商标异议的情况，可能是因为具有包括在先权利检索的非常严谨的审查制度。在其他一些国家，如德国，出现许多异议的情况，这是因为在审查过程中，没有对在先权利的官方检索。所以，异议程序是在先商标权利人促使工业产权局关注其在先权利的唯一途径。

4.16　商标注册之后，在许多国家，利害关系人可以向工业产权局申请，将该商标从登记簿中予以删除或者进行修改。其主要理由之一，可能是该商标并未使用。

4.17　对于注册外观设计来说，在没有注册前异议程序的国家，利害关系人可以在该工业产权局提出撤销该注册的请求。

民事法院程序

4.18　尽管努力达致友好的解决方案，但是，可能并且的确发生了这种情况，即权利人认为，为了其现有的和未来的市场，他必须针对侵权者提起诉讼。在大多数司法管辖区内，这种情况将由民事法庭进行处理。在大多数情况下，针对比如所保护的某一专利的权利要求，是否属于已经确定的权利要求范围之内的问题，以及针对指控的侵权，是否确实落入有效的权利要求保护范围之内的问题，将会产生许多争议。谈及商标，争诉也涉及注册的范围，以及被诉侵权标识与在先商标是否混淆性相似。侵权者可能有许多理由认为他们应当免责。绝大多数专利侵权并非是毫无创造性的模仿，但是，正如可以提出证据加以证明的那样，专利侵权利用了被侵权专利受保护的创意，因此，应当根据专家的意见确定是否构成侵权。

4.19　在普通法国家的专利侵权诉讼（大陆法国家的程序和术语在某种程度上有所不同），专利权人直接通过律师，准备向被控侵权者发出的书面令状或者控告。在书面令状中，专利权人作为原告，将具体指出被指控侵权的性质以及寻求的补救方法。在绝大多数情况下，都会请求发出禁止令，禁止涉嫌侵权人（被告）继续从事侵权行为，

---

[1] 译者注：美国专利法于2011年进行了修改，涉及相关专利申请或审查的争议程序，请参考美国专利法第10章“可授予专利的发明”和第12章“专利申请的审查”等相关具体规定。

并且给予损害赔偿。被告通常都会收到书面令状，并发出他打算进行辩护的通知。如果他不进行辩护，原告可能立即有权获得一个最后的或中间的裁决（对该事项的裁决，但是不对损害赔偿等问题进行裁决）。如果被告进行辩护，而且这个问题没有在庭外解决或立即处理，那么将会交换诉状，一方面叙述所主张的事实，另一方面进行辩护或反诉。诉状的目的是准确地界定争议的问题，排除双方已经同意的或者不相关的事情。双方来来回回，可能花上好几个月的时间。反诉可以宣称专利无效，对此需要专利权人进行辩护。一旦答辩完成以后，原告可以发出寻求指令的请求。该指令由法官发出，涉及证据开示和审查，以及审讯前的一般准备工作。法院向对方发出审查证据的通知。一方可以书面问题形式提出质疑，另一方必须在审讯之前，以誓言的形式予以答复，比如经过宣誓的书面证明。

4.20 值得注意的是，只有一小部分案件真正地进入到审判阶段，其他案件由于时间、精力和费用等原因，中途就庭外和解了。

4.21 如果案件涉及复杂的科技问题，在法庭上就要花费非常长的时间，需要传唤专家证人，并由双方进行质问及交互质问。在法官作出的经过推理分析的判决中，他可以作出各种裁决。除禁止令之外，法庭可以根据侵权的具体情况来判定损害赔偿，也就是根据侵权行为所造成的销售和市场损失来判定赔偿额。作为损害赔偿的另一种选择，法庭可以将侵权的账面利润判给专利权人。被告来自侵权所获得的所有利润，都可能返还给专利权人。法庭还可能发出一份强制令，要求被告将所有包含专利发明的产品或物品交给专利权人，或者予以销毁。最后，专利权人可能获得一份证明，证明其专利是有效的，并遭受过侵权。

刑事诉讼：假冒产品

4.22 正如上面所提到的，专利诉讼主要是侵权的民事诉讼。就商标和版权案件而言，以上所解释的与民事诉讼相关的许多程序，都适用于普通的侵权诉讼，但是，可能发生的严重的假冒和盗版刑事犯罪则另当别论。经销商可能有意地制造、批发或销售带有某种商标的商品，而使用该商标并未得到商标权人的许可，或者该商品是非法的复制品。

4.23 能够引起有关部门对假冒行为予以关注的途径有几种。权利人自己可以发现分销商或零售商经销假冒商品，并将该经销行为报告给警方。根据商标法律具体授权，可以对经销假冒商品的经销者采取行动的执法官员，也可以对假冒行为进行调查。他们的权限可以使他们处理版权违法行为。在定罪时，假冒商品的经销商可能面临严厉的惩罚，而且，通常会查处与没收所有的违法产品。对于受版权保护的物品，比如录音磁带或压缩光盘，警察是正规的执法机构，并且会根据法定权利人的投诉采取行动。由于需要获得搜查令并进行核对，他们往往会超过24小时才能采取行动。

4.24 另一种针对假冒商品采取行动的方式，就是在进口的输入港口采取行动。如果某个商标权人发现，交付运输的假冒商品正在去往该国家的路上，他可以向海关报警，海关将会密切关注该货物，当货物到达时就予以扣押。接下来，就可以向进口商提起诉讼。

3. 专利权的实施

4.25 在大多数制度中，专利是一个可以由法庭予以保护的权利，通常是防止对获得专利的发明进行生产、销售和使用。正如许多人认识的那样，它不允许实施获得专利的发明，但是由于国家安全或公共健康等其他原因，可能受到限制。要制止未经授权的生产、销售和使用该发明，需要向法庭呈送申请，因此，法庭可以颁发适当的令状制止侵权。然而，实际上，这个程序并不比想象中的那样简单。

确定专利权的范围

4.26 当考虑专利权的实施时，专利权人首先必须确定他所获得的专利是什么。如今，所有专利制度都有一个特点，即，一个专利必须既包括权利要求和具体描述的说明书，也包括权利要求书及所需的附图（各种内容的称呼，取决于具体法律的专业术语）。在大多数制度当中，权利要求书具有非常重要的意义，因为它们决定寻求保护的范围，以及最终通过专利所授予的权利。说明书和附图用以说明权利要求，权利要求必须得到它们完全的支持。

4.27 大多数发明者聘请专利律师为他们撰写说明书。发明者可能完全不懂说明书的撰写，特别是可能难以理解权利要求的撰写。即使专利权人对于本国授予他的专有权有些了解，他也很少准确地知道，在其他国家，对于相应的专利，他可能享有什么权利。只有当专利权人考虑实施其专利的时候，他才第一次真正理解其专利权的保护范围。

4.28 因此，实施专利权的基础，从发明人或其专利代理人撰写专利说明书，开始进行专利申请程序之初就确定了。专利局在审查过程中可以对原始措辞进行修改。发明者通常要尽量避免任何修改，因为修改会限制保护的范围，保护范围的任何减少，都会使竞争者轻易地回避侵权。如果一个竞争者能够轻易地向市场供应与该发明等同的产品，而没有侵犯该专利，那么该专利就没什么商业价值。当一名专利申请人为了消除反对意见，顽固地坚持阻止修改其专利要求，而不是试图通过争论来处理该反对意见的时候，专利局的审查员应当清楚地了解其意图。如果接受修改，可能会使该申请较早地获得专利授权，但是，这也可能会成为一个商业价值不确定的专利权。

评估专利的有效性和侵权

4.29 在已经确定了专利权的范围后，专利权人接下来的工作就是判定是否存在侵权。在决定将自己置身于专利诉讼的财务风险之前——专利诉讼可能是所有形式的诉讼当中最费时、最昂贵的诉讼之一——一名专利权人，除非极为富有并且不在乎资金，他必须去做成功与否的预测。

4.30 专利权侵权案件很少是仅仅涉及侵权的。专利像其他形式的知识产权，不仅仅影响争议的双方，也影响到普通大众。由于这种情况，人们通常认为，一个可能被证明无效的专利，是不能予以实施的。尽管专利申请经过审查的过程，但是任何一种专利制度都不能够保证某一授权专利的有效性。因此，在专利侵权诉讼中，被告常常会以反诉的形式，另外提出专利无效的辩护，即该专利是无效的，因此，即使构成侵权，也不应当给予保护。有些司法管辖区，专利侵权与专利有效性问题，是一并审理的。而在其他司法管辖区，专利的有效性问题，则由另外不同的法庭进行审理，或者可能提交给专利局裁定。

4.31 正因为无效专利不能予以保护的原则，在诉讼程序的任何一个阶段，在某些司法管辖区甚至是在审判期间，专利诉讼的被告通常可以提出无效的证据。结果是，在保护专利的诉讼过程中，专利权人的地位往往会恶化得像一个被告那样，进行多个检索并频繁地寻找与专利有效性相关的证据。

4.32 正如以上所述，对侵权进行审判的法庭的任务，是判定专利所确定的保护范围，及指控的侵权行为是否落入所确定的范围之内。在专利权有效性的判定上，法庭（或判定专利有效性的任何审理委员会）应该针对为了判定侵权而已经确定的相同的保护范围，并考虑被告提供的证据是否针对专利权人所主张的保护范围，以及在多大程度上，足以证明专利权的无效。在这两种判定中，几乎总是会产生不同的问题。然而，这两种判定，几乎总是从权利要求书的用语解释上开始。

4.33 如果需要根据说明书（或者说明及附图）进行解释，往往会产生一个问题，即权利要求书现有的措辞，是否能够确定一项包括涉嫌侵权对象的发明的范围。比如，权利要求书中可能包括“弹性”这一特征。如果涉嫌侵权装置没有弹簧，而是由一个在某些方面像弹簧的坚硬的橡胶管代替，那会侵权吗？不同司法区域的司法部门，会根据他们的法律对确定发明所规定的程序，对这类问题有不同的处理。另外，许多法庭请求或者需要专家在争议的技术问题上给予指导，如依上例，一个坚硬的橡胶管可以被看做是落入“弹性”这一技术特征范围之内。

4.34 事实上，在许多专利案件中，技术内容是相当复杂的，解决争议的技术问题，不仅可能牵涉一个或者多个专家证言，还可能需要实验证据。比如，对于一个已经授予专利权的、包含一个气体等离子切割喷枪发明的侵权案，权利要求包括了一个技术特征，即当这个喷枪工作时，确定喷枪的工作状况。为了证明侵权，就要进行一项实验，确定喷枪中等离子气体的温度变化率。在喷枪中插入一个探头，就会改变气体通过喷头的流向，继而影响温度变化率。一个更好的评价方法是热成像，但他的成本太高。当事人一方做完实验不久，就会迫使另一方自行进行实验，检查第一组实验的证明力，或者反驳第一组实验。

4.35 通过由专家证言及实验证据支持的论证，法庭将得出一个是否侵权的结论。但是，大多数专利包含着数个权利要求。包含数个权利要求，就为专利权人提供了防止侵权的额外保护。如果一项权利要求被认定为无效，专利人仍然可以根据另一项有效的权利要求，成功地制止涉及该项权利要求的侵权。当诉讼中的专利有数项权利要求涉及专利权人指控的侵权时，法庭要分别考虑每一项权利要求是否遭到了侵权。

4.36 为了解决专利有效性问题，需要提供相似的专家证言和实验证据。就以上述“弹性”的例子而言，就可能出现这种情况，即被告可能出示在专利日期之前，公众就已经知道使用一种在某种程序上类似弹簧的有弹性的结构材料。就判定侵权而言，法庭将必须判定，已经公知的信息是否足以使权利要求无效；以及所有的权利要求都要进行这样的判定。

专利诉讼费用

4.37 在审讯中，有关侵权和专利有效性的意见及证据，无论是以书面形式或口头形式提出的，或者是两种形式都有，专利纠纷中的当事人将会发现他们陷入了对此事冗长的审讯及为法庭准备相应的材料当中。进入审判阶段的案件，主要是那些有争议的案件。当事人双方都希望获得有利于自己的判决，这无形当中就扩大了双方的争论。当专利纠纷发生在商业价值高的领域，并且由于绝大多数纠纷是高成本的，尽管意义不大，如果是显得对解决争议有用的，当事人双方都会在该纠纷中提出各种观点。由此而产生的费用就自然出奇得高。

4.38 这的确是专利实施中的关键问题。尽管当事方在开始诉讼的时候，对相关费用进行了仔细的推测，由于在案件发展过程中不断出现新的问题，他们总是不得不增加费用。请求专利保护，或者针对专利保护进行辩护，出现这种情况的原因，是人们希望获得商业利益，也就是说，想挣钱。对于这种商业利益，必须与诉讼成本进行比照，经常不断地予以审核。

4. 版权及相关权的实施

引 言

4.39 近几年来，实施版权和相关权利的国际标准发生了巨大的变化，这种变化主要由两个因素导致。第一，是创作及使用（经许可的及未经许可的）受保护素材（包括受版权和相关权保护的著作和作品）的技术手段的提高，包括数字科技的来临，使得任何一种以数字形式存在的信息的传播和完美复制成为可能。第二，是在国际贸易领域，受知识产权保护的商品和服务的经济重要性日益增强。简而言之，含有受保护的知识产权的商品的交易，在世界范围的贸易中飞速发展。

国际版权和相关权公约中的实施条款

4.40 尽管世界知识产权组织管理的国际版权和相关权公约中没有广泛的实施权利的规定，但是，在这些公约之中，却明确地规定了成员国为实施权利提供足够保障的义务。《伯尔尼公约》就包括实施权利的两项具体规定，一方面，第 16 条第 1 款和第 2 款规定，对作品的侵权复制品，在作品受法律保护的伯尔尼联盟任何成员国应予扣押，既使该复制品来自对该作品不予保护或者停止保护的国家；另一方面，第 13 条第 3 款规定，扣押未经进口国家的作者或其他版权人许可的音乐作品的录音制品。

4.41 《伯尔尼公约》《罗马公约》和《录音制品公约》也间接规定，要求这些公约的缔约国规定实施权利的措施。例如，《伯尔尼公约》第 36 条第 1 款规定，“本公约的所有缔约国承诺，根据其宪法采取必要措施保证本公约的实施”；第 2 款规定，“不言而喻，一个国家在受到本公约约束时，应按照本国法律使本公约的规定付诸实施。”《罗马公约》第 26 条第 1 款和第 2 款也有相同的规定。《录音制品公约》第 2 条要求各缔约国，保护录音制品制作者，防止未经该制作者同意而制作复制品和防止此类复制品的进口和发行；该公约第 3 条规定，由各缔约国确定实施的方式，可以选择以下一种或多种方式：版权或其他特定权利（“相关权”或“邻接权”）、不正当竞争或刑事制裁。

实施权利的国际标准的发展

4.42 很明显，如果成员国国内法中没有规定实施权利的相应措施，《伯尔尼公约》《罗马公约》和《录音制品公约》中的上述规定就难以实行。在今天这个时代，在实施权利的适当及现代标准方面，仅仅依靠这些规定，已经不足以为缔约国政府提供明确的指引了。于是，在许多领域，实施权利的新标准开始发生变化，在这方面，世界知识产权组织作出了积极的努力。

4.43 从20世纪80年代开始，世界知识产权组织已经非常关注权利的实施问题。以下一系列的事例可以说明：1981年和1983年，举行了两次关于盗版问题的世界知识产权组织国际论坛；1986年到1988年，通过关于各种作品的一系列会议，提出了打击音像作品、录音制品及印刷作品盗版措施的更广泛并更详细的建议；1988年召开了一个正式的专家委员会会议，详细制定了反盗版和反假冒的措施，其成为世界知识产权组织国际局起草《世界知识产权组织版权示范法》草案的参考资料，并在1989年和1990年的专家委员会上进行了讨论；1992年，由专家委员会讨论的《世界知识产权保护录音制作者示范法》草案，包含了实施权利的具体章节，并规定了保护措施、民事补救和刑事制裁，包括禁止滥用版权保护技术措施的处罚等。

4.44 从上述20世纪80年代以来的一系列活动中所获得的经验，都体现在专家委员会的工作当中，其工作包括，从1991年开始的制定《伯尔尼公约议定书》，及从1993年开始的制定一个关于保护表演者和录音制品制作者权利的可行的国际文件。自然而然地，关于权利实施的规定，成为两个委员会讨论的重要内容。这些讨论成为导致1996年外交会议召开的因素之一，该次会议通过了《世界知识产权组织版权条约》和《世界知识产权组织表演和录音制品条约》（将在第5章予以介绍）；这两个条约都包含了实施权利的规定。

关于实施权利的国内立法

4.45 适用恰当的、临时的（保护）措施，是任何有效实施版权的机制中必不可少的组成部分。这些措施最重要目的，就是阻止侵权及扣押可能用于（进一步）侵权、能够成为主要证据并且如果不将其置于法庭控制之下就可能灭失的侵权复制品、复制设备和其他的工具。这些措施必须是单方面采取的，如果事先通知被告，将会产生消极效果。

4.46 特别是，权利人应该能够获得临时诉前禁令，以阻止侵权行为，防止损害扩大。同时，法庭也必须能够下令搜查、暂时没收和扣押可疑的未经许可的作品和其他受保护对象的复制品、包装材料、制作复制品及文件的工具、账簿或与该复制品相关的商业文件。

4.47 民事救济的目的是：（1）对侵权造成的损害给予赔偿；（2）（特别是通过销毁或正常商业方法之外的处置）恰当地处理侵权的复制品；（3）恰当地处理用于侵权活动的工具；以及（4）为了防止进一步侵权而发出禁令。无论这种侵权行为是故意的还是/或者是出于获利的目的，这些救济总是适用的。

4.48 民事救济并不总是足以发挥阻吓作用。当一家工厂把侵权当成一种生意来做时，法院和执法机关将其关闭之后，它可能会在其他地方重新开业。因此，应当对于故意及以营利为目的的侵权予以刑事制裁，而且制裁的程度应该明确表明，这种侵害版权的行为是严重的犯罪。通常，刑事制裁也更加适用于出于营利目的的重大疏忽的侵权案件，因为很难证明这种侵权是故意的。对于累犯加重处罚也是正当的。施加的刑事制裁应该包括罚金和监禁，而且，根据案情，法庭应当能够给予侵权者双重惩罚。

4.49 在某些情况下，防止复制唯一可行的方法，就是所谓的“复制保护系统”或“复制管理系统”。该系统由技术设备组成，或者完全防止进行复制，或者使做成的复制件的质量差到不能使用。技术设备也被用于防止接收加密的商业电视节目，除非使用解码器，想要收看的人，必须购买或租用该解码器。然而，绕开复制保护系统和复制管理系统的设备，以及加密系统的设备，尽管是非法的，但在技术上是可能的。一旦这些设备被非法地制造、进口和分销的话，就会破坏作品的正常利用，并且会对这些作品的作者或作品的其他版权所有者造成严重的损害。这种行为侵害了受保护的权利，应该像制裁其他侵权行为一样予以制裁。

边境措施

4.50 盗版绝不是仅在一个国家的行为，即在一个国家侵权复制的产品，并不仅在该国销售。它也正是一个国际性的行为，大量的侵权复制品在一个国家制造，并被运到世界另一端的另一个国家销售；被运到另一个国家的大量侵权复制品，严重损害了正常贸易，在某种程度上，迫使国际性公司不断从该市场撤离，并使培养当地人才的投资日益枯竭。正是出于这个原因，制止侵权复制品进入市场是至关重要的，而且，确保予以实现的规定是现代版权立法的基本特征。对于这个问题，已经引起了极大的关注，TRIPS（参见第5章）第51～60条对边界措施作出了规定。同时，世界海关组织也制定了实施这种措施的示范法。

4.51 边境措施是为了阻止侵权产品或者合法的但是违反进口管理制度的产品进口到相关国家。这是制止侵权行为的有效的方法，因为它常常可以比较容易地在边境口岸将侵权产品阻隔在外，防止侵权产品进入该国流通。边界措施通常是由行政管理机关当局（海关部门）而不是由司法部门来执行。对待这一问题的国家立法，制定了相应的预防措施和执行程序规则，以保证相关当局公平、有效地采取行动。

4.52 提供各种保护措施可能仍然不够。当然，国家立法应该同时提供保障实施这些措施的适当程序，保证法律的执行既公平正当，又要及时有效。如国家立法必须保证版权执行程序既公正、公正、透明、迅速，而且不必复杂、高费用或难以负担，不能强加不合理的时间限制，原告和被告双方必须拥有获得相应信息的同等权利，以及陈述其案件的同等机会。

录音制品、视听作品和计算机程序的反盗版措施

4.53 盗版有许多不同的现象。如在音乐界，广义的盗版包括了常见习惯用语中使用的三种表达方式：赝品、未授权私制、盗版。“赝品”通常是指完全复制声音、影像或磁带，比如：与原产品完全一样的包装，甚至连商标都一样。这些仿制品可能是磁带，也可能是更先进的成批制作的CD。“未授权私制”是指未经相关权利人批准的现场表演和广播的录制。最后，“盗版”是指并非精确地复制原作、通常是质量低劣、标签粗糙的未经授权的音像复制品。那些越来越少了，因为人们通常需要高质量的产品。以下提到的“盗版”指的是我们现在所说的三种侵权。

4.54 一般来说，五种类型的作品、表演或产品是主要的盗版对象，即：录音制品；录像制品；计算机程序；广播；书籍。

4.55 在最近的几十年里，前三种作品或产品的盗版现象严重，因为随着现代数字复制技术的发展，这些产品很容易被复制出来。例如，现在通过个人电脑，可以快速高效地、非常容易地复制与原作相同质量的计算机程序。由于开发计算机程序的代价很大，不受控制的复制严重地伤害了权利人的利益。

反对盗版的原因

4.56 一个国家采取有效的措施反对盗版行为有几个原因。

4.57 第一个，或许是最重要的一个原因，一旦版权法所规定的权利受到侵害，就意味着作者、表演者、音像制品制作者、出版商、广播组织以及其他权利人，将受到巨大的经济损失。这不仅对收益人的个人经济利益有所损害，而且对整个社会都具有巨大的损害。因为，这种行为阻碍了创新，与版权法所保障的利益，包括国内文化产业的建立背道而驰。

4.58 应当予以关注的是，盗版危害最大的是那些获得成功的作品，它们才是盗版者唯一感兴趣的对象。在音像产业中，只有一小部分产品在经济上获利，而且，正是从这些产品上所获得的收益，该产业才能够扶持那些不怎么成功、但是或许更有价值的作品。如果这种情况遭受损害，那么该产业就不可能继续生产有价值的产品，而且产品质量也日趋降低，长此以往，将损害消费者和整个社会的利益。

4.59 应当以短期和长远的观点看待打击盗版的原因。有时，有的人会说，盗版并不一定是一个不好的现象，因为，它以低价向市场供应了受欢迎的产品。而且，有时候盗版者雇用了大量劳动力，提供了许多就业机会。还有人认为，在社会中，还有许多比打击盗版更为急迫的事情。当然，如果一个国家要维持国际声誉并加入到国际文化、信息及娱乐的交流中来，这些观点都是不正确的。

反盗版的措施

4.60 反盗版有许多措施。在某种程度上，可以通过各种版权保护设施获得保护，即制作可以用来阻止非法复制的装置（音像录制中“扰流器信号”或“水印”）。另一种措施就是涉及音乐作品的有效的集体管理，如果使用者可以较容易地通过这种组织与权利人取得联系并获得其许可，那么盗版的行为就会减少。

4.61 版权和相关权制度是授予个体受益者以个人专有权利的私法的一个分支，所以，在大多数国家，保护版权的方法是（或者已经是）受害方自己采取行动。因此，受害方可以采取的基本方法就是提起民事诉讼。

4.62 然而，在许多国家，鉴于盗版行为的迅速增加，人们的态度发生了改变。很多国家至少对于某种版权侵权，特别是盗版，采用了严厉的刑事制裁。

4.63 在许多国家，刑事制裁包括罚金和监禁，最重的处罚可以是几年的监禁。如果要使刑事制裁发挥作用，侵权的标准就要客观清晰。这就是说，尤其是要对权利予以清晰明确地界定和描述，使得社会公众能够清楚地了解，哪些事情必须经过作者或者其他权利人允许才能去做。同时，所谓的主观注意的标准也必须予以清晰地确定。至少，在一些国家的法律中，刑事制裁条款不仅适用于故意犯罪，而且也适用于那些重大疏忽的犯罪。制裁不仅适用于那些直接违法的人，而且还适用于那些帮助违法的人，例如，明知使用设备进行非法复制，仍然提供设备的人。

4.64 刑事制裁主要是起到惩罚的功能。为了保证对法律的尊重，尽管这样的功能对于社会利益和作者来说是非常重要的（当然这特别是指在盗版案件中），而至少对作者来说，同等重要的是补偿。对于由于侵权而对作者造成的损害，法律应当为受益人提供真实有效的获得补偿的可能性。这些补偿不只是对具体权利人遭受的直接损失赔偿。比如，对于该作品市场份额的损失、对于作者精神权利的侵害以及其他相关因素，作者同样应当获得赔偿；总之，要考虑侵权导致的物质和精神的损害。有时，确定准确的赔偿数额可能是很难的。无论如何，许多国家的法律都对公正评估赔偿数额作出了具体规定，不然，就由法官判定。

4.65 如果复制品通过非法生产已经存在，那么采取措施制止这些复制品和包装未经版权人同意进入市场流通是非常重要的。这在盗版案件中特别重要。理想的处理方式应当是销毁侵权复制品，除非受害方有其他的要求。另外一种处理方式，是将侵权复制品交由受害方处理。同样，如果存在用于生产非法复制品的设施可能被继续用于侵权行为的真实风险时，法庭可以命令予以销毁，或者交由被侵权人处理。对于这种情形，法庭可以发布禁令，明确禁止这种行为的继续，如果违反法院禁令，将会被处以罚金。

4.66 由于市场上的非法复制品会导致相当大的损失，尤其是在盗版案件中，应当能够采取一个重要的措施，即保全措施。这种措施是要固定或保全案件在下令保全或进行保全时的状态。这种措施具体的目的是双重的：一是制止盗版行为的犯罪或继续犯罪；二是对于盗版复制品及涉嫌犯罪或有可能实施侵害版权犯罪行为人的身份的证据，固定其状态、数量、位置、来源和证明力。

4.67 通常，只有在收到声称遭受盗版行为损害或威胁的个人或法律实体的要求下，才采取的这种措施。大多数法律规定，请求方应当承担由于采取这一措施而导致的损害赔偿责任，在必要的情况下，还应该交纳一定数额的保证金。保全措施包括：

——没收涉嫌非法复制品；

——查封制作、包装、储存或提供销售、租赁、出借和其他经销非法复制品的经营场所；

——没收用于制作或包装非法复制品的工具，以及涉及该复制品的商业文件；

——下令停止制造和经销非法产品；

——下令公开非法复制的产品来源。

4.68 由于认识到需要采取有效的措施打击盗版，一些国家在负责版权法律事务的政府部门，或者在警察机关，或者在海关，设立了专门的执法机构。另外，一些国家的国家机构，具体负责该领域的执法。它们可以代表国家机构开展调查，并把此类案件提交到法院。然而，在大多数国家，执法还是交付给通常的执法机关，即法院、警察、检察机关和海关当局。

5. 世界知识产权组织与知识产权执法相关的活动

4.69 抑制盗版和假冒等活动，具有重要的经济意义，是世界知识产权组织重要的工作。

4.70 世界知识产权组织管理着许多关于知识产权的国际公约和条约。世界知识产权组织这方面的工作职责，主要是保障管理这些国际协议的机构正常运转，并争取最大数量的国家加入这些国际协议。为了真正能够有效地制止侵犯知识产权的行为，就必须建立国际统一的法律框架，包括能够适用于新环境及“盗版”所使用的新技术设备的完备的法律规定。

4.71 世界知识产权组织也制定了新的法律规定，既针对新技术的发展，修改现有规定，也同时体现了赞同提高这些规定标准的逐步形成的共识。如数字科技对版权和相关权所产生的巨大影响。通过有线或卫星的电磁波传输以声音或视听合成录制的音乐作品的能力，使得非法复制和私人复制的问题更加严重。因为，以数字形式存储的作品，可以被无数次的复制，而与原版相比并无质量上的损失。

4.72 世界知识产权组织另一个同样重要的基本活动，是传授实施国际公约的实用知识。事实上，在国家层面适用国际条约的规定，是非常重要的。因为，激发创造力，首先需要适当的管理和落实有利于创造者的规定。在这方面，世界知识产权组织促进合作的活动特别重要。

4.73 从20世纪90年代末期到2001年，世界知识产权组织最初有两个执行委员会——工业产权执法咨询委员会和全球信息网络版权和相关权管理及执法咨询委员会。工业产权执法咨询委员会在2001年10月召开了一个会议，会上成员国提出，由世界知识产权组织秘书处进行研究并采取行动，推动在世界范围内更加有效地保护工业产权，确定保护工业产权的良好实践与做法，同时将行政管理机构在时间和费用上的负担降到最低。在2002年9月，这两个委员会被合并为一个执法咨询委员会，负责所有的知识产权执法事务。正式成员来自世界知识产权组织及/或巴黎联盟和伯尔尼联盟的成员国。2003年6月，该委员会召开了第一次会议。

◎《与贸易有关的知识产权协定》（TRIPS）的执法规定

4.74 值得回忆的是，《与贸易有关的知识产权协定》（TRIPS）作为建立WTO全部协议的一个组成部分，规定WTO成员要确保制定有效的执法程序。TRIPS也包括要求海关严控涉嫌假冒和盗版产品的规定。

第2节 知识产权诉讼

1. 引言

4.75 在很多知识产权制度中，针对专利或者商标审查员的决定，通常都设置了一些内部申诉机制。例如，在欧洲专利局、美国专利商标局都设有申诉委员会。然而，英国专利商标局没有正式的内部申诉委员会，申请人与审查员之间的争议可以交由高级官员审理。

4.76 不管内部申诉机制如何设置，在大多数知识产权制度中，法院在审理对工业产权局决定的申诉和在对侵权诉讼的审判中发挥着重要作用。

2. 对工业产权局决定的复审

简介

4.77 在大多数国家，专利局履行的是行政职能而不是司法职能。然而，由于专利局局长和注册主任有义务为适当履行自身职责而解释法律，而且必须考虑第三人的权利与公共利益，因此，专利局的决定有时被看做是神圣不可侵犯的。在一些国家，专利局局长或注册主任可以传唤证人、主持作证宣誓、要求调取文件或物品以及裁定偿付成本。因而，他们通常被看做是履行“准司法”职责。但是，不能忽略的是，专利局的决定仍是行政性质的，尽管专利局局长或注册主任履行某些职责时具有准司法的特征。

4.78 一般来讲，申诉是针对在发明专利申请程序中或者终结之后作出的决定提出的——前者叫做“授权前申诉”；针对在发明专利授权之后的决定提出的申诉，称作“授权后申诉”。“授权前申诉”仅仅涉及第三方以及发明专利所有人和专利局。有关商标局的决定，也存在着相同的申诉情况。

授权前的申诉

4.79 按照时间顺序上讲，专利局作出的第一个决定，是其有无申请日记载的决定。申请人可能会不同意记载的日期，并对这个决定提起申诉。比如，假设在某个国家支付申请费是记载申请日的要件之一，而专利局和申请人主张的申请费实际支付时间不一致。专利局认为申请费是在专利申请文件提交两天后才支付的；而申请人主张申请费与专利申请文件是同一天交付的。如果申请所主张的发明是在申请日之后公开的，专利局记载申请日的决定就很关键。如果申请人不能向专利局证明申请费是在发明公布之前支付的，那么专利申请最终会以缺乏新颖性为由而遭到驳回。因此，申请人拥有对记载专利申请日的决定提出申诉的权利十分重要。

4.80 还有一种是在初步（或正式）审查中作出的决定，申请人可以就此向法院提起申诉。在这项决定中，专利局宣布专利申请视为撤回。比如，作出这一决定，可能基于专利申请的实质缺陷没有在规定的时间内予以消除，或者申请的发明有悖于公序良俗。

4.81 申请人向法院提起申诉，最常见的是对实质审查后专利局作出的驳回申请决定。比如，作出这种决定，可能是基于申请的发明不是新的，不具有创造性或者不适于工业应用。另一种驳回申请的理由，可能是申请人未能消除权利要求或者说明书中存在的实质缺陷。

授权后的申诉

4.82 在发明专利授权之后，仍然可能会发生针对专利局决定的申诉案件。例如，专利局可能会宣布发明专利失效，因为在规定的限期内未缴纳年费。另一方面，发明专利权人可能会辩称，年费已经在规定的期限内支付，随之，可能针对专利失效的决定向法院提起申诉。在这类案件中，申诉只涉及发明专利权人和专利局。

4.83 “授权后申诉”的另一个例子，可能是针对专利局授予强制许可的决定。尽管法律作出了规定，仍然可能对专利局拒绝授予强制许可的决定提出相似的申诉。在这两种案件中，申诉会涉及三方当事人，即发明专利权人、请求授予强制许可的申请人和专利局。

申诉程序

◎ 简介

4.84 申诉程序，通常由专利法、专门法院规则、或该国一般程序规则规定的细则或规则予以确定。

4.85 在日本、德国和法国，知识产权各个部门法问题通常都适用民事诉讼法；在普通法国家，比如英国和加拿大，则适用相应法院的程序规则。

4.86 一般来说，工业产权法规定了提出申诉的时限。程序规则规定了程序进行的具体时间和步骤。这些规则经常赋予法院较大的自由裁量权，以便当事人可以提交完善的案件。例如，如果准许对予以驳回的权利要求进行补正，通常就可能无需审理即可解决争议。

4.87 通常情况下，程序规则为完成每一步骤规定了期限。例如，在接到“申诉受理通知”后的1个月内，应当向法院提交证据，申诉备忘录（或摘要）应当在之后的1个月内提交。

4.88 在普通法中，程序规则要求每一方——申诉人（提起申诉的当事人）和答辩人（作出决定的被申诉方当事人）——要向对方告知其所采取的每个步骤，并向法院提交已经告知的证据。如果申诉涉及第三方，那么相同的规则同样适用该第三方。

4.89 程序规则通常也规定，当事人如果不能完全遵守这些规则，那么还可能被允许以适当的方式提交他们的案件。例如，如果申诉人不能按时提出适当的指示，可以请求延期。在通常情况下，为促使当事人按程序进行，法律还规定了撤销案件的惩罚性措施。

4.90 在每一案件中，是否允许偏离规则，是法院的自由裁量权。在普通法实务中，应当以书面形式向法院提出不能完全遵守规则的请求，并提交支持的证据，还要通知对方当事人。对方可能同意这个请求，或者可能出庭反对该请求。在大陆法系中也有相似的程序规则。

◎ 审前会议

4.91 普通法通常规定，召集审前会议以解决审理中需要遵循的程序问题，然后可能由法院确定这些问题。在审前会议中，可能需要解决如下问题：谁有机会及依什么次序发言，需要考虑的材料，以及需要双方确认哪些事实。

4.92 由此看来，法院可能发挥一种十分实用的功能，这种功能有时被非正式地称作“碰头”。法院作为权威的第三方加入，可能解决各持己见的当事人之间的分歧。

◎ 证据

4.93 司法程序中使用的“证据”这个术语，通常是指提交给法院以决定事实问题的资料。例如，由发明人签署的将发明专利转让给另一个实体或个人的法律文书，经过专利局登记，就是这个实体或个人拥有该发明专利权的最好证据。这也称之为“直接”证据。如果这份文件丢了，那么证人提供的看见发明人签署过这样一份权利转移文书的陈述，就可能足以证明专利权转让的事实。这是第二手证据。如果能够得到该法律文书，那么就应当提交。如果没有，那么就别无选择，只有提交第二手证据。

4.94 在大部分案件中，授权前申诉中提交的证据，与授权后申诉中提交的证据有重大不同。在对驳回专利申请决定的授权前申诉中，主要的问题通常是，专利申请所主张的是不是可以授予专利权的发明。关于这个问题的证据，需要具有很高的技术要求。

4.95 在对授不授予强制许可决定的授权后申诉中，证据绝大部分倾向于排他的商业证据，有关市场竞争、市场需求、产品成本、研发、推销、利润以及许可费率。申请人还可能提交有关技术人员、设备、市场成本、预期市场和销售价格等方面的证据。

4.96 应当区分以下三种形式的证据：“书证”，即书面证据和所有的文件；“物证”，即以物品本身而不是对它们的描述来表现的证据；以及“专家证人”，即专家提供的口头证据。所有证据要尽可能以书面形式提交。如果提交口头证据，那么通常应当逐字逐句写下来，并以印刷的形式予以记录，以备权威机构的审查；然而，如果申请对口头证据进行审理，通常应当准许。

4.97 作为一般规则，当事人的陈述一般被认定为是真实的，除非未经证实或存有争议。如果是这种情况的话，法院可能需要进一步的证据。在审理开始前，可能要求支付保证金，以弥补诉讼的成本费用。这些诉讼程序可能包括听取当事人意见、请求提供信息、提交文书、证人作证、专家意见、证据审查和书面誓词。

4.98 在口头作证的场合，当事人或证人的作证，应当受到对方或法院的质询。

◎ 书证

4.99 书证可以再分为三类：历史档案、陈述和其他书证。

4.100 历史档案通常包括由说明书、附图以及权利要求书组成的专利申请书、专利局提出的审查意见及申请人的意见。

4.101 如果由于破坏发明新颖性的最新技术已经公开，使得专利局驳回了专利申请，专利局的审查意见通常会包括发表该技术的情况，以及专利局对其重要性的评价，自然也包括了专利局的决定及其理由。

4.102 申请人的意见通常包括对该公开技术的评论，即对其公开的结构、实施例和解决方案的评论，以及就申请人发明创造在解决方案的每个部分均与其不同的评论。

4.103 有时，“准备”要提交的证据还包括发明人的陈述。使用“准备”这个词是有其目的的，因为通常这个不是“证据”而是辩论。这些只是说明专利申请的客体属于可以获得专利的发明的陈述，仅仅是为达到这一目的服务的，因此不具有说服力。这种陈述不过是未经证实的观点。

4.104 可能还有其他的书证，比如实验报告、市场调查报告、照片、销售数据、主动提交的证词。还有，所有这些资料应当说明书证的来源、证明内容、提交理由并阐释其技术意义。

◎ 物证

4.105 诸如模型、最新技术所描述的设计实物和专利申请的客体这样的物证，也可以出示。

◎ 专家证人

4.106 专利申请程序中，在与专利有效性的相关问题上，当根据现有技术和知识进行判断时，往往需要专家证人对以下问题提供证据：在先使用的情况、发明创造商业上的业绩、对称职技术人员来说专利说明书的可理解性和充分性、发明创造的实用性或有用性、专利申请提交日期时一般常识的状况、技术术语的含义以及申请专利的发明创造所具有的新奇特征。

◎ 市场调查证据

4.107 特别是在商标案件中，有关“公众认知”或者公众对于特定商号、商标标识或者组合式样的认知程度的证据，都是相关并且应当采纳的。近来，有人试图把市场调查结果和市场研究报告作为有关“公众认知”的证据。对于这种证据的效力，存在一些争论。市场调查证据只能证明接受采访的个人所表达的某些观点。在不能向法院提供直接证据的情况下，它不能证明这种观点是真实的，或者他们是如何形成这种观点的。

◎ 证据的开示

4.108 在普通法系和某些民法法系国家，就至关重要的问题，出示证据要以口头宣誓或“宣誓书”的方式进行。这些口头宣誓或宣誓书要形成书面文件，并在国家官员或者裁决机构官员的监督下由宣誓人签字，保证宣誓人知道签字的后果以及做虚假陈述的惩罚。一般的法律都对提供虚假证词规定了制裁措施。

4.109 在没有第三方的程序中，这些宣誓证词通常作为认定事实的证据。因此，任何人都必须确保它们是有关联性的和真实的。

4.110 在一些国家，当涉及第三方时——比如，在强制许可案件中——第三方对证明事实有效性的证人陈述有机会进行“交叉询问”。“交叉询问”是诉辩双方对证人进行询问的程序。提问可以针对证言中任何一项内容，通常针对证词的准确性和其根据。

最终处理

4.111 裁决机构通常可能采取以下方式处理该申诉：驳回申诉、支持申诉、发回专利局重新审查，或者，如果被申诉的决定是驳回专利申请，可以修改权利要求，并指令专利局对该发明授予专利权。如果裁决机构把案件发回专利局重新审查，可以建议修改权利要求书、说明书或附图，以弥补单方或双方当事人不当之处。裁决机构行使权力的根据，通常是专利法或者其他普通的法律规定。

3. 侵权诉讼

专利侵权

4.112 任何专利侵权诉讼中的第一项任务，是准确地判定授权范围。这就要求法院分析专利说明书。一般而言，并不要求援引专家证人的证据来解释那些能够按照通常含义理解的英语词汇。唯一的例外是法院要对那些技术术语作技术性解释。同样，就权利要求而言，也不允许从说明书本身来曲解或限制英语词汇的通常含义，以图将其“纳入”侵权范围。事实上，法院分析说明书的首要任务，既不是针对被诉侵权行为，也非所谓的“现有技术”。

4.113 法院面对的第二项任务，是判定被诉侵权行为是否落入解释后的权利要求范围。通常此非易事，特别是在被告已经进行了充分的咨询情况下。在这个问题上，经常需要专家证人的证据。而且，在专利侵权诉讼中，常常会求助于科学试验以证明侵权成立，这个举证责任往往由原告承担。

4.114 专利侵权诉讼中通常使用的抗辩理由，是被诉侵权行为并未落入该案专利保护的范围。但是，比该抗辩理由更为重要的，是经常提出撤销专利的反诉。如同商标侵权诉讼那样，被告可以根据一些法律规定挑战专利的有效性：根据其预期，可以提出，专利不具有新颖性、发明创造具有显而易见性、专利权人没有充分或清晰公开实施该发明的方式、发明创造缺乏实用性、专利是基于错误的建议或陈述而获得的，或者该专利是从他人那里非法获得的。上述某些或全部理由在大多数英联邦国家的专利法规中都有规定。再者，在这个问题上，专家证人是很重要的，并且，在专利侵权诉讼中提起反诉，通常比起诉更花费时间。当然，争取撤销该专利，是被告的任务。

版权侵权

4.115 版权限制的第一个行为是“复制”。由于复制一般是指有权提供作品的复制件，即使制作一份复制件也构成侵权。复制并没有在法律中给予明确的界定，但是，它的含义与“仿制”十分相似的。所谓的复制品，是一个事实和程度问题。当复制品与原作并不完全一致时，法院必须考量相似的程度：发生侵权，就必须达到让人认为被诉侵权行为构成对原创作品的抄袭或复制相似的程度——换言之，具有原创作品的主要特征和实质内容。

4.116 在作品版权保护中，受版权保护的作品与被诉侵权之间的联系是很重要的，这也是与专利和注册外观设计所提供的完全专有的保护的主要区别。原告必须证明，被告已经直接或者间接对他所主张版权的作品进行了复制。作者必须证明，这种联系说明了两者之间的相似性。例如，如果两者都是从一个公有领域的原件进行复制的，或者是完全独立创作的，则不构成侵权。

4.117 许多制定法用一些这样的词语来界定“复制”，如“实质性复制”。究竟什么是“实质性的”，又取决于每个案件中的事实和情境，以及法院的裁量。在一个指导性案例中解释为，“被告是否复制了作品实质性部分的问题，主要取决于他所剽窃作品的实质内容，而不是数量。”另一个案例则认为“值得复制的东西，明显的是值得保护的东西。”

4.118 在确定相互关联的问题上，法院必须要做的，是裁量被告是否过分地依赖另一个人的劳动或作品。另外，要特别注意的是，版权并不保护思想（这可能适合于或不适合于专利的客体），而是保护思想表述及语言表达的方式。出于利益平衡的考虑，法院总是要留意，不要造成给予原告的思想以50年版权保护的效果。这两种保护是很不相同的。

4.119 从以上介绍中可以清楚地发现，最明显的抗辩是被诉的作品是独立完成的。其他抗辩可能有：

——尽管存在一定程度的复制，但相关作品的实质部分没有被剽窃；

——作品不再受版权保护；

——其他法定的抗辩理由，如合理使用以及为教育目的而使用作品。

商标侵权与仿冒

4.120 商标侵权与仿冒这两个问题紧密相关。如果在特定案件中注册商标被侵权，原告也通常可以提起仿冒诉讼。在过去，制止被告仿冒原告商品的一般诉讼形式是制止商标侵权。在20世纪末注册商标刚刚成为可能时，这两种类型的诉讼就产生了区别。尽管这两种类型的诉讼同时并存，但是仿冒诉讼从没有被取消过或被停止使用过。

◎ 商标侵权

4.121 这是基于争议商标在国内商标注册机关的注册而发生的法律规定的侵权行为。当然，只有当商标满足了法律规定的特定条件，并经注册机关审查后才能予以注册。商标注册要考虑以下问题，例如，拟申请商标标识的显著性、是否是独创的词汇、要注册的商标是否直接表示了商品本身的特征或质量、是否包含地理标志、是否包含姓氏之类的含义等。在一些国家，可以在商品和服务上进行商标注册。在一些英联邦国家，基于不同的考虑，仍然存在两类商标——A类注册商标和B类注册商标。B类商标适用于显著性程度较低的注册类型，并因此在诉讼中给予较低程度的保护。

4.122 商标权的证据，一般是国家商标注册机关出具的注册证副本。无论如何，注册证副本详细记载以下信息：

——商标本身及其所表现出的确切式样，特别是它是否是一个图形商标；

——商标注册所使用的商品；

——商标权人的名称和详细信息；

——注册日期；

——属于A类注册商标，还是属于B类注册商标。

4.123 商标侵权诉讼与仿冒诉讼之间的一个重要区别是，仿冒诉讼的关键是原告应当对其声誉进行证明，而在商标侵权诉讼中则不必如此。商标注册可能发生在实际使用商标并获得声誉之前；要获准注册，商标标识具有固有的显著性，并且原告将善意地把商标使用在注册的商品上，就已经足够。一旦获准注册，注册商标权人就可以对侵权人提起诉讼，而无须每次再为证明其事实上存在的商誉而费神，并为此花费代价。能够更加便捷而有效地保护商誉，是商标注册的一项主要功能。

4.124 在商标侵权诉讼中，法院经常会遇到撤销涉诉注册商标的反诉。各国商标法都规定了撤销注册商标的理由，其中也包括了商业对手在注册阶段可以主张的一部分理由。此外，还有诸如商标未使用的撤销理由。

◎ 仿冒

4.125 就普通法商标、商号或商品款式或服务模式来说，可能会发生仿冒问题，或者通过外表形式进行仿冒，即对具有显著性外观的物品，在色彩、形状或包装上进行仿冒。仿冒的本质是对他人因声誉或善意而获得的利益的不当占有。

4.126 任何可能造成损害他人商业经营活动的误导行为，都可能构成仿冒诉讼的事实基础。但是，在每个案件中，原告若想要胜诉，必须事先提出两项主张：第一项主张是，他享有一项本质上具有独占性质的法律权利；换言之，他必须证明他对其商品的特定名称或者特定商业描述或特定表现形式享有排他性的权利。第二项主张是，由于被告以一种容易导致混淆的名义、表述或表现形式销售商品，侵害了原告的上述权利，消费者很可能以为是原告的商品而购买了被告的商品。应当注意的是，除非并且只有在原告确定了第一项主张之后，才会考虑第二项主张。

注册外观设计侵权

4.127 注册外观设计与专利十分类似。它们都具有一定时限的专有权利。

4.128 比如，英国对于外观设计有以下定义：

“在本法中，‘外观设计’是指，一个产品的整体或某部分所具有的、特别是由线条、色彩、形状、结构或产品原材料或其装饰所构成的外貌。”（1949 年《英国注册外观设计法案》第 1 条第（2）款，经 2001 年《英国注册外观设计条例》第 2 条予以修改）。

4.129 换言之，注册外观设计的客体是眼睛可以欣赏的体现在物品上的东西，而不是诸如功能性特征之类的东西。和专利一样，外观设计应当先由法院作出解释，然后再考虑侵权和有效性等问题。就其本质而言，其整个过程都是靠眼睛来完成的，即靠法院的视觉来完成。在这方面，很少引用证据来帮助眼睛完成这个任务。

4.130 除了涉诉产品没有落入外观设计保护范围这个明显的抗辩理由之外，被告总是会提出反诉，以取消该外观设计的注册。如同专利诉讼那样，被告可以从现有技术的角度来寻求缺乏新颖性的抗辩，这也是一项有效的外观设计的基础性条件。但是，被告也可以通过证明这项外观设计本身体现了或者包含上述所谓功能性的特征或形状或结构，来质疑该外观设计。

4. 法律救济

4.131 知识产权侵权诉讼中可以获得的典型救济措施是各种禁令、损害赔偿和赔付利润。绝大多数诉讼都是以申请某些临时性或中间性救济开始的，并且绝大多数案件也不会跨越过这一初始阶段。

临时性救济：中间禁令

4.132 临时性救济措施对于保护所有知识产权来说是极其重要的。从某个案件的诉讼开始到最终裁判期间，利用其他有关的资料和/或信息，可以裁定对销售利润以及声誉所造成的重大损害予以赔偿。而且，侵权或者其他非法行为的特性，可能就是对所造成的损害或者利润损失，不能给予一个适当的救济。其中原因之一，是被告可能无钱可赔或者消失的无影无踪。但是，特别是在具体案件中，这些并不是损害赔偿不能奏效的唯一原因。原因通常是关于涉诉知识产权的性质和难以精确评估因侵权而遭受的损害。在这些案件中，如果被告的非法行为从一开始就得到制止，相对于该案件的其他情况来说，整个案件就可能不存在损害赔偿问题，或者实现损害赔偿的难度就会很小。

4.133 最有用效并且应用最广的临时性救济是中间禁令，其主要目的是保持现状直到对诉讼进行审理。尽管保持提出申请时的现状经常是最适当的裁定，但这不是设立中间性禁令的主要目的。法院在发出中间禁令时所关心的基本问题，是维持一种状态，使最终判决作出后，保障正义能够易于实现。因此，法院有时会裁定，将早期的状态予以保留，或者让当事人双方以其他更符合正义要求的方式安排他们自己的事务。

4.134 在数量不断增加的案件中，对于持续性侵权的威胁，中间禁令不足以保护知识产权。通常这是由于需要支持中间和终局救济申请的证据不易获得，而且通过证据开示程序也不能得到。在这类案件中，原告因为没有必要的证据而不愿意争取获得中间禁令。有时，被告会转移或者销毁侵权证据资料。近年来，英国法院采用了一种快捷而有效的获取和保存这些证据的手段。给予的救济措施，是发出一份进入建筑物进行检查并带走证据的法院令。这些法院令被称为安东·皮莱尔（Anton Piller）禁令，这可能是在获得中间禁令之前所要采取的一个必要步骤。

4.135 相似地，假如被告没有资产来赔偿裁判所确定的赔偿数额，证据搜集甚至支持原告的终局判决可能就没有什么效用。这成为一个严重的问题，其原因是，那些诡计多端的逃避义务的人不断增多、财产可以非常容易地从一个国家转移到另一个国家，以及证据是以技术手段保存等。为解决这个问题，普通法法院设计并规定了玛瑞瓦（Mareva）禁令，这个禁令就是防止被告以从辖区转出资产或在辖区内处置资产的方式逃避可能对其发生法律效力的不利判决。

终局禁令

4.136 在正常的情况下，工业产权诉讼中的胜诉原告有权获得终局禁令。禁令的签发具有自由裁量的特点，并且只有在非正常情形下才予以使用（例如，被告是救命药品的唯一提供者，或者在版权案件中，存在极度拖延的情况），而不会签发一项永久禁令。如果未能签发禁令，例如未能向胜诉的专利权人签发禁令，就等于没有认真理解有关强制许可的法律规定，而让被告根据该专利获得了一项强制许可。如果违反禁令，原告可以提出藐视法庭的申请，工业产权领域的经验表明，此类诉讼就原告而言极为罕见。

损害赔偿或者支付利润

4.137 在工业产权诉讼案件中，评估损害赔偿额，首先要求胜诉的原告在调查所受损害与被告所获利润之间作出选择。这两种选择方式当然相互排斥，因为通过审查账目，意味着原告已把被告的行为视为己出。在每个案件中的选择，会根据事实作出。例如，有时，时间可能是关键因素，在有关确定侵权责任的审判过程中，就可能会给原告提供足够的物证，使原告能够较快地查阅被告的账目。有时，被告可能会在侵权期间比原告销售更多的涉诉产品。在这类案件中，原告很可能也会选择查阅账目获利而不是调查所受损害——这是指净利润。

4.138 然而，胜诉的原告通常请求对损害进行调查的问题作出裁定。在疑难案件中，这种裁定作出后，原告可能不得不进行一个与侵权责任审判实质相同的新审判。出于这种原因，工业产权诉讼案件很少会进入到对损害赔偿进行充分调查的阶段；当责任确定之后，这些案件都趋向于和解。

4.139 在工业产权案件中，由于诉讼的诉因不同，确定适当的损害赔偿就有所不同。仿冒与商标侵权可能会像专利与注册外观设计那样一并考量。正确评估违背诚信原则造成的损失的法律观点是有分歧的，而在版权案件中，有具体的法律规定。然而，对于损害赔偿的评估，没有统一的检验标准和模式。在知识产权任何领域中的损害赔偿问题上，追求评估的任何程度上的准确性，都是极其困难的，因而，法院都会谨慎地考虑这个问题，并拒绝制定普遍性的规则。

4.140 评估损害赔偿的一般方法，是依据理论上的合理许可费：这种方法适用于当事人是竞争对手的情形，通常也适用于专利和注册外观设计案件。例如，对于已经发生侵权的损害赔偿，是以每一项侵权所应当支付的特许权许可费为基础。但是，这也会产生一些问题——特别是在原告实际上从没有授予任何一种许可的情况下。这种方法也适用于违背诚信和侵害版权的案件。另一种比较难以证明的方法，就是认定原告的销售损失；在这类案件中，原告有权请求全部的利润损失。

第3节　知识产权纠纷的仲裁与调解

1. 替代性纠纷解决方式

4.141 替代性纠纷解决方式，即 ADR，是指那些不必启动法院诉讼程序的解决知识产权争端的方法。替代性纠纷解决方式有很多。最常见的是仲裁与调解。知识产权争端也可以根据专家的意见加以解决。

仲裁

4.142 仲裁有着悠久的历史，特别是在某些商业领域。

4.143 仲裁是当事人各方自愿选择的：它要求当事人各方同意将它们之间的争议提交给一个仲裁机构。当事人各方通常在协议条款中规定把争议提交给仲裁机构。当事方通常基于仲裁机构的规则，在许可仲裁人行使权力和选择可适用的程序方面具有灵活性。

4.144 仲裁通常被认为有如下优点：快速作出裁决、做出裁决的成本较低、程序保密、非官方特点和仲裁裁决能在国际范围内得到执行的便利性。仲裁在时间和成本上的优势，部分由于在一个平台上解决发生在多个司法管辖区的争端，而不必通过各种不同的法院，也不存在常设的上诉程序。仲裁裁决是终局的。

4.145 仲裁是一个不如诉讼正式的程序，但仍然具备诉讼程序的某些要素。仲裁程序通常包括交换书面文件、提供证人和可能的专家证言、允许口头辩论的听审活动、证人和专家质证及仲裁员和当事人的询问。

调解

4.146 另外一种替代性纠纷解决方式（ADR）是调解，有时也称作斡旋。调解员是一个协助当事人解决争议的中立第三方。同时，还要求有由当事人各方同意将争议提交调解解决的协议。在调解进行过程中，当事人是自愿的：每一方都可随时终止参与调解。如果调解成功，调解结果具有当事人之间达成的合同效力。

4.147 在当事人期望保持或发展他们之间的关系并私下解决他们的纠纷的场合，调解十分具有吸引力。调解能够照顾到当事人各方的利益，而不仅仅是他们的法律立场。

专家裁定

4.148 在特定的技术转移协议中，经常发现当事人一致同意将技术争议交由专家来解决。这个专家将是在相关技术领域具有必备专业知识的独立第三方。

2. 跨境执行

4.149 很多技术转移协议是跨国的。在这种背景下，解决争议会是非常困难。如果当事人达成由法院解决他们争议的协议，就必须保证一项判决能够在他们需要的任何一个司法管辖区得到执行。

4.150 在被告的司法管辖区内，执行由原告司法管辖区法院做出的判决，可能是很困难的。这个问题可以通过在被告的司法管辖区提起诉讼程序得到解决，但是这可能不是潜在的原告可以接受的解决方案，因为他很可能对那个司法管辖区的法律、法律文化、法院系统以及语言不太熟悉。甚至，这种方法也不能解决在被告拥有资产的第三方司法管辖区执行这种判决的难题。

4.151 一般而言，仲裁裁决不会存在这种执行的难题。根据获得广泛接受的《承认和执行外国仲裁裁决纽约公约》的规定，除了有限的特殊例外之外，缔约国有义务承认和执行仲裁裁决。

3. 世界知识产权组织仲裁与调解中心

4.152 1993年9月，世界知识产权组织全体大会一致同意成立世界知识产权组织仲裁中心，即现在的世界知识产权组织仲裁与调解中心。该中心通过仲裁和调解，为解决私法意义上当事人之间出现的知识产权争议提供服务。这个中心也负责执行为解决国际互联网域名注册争议的具体行政程序（见下文）。

4.153 创设这个中心，是为了沟通经历了各自的重大改变、而非互相协作进行改变的两个领域之间的联系。这些领域，一方面是仲裁，或者更加概括地说是替代性纠纷解决方式（ADR），另一方面则是知识产权。

4.154 在世界范围内，负责仲裁的组织机构的数量，如同已经提起的仲裁的数量那样，已经有了很大的增长。同时，特别是在美国，替代性纠纷解决方式（ADR）程序的种类，在传统仲裁与调解基础之上得到发展，形成包括从正统仲裁模式、小型审判以及各种程序组合中改进的新形式。

4.155 产品技术标准的不断提高、对商品与服务销售中形象与推广的重视以及传媒的迅速增加和丰富多样，都对知识产权产生了前所未有的巨大影响。努力获得知识产权所有权证书的数量日益增长，在很大程度上是由于来自国外的申请数量的增长。这反映了市场的国际化趋势；由于企业寻求在更广阔的地理区域开拓市场，也就要求对其知识产权有更为广泛的保护。

4.156 日益增长的知识产权国际保护手段，为运用替代性纠纷解决方式（ADR）提供了新的可能性。更多权利的存在，导致可能产生大量包括这些权利的冲突。然而，通常那些有关许可和契约性协议的谈判，更注重于达成潜在商业安排的成功，而不关注交易失败所产生的后果。仲裁领域的发展，无需在意有效解决可能出现的争议的合同规定。

4.157 再者，由于存在着大量保护相同客体的不同国家和地区的权利，表明有必要建立避免在不同国家法院分别提起诉讼的争议解决程序。即使不涉及多种可在不同国家提出的诉讼请求，两个对立的外国当事人仍可能寻求中立的争议解决程序，以避免在一方所在国的法院体系内解决纠纷。

4.158 除了知识产权保护近期的发展之外，替代性纠纷解决方式（ADR）的很多传统优势在知识产权领域得到了发挥。知识产权争议时常具有的多国管辖特征，以及在单个法院解决争议的可能性，已经在上文中有所提及。需要进一步指出的是，在涉及专利、商业秘密、版权以及植物品种权所保护的高科技客体问题上，可以选择专家作为中间人是十分重要的。虽然在一些国家有专门法院，并且可以请专家予以协助，但是把争议提交给至少有一名具备相关专业知识的专家组成的仲裁机构来解决，可能效率会更高。另外，在技术秘密或其他保密信息在争议解决的过程中可能被泄露的情况下，仲裁和其他程序的保密性就显示出其优越性。

4.159 基于上述认识，世界知识产权组织仲裁与调解中心在以下四种争议解决程序中提供服务：

4.160 调解：在调解的程序中，基于争议各方当事人的请求，不具有决定权的中立的调解员、中间人，尽力帮助当事人在维护各自利益的基础上达成彼此满意的解决方案。

4.161 仲裁：是指当事人各方为达成协议，将争议提交给一个各方共同接受的仲裁员或由数名仲裁员组成的仲裁庭，依据当事人各方共同选择的法律和程序，达成一个具有约束力且能够在国际上具有强制执行力的裁决的程序。

4.162 快速仲裁：是一种其规则对程序所进行的步骤予以限制的仲裁程序，目的是，相对于常规仲裁程序而言，以较低的成本、更快地获得裁决仲裁。适用这种程序的案件登记费用和管理费用比适用 WIPO 仲裁规则的仲裁费用要低。对于低于 1000 万美元的争议，仲裁员的报酬是固定的。这个程序可能是实用的，特别是对于那些寻求法院诉讼或正规仲裁，从人力或经济成本角度来看显得不公平的争议。

4.163 上述程序的组合：当事人各方一开始同意通过调解方式解决争议；如果不能达成解决方案，任何一方当事人可以把争议提交仲裁或者快速仲裁，以求得有约束力的裁决。

4.164 有关上述四种程序，WIPO 中心所提供的服务，实质上是两类。第一，是为当事人提供 WIPO 中心管理的程序当中的一种程序的争议解决办法。在协议中，可以采用示范合同中的条款，对未来出现的争议通过该程序予以解决。根据管辖协议，当事人可以选择以下程序之一解决现实争议：《WIPO 仲裁规则》规定的程序、《WIPO 快速仲裁规则》规定的程序和/或《WIPO 调解规则》规定的程序。

4.165 第二类服务源于上述规则。根据这些规则，WIPO 中心在负责争议解决程序中，需要履行如下职能：

——协助当事人各方选任一名或数名调解员或仲裁员，如果需要的话，可以参考

WIPO中心数据库中1000多名仲裁员及调解员的名单，他们来自100多个国家，在商业、知识产权和信息通信技术领域，具有丰富的解决争议的经验；

——指导有关程序规则的适用；

——联络当事人各方和仲裁庭或调解员，以确保通信畅通无阻和提高程序效率；

——帮助当事人各方得到其他所需的服务，比如笔译、口译或者文秘服务；

——经与仲裁员、调解员和当事人各方协商之后，确定仲裁员和调解员的费用；

——管理进行该程序的财务事项，收取各方当事人预交的费用，支付仲裁员和调解员的费用，以及其他辅助服务和设备的费用，比如必要的翻译人员的费用；

——当在日内瓦世界知识产权组织进行相关程序时，免费提供会谈室和当事人休息室；

——当不在日内瓦进行相关程序时，帮助当事人各方安排适当的会谈室和其他需要的设施；

——提供保证仲裁或调解程序高效及快速进行的其他服务，或履行相关职责。

4.166 以上服务可以适用于世界任何地方。虽然WIPO规则特别适合于知识产权领域，比如解决许可证纠纷，但它们也可用于解决所有商业争议。这种程序可以任何语言及依据当事人选择的任何法律适用于世界上任何法律制度。

4.167 除提供仲裁和调解服务之外，WIPO仲裁与调解中心还组织有关仲裁与调解问题的会议，以及仲裁员和调解员研讨会。

4. 世界知识产权组织互联网域名争议解决方式

统一域名争议解决政策

4.168 随着互联网域名日渐普及和商业性使用，互联网域名与商标及其他知识产权发生冲突的情况日益增多。1999年12月，WIPO仲裁与调解中心成为第一个根据《统一域名争议解决政策》（UDRP），为争议解决提供服务的机构。UDRP由互联网域名和数字地址分配公司（ICANN）制定，根据WIPO在第一份WIPO互联网域名规程报告中的建议，UDRP设定了一套行政解决机制，以使商标权持有人有效地解决因不诚信的第三人注册和使用与其商标相同的域名而发生的争议。UDRP适用于注册通用顶级域名（gTLDs），如：.com、.net和.org，以及最近推荐的新的通用顶级域名（gTLDs）：.aero、.biz、.coop、.info、.museum、.name和.pro。作为行政性程序（并非仲裁程序），这个程序对于商标权人来说是可以自愿选择的：不管是否适用UDRP，他们都可以诉诸法院。相反，一旦请求人就其拥有的有关域名提起争议，域名注册人就必须把争议交给UDRP的程序予以解决；然而，丧失注册的一方还可以诉诸法院。

4.169 UDRP仅适用于恶意注册和使用的案件。为使一项请求得到支持，请求人必须满足以下三个条件：（1）该域名与请求人拥有权利的商标或服务标志相同或极其相似；且（2）该域名的注册人对该域名不享有权利或不拥有合法利益；以及（3）该域名已经被恶意注册并正在被恶意使用。UDRP列举出了几个恶意的例子，比如，有迹象表明，该域名是出于出售给商标权人的目的而注册，或者为了通过制造与第三人商标相混淆的可能性，将网络访问者吸引到注册人的网站而注册。

4.170 根据UDRP的规定，答辩人自WIPO中心将某一投诉已经递交到该中心的情况告知答辩人之日起，有20天时间提交答辩状。之后，WIPO中心选任一个中立的独任或三人合议庭对案件作出裁决。合议庭在二周后作出合理的裁决。如果合议庭裁定转让或撤销该域名（这些是仅有的救济措施，因为金钱上的损害赔偿在此是不适用的），登记人有义务执行该裁决，除非在合议庭做出裁决10日内，丧失域名的注册人以请求人为被告向法院提起诉讼。WIPO中心把立案通知和裁决的全部文本放在其网站上。所有WIPO的UDRP裁决，也都可以通过UDRP裁决的索引在线检索到，同时裁决中包含的大量法律和其他类型的数据也都可以查阅。公众可以在WIPO中心网站得到该索引，并能够通过案号、域名、裁决文本和法律关键词检索有关的裁决。

4.171 WIPO中心特别针对UDRP案件的提交和处理设立了一些服务措施。它制定了《补充规则》，对适当的费用等问题进行了规范。WIPO中心网站为WIPO域名争议解决服务，向当事人提供了有效的在线基础设施。它广泛地提供了列入该中心合议庭成员名单的中立调处人员的履历信息，这些成员是来自不同司法管辖区的商标和互联网专家。除原始文件、程序流程图和实务指南之外，该中心还提供提起立案申请和答辩的规范表格样式。这些表格可以通过该中心网站，以电子邮件附件的方式提交，或者以在线的方式提交。全部WIPO程序通过网络操作和管理，是合法的，使有关各方大大节省了时间（平均每案处理期限少于2个月），并节省了成本。

4.172 WIPO的非营利性收费表也体现了简便原则。程序上的花费通常全部由请求人负担，他所支付的一笔固定的费用，包括了该中心的服务费和合议庭成员的报酬。根据WIPO费用表，实际收费标准取决于争议域名的数量，以及案件究竟是由独任审理人员裁决，还是由三名审理人员组成的合议庭裁决。

新的通用顶级域名（gTLDs）

4.173 新的通用顶级域名（gTLDs）（.aero、.biz、.coop、.info、.museum、.name及.pro）注册机构，适用了争议解决程序和UDRP的大部分规定，以化解在注册起始阶段产生的冲突。这些程序的目的，就是为商标权人提供额外的途径，在引入这些新域名时，确保他们的权利能够得到保护。《用于.info域名Sunrise注册异议政策》与《用于.biz创始商标异议政策》就是这类程序的例子。更进一步来讲，受到某些目的（例如，.biz是为了商业目的而注册的域名）限制的注册机构，为了解决有关根据域名各自注册条件而产生的争议提供了具体的程序。

发展

4.174 WIPO域名争议解决服务，满足了广泛的需求。截止到2003年底，该中心根据UDRP和其他适用于域名争议解决的政策，大约处理了21233件案件。UDRP的适用范围，有可能扩大到影响知识产权其他相关权利的域名争议上。下一步的gTLDs的引入，以不同的语言注册域名的可能性，以及基于某些国家顶级域名（ccTLD）注册人员的请求而引入类似的争议解决服务，都很可能会使该中心处理有关域名争议的作用得到进一步的扩大。

第 5 章

知识产权国际条约与公约

第 1 节　《保护工业产权巴黎公约》
第 2 节　《保护文学和艺术作品伯尔尼公约》
第 3 节　《世界知识产权组织版权条约》（WCT）
第 4 节　《专利合作条约》（PCT）
第 5 节　《国际承认用于专利程序的微生物保存布达佩斯条约》
第 6 节　《商标国际注册马德里协定》及《马德里协定有关议定书》
第 7 节　《工业品外观设计国际保存海牙协定》
第 8 节　《商标法条约》（TLT）
第 9 节　《专利法条约》（PLT）
第 10 节　分类条约
第 11 节　相关权领域的具体公约：《保护表演者、录音制品制作者和广播组织国际公约》（《罗马公约》）
第 12 节　相关权领域其他的具体公约
第 13 节　《世界知识产权组织表演和录音制品条约》（WPPT）
第 14 节　《保护植物新品种国际公约》
第 15 节　《与贸易有关的知识产权协定》（TRIPS）及世界知识产权组织与世界贸易组织（WIPO－WTO）的合作
第 16 节　国际知识产权法律的不断发展

第 1 节 《保护工业产权巴黎公约》

1. 历史

5.1 20 世纪，在有关保护工业产权领域内还没有任何国际条约产生之前，由于各国法律的差异性，欲在世界各国获得工业产权的保护是很困难的。而且，专利的申请几乎需要同时在所有的国家进行，为的是避免在一国的公开导致了破坏其在其他国家的新颖性。这些现实问题引起了克服这些困难的强烈愿望。

5.2 到 20 世纪的下半叶，技术全球化趋势的加强以及世界贸易的增长要求工业产权法的和谐统一，尤其在专利和商标领域。

5.3 1873 年，当奥匈帝国政府邀请世界其他国家参加在维也纳举办的一场有关发明的万国博览会时，许多国家的发明者考虑到对展出的发明创造没有充分的法律保护，而不乐意参展。

5.4 这促进以下两方面的发展：第一，奥地利通过一项特别法对所有参加展览的外国参展者的发明、商标和工业设计提供临时保护。第二，同年，即 1873 年，在维也纳召开了“专利改革”会议。会上通过了几项决议，提出若干项有效且实用的专利原则，并且敦促各国政府“早日达成专利国际保护协约”。

5.5 维也纳大会随后于 1878 年在巴黎召开了一次有关工业产权的国际性会议。与会代表决定请求各国政府召集一次正式的国际外交会议，以便解决在工业产权领域的“统一立法”问题。

5.6 会后，法国准备了一份提议建立保护工业产权“国际联盟”的最终草案，由法国政府分送给各有关国家，并且连带着一份关于参加 1880 年在巴黎的国际会议的邀请函。那次会议采纳的草案公约大体上包含了至今仍然构成《巴黎公约》主要特征的实质性条款。

5.7 1883 年在巴黎召开的外交会议，最终通过和签署了《巴黎公约》。当时签署《巴黎公约》的国家共有 11 个：比利时、巴西、萨尔瓦多、法国、危地马拉、意大利、荷兰、葡萄牙、塞尔维亚、西班牙和瑞士。当公约于 1884 年 7 月 7 日生效时，又有英国、突尼斯和厄瓜多尔 3 个国家加入，使最初的成员国总数达到 14 个。萨尔瓦多、危地马拉和厄瓜多尔随后退出了《巴黎公约》，但在 20 世纪 90 年代又再次加入该公约。在 20 世纪前 25 年以及随后特别是第二次世界大战后，《巴黎公约》成员国的增加就更为显著。

5.8 自 1883 年签署以来，《巴黎公约》多次被修订。从 1900 年的布鲁塞尔会议开始以来的每次修订会议，均以《巴黎公约》修订案的采纳而闭幕。除了在布鲁塞尔（1897 年、1900 年）以及华盛顿特区（1911 年）的修订会议上产生的法案已经失效外，所有的早期法案仍然有效力，但是现在大多数国家多采纳较近期的法案，即 1967

年的斯德哥尔摩文本。

2. 主要规定

5.9 《巴黎公约》的条款可以划分为4个主要类别：

——第一个类别包括实体法规则，确保了基本权利，即每个成员国享有“国民待遇”权利；

——第二个类别确立另一个基本权利，即“优先权”；

——第三个类别是定义在实体法领域的一系列共同规则，既包括建立自然人和法人权利和义务的规则，又包括要求或允许成员国根据《巴黎公约》的条款自行制定出相应的法律规则的；

——第四个类别涉及执行公约的行政机构的问题，并且还规定了条约的最终条款。

国民待遇

5.10 国民待遇是指在工业产权保护方面，公约各成员国必须在法律上给予公约其他成员国相同于其本国国民的待遇。相关的规定载于该公约的第2条和第3条。

5.11 国民待遇原则同样适用非《巴黎公约》成员国的国民，只要他在公约某一成员国内有住所，或有“真实有效的”工商营业所，亦应给予相同于本国国民的待遇。然而，在宣布有效保护的国家内，公约并没有关于强制成员国国民设立住所或者营业所以作为其从工业产权受益的一个条件要求。

5.12 这种国民待遇制度，不仅保证外国人受到保护，而且保障他们不以任何方式受到歧视。没有这一条，要想在外国获得关于发明、商标和其他种类工业产权的充分保护，通常是困难的，有时甚至是不可能的。

5.13 国民待遇原则首先适用于所有成员国的“国民”。“国民”包括自然人和法人。关于法人，判定其是否具有某特定国家的国民地位可能是有一定难度的。一般而言，根据各国本国法律，不视此类法人具有该国国籍。毋庸置疑的是，一个成员国的国有企业或者其他在这个国家的公法背景下产生的实体，可以作为该成员国的国民。根据成员国的私法所创设的法人一般被看做是该国的国民。如果它们在另一成员国内有真实的总部，那么可能被视为总部所在国的国民。根据公约第2条第1款的规定，国民待遇原则适用于享有各该国法律授予该国国民的各种利益。

5.14 这就意味着，无需对互惠保护提出任何请求而自动生效。假设某一成员国的专利保护期比其他成员国的保护期限长：前一个国家将无权要求后一个国家的国民受到他们自己国家的法律规定的保护期限的制约。当本国国民运用这项制度时，不仅可以应用于立法，也可以应用于司法实践（判例）以及专利局或者其他的政府行政机构的执法行为。

5.15 然而，当使另一成员国国民适用本国国内法时，并不能妨碍其获得更多对其有利的基于《巴黎公约》规定的权利。这些权利被明确地予以保留。应用国民待遇原则时，应当以不损害这些权利为前提。

5.16 《巴黎公约》第2条第3款规定了一项国民待遇原则的例外。成员国法律关于司法及行政程序、管辖权力以及送达通知地址是明确声明保留的。这意味着仅仅有关程序的限制，因司法和行政程序特性而将特定的条件加于外国人身上，即使作为成员国国民的外国人来说，也要受到这样的限制。例如，对外国人有交付一定数额押金以作为诉讼费用的担保或保证金的要求。此外例如，规定外国人在要求获得保护的国家内，应该委托或指定一个服务处，或者委托一个代理人。后者可能是对外国人的最为普通的特别要求了。

5.17 《巴黎公约》第3条规定国民待遇原则也适用于那些在成员国国内有固定居所或者工商营业所的非成员国国民。

5.18 关于“固定居所”一词的理解通常并不仅限于严格的法律意义的解释。虽然称之为固定居所，它或多或少与永久居住地是不同法律概念，但是足以表明其内涵。法人以其总部实际所在地为其固定营业所。

5.19 如果无居所，工商业营业所的设立可以赋予一个人以国民待遇的权利。非成员国的国民在一个成员国内设立工商业营业所的概念由公约本身在条文中予以规定。它要求必须有实际的工商业行为才行。没有实际的工商业行为，只设立一个信箱或者租用了一个小的办公场所是不足以享有该权利的。

优先权

5.20 所谓优先权，是指在一个成员国内基于某个申请人对一项工业产权的申请，同一申请人（或其权利继受人）可以在一定期限（6或12个月）内，再向其他成员国提出同样的申请，其在后申请可视同在最先提出申请的日期提出。因此，这些在后申请就有关同一发明主题享有在先申请的所有方面的优先权。对在申请日之后形成的一般来讲易于损坏申请人权利或者其发明的专利性的行为，他们也享有优先权。涉及优先权的规定在《巴黎公约》第4条中体现。

5.21 优先权在实际中可以极大地满足申请人在若干国家获得保护的愿望。因为申请人可以在6或12个月内决定在哪些国家要求保护，所以他不必同时在本国和其他外国提交所有的申请。申请人可以利用这段时间根据其在不同国家内的利益，以采取不同的措施以确保其在该国获得相应的保护。

5.22 优先权的受益者可以是任何享有国民待遇的人，其在成员国之一就一项发明申请的专利或其他工业产权可以享有优先权。

5.23 优先权仅仅是基于在一个成员国内就同一工业产权首次提交的申请。因此，即使存在在首次申请基础上修改后的第二次申请，也不可以作为优先权的基础。如此规定的原因是显而易见的：一个人不能对同一主题无限期地要求优先权。如果这样做的话，事实上将极大地延长对上述主题的保护期。

5.24 《巴黎公约》第4条A款第1项明确认可：优先权也可以被第一次申请人所授权的继受人所使用。优先权的转让与在先申请申请权的转让是独立的。这也就特别承认了优先权转让给不同国家不同人是十分寻常的实际情况。

5.25 在后申请要求的优先权必须是首次申请的同一主题。换句话说，两次申请的主题应当是同一发明、实用新型、商标或者工业设计。然而，也有可能利用首次发明专利申请作为优先权的基础，以此进行实用新型专利的注册，反之亦然。根据本国法的规定，在实用新型和工业品外观设计两方面保护形式的变化可以相同。

5.26 首次申请必须是“正式申请”才能作为优先权基础。任何相当于一个正规国家申请的申请，是要求其优先权的有效基础。正规国家申请是指足以确定该申请申请日的任何申请。“国家”申请的概念也应包括按照在成员国之间缔结的双边或多边条约提出的申请。

5.27 首次申请被撤回、放弃或驳回，不会影响其优先权成立的基础。即使首次申请所形成的权利已不存在，优先权也仍然存续。

5.28 优先权的效力在《巴黎公约》第4条B款中规定。其效力可以归纳为，对于要求了优先权的在后申请来说，必须视其申请日与在另一成员国内首次申请所获的申请日相同。优先权的效力还表现为，在首次申请日和在后申请日之间，即所谓的优先权期间内的行为，均不能损害在后申请主题的权利。

5.29 根据确切的案例，这意味着针对同样发明的专利申请在其优先权期限内被第三方申请，尽管是在在后申请之前提出，第三方也无法享有在先权利。同样，在优先权期限内，即使在后申请的发明主题被公开或被公众使用，其新颖性或创造性也不会遭到破坏。基于这一点而言，公开行为无论是否由申请人或发明人本人或第三人作出都是不重要的。

5.30 优先权的期限根据不同工业产权的类型而不同。对于发明专利和实用新型而言优先权是12个月；对于工业品外观设计和商标而言是6个月。《巴黎公约》在确定优先权期限的长度时必须考虑申请人和第三方利益的冲突问题。现行《巴黎公约》规定的优先权期限似乎在他们之间达成了平衡。

5.31 由《巴黎公约》认可的优先权承认“多项优先权”和“部分优先权”的存在。因此，在后申请不仅可以要求一项在先申请的优先权，也可以同时要求几项在先申请的优先权，且每一项在先申请优先权均对应于在后申请的主题的不同特征。此外，在后申请中，要求优先权的部分可以与未要求优先权的部分相结合。无论是哪种情形，在后申请必须当然符合发明单一性的要求。

5.32 这些可能性对应于实际需求。在首次申请之后，在原始申请的主题上进一步对发明进行改进是很常见的。在上述情况中，在优先权期限内，在另一个成员国提出申请，能够将各种在先申请合并作为一个在后申请的优先权，这是非常实际的做法。即使来自不同成员国的多项优先权的合并也是可能的。

涉及专利的规定

◎ 专利的独立性

5.33 某个成员国授予其国家的国民或居民的发明专利，与在其他国家就同一发明所取得的专利是互相独立的，不论该国家是否为本公约的成员国。专利的独立性原则在公约第4条之2规定。

5.34 这个原则要广义地进行理解。当某个成员国对一项发明授予了发明专利，并不意味着其他成员国必须对同一项发明在各自国内也授予专利权。进一步说，该原则还意味着某成员国对一项发明申请进行驳回、宣告专利权无效或者其专利权已经不再维持或者终止，其他成员国不能以此为理由，将该申请驳回、将专利权宣告无效或者以其他形式将其终止。从这方面讲，一项发明专利在任何国家的法律状态，不会影响其在其他任何国家的法律状态。

5.35　支持这一原则的根本原因和主要论据是，不同国家的国家法律和行政实践通常都是不同的。在某个国家根据其法律规定作出不授权或无效专利的决定往往对于不同法律制度的其他国家没有任何影响。在某个国家导致专利权所有人失去专利权的原因是由于他或者她因未付年费而使专利终止或者因为某种在其他国家中并不存在的理由而使专利权无效，若就此对其在另外国家的专利产生同样的效果，这对专利权人是很不公平的。

5.36　关于发明专利权独立原则的特殊规定体现在《巴黎公约》第4条之二第5款。规定要求，对于享有一项或多项外国优先权的专利来说，其有效期必须与没有享有优先权的专利的有效期相同。换言之，它不允许从在先申请之日计算专利保护的期限。例如，如果一个国家的法律规定发明专利保护期从（外国）优先权日起算，而不以向该国提交申请的申请日起算，则明显违背公约的规定。

◎ 发明人的署名权

5.37　本原则是指发明人有权要求在专利证书上记载自己是发明人。本规则体现在《巴黎公约》第4条之三中。

5.38　国内法在采用若干方式贯彻此项规定。有些国家仅仅给予发明人在民事诉讼中对抗申请人或者权利所有人将其名字列入发明专利中的权利。另外一些国家——这种趋势似乎在增加——在发明专利授权程序中官方依职权强制发明人署名。例如，在美国要求专利的申请人必须是发明人自己。

◎ 进口、不实施和强制许可

5.39　《巴黎公约》第5条A款中规定了涉及专利商品进口，不实施发明专利和强制许可的问题。

5.40　关于进口的规定是，专利权人将在本联盟任何国家内制造的物品输入到对该物品授予专利的国家的，不应导致该项专利的丧失。这条规定十分狭义，因此仅当若干条件得到满足时才能适用。因此，在任何不同于此项规定的任何设想的情况下，本联盟国家对与专利有关的商品进口立法有很大的回旋余地。

5.41　这一条款适用于有权受益于《巴黎公约》并在巴黎联盟某成员国内有专利，并将其在本联盟其他国家制造的商品（含专利）进口到该国家的专利权人。在这种情况下，商品进口国，即对该物品授予专利的国家，不可以丧失该项专利作为制裁。关于此点，“专利权所有人”一词也涵盖了专利权人的代表人，或任何以专利权人名义实施进口的人。

5.42　关于进口的货物，只需要满足是在本联盟成员国国家中制造的条件。这些货物，在本联盟的国家制造，随后流通到其他国家，最终进口自一个非本联盟的成员国，也不会妨碍本条款的适用。

5.43　最后，值得一提的是在第5条A款第1项中的“专利丧失”一词，包括有确实能使专利效力终止的任何措施。因此，它涵盖了无效宣告、撤回、废除、放弃等概念。根据本条款的目的和《巴黎公约》的精神，“专利丧失”的概念是否还被视为包括其他防止进口（罚款，中止权利等）的措施，应当由国家立法和法庭来决定。

5.44 关于专利的实施和强制许可，基本原则的规定包括在《巴黎公约》的第5条A款中，本联盟各国都有权采取立法措施规定授予强制许可，以防止由于行使专利所赋予的专有权而可能产生的滥用，例如不实施或者不充分实施。

5.45 以专利未实施或者实施不充分为理由实行的强制许可是一种可以防止已获授权的专利权人滥用其权利的最常见的强制手段。本公约第5条A款对此有明确规定。

5.46 一种观点认为，为促进一些国家的工业化，发明专利权不应当仅被用于在该国内阻止他人实施该发明或者专利权人垄断其专利产品的进口，因此，是否应在这些国家内强制实施发明专利的做法成为主要的争议点。发明专利的用途更应该是为这些国家引进新的技术。专利权人是否会如期实施，首先是受经济因素的影响，其次还有时间的问题。在所有的（受保护）国家实施专利是一种经济上的浪费。其次，众所周知，（一旦专利权被授予）在所有的国家都立刻实施也是不现实的。因此，本公约第5条A款规定的目的也是为了更好地平衡各方利益。

5.47 在没有超过规定的时限前，不可以发明未实施或者不充分实施为由请求强制许可。该时限为自发明专利申请日起4年届满或者自发明被授予专利之日起3年届满。每一具体情况的适用期以后届满的期限为准。

5.48 规定的3年或者4年的时限实则是最短时限。若专利权人可为其不作为提供正当理由，诸如由于法律、经济或技术障碍等原因阻碍其在该国内实施其发明专利或不能充分实施，则应当予以更长的时限。若专利权人提供的理由被证明有效，则至少在合理的时间内，强制许可请求应当被驳回。本国法律也可以在3年或者4年这个最短时限的基础上为专利权人规定更长的时限。

5.49 对于专利权人不实施其专利或者实施不充分所实行的强制许可不是独占性的，而且只能与利用该许可的部分企业一起转让。专利权人必须保留有授予他人非独占性许可的权利以及自己实施专利的权利。此外，根据企业已有的生产力，强制许可被授予指定企业，则该企业不得转让该强制许可，除非连同企业共同转让。规定这些限制的目的是为了防止强制许可的受让人利用强制许可独占市场，这就违背了强制许可的初衷，即为保证在该国充分实施该发明专利的目的。

5.50 本公约第5条A款第4项所指的强制许可以及相应的特殊规定均仅适用于对不实施专利或者实施不充分的行为。不适用于在本国法律内部规定的其他形式的强制许可政策。其他形式强制许可的授予可以用于防止其他形式的权利滥用，例如订立的专利许可合同过分抬高产品价格、附加诸多不合理条款，或者其他阻碍工业发展的限制性做法。

5.51 为了公共利益的目的，也可以授予强制许可，这包括那些专利权人并没有滥用其权利的情况，例如应军事防卫领域或者公共健康领域的需要。

5.52 还有些为了保护公共利益而授予的强制许可，即使这些情况并非出于阻碍科技进步的原因。这些案例中的强制许可是为了便于从属专利的实施。即若一项发明专利的实施必须依赖于前一发明专利实施的，那么从属专利权人，在特定的情况下，有权请求对前一专利的强制许可。如果从属发明专利权人获得了强制许可，他也有义务向前一专利权人许可自己的发明专利。

5.53 以上所述的各种强制许可情形可以归结为以公共利益为目的的强制许可类型。《巴黎公约》没有禁止国家法律自行制定有关强制许可的法律，并且国家法律不限于本公约第5条A款内容的规定。这就意味着，当涉及发明专利不实施或者不充分实施而需要实施强制许可时，只要出于公共利益的需要，可以适用本国法而不受本公约所规定的时间限制。

5.54 然而值得一提的是，想要未经专利权人授权而使用其专利主题的，TRIPS第31条还为此规定了一系列条件。

◎ 缴纳权利维持费的宽限期

5.55 本公约第5条之二规定了缴纳工业产权维持费的宽限期，以及对因未缴费而终止的专利权予以恢复的情形。

5.56 在多数国家内，一些工业产权，主要是发明专利和商标，其权利的维持主要依靠缴纳年费的方式。对于专利来说，权利维持费必须要按年度缴纳，因此称之为专利年费。对未能在缴费日前缴纳年费而导致专利权丧失的裁决过于苛刻。为此，《巴黎公约》规定了一个宽限期，在此期间即使超过缴费日仍然可以通过缴纳费用来维持专利权。宽限期为6个月，规定的是最短宽限期，各国可自行规定更长时间的宽限期。

5.57 延长缴纳年费时间的条件是缴纳滞纳金。这种情况下，迟缴的年费及产生的滞纳金都必须在宽限期内缴纳。宽限期内，发明专利权仍有临时保护的效力。若未能在宽限期内缴足费用，则发明专利权将被终止，该权利的终止日应追溯到应缴年费的最迟缴费日。

◎ 国际交通工具上使用专利的行为

5.58 本公约第5条之三涵盖了另一个重要的普遍规则，即在一些特殊的环境下对专利权人权利的限制。本款涉及了过境交通工具如船舶、航空器和陆地运输车辆上的装置设备使用有关专利的情况。

5.59 本联盟成员国的船舶、航空器和陆地运输车辆暂时或偶然通过另外某一成员国，且该交通工具上的装置设备已在该国享有专利权，交通工具的所有人无需经过专利权人的在先许可或者授权。上述情况下，专利装置的暂时或偶然过境行为不构成专利侵权行为。

5.60 所述的在船舶、航空器或者陆地运输车辆上的装置设备必须为交通工具的外壳、内部机械、滑轮组、传动装置或者其他附属设备，且其使用仅限于交通工具本身的需要。

5.61 规定不属于侵权的行为仅限于使用专利装置本身。不包括在上述交通工具上制造专利装置、向公众出售专利产品或依照专利方法生产的产品。

◎ 在某些国际展览会中对专利的临时保护

5.62 本公约第11条涵盖了另一个重要的普遍规则，即对于在国际展览会上展出的物品给予临时保护。

5.63 本公约第11条的基本原则是在不违反国家法律的情况下，成员国国家有义务对在任何成员国国家领土内举办的官方的或经官方承认的国际展览会展出的物品中可以取得专利的发明、实用新型、外观设计和商标，给予临时保护。

5.64 可以规定不同的临时保护方法。一种方法是给予特别的优先权，这与本公约第4条的规定类似。该优先权自展览会开幕之日或者自物品展出之日起算。可以规定自起算日起一段时间，如12个月，如在此期间内未申请保护，则优先权终止。

5.65 另外一种方法在许多国家的法律中被采用，特别是对于发明专利而言，其规定为，在专利申请日或优先权日前的一定时期如12个月内，不因在国际展览会上的展出而丧失其新颖性。当选择了这种方法，重要的一点是在此期间内，对发明人或其他发明拥有者的保护还要防止第三方的滥用行为。特别是要保护展览其发明的拥有人的权利，第三方不得以申请专利为目的模仿或篡夺该被展出的发明的专利申请权。发明的拥有人还应受到不因展出其物品而被第三方公开导致丧失新颖性的保护。

5.66 本公约第11条仅适用于官方的或经官方承认的展览会。当需要寻求此保护时，各成员国有权对此款自行解释。据本公约第11条的规定，所称的"官方"展览会指国家或者其他公共单位组织的展览会，"经官方承认"的展览会是指虽非官方主办但至少是经过国家或其他公共单位官方承认的展览会，若有来自不同国家的物品被展出则可称之为"国际"展览会。

涉及商标的规定

◎ 商标的使用

5.67 本公约第5条C款第1项、第2项和第3项涉及商标的使用。

5.68 本公约第5条C款第1项涉及注册商标的强制使用。一些国家规定，一旦商标被注册，须在一定时期内使用。若未按规定使用商标，则可以取消商标的注册。据此，"使用"的通常含义为销售具有该商标的商品，然而，本国立法可以规定更广的范围和行为，商标的使用应符合相应的国家法律规定。本条指明若需要强制使用，只有经过合理长的期间且商标所有人不能证明其不使用有正当理由的，才可以取消商标的注册。

5.69 "合理期间"的定义由各国立法自行确定，或者由有权处理此情况的单位来确定。此合理期间的确定旨在考虑到在多数情况下商标权人要在多个国家内使用其商标，应给予商标权人足够的时间和机会来安排对商标的合理使用。

5.70 若法律或者经济环境的影响超出了商标权人可以控制的范围，其合理的不使用行为可以被接受，例如具有某商标的商品因不符合当地政府法律法规的规定而被禁止或延迟进口的情况。

5.71 本公约第5条C款第2项还规定，商标所有人使用的商标，在形式上与其在成员国国家之一所注册商标的形式只有细节的不同，而并未改变其显著性的，不应导致注册无效，也不应减少对商标所给予的保护。本规定旨在允许注册的商标及其使用形式可以在细节处略有不同，例如在某些情况下，可以在使用时对一些特定细节作适应性修改或转变。本规则同样适用于与在国内第一次注册后细节略有不同的其他形式。

5.72 注册的商标和实际使用商标之间的不同是否是显著性的，由国家主管机关作出裁决。

◎ 不同企业同时使用同一商标

5.73 本公约第5条C款第3项涉及商标共同所有人的两个或以上的工商企业，在相同或类似商品上共同使用同一商标的情况。本条规定，这种共同使用行为不应妨碍在本联盟任何国家内注册，也不应以任何方式减少对该商标所给予的保护，但以这种使用并未导致公众产生误解，而且不违反公共利益为限。如果使用相同商标进行销售的商品对其来源误导了公众，或者商品的质量不同而有悖公众利益时，则应停止这样的使用。

5.74 然而，本条并未涉及非商标共有人同时使用相同商标的情形，例如商标所有人与其授权使用者或者特许经营人同时使用的情况。这些情况由本国制定法律法规进行规范。

◎ 缴纳商标续展费的宽限期

5.75 本公约第5条之二规定了应给予缴纳工业产权维持费的宽限期。对于商标权来说，本规定针对的主要是其商标续展费，其用于注册商标（商标权的取得依赖于商标的注册）的维持。未缴纳续展费通常会导致注册效力的终止，有些情况下还会导致权利的丧失。本公约规定的宽限期旨在减少因非主观因素而耽误缴纳续展费所导致的商标失效的风险。

5.76 《巴黎公约》联盟各国应对续展费的缴纳给予不少于6个月的宽限期，可以自行规定在此期间缴纳续展费而产生的滞纳金。此外，各国可自行规定长于本公约所定的至少6个月的宽限期。

5.77 在宽限期内，其注册仍然保持临时效力。若未能在宽限期内缴纳续展费（及必要时的滞纳金），注册的效力将终止，且该权利的终止日应追溯到未缴续展费的最迟缴费日。

◎ 商标的独立性

5.78 本公约第6条规定了在本联盟各国内商标具有独立性的重要原则，特别是在原属国内申请或注册的商标和在本联盟内其他国家内申请或注册的商标是相互独立的。

5.79 第6条的前半部分指明了商标申请和注册的基本原则，即在本联盟各缔约国内由其本国法律决定。即无论申请人是否已在原所属国注册该商标，本联盟的缔约国应当依照本国法律确定其商标的申请和注册是否符合相应的条件。申请的国民待遇原则体现了商标的独立性规则，因为商标的注册和维持仅适用于各自独立的国家法律。

5.80 本条还规定了对本联盟国家的国民在本联盟任何国家提出的商标注册申请，不得以未在原属国申请、注册或续展为理由而予以驳回，也不得使注册无效。规定明确了在本联盟国家内获得商标注册并予以维持不受其是否已在原属国申请、注册或续展的影响。因此，原属国涉及商标的事务不作为在其他国家获得商标注册的必要条件。

5.81 最后，第6条指明在本联盟任何一个国家正式注册的商标，与在联盟其他国家注册的商标，包括在原属国注册的商标在内，应认为是互相独立的。这表明，商标一旦在某个国家注册成功就不会受到其在其他国家进行相似注册后所受的决定的影响。在这点上，在某个国家内一个或多个相似注册，例如被声明放弃、终止、被放弃的行为，不会影响其在其他国家进行注册。注册是否具有法律效力仅依据各自国家的法律规定。

◎ 驰名商标

5.82 本公约第6条之二涉及的是驰名商标。本条规定本联盟各国应当承诺，对在该国已经注册的驰名商标构成易于产生混淆的商标，应驳回或取消其注册，并禁止其使用。本条的效力是延伸对成员国驰名商标的保护，即使其并未在该国内注册或使用。不仅由于驰名商标的注册可以阻止与其冲突的商标的注册和使用，哪怕仅因为驰名商标的名誉，就应该给予其特殊的保护。

5.83 对驰名商标的保护被视为合理的，理由是其在成员国内取得了良好的商誉和名望，各成员国应当给予这些所有人一定的权利。在多数情况下，注册或使用一个与驰名商标相似或易于与其产生混淆的商标，可以被视为一种不正当竞争行为，且会有损公众利益，公众可能会被那些使用易于与已经注册的驰名商标产生混淆的商标的相似或相同的商品所误导。

5.84 第6条之二所保护的商标必须为“驰名”商标，由成员国国内的具有法定资格的行政主管部门或司法单位进行认定。尽管某驰名商标尚未在该国内使用，即在某种意义上带有该商标的商品尚未在该国出售，但却由于该驰名商标在其他国家的广告，可能导致其在该国内已为公众所知。

5.85 根据第6条之二的规定，对驰名商标的保护仅限于易与其产生混淆的商标被申请、注册或用于相同或相似的商品上时，由受保护所在国的主管部门或司法单位进行认定。

5.86 根据第6条之二对驰名商标的保护为，本联盟各国承诺，如本国法律允许，应依职权，或依有关当事人的请求，采取以下措施：

第一，驳回冲突商标的注册申请；

第二，取消冲突商标的注册，自注册之日起至少5年的期间内，应允许提出取消这种商标的请求，对恶意取得商标注册的请求，不应规定时间限制；

第三，禁止使用冲突商标，请求的时效由成员国自行制定；然而，对使用冲突商标出于恶意的行为，不应对请求禁止其使用的时效作时间限制。

◎ 国徽、官方印章和国际组织徽记

5.87 本公约第6条之三涉及关于国家标志符号和政府间组织徽记的禁例。本条规定，在某些情况下，当商标本身或商标中的某些元素包含了本条所述的国家标志符号、国际组织或政府间组织徽记时，成员国可以驳回或使注册无效或禁止该商标的使用。

5.88 第6条之三的目的并非为了国家或者政府间组织的利益，将其所使用的标记作为一种新的工业产权，而仅仅是为防止这些标记被注册为商标用于工业和商业活动中。

5.89 若成员国的主管单位允许国家特殊徽记等被注册为商标，则第6条之三可不适用。同样，政府间组织的主管单位也可以允许他人注册其徽记为商标。此外，如果某些成员国允许其公民注册该成员国的特殊徽记为商标，则即使该标记与其他成员国的特殊徽记相类似，该国公民也可在其他成员国内以该徽记注册商标。

5.90 第6条之三所述的国家特殊徽记为——国徽、国旗、其他的国家徽记、各国用以表明监督和保证的官方符号和检验印章以及从徽章学的观点看来的任何仿制用作商标或商标的组成部分。

5.91 就规定国家特殊徽记的范围而言，第6条之三的规定旨在排除与国家的国徽、国旗及其他的国家徽记相同或有一定相似度的设计进行商标注册和使用。这样的商标注册行为会侵犯国家对其特殊徽记的主权，并且公众也会对以此为商标的商品的来源产生误解。

5.92 为了实施第6条之三的规定，根据本条建立了一种机制，即本联盟内成员国及政府间组织应将其国家特殊徽记告知世界知识产权组织国际局，经由国际局通知所有的成员国。

◎ 商标的转让

5.93 本公约第6条之四涉及商标的转让。本条的规定是出于一个企业在多个国家内使用该商标时需要在其中一个或几个国家内转让该商标。

5.94 有些国家法律允许商标和其所属的企业单独转让。有些国家则规定商标必须连同其所属的企业一起转让时方为有效。

5.95 第6条之四明确了某商行或商誉在该国的部分，连同在该国制造或销售标有被转让商标的商品的专有权一起转让予受让人，即足以承认其转让有效。因此，各成员国可以自行规定商标转让有效的条件，如规定商标的转让与其所属商行须同时转让，但是规定不得涉及位于于其他国家的商行部分。

5.96 还应注意的是，第6条之四还规定了如果受让人使用受让的商标事实上会具有使公众对使用该商标的商品的原产地、性质或重要品质产生误解的性质，上述规定并不使本联盟国家负有承认该项商标转让有效的义务。例如，如果被转让的商标仅可以用于一部分商品，且这些商品与那些商标未被转让的商品相类似，则本联盟国家可以自行确定该转让是否有效。在此情况下，若转让方与受让方分别独立使用相同的商标，则可以使公众对使用该商标的商品的原产地或本质特点产生误解。

◎ 在本联盟某个国家注册的商标在本联盟其他国家所获得的保护

5.97 与第6条所规定的商标独立性原则相似的是，本公约还给予在原属国注册商标的所有人一个特别的优惠政策。本公约第6条之五对此特别政策作出了相应规定。

5.98 第6条之五的规定涉及当在其他成员国寻求商标保护时，也应和在原属国注册那样接受申请和给予保护。然而，根据一般规定（本公约第6条），商标申请的国民待遇原则要求商标具有完全的独立性，第6条之五则规定了例外情况，与前述相反的是，给予了原属注册国的治外法权效力。

5.99 对此的特殊规定主要有两方面原因。一方面，对于具有相同商标的同样商品出现在不同国家的情况，既要考虑到商标所有人的利益也要考虑到公众的利益。另一方面，就商标注册而言，每个成员国的国内法律都有着很大差异。因此，国内法律的不同规定就会有碍相同商标在不同国家的统一使用。

5.100 为消除各国法律的不同规定对在国际贸易中商品的注册商标所产生的影响，《巴黎公约》第6条之五规定在原属国已经注册的商标，当在其他成员国注册商标并寻求保护时，也应和在原属国注册那样接受申请和给予保护。本规定的作用是对于商标的概念而言，可以将各成员国不同的法律进行一个统一的规范。

5.101 第6条之五适用于相关商标已经在原属国进行了注册。仅仅在该国申请和使用该商标还不能满足适用条件。此外，原属国还应当是申请人在其设有真实、有效的工商业营业所的本联盟国家，或者申请人在其设有住所的本联盟国家，或者申请人是本联盟国家的国民，则指他有国籍的国家。

5.102 第6条之五规定对满足以上条件的商标，应当接受申请并予以保护，除某些例外，其他成员国应与原属国相同（英文版使用“as is”）或等同（法文版使用“telle quelle”）。此规则通常称为等同原则。

5.103 值得注意的是，此原则仅适用于商标的外观。从这方面讲，本条的规定并没有涉及在成员国注册商标的本质和功能等问题。因此，如果某一注册商标的内容超出了成员国国内法律的规定范围，则成员国可以不对该商标进行注册和保护。例如，某成员国法律规定，立体物体或者用于表明曲调的音符等不得作为商标注册的主题，则该国可以不接受此类主题的商标注册，并不予以保护。

5.104 第6条之五B款规定了本联盟成员国商标注册等同原则的几种例外情况。且仅限于所列出的例外情况，除此之外，不得以其他理由驳回商标的注册或使其无效。然而，列出的情况并不排除因国内法律要求驳回其商标保护的情形。

5.105 第一种允许商标驳回或者无效的理由是，在拟受保护的国家内，其商标具有侵犯第三方既得权利的性质。这些权利包括在该国内已经受到保护的商标权或者其他相关权利，诸如厂商名称、版权等。

5.106 第二种允许商标驳回或者无效的理由是，商标缺乏显著特征，或者是单纯描述性的，或者由商品种类名称构成。

5.107 第三种允许商标驳回或者无效的理由是，在拟受保护的国家内，其商标违反道德或公共秩序。特别的是，该理由还包括其具有欺骗公众的性质。

5.108 第四种允许商标驳回或者无效的理由是，其注册商标构成了不正当竞争行为。

5.109 第五种允许商标驳回或者无效的理由是，所有人对商标的使用与其在原属国的注册有着本质不同。非本质上的区别不可以作为商标驳回或者无效的理由。

◎ 服务标记

5.110 服务标记是企业用于提供服务业务时为了与同行企业区分开所使用的标记，例如酒店业、餐饮业、航空、旅行社、汽车租赁服务、人力资源中心、干洗店等。因此，服务标记的作用等同于商标，唯一不同的是该标记代表其提供的服务，而商标代表的是商品。

5.111 第6条之六是在1958年加入《巴黎公约》的，特别为处理服务标记而设立，但是修订会议并未接受更为激进的提议，即将服务标记完全纳为商标的一类。然而，各成员国可以自行根据两者相似的情况或者情形，将适用于商标的规定用在服务标记上。

5.112 根据第6条之六的效力，各成员国需要承担对服务标记的保护，但是并未要求各国必须出台对这类服务标记进行注册的规定。本规定并未要求各成员国为此类服务标记主题立法。成员国既可以根据实际情况为保护服务标记而设立特别法规，也可以其他方式对其进行保护，例如，适用反不正当竞争法。

◎ 未经所有人授权而以代理人名义的注册

5.113 本公约第6条之七涉及处理商标所有人与其代理人或代表人使用其商标的关系。本条规定涉及的是代理人或代表人在未经商标所有人授权的情况下，以其自己的名义进行商标注册或使用的行为。

5.114 在上述情况中，第6条之七规定商标所有人有权反对代理人或代表人所申请的商标注册或要求取消该注册，或者，如该国法律允许，该所有人可以要求将该项注册转让给自己。此外，第6条之七还规定，无论商标所有人是否注册该商标或者无论商标注册是否被批准，商标所有人都有权反对其代理人或代表人未经其授权而使用其商标的行为。

◎ 使用商标的商品的性质

5.115 本公约第7条规定使用商标的商品的性质绝不应成为该商标注册的障碍。

5.116 本条以及与之相类似的第4条之四关于专利的相关规定，目的都在于无论产品本身的出售是否受到本国法律的限制或限定，对其工业产权的保护都应当是相当独立且不受影响的。

5.117 举例来说，有时具有某商标的商品因未能达到某个国家法律对于安全性规定的标准而无法出售。例如，某成员国的食品和药品安全法规定只有经过该国主管机构的审批，并经过食品检验或药品在人体或动物的临床试验，才能确定该食品的成分或药物的疗效是否符合该国制定的相应标准。

5.118 在上述情况下，若驳回类似商品的商标注册则有失公允。由于安全和质量的标准会产生变化，原本不允许销售的商品有可能会符合新的标准而被允许销售。又如相应的法律法规未发生变化，但是该商品一直处于该国主管机构的审批之中，如果因此作为不能在该国进行申请和商标注册的条件，就有可能损害申请人希望在其他成员国尽快申请商标注册的权利。

◎ 集体商标

5.119 集体商标可以定义为多个企业共同所有的标志，可以被共同所有者同时使用，并且在地理属地、商品材料、生产模式、产品质量以及其他属性等方面区别于企业自身所使用的商标。其所有者可以为多个企业组成的团体或者包含公共团体等的其他实体组织。

5.120 本公约第7条之二涉及集体商标的规定。只要是成员国内法律认可的“联合团体”提出的集体商标申请和注册保护，成员国应当予以受理。在某个成员国、地区内进行商品生产制造的生产商、制造商、经销商、销售商以及其他零售商，或者具有其他共同特点的企业等，可以组成团体。以国家或公共机构为所有者的情况不在本条的规定范围内。

5.121 为了适应第7条之二，拥有集体商标的团体的存在不能违反原属国的法律。该团体无需证明其不违反原属国法律，但是一旦其存在被确认是违反相应法律的，则其集体商标的注册和保护将被驳回。

5.122 如果团体的存在不违反原属国的法律，不得以该团体未在被请求给予保护国家设有营业所，或不是根据该国的法律所组成为理由，拒绝对该团体的这些商标给予保护。第7条之二还增加了一条规定，即该团体不必一定要在某处拥有工业或者商业实体机构。换句话说，本身不拥有工业或者商业实体机构的团体，可以仅控制他人对集体商标的使用。

◎ 在国际展览会中的商标

5.123 本公约第11条规定了在某些国际展览会中对商标的临时保护，同时也适用于其他形式的工业产权。

5.124 第11条规定在不违反国家法律的情况下，成员国国家有义务对在任何成员国国家领土内举办的官方或经官方承认的国际展览会展出的物品的商标，给予临时保护。

5.125 可以规定不同的临时保护方法。一种方法是给予特别的优先权，这与本公约第4条的规定类似。另有一些国家法律采取另一种保护方式，为了保护展出者展示含有该商标的商品的利益，防止第三方非法得益，承认展出者对商标的优先使用权。

5.126 为了适用于本国法律对临时保护的要求，该国的行政主管部门可以要求提供符合本国法律形式要求的证明文件，证实展出的物品及其在展览会首次展出的日期。

涉及工业品外观设计、厂商名称、产地标记、原产地名称和制止不正当竞争的规定

◎ 工业品外观设计

5.127 《巴黎公约》第5条之五涉及对外观设计的规定。本条仅规定外观设计应当在本联盟所有国家内受到保护。但是并没有明确保护的方式。

5.128 因此，各成员国可以根据本公约的要求自行制定用于保护外观设计的特别法律法规。也可以运用版权法或者反不正当竞争法授予外观设计保护权。

5.129 为了履行第5条之五的规定，多数国家选择了一种广为采用的方式，即规定一种专门用于外观设计保护的法律体系，分为注册方式或者授予外观设计专利权的方式。

5.130 对于外观设计权利的丧失还有特别的规定。根据第5条B款的规定，对外观设计的保护，在任何情况下，都不得以不实施或以进口物品与受保护的外观设计相同为理由而予以取消。本条规定中“权利丧失”包括：权利终止、宣告无效、撤销。然而，各成员国可以对于上述情况予以其他的制裁，例如为了确保其正常实施而执行的强制许可等手段。此处“实施”的含义为生产代表或含有该外观设计的产品。

◎ 厂商名称

5.131 本公约第8条涉及厂商名称。本条规定厂商名称应在本联盟各成员国内受到保护，无论其是否进行了申请或注册，也不论其是否为商标的一部分。

5.132 厂商名称的定义所给出的保护目的以及保护方式，根据各成员国的法律自行制定。因此，厂商名称的保护可能适用专门涉及厂商名称的法律法规，也可能适用于更上位的法律，如反不正当竞争法、人格权法等。

5.133 无论各国采取哪种保护方式，都不得以要求申请或注册厂商名称作为获得保护的条件。然而，如果在某个成员国，厂商名称的保护依赖于名称的使用，其他的厂商名称从某种程度上讲可能会对之前要求保护的厂商名称造成混淆或歧义，因此，该成员国可以要求对其进行申请或注册。

◎ 产地标记或原产地名称

5.134 产地标记或原产地名称是《巴黎公约》第1条第2款规定的各种工业产权保护对象之一。

5.135 尽管在传统意义上一些特殊的条约（例如《制止商品产地虚假或欺骗性标记马德里协定》和《保护原产地名称及国际注册里斯本协定》等），将两者的概念区分开，但是这两种保护对象还是可以由一个更宽泛的概念涵盖，即地理标志。

5.136 产地标记的形式可以是任何用于表明其货源所属国或者地区的名称、命名、记号或者其他标记。例如，为了表明其商品的生产地或原产地，可以国家名称表明其产地标记（如德国、日本等），也可以城市名称表明其产地标记（如香港、巴黎等）。

5.137 原产地名称的含义更窄，有时可以被认为是产地标记的一种特殊种类。原产地名称为某个国家、地区、场所的地理名称，用于表明其产品的产地，并且该产品的质量和特色从根本上取决于当地独一无二的地理环境，其中既包括自然环境也包括人文因素。

5.138 《巴黎公约》第 10 条和第 10 条之二规定了对产地标记的保护。这些规定从总体上涵盖了直接或间接使用虚伪标记的情形（包括使用虚伪的原产地名称）。虚伪标记产品产地或生产商、制造商、销售商所在地，其所表明和宣称的虚伪标记行为与不正当竞争行为一样，被虚伪标记的产品的性质或特色可能会对公众造成误导。

5.139 本公约要求各成员国查封虚伪标记的产品或者禁止其进口，或采取其他方法防止或阻止虚伪标记的使用。然而，对于进口产品查封的制裁行为还要适用各成员国的国内法律。

5.140 本公约规定对虚伪标记的诉讼既可以由公诉机关也可以由任何有关当事人提起。因此，第 10 条第 2 款规定凡从事此项商品的生产、制造或销售的生产者、制造者或销售者，无论为自然人或法人，其营业所设在被虚伪标为商品原产地、该地所在的地区，或在虚伪标为原产的国家、或在使用该虚伪原产地标记的国家者，无论如何均应视为有关当事人。此外，第 10 条之三规定各成员国应当准许联合会和社团代表有利害关系的工业家、生产者或商人，在该国行政主管部门自行对上述行为实施制裁之前，向法院或行政机关提出控诉。

◎ 不正当竞争

5.141 本公约第 10 条之二规定本联盟成员国有义务对有资格受益于本公约的各该国国民保证给予制止不正当竞争的有效保护。本公约没有细化授予保护权利的形式，由各成员国内部法律自行适用。

5.142 第 10 条之二定义了不正当竞争行为，即在工商业事务中违反诚信惯例的做法的竞争行为构成不正当竞争的行为。此外，本条给出了几种尤其应当禁止的不正当竞争行为的典型例子。

5.143 第一个例子涉及具有不择手段地对竞争者的营业所、商品或工商业活动造成混乱性质的一切行为。这些行为不仅包括可以构成侵犯产权的使用相同或相似商标或名称的行为，也包括其他能够造成混乱的行为。这些行为可以是商品包装形式、商品的外观或风格、采用相同的商行或经销渠道、宣传口号等。

5.144 第二个例子涉及在经营商业中，具有损害竞争者的营业所、商品或工商业活动商誉性质的虚伪言论。由各成员国国内法规或判例法判定在何种情况下，严格来讲只要存在诋毁竞争者言论的行为能否被认为是不正当竞争行为。

5.145 第三个不正当竞争行为的例子涉及在经营商业中使用会使公众对商品的性质、制造方法、特点、用途或质量易于产生误解的表示或说法。本例和前例的区别在于在一定程度上更关注公众的利益和健康，同时也是本公约所规定的条款中更直接涉及保护消费者利益作用的工业产权。

3. 行政及财务规定

巴黎联盟的组织机构

5.146 《巴黎公约》的缔约国组成联盟，以保护工业产权。组成联盟的同时，《巴黎公约》不仅如其他条约一样对其确立了权利和义务，还根据国际法建立了一个法律实体，其内部设有用于完成特定事务的必要机构。本联盟构成了一个单一的行政实体，以及与《巴黎公约》各条款之间的行政联系。

5.147 根据联盟的概念，一个国家同意加入最近修订的《巴黎公约》（斯德哥尔摩文本）即视为本公约的成员国，与其他成员国一样对本公约负有义务，即使有些国家不是条约该文本缔约国。本公约第27条第3款规定本联盟以外的各国成为该文本书缔约国的，对非该文本的缔约国或者虽然是该文本缔约国但提出声明的本联盟任何国家，应适用该文本。

5.148 本联盟设有3个行政机构，即联盟大会、执行委员会和世界知识产权组织国际局，世界知识产权组织总干事为本联盟最高行政官员，并代表本联盟。

5.149 第13条涉及联盟大会。联盟大会由至少受到本公约斯德哥尔摩文本行政规定的国家组成。大会是本联盟的主要执政体，被赋予政策制定权和支配管理权。大会的职权是处理有关维持和发展本联盟及执行本公约的一切事项。特别对筹备本公约的修订会议作有关指示；审查和批准本组织总干事有关本联盟的报告和活动，并就本联盟权限内的事项对总干事作一切必要的指示；决定本联盟计划和通过两年一度的预算，并批准决算。大会会议通常每二公历年召开一次，由总干事召集。

5.150 第14条涉及大会设立的执行委员会。执行委员会成员国的数目应相当于大会成员国的1/4，大会应当每隔二次通常例会就对其选举一次，并需要考虑到各成员国的地理分布位置。执行委员会每年举行一次通常会议，由总干事召集。

5.151 执行委员会是本联盟的第二执政体。执行委员会的职权是分担大会的部分职责，确保大会一般例会期间的各方面正常运转。为大会的会议做筹备，采取一切必要措施保证计划的执行。然而，目前正在考虑一些行政职权的转变（参见机构改革第1章）。

5.152 第15条是对国际局的相关规定。世界知识产权组织国际局是本联盟的行政机构。有关本联盟的行政工作应由国际局执行。国际局设置本联盟各机构的秘书处。本组织总干事为本联盟最高行政官员。

财务

5.153 第16条对于财务进行了相关规定。本联盟预算的财政主要来源于本联盟国家的会费。为了确定对预算应缴的会费，本联盟每一个国家应按照所属等级的单元数为基础缴纳年度会费。最高级Ⅰ级对应的单元数是25，最低级Ⅶ级对应的单元数是1。每一国家可以自由表明自己愿属哪一等级，但此后任何国家都可以改变自己的等级。

修正和修订

5.154 第18条包含了对《巴黎公约》定期进行修订的原则。本公约应交付修订，以便采用一些旨在改善本联盟制度的修正案。参与修订的各成员国政府应指派代表团参加外交会议讨论公约的修订。根据第 18 条第 2 款规定，此类会议应当在各成员国之间依次举行。

5.155 在联盟大会的指导以及执行委员会的协助下，本组织国际局承办对《巴黎公约》修订会议的筹备。在筹备期间，国际局也可以与其他政府间或国际非政府间组织商议。

专门协定

5.156 第 19 条是《巴黎公约》中涉及行政条款的一条重要规定，本条所述的是专门协定。

5.157 根据本条规定，本联盟国家在与本公约的规定不相抵触的范围内，保留有相互间分别签订关于保护工业产权专门协定的权利。

5.158 专门协定的形式可以是双边协议或者多边条约。多边条约的专门协定可以由国际局筹备和管理，或者由其他政府间组织筹备和管理。

成为本公约的缔约方

5.159 第 21 条规定，将加入议定书递交总干事，才可使成为本联盟的成员国生效。本公约应在总干事就该国已经加入发出通知之日起 3 个月后对该国发生效力。因此，加入本联盟只是相关国家的单方面行为，无需由本联盟行政机构作决定。

5.160 第 22 条指出，加入本公约应自动导致接受本议定书的全部条款并享受本议定书的全部利益。

5.161 本公约第 26 条对退出本公约作出了规定。任何国家可以书面通知总干事退出本议定书。该情况下，自总干事收到退出通知之日起 1 年后，退出发生效力。然而，规定还指出，任何国家在成为本联盟成员国之日起 5 年届满以前，不得行使本条所规定的退出权利。

争议

5.162 本公约第 28 条涉及有关争议的问题。本联盟两个或两个以上国家之间对本公约的解释或适用有争议不能依谈判解决时，有关国家之一可以按照国际法院规约将争议提交该法院。然而，有关国家可以根据其他方法解决争议，例如通过国际仲裁途径。应当注意的是，无论采取什么方法，国际局不能站在任何一个对本公约的解释或适用有争议的成员国立场的一方。

5.163 任何加入本公约的国家可以在加入时声明在国际法院解决争议前不受前述规定的约束。

5.164 《巴黎公约》的缔约国名单参见附录。

第 2 节 《保护文学和艺术作品伯尔尼公约》

1. 历史

5.165 国际范围的版权保护大约是在 19 世纪中期基于双边条约开始出现的。当时有很多这种相互承认权利的条约缔结，但它们既没有广泛的涵盖范围，也没有统一的模式。

5.166 对统一制度的需要促成制定并于1886年9月9日通过《保护文学和艺术作品伯尔尼公约》（以下简称《伯尔尼公约》）。《伯尔尼公约》是版权领域最早的国际公约。它向所有国家开放。加入书和批准书交存于WIPO总干事。

5.167 《伯尔尼公约》为改进它所提供的国际保护制度而经历过多次修订。作出这些变更始终是为了应对在作者的作品的使用领域不断加速的技术发展，也为了像考虑对已规定的权利进行适宜的修订一样确认新的权利。第一次主要修订是1908年在柏林进行的，此后是1928年在罗马修订、1948年在布鲁塞尔修订、1967年在斯德哥尔摩修订和1971年在巴黎修订。

5.168 进行斯德哥尔摩修订的目的是为应对技术的迅速发展和为新独立的发展中国家的需要作准备，以及作出行政和机构方面的变更。至于在斯德哥尔摩为发展中国家制订的优惠条款，在1971年巴黎修订会议上被进一步采纳，在这次会议上达成了新的妥协。

5.169 《伯尔尼公约》的目标，正如在其序言中所指出的，是“尽可能有效、尽可能一致地保护作者对其文学和艺术作品所享权利。”第1条规定，适用该公约的国家为保护作者对其文学和艺术作品所享权利结成一个联盟。

2. 主要规定

基本原则

5.170 公约由3项基本原则支撑。第一项是国民待遇原则。依照这一原则，来源于某一成员国的作品在其他任何成员国均应受到这些国家给予其本国国民的作品的相同保护。第二项是自动保护原则。依照这一原则，这种国民待遇不依赖于任何手续，换言之，保护是自动给予的，而不以履行登记、交存样本或类似手续为前提。第三项是保护的独立原则。依照这一原则，享有和行使所赋予的权利与作品来源国是否存在保护无关。

受保护的作品

5.171 第2条对受保护的作品进行了非限制性（示例性和非详尽性）的列举，其中包括文学、科学和艺术领域内的任何独创性产物，不论其表现方法或形式如何。派生作品（即基于已有作品产生的作品），如翻译、改编、编曲及文学或艺术作品的其他变更，像原作品一样受到同等保护（第2条第3款）。某些类作品的保护是可以选择的，例如《伯尔尼公约》的各成员国可以决定它希望在何种程度上保护立法、行政和司法性质的官方文件（第2条第4款），实用艺术作品（第2条第7款），讲课、演说及其他口述作品（第2条之二第2款），以及民间文学艺术作品（第15条第4款）。此外，第2条第2款规定成员国可以要求对作品或其中任何特定种类的保护以它们固定于某种物质形式为前提。例如，对舞蹈作品的保护可以取决于它们是否以某种形式固定下来。

5.172 有一条重要的规定是涉及所谓“民间文学艺术”作品或表现形式的规定。公约虽然没有提到这一用语，但规定任何成员国均可以通过国内立法，指定主管当局代表身份不明的作者并在公约成员国保护和执行其权利，而对作者不明但有充分理由推定作者是该国国民的未出版的作品给予保护。通过规定由该成员国指定的主管当局提起诉讼，《伯尔尼公约》向民间文学艺术构成其文化遗产一部分的成员国提供了保护其民间文学艺术的可能性。

权利所有人

5.173　第2条第6款规定，公约规定的保护是为作者及其权利继受人实行的。但就电影作品（第14条之二）等某些类作品而言，版权的归属由被请求保护国的立法自行确定。

受保护的人

5.174　不论是未出版的，还是已出版的作品，其作者只要根据第3条属于成员国的国民或居民，或虽然不属于成员国的国民或居民，但在某一成员国首次出版其作品，或在某一成员国和某一非成员国同时出版其作品，即受到保护。

最低保护标准

5.175　公约规定了某些有关作者的权利和保护期的最低保护标准。

受保护的权利

5.176　依照《伯尔尼公约》，赋予作者的专有权包括翻译权（第8条），任何方式或形式（包括任何录音录像）的复制权（第9条），戏剧、音乐剧和音乐作品的公开表演权（第11条），播放和通过有线、转播方式或通过扬声器或其他类似装置向公众传播作品的广播节目的权利（第11条之二），公开朗诵权（第11条之三），对作品进行改编、编曲或其他变更的权利（第12条），以及对作品进行电影改编和电影复制的权利（第14条）。第14条之三（涉及美术作品原件和原始手稿）规定的所谓“追续权”是可以选择的，并仅在作者所属国立法准许的情况下适用。

5.177　第6条之二规定了独立于作者的经济权利的精神权利，即作者要求被确认为其作品的作者的权利，以及反对任何对其作品实施的可能有损其名誉或声望的曲解、割裂或其他篡改或与作品有关的其他毁损行为的权利。

限制

5.178　作为对最低保护标准的一种平衡，《伯尔尼公约》中还包含限制绝对适用有关专有权的规则的其他条款。它规定可以在特定情况下，无须经版权所有人授权，也无须支付报酬而使用受保护的作品。这种例外通常称为受保护的作品的自由使用，包含在第9条第2款（在某些特殊情况下的复制）、第10条（为教学目的而以示例方式引用和使用作品）、第10条之二（为时事报道目的而复制报纸或类似文章和使用作品）和第11条之三（暂时录制品）中。

5.179　《伯尔尼公约》规定了可以适用强制许可的两种情况：在第11条之二第2款中是就播放和通过有线、转播方式或通过扬声器或其他类似装置向公众传播作品的广播节目的权利规定的；在第13条第1款中是就录制音乐作品的权利规定的。

5.180　就专有翻译权而言，《伯尔尼公约》提供了一种选择，即发展中国家可以在加入公约时根据所谓的“10年规则”作出保留（第30条第2款b项）。它规定了就专有翻译权缩短保护期的可能性。根据这一规则，如果作者自原作品首次出版之日起10年内，未在某一成员国通过以被请求保护的语言出版或授权出版译作而援用这一权利，这一权利即不再有效。

保护期

5.181 《伯尔尼公约》规定的最低保护标准也与保护期有关。第7条规定了最短保护期，即作者终身加其死亡后50年。

5.182 但对于某些类作品，存在这一基本规则的例外。对于电影作品，保护期是作品提供给公众后50年，如果未提供给公众，则是这种作品产生后50年。对于摄影作品和实用艺术作品，最短保护期是作品产生后25年（第7条第4款）。

5.183 世界上大多数国家的立法均规定了终身加50年的保护期，因为保护期涵盖作者的终身及其子女的终身被认为是合理和正确的；这种期限还可以对激励创作提供必要的动力，并在作者利益和社会需求之间形成一种合理的平衡。

5.184 就精神权利而言，保护期至少持续至经济权利的保护期届满。

适用的时限

5.185 《伯尔尼公约》规定的保护具有追溯效力，因此，它适用于在公约对某特定国家生效时，在其来源国尚未因保护期届满而进入公有领域的所有作品。

3. 该公约的最新（巴黎）文本

5.186 《伯尔尼公约》最初是按照欧洲工业化国家的标准和要求制定的。特别在第二次世界大战后，世界政治版图发生了很大变化，《伯尔尼公约》也必须面对新的发展问题。很多新独立的国家需要考虑可能加入公约中包含的国际版权保护体系的问题。它们可以选择加入或不加入公约，如果它们已因过去的殖民地或类似地位而加入公约，它们还可以选择退出公约。

5.187 尽管几乎普遍承认，作者和其他创作者应就其智力创作受到必要的保护，但也存在一种意识，即新独立的发展中国家特别是在为其技术和教育需要而从发达国家较多、较容易地获得受版权保护的作品方面，面对着真正的难题。与此同时，技术的进步使得国际公约和多边协定的地理范围的扩展对越来越多的国家具有更强的吸引力。

5.188 因此，近几次修订会议是针对文学和艺术作品的国际保护制度如何适应这些新独立的国家的需求而进行审议的。

5.189 在《伯尔尼公约》中纳入适合于发展中国家的特别条款，最初是1963年在布拉柴维尔的一次非洲版权会议上提出的。这一问题在《伯尔尼公约》的1967年斯德哥尔摩修订会议上得到继续讨论，会议对公约补充了一项“有关发展中国家的议定书”，通称斯德哥尔摩议定书。

5.190 但不久情况表明，会议上提出的解决方案（斯德哥尔摩议定书）在联盟成员国中不大可能被欣然接受，特别是被其作品有可能根据议定书条款而被使用的那些国家接受。

5.191 1971年在巴黎召开的修订会议主要关注的是寻找解决方案，以支持公约的普遍效力，以及为它在特别涉及发展中国家时的实施建立一个适宜的基础。会议上提出这样的问题：让发展中国家承担公约中由发达国家商定的义务而不考虑前者的特殊情况是否合理和可行？国际版权本身当时面临的无疑是一项艰巨的任务，这一问题在某种程度上是通过互谅互让解决的，这种相互妥协在被纳入附录的关于发展中国家的特别条款中发挥到了极致，这一附录现在成为公约不可缺少的一部分。

5.192 《伯尔尼公约》巴黎（1971 年）文本的附录作出了向发展中国家开放的关于翻译和复制外国作品的特别授权规定。附录扩大了公约已规定的作者专有权的例外，包括复制和翻译的例外（第 2 条之二、第 9 条第 2 款、第 10 条第 2 款、第 10 条之二）以及 10 年规则（第 30 条第 2 款 b 项）。

5.193 根据这一附录，符合联合国大会确认的惯例而被视为发展中国家的国家，可以在某些条件下背离公约规定的最低保护标准。这一例外制度涉及两种权利，即翻译权和复制权。这种优惠发展中国家的条款在下面 5.201 段至 5.205 段中将作详细介绍。

4. 行政规定

行政规定

5.194 《伯尔尼公约》的条款分为两类，即涉及实体法的实质条款以及涉及行政事务和机构组织的行政条款和最后条款。经 1971 年在巴黎修订的公约的最新文本中，第 1 条至第 21 条和附录属于实质条款，而第 22 条至第 38 条属于行政条款和最后条款。

5.195 《伯尔尼公约》由 WIPO 管理。WIPO 执行的行政任务包括收集和出版有关版权保护的信息。各成员国将所有新版权法传达给世界知识产权组织。世界知识产权组织进行研究并提供旨在促进版权保护的服务。它以秘书处的身份参加大会、执行委员会、版权和相关权常设委员会或各工作组的所有会议。当需要时，它还按照大会的指示并与执行委员会合作，为公约的各次修订会议做预备工作。

5.196 行政条款规定设立大会，其中各成员国由一名代表团成员作为其代表。大会制订计划、通过预算和控制联盟的财务。它还选举执行委员会成员国。执行委员会每年举行一届常会。但某些行政变更现在需要经过审议（见本书第 1 章中组织机构改革）。

成为公约的缔约方

5.197 为成为《伯尔尼公约》的缔约国，应向世界知识产权组织总干事交存加入书（第 29 条第 1 款）。《伯尔尼公约》的加入和成员国资格自世界知识产权组织总干事通报交存上述加入书之日起 3 个月后生效（第 29 条第 2 款 a 项）。依照附录第 I 条，发展中国家在批准或加入巴黎文本时需特别声明，它将援用附录中有关翻译和（或）复制的强制许可条款。

5.198 有关国家在成为《伯尔尼公约》的缔约国之后，即成为伯尔尼联盟的成员国。因此，它有权享有：

——伯尔尼联盟大会中的完全成员国资格（表决权）（第 22 条第 2 款 a 项）；

——选举或当选伯尔尼联盟执行委员会成员国的表决权（第 23 条第 2 款 a 项）；

——在拥有伯尔尼联盟执行委员会成员国资格期间，世界知识产权组织协调委员会的自动成员国资格（《建立世界知识产权组织公约》第 8 条第 1 款 a 项）。

5.199 成为伯尔尼联盟成员国，符合每一个愿意为其本国的文化和经济发展创造良好条件的国家的利益，而且特别符合每一个发展中国家的利益。

5. 发展中国家与《伯尔尼公约》

5.200 《伯尔尼公约》最近一次修订会议主要关注的仍然是公约的强化，同时继续解决发展中国家的头等大事。这样，《伯尔尼公约》的最新（1971 年）巴黎文本确认了一种优惠发展中国家的特殊权利。它规定，就未出版的作品而言，如果其作者不明，但有充分理由推定他是联盟某一成员国国民，该作品的权利应在联盟所有成员国得到承认。通过这一规定，《伯尔尼公约》使发展中国家有可能也在国外保护其民间文学艺术。公约准许这种作品的来源国的立法自行指定主管当局，以代表该身份不明的作者在联盟所有成员国保护和执行其权利。通过规定由该成员国指定的主管当局提起诉讼，《伯尔尼公约》向发展中国家提供了一种保护其作为文化遗产一部分的民间文学艺术的可能性。

5.201 在构成巴黎文本不可缺少的一部分的附录中，纳入关于发展中国家的特别条款。附录规定可以就以下两种使用授予非专有的和不可转让的强制许可：（i）为教学、学术或研究目的而翻译受公约保护的作品；（ii）为与系统教学活动相关的使用而复制受公约保护的作品。在某些期限届满以及采取某些程序性步骤之后，这些许可可以由有关发展中国家的主管当局授予。其中必须规定对权利所有人的合理补偿。换言之，强制许可的被许可人支付的报酬必须与两国当事人自由商定许可时通行的版税标准相一致。附录还为保证对作品的正确翻译或准确复制（视情况而定），以及为在所有这种译作或复制品上指明作者姓名而作了规定。但根据强制许可完成和出版的译作和复制品不准许出口。由于这种许可是非专有的，版权所有人有权出版和销售其本人的同等译作或复制品。一旦发生这种出版或销售，被许可人根据许可继续制作复制品的权利随即终止。但在这种情况下，强制许可的被许可人仍然可以销售其存货，直至售尽。

5.202 强制翻译许可可以就有关发展中国家通用的语言授予。在一个或一个以上发展中国家通用的语言（如英、法、西语）与在这些国家不通用的语言（大多是发展中国家的本土语言）存在区别。对于在一个或一个以上发展中国家通用的某种语言，须经过自作品首次出版之日起的 3 年期间才能申请授予许可；对于其他语言，这一期间减至 1 年。除这一期间外，还须经过 6 个月或 9 个月的补充期间（视情况而定）才能按照公约规定的手续取得许可。这里指出一点也很重要：翻译许可制度包含播放许可，考虑到用于教育目的的广播电视在当今形势下所起的作用，这是不容忽视的。但这些许可并非授权播放被翻译的作品，它们仅与为播放目的而完成的译作有关。

5.203 就复制而言，取得许可必须经过的特定期间则根据将被复制的作品的性质而有所不同。一般而言，它是自首次出版后的 5 年。对于与自然科学和技术相关的作品（包括数学作品），这一期间为 3 年；对于小说、诗歌和戏剧，这一期间为 7 年。

5.204 附录规定的授予强制许可的可能性，在希望版权所有人授权的情况下，可以对当事人的商谈产生有利影响，并可以促成自愿许可范围的扩大。

5.205 就强制翻译许可而言，《伯尔尼公约》提供了一种选择来代替援用上述制度提供的便利，即发展中国家在批准或加入巴黎文本时，可以根据所谓“10 年规则”作出保留（第30条第2款b项）。这一规则规定了就专有翻译权缩短保护期的可能性：根据这一规则，如果作者自原作品首次出版之日起10年内，未通过在伯尔尼联盟某一成员国出版或授权出版被请求保护的语言的译作来援用这一权利，这一权利随即终止。这样，《伯尔尼公约》巴黎文本的附录准许在强制许可制度与该公约规定的将翻译权限制为10年的可能性之间作出选择。任何发展中国家均可以选择其中一种可能性，但不能将这两种合并适用。换言之，这一“10年”制度规定，在取得翻译权之前，仍须就作品出版之日起的10年期间取得作者的同意；这一期间届满后，翻译权随即终止。

5.206 《伯尔尼公约》缔约国的名单参见附录。

第3节 《世界知识产权组织版权条约》（WCT）

1. 引言

5.207 《伯尔尼公约》在1886年通过之后，一直很有规律地（大约每隔20年）进行修订，直至1967年斯德哥尔摩修订会议和1971年巴黎修订会议。修订会议一般是为了应对新技术发展（如录音技术、摄影术、无线电、电影摄制术和电视）而召开的。

5.208 20世纪70年代和80年代有了很多重要的新技术发展成果——复印术、录像技术、便利“家庭磁带录制”的盒式磁带系统、卫星广播、有线电视，此外计算机程序、作品的计算机存储和电子数据库等也变得越来越重要。

5.209 在一段时期，国际版权界通过研究和讨论，遵循了“有指导的发展”战略，而不是尝试制定新的国际规范。世界知识产权组织各个机构（最初有时与联合国教科文组织合作）制定的建议书、指导原则和示范条款，向各国政府提供了如何应对新技术的挑战的指导。这些建议书、指导原则和示范条款一般以解释现行国际规范、特别是《伯尔尼公约》为基础（如有关计算机程序、数据库、“家庭磁带录制”、卫星广播和有线电视）。但它们也包括某些新标准（如有关复制品的发行和出租）。在“有指导的发展”时期，这样提供的指南对国内立法产生了重要影响，从而促进了全世界的版权发展。但在20世纪80年代末，人们意识到仅仅提供指南已经不够了。

5.210 有约束力的新国际规范的预备工作始于两个论坛：一个在《关税与贸易总协定》（GATT）乌拉圭回合谈判的框架内；另一个在WIPO，最初在一个专家委员会中，后来在两个平行的专家委员会中进行。

5.211 在GATT支持下的TRIPS通过之后，世界知识产权组织有关委员会加强了新版权和相关权规范的预备工作，以解决TRIPS未解决的问题。为此，1996年世界知识产权组织关于某些版权和相关权问题的外交会议通过了两个条约：《世界知识产权组织版权条约》（WCT）与《世界知识产权组织表演和录音制品条约》（WPPT）。

2. WCT的法律性质以及与其他国际条约的关系

5.212 WCT第1条第1款第一句规定：“对于属《保护文学和艺术作品伯尔尼公约》

所建联盟之成员国的缔约方而言，本条约系该公约第20条意义下的专门协定。”《伯尔尼公约》第20条包含以下规定：“本同盟各成员国政府保留在它们之间签订给予作者比本公约所规定的更多的权利，或者包括不违反本公约的其他条款的特别协议的权利。”因而，上面引述的WCT第1条第1款的规定明确了一点：任何对WCT的解释如果可能降低《伯尔尼公约》的保护水平，都是不可接受的。

5.213 条约第1条第4款为尽可能尊重《伯尔尼公约》进一步提供了保证，因为它通过要求遵守《伯尔尼公约》的全部实质条款而将它们纳入条约，该款规定：“缔约各方应遵守《伯尔尼公约》第1~21条和附录的规定。”条约第1条第3款阐明，在这一点上，《伯尔尼公约》是指该公约1971年巴黎文本。这些规定应根据下面讨论的条约第17条的规定来考虑。根据这一条，不仅上述1971年巴黎文本的缔约国，以及一般而言，不仅《伯尔尼公约》任何文本的缔约国，而且WIPO的任何成员国（不论它们是否属于该公约的缔约方），以及特定的政府间组织均可以成为该条约的缔约方。

5.214 条约第1条第2款中包含一个类似于TRIRS第2条第2款中所包含的保障条款：“本条约的任何内容均不得减损缔约方相互之间依照《保护文学和艺术作品伯尔尼公约》已承担的现有义务。”这一保障条款的范围有别于TRIRS中的类似条款。至少从《伯尔尼公约》的一项实质条款（即有关精神权利的第6条之二）的角度来看，TRIRS的保障条款也具有重要性，因为并未通过引用这一条而被纳入TRIRS。从《伯尔尼公约》包含行政条款和最后条款的第22~38条的角度来看，WCT第1条第2款才具有意义，这些条款并未通过引用而被纳入WCT或TRIPS，而且仅在它们规定缔约方义务的范围内未被纳入。

5.215 WCT第1条第1款第二句涉及该条约与除《伯尔尼公约》以外的其他条约的关系问题。它阐明：“本条约不得与除《伯尔尼公约》以外的条约有任何关联，亦不得损害依任何其他条约的任何权利和义务。”TRIPS和《世界版权公约》就是这种“其他条约”的例子。

5.216 还应指出，WCT与WPPT之间也没有任何特殊关系，后一条约也是前一条约第1条第1款第二句涵盖的“其他”条约。WCT与WPPT之间也没有相当于《伯尔尼公约》与《罗马公约》之间的那种关系。依照《罗马公约》第24条第2款，只有《伯尔尼公约》或《世界版权公约》的缔约国才能参加该公约。而在原则上，世界知识产权组织的任何成员国均可以加入WPPT，它们必须属于WCT（或《伯尔尼公约》或《世界版权公约》）的缔约国不是一个先决条件。这样一种分别参加并不可取，但这是另一个问题。

3. WTC的实质规定

与所谓“数字议程”有关的规定

5.217 在预备工作期间，情况表明，最重要、最紧迫的任务是阐明现行规范，以及在必要时制定新的规范，以对数字技术、特别是互联网引发的问题作出反应。在这一方面处理的问题被称为“数字议程”。

5.218 WCT有关“议程”的规定涉及以下问题——适用于在数字系统中存储和传输

作品的权利，数字环境中的权利的限制和例外，技术保护措施和权利管理信息。如同下面所讨论的，发行权也可能对数字网络中的传输具有意义，但其范围要广泛得多。同样由于它与出租权的关系，发行权与出租权在下面一并讨论。

◎ 作品在电子媒介中的数字形式的存储

5.219 1982 年 6 月，WIPO 和 UNESCO 的一个政府专家委员会阐明，作品在电子媒介中的存储是复制。外交会议通过了一项议定声明，它规定："《伯尔尼公约》第 9 条所规定的复制权及其所允许的例外，完全适用于数字环境，尤其是以数字形式使用作品的情况。不言而喻，在电子媒体中以数字形式存储受保护的作品，构成《伯尔尼公约》第 9 条意义下的复制。"

5.220 由这第 1 句得出的结论是：《伯尔尼公约》第 9 条第 1 款是完全可以适用的。这意味着，《伯尔尼公约》第 9 条第 1 款规定的复制概念延及"以任何方式或形式"的复制，而不论复制物的存续期是长是短，这一概念绝不能仅仅因为复制是通过在电子存储器中存储而以数字形式进行，以及仅仅因为复制物具有暂时性而受到限制。同样由这第 1 句得出的结论是：《伯尔尼公约》第 9 条第 2 款也完全可以适用。它为在国内立法中纳入任何符合条约在该款中规定的"三步检验"（见本节下面的"限制与例外"）的合理例外（如在上述暂时和偶然复制物方面）提供了适宜的根据。

5.221 议定声明的第 2 句确认了存储作品的定义。"存储"一词还可能以稍微不同的方式进行解释，但这是另一个问题。

◎ 数字网络中的传输

5.222 在预备工作期间，形成一种一致意见：在互联网及类似网络中传输作品，在附带适宜例外的情况下，应是作者或其他版权所有人授权的专有权控制的行为。

5.223 只是在实际上应适用哪种或哪些权利方面并未形成一致意见，尽管适用向公众传播权和发行权被指明为两种主要的可能性。但也有一种意见指出，《伯尔尼公约》并未充分涵盖这两种权利：向公众传播权不涉及某些类作品；对发行权的确认则仅涉及一类作品，即电影作品。

5.224 对数字传输所作的法律特征描述之所以不同，部分原因在于这种传输具有复杂性，而不同专家从各自的角度认为其中某一方面比另一方面更具有意义。但最根本的原因是上述两种权利的涵盖范围在国内法中有很大程度的区别。情况逐渐明显，关于基于一种权利而排除另一种权利的解决方案，将很难形成一致意见。

5.225 因此，一种特殊的解决方案被采用，它规定：对数字传输行为应以中性方式作出描述，而不作具体的法律特征描述；这样一种描述不应具有过多的技术性，而同时应表示数字传输的交互性；在专有权的法律特征描述方面——实际选择将适用的一种或一种以上权利方面——应给国内法留有充分的余地；最后，《伯尔尼公约》应对有关权利（向公众传播权和发行权）在涵盖范围上的空白进行填补。这一解决方案被称为"总括解决方案"。

5.226 WCT 通过使向公众传播权扩大适用于所有种类的作品，应用了这一"总括解决方案"，并阐明该权利也涵盖以没有法律特征描述的方式描述的交互系统中的传输。例如，条约第 8 条规定："在不损害《伯尔尼公约》第 11 条第 1 款 ii 项、第 11 条之二第

1 款 i 项和 ii 项、第 11 条之三第 1 款 ii 项、第 14 条第 1 款 ii 项和第 14 条之二第 1 款的规定的情况下，文学和艺术作品的作者应享有专有权，以授权将其作品以有线或无线方式向公众传播，包括将其作品向公众提供，使公众中的成员在其个人选定的地点和时间可获得这些作品。”在外交会议上作出说明的是，缔约方也可以通过适用一种除向公众传播权以外的其他权利或通过合并不同的权利，履行授权进行这种“向公众提供”的专有权的义务。就“其他”权利而言，首先是指发行权，但“其他”权利也可以是一种特殊的新权利，如 WPPT 第 10 条和第 14 条规定的向公众提供权。

5.227 关于该第 8 条通过了一项议定声明。它规定：“不言而喻，仅仅为促成或进行传播提供实物设施不致构成本条约或《伯尔尼公约》意义下的传播。并且，第 8 条中的任何内容均不得理解为阻止缔约方适用第 11 条之二第 2 款。”这一声明打算用来阐明互联网等数字网络的服务和接入提供者的责任问题：显然，如果某人实施一种不受公约（和相应的国内法）规定的某一权利控制的行为，此人不因他人实施该权利控制的行为而承担直接责任。

◎ 数字环境中的限制与例外

5.228 在这一方面通过了一项议定声明，它规定：“不言而喻，第 10 条的规定允许缔约各方将其国内法中依《伯尔尼公约》被认为可接受的限制与例外继续适用并适当地延伸到数字环境中。同样，这些规定应被理解为允许缔约方制定对数字网络环境适宜的新的例外与限制。另外，不言而喻，第 10 条第 2 款既不缩小也不扩大由《伯尔尼公约》所允许的限制与例外的可适用性范围。”议定声明提到的条约第 10 条的规定在下面讨论。显然，使限制与例外延伸到数字环境中或为这种环境制定新的例外与限制，应符合该条中包含的“三步检验”（见本节下面“限制与例外”）。

技术保护措施与权利管理信息

5.229 如果没有许可和监视使用所必需的技术保护措施与权利管理信息的支持，任何有关作品的数字使用的权利，特别是有关在互联网中使用的权利均不可能有效地适用。是否应用这种措施与信息由有利害关系的权利所有人自行决定，但条约第 11 条和第 12 条中纳入了适宜的法律规定。

5.230 依照条约第 11 条，缔约方必须规定“适当的法律保护和法律补救办法，制止规避由作者为行使本条约所规定的权利而使用的、对就其作品进行未经该有关作者许可或未由法律准许的行为加以约束的有效技术措施。”

5.231 条约第 12 条第 1 款责成缔约方“规定适当和有效的法律补救办法，制止任何人明知、或就民事补救而言有合理根据知道其行为会诱使、促成、便利或包庇对本条约或《伯尔尼公约》所涵盖的任何权利的侵犯而故意从事以下行为：（i）未经许可去除或改变任何权利管理的电子信息；（ii）未经许可发行、为发行目的进口、广播或向公众传播明知已被未经许可去除或改变权利管理电子信息的作品或作品的复制品。”第 12 条第 2 款给“权利管理信息”下了定义，即指“识别作品、作品的作者、对作品拥有任何权利的所有人的信息，或有关作品使用的条款和条件的信息，和代表此种信息的任何数字或代码，各该项信息均附于作品的每件复制品上或在作品向公众传播时出现。”

5.232 外交会议通过了一项有关条约第12条的议定声明，它分为两部分。第一部分规定："不言而喻，'对本条约或《伯尔尼公约》所涵盖的任何权利的侵犯'的提法既包括专有权，也包括获得报酬的权利。"第二部分规定："此外，不言而喻，缔约各方不会依赖本条来制定或实施要求履行为《伯尔尼公约》或本条约所不允许的手续的权利管理制度，从而阻止商品的自由流通或妨碍享有依本条约规定的权利。"

其他实质规定

◎ 受保护资格的标准

5.233 WCT解决了某些问题——来源国、国民待遇、无手续保护、可能对并非条约缔约方的某些国家的国民的作品所受（"变通"）保护进行的限制——简而言之，在第3条，它规定了对《伯尔尼公约》第3条至第6条的比照适用。

5.234 外交会议通过了一项议定声明，作为对这些条款的比照适用的指导，它规定："不言而喻，在适用本条约第3条时，《伯尔尼公约》第2条至第6条中的'本联盟成员国'，在把《伯尔尼公约》的这些条款适用于本条约所规定的保护中，将被视为如同系指本条约的缔约方。另外，不言而喻，《伯尔尼公约》这些条款中的'非本联盟成员国'，在同样的情况下，应被视为如同系指非本条约缔约方的国家，《伯尔尼公约》第2条第8款，第2条之二第2款，第3条、第4条和第5条中的'本公约'，将被视为如同系指《伯尔尼公约》和本条约。最后，不言而喻，《伯尔尼公约》第3条至第6条中所指的'本联盟成员国之一的国民'，在把这些条款适用于本条约时，对于系本条约缔约方的政府间组织，指系该组织成员的国家之一的国民。"

保护客体和范围

5.235 上面讨论的条约第3条还规定了对《伯尔尼公约》第2条和第2条之二的比照适用。WCT对版权所涵盖的客体范围进行了探索，特别是在与计算机程序和数据库相关的方面。条约包含可见于《伯尔尼公约》中的相同的文学和艺术作品概念。但条约在这方面也作出了TRIPS所作的相同澄清。

5.236 第一，条约第2条阐明："版权保护延及表达，而不延及思想、过程、操作方法或数学概念本身。"这实际上和TRIPS第9条第2款所作的澄清相同。第2条中反映的原则在《伯尔尼公约》的上下文中也并不新颖，因为公约的缔约国向来都是按那种方式来理解公约规定的保护范围的。

5.237 第二，条约第4条和第5条就保护作为文学作品的计算机程序和保护数据汇编（数据库）作出某些澄清，它们类似于TRIPS第10条所作的澄清。两项议定声明分别规定，条约第4条规定的计算机程序的保护范围和条约第5条规定的数据汇编（数据库）的保护范围，"与《伯尔尼公约》第2条的规定一致，并与TRIPS的有关规定相同。"

受保护的权利

5.238 WCT第6条第1款规定了授权通过销售或所有权转让的其他方式向公众提供作品的原件或复制品的专有权，即专有发行权。《伯尔尼公约》是仅就电影作品明确赋予这样一种权利的。这样一种权利至少存续至复制品的首次销售，它可以作为复制权的一种不可缺少的必然结果被推断出来，而且在某些国家的法律制度中，发行权实际上就是在这一基础上被确认的。WCT 第 6 条第 1 款至少应被认为是对《伯尔尼公约》(以及 TRIPS，它通过要求遵守公约的有关条款而将它们纳入协定）规定的义务所作的一种有益澄清，而至多应被认为是对它们的补充。

5.239 条约第 6 条第 2 款涉及发行权穷竭的问题。它并未责成缔约方选择：在作品的原件或复制品经作者授权而首次销售或所有权以其他方式转让之后，发行权在国内(地区）穷竭或在国际穷竭，或在任何情况下均就穷竭问题作出规定。

5.240 条约第 7 条就 TRIPS 第 11 条和第 14 条第 4 款所涵盖的相同种类的作品（缔约方国内法确定的计算机程序、电影作品和录音制品中包含的作品），并在附带相同例外的情况下，规定了授权向公众进行商业出租的专有权。这些例外涉及其本身并非主要出租物的计算机程序；涉及电影作品，除非商业出租导致对这类作品的广泛复制而严重损害了专有复制权；也涉及缔约方，如果它在 1994 年 4 月 15 日已就出租包含在录音制品中的作品的复制品实施并仍在实施合理报酬制度，以取代专有权。在最后这种情况下，只要商业出租未对授权的专有权产生严重损害，缔约方即可保留这一制度。

5.241 外交会议通过了一项有关条约第 6 条和第 7 条的议定声明。它规定："该两条中的用语'复制品'和'原件和复制品'，受该两条中发行权和出租权的约束，专指可作为有形物品投放流通的固定的复制品。"

摄影作品的保护期

5.242 WCT 第 9 条在保护期方面消除了对摄影作品的不公平的歧视。它责成缔约方不得适用《伯尔尼公约》第 7 条第 4 款，该款就摄影作品也就实用艺术作品规定了短于一般 50 年期限（25 年）的保护期。

限制与例外

5.243 第 10 条第 1 款规定了可以对条约赋予的权利适用的限制与例外的种类，而该条第 2 款规定了将限制或例外适用于《伯尔尼公约》赋予的权利的标准。

5.244 这两款均使用《伯尔尼公约》第 9 条第 2 款中包含的"三步检验"法来确定被准许适用的限制与例外。就是说，限制与例外仅被准许在某些特殊情况下适用：

——只要它们不与作品的正常利用相冲突；

——只要它们不致不合理地损害作者的合法利益。

5.245 依照《伯尔尼公约》第 9 条第 2 款，这一检验仅适用于复制权，而条约第 10 条的两款则涵盖条约和《伯尔尼公约》各自规定的所有权利。在这一点上，第 10 条规定类似于 TRIPS 第 13 条，后者将同一检验适用于 TRIPS 规定的所有权利，不论是直接规定的还是通过引用《伯尔尼公约》的实质条款而纳入协定的。

适用的时限

5.246 WCT 第 13 条仅仅提到《伯尔尼公约》第 18 条，以确定在条约对某特定缔约国生效之时适用条约的作品，并规定该条也必须适用于条约。

权利的行使

5.247 第 14 条第 1 款是《伯尔尼公约》第 36 条第 1 款的比照版本。它规定："缔约各方承诺根据其法律制度采取必要措施，以确保本条约的适用。"

5.248 第 14 条第 2 款是 TRIPS 第 41 条第 1 款第一句的比照版本。它规定："缔约各方应确保依照其法律可以提供执法程序，以便能采取制止对本条约所涵盖权利的任何侵犯行为的有效行动，包括防止侵权的快速补救和为遏制进一步侵权的补救。”

4. 行政规定

5.249 行政条款和最后条款一般与 WIPO 管理的其他条约关于相同问题的规定相同或类似。有两个特点应提到，即政府间组织成为条约缔约方的可能性，以及条约的生效需要有更多数量的批准书或加入书交存。

5.250 条约第 17 条规定了成为条约缔约方的资格。根据第 1 款，WIPO 的任何成员国均可以成为条约的缔约方。第 2 款规定：“如果任何政府间组织声明其对于本条约涵盖的事项具有权限和具有约束其所有成员国的立法，并声明其根据其内部程序被正式授权要求成为本条约的缔约方，大会可决定接纳该政府间组织成为本条约的缔约方。”第 3 款补充规定：“欧洲共同体在通过本条约的外交会议上作出上款提及的声明后，可成为本条约的缔约方。”

5.251 对于条约生效所必需交存的批准书或加入书的数量被确定为 30 份。WCT 于 2001 年 3 月生效。条约缔约方的名单参见附录。

第 4 节 《专利合作条约》（PCT）

1. 引言

国家专利制度

5.252 除去地区性专利制度，例如非洲知识产权组织（OAPI）制度、在非洲地区工业产权组织框架下设立的哈拉雷议定书制度、欧亚专利制度以及欧洲专利制度，国家专利制度要求申请人在所有希望得到保护的每个国家都分别提交专利申请。在传统的《巴黎公约》制度下，在国外提交专利时，可以要求在先申请的优先权，但是在后申请必须在在先申请的申请日起 12 个月内提交。这就需要申请人在首个申请提交日起 1 年内完成所有寻求专利保护的国家的专利申请的准备和提交。这意味着在各个国家都需要进行专利的翻译，雇用专利代理，并向各专利局缴费，这些事情都要在同一时间完成，而此时申请人通常还不知道他是否有可能获得专利或者他的发明和现有技术相比是否真的具有新颖性。

5.253 在国家制度下提交专利申请意味着每个专利局对所接受的每项申请都要进行形式审查。当专利局对申请进行实质审查时，都必须进行检索以确定发明所属技术领域的现有技术，并进行可专利性的审查。

5.254 在国家专利制度和上面所提到的那些地区专利制度之间，最主要的区别就是地区专利是由一个专利局代表多个国家授权。除此之外，其流程相同，而在前面两个段落中的解释也一样适用。

PCT 的历史

5.255 为了克服在国家制度中出现的问题，1966 年 9 月，国际保护工业产权联盟执行委员会邀请 BIRPI（世界知识产权组织的前身）立即进行一项研究以寻求方法来减少申请人和专利局所做的重复工作。此后几年，BIRPI 召开了一系列会议以撰写草案，并于 1970 年 6 月在华盛顿举行了外交会议，此次会议中制定了《专利合作条约》（PCT）。PCT 于 1978 年 1 月 24 日生效，并于 1978 年 6 月 1 日起在最初的 18 个缔约国开始实施。

5.256 PCT 的发展清楚表明，今后会有越来越多的国家——不管是发展中国家还是发达国家——会成为 PCT 的成员国；而申请数量也表明了，PCT 的应用会继续大幅增长。而在本书最后的参考资料中的统计数据也显示了 PCT 体系的成功。

PCT 的目标

5.257 从其名称上可以看出，PCT 是专利领域的一项国际合作协议。自采用《巴黎公约》以来，它被认为是该领域国际合作最具有意义的进步。但是，它主要是一项涉及专利申请的提交、检索及审查以及其中包括的技术信息的传播的合理性和相互合作的条约。PCT 不提供“国际专利授权”：授予专利的任务和责任仍然只能由寻求专利保护的各个国家的专利局或行使其职权的机构掌握（指定局）。PCT 并非与《巴黎公约》竞争，事实上，是对其的补充。的确，它是在《巴黎公约》下只对《巴黎公约》成员国开放的一个特殊协议。

5.258 PCT 的主要目的在于，简化以前确立的在多个国家寻求对发明进行专利保护的方法，使其更为有效和经济，并有益于专利制度的用户和对该体系负有管理职权的专利局。

5.259 为了达到此目标，PCT 提出：

——建立一种国际体系，从而使用一种语言在一个专利局（受理局）提出一件专利申请（国际申请），在申请人在其申请中说明（指定）的每一个 PCT 成员国都有效；

——由一个专利局，即受理局，对国际申请进行形式审查；

——对每件国际申请进行国际检索，并出具检索报告说明相关的现有技术（主要是与该发明相关的已公布的专利文献），而在决定该发明是否具有专利性时该报告可以作为参考；

——对国际申请及其相关的国际检索报告进行统一的国际公布，并将其传送给指定局；

——提供对国际申请进行国际初步审查的选择，并为申请人以及随后需要决定是否授予专利的专利局出具一份意见报告，说明所要求保护的发明是否满足了专利性国际标准。

5.260 前面段落所述的程序通常被称为 PCT 程序的“国际阶段”，而“国家阶段”是指授予专利程序的最后部分，它是指定局，也就是国际申请中指定国的国家局或代理行使国家局职能的机构的任务。在 PCT 术语中，“国家”局，“国家”阶段，或“国家”费用，也指地区专利局的有关程序。

5.261　特别是在有大量专利申请的较发达国家，专利局已经多年承受繁重的工作负担，并努力寻找分配资源的最好方法，以保证现有的人力能在专利制度下发挥最大的效用。在PCT体系下，当国际申请进入国家局时，已经由受理局进行了形式审查，由国际检索单位进行了检索，可能也由国际初步审查单位进行了审查。这些国际阶段的统一程序减轻了国家局的工作负担。

5.262　PCT的其他主要目的是促进并加快工业界和其他相关的部门利用与发明相关的技术信息并帮助发展中国家得到这些技术。

2. PCT体系的运作

提交一份国际申请

5.263　PCT成员的任何国民和居民都可以提交国际申请。多数情况下，PCT申请向作为PCT受理局的国家局提出。此外，所有PCT成员国的国民和居民也可以选择国际局作为受理局。

5.264　国际申请在申请人指定的PCT成员国内，自国际申请日起具有国家申请的效力。在指定获得地区专利的情况下，国际申请对那些地区专利条约成员的PCT成员国还可产生地区专利申请的效力。也就是ARIPO专利、欧亚专利、欧洲专利或OAPI专利。

5.265　PCT规定了国际申请的某些标准，就申请的形式和内容来说，按这些标准准备的国际申请会被所有的PCT成员国受理，而不会因为不同的国家或地区的要求（以及相关的费用）而需要相应的修改。PCT规定不允许各个国家对国际申请的形式或内容提出与PCT不同的或额外的要求。

5.266　在国际申请的准备和提交中，仅需要用一种货币，向一个专利局即受理局提交一套费用。向指定局缴纳的国家费用是在之后的程序中。相比通过传统的《巴黎公约》途径申请来说，PCT体系的国家费用的缴纳要晚得多。

5.267　向受理局缴纳的国际申请的费用包括3个主要部分：

——传送费，用于受理局的工作；

——检索费，用于国际检索单位的工作；

——国际费用，用于国际局的工作。

5.268　如果申请人是自然人，并且是人均国民收入低于某一水平——基于联合国用于决定各国缴纳会费所用的收入数据——的国家的国民和居民，则有权享受包括国际申请费在内的若干费用的可观的减免。在有多个申请人的情况下，每个申请人都必须满足上述标准。

5.269　国际申请的语言是由申请所提交的受理局以及进行国际检索的国际检索单位的要求决定的。国际申请可使用的主要语言有中文、英文、法文、德文、日文、俄文和西班牙文；其他一些语言也能被接受，迄今为止，包括丹麦语、荷兰语、芬兰语、挪威语和瑞典语。

5.270　受理局在给予国际申请日并进行形式审查后，应将国际申请的副本分别传送给国际局（登记本）和国际检索单位（检索本）。受理局也应保留第三份副本（受理本)。受理局也收取所有 PCT 的相关费用，并负责将检索费传送给国际检索单位，将国际费用传送给国际局。

国际检索

5.271 每件国际申请都要经过国际检索，就是对专利申请常用语言（英文、法文和德文，在某些案例中包括中文、日文、俄文和西班牙文）的专利文献以及其他技术文献进行高质量检索。PCT 中规定的标准保证了国际检索的高质量，这些标准包括国际检索单位的文献、员工资质和检索方法，而进行国际检索的国际检索单位是由 PCT 最高管理机构——PCT 联盟大会特别指定的有经验的专利局，并在遵守 PCT 标准和时限的基础上进行国际检索。

5.272 被指定为国际检索单位的专利局如下：中国专利局、澳大利亚专利局、奥地利专利局、欧洲专利局、日本专利局、俄罗斯专利局、西班牙专利商标局、瑞典专利局和美国专利商标局。

5.273 每个国际检索单位都应该拥有可用于审查检索用的 PCT 所要求的最低限度文献，一般来说，PCT 所要求的最低文献包括从 1920 年开始，主要工业国家的专利文献，以及协议中一致同意的非专利文献。国际检索单位在进行检索时，应充分利用其设施，比如说最小限度文献以及它能获得的其他额外文献。至少对最低限度文献进行检索的要求保证了国际检索的高水平。

5.274 国际检索的结果在国际检索报告中作出。通常，申请人可在提交申请后 4 个或 5 个月后得到国际检索报告。国际检索报告中所引用的相关现有技术文献可以让申请人评估申请在指定的国家获得专利的可能性，并决定是否继续在指定的国家寻求专利保护。

5.275 当国际检索报告显示结果有利，也就是引用的现有技术看起来不影响专利授权，则检索报告在随后指定局对申请的处理中会有助于申请人。而如果检索报告的结果不利，则申请人有机会对国际申请的权利要求进行修改，以更好地使发明和现有技术区分开来，申请人也可以在申请公布前撤回申请。

5.276 国际检索报告也能为指定局在审查专利以及评估发明上提供帮助，特别是对于那些没有技术合格的员工和可用于检索的大量专利文献的专利局。

5.277 国际检索单位将国际检索报告传送给申请人和国际局。国际局将检索报告同国际申请一起进行国际公布，并向指定局传送报告的副本。

国际公布

5.278 国际公布有两个主要目的：一是向公众公开发明（例如，通常来说即发明人所做的技术进步），二是记载最终可能获得专利保护的范围。

5.279 国际局以 PCT 小册子的形式进行公布，其扉页记载申请人提供的著录项目数据，以及其他数据，诸如国际检索单位确定的国际专利分类号（IPC）和说明书摘要。小册子中还包括说明书、权利要求、附图以及国际检索报告。如果国际申请的权利要求有修改，则原始提交和修改后的都会被公布。一般来说，国际申请在优先权日起 18 个月后进行国际公布。

5.280 如果国际申请公布时所用语言为中文、英文、法文、德文、日文、俄文或西班牙语，则其公布的小册子也采用同一语言。但是，如国际申请是以中文、法文、德文、日文、俄文或西班牙语公布的，其发明名称、摘要以及国际检索报告还应以英语公布。如果国际申请是以上述文字以外的文字提交的，则应将其翻译成英文进行公布。

5.281 小册子的公布都会在PCT公报中公告。PCT公报以条目的形式列出公布的国际申请，条目的内容则是从小册子扉页中提取的数据。PCT公报中的每个事项都包含一个分类索引，这样就可根据技术领域来选择公布的专利申请。

5.282 国际公布、小册子以及PCT公报会由国际局有系统地传送给每个PCT成员国。同时，它们也以可检索的格式存储于CD-ROM中。而公众只要提出请求，就可以免费地获得这些数据。

国际初步审查

5.283 申请人收到国际检索报告后，就可以提出国际初步审查的请求（通过提交请求书启动，并在该请求书中选定指定国）以了解所要求保护的发明是否满足了下述所有标准或其中之一：是否具有新颖性，是否具有创造性以及是否具有工业实用性。国际初步审查费应在提交请求时缴纳给国际初步审查单位，同时还应缴纳手续费以用于国际局的工作。某些国家的申请人可以获得手续费的减免（见5.268段）。

5.284 和国际检索单位一样，国际初步审查单位也是由PCT联盟大会指定的。国际初步审查单位即为除西班牙专利商标局之外的国际检索单位。国际初步审查报告给出国际初步审查结果，并由国际局传送给申请人和选定局（即所选定国家的专利局或行使其职能的机构）。应选定局要求，国际局负责将报告翻译为英文。根据上面提到的国际标准所作出的关于发明专利性的意见是申请人用以判断其获取专利保护可能性的更有力基础，同时也是选定局用以判断是否授予专利权的更好基础。在不进行实质审查的国家，国际初步审查报告会为对发明感兴趣者（例如，为了许可的目的）提供判断专利有效性的可靠依据。

5.285 通常，国际局在国际申请公布时（最迟在自优先权日起第19个月底）将国际申请传送给指定局。正如前面所说，PCT是一个申请的体系，而不是授权的体系，专利授权是指定局的专有任务和责任，而所传送的副本会用于专利局对国际申请的后续处理。在实践中，超过半数的指定局不再要求每周传送国际公布的副本，取而代之的是免费的包括完整数据的CD-ROM。国际局同时向指定局提供CD-ROM机。CD-ROM格式的主要好处就是能通过电脑快速读取，而且不需要很大的储存空间。需要注意的是，无论如何，指定局都有权通过请求，来获得指定其的国际申请以及其他相关文件的纸质副本。

5.286 除非申请人请求提前处理，否则任何指定局或选定局对国际申请进行处理——国家阶段——不能早于自优先权日起20个月（如第2章适用，则为30个月）。

指定局或选定局的处理（“国家阶段”）

5.287 在收到国际检索报告和国际初步审查报告（适用时）后，并对申请进行修改后，申请人现在可以容易地判断他是否有机会在指定国获得专利。如果他发现机会不大，他可以选择撤回申请或者什么也不做；在后一种情况下，国际申请会失去成为国家申请的效力，流程会自动终止。这样，申请人可以节省大量的费用，也就是在传统的《巴黎公约》途径下分别提交国家申请的花费。他不用为进入国家局缴纳申请费和翻译费，不用向国家局缴纳其他费用，也不用指定当地的代理，而在传统《巴黎公约》途径下，这些都是在优先权日起12个月内所必须做的，而且还是在没有国际检索报告以及可选的国际初步审查报告用来评价获取专利可能性的情况下。

5.288 如果申请人决定继续，也只有在这种情况下，他必须向指定局或选定局缴纳前述费用，并且在必要的情况下，提交专利局官方语言的译文，可能还必须委托当地的代理。译文的提交和费用的缴纳都必须在优先权日起20个月（如第2章适用，则为30个月）内。一旦国家处理开始，适用普通国家程序，但PCT程序而带来的例外除外，例如国际申请的形式和内容，以及关于优先权文件副本的要求。

5.289 WIPO出版了《PCT申请人指南》。指南的卷一包括国际阶段的常用信息；卷二包括和国家阶段相关的指定局和选定局的流程。进一步的信息会定期公布在PCT公报上（第4部分，一般性的通知和信息），以及PCT通信中。PCT通信每月公布关于PCT的最新消息。《PCT申请人指南》和PCT通信，以及关于PCT的其他信息见于WIPO的主页，网址为：http：//www. wipo. int。

3. PCT体系的优势

对专利局的好处

5.290 越来越多的专利局不得不考虑如何最大限度地利用他们现有的人力资源。这不仅仅是因为专利局需要处理的专利越来越多（在国家的发展过程中，随着工业活动的增加，专利的数量显然会有相当的增长），也是因为专利局不断扩张的功能：为本地的工业提供技术咨询服务（利用其专利文献和接受过技术培训的员工），不管是在已有的科技方面，还是在国家的研发活动上。PCT将会在多个方面帮助专利局满足这些要求，见以下段落。

5.291 由于通过PCT进入的申请在国际阶段经过了形式要求的审查，因此可以预见到专利局能在现有人力下处理更多的申请。

5.292 专利局可以节省部分公布费用。如果国际申请是以该国的官方语言公布的，则专利局无需再进行公布。而使用不同官方语言的国家则可以将公布限于国际申请摘要的译文。而国际申请完整文本的副本则可以应要求提供。

5.293 除非指定局因为PCT带来的成本节省而主动减免国家费用，以吸引申请人利用国际申请途径，PCT本身并不会影响指定局的收入。无论如何，对大多数专利局来说，他们最大的收入来源是年费，而年费是不受PCT影响的。

5.294 由于大多数PCT申请都是由外国人提交的，因此国际检索报告和国际初审报告会有利于那些进行实质审查的专利局。由此，专利局也可以降低其检索成本。

5.295 不进行实质审查的专利局在收到进入国家阶段的申请时，申请已经经过了形式审查，而且会带有国际检索报告，可能还有国际初步审查报告。比起国家或地区专利系统下的申请来说，这对专利局以及受专利影响或者对许可感兴趣的国家工业来说，要有利的多。那些负责审核许可合同的国家机关同样也会因为在国际申请的基础上授予的专利拥有更大价值而受益。

5.296 《哈拉雷议定书》《欧亚专利公约》或《欧洲专利公约》的成员国中选择关闭国家途径的，其专利局不负责处理指定这些国家的国际申请。如果国家局没有地区局条件好，也没做好准备接收和处理越来越多的申请，则这种选择值得推荐。

对申请人的好处

5.297 申请人可以在自己的国家提交申请（或者地区局，或者作为受理局的国际局），而在外国也产生效力。对于希望寻求保护的国家，申请人也能有更多的时间来考虑。典型的案例中，在授权前，申请人的花费要比别的途径要少得多。

5.298 如果申请人不采用PCT提供的国际流程，那么他在优先权期限届满前3到6个月就必须开始向国外申请的准备。他必须准备申请的译文，针对每个国家，译文的形式也不同。而在PCT体系下，在1年的优先权期限内，申请人只用提交1份申请（国际申请），而能在所有指定的国家生效。而在优先权期限最后一天提交的申请，可以和之前的国家申请不管是文字还是形式都完全一样。

5.299 最终你还是会遇到翻译的费用问题，但是和不使用PCT相比，最晚可以在8或者18个月后，而且只有在申请人评估过国际检索报告和国际初步审查报告之后，依然对相关国家感兴趣时才会遇到。如果申请人不再感兴趣，他可以节省下所有后续费用。

对国家经济和工业的好处

5.300 只有在申请人看过国际检索以及国际初步审查的结果之后，认为有充分的经济和技术原因时，他才会进入国家阶段。因此，在国际申请基础上授权的专利，对投资者和技术转让者来说，通常都会有更可靠的基础。

5.301 技术进步是国家经济发展的一个很重要的因素。大家都认识到，对一个国家来说，哪怕是工业化国家，如果缺少对国内创新活动的持续鼓励，也不通过许可的方式从国外引进先进科技，那么真正的技术进步是不可能发生也不可能持续的。由于PCT体系为在国际层面获得专利保护提供了便利，而且在PCT路径下获得授权的专利有高质量的国际检索以及国际初步审查做基础，因此，越来越多的申请人开始寻求通过PCT方式在国际层面获得专利保护，并通过PCT路径来进行技术转让和许可协议。

5.302 越来越多的科技得到许可，会带来更多的外国投资。而伴随着越来越多的先进技术和投资，当地就业水平会得到提高，劳动力技术水平也会进步。而当经济和技术发展水平提高时，就会有越来越多的国民在国外为发明寻求专利保护时采用PCT体系，并从中受益，从而帮助当地工业打入出口市场。

5.303 许多发展中国家的经济正在迅猛发展；各个领域都需要更多的投资和技术转让，而当地的工业（制造业等）和服务业也需要创新和现代化。由于外国投资者和许可者更青睐在经济持续发展和产品成本较低的国家进行投资和技术转让，因此PCT常常能够成为国家促进经济发展和不断提升国家经济和技术水平战略中不可缺少的一部分。

技术信息

5.304 PCT对发展中国家另一个重要的好处在于其信息影响。如果想了解在多个国家以各种语言公开的所有专利文献，以及从这些专利而生发的大多数最新的现有技术的全貌，是非常困难的。由于许多重要的发明是PCT申请的主题，因此对发展中国家来说，通过这些申请的国际公布来接触和了解现代科技信息会更迅速而且更为方便。之所以说迅速，是因为国际申请会在申请的优先权日起 18 个月就进行公布。而更为方便，是因为申请会以最重要的语言之一来进行公布，而且如果不是英语的话，也会公布一份英文的摘要，另外，和国际申请一起公布的国际检索报告也为对申请所披露的技术进行评估提供了便利。PCT 成员国的专利局有权免费获取所有公布的国际申请副本、PCT 公报副本以及国际局公布的和 PCT 相关的文件副本。

5.305 PCT 为参与到这项国际专利合作体系的发展中国家提供了多种好处，而且无需支付任何费用。已经成为 PCT 成员国的发展中国家的数量说明已经有很多国家认识到了这些好处。

5.306 PCT 成员国名单参见附录。

第5节 《国际承认用于专利程序的微生物保存布达佩斯条约》

5.307 《国际承认用于专利程序的微生物保存布达佩斯条约》（以下简称《布达佩斯条约》）是根据《巴黎公约》第 19 条而达成的一项专门协议，于 1980 年 8 月 19 日生效。条约的成员国列表参见附录。

1. 该条约背景

5.308 将发明公开是授予专利权的最一般性的要求。通常，发明是用说明书形式公开的。在发明涉及微生物或微生物的使用而这种微生物是公众不能得到的情况下，这样的说明书形式公开是不充分的。这就是为什么越来越多的国家在其专利程序中规定，不但需要提交说明书，而且还要在一个特别机构中保存特别微生物样品的原因。专利局不具备保存微生物的条件，因为这种保存需要特别的专门知识和设备以使微生物保持存活，保护它们不受污染，并保护人们的健康和环境不受污染。这种保存的费用是很高的，提供样品也需要特别的专门知识和装置。

5.309 当向几个国家请求保护涉及微生物或微生物的用途发明时，可能不得不在每一个这样的国家中重复这些复杂而昂贵的微生物保存程序。正是为了消除或减少这种重复的保存程序，为了使一个保存能满足所有保存的目的（否则所有这些保存都是必要的），所以签订了这项条约。

2. 该条约概要

5.310 条约的主要特征是接受或者要求保存用于专利程序的微生物的缔约国，必须承认为此种目的而在任何"国际保存单位"（第 3 条 1 款 a 项）所作的微生物保存，而不论这个单位是在该国领土以内还是以外。换句话说，只要在一个国际保存单位进行了保存，就能满足所有声明接受条约第 9 条第 1 款 a 项的国家专利局（在条约中称作

“工业产权局”）和任何地区性专利局（例如欧洲专利局）专利程序的需要。

5.311 该条约所称的“国际保存单位”是能保存微生物的科研机构，典型的如“培养物保存中心。”这样的机构通过下列手续可以获得“国际保存单位”的地位；即由机构所在的缔约国向世界知识产权组织总干事提供保证，说明该机构符合并将继续符合条约的某些要求（见第6条第2款），特别包括为了保存微生物的目的，对于任何“保存人”（自然人、公司等），该机构都将接受和保存提交保存的微生物，并将样品提供给任何有权得到这种样品的人，而不提供给其他任何人。这个保证可以由某些政府间工业产权组织提供（见第7条第1款a项）。

5.312 条约的细则包含了谁有权以及什么时候可以获得所保存的微生物样品的详细规定（见细则第11条）。提交保存人自己在任何时候都有权获得样品（见细则第11条第2款i项），他可以授权任何第三人（有关当局、自然人、法人）要求获得样品，这种第三人在出示了这种授权以后将获得样品（见细则第11条第2款ii项）。任何适用该条约的“有关系的”工业产权局可以要求获得样品并将得到样品。当工业产权局为专利程序的目的需要微生物时，该工业产权局被认为是主要“相关方”（见细则第11条第1款）。大概来说，如果适用该条约的工业产权局证明某第三方根据所适用的法律有权得到所保存的微生物样品时，该第三方可以获得样品。细则详细地规定了证明的内容以保证工业产权局在发出证明之前将非常谨慎地从事（见细则第11条第3款a项）。

5.313 条约和细则还包含下列规定：在不能提供原来保存的微生物样品时允许提交“新的”保存（见条约第4条）；当国际保存单位未或未完全遵守其所承担的义务时，根据成员国的意愿，允许终止或限制其国际保存单位的地位（见条约第8条）；保存于一个国际保存单位的所有微生物，在该单位将要停止这种保存职责时，应该转给另一个国际保存单位（见细则第5条第1款）；条约及细则还规定国际保存单位应就保存的微生物发给保存人的保存单的内容（见细则第7条）；规定对所保存的微生物进行存活性检验，并发给存活性报告书（见细则第10条）；允许国际保存单位对每一保存收取费用，这至少包括30年的费用，这30年是所保存的微生物必须保存的时间（见细则第9条和第12条）；规定某些政府间工业产权组织的特别地位和特别作用（见条约第9条）。

3. 该条约的主要优势

5.314 这个条约主要对向多个国家申请专利的保存人有利。它将节约申请人的费用，因为申请人不用将专利申请中所涉及的微生物提交给专利申请的每个国家保存，他可以只在一个保存单位保存一次，这样，他在寻求保护的所有其他国家就可以节约为了保存所需要支付的各种费用。大多数情况下，保存人的国家中至少有一个国际保存单位，这意味着他将与他附近的国际保存单位打交道，在此过程中，可以使用自己的语言，用本国货币支付费用，他甚至还可能由于自己的经验而熟悉该单位。

5.315 保存人的安全感由于下列事实而增强了，即一个机构要成为一个国际保存单位，必须要对该机构的认真负责和持续存在作出严肃的保证，这种保证必须由国家或政府间组织提供而且这种保证是写给布达佩斯联盟所有成员国的。因此，人们可以期待这种保证是会被严格尊重的，因为如果这种保证没有受到这样的尊重，有关成员国可能会取消这个违约机构的国际保存单位地位。

5.316 最后，必须注意，加入条约不会给任何政府带来财政上的负担或义务。

第6节 《商标国际注册马德里协定》及《马德里协定有关议定书》

1. 引言

5.317 商标国际注册体系由两个协定管理：始于1891年的《商标国际注册马德里协定》（本节简称《协定》）及其1989年通过、1995年2月1日生效并于1996年4月1日实施的《马德里协定有关议定书》（本节简称《协定书》），《协定》与《议定书》的《共同细则》也已实施。该体系由WIPO国际局管理，设有国际注册簿并在WIPO《商标国际注册公告》上公布。

5.318 在最初于1891年缔结（1967年修改）的《马德里协定》之后，新近缔结的《议定书》的理由，就是马德里联盟中的一些商标领域的主要国家——例如日本、英国和美国——并未加入该《协定》，而《议定书》意在使马德里体系为更多的国家所接受。与《协定》不同，它提供以下选择：

——为申请人提供的选择，国际注册可允许基于国家申请而非仅仅国家注册；

——缔约方驳回商标的期限为18个月，而非1年，使基于异议的商标驳回可拥有更长的期限；

——使缔约方主管局可收取“单独规费”，而非基本费的收入份额，该规费不可高于其向申请人在该局进行商标注册或商标续展所收取的费用，同时须扣除国际注册程序所节省的费用；

——国际注册因基础商标在原属国失效而不受保护后，可在一些或所有缔约国转换为该国家或地区申请，同时保留国际申请日期和可适用的优先权；

——不仅国家可以加入《议定书》，在本土拥有商标注册局的政府间组织也可加入。

2. 国际注册体系的运作

国际注册的申请

5.319 国际注册申请（国际申请），仅可由在《马德里协定》或《协定书》的成员国拥有真实有效的工商营业场所的自然人或法人、拥有居住地的自然人或法人或该成员国国民提出，或者由在加入《议定书》的政府间组织的领土内拥有真实有效的工商营业场所或拥有居住地的自然人或法人或该组织的成员国国民提出。

5.320 商标国际注册马德里体系不能用于与马德里联盟成员无必要关联的自然人或法

人，此种关联通过营业场所、住所或国籍确定，也不能用于保护马德里联盟以外的商标。

5.321 对只有在原属局已经获得注册（或国际申请仅由《议定书》管理的，已经在原属国提出申请的）的商标可以提出国际申请。对于仅由《协定》管理或由《协定》和《议定书》共同管理的国际申请（见5.313段），原属局指缔约国的商标局，商标申请人在该缔约国拥有真实有效的工商营业场所；如无营业场所，则在该国拥有住所；如无住所，则为该国国民。对于单独由《议定书》管理的国际申请，不适用以上有关原属局的限制选择条件；原属局可以为符合以上一个或多个条件的自然人或法人的缔约方局。

5.322 国际申请必须指定在一个或多个缔约国（非原属局所在的缔约国）对商标进行保护，还可后续指定其他缔约国。只有某缔约国与原属局所在地缔约国均为同一条约，即《协定》和《议定书》的成员国时，该缔约国才可被指定。

5.323 某一缔约国被指定基于该缔约国与原属局缔约国共同加入的协定，如果两国均同时为《协定》和《议定书》成员国，则按《协定》进行指定，这来源于《议定书》9之6的规定，即所谓的“保护”条款。因此有3种类型的国际申请：

——专属《协定》的国际申请；这意味着所有指定均按照《协定》进行；

——专属《议定书》的国际申请，这意味着所有指定均按照《议定书》进行；

——同属《协定》和《议定书》的国际申请；这意味着一些指定按照《协定》进行，另外一些按照《议定书》进行。

5.324 国际申请必须通过原属局向国际局提交。申请书必须包括商标图样（必须与基础注册或申请的商标相同）和一份按照国际商品分类表（尼斯分类）分类的、寻求保护的商品与服务清单。专属《协定》的国际申请，必须使用法语；专属《议定书》或同属《协定》和《议定书》的国际申请，可以使用英语或法语，尽管原属局可能限制申请人仅使用其中一种语言。

5.325 国际申请可根据《巴黎公约》第4条要求优先权，不管是由原属局提交的申请，还是由另一主管局提交的在先申请，该主管局不必为《协定》或《议定书》成员国的主管局。

5.326 国际申请应缴纳以下费用：

——基本费；

——不收取单独规费的指定缔约方补充费；

——根据《议定书》指定的任何缔约方收取的单独规费，该缔约方声明其希望收取这样一笔费用，数额自行决定并在商标公告上发布；根据《共同细则》，任何缔约方均可能规定该笔费用分两部分支付（第一部分在申请时支付，第二部分在

——并且只在——有关商标局认为申请商标符合保护条件时支付）；

——商标适用的商品或服务所属的类别超过国际分类3类的，每超过一类的附加费；但是对于所有指定合而为一缴纳一笔单独规费的，则不必缴纳附加费。

5.327 这些费用可以直接向国际局缴纳，或由原属局收取向国际局缴纳。单独规费由国际局转交有关缔约方，补充费和附加费在不收取单独规费的缔约方按照商标被指定

的数量按比例分配。

5.328 原属局必须保证国际申请商标与基础注册或基础申请的商标完全一致，对商标的说明或声明将商标颜色作为显著特征进行保护与基础注册或基础申请中所包含的说明一致，国际申请要求保护的商品或服务均包含于基础注册或基础申请商品与服务清单中。原属局还必须证明收到申请人请求提交国际申请的日期；只要国际局自该日起两个月内收到此申请（和某些关键因素未丢失），该日期即为国际注册日期。

5.329 国际局应审查确定国际申请符合《协定》或《议定书》和《共同细则》的要求，包括对要求保护的商品和服务及其分类的要求，相关费用已经支付的要求。任何不规范之处都将通知原属局和商标所有人并于3个月内进行修正，否则商标申请视为放弃。符合条件的国际申请记录在国际注册簿中并在《国际公告》上刊登。国际局随后通知商标请求保护的每一个缔约方。

5.330 商标国际注册有效期为10年，缴纳费用后可续展10年。

国际注册的效力

5.331 自国际注册之日起，每一个被指定缔约方对商标的保护与该商标直接向缔约方申请商标注册所获得的保护一样。如果在规定的时间内，国际局未收到被指定缔约方的驳回通知，该商标即获得在每一个缔约方取得商标注册一样的保护。

5.332 通过申请后期指定，国际注册的效力可以延伸到国际申请未曾覆盖的缔约方。决定是否可以后期指定，后期指定受《协定》还是《议定书》约束，其原则已在以上5.312段和5.313段中予以说明。当申请人提出国际申请时某一缔约方还未成为《协定》或《议定书》成员时，可以后期指定该缔约方。

商标保护申请的驳回

5.333 指定缔约方有权驳回商标保护申请。有关缔约方局必须在《协定》或《议定书》规定的期限内，将任何驳回通知国际局。驳回通知记录在国际注册簿上并在《国际公告》上刊登，复印件发给国际注册所有人。所有后续程序，例如复审或上诉，直接在国际注册所有人和有关缔约方主管局之间进行，国际局不作任何介入。但是有关主管局必须将诸如复审或上诉的终局决定通知国际局，该决定也被记录在国际注册簿上并在《国际公告》上刊登。

5.334 缔约方通知驳回的期限一般为12个月，但根据《议定书》，缔约方可声明该期限为18个月；对于基于异议的驳回，可以更长。

5.335 根据《共同细则》，被指定的缔约方局可能发布给予商标保护声明，其现实好处在于国际注册所有人不必等到商标驳回期满才得知其商标是否在有关国家获得保护。

对基础商标的依赖性

5.336 国际注册商标自获得国际注册之日起5年内依赖于其在原属国的注册或申请。如果基础注册失去效力，不管是因为原属局或法院的决定而被撤销、主动注销或未续展，在这5年内，国际注册商标将不再受保护。同样，如果原属国的基础申请在5年内被驳回或撤回，或以该申请为基础的商标注册失效，则以该原属局商标申请为基础的国际注册将被撤销。原属局应将有关商标失效或驳回的事实和决定通知国际局，要求国际局撤销该商标国际注册（如果适用）。商标撤销应在《国际公告》上刊登并通知指定缔约方。

5.337　5 年期满后，商标国际注册独立于商标基础注册或申请。

国际注册变更和撤销

5.338　经请求，商标所有人的名称或地址变更可以在国际注册簿登记。同样，国际商标注册在全部或部分商品或服务上或在全部或部分指定缔约方的所有权变更也应登记。但是，在某一指定缔约方登记为国际注册商标所有人的只能是有资格（如 5.309 段和 5.310 段规定的，以设有工商营业场所、住所或国籍为基础）在国际申请中指定该缔约方的人。

5.339　以下内容也应在国际注册中予以登记：

——涉及所有或部分指定缔约方的商品和服务删减清单；

——在部分指定缔约方就全部商品和服务的放弃书；

——在所有缔约方就全部或部分商品或服务撤销国际注册。

5.340　这些变更和撤销应在公告上予以刊登并通知其他指定缔约方。

5.341　国际注册商标不论在续展还是其他时候均不得更改，商品与服务清单的变更也不得扩大其保护范围。

5.342　《共同细则》还规定与国际注册有关的许可应记录在国际注册簿中，因此，不要求国际注册所有人将此许可在有关指定缔约方登记。

3. 成为该协定或议定书的缔约方

5.343　《巴黎公约》的任何成员国均可成为《协定》或《议定书》的成员国。此外，满足以下条件的政府间组织可以成为《议定书》的成员（但不能成为《协定》的成员）：该组织中至少有一个成员国为《巴黎公约》成员国，同时该组织在其领土内设有有效的商标注册局。

5.344　《协定》和/或《议定书》成员国以及《议定书》的成员组织统称为缔约方。缔约方名单见本手册后附的插页中。

5.345　马德里联盟的每一个成员都是马德里联盟大会成员，大会最重要的任务之一是通过联盟的项目和预算以及实施细则的通过和修改，包括确定与马德里系统使用的相关费用。

4. 该体系的优势

5.346　国际注册对商标所有人而言具有几大优势。在原属局获得商标注册或提出商标申请的人，只需向一个商标局以一种语言提出申请，并向一个商标局缴纳费用，而不必以不同的语言向不同的缔约方局分别提出申请，并分别向各个商标局缴纳费用。对于商标续展或变更也具有同样的优势。

5.347　国际注册对于商标局而言也同样具有优势，例如不必进行商标形式审查、商品或服务分类或公告商标。正如以上所言，由国际局收取的单独规费和其他指定费被转交给被寻求保护的指定缔约方。此外，如果国际局结清两年一次的盈余账目，该程序由各缔约方分配承担。

5.348　有关马德里体系成功运转的数据见附录中。更多有关商标国际注册体系的信息，包括《协定》和《议定书》缔约方的最新名单和费用、最新年度数据和《协定》《议定书》及其《共同细则》的完整版本、《国际商标注册指南》的版本，均可在WIPO网站（www. wipo. int）上查询到。

第7节 《工业品外观设计国际保存海牙协定》

1. 引言

5.349 《巴黎公约》框架下的《工业品外观设计国际保存海牙协定》（以下简称《海牙协定》）于1925年11月6日缔结，并于1928年6月1日起生效，至今已经过多次修订和补充。现行有效的《海牙协定》的两个文本为1934年伦敦文本和1960年海牙文本（分别被称为1934年文本和1960年文本）。两个文本自成一体，相互之间完全独立。换句话说，每个文本都独立构成了一部成熟的国际条约。5.338段和5.339段的总体评述适用于两个文本。但是，大约95%的国际保存都适用1960年文本，因此接下来将详细说明此文本中的规定。另一个文本，即还未生效的1999年日内瓦文本，将在5.359~5.361段进行说明。

2. 国际保存的原则

5.350 工业品外观设计国际保存的主要目的是通过向WIPO国际局提交一份单一的国际保存申请而在若干个国家获得一个或多个工业品外观设计保护。根据《海牙协定》，任何有权进行国际保存的人都可以通过向WIPO国际局提交一份单一的国际保存而履行最少的手续和花最少的钱在《海牙协定》缔约国对其工业品外观设计进行保护。

5.351 申请人无需在每个寻求保护的国家提交单独的国家保存，从而避免了因各国程序的不同带来的种种不便。

3. 《海牙协定》的主要规定

5.352 缔约国的国民，以及虽非缔约国的国民但在缔约国领土内有住所或有真实有效的工商业营业所的自然人或法人，均可以向国际局提交外观设计保存。

5.353 一份国际保存不要求任何在先的国家保存。可以直接由保存者或其代理人通过国际局提供的免费表格向WIPO国际局提交。如果缔约国的法律允许，可通过该国国家主管局提交（条约第4条第1款）。任何缔约国的国内法可以规定，凡视为原属国的国际保存应通过其国家主管局提交。不遵守该规定的，不影响国际保存在其他缔约国的效力（条约第4条第2款）。

5.354 凡申请人在《巴黎公约》的成员国或WTO成员作出首个国家、地区或国际保存或在《巴黎公约》缔约国或WTO成员具有其效力之后的6个月内提交国际保存，并要求之前保存的优先权，则其可依照《巴黎公约》第4条的规定，享有优先权。

5.355 一份单一的国际保存可以包括最多100项工业品外观设计。但是，同一份保存中的所有外观设计必须属于或准备使用于工业品外观设计国际分类（洛迦诺分类）中的同一类别。

5.356 国际保存必需缴费，费用以瑞士法郎计，数额由海牙联盟大会决定。

5.357 《海牙协定》1960年文本实施的工作语言为英文和法文。申请人可选择两种语言之一提交国际申请。国际保存和任何相关的修改都会以英文和法文两种语言进行国际登记和公布。国际局和保存人之间的通信将采用国际申请提交时的语言。

5.358 国际保存在申请人指定的每一缔约国中的效力，都应和该保存所包括的工业品外观设计直接在这些国家中保存一样，而且如同申请人已依该国本国法的规定办理为获得保护所需的全部手续并且该国主管局已完成授予保护所需的全部行政行为一样，但其效力以不抵触国家局依据实质理由驳回保护的权利为限（见5.350段和5.351段）。

5.359 如原属国的法律规定，国际保存在该国不发生效力的，则国际保存在该国不发生效力。

5.360 国际保存由国际局在《国际外观设计公报》中公布，公报每月仅以CD－ROM形式出版。公布具体包括体现所保存外观设计的一件或数件物品的复制品。国际局应免费向每个缔约国的主管局传送一定份数的公报。

5.361 申请人可请求延迟公布，但延迟公布的期限不应超过自提交保存日起或者在主张优先权的情况下则自优先权日起的12个月。

5.362 缔约国国内法规定国家主管局根据行政职权上的审查或依第三人的异议拒绝给予保护可能性的，可以对不符合其国内法规定的工业品外观设计驳回保护请求。但是，驳回不得以未完成手续或未完成其他行政行为为理由作出，这是因为在国际局登记国际保存的同时，即应当认为已经在所有缔约国完成了这些手续或行为。而且，任何缔约国都不得要求再进行除国际公布之外的其他公布。

5.363 驳回保护必须在国家主管局收到公布国际保存的当期公报日起6个月内通知国际局。国际局将驳回副本传送给保存人，保存人享有与其直接向发出驳回通知的主管局申请该外观设计同样的救济。如在上述期限内没有发出拒绝通知，则该国际保存所包含的外观设计应该就和该保存进入该国国家登记簿一样。

5.364 国际保存的初始保护期为5年。国际保存至少可续展一次5年的保护期，可以就国际保存中的全部或部分工业品外观设计在全部或部分对之有效的缔约国进行续展。对于那些国内法对国内保存的保护期超过10年的缔约国，国际保存可多次续期，续展可每次5年，直至缔约国国内法律对国内保存所允许的最高保护期限届满。

4. 加入《海牙协定》的好处

5.365 海牙联盟成员国的国民可通过履行最少的程序、花最少的钱在多个国家获得对其外观设计的保护。具体来说，他们不必向每个寻求保护的缔约国提出单独的国家保存，从而避免了因各国程序不同而带来的种种不便。他们不必提交不同语言的必需文件，也可避免需要持续不断地监控一系列国家注册各不相同的续展的最后期限。此外，它亦可避免以各种不同货币缴纳一系列的国家费用和聘请代理的费用。依《海牙协定》，通过使用一种语言，缴纳一组单一费用，以一种货币与一个主管局（国际局）进行的单一国际注册可取得相同的效果。

5.366 在海外获取保护手续的简化和成本的节省对发展对外贸易有着正面的影响。加入《海牙协定》可以鼓励国内的制造商和贸易商在《海牙协定》的成员国对他们的外观设计寻求保护，并将其产品出口到这些国家。因此，国际保存能够帮助那些以出口为导向的制造商。

5.367 反过来，《海牙协定》其他缔约国的制造商和贸易商可以更容易地在已加入协定的国家对其外观设计进行保护，因而他们就更愿意将产品出口到这个国家。这就会带来贸易的增长以及新成员国境内新的工业和商业活动的增加，从而促进了国家的经济发展。

5.368 每年国际局会将保存人所缴纳费用的一部分分配给《海牙协定》缔约国的主管局。

5.369 除去那些国内或地区法律规定国际保存需经过主管局批准生效或经过对其中外观设计进行新颖性审查后才能生效的缔约国，缔约国的主管局对于实施《海牙协定》没有什么具体的任务。

5.370 《海牙协定》的缔约国名单可见本书最后的相关文件。关于工业品外观设计国际保存体系的更多信息，包括缔约国的名单更新，费用，最新的年度统计以及协定、细则和行政规程的完整文本，可访问 WIPO 的网站（www. wipo. int），查阅“海牙体系”标题下的内容。

5. 《海牙协定》的日内瓦文本

5.371 截至1990年，《海牙协定》的缔约国仅有29个。未加入的国家中有在一些工业品外观设计领域很活跃的国家，例如日本、英国、美国和北欧国家。而且，每年仅有大约4000件国际保存申请。因为这些原因，在1999年6月和7月召开了外交会议，以缔结《海牙协定》的新文本，新文本旨在使这一体系更加符合用户的需求，以便为那些由于其工业品外观设计制度而不能加入1960年海牙文本的国家加入该协定提供便利。这一最新的文本，即日内瓦文本，会为《海牙协定》引入许多新特色，包括：

——缔约国可以声明将6个月的标准驳回期限改为12个月。

——申请人可以请求对其外观设计的公布最多延迟至30个月；但是，缔约国可以宣布当其被指定时，延迟期会被缩短（应在声明中作明确规定），或者延期请求将被忽视；在后一种情况下，除申请人要求立即公布外，该外观设计将会在国际登记日起6个月进行公布。

——如果工业品外观设计是平面的，并且提出了延迟公布请求，则可提交外观设计的样品，而不用提交复制品。

——缔约国可以选择收取一项自己规定数额的独立费用，来代替费用表中规定的标准指定费，但是此费用不能高于在国家层面授予保护时其收取的费用；当在国家体系对申请和授权分别收费时，此种独立费用应同样分两部分缴纳。

——正常情况下，国际保存可指定申请人自己的国家，但是缔约国可以关闭此选项，这样可以避免缔约国被自己的国民通过国际途径进入的大量英文和法文申请所拖垮。

——另外，规定也允许缔约国通知国际局其关于某些事项的大量特殊的要求，诸如申请的强制性内容、外观设计的复制品的必需的数量、外观设计的单一性以及申请人提交申请的权利。

5.372 日内瓦文本不仅允许国家加入，也允许设有局（指受缔约方委托对在该缔约方领土内产生效力的工业品外观设计授权给予保护的机构）来办理可在其组织条约所适用的领土内产生效力的工业品外观设计保护的任何政府间组织加入。

5.373 日内瓦文本的第33条第2款规定文本通过之后以1年为期开放签字。此期限届满之时，29个国家签署了该条约。根据第28条第2款，该文本会在6个国家批准或加入后3个月生效，但是其中的3个国家在工业品外观设计领域的活动应达到特定的最低限度（在该条中详细规定）。

第8节 《商标法条约》（TLT）

1. 引言

5.374 《商标法条约》（TLT）于1994年10月27日由日内瓦外交会议通过，其目的在于简化和协调商标国家申请和保护的行政程序。各国可成为该条约的成员，在其成员国领土内拥有有效的商标注册局的政府间组织，例如欧盟和非洲知识产权局也可成为该条约成员。《实施细则》和《标准国际表格》对条约的规定进行补充，条约的内容不涉及商标法有关商标注册的实体部分，条约于1996年8月1日生效。

2. 该条约及其实施细则的规定

条约适用的商标

5.375 根据第2条，条约适用商品和服务商标。不是所有的国家目前都受理服务商标注册，因此，拟加入该条约的国家必须承担受理服务商标注册的义务，此外，根据条约第16条，该国还需适用《巴黎公约》有关服务商标的规定。

5.376 该条约不包括集体商标、证明商标和保证商标，因为这些商标的注册通常需要满足不同国家的特殊、迥异的条件，这将使条约很难发挥协调作用。全息商标和非可视标记，例如声音商标和嗅觉商标也排除在外，因为这些商标不易以书写方式表示并且只有极少数国家在其国内法中对这些商标提供保护。

5.377 一个可注册的标记必须由可视性标记组成，对于立体商标，只有那些受理立体商标注册的国家有义务适用该条约。

申请

5.378 条约第3条包含一份有关商标注册申请时，商标局可要求提供的所有材料的清单。这些材料包括，比如，申请人和代理人的名称和地址；要求在先申请商标优先权的，优先权请求声明；根据商标的颜色和形状，一份或多份商标图样；按照尼斯分类进行分类的注册商标寻求保护的商品和服务名称；意欲使用商标或实际使用商标的声明。除条约列举的材料外，任何商标局不能要求提供其他材料，例如商业登记簿的内容摘要、正在从事的工商业活动的说明或正在从事的与申请中所列商品或服务有关的活动说明。

5.379 一份申请可以包含多个类别的商品或服务，根据第6条，商标局必须受理这样的申请，不管申报的商品或服务是否属于尼斯分类的多个类别，该申请必须给予单一注册。

5.380 各国商标局不得拒绝接收与细则中包含的标准申请表格相符的纸制申请件，对于商标局允许以传真方式传送的，该商标局不得拒绝接收申请表的传真件。

代表

5.381 条约第4条规定，缔约方可要求由商标申请人或所有人的代表代理商标事务，对于在其领土内既无住所，又无真实有效的营业场所的人，也可提出同样的代理要求。按照该条规定，委托书可涉及多个已有的或将来的申请或注册。

申请日

5.382 商标申请日期的给予至关重要，它可以确定商标权利自该日起即存在，同时使申请人可能就该商标向其他国家相继提出的申请要求优先权。条约第5条规定了商标局为给予申请日可要求申请人最多应提供的材料，包括申请人的身份证明、申请人或其代理人的联系方式、商标图样、商标注册的商品或服务清单等。此外，商标局可在给予申请日前要求申请人缴纳费用，如果该商标局所在国在成为该条约成员国之前其国内法适用该条件。

申请和注册的分离

5.383 根据条约第7条，如果商标注册在某些商品或服务上被驳回，申请人可将申请进行分割，以避免延误未被驳回的商品或服务获得商标注册的时间，还可保留原申请的申请日，有优先权的，保留优先权日期。同时，申请人还可就相关商品或服务上被驳回的商标提起诉讼。

5.384 对于有效性被第三人所争议的商标注册，或对于有效性正处于对工业产权局的决定提起上诉过程中的商标注册，也同样可以选择将商标注册分割。

签名

5.385 条约第8条包含了有关签名和用于表明通信来源的其他方式的规定，例如表明向商标局提交申请的通信来源方式，尤其是以传真或电子方式提交申请的传输方式。商标局应接受印刷或章戳签名或使用印章，而不应要求手写签名。尤为重要的是不得要求对签名进行证明、公证、认证和法律认可以及任何其他证明，除非签名涉及商标注册权利的放弃，而且国内法作此例外规定。

有关申请和注册的变更和修正

5.386 条约第10条和第11条对请求变更商标申请和注册的名称、地址和需登记的所有权应符合的条件进行了说明。第12条包含了注册簿中所反映的以任何方式与商标局联系的商标申请人或所有人请求修正错误时所需满足的最多要求。第10~12条平等地适用商标申请和商标注册的变更和修正。以上条款规定即使涉及几份申请或注册或同时涉及几份申请和注册，仅提供一份请求就足够。请求中必须明确商标局目前所掌握的信息以及所请求的变更和修正内容。商标局不应要求提供条约规定的上述信息以外的其他信息，除非商标局有理由怀疑所收到的信息的真实性，比如怀疑名称或地址的变更实际上是对商标所有权的改变，尤其是不得要求申请人或所有人提供有关名称或地址变更的任何证明、新商标所有人从事因商标所有人改变的商品或服务有关的营业活动的证据，或者商标所有人将其营业转让给新所有人的证据。

5.387 对于请求需登记的所有权变更的，商标局可根据第11条要求申请人或所有人提供经公证的合同复印件或摘录、商标转让证书和文件。由于公司合并、法律运转或法院裁定，例如继承或破产，而导致的商标所有权变更，商标局可要求当事人在提交变更请求的同时，提交经公证的所有权变更证明文件复印件。

5.388 商标局所犯错误应依职权主动修正或经请求而修正。

注册期限和续展

5.389 条约第13条规定商标注册的原始期限为10年，可续展10年。对于续展，条约列举了商标局最多可要求的条件，这些条件与商标申请相对应，尤其是商标局不得对续展商标注册进行实质审查、要求提供商标图样或商标使用证明文件。

条约的其他规定

5.390 欲驳回申请人或注册人名称、地址和所有权变更请求、更正错误请求、续展登记请求的，商标局必须根据第14条给予请求方在合理的期限内就驳回进行说明的机会。

5.391 条约总体上规定了商标局对于商标申请、商标代理、续展等最多可要求的条件，但是如果商标局有理由怀疑所收到信息的真实性的，有权要求当事人提供更多信息。

5.392 条约还允许商标局要求商标申请或其他需要注册的文件必须以商标局接受的语言或一种语言提交。

遵守其他条约

5.393 《商标法条约》对本条约缔约方成为其他国际条约成员国未规定任何义务，但第15条规定缔约方必须遵守《巴黎公约》有关商标的规定。条约第3条关于商标申请的规定中规定缔约方必须保证适用尼斯分类对申请商标的商品或服务进行分类。

实施细则和国际书式范本

5.394 条约的规定由细则进行补充，细则对条约的行政要求和程序条款的操作进行具体、有用的规定，其规定适用于商标申请、代理、申请日期、签名、期限、续展需满足的条件、名称和地址的表示方式以及不具有申请号的商标申请的区分，例如，细则规定商标申请应提交的商标图样的数量、缴纳费用和向商标局提交诸如代理委托书等文件的时限、手续不符时邀请申请人进行补正的文函等。

5.395 细则中还包含8份国际书式范本，涉及商标申请，续展请求，名称、地址和需登记的所有权变更请求，错误更正，代理人指定，商标移转证明和文件。对于根据国内法无需提供的信息，但条约允许提供的，商标局可制作“单独国际表格”，该表格不得包含超出或有悖于条约或细则规定的强制要求。申请人和其他当事人使用“国际书式范本”和“单独国际表格”的，可以确保任何缔约方局不得拒绝基于该表格所提交的申请和请求。

过渡条款

5.396 条约的过渡条款规定缔约方可推迟其国内商标法与本条约达成一致的时间，但不能晚于2004年10月28日，例如，关于多类申请制度、禁止要求提供申请或委托签名公证、商标续展时禁止要求提供使用说明或证据以及要求对商标进行实质审查。

5.397 《商标法条约》缔约方名单参见附录。

第9节 《专利法条约》(PLT)

1. 引言

5.398 《专利法条约》(PLT) 于2000年6月1日在日内瓦的外交大会上通过。PLT的目的是简化和协调国家或地区层面专利局有关专利申请或专利的形式条件要求。除申请日条件是例外之外，PLT为缔约方专利局提供了可适用的包含了最大范围的整套要求：缔约方专利局对本条约规定的事项，不得规定任何附加形式要求。

5.399 任何国家只要加入了《巴黎公约》或是WIPO的成员国，均可成为PLT的缔约方。此外，任何政府间组织亦可以成为该条约的缔约方，前提是要满足下列条件：(i) 至少该组织的某一成员国加入了《巴黎公约》或是WIPO的成员国；(ii) 按照其内部程序，该组织已被正式授权成为该条约的缔约国；(iii) 该组织能够胜任授予专利并在其成员国内发生效力，或者该组织有自己的立法来约束其所有成员国依据条约处理相关事项，并设有或已经指定了一个用以授予专利权的地区主管局。

2. PLT及其实施细则的规定

适用该条约的申请和专利

5.400 根据第3条，该条约适用于国家和地区申请，包括发明专利申请，增补专利申请及以上两种申请的分案申请。这些名词的解释同PCT第2条i项中的相应内容。一旦该国际申请进入“国家阶段”，PLT也适用于根据PCT提出的发明专利国际申请和增补专利申请。它也适用于国际申请依据PCT第22条和第39条第1款进入国家阶段的时限。

5.401 至于专利，该条约适用于所有的发明专利和增补专利，既包括缔约方主管局所授予的专利，也包括另一主管局代表该缔约方所授予的专利。

申请日的要求

5.402 申请日的确定对于决定在一国内谁有权获得专利和确定现有技术以及发明的可

专利性等方面都是必不可少的。它也与根据《巴黎公约》要求的优先权和专利保护期限的计算等有关。

5.403 条约第5条规定了获得申请日需满足的要求，并设定了救济措施来避免因不符合其他形式规定而造成的申请日的丧失。原则上，任何缔约方的主管局应对满足以下3个要素的申请给予申请日。即：（i）表明了提交一份专利申请的意图；（ii）提供能够确定申请人的身份或者与申请人取得联系的说明；（iii）有一部分表面上看似说明书的内容。然而，缔约方可以接受证据来确认身份和联系方式来代替上述第二项内容，也可以接受附图来代替上述第三项内容。此外，为取得申请日的目的，申请人可以以任何一种语言提交说明书，虽然随后他/她可能需要提交译文。

5.404 第5条还规定了原始提交的申请遗漏说明书或附图的部分内容或者说明书和/或附图由援引另一申请来替代的情形下，申请日的确定规则。

标准化申请及表格

5.405 PLT为国家和地区申请正式建立了一套国际化形式要求标准。为了避免国际“双重标准”，PCT国际申请的形式要求，将酌情纳入PLT中。

5.406 第一，按照条约第6条第1款的规定，PCT对国际申请有关的形式或内容的要求，既涉及国际阶段又涉及国家阶段，除了少数例外，均被纳入PLT。第二，PCT规定的国际申请的请求书内容也纳入PLT（第6条第2款a项）。第三，细则第3条第2款规定，缔约方应接受根据PCT请求书表格所做的请求书表格。

5.407 除上述请求书表格，该条约还提供了几个额外的由所有缔约方接受（第8条第3款）的示范国际请求书表格。这些表格，由大会制定，包括下列内容（细则第20条第1款）：（i）委托书；（ii）变更姓名或地址的请求书；（iii）变更申请人或所有人的请求书；（iv）转让证明；（v）许可备案，或撤销许可备案的请求书；（vi）担保备案，或撤销担保备案的请求书；及（vii）错误更正的请求书。通过使用示范国际请求书表格，即填写一个简单的表格并提交给任何缔约方，申请人可以确信，任何局都不会以不符合形式要求的理由拒绝此份文件。

专利局的简易程序

◎ 对强制代理的限制

5.408 PLT允许缔约方要求申请人、所有人或其他利害关系人为在该局的任何程序目的指定一名代理人，以下程序除外（条约第7条第2款）。这些程序是：（i）为申请日目的提交申请；（ii）纯粹缴纳费用；（iii）当说明书或附图的部分遗漏时，为确定申请日目的提交在先申请的副本；（iv）当说明书或附图被援引替换时，为确定申请日目的，提交之前提交的申请的副本；（v）主管局就以上第（i）项至第（iv）项所述的任何程序出具收据或发出通知。虽然申请人或所有人可以在向外国局办理这些程序时不指定代理人，根据条约第8条第6款和细则第10条第2款的规定，缔约方可要求申请人或所有人提供一个在该国领土内能够联系的通信地址。

◎ 对规定证据的限制

5.409 为了减少申请人不必要的负担，PLT规定只有在其主管局有理由对所述事项的真实性，或对译文的准确性产生怀疑的情况下，方可要求申请人向该局提供关于申请的正式内容、优先权声明或译文的证据（条约第6条第6款）。关于证据的限制也适用于其他情形下，如委托书（细则第7条第4款），变更姓名或地址的请求书（细则第15条第4款）等。

5.410 然而，对于请求变更申请人或所有人，或是请求许可或担保备案或撤销备案，PLT明确允许缔约方要求有限的文件支持这些事实变更，具体视情况而定。

5.411 至于签名，缔约方只有在主管局有合理理由怀疑其真实性时可以要求提供证据（条约第8条第4款c项）。否则，该局不能要求任何证据、认证、公证、法律认可或其他证明（第8条第4款b项），“电子签名”除外（细则第9条第6款）。

◎ 对提交在先申请及其译文副本的要求的限制

5.412 细则第4条第3款禁止缔约方要求提交在先申请的副本或经证明的副本，如果此在先申请或以前提交申请是向该缔约方的主管局提出申请的。该规定同样适用于以下情况，即该局可在其所接受的数字图书馆中从其他局获得副本或经证明的副本。此外，细则第4条第4款规定，主管局只有在优先权要求的有效性与确定所涉发明是否具有专利性相关时，可以要求提交在先申请译文。

◎ 单一来文

5.413 PLT允许申请人或专利权人，在某些情况下（细则第7条第2款b项），对同类问题合并处理。例如，缔约方可以接受一份委托书，如果委托书涉及同一人的一件或多件申请和一项或多项专利。

避免丧失权利

5.414 该条约规定了救济措施来避免因不符合形式要求而导致的权利的意外丧失。

◎ 期限的救济和权利恢复

5.415 PLT提供了3种类型的救济程序。第一个是期限延长，至少2个月，如果申请人或所有人在期限届满之前提交延长请求（条约第11条第1款i项）。第二个是期限延长，至少2个月，如果申请人或所有人（在未被规定的期限届满之后提交延长请求的（条约第11条第1款ii项）。三是继续处理（条约第11条第2款）。缔约方没有义务提供第一种类型的期限延长。但是，如果情况符合，根据该条约和细则的要求，它必须提供第二种类型的期限延长或继续处理。根据这些规定的救济仅限于不遵守专利局程序中由通知书所指定的期限。它并不适用于法定期限。

5.416 如果申请人或所有人并非故意的，或在当时情形下已给予了足够注意，但仍未遵守期限而导致丧失对申请或专利的权利，PLT也提供了保障条款。如果自致使不能遵守期限的原因消除之日起不少于2个月，或自采取该期限届满之日起不少于12个月，先届满者为准（细则第13条第2款），作出了恢复权利的请求并满足了所有相关要求，则权利应当被恢复。与延长期限相反，恢复权利适用于所有的时间限制，包括法定期限和指定期限。

◎ 优先权要求的更正和增加以及优先权的恢复

5.417 如同根据PCT提出的国际申请（PCT细则第26条之二），条约第13条第1款和细则第14条第1款至第3款为国家/地区申请提供增加和更正优先权要求的可能性。

5.418 PLT也提供了在两种情况下因非故意的未遵守期限原因而导致优先权丧失的救

济措施。首先是，当一件申请是在12个月优先权期限届满后提出的，如果情形满足特定条件，且申请人已给予了足够注意或并非故意，则在某些条件下申请人有权恢复优先权。申请的提交以及恢复优先权的请求都必须在时限内提出，此时限应不少于优先权期届满之日起2个月，但在申请公布的技术准备工作完成之前。

5.419　第二个是，如果由于在先申请的主管局的延误，申请人不能在自优先权日起16个月的期限内提交在先申请的副本，为了保障申请人在这种情况下的利益，根据条约第13条第3款和细则第14条第6款及第7款主管局应恢复优先权。

纸件和电子通信

5.420　有关纸件和电子申请，PLT的目标是，促进申请及其他来文的电子形式提交的应用，以及为保证专利局以及用户双方的利益，PLT为在全球范围确保纸件和电子来文并行不悖而规定的原则是，任何缔约方既无义务接受以电子形式或通过电子手段提交的来文（条约第8条第1款b项），也无须将以纸件形式提交的来文排除在外（条约第8条第1款c项）。

5.421　细则第8条第1款规定，在一般情况下，各缔约方应允许纸件形式提交文件，直到2005年6月2日。在该日期之后，缔约方可以实施全电子申请（并拒绝纸件申请），也可以继续接受纸件。然而，即使在2005年6月2日之后，申请人为了取得申请日的目的或为了满足期限的要求仍然可以被允许以纸件形式提交来文。

3. PLT的优势

5.422　从发明人，申请人和专利代理人的角度来看，标准化和简化的手续要求降低了形式上错误的风险，减少权利丧失的机会，并降低了成本。他们可以依靠一个熟悉的在所有PLT成员国适用的办理专利手续的程序，因为有关表格或国际申请的内容要求，是参照PCT的规定，并将其纳入PLT，该内容对许多国家的申请人和专利代理人是耳熟能详的。而且，由于可以在专利局对形式缺陷进行改正，而且引入了避免权利丧失的多种措施，对他们来说，由于不符合形式要求而导致权利丧失的风险也减少了。

5.423　另一方面，通过消除不必要的复杂程序和精简整个过程，专利局可以更有效地运作，从而降低成本。

第10节　分类条约

1. 引言

5.424　早在19世纪人们就认识到，在所有主要工业产权领域——专利、商标和工业品外观设计——都必须建立分类体系。其直接原因是要在国家工业产权局内处理和登记的管理手段；后来，是组织文档使之更容易检索，并为审查及其他检索程序创造条件，以及满足在国际范围内协调的需要，以进一步推动和促进在这些领域的国际合作。

5.425 虽然国际专利分类（IPC）属于后来签署的分类协定，但从它在下面所涉及的反映其特殊的全球重要性、开创性及其产生的文献数量来看，都是首屈一指的。

2.《国际专利分类斯特拉斯堡协定》

介绍

5.426 那些要处理如此庞大数目专利文献的工业产权局，都面临着两个不同的问题，即对专利申请的管理和对包含已公布专利文献的检索文件的维护。检索文件的建立，是为了进行文献检索，这种检索是专利申请的审查以及相关技术领域的文献检索所必须的。为在专利局内经济地处理专利申请和专利文献，就需要一个特别的整理专利文献的系统，专利文献的数量越大，这个系统就必须越好。

5.427 一方面，为了管理的目的，即在工业产权局内登记并处理，专利申请需要一个符号或编号。为此目的，通常是使用序列号。另一方面，专利申请也需要给出一个特殊的编号表明其所属的技术领域。这些编号需要有助于相关的公众，例如产业界，并促进专利文献的分类有序编排，以方便对不同技术主题的检索。该种特殊的专利文献分类系统的发展势在必行，这是因为现有的分类体系——例如在图书馆使用的——被证明不适合用于对专利文献的分类。不同国家的分类系统在这种背景下应运而生。

5.428 国家分类体系，最早于1831年建立在美国专利局，随后于1877年和1880年也分别在德国专利局和英国专利局相继建立。最初仅用于专利申请注册的系统逐步被专利申请审查遗弃和取代，在审查过程中，专利申请需要和现有的国家专利文献对比。下一步是将专利申请审查中所涉及领域的所有技术都包括在内，换句话说，就是将别国公布的专利文献亦包括在内。对于这一类型的审查程序的目的，工业产权局有义务来检索关于特定技术主题的专利文献，并在采用别国分类体系符号的大量外国专利文献中找到这些文献。

5.429 克服这一问题的一种办法就是在两个不同国家的分类系统之间建立索引表。但一方面是一个国家的本国分类；另一方面则是其他各相关的国家分类系统，在此之间必须建立起各个不同的分类表。因此，这种方法并没有提供一个可以接受的解决方案。

5.430 克服这个问题的另一种可能性是每个国家根据自己的国家分类标准重新对外国专利文献进行分类。这也被证明是一种不能接受的解决方案，因为必须重新分类的文献数量十分庞大，如此高层次技术工作需要大量专家，同时处理外文专利文献还需要语言知识。因此，建立一项国际分类制度，以解决这些问题的需求变得越来越明显。

5.431 自1956年开始，经过多年的国际合作，在欧洲委员会和WIPO的推动下，《国际专利分类斯特拉斯堡协定》（以下简称《斯特拉斯堡协定》）于1971年签署，并提供了国际专利分类（IPC）全球论坛。该公约于1975年10月7日生效。

IPC的基本特征及其利用

5.432 IPC基于一个由WIPO管理的国际多边条约。这个分类表细分成8个部，20个分部，118个类，624个小类和超过67 000个组（其中约10%是“主组”，其余的是“分组”）。每一个部，类，小类，组和分组有名称和代码，每个分部都有一个名称。一般情况下，工业产权局会根据专利文献所描述的技术发明的所属领域，给予专利申请一个或多个至少细化到小类的分类号。这样，专利文献在 IPC 的帮助下能够按照主题分类，并被检索到。

5.433 IPC 存在两个正式版本，英文和法文，均由 WIPO 出版；但是，第 6 版的 IPC 完整文本，已经以中文、捷克文、德文、匈牙利文、日文、韩文、波兰文、俄文和西班牙文准备和公布。反映 IPC 应用程度的图标可另见相关文件。

5.434 自 1992 年以来，WIPO 与某些国家专利局合作，提供 IPC：CLASS（国际专利分类累积和语言先进检索系统）的 CD－ROM，其中包含了所有版本的国际专利分类表的正式的（英文和法文）版本。IPC：CLASS 还包含一些其他语言版本的国际专利分类表。IPC：CLASS 是一个搜索工具，使用它可以找出不同版本的 IPC 的相关部分，而不用借助大部头的纸质出版物。

IPC 大会和专家委员会

5.435 《斯特拉斯堡协定》的成员国，将自动成为 IPC 联盟大会的成员，大会一般每两年举行一次。该大会最重要的任务是通过联盟的计划和预算。通常情况下，它负责处理所有和该联盟的发展相关的问题。

5.436 IPC 自身的调整和更新，是由政府间的专家委员会负责，所有协定的成员国均为该委员会的成员。该专家委员会注意到这一事实即 IPC 是获得对专利文献统一的国际分类的一种方法，并已经同意：

“作为主要目的，IPC 要成为一项有效的检索工具，为工业产权局及其他用户用来检索相关专利文献，以评价新颖性和创造性（包括评价技术进步及有实用性结果或是实用性）。”它也可作为：

“——一个对专利文献进行有秩序安排的工具，以方便访问所包含的资料；

——一个用来向所有专利信息用户选择性传播信息的基础；

——一个调查特定领域技术状态的基础；

——为工业产权统计数据，从而对各个领域科技发展进行评估的基础。”

5.437 《斯特拉斯堡协定》成员国名单参见附录。

3.《商标注册用商品和服务国际分类尼斯协定》

介绍

5.438 《商标注册用商品和服务国际分类尼斯协定》（以下简称《尼斯协定》）是于 1957 年 6 月 15 日签订的多边国际协定，于 1961 年 4 月 8 日生效，并分别于 1967 年 7 月 14 日在斯德哥尔摩和 1977 年 5 月 13 日在日内瓦修改（以下称“日内瓦文本”），本章内容以日内瓦文本为基础。

5.439 尼斯国际分类包括：

——带有适用的注释的类别表；类别表包括 34 个商品类别和 8 个服务类别；

——按字母顺序排列的商品和服务分类表（以下称“字母顺序表”），每个类别的商品或服务按字母顺序排列。

5.440 尼斯分类存在英语和法语版本，同时还有以下语言官方版本和官方翻译版本：中文、克罗地亚文、捷克文、荷兰文、丹麦文、德文、意大利文、日文、立陶宛文、马其顿文、挪威文、波兰文、葡萄牙文、俄文、斯洛文尼亚文、西班牙文和瑞典文。

尼斯分类的法律范围及适用

5.441 根据《尼斯协定》第2条第3款，尼斯联盟国家在其商标注册官方文件和出版物中必须包含商标注册商品或服务所属的类别号。

5.442 尼斯分类的效力由尼斯联盟的各个国家赋予，例如，对于商标的保护范围或对服务商标的认可，尼斯分类对尼斯联盟国家不具约束力。

5.443 此外，《尼斯协定》第2条第2款规定，尼斯联盟国家可保留将尼斯分类作为主要分类体系或辅助体系使用的权利，这意味着尼斯联盟国家可选择将尼斯分类作为商标注册分类唯一的分类原则，或在保留现有国家分类制度的同时将尼斯分类作为补充，并在官方商标出版物中刊登。

5.444 最后，第2条第4款规定，将某一术语列入尼斯分类字母表的事实不应影响该术语已有的任何权利。

尼斯联盟大会和专家委员会

5.445 《尼斯协定》的成员国自动成为尼斯联盟大会的成员国，大会每两年召开一次，处理有关特别联盟的维持与发展以及尼斯协定的执行的所有问题，特别是决定联盟的项目并通过预算。

5.446 《尼斯协定》的每个成员国还出席协定设立的专家委员会。专家委员会：

——决定对分类的任何修改；

——向特别联盟国家提出建议以方便尼斯分类的应用，并促进其统一应用；

——在不对特别联盟国家或组织的预算可能造成影响的情况下，采取任何其他措施方便发展中国家运用尼斯分类；

——被授权设立下属委员会和工作组。

5.447 实践中，对尼斯分类所提出的修改由这样的下属委员会或工作组审查，然后由专家委员会通过并吸收到尼斯分类中。

5.448 因此，尼斯联盟成员资格能使这些国家积极参与尼斯分类的定期审核并尽可能地使其适应本国的技术性发展和国家利益。

尼斯分类的使用及更新

5.449 《尼斯协定》成员国以外的其他人也使用尼斯分类，使其使用数目超过100个国家。

5.450 商标商品分类服务中心设在WIPO国际局内，目的是向任何提出请求的人提供分类咨询服务，请求人可以是任何国家的商标局、代理人、个人和私营企业。在必须对新产品或分类表中未特别命名的产品进行分类遇到困难时，此项服务显得尤其有用。

5.451 尼斯分类必须不断更新。必须铭记尼斯分类的第1个版本诞生于1935年，其修正版于1957年由尼斯外交会议通过。这些年来，第1版中的很多商品已经从市场上消失，而其他很多商品则在市场上出现了。例如，新的塑料制品、激光器、计算机和文本处理系统出现在市场上，完全颠覆了传统的工作模式。所有这些新产品都须吸收到分类表中，而将不再销售的产品剔除。《尼斯协定》的更新由《尼斯协定》成员国代表组成的专家委员会具体执行（见以上5.434~5.436段）。

5.452 专家委员会应 WIPO 总干事的邀请每 5 年召开一次。专家委员会决定对分类表的如何修改以及类别标题、相关注释和分类表前面的一般说明如何措辞。

5.453 分类表的修改采用以下形式：

——删除分类表中的条目，尤其是对于那些市场上已找不到的商品或已经被更为通用的条目所涵盖的商品的情况；

——在分类表中添加商品，尤其是两届专家委员会召开之间出现在市场上的新商品；

——修改分类表条目的措辞，有时必须对现有的措辞具体化，将产品的功能和用途添加上去，或者将不同类别的同音异义词进行区分；

——将商品从一个类别转移到另一个类别，尽管这种改变非常少见，但有时是必要的。

5.454 类别标题和注释的措辞也应不断审核以完善每个类别的内容释义，适应贸易与工业发展。

5.455 应 WIPO 总干事的邀请，《尼斯协定》非成员国、商标领域的政府间组织，还有国际非政府组织的代表可派遣观察员参加专家委员会会议。

5.456 实务中，尼斯分类的更新过程如下：首先，国际局邀请尼斯联盟各成员国提交希望专家委员会讨论的分类修改建议；然后，基于收到的建议，国际局起草一份文件发给筹备工作组成员国进行审查，开会时，筹备工作组成员向国际局提交意见并决定提交给专家委员会的建议，即哪些是推荐的予以接受的建议、哪些是应该拒绝的或在接受之前予以修改的建议。因为出席筹备工作组会议的国家相对较少，所以工作进度比由专家委员会做类似的工作快一些，从而专家委员会能够专心于已经讨论过的修改建议而不会陷入耗时的讨论中。

5.457 《尼斯协定》成员国名单参见附录。

4. 《建立商标图形要素国际分类维也纳协定》

介绍

5.458 《建立商标图形要素国际分类维也纳协定》（以下简称《维也纳协定》）于 1973 年 6 月 12 日由在奥地利维也纳举行的外交会议通过，于 1985 年 8 月 9 日生效。

该项协定的基本特征

5.459 该协定与其他几个法律文件紧密相连，尤其是 1957 年 6 月 15 日签订的《尼斯协定》和 1971 年 3 月 24 日签订的《斯特拉斯堡协定》。

5.460 与上述提到的两个协定一样，《维也纳协定》根据《巴黎协定》，下设特别联盟（以下简称“联盟”）使用商标图形要素共同分类（以下称“国际分类）。大量商标和服务商标包含这些图形要素，国际分类使识别由相同或近似图形要素组成的商标成为可能。

5.461 在协定中国际分类被定义为“由一份表组成，其中商标图形要素分为大类、小类和细目，有时附有注释”。国际分类的英语、法语官方版本目前存放在 WIPO 总干事处，其德语和西班牙语版本已由国际局起草完毕。

5.462 国际分类的主要目的在于方便事先检索，根据协定的规定，国际分类对商标保护范围不具约束力。但是各国可以在协定赋予的行政范围之外，自由界定其希望的分类法律范围。

5.463 联盟国家可选择将国际分类作为主要或辅助体系使用，换句话说，他们可以将国际分类作为唯一的分类体系使用或与国内分类体系一并使用。

5.464 根据协定，联盟国家的主管局必须在有关商标注册和续展的官方文件和出版物中刊登这些商标所属的图形要素的大类、小类、细目的标号，但是对于该协定在成员国领土生效之前不要求注册商标图形分类的，不具追溯力；但要求在商标续展时进行分类。

5.465 在有关商标注册和续展的官方文件和出版物中刊登的商标图形要素的大类、小类、细目的标号之前必须冠以由专家委员会确定的“图形要素分类（Classification of Figurative Elements）”字样，或者其缩写“CFE”。

5.466 协定允许成员国就最细小的组，即细目，保留不使用国际分类的可能性，这对于那些只有少量商标注册的国家尤为重要。

5.467 国际分类不仅包括需要将所有图形要素放置的细目，还包括主细目、业已覆盖的辅细目，其用途在于将图形要素按照某一特殊标准集合起来以便于检索。

5.468 与以上不同，协定成员国必须完全按照国际分类执行分类。例如，他们不可改变大类、小类、细目的标号，将不同的细目合起来形成新的细目或创设新的细目，不管是主细目还是辅细目。

5.469 因为不可能直接规定政府间组织的义务，因此协定规定如果某一成员国委托某一政府间组织代理商标注册事宜，必须采取一切可能的措施保证该组织按照协定的要求使用国际分类，一旦如此，该组织在适用国际分类时与国内商标局适用国际分类的情形一样，尤其是也同样具有上述保留使用的可能性。

5.470 协定设立专家委员负责为适应科学技术和贸易的不断变化以及经验的总结对国际分类进行修改和补充。专家委员会由联盟国家代表组成，除了负责以上审核工作外，还肩负使国际分类的使用更为便捷——尤其是对于发展中国家——并促使其统一使用的任务。由专家委员会或总干事决定，商标领域的政府间组织或其他政府间组织或非政府组织可以作为观察员出席会议。

5.471 由专家委员会作出的修改和商品添加内容，与其提出的建议一道由国际局通知各联盟成员国主管局，并在通知之日起6个月后生效，内容版本保存在WIPO总干事处。此外，国际局还将修改和添加内容吸收到国际分类中并刊登在联盟大会编辑的期刊上。

国际分类的优势

5.472 工业、技术和贸易关系的国际化需要工业产权领域创设统一的工作手段。由各国合作产生的国际分类就是这样一种手段，使各国商标局免于单独设立和维持商品分类，交换文件时，不必再分类。

5.473 对于不总是具有足够人力从事该项工作的发展中国家，这种优势尤其明显，使他们在手段和时间上节省大量经费并能够投入其他更为重要的工作。

5.474 在商标领域，已经存在于1957年6月15日由《尼斯协定》建立的商品和服务国际分类，为提供在先检索的商标局提供了一个工作手段，其用处和效力早已被证明。

5.475 但是，为进行上述检索，还必须对商标图形要素进行分类，所以统一的分类方便了各国商标局的在先检索工作。就此，WIPO 国际局使用《商标图形要素国际分类》对根据《马德里协定》和《与马德里协定有关的议定书》获得国际注册的图形商标进行编码。

5.476 《维也纳协定》成员国名单参见附录。

5.《建立工业品外观设计国际分类洛迦诺协定》

介绍

5.477 《建立工业品外观设计国际分类洛迦诺协定》（以下简称《洛迦诺协定》）是一个多边的国际条约，签署于1968年10月8日，于1971年4月27日生效。

5.478 协定建立了一个专家委员会，根据技术和市场的变化或根据经验，对国际分类进行修订和增补。

5.479 洛迦诺分类包含3个部分：

——大类和小类表，总共有31个大类和211个小类；

——依字母编序的外观设计产品项列表，这个列表总共大约包含6000项；

——注释。

5.480 洛迦诺分类使用英文和法文，两种文本同为正式文本。大会指定何种语言作为洛迦诺分类的官方文本，是在 WIPO 国际局与相关政府协商后决定的。

5.481 洛迦诺分类已经被翻译成德文、意大利文、葡萄牙文和西班牙文。

洛迦诺分类的法律效力及其应用

5.482 根据《洛迦诺协定》第2条第3款，洛迦诺联盟国家的知识产权局应在外观设计保存或注册的官方文件上以及在正式公布这些文件时在有关刊物上标明使用外观设计的产品所属洛迦诺分类的大类和小类。

5.483 每个国家可以将其认为适当的法定范围归属于该分类法。特别是洛迦诺联盟国家对本国给予外观设计的保护性质和范围应不受洛迦诺分类法的约束（第2条第1款）。

5.484 此外，《洛迦诺协定》第2条第2款规定：洛迦诺联盟的每个国家保留将洛迦诺分类法作为主要或辅助分类系统的权利。这意味着，洛迦诺联盟国可以自由地采用洛迦诺分类法作为工业品外观设计的唯一分类法，或者维持已有的国家工业品外观设计分类系统的同时，采用洛迦诺分类法作为辅助分类法，同时在外观设计官方文件以及保存和注册的相关出版物中注明。

5.485 最后，《洛迦诺协定》第2条第4款规定：按字母排列的商品中所列的任何用语并不表示专家委员会对该用语是否属于专有权的意见。

5.486 《洛迦诺协定》缔约国名单参见附录。

第11节 相关权领域的具体公约：《保护表演者、录音制品制作者和广播组织国际公约》（《罗马公约》）

5.487 几个关于相关权的国际公约由世界知识产权组织管理。以下几节将阐述《保护表演者、录音制品制作者和广播组织国际公约》（一般称为《罗马公约》）的重要方面。相关权领域的其他条约将在此后几节讨论。

1. 引言

5.488 相关权主要是因技术发展而产生的。在国内范围，录音制品行业首先寻求保护以防止对音乐表演的录音制品进行擅自复制。在国际范围，同样是录音制品产业的发展促进了规定对所谓相关权的特别保护。

5.489 与某些国内法的情况相同，最早旨在于国际范围保护录音制品制作者和表演者的提案也是基于版权保护提出的。所涉及的权利由保护文学和艺术作品伯尔尼联盟在其1928年罗马外交会议上进行了讨论，会议提出："当音乐作品为适合于机械乐器而通过表演艺术家的贡献进行了改编时，这些表演艺术家也应从给予改编的保护中获得利益。"与这一处理问题的方式相一致，会议通过了一项决议书，敦请各国政府考虑采取措施以维护表演者利益的可能性。

5.490 后来在1934年，国际作者和作曲者协会联合会（CISAC）与国际唱片业联合会在斯特雷萨签署了一项协议。按照这一协议，在《伯尔尼公约》即将进行的修订期间，应以对《伯尔尼公约》补充一份附件的方式提出：（i）保护录音制品以防止未经授权的复制；（ii）赋予录音制品制作者因通过播放或电影摄制术向公众传播其录音制品而获得合理报酬的权利。另一方面，国际劳工组织（ILO）自1926年以来即一直在关注对表演者的保护，这一问题1939年在瑞士萨马登召开的一次会议上进行了审议。经与伯尔尼联盟国际局合作而拟订了两项条约草案，但所有这些进展因第二次世界大战爆发而停滞了数年。

5.491 战后，不同的专家委员会拟订了同样涵盖保护广播组织利益的几项公约草案——所谓的罗马草案（1951年）、由国际劳工组织发起拟订的一项草案（1957年）以及由伯尔尼联盟国际局和UNESCO共同召集的专家拟订的摩纳哥草案（1957年）。最后，在1960年，由WIPO、UNESCO和国际劳工组织共同召集的专家委员会在海牙举行会议，并拟订了公约草案。这一草案成为在罗马进行审议的基础，在罗马召开的一次外交会议上，与会者就《保护表演者、录音制品制作者和广播组织国际公约》（1961年10月26日《罗马公约》）的最后约文达成一致意见。

2. 保护相关权与保护版权之间的关系

5.492 考虑到对文学和艺术作品的使用通常几乎完全包含在表演者、录制者和广播者的职业中，罗马外交会议建立了一种与版权保护的联系。《罗马公约》第1条规定，公约给予的保护不触动也绝不影响对文学和艺术作品的版权保护。根据第1条的约文，很明显，凡依照版权法而需要取得作者的授权，这种授权的必要性均不受《罗马公约》的影响。

5.493 参加罗马会议的大部分国家决定走得更远一些。它们考虑到防止这种可能性：某国的表演者、录音制品制作者和广播组织所使用的文学和艺术作品在该国由于它并未至少参加一个主要的国际版权公约而被拒绝给予保护，但它们本身仍可能享有国际保护。因此，《罗马公约》规定，某国为了成为公约的缔约国，不仅必须是联合国的成员国，而且必须是伯尔尼联盟的成员国或参加了《世界版权公约》（第24条第2款）。与此相应，某国自其不再参加《伯尔尼公约》或《世界版权公约》之时起，也不再是《罗马公约》的缔约国（第28条第4款）。由于与版权公约的这一联系，《罗马公约》有时从可能参加该公约的一些国家的角度称为“封闭的”公约。

3. 主要规定

国民待遇

5.494 如同在《伯尔尼公约》中一样，《罗马公约》给予的保护基本上是某国依照其国内法给予本国表演、录音制品和广播节目的国民待遇（第2条第1款）。但国民待遇以公约明确要求保障的最低保护为前提，而且受到公约明确规定的限制的约束（第2条第2款）。这意味着，除了享有公约本身要求保障的构成最低保护的权利，以及受到公约准许的特定例外和保留的约束外，适用公约的表演者、录音制品制作者和广播组织在缔约国还享有这些国家赋予其国民的同等权利。

受保护的资格

5.495 每一个国际公约均须明确无误地回答的一个最重要的问题是：它适用于哪些人和哪些情况?《罗马公约》通过确定有资格享有国民待遇的标准而规定了公约的适用。

5.496 只要表演是在另一缔约国进行（不考虑表演者所属国的情况），或它包含在受公约保护的录音制品中（不考虑表演者所属国或表演实际发生国的情况），或它通过受公约保护的广播节目“现场”传输（同样不考虑表演者所属国的情况），即应对表演者给予国民待遇（第4条）。这些受保护资格的选择标准使《罗马公约》可以尽可能广泛地适用于各种表演。

5.497 只要录音制品制作者是另一缔约国国民（国籍标准），或首次录制在另一缔约国进行（录制标准），或录音制品首次或同时在另一缔约国发行（发行标准），即应对制作者给予国民待遇（第5条）。

5.498 公约准许对这些选择标准作出保留。通过向联合国秘书长交存通知书，任何缔约国均可以在任何时候声明它将不适用发行标准或录制标准。任何国家如果在公约于罗马签署之日仅根据录制标准对录音制品制作者给予保护，可以排除适用国籍标准和发行标准。这一可能性主要是鉴于现代北欧国家立法而规定的，因此，可以使《罗马公约》的实施适合于不同国内法规定的各种现有保护情况。

5.499 只要其总部设在另一缔约国（国籍原则），或广播节目由设在另一缔约国的发射台传输，而不论首播组织是否设在另一缔约国（地域原则），即应对广播组织给予国民待遇。缔约国可以声明，它们仅保护对于同一缔约国同时符合国籍条件和地域条件的广播节目（第6条）。

该公约要求给予的最低保护

5.500 公约对表演者的最低保护是通过“防止可能”实施未经其同意的某些行为而提供的。采用这一表述而不是列举表演者的最低限度权利，是为了使英国这样的国家继续通过刑法来保护表演者，依照公法确定犯罪和刑罚。但形成的一致意见是，实施表演者可以防止的、公约所列举的行为要求事先经其同意。实际上，防止实施公约明确列举的某些行为的可能性，构成赋予表演者的一系列各种各样的权利。

5.501 受限制的行为包括：播放或向公众传播“现场”表演；录制未录制的表演；复制表演的录制品，只要原始录制品的制作未经表演者同意，或复制的目的未经公约准许或表演者许可（第7条）。

5.502 录音制品制作者有权授权或禁止直接或间接复制其录音制品（第10条）。《罗马公约》并未规定授权表演录音制品的权利，也未明确禁止发行或进口擅自用录音制品制作的复制品。

5.503 广播组织有权授权或禁止：转播其广播节目；录制其广播节目；复制擅自用其广播节目制作的录制品，或为非法目的复制合法录制品；以及通过在收取入场费的公共场所利用电视机向公众传播其电视节目。但应指出，上面最后提到的权利不延及向公众传播单纯的声音广播节目，这样一种权利可以存在的条件由国内立法自行确定。还应看到，《罗马公约》并不提供防止通过电缆传输广播节目的保护。

就行使权利酌情作出规定的条款

5.504 除了最低保护要求之外，《罗马公约》中还包括准许国内法就保护的某些方面酌情作出规定的条款。

5.505 关于对表演者的保护，只要对表演的播放是经表演者同意的，则由国内立法就防止转播表演和为播放目的录制表演的保护自行作出规定。合同安排优先的原则在一款规定中体现出来，它要求国内法的实施不得剥夺表演者通过合同控制其与广播组织的关系的能力（第7条第2款），尽管在这一点上合同的含义被理解为包括集体协议和仲裁委员会的裁决（如果牵涉仲裁的话）。

5.506 如果若干表演者参加同一表演，任何缔约国均可以规定其中之一代表他们行使其权利的方式（第8条）。

5.507 关于对表演者和录音制品制作者二者的保护，第12条（也许是公约中最有争议的部分）规定，如果为商业目的发行的录音制品直接用于播放或任何方式的向公众传播，使用者应向表演者或录音制品制作者或向二者支付合理报酬。这一条既未赋予表演者也未赋予录音制品制作者任何授权或禁止对录音制品进行次要使用的权利。通过确保因使用录音制品而单纯支付报酬，它似乎规定了一种非自愿许可。但它并未就表演和包含表演的录音制品的次要使用强行规定获得报酬的受益人。第12条仅规定至少应就这种使用向利害关系人之一支付报酬；尽管如此，它还是规定，如果当事人之间没有协议，国内法可以自行规定分享这种报酬的条件。

5.508 但缔约国在任何时候均可以通过适宜的通知书来排除或限制这些规定的实施（第16条第1款a项）。缔约国可以声明它将不适用第12条规定。缔约国还可以声明它将在某些使用方面不适用这一条，例如在向公众传播而不是播放方面，或在播放公约生效之前取得的录音制品方面，等等。缔约国还可以仅就制作者属于另一缔约国国民的录音制品适用这一条。此外，就制作者属于另一缔约国国民的录音制品而言，可以对保护的范围和期限进行限制，以便与另一有关国家给予的保护相一致。但不能认为，由于两个有关国家的保护并未给予同一受益人，对第12条提供的保护进行限制就是合理的。

限制

5.509 《罗马公约》准许对所赋予的权利进行某些限制，以及就表演者而言，对权利本身的存在进行限制。

5.510 任何缔约国均可以就私人使用、涉及时事报道的短小节录使用、广播组织利用自己的设备并为用于自己的广播节目而进行的暂时录制、各种仅为教学或科研目的的使用而规定例外（第15条第1款）。最后一种引入例外的可能性可以使发展中国家获得特别的利益。

5.511 除了公约规定的例外，缔约国还可以就表演者、录音制品制作者和广播组织受到的保护，规定与它就版权保护规定的相同种类的限制。但其中有一个重要区别：只能在符合《罗马公约》的限度内规定强制许可（第15条第2款）。

5.512 鉴于电影行业独家利用对其制片的各种创作贡献的利益，《罗马公约》第19条规定，一旦表演者同意将其表演纳入视觉或视听固定物，他将不再对有关表演享有《罗马公约》规定的权利。

保护期

5.513 《罗马公约》规定的最短保护期是20年。对于录音制品和包含在其中的表演，这一期限自进行录制之年的年底起计算；对于未包含在录音制品中的表演，这一期限自进行表演之年的年底起计算；对于广播节目，这一期限自进行播放之年的年底起计算（第14条）。

对手续的限制

5.514 如果某国要求履行某些手续，以作为保护与录音制品有关的相关权的先决条件，只要已发行的录音制品的所有商业复制品或其包装物上印载有包含符号Ⓟ连同首次发行年份的通告，即应认为已符合这些条件。如果复制品或其包装物上未指明制作者或其被许可人，通告中还应包含制作者权利的所有人的姓名；如果复制品或其包装物上未指明主要表演者，通告中还应包含这种表演者权利的所有人的姓名（第11条）。应强调的是，这一规定并非一种手续要求，而是对某些国内法可能要求履行的手续的一种限制。

4. 《罗马公约》的实施

5.515 《罗马公约》一致被称为“先驱公约”。尽管大约19世纪末缔结保护版权的公约是由于国内法的发展，但这一公约在几乎还没有哪个国家制定保护表演艺术家、录音制品制作者和广播组织的规则的时候，已制定了相关权的保护标准。因而，公约在其通过后最初几年在相关权保护领域的推动力对国内法所产生的影响，自然无法以当时批准书或加入书的数量来衡量。

5.516 自1961年以来，很多国家已就保护相关权进行了立法，从而使保护录音制品制作者或广播组织的国内法数量大大增加，其中大多数是由于《罗马公约》的产生。保护表演者权利的国内法与保护录音制品制作者及广播组织的国内法数量仍然相差悬殊。但几个国家另外拟订有法律草案，这继续证明了对保护表演者权利给予更多关注的趋势。

5.517 国内法在相关权领域的进展相对缓慢，特别是在保护这些权利的不同受益人方面的发展不平衡，甚至在今天仍然是加入《罗马公约》的障碍，因为它要求同时对表演者、录音制品制作者和广播组织给予保护。

5.《罗马公约》与发展中国家

5.518 很多参加《罗马公约》的国家是发展中国家。这十分自然，因为大多数发展中国家非常重视其民族文化遗产中的音乐、舞蹈和其他创作。《罗马公约》对这些国家的价值在于：它对为在国外传播这种文化遗产而作出贡献的人提供了保护。

5.519 对于其文明和传统经口头传承且作者往往也是表演者的那些国家，公约显得尤其重要。在这一方面，必须记住民间文学艺术表现形式所占有的位置，那些坚持不懈地表演民间文学艺术表现形式而使之长久留存的艺术家的利益，在其表演被使用的情况下必须得到维护。尽管通过版权保护民间文学艺术创作的可能性看来有限，而且建立一种更适宜的特殊保护制度似乎尚需时日，但民间文学艺术表现形式仍然可以通过保护表演、录制品和广播节目本身而间接得到有效的保护。

5.520 同样，通过保护录音制品制作者，《罗马公约》特别在发展中国家促进了经济中具有活力的第三产业的发展。这样一种产业确保在本国和全世界传播民族文化的同时，还可以构成本国经济收入的重要来源，在产业活动延伸至国境以外的情况下，还可以吸引外汇的流入。

5.521 通过使表演者和录音制品制作者有可能因其表演和录音制品而受益，《罗马公约》在促进艺术遗产传承方面发挥了作用，并表现为对创作力的一种重要激励。同样确定无疑，在表演者和录音制品制作者的利益得到法律维护的情况下，作品将经历较多的发展，以及遭遇较少来自对外国作品进行的、不受保护的表演的竞争。在表演和录音制品出口的情况下，还有一个原因在国际上保护它们，即由于接受了有关国际公约。

5.522 最后，广播组织在发展中国家所起的作用也不应忘记，因为它们对保护其耗资制作的节目，防止转播、复制和向公众传播其广播节目也感兴趣。转播或在公共场所接收电视节目可以具有很大的营利性，特别是当首播节目的主题属于特殊活动或事件时。通常，这种活动的组织者仅准许对某些地域播放，或要求播放以活动举办地点附近不存在减少潜在的现场观众的公开接收为条件。因此，广播组织必须能够禁止转播和公开接收。这同样也适用于播放民间文学艺术表现形式的表演或录制品；广播组织应有权在国际上防止转播或为复制目的而录制本台有关民族文化遗产作品的广播节目。
5.523 《罗马公约》缔约国名单参见附录。

第12节 相关权领域其他的具体公约

1. 其他具体公约

5.524 除了上一节讨论的基本法律文书——1961年《罗马公约》以外，还有其他两项关于某些相关权的国际文书被制定出来。它们是1971年10月在日内瓦缔结的《保护录音制品制作者防止未经许可复制其录音制品公约》（一般称为《录音制品公约》），以及1974年5月在布鲁塞尔缔结的《关于播送由人造卫星传播载有节目的信号的公约》（以下简称《卫星公约》）。这两个公约也在相关权领域内，其目的分别在于保护录音制品制作者和广播组织，防止某些已被广泛确认为侵权或盗版行为的损害行为发生。
5.525 就《罗马公约》而言，《录音制品公约》和《卫星公约》可以视为特别协定，缔结这种协定的权利由缔约国保留，只要协定赋予表演者、录音制品制作者和广播组织的权利比《罗马公约》赋予的要广泛，或包含不违背该公约的其他条款（《罗马公约》第22条）。

2. 缔结具体公约的原因和目的

5.526 《录音制品公约》被迅速接受（见本书附录的成员国名单）的原因，一方面是近二十年期间国际盗版的不断迅速增加，另一方面是因为公约本身具有的法律特性。
5.527 尽管很多国家正在相关权领域参照《罗马公约》规定的标准制定新立法，录音制品的国际盗版却在不断蔓延。全世界盗版录音制品的销售总额一直稳步增长。这使得即使在20世纪70年代初也有必要刻不容缓地制定一个特别公约。这一问题于1970年5月在修订两个主要的版权公约的预备委员会会议上提出，在不到18个月后，新公约在日内瓦签署。
5.528 《录音制品公约》考虑了已在不同国内法中采用的所有措施，并准许适用所有这些措施，而不是像《罗马公约》的情况那样，要求采用统一的解决方案，即规定对录音制品制作者赋予授权或禁止复制其录音制品的权利。这样，对于已通过其他某些手段保护录音制品制作者并希望将这种保护延伸至国际范围的国家，在很大程度上无须再修改现行国内法。
5.529 《卫星公约》的通过是因为自大约1965年以来，在国际远程通信中使用卫星已逐渐呈现为保护广播组织的一个新问题。
5.530 在今天，通过卫星进行的节目传输仍然主要是间接的。承载被播放的节目的电子信号经过卫星到达传统播放无法到达的地球边远地区；但通过卫星传递的节目信号不能被一般公众通常使用的常规接收机直接接收。这些信号必须首先由地面站接收，再经它们传送给公众。

5.531 就卫星广播而言，发往卫星的信号由卫星本身进行检波；其结果是传输到地面的信号无须经地面接收站介入，而可以通过常规接收机直接从空间接收。但向卫星发送的信号即使采用这一传输方法，仍然是公众无法接收的。

5.532 法律问题是由《罗马公约》第3条的措辞引起的，按照这一条，播放是指为公众接收而以无线方式传输声音或图像兼声音。涉及卫星传输的困难是双重的：一方面，起源组织发射的信号不适合于公众接收；另一方面，一般通过地面站获得的接收信号往往是以有线方式而不是无线方式传输给公众的。

5.533 《卫星公约》规定了一种解决方案，它要求缔约国采取适当的措施，以防止发往或经过卫星的节目信号并非为其提供的任何传送者传送该信号。公约给“传送”所下的定义是传送者将接收信号传输给公众的操作，因而也包含电缆传送。

3. 具体公约的主要特点

5.534 尽管可以说，《录音制品公约》和《卫星公约》在某种程度上对《罗马公约》作了补充，但仍然应提到，它们处理问题的方式主要在3个方面存在区别。

5.535 第一，《罗马公约》在并未忽略维护作者权利的情况下，特别赋予相关权受益人一种授权或禁止的权利。从另一方面来看，《录音制品公约》和《卫星公约》则未引入私权，而是准许缔约国自行选择在这一领域防止或抑制盗版行为的法律手段。

5.536 第二，《罗马公约》以“国民待遇”原则为基础。这意味着，《罗马公约》规定的保护只是最低保护，而且除公约本身要求赋予的构成最低保护的权利外，以及在其允许作出保留的限度内，表演者、录音制品制作者和广播组织在公约缔约国享有这些国家赋予其国民的同等权利。《录音制品公约》未提及“国民待遇”制度，但明确规定了缔约国必须提供有效保护来防止的非法行为；因此，缔约国没有义务给予外国人一种全面保护，以防止其国内立法为保护其本国国民而禁止的所有行为。例如，其国内立法提供防止公开表演录音制品的保护的国家，没有义务使其他缔约国的录音制品制作者也享有这种形式的保护，因为《录音制品公约》本身并未要求提供防止公开使用合法复制和发行的录音制品的保护。但应提到，即使是《录音制品公约》也绝不应被解释为限制外国人可能根据任何国内法或国际协定受到的保护（第7条第1款）。一般而言，在《卫星公约》中也不产生国民待遇问题。这一公约使缔约国有义务采取必要措施来防止的只有一种活动，即发往或经过卫星的节目信号并非为其提供的任何传送者传送该信号。

5.537 第三，为便于在尽可能广泛的范围打击盗版，这两个新国际公约向联合国或与联合国有关的任何专门组织的成员国或参加国际法院规约的任何国家（实际上向世界上所有国家）开放。与此相对照，《罗马公约》是一个“封闭的”公约，只有至少参加了两个主要的国际版权公约之一的国家才有资格接受它。

4. 《录音制品公约》的实质规定

5.538 就实质规定而言，《录音制品公约》主要在以下几方面与《罗马公约》不同：

（i）受保护资格的标准；（ii）保护范围；（iii）确保所提供保护的手段。

5.539 《录音制品公约》仅要求以国籍标准作为给予保护的先决条件。但任何在1971年10月29日仅基于首次录制地给予保护的国家，均可以通过向世界知识产权组织总干事交存通知书来声明它将适用这一标准。

5.540 保护不仅是针对制作录音制品的复制品提供的，也是针对发行非法复制品和为发行而进口这种复制品提供的（第2条）。另一方面，保护范围并未延伸至因录音制品的次要使用而要求支付报酬方面。

5.541 实施《录音制品公约》应采取的手段由国内立法自行确定。它们主要包括通过赋予录音制品版权或其他特殊权利（相关权），或通过反不正当竞争法或刑罚给予的保护（第3条）。

5.542 《录音制品公约》准许规定与那些已被接受的涉及保护作者的限制相同的限制。公约还准许规定强制许可，只要复制仅用于教学或科研目的，并限于其主管当局授予许可的缔约国境内，以及为此支付合理报酬。

5.543 关于保护期，《录音制品公约》要求规定像《罗马公约》要求规定的相同最短期限：如果国内法规定了特殊保护期，该期限不得短于自包含在录音制品中的声音经首次固定之年的年底，或自录音制品经首次发行之年的年底起计算的20年。

5.544 应指出的是，《录音制品公约》中包含一条有关表演者的规定。根据第7条，各缔约国国内立法在必要时可以规定对其表演被固定在录音制品中的表演者给予保护的范围，以及享有这种保护的条件。

5.《卫星公约》的实质规定

5.545 《卫星公约》通过防止非法传送由卫星传输的节目信号而扩大了对广播组织的保护范围，不论这种信号是否适合于公众接收，因此不考虑它们的发射根据《罗马公约》的有关定义并未构成播放这一事实。此外，当接收信号通过电缆传送（《罗马公约》未涵盖的一种向公众传播广播节目的方式）而并非以无线方式传送时，也适用《卫星公约》提供的保护。但从形式上看，公约并未赋予广播组织新权利。它责成缔约国防止经过卫星的节目信号并非为其提供的任何传送者传送该信号。

5.546 应指出的是，《卫星公约》不保护被传输的节目，因为保护的客体是起源组织发射的信号。至于与这些节目有关的权利，公约仅仅规定，它不得被解释为限制或损害给予作者、表演者、录音制品制作者和广播组织的保护。

5.547 《卫星公约》准许未经授权的人传送节目信号，只要这些信号承载的是包含时事报道或作为引用内容的短小节录，或是由发射信号承载的节目的短小节录，或就发展中国家而言，只要由发射信号承载的节目仅为教学（包括成人教育或科研）目的而进行传送。

5.548 关于保护期，《卫星公约》在这种特殊情况下提到国内立法。在任何缔约国，只要上述措施的适用具有期限，保护期即由其国内法来确定。

5.549 当起源组织发射的信号准备通过卫星供公众直接接收时，不应适用《卫星公约》（第3条）。在这种情况下，发射信号并不准备提供给任何接收信号的中间传送者；

它们可以由一般公众直接接收。

6. 《录音制品公约》和《卫星公约》与发展中国家

5.550 特别具有意义的是，已参加《录音制品公约》和《卫星公约》的国家像《罗马公约》缔约国一样，未必是高度工业化的市场经济国家。这可以通过相关权保护在这些国家的发展中所能发挥的作用来解释；这种保护在发展中所起的作用，如同根据《罗马公约》所阐明的（见上一节中5.518～5.522段），就《录音制品公约》和《卫星公约》而言是类似的。

5.551 对表演者、录音制品制作者和广播组织权利（连同版权）的确认和国际保护，如同对整体知识产权的保护一样，非常明显地促进了各国的发展。因此，更多的发展中国家承认在国内和国际范围作为一种相互依存的制度，规定对作者、表演者、录音制品制作者和广播组织的法律保护的必要性，是一件令人向往的事情。

5.552 《录音制品公约》和《卫星公约》缔约国名单参见附录。

第13节 《世界知识产权组织表演和录音制品条约》(WPPT)

1. 引言

5.553 1996年12月在日内瓦举行的世界知识产权组织关于某些版权和相关权问题的外交会议通过了两个条约：《世界知识产权组织版权条约》（见本章讨论的第3节）以及《世界知识产权组织表演和录音制品条约》(WPPT)。

5.554 也像在版权领域一样，鉴于20世纪80年代的技术发展，国际上承认，仅仅以建议书、指导原则和示范条款的形式提供指导已不够了，而具有约束力的新规范是不可缺少的。WCT以及WPPT是在同一外交会议上同时拟定的。

2. WPPT的法律性质以及与其他国际条约的关系

5.555 WPPT与《罗马公约》之间的关系，在某种程度上一直是按类似于TRIPS与《罗马公约》之间的关系来调整的。这意味着：(i) 一般而言，适用《罗马公约》的实质条款不是缔约方的一种义务；(ii)《罗马公约》中只有少数条款通过要求缔约方遵守而纳入条约；(iii) 条约第1条第1款经必要修改后，实际上包含和TRIPS第2条第2款相同的规定，它阐明条约的任何内容均不减损缔约方相互之间依照《罗马公约》承担的义务。

5.556 在与其他条约的关系方面，条约第1条第3款包含一项类似于WCT第1条第1款的规定："本条约不得与任何其他条约有任何关联，亦不得损害依任何其他条约的任何权利和义务。"

5.557　WPPT第1条的标题是“与其他公约的关系”，但该条第2款涉及一个更广泛的问题，即版权与条约规定的“相关权”的关系。这一规定逐字沿用了《罗马公约》第1条的约文：“依本条约授予的保护不得触动或以任何方式影响对文学和艺术作品版权的保护。因此，本条约的任何内容均不得被解释为损害此种保护。”

5.558　外交会议通过了一项议定声明，它规定：“不言而喻，第1条第2款澄清本条约规定的对录音制品的权利与以录音制品体现的作品的版权之间的关系。在需要以录音制品体现的作品的作者与对录音制品持有权利的表演者或制作者许可的情况下，获得作者许可的需要并非因同时还需获表演者或制作者的许可而不复存在，反之亦然。”

3. WPPT的实质规定

与所谓“数字议程”相关的规定

5.559　WPPT中与“数字议程”有关的条款涵盖以下问题：某些定义、适用于在数字系统中存储和传输表演和录音制品的权利、数字环境中的权利的限制和例外、技术保护措施和权利管理信息。如同下面所讨论的，发行权也可能对在数字网络中的传输具有意义；但其范围要广泛得多。同样由于它与出租权的关系，发行权在下面与出租权一并讨论。

◎ 定义

5.560　WPPT在某种意义上沿用了《罗马公约》的结构，即它的第2条中包含一系列定义。这些定义或多或少涵盖了《罗马公约》第3条所界定的相同术语：“表演者”“录音制品”“录音制品制作者”“发行”“广播”。“或多”是指WPPT还对“录制”和“向公众传播”进行了界定；“或少”是指其中不包含“复制”和“转播”的定义。

5.561　基于承认录音制品不再必然是指表演的声音或其他声音的录制品，这些定义体现出数字技术的影响；现在它们也可以包括从未存在过但已通过电子手段直接生成的（数字）声音表现物的录制品。在“录音制品”“录制”“录音制品制作者”“广播”和“向公众传播”的定义中，均提到这种可能存在的录制品。但应强调的是，提到“声音表现物”并不扩展现行条约规定的有关定义；它仅仅反映了一种面对不断提升的技术而作出澄清的愿望。

◎ 作品在电子媒介中的数字形式的存储

5.562　1982年6月，世界知识产权组织和联合国教科文组织政府专家委员会阐明，作品和相关权客体在电子媒介中的存储构成复制。外交会议通过了一项议定声明，它规定：“［WPPT］第7条和第11条所规定的复制权及其中通过［WPPT］第16条允许的例外，完全适用于数字环境，尤其是以数字形式使用表演和录音制品的情况。不言而喻，在电子媒体中以数字形式存储受保护的表演或录音制品，构成这些条款意义下的复制。”

5.563　第一句陈述了显而易见的事实：条约中有关复制权的规定完全适用于数字环境中。复制的概念绝不能仅仅因为复制是通过在电子存储器中存储而以数字形式进行，或因为复制物具有暂时性而受到限制。同样由这第一句得出的结论是：条约第16条也完全可以适用，它为在国内立法中纳入任何符合条约在该条中规定的“三步检验”（见下面）的合理例外（如在某些暂时和偶然复制物方面）提供了适宜的根据。

5.564 议定声明的第二句确认了存储表演和录音制品的定义。“存储”一词还可能以稍微不同的方式进行解释，但这是另一个问题。

◎ 数字网络中的传输

5.565 WPPT 中有关在数字网络中传输作品的规定（包括所谓的“总括解决方案”）出台的背景，可见本章第 3 节。

5.566 在 WPPT 中，制品有关在数字网络中传输的规定是第 10 条和第 14 条。依照这两条，表演者和录音制品制作者必须各自享有“专有权，以授权通过有线或无线方式向公众提供”其经录制的表演和录音制品，使它们“可为公众中的成员在其个人选定的地点和时间获得。”考虑到缔约方对条约规定的某些权利所涵盖的行为有选择不同法律特征描述的自由，显然在这种情况下也一样，缔约方不仅可以通过适用这样一种特殊权利，而且可以通过适用发行权或向公众传播权等其他某些权利来实施有关规定，只要它们就被描述的行为赋予授权的专有权的义务得到充分遵守。

5.567 关于为促成或进行传播而单纯提供实物设施是否构成 WCT 或《伯尔尼公约》意义上的传播的问题，就 WCT 第 8 条通过的议定声明试图阐明互联网等数字网络的服务和接入提供者的责任问题。显然，虽然这里未作明确规定，但议定声明中反映的原则也可以比照适用于上述 WPPT 第 10 条和第 14 条有关“向公众提供”的规定。

◎ 数字环境中的限制与例外

5.568 外交会议确认，有关限制与例外的议定声明也可以比照适用于 WPPT 有关限制与例外的第 16 条。WPPT 的该条规定在下面讨论。显然，数字环境中的任何限制与例外（原有的和新的）只有在依照条约第 16 条第 2 款指明的“三步检验”被接受的情况下才适用（见下面）。

技术保护措施与权利管理信息

5.569 WPPT 中有关技术措施和权利管理信息的第 18 条和第 19 条，相当于 WCT 中的类似条款（见本章讨论的第 3 节）。

5.570 外交会议就 WCT 第 12 条通过了一项议定声明，包含与 WPPT 第 19 条的议定声明相类似的规定。该议定声明第一部分规定：“不言而喻，‘对本条约或《伯尔尼公约》所涵盖的任何权利的侵犯’的提法既包括专有权，也包括获得报酬的权利。”第二部分规定：“此外，不言而喻，缔约各方不会依赖本条来制定或实施要求履行为《伯尔尼公约》或本条约所不允许的手续的权利管理制度，从而阻止商品的自由流通或妨碍享有依本条约规定的权利。”外交会议阐明，上面引述的两部分议定声明也可以比照适用于 WPPT 第 19 条。

其他实质规定

◎ 受保护资格的标准

5.571 第 3 条规定了对《罗马公约》中的标准（第 4 条、第 5 条、第 17 条和第 18 条）的适用。

◎ 国民待遇

5.572 第 4 条规定了 TRIPS 涉及相关权的第 3 条第 1 款规定的相同种类的国民待遇，

即国民待遇仅延及条约赋予的权利。

◎ 表演者权利的涵盖范围

5.573 表演者权利的涵盖范围和TRIPS所规定的类似：仅延及现场声音表演和录制在录音制品中的表演，但播放和向公众传播现场表演的权利除外，根据第6条i项，这一权利延及所有种类的现场表演，而不像与贸易有关的知识产权协定第14条第1款第二句所规定的，仅限于声音表演。

5.574 第6条ii项规定的授权录制未录制的表演的权利延及所有录制，还是仅延及录音制品中的录制，存在一个如何解释的问题。这一规定的行文可能暗示了一种较广的涵盖范围，但如果对第2条c项中“录制”的定义也加以考虑，似乎狭义的解释才是合理的。按照该定义，“录制”仅指“对*声音或声音表现物*的体现，从中通过某种装置可感觉、复制或传播该声音。”（斜体字为后加）因而，第6条ii项看来仅延及录音制品中的录制。

◎ 表演者的精神权利

5.575 第5条第1款规定：“不依赖于表演者的经济权利，甚至在这些权利转让之后，表演者仍应对于其现场有声表演或以录音制品录制的表演有权要求承认其系表演的表演者，除非使用表演的方式决定可省略不提其系表演者；并有权反对任何对其表演进行将有损其名声的歪曲、篡改或其他修改。”这一规定主要沿用了《伯尔尼公约》第6条之二（有关作者的精神权利），但它要求的是一种水平略低的保护：就被指明为表演者的权利而言，不太具有可行性，而“尊重权”的范围也较窄一些。关于这些权利的保护期和维护这些权利的补救办法的第5条第2款和第3款，则是《伯尔尼公约》第6条第2款和第3款的对照版。

◎ 表演者的经济权利

5.576 除了上面根据“数字议程”讨论的“向公众提供权”和下面讨论的发行权之外，WPPT为表演者规定了实际上和TRIPS（第14条第1款和第4款）赋予的相同经济权利——播放和向公众传播未录制的表演的权利（但它在第6条i项中补充规定：“除非该表演本身已属广播表演”）、复制权和出租权（第6条、第7条和第8条）。

5.577 就发行权而言，第8条第1款规定，表演者享有授权通过销售或以所有权的其他转让方式向公众提供其录制在录音制品中的表演的原件或复制品的专有权。第8条第2款涉及这一权利穷竭的问题。它并未责成缔约方选择发行权在国内（地区）穷竭或在国际穷竭，或在任何情况下均就穷竭问题作出规定。

◎ 录音制品制作者的权利

5.578 除了上面根据“数字议程”讨论的“提供权”和发行权之外，WPPT还为录音制品制作者规定了和TRIPS（第14条第2款和第4款）赋予的相同权利——复制权和出租权（第11条和第13条）。

5.579 第12条包含的有关录音制品制作者对其录音制品享有的发行权，比照适用第8条有关表演者对其录制在录音制品中的表演所享有的这种权利的规定。

◎ 因播放和向公众传播而获得报酬的权利

5.580 第15条实际上为表演者和录音制品制作者规定了《罗马公约》第12条规定的

同一种获得报酬的权利（除了后者准许国内立法自行确定是否将这一权利赋予表演者、录音制品制作者或二者，而前者则规定这一权利必须以单独一笔合理报酬的形式赋予二者），并在相同范围规定了《罗马公约》第16条第1款a项规定的可能作出的保留。

5.581 第15条的特点表现在第4款中，该款规定："在本条中，以有线或无线的方式向公众提供的、可为公众中的成员在其个人选定的地点和时间获得的录音制品应被认为仿佛其原本即为商业目的而发行。"

◎ 限制与例外

5.582 根据WPPT第16条第1款，缔约方"在其国内立法中，可在对表演者和录音制品制作者的保护方面规定与其国内立法中对文学和艺术作品的版权保护所规定的相同种类的限制或例外。"这一规定基本上相当于《罗马公约》第15条第2款。但有一个重要的区别是，《罗马公约》还在其第15条第1款中规定了除某特定国内法就版权保护规定的那些限制以外的某些特殊限制。其中两种特殊限制（为时事报道而使用短小节录和广播组织制作暂时录制品）与《伯尔尼公约》的相应规定相一致。但第三种特殊限制则不然，因为它规定缔约国可以在没有其他条件的情况下适用有关私人使用的限制；而在《伯尔尼公约》中，有关私人使用的限制也在第9条第2款的一般规定的涵盖范围内，因此需要符合"三步检验"的要求（见本章WCT一节，5.244段）。

5.583 某一国家如果基于上面引述的WPPT第16条第1款，既参加了WCT也参加了WPPT（这种做法是可取的），则有义务也将"三步检验"适用于WPPT规定的权利的任何限制与例外。但WPPT第16条第2款也包含直接这样规定的条款（因而，不论某特定国家是否也参加了WCT，这种检验同样可以适用）；它规定："缔约各方应将对本条约所规定权利的任何限制或例外限于某些不与录音制品的正常利用相抵触、也不无理地损害表演者或录音制品制作者合法利益的特殊情况。"

◎ 权利的可转让性

5.584 与《伯尔尼公约》及WCT类似，条约中也不包含对经济权利的可转让性的限制。经济权利的可转让性也通过第5条第1款有关表演者的精神权利的引导性用语得到确认，它规定："不依赖于表演者的经济权利，**甚至在这些权利转让之后……**"（黑体字为后加）。

保护期

5.585 依照WPPT第17条，"依本条约授予表演者的保护期，应自表演以录音制品录制之年年终算起，至少持续到50年期满为止。"

5.586 录音制品的保护期和TRIPS规定的保护期存在基本的区别。依照该协定第14条第5款，50年期限一律自录制之年的年底起计算；而依照WPPT第17条第2款，保护期则自录音制品发行之年的年底起计算，仅在录音制品始终未发行的情况下，才按TRIPS规定的方式计算。由于发行通常晚于录制，条约规定的这一期限通常也略长一些。

手续

5.587 依照WPPT第20条，享有和行使条约规定的权利绝不能以履行任何手续为先决条件。

适用的时限

5.588 WPPT第22条第1款大体上规定了对《伯尔尼公约》第18条的比照适用。但第22条第2款准许缔约方限定有关精神权利的第5条仅适用于条约对其生效后进行的表演。

权利的行使

5.589 WPPT有关执行的第23条规定相当于WCT第14条的类似规定，后一条在本章第3节中加以说明。

4. 行政规定

5.590 这些规定大体上与世界知识产权组织的其他条约有关相同问题的规定相同或类似，它们相当于本章第3节中讨论的WCT的类似规定。

5.591 对于WPPT生效所必需交存的批准书或加入书的数量被确定为30份。该条约于2002年5月20日生效。该条约缔约国名单，请参见本书附录的内容。

5. 视听表演

5.592 WPPT第2条b项和c项中"录音制品"和"录制"两个用语的定义使条约仅适用于声音的录制品。至于表演的视听使用（即通过活动图像进行的有伴音或无伴音的使用），该条约仅给予了防止现场直播的保护（第6条i项）。通过该条约的1996年外交会议还讨论了扩大保护范围以涵盖这种视听使用的可能性，但当时未能形成一致意见。按照外交会议通过的一项决议，有关这一问题的工作将在WIPO版权和相关权常设委员会内继续开展。2000年12月，在日内瓦举行的关于保护视听表演的外交会议上，除了关于表演者权利转让给制片人的法定条款的国际承认问题之外，在其他所有问题上均形成了一致意见。

第14节 《保护植物新品种国际公约》

1. 引言

5.593 对种植者提供改良的植物新品种对所有国家的农业和园艺业都极其重要。改良的抗病性、高产量以及其他功能的改善可极大影响经济作物的产量以及其被终端消费者的接受程度。因全球快速增长而使人口面临的粮食安全、可持续农业生产、提高农民收入以及增强经济发展，都要求对培育新品种投入持续努力。

5.594 然而，植物新品种在经过多年耐心工作和大量投资后，通常都能够自我繁殖，这就意味着出售很少数量的植物品种的繁殖材料就等于所有人都可以获得。由于植物育种者不能确保仅通过第一次发布其品种就能获得充足的经济回报，因此对于某些品种，给予植物育种者对其品种的独占性使用权被证明是促进私人投资于育种业的有效激励。

2. 保护植物新品种国际联盟（UPOV）

历史

5.595 早在1930年，美国推出了一种特殊形式的专有权被称为植物专利，但是，它仅适用于无性繁殖品种。随后，欧洲一些国家于1961年共同制定了《保护植物新品种国际公约》（以下简称《公约》），该《公约》分别于1972年、1978年和1991年修订。该《公约》建立了保护植物新品种国际联盟，被称为UPOV（UPOV是其名称法文翻译的首字母缩写）。《公约》1978年的修订版被称为《1978年文本》，1991年修订版被称为《1991年文本》。无论植物品种采用何种模式繁殖或应用何种科技开发，《公约》均给予保护。

5.596 公约的成员国承诺根据国际商定的统一原则，在本国法律内建立一个授予育种者权利的制度。所有的UPOV成员国必须委托适当的行政机构授予育种者权利。植物育种者权授予的基础是一国境内而不是国际性的。自1998年4月24日《1991年文本》生效后，《1978年文本》不再接受新的成员，此前已经启动加入程序的国家除外。

5.597 UPOV是一个独立的政府间国际组织，具有国际法律主体资格。其总部设于日内瓦，雇有自己的工作人员。

5.598 UPOV与作为联合国专门机构的WIPO之间有着密切的行政合作关系。UPOV的秘书长由WIPO总干事担任，且UPOV总部与WIPO办事机构位于同一建筑内，UPOV得到了WIPO的广泛支持。

5.599 现有成员只有在修改各自现行法律并且交存加入《公约》新文本的加入书后，才能成为《1991年文本》的成员。

5.600 下一节将涉及公约的《1978年文本》，随后一节将概述《1991年文本》。

保护的标准

5.601 《1978年文本》提供了一套制度来保护植物新品种，即植物育种人所选择植物材料包括其形态和生理特性集合的物理单元。如果该植物材料单元的法律权利得以有效执行，则植物材料的身份就可以毫无疑问地被确认下来。当判断一种特定的植物材料是否构成或者属于一个“品种”时，分类必须依据其有别于其他材料的特异性，在合理范围内发生变异后其特性的一致性，以及经过繁殖后其有关特性的稳定性。因此《1978年文本》在第6条规定成员国采用特异性、一致性（在《1978年文本》中使用“同质性”）和稳定性三项标准作为判断植物品种保护的技术基础，同时还增加了另外两项要求，即商业上的新颖性和提交该品种可被接受的命名。

5.602 获得保护的品种必须具有商业上的新颖性。根据《1978年文本》第6条第1款b项规定，在向一个联盟成员国注册保护申请时，该品种需尚未经育种者同意在该国领土内许诺销售或在市场销售，若该国法律另行规定，则不能超过1年。对于特定的木本品种，经育种者同意在任何其他国家许诺销售或已在市场销售不超过6年，或所有其他植物不超过4年。这种对在其他国家商业化的宽限期承认了确定特定品种农艺价值需要冗长的试种期的特性，没有损害对其权利的保护。

5.603　根据《1978 年文本》第 13 条对植物新品种必须加以命名。第 13 条规定，品种应以通用的名称命名，并且为了确保种植者和消费者的利益，品种名称必须能够明确识别品种。因此除沿用习惯外，名称不能仅用数字。名称不能对品种的特性、价值或类别或对育种者的身份导致误解或混淆。尤其是名称必须与任何联盟成员国同一种或近似种的现有品种的名称有别。

5.604　特异性、一致性和稳定性的技术标准，以及对商业新颖性和提交相应命名的进一步要求，显示了在联盟成员国法律下一种新的植物品种为获得保护必须履行的条件。《1978 年文本》第 6 条第 2 款规定，育种者应根据提交申请所在联盟成员国的法律规定手续申请注册；联盟成员国授予保护权利依据的条件不得超出上述的 5 项条件。

保护的范围

5.605　《1978 年文本》第 5 条规定了联盟成员国必须授予育种者权利的最低要求。育种者的权利仅局限于独家生产或销售受保护品种的有性或无性繁殖的材料。在谷物品种的情况下，育种者的独占性权利仅限于销售种子，而不涉及该品种生产的谷物。所销售的是种子还是谷物是一个建立于证据之上的事实问题。这里另一个需要注意的重要方面是，依据《1978 年文本》，育种者的独占性权利仅限于以商业销售为目的的生产。如果对繁殖材料的生产不是以商业销售为目的，或者对繁殖材料不进行销售，那么它就不能被育种者的权利所涵盖。例如，农民可自由地在自己的农场以再次播种为目的生产种子，而无需征得育种者的同意。

5.606　《1978 年文本》只规定了联盟成员国必须授予权利的最小范围。联盟成员国被明确允许，可以在本国法律下对某些植物属或种给予育种者大于上述规定的保护权，特别是可延伸到已在市场销售的产品。然而在实践中很少有国家利用上述权利。

5.607　第 5 条进一步规定，育种者可以根据自己制定的条件就其品种的生产或销售进行授权。育种者因此有权自由决定如何行使其独占性权利，或者是通过生产或销售市场所需的其所有品种的有性或无性繁殖材料，或者通过将其授权给他人以换取授权许可费。实践中存在多种不同做法。在许多国家，有关物种在那里需要大量生产和销售种子，同时农民可以轻易地保存自己的种子的情况也影响了他们愿意为之支付的价格，这时育种者的做法是选择成本最低的生产和分销方法。例如，对于粮食谷物品种，在大多数欧洲国家，许可被广泛授予各种组织，如当地合作社和为农民提供广泛服务和供应的粮食代理商。这些组织根据合同在当地生产种子并将其销售给当地农民，这样可以减少运输成本。育种者也满足于按吨计销售种子所获得的许可费。对更专业化种子的生产情况，如生产一些交叉授粉品种、杂交品种、高品质蔬菜种子、木本或藤本植物新品种，为了保证其所有品种的质量和声誉，育种者通常会严格控制种子或植物的生产。在这些情况下，他可以通过种子的价格直接获得相关报酬。根据种子的商业结构、育苗场在各国的分布、种子生产的后勤方面以及特定品种的生产和销售等，育种者的授权存在各种情况。《1978 年文本》对所有这些市场情况都没有作出规定。它仅仅要求联盟成员国允许育种者可以根据自己指定的条件来对其所有品种进行授权。

5.608　《1978 年文本》第 5 条第 3 款包括了一项非常基本的原则。该款规定，利用品种作为变异来源而产生的其他品种或这些品种的销售，均无须征得育种者同意。但若为另一品种的商业生产重复使用该品种时，则必须征得育种者同意。该有限的例外是关于利用近亲繁殖进行商业生产杂交种子。《1978年文本》的一个基本原则是，受保护的品种为其他育种者提供免费的育种质源，证实了文本的作者是农学家，他们完全了解植物育种的性质以及在现有品种基础上逐步取得进展的育种方式。

5.609 《1978年文本》要求成员国给予藤本植物、林木、果树和观赏树木，包括其根茎，不少于18年保护期，对于其余植物都给予不少于15年的保护期。

5.610 《1978年文本》并未立刻强行要求联盟成员国承担保护所有植物属、种的义务。《1978年文本》规定公约条款可适用于一切植物属和种，但并没有要求成员国保护一切植物属和种。公约所要求的是，每个联盟成员国自本公约在其领土生效之日起，应至少对5个属或种实施本公约的规定；并且联盟成员国应采取一切必要措施，逐步对尽可能多的植物属和种实施本公约的规定。大多数国家都保护在该国具有重要经济价值的物种，并在更大程度上增强保护整个植物王国的力度。

5.611 其中，《1978年文本》第10条规定，当育种者不再向主管机关提供能产生在被授予保护权时其特性已明确规定的品种的繁殖材料时，其权利即被撤销。换句话说，育种者如果想保持品种保护的收益就必须完全维持其品种。

5.612 《1978年文本》第2条规定，联盟各成员国可通过授予植物新品种保护权或专利权的形式，对植物新品种提供保护。但是，一旦其选择通过植物育种者权利的方式保护一个种类的植物新品种，则其后就不能再以专利权的方式对同一种类提供保护。这就是所谓的禁止“双重保护”。

5.613 《1978年文本》第3条规定，任何联盟成员国必须给予其他成员国国民，其本国国民根据国内法所能享受的同等待遇。

5.614 《1978年文本》第7条规定，联盟成员国仅对通过检验，符合特异性、一致性、稳定性和商业新颖性标准的物种给予保护。该规定被理解为，成员国主管机关需要进行试种测试，该测试可以由主管机关完成，或者由育种者完成，如果育种者在提出申请时提供样品并且允许主管机关授权代表随时参观检查试种场地。

5.615 《1978年文本》第9条规定，除非出于公共利益考虑，成员国不得限制育种者自由行使所给予的独占权利。一旦育种者权利受到上述限制，联盟成员国应采取一切必要措施，给予育种者相应报酬。

5.616 《1978年文本》第10条规定，育种者权利不能撤销，除非有证据表明在授予保护时，该品种不符合商业新颖性或特异性要求，或者由于育种者未能维持提供品种繁殖材料或未缴纳必要费用而被撤销权利。

5.617 《1978年文本》第12条规定，凡已正式向一联盟成员国提出保护申请的育种者，欲在其他成员国提出申请，应享受为期12个月的优先权。这就意味着，在一个成员国的申请必须被视为与在另一个享受优先权的成员国的在先申请一样对待。

5.618 《1978年文本》第14条规定，按照本公约授予或拒绝育种者的权利，必须独立于各联盟成员国有关种子的生产、鉴定和销售的规定。

5.619 《1978年文本》第1～14条，建立了联盟成员国承诺纳入其本国法律的主要法律原则。《1978年文本》的其他规定大部分是关于国际植物新品种保护联盟的建立和管理。

5.620 《1978年文本》在实践中运行良好，成为一个迅速壮大的保护制度的基础。紧接着一个问题出现了，即“为什么必须修改，什么变化被纳入到了《1991年文本》中?”

3.《保护植物新品种国际公约》的1991年文本

5.621 科技进步和自1961年运行公约以来积累的经验导致了改进公约的多项修改建议。因此，1987年保护植物新品种国际联盟理事会决定对《1978年文本》进行修订。经过广泛征求关注各方的意见和多次专家会议，理事会1990年10月通过了公约修订草案（以下简称“基本方案”)，并且决定于1991年3月召开外交会议讨论修改该公约。

5.622 1991年3月19日的外交会议一致通过了《保护植物新品种国际公约》(《1991年文本》)，UPOV的15个成员国或者在会议期间或者在公约开放签字期间都签署了《1991年文本》。签署的效力当然不是约束签署国，而仅是代表签署国的承认并愿意根据公约颁布相应法律，并且根据正当程序批准该公约。只有现有签署公约成员国批准公约或者新成员国加入公约才创建相应国际法律义务。

5.623 《1991年文本》第37条规定，公约在有5个国家交存批准书、接受书、核准书或加入书后1个月即开始生效，但至少要有3个上述文书是由现有文本缔约国交存的。该公约于1998年4月24日生效。由于有两个国家在1个月前的同一天交存了加入文书，因此当公约生效时，比第37条规定的5个国家多了1个成员国。公约生效后，《1978年文本》原则上关闭不再接受新的加入。

5.624 《1991年文本》第34条第1款b项给予了政府间组织加入联盟的可能。该规定促成了欧洲共同体的成员资格，欧洲共同体理事会通过关于《共同体植物品种权条例》建议并于1995年4月27日生效。第26条第6款b项关于理事会的投票，第6条第3款和第16条第3款关于新颖性和权利用尽，也包括了反映政府间组织利益的规定。第34条第1款b项须同样适用，例如，非洲知识产权组织（OAPI）通过了经修订的《班吉协定》附件10，形成了依据公约《1991年文本》的区域植物新品种保护体系。

5.625 《1978年文本》的结构在新的法案文本中彻底被修改了。《1991年文本》中法条被分为10章并按时间顺序排列，首先是关于“缔约方的基本义务”，接着是“授予育种者权利的条件”“育种者权利的申请”“育种者权利”“品种名称”和“育种者权利的无效和终止”。公约的行政规定和最后条款包含在公约的最后3章中。

5.626 本节其余部分的讨论将依照《1991年文本》中条款的顺序来进行，同时提及旧的文本中的相应条款和修改的性质。所列并不详尽，仅涉及公约中的重要条款。

定义

5.627 第1条“定义”，其中大部分内容都不言自明。第6项是对“品种”的定义。《1978年文本》中没有对“品种”的定义，但是在《1961年文本》中规定，“为符合公约目的，‘品种’一词适用于任何通过有性、无性、克隆、嫁接或杂交方式培育，且符合本条第6条第1款c项和d项规定。”这些规定指明了授予育种者权利必须满足的同质性和稳定性条件。

5.628 纳入《1961年文本》中“品种”的定义基本但也不完全等同于“公约保护的品种”。在制定《1991年文本》定义时，认为需要明确界定“品种”的定义与符合《1991年文本》第7、8、9条技术标准的公约所保护的品种之间的区别。这样就保证了具有一定程度一致性但是不符合授权目标而未被保护的品种，仍然以“品种”的形式存在并作为“品种”被考虑，例如，依据第7条，由于公共知识和特异性的目的。由于在导言中指出了“不论授予育种者的权利的条件是否充分满足”均可使用品种一词，因此可以非常明确“品种”定义的范围要比“受保护品种”的范围宽。

5.629 为了确定品种的身份，是否可受到保护，必须将其与其他品种相区分，其特性必须以合理一致的形式显示出来，并且在隔代遗传时仍然保持这种特性。特异性、一致性和稳定性的条件对于建立符合育种者权利要求的植物品种是必须的，但是可能在一个更有限的范围内，当决定特定植物材料是否构成一个品种时同样是必须的。在定义中用3个缩进行分别指出一致性、特异性和稳定性的要求，但是定义中的要求均低于满足保护条件所需的要求。

5.630 用于定义中“植物分类”的概念对应的法语是“ensemble végétal”，留下了一个开放的问题，即是否一个品种必须始终应该由不止一个植株构成。

缔约方的基本义务

5.631 公约缔约国的基本义务，依据第2条规定，即每个缔约方应授予和保护育种者的权利。育种者权利依据第1条规定，是指根据本公约向育种者提供的权利。因此，公约的各成员国必须依据第Ⅲ章所列出的条件（不能给出其他或不同条件）给予不低于第Ⅴ章所列出范围，同时遵照公约其他相关条款所给予的保护。第2条对应的是《1978年文本》的第1条和第30条第3款。

5.632 和《1978年文本》第2条第1款第一句规定不同，《1991年文本》对育种者权利的形式未作规定，既可以采用育种者权的特殊权利形式，也可以采用“专利”或者其他任何名称，只要满足公约所规定的最低要求。《1991年文本》同样没有包括《1978年文本》第2条第1款第2句规定（即所谓的“禁止双重保护”）。因此《1991年文本》的缔约国可以自由保护植物品种，除了赋予育种者权外，还可以授予其他保护形式，特别是专利。成员国拥有授予育种者权或者专利的自由，同样也可以自由决定是否要求申请人必须在育种者权和专利之间任选其一或者两者都可以申请和授权。对于给予双重保护的植物品种来说，解决两种保护形式之间冲突的问题就留给了成员国的立法和法院，公约并不负责规范此类冲突解决。

受保护的种和属

5.633 第3条对应于《1978年文本》第4条，是关于受保护的属和种。《1978年文本》要求成员国在加入公约时至少保护5个属或种，并且在随后逐渐增加保护，直至在此后8年增加到至少保护24个属或种。《1978年文本》第4条规定，联盟成员国应采取一切必要措施，逐步对尽可能多的植物属和种实施本公约的规定，但是并没有要求成员国作出将保护拓展到整个植物王国的明确承诺。然而，《1991年文本》第3条规定，现有成员国要在受新公约文本约束之日起5年内，保护所有植物的属和种；新加入的成员国要在加入起10年之内，保护所有植物的属和种。因此随着时间推移，将出现一个全球植物新品种保护体系，其要求所有成员国保护所有植物的属和种。

5.634　这种体系的出现对未来有着某些有趣的影响，特别是从保护范围逐渐增加的角度来看，目前保护范围由第14条加以规定。例如，瑞典遵照《1991年文本》修订了本国法律，因此在瑞典将可能保护新的香蕉品种，尽管这一品种永远也不可能在那里种植，但是该规定可用于禁止从不保护该品种的国家进口非授权收获的品种。《1978年文本》缺少对进口国家植物品种收获材料的规定，意味着它一直没有关注如果出口国家没有育种者权利保护则在该国育种者无法获得回报的问题。这种情况将在未来当植物品种繁殖材料进入国际贸易体系时得到改善。

授予育种者权利的条件

5.635　规范授予育种者权利条件的条款相应出现在《1978年文本》第6条中。尽管规定的语言有了多处变化，但是除了在以下明确说明的情况，实质性内容没有特别变化。

5.636　新文本中第6条是关于品种商业新颖性的规定。在现有的规定中，该品种应当尚未经育种者同意在该国领土内许诺销售或在市场销售，若该国法律另行规定，则不能超过1年。新的文本要求在所有国家均给予1年的宽限期，这不再是任选方案。

5.637　《1978年文本》第6条第1款b项规定，在某一品种的申请日之前，该品种必须尚未经育种者同意而在该国领土内许诺销售或在市场销售。《1991年文本》第6条规定，在育种者权利申请书提交之日，该品种的繁殖或收获材料必须尚未因利用该品种之目的被育种者本人或经其同意出售或转让他人。《1991年文本》使用的语言和《1978年文本》第6条第1款b项规定有很大区别，并且有可能涵盖依据现有联盟成员国法律规定之外的商业活动。有一个例子，即当自交系本身不是出售或销售，而是利用自交系作为杂交的父本。有人声称，通过这种方式利用自交系统，可能受到商业秘密的保护，不能因第一次商业目的使用的年限原因而排除育种者受到保护。

5.638　《1991年文本》第6条第3款提到适用于政府间组织成员国的有效销售的特殊规则。该款涉及作为联盟成员的欧共体，并使得欧共体和其成员国制定相关条文，即为顺应单一市场的概念，欧共体一个成员国的销售行为将破坏到整个欧共体成员国的商业新颖性。

5.639　《1991年文本》第7条是对特异性的规定，仅简单要求一个品种在提交申请之时必须显然有别于已知的任何其他品种。已有文本中规定，品种应具有一个或数个重要的特性有别于已知的任何其他品种。由于会引起不必要的歧义，上述规定已经被放弃。这里的“重要”一词频频暗示第一次读到《1978年文本》的人，一个品种必须具备有别于现有品种的优点才能够获得保护。事实绝非如此。在联盟内一贯认为植物品种的价值和优点受时间和环境影响极大，因而不适宜采用其作为是否授予国际知识产权体系保护的标准。新的简化版规定避免了引发歧义的“重要”一词。

5.640　《1978年文本》非穷尽列举了可以认为是已知的事项，包括已经或正在法定的注册处登记的品种。通常来说，仅仅是上述事项并不能构成已知，因为相关信息并不必然能被公开地获得。因此，新文本的第7条，没有定义已知概念，只是指出在申请保护或法定登记的特殊情况下，依据公约的目的，认为上述品种是已知品种，而不论以上信息是否可为大众获得。

5.641 对一个授予育种者权利的申请或进入正式的品种登记簿的申请，并不能认为其中的品种是已知，除非该申请被授予育种者权或者在正式的品种登记簿获得登记。这样是为了避免一种情况，即系统中充斥大量品种，因其申请被拒绝或撤回，已经被育种者放弃而并不存在。

申请的审查

5.642 《1991年文本》第12条是关于申请的审查，对应的是《1978年文本》的第7条。最新文本修改的重点是，它明确指出主管机关对种植测试结果或其他已进行试种的结果负责。《1991年文本》第3条关于最终将保护拓展到整个植物王国的规定，意味着主管机关将被要求去测试任何植物种类的特异性、一致性和稳定性，包括那些由于缺少相应知识和经验，其很少了解或根本不了解的品种。在这些情况下，主管机关不适合亲自做相关测试，而是需要要求育种者完成相关测试或者由育种者提供数据进行考察。在这种情况下，育种者完成的测试是可以接受的，只要相关数据按照通常格式提交，并且测试遵循UPOV特异性、一致性和稳定性测试指南的基本要求完成，同时上述品种的样本在申请时已提交主管机关。

临时性保护

5.643 《1978年文本》第7条第3款涉及了临时性保护规定，但是并没有要求成员国必须提供临时性保护。然而，《1991年文本》第13条，要求成员国应采取措施，从提交或公布育种者权利申请至授予育种者权利之间的期间内，保护育种者的权利。该条款规定缔约方应确保一旦育种者获得授权，凡在上述期间有需要获得育种者同意的行为者，育种者权利持有人至少应有权从该处获得公平的报酬。该条款反映出某些国家的实践，要求缔约方确保上述保护应该只适用于那些育种者已经告知其提交申请的人。

育种者权利的范围

5.644 《1978年文本》第5条规定，对受保护品种的诸如有性或无性繁殖之类的材料进行下列处理时，应事先征得育种者授权：

——以商业销售为目的之生产；

——许诺销售；

——市场销售。

该条款进一步规定：无性繁殖材料应被认为包括整株植物。在观赏植物或切花生产中，观赏植物或其植株部分作为繁殖材料用于商业目的时，育种者的权利可扩大到以一般销售为目的而不是繁殖用的观赏植物或其植株部分。

5.645 育种者事前授权的事项仅要求以商业销售为目的繁殖材料的生产，这意味着如果对繁殖材料的生产不是出于销售目的，而是用于农业生产的目的，则没有落入保护的范围。该规定的结果是隐含了所谓的“农民特权”，即农民可以在其农场通过之前的收成生产繁殖材料。

5.646 《1991年文本》第14条第1款规定，与受保护品种繁殖材料有关的下列活动，需要育种者授权：生产或繁殖、为繁殖而进行的种子处理、提供销售、出售或其他市场销售、出口、进口、用于上述目的的进货。因此，保护的范围扩展至生产或繁殖的所有行为，而不论其目的，这一点和《1978年文本》不同，新规定没有暗示创设“农民特权”。

5.647 由于UPOV成员国不同的农业状况，以及这些国家不同的政治状况，导致在新文本中仍然纳入了各国有权赋予农民自我保留种子而无需获得育种者授权的选择。相关规定在第15条第2款中。这种规定的结构保证了成员国在实施这一选择时需要慎重考虑育种者的利益。它的目的是成员国将依据物种为基础来审查所涉及物种事项。外交会议正式建议，第15条第2款不应被认为是有意扩展“农民特权”在农业或园艺业的实施，这种特权并非是一种普遍的做法。

5.648 除了有关观赏植物或切花生产的特殊规定，《1978年文本》在第5条规定的强制性最低保护范围限于该品种有性或无性繁殖材料。该条第4款规定，任何联盟成员国均可对某些植物属或种给予育种者大于该条款所规定的保护权，特别是可延伸到已在市场销售的产品。很少有国家利用这个选择条款。在修订过程中出现的一个重大争议是，是否要将保护范围扩展到受保护品种的收获材料，甚至是利用收获材料所制作的产品。

5.649 外交会议对上述问题作出了肯定回答。《1991年文本》第14条第2款规定，育种者权利的保护范围扩展到收获材料。当涉及由未经授权使用受保护品种的繁殖材料而获得的收获材料，包括整株和植株部分时，应得到育种者授权，但育种者对繁殖材料已有合理机会行使其权利的情况例外。

5.650 在外交大会上针对第14条第2款投票的UPOV联盟的主要成员国，都不准备让育种者在行使权利时可以自由选择，是行使有关繁殖材料权利还是行使有关收获材料权利。例如，成员国不准备允许育种者完全自由地行使其在谷物上而不是种子上的知识产权。然而依据外交大会的一般协定，在育种者无法行使其在繁殖材料上的权利时，必须被赋予其可应用于收获材料上的权利。最常见的育种者无法行使其权利的例子是，育种者的品种在一个没有植物品种保护规定的国家被非法使用，然后被一个有品种保护权的国家将其收获材料进口。另一个例子是，育种者对于由未经许可侵犯其繁殖材料权利而带来的收获材料行使权利。

5.651 第14条第2款规定，育种者享有保护收获材料的权利，除非育种者对繁殖材料已有合理机会行使其权利。因此，由被控侵权人承担相应举证责任，以证明育种者确实已经有了合理机会行使其对该品种繁殖材料的权利。

5.652 《1991年文本》第14条第3款进一步将育种者的权利扩展到由收获材料直接制作的产品。但是该项规定并不属于《1991年文本》强制要求的最低保护范围。《1991年文本》规定，缔约国可以决定他们是否愿意依据第14条第3款扩展育种者的权利。根据该条款，如果收获材料是侵权所得，对由收获材料直接获得的产品进行生产、销售、提供销售等，都需要获得育种者的授权。再次说明，育种者在该条款下对由收获材料直接制作的产品行使权利时，也需要排除育种者对该收获材料已有合理机会行使权利的情况。第14条第2款和第3款的规定合起来构成一个“级联”。级联概念的推动者的出发点是，育种者只有在其不能行使对繁殖材料权利的情况下，才能行使对收获材料的权利；同时育种者只有在不能行使对收获材料权利时，才能行使对收获材料直接生产的产品的权利。

5.653 正如之前提到，可以设想，由《1991年文本》拓宽保护范围所带来的有趣后果将是保护延伸到整个植物王国。

依赖性派生品种

5.654 依据《1978年文本》第6条第1款，不论原始变种的起源是人工的，还是自然的，只要在申请保护时，该品种具有一个或数个明显的特性有别于已知的任何其他品种，并且，该特性具有一致性和稳定性，就应该获得保护。第5条第3款规定，一个受保护的品种可以被利用作为变异来源而产生其他品种。这两款规定共同建立了一种情况，即现有受保护品种可以被用作原始变种的来源，选种人可以自由使用由此选择的变种，而不受原始育种者所保护品种权利的限制，只要所选择的变种相对于原始受保护品种具有一个或多个有明显区别的重要特性。由于“重要”一词在该语境下被解释为“对形成区别重要”而不是“价值上重要”，这就意味着可以利用现有品种或在现有品种上加入额外基因或其他方法，而选择突变或者小的变种，新选择的品种可以获得保护却无需对原始品种育种者的贡献给予任何报酬。典型的例子是对于观赏品种颜色突变的选择，或在玉米自交系插入一个基因进行回交育种（在热带的有利环境下，多重回交育种一年之内就有收效），近来还新出现了利用基因工程插入单个基因。事实上，《1978年文本》由于没有授权育种者禁止上述育种方式，已经被认为是不公正的，因而受到了产业界的批评，因此在《1991年文本》中通过引入“依赖性派生”原则对上述情况进行补救。《1991年文本》第14条第5款规定，如果一个品种是从另一个受保护品种依赖性派生而来，则对新品种的利用必须获得受保护品种育种者的授权。当出现下列情况时，一品种被看做是从另一品种（“原始品种”）依赖性派生的品种：

“(a) 从原始品种依赖性派生或从本身就是该原始品种的依赖性派生品种产生的依赖性派生的品种，同时又保留表达由原始品种基因型或基因型组合产生的基本特性；

(b) 与原始品种有明显区别；并且

(c) 除派生引起的性状有所差异外，在表达由原始品种基因型或基因型组合产生的基本特性方面与原始品种相同。”

5.655 第14条第5款不完全列举了可以获得依赖性派生的途径，包括通过选择天然或诱变株、或体细胞无性变异株，从原始品种中选择变异、回交或经遗传工程转化等获得。

5.656 这并不是设想让相关检测机构在授权程序中作出某一品种是否是依赖性派生的决定，而是要将此问题交给植物育种者之间的协议来解决，或者最终交由司法诉讼加以解决。

5.657 新原则的确立将确保今后植物领域的研发人员，在从事可能从现有受保护品种依赖性派生新品种的项目时，需要事先与相关权利人达成协议。如果植物育种者将某一受保护的基因（“授予专利的基因”）植入他的品种中，那么所获得的新品种就属于专利的保护范围，专利权人可以禁止对该品种的利用。与之相反，如果专利权人将其获得专利权的基因植入上述同一品种中，该品种的育种者目前却无法禁止对改良品种的利用。将来，如果专利权人将其受保护基因插入受保护的植物品种中，存在所获新品种属于依赖性派生的可能，并有可能属于受保护品种的保护范围内。新的平衡机制的建立就是考虑到通过这种途径来促进育种者和生物科技者之间的科学技术交换。植物育种者和生物科技者在这里被描述为他们从事的是完全不同的行为。UPOV 充分意识到他们的上述行为可能是由一个或相同的组织或同一个人在实施，但是对于现有的目标来说，谈及这两个相互不同的行为并没有什么帮助。需要注意的是，依赖性派生条款并没有给出以下建议，即依赖性派生品种的育种者可以通过某些强制性授权程序要求原始品种的育种者给予许可。

育种者权利的例外

5.658　在论及保护范围时，已经提到第 15 条第 2 款是关于在特定条件下惠及农民的可选择性例外。在第 15 条第 1 款 iii 项中规定，为培育其他品种的活动和该其他品种必须被排除在育种者权利保护范围之外。这一规定再现了《1978 年文本》第 5 条第 3 款的规定，据此利用现有受保护品种作为来源培育其他品种无需获得该品种育种者的授权，这被称为“育种者豁免”。

5.659　这是该公约的一个重要特点并且受到了植物育种者和各界普遍支持。育种者豁免原则在外交会议上得到了重申。一些成员国建议说，依赖性派生原则的引入是对育种者豁免的背离。UPOV 并不是从这一角度看待依赖性派生。一个品种被认为是另一个品种的依赖性派生品种，条件是只有在它保留表达由原始品种基因型或基因型组合产生的基本特性的情况下。因此，只有当一个品种与原始品种非常相似并且除了派生引起的性状差异外，几乎完全使用原始品种的整个基因结构，这时该品种才受到依赖性派生原则约束。

5.660　依据公约《1991 年文本》任何品种都可以被用来培养其他品种，除非新品种属于并受到原品种依赖性派生保护的限制，否则新品种都可以自由利用。依赖性派生原则的性质在于让从事可能产生依赖性派生新品种项目的人员，了解自己所从事的内容和因果关系，他可以选择与原始品种育种者达成协议，或者冒着一旦原始品种育种者拒绝授权则该项目的努力都将白费的风险。

5.661　该项新原则在 UPOV 联盟内被认为是围绕在被保护品种周边的拓展保护区。这个保护区未来将由现有的由特异性要求产生的最低保护范围与由依赖性派生原则导致的额外保护范围构成。

育种者权利用尽

5.662　第 16 条规定，育种者权利不能延伸到涉及已由育种者本人或经其同意在有关缔约方领土内出售或在市场销售受保护品种的材料的活动，除非这类活动：

——涉及该品种的进一步繁殖，或

——涉及能使该品种繁殖的材料出口到一个不保护该品种所属植物属或种的国家，但出口材料用于最终消费的情况不在此列。

5.663　育种者禁止利用该品种繁殖的权利不存在用尽。

育种者权利的期限

5.664　第 19 条将之前对树木和藤本植物保护期为 18 年，对其他品种保护期为 15 年的规定，分别对应延长到 25 年和 20 年。在很大程度上，这种调整反映了成员国现有的实践。用最短 20 年保护期替代最长 18 年保护期，意味着对于大多数植物品种育种者来说将享受到与专利制度相同的保护。

行政管理和最后条款

5.665 《1991 年文本》的行政条款和最后条款包括在第 21 ~42 条内，其中大部分内容都是对《1978 年文本》的延续。

5.666 《1991 年文本》第 35 条需要加以点评。该条文规定，已是《1978 年文本》的缔约方，对其无性繁殖的品种是通过工业产权权利而不是育种者权利加以保护的国家，在成为本公约的缔约方时，应有权继续实施其原有保护而无需实施本公约对这些品种进行的保护。规定该条款的原因是《1978 年文本》第 37 条，特别是因为美国对于植物品种无性繁殖的保护，除了土豆和菊芋外，采用特别形式的植物专利（这并没有严格遵守 UPOV 公约的规定）；对于有性繁殖和块茎繁殖品种采用植物新品种法案（这遵守了 UPOV 公约规定）。因此，除非美国从根本上修改其国内法，否则就不满足第 2 条和第 3 条关于对所有植物品种授予和保护育种者权（这是 UPOV 公约确认的权利）的要求。《1991 年文本》第 35 条只适用于美国的情况，使得美国在很大程度上可以继续现有的制度，除非或直到美国决定对其现行法的条文进行合理化改革。

5.667 《1991 年文本》于 1998 年 4 月 24 日正式生效。由于在此前 1 个月已经有两个国家在同一日交存了其加入文书，当新文本正式生效时一共收到 6 个加入文书，比第 37 条规定的多出 1 个。

4. 植物品种保护的发展

5.668 越来越多的国家，无论是发达国家还是发展中国家都对 UPOV 公约表示兴趣并且采取步骤加入该项公约。还有一些国家依据 UPOV 公约或是受其影响，正在制定或者已经颁布了植物品种保护的立法。

5.669 对植物品种的保护在 TRIPS 中也有涉及（见下一节）。协议第 27 条规定，世界贸易组织成员国可以将以下各项排除于可专利性之外，即除微生物之外的动、植物，以及排除非生物方法及微生物方法的生产动、植物的基本生物方法。但是成员国应以专利制度或有效的专门权利制度，或以任何组合制度，对植物新品种予以保护。“有效的专门权利制度”的示范就是 UPOV 公约提供的保护机制。

5.670 《保护植物新品种国际公约》缔约国名单参见附录。

第 15 节 《与贸易有关的知识产权协定》(TRIPS) 及世界知识产权组织与世界贸易组织 (WIPO－WTO) 的合作

1. 引言

《关税及贸易总协定》(GATT)、世界贸易组织（WTO）和《与贸易有关的知识产权协定》(TRIPS)

5.671 1993 年 12 月 15 日，在《关税及贸易总协定》（以下简称“GATT”）框架内所举行的乌拉圭回合多边贸易谈判结束。1994 年 4 月 15 日，在马拉喀什，正式通过了体现了上述谈判结果的《建立世界贸易组织协定》（以下简称“WTO 协定”）。

5.672 这些谈判，在 GATT 框架内，第一次讨论了与国际贸易有关的知识产权问题。上述谈判的结果，是通过了《与贸易有关的知识产权协定》（以下简称“TRIPS”），该协定包括在 WTO 协定的附件中。

5.673 WTO 协定，包括 TRIPS（对所有 WTO 成员均有约束力），于 1995 年 1 月 1 日生效。根据第一个协定成立了一个新的组织，即 WTO，它于 1995 年 1 月 1 日开始工作。

过渡协定和技术合作（第六部分）

5.674 WTO 成员在加入 WTO 协定后，被给予一定宽延期来实施 TRIPS。给定的日期成员的宽延期的届满日期，即成员开始适用 TRIPS 的日期，有关日期的规定如下：

——一般期限为 1996 年 1 月 1 日（第 65 条第 1 款）；

——正在向市场和自由企业经济转轨以及正进行其知识产权制度的体制改革并面临知识产权法的准备及实施的特殊问题的发展中国家成员，为 2000 年 1 月 1 日；但涉及国民待遇和最惠国待遇的义务除外（第 65 条第 2 款、第 65 条第 3 款）；

——如果某发展中国家成员按照本协定有义务将产品专利的保护扩大到其适用本协定之日前在其地域内不受保护的技术领域，则其在该技术领域适用时间是 2005 年 1 月 1 日（第 65 条第 4 款）；

——对于最不发达国家成员，除涉及国民待遇和最惠国待遇的义务，根据其主动提出的请求，是 2006 年 1 月 1 日（第 66 条第 1 款）。

5.675 TRIPS 还要求发达国家成员应根据要求并依照相互协商一致的条款与条件，提供使发展中国家成员和最不发达国家成员受益的技术和金融合作，包括协助后者制定知识产权法、建立知识产权执法机构和国内官方及代理机构，其中包括对人员的培训。

机构安排（第七部分）

5.676 WTO 协定建立一个三级组织结构。最高级别是部长级会议，每两年至少召开一次会议（第 4 条第 1 款）。它是对 WTO 协定所有事项作出决定的权威机构。第二级别是总理事会，由所有成员的代表组成，它既能“适当”履行其自身职能又能在部长级会议休会期间代其完成职能（第 4 条第 2 款）。总理事会还担任争端解决机构和贸易政策审议机构职能（第 4 条第 3 款及第 4 条第 4 款）。

5.677 WTO 协定（第 4 条第 5 款）还建立了一个与贸易有关的知识产权理事会（TRIPS 理事会），它是总理事会的下设机构，负责监督 TRIPS 的功能（第 4 条第 5 款）。TRIPS 理事会的会员资格对所有成员代表开放。依据 TRIPS 的规定（第七部分第 68 条），TRIPS 理事会负责监督 TRIPS 的执行情况、成员对协定义务的履行情况。TRIPS 理事会还负责审查发展中国家在过渡期截止后对 TRIPS 的实施情况（自 2000 年 1 月 1 日以后），并且此后每两年，依据新的发展对 TRIPS 进行必要的修订或修改（第 71 条第 1 款）。TRIPS 理事会第一次会议于 1995 年 3 月 9 日举行。

WIPO 的合作安排

5.678 根据 TRIPS，在 WTO 与 WIPO 之间应该就建立合作协商机制和相互支持关系进行磋商。

5.679 TRIPS 进一步指出，TRIPS 理事会在履行职责的过程中，可以同它认为合适的任何方面协商或向其求得信息。理事会通过与 WIPO 的协商，应在其第一次会议后 1 年内，寻求建立与该组织的机构合作的适当安排（第 68 条）。TRIPS 同样要求就 WIPO 与 WTO 间合作的具体领域进行磋商，特别是，根据第 63 条第 2 款，关于 TRIPS 理事会成员对法律和法规的通知义务。

2. 总则、基本原则及最后条款（第一部分和第七部分）

5.680 TRIPS 下有关义务的性质和范围的一个基本原则，是各成员应给予其他成员国民以本协定所规定的待遇。“国民”被理解为是符合受保护资格标准的自然人或法人，如果所有 WTO 成员已是《巴黎公约》《伯尔尼公约》《罗马公约》及《有关集成电路知识产权条约》（以下简称“IPIC”条约）的成员。

5.681 成员可以自由决定合适的方式在其自身的法律制度和惯例框架下执行 TRIPS 的规定，可以规定宽于本协定要求的保护，只要其不违反本协定的其他规定（第 1 条第 1 款、第 1 条第 3 款）。

知识产权的定义

5.682 TRIPS 规定，所称的“知识产权”一词系指第二部分第 1 至第 7 节所列举所有种类的知识财产，包括版权和相关权、商标、地理标志、工业品外观设计、专利、集成电路布图设计（拓扑图）和未披露信息（第 1 条第 2 款）。

以引用的方式纳入《巴黎公约》和《伯尔尼公约》

5.683 TRIPS 建立的原则已有一个多世纪的历史，其被包含在《巴黎公约》和《伯尔尼公约》之中。事实上，几乎所有上述两个公约的实质性条款都被以引用的方式直接纳入到 TRIPS 之中。

5.684 关于工业产权，TRIPS 要求对本协定第二、第三及第四部分，各成员应遵守《巴黎公约》第 1 条至第 12 条以及第 19 条规定（第 2 条第 1 款）。这包括了《巴黎公约》全部实质性条款。

5.685 在版权领域，全体成员均应遵守《伯尔尼公约》第 1 条至第 21 条及公约附录。但对于《伯尔尼公约》第 6 条之 2 规定的精神权利或对于从该条引申的权利，成员可以免除上述权利或义务（第 9 条第 1 款）。

5.686 TRIPS 第一至第四部分之所有规定，均不得减损成员之间依照《巴黎公约》或《伯尔尼公约》已经承担的现有义务（第 2 条第 2 款）。

国民待遇原则

5.687 TRIPS 规定了国民待遇原则，要求成员将依据协定给予本国国民的待遇同样给予其他成员国民，后者依据《巴黎公约》《伯尔尼公约》《罗马公约》和《有关集成电路知识产权条约》的规定，相关公约规定的例外在 TRIPS 中也予以遵守。对于工业产权和版权，该原则适用于所有权利。对于表演者、录音制品制作者和广播组织，该原则只对本协定中规定的权利适用。同样，这一原则对于由 WIPO 主持制定的有关知识产权获取和维持的多边协定规定的程序也不适用。

最惠国待遇原则（MFN）

5.688　TRIPS 包括最惠国待遇原则，传统上在知识产权多边协定领域并不包括此原则。该原则规定，在知识产权的保护方面，由一成员授予任一其他国家国民（不限于成员）的任何利益、优惠、特权或豁免均应立即无条件地给予所有其他成员的国民。该原则包括特定的例外事项。与国民待遇原则情况类似，这一原则亦不适用于 WIPO 主持制定的有关知识产权获取和维持的多边协定所规约的程序。

对现有客体的保护

5.689　TRIPS 包含了某些旨在解决某个成员在适用该协定之前就已经存在的知识产权客体的条款。但是协定对于某个成员在本协定对其适用之日以前发生的行为，不对该成员产生任何义务（第 70 条第 1 款）；对于在本协定对有关成员适用之日已存在的，及在该日期在该成员受到保护的或在本协定规定的期限内达到或以后将要达到保护标准的所有客体，本协定则产生义务（第 70 条第 2 款）。但是，关于现有著作的版权义务以及现有录音制品制作者和表演者的权利应仅根据《伯尔尼公约》第 18 条来决定（第 70 条第 2 款）。

5.690　如果所从事的活动依照本协定规定构成侵权，而该活动在该成员批准协定之日前已经开始或已经作了重大投资，则成员可以对权利持有人给予有限的救济。但至少应规定向权利持有人支付公平的使用费。

5.691　上述总体原则有若干情况例外。特别是对于已进入公有领域的客体，应无义务恢复保护（第 70 条第 3 款）。此外，对于计算机软件、电影作品和录音制品，对于在本协定适用之日前购买的原件或复制件，该成员无义务适用本协定（第 70 条第 5 款）。对于未经授权使用（第 31 条）和技术领域的不得歧视的条款（第 27 条第 1 款），在本协定公之于众之前，经成员政府授权在未经权利人许可情况下使用了某专利，不得要求该成员适用本协定。

5.692　如果知识产权的保护以注册为先决条件，则应允许修改在有关成员适用本协定之前提交的申请案，以便要求本协定提供的提高后的保护，但是修改不得加进新客体（第 70 条第 7 款）。

保留

5.693　未经其他成员同意，不可以对本协定中的任何条款予以保留（第 72 条）。

保证安全的例外

5.694　协定对被视为保证国家安全利益至关重要的事项规定了一般性例外：任何成员不应被要求提供在它认为是一旦披露即会与其基本安全利益相冲突的信息。此外，不应制止任何成员为保护其基本安全利益而针对下列问题采取它认为是必要的行动：涉及可裂变物质或从可裂变物质衍生的物质；涉及武器、弹药及战争用具的交易活动，或直接、间接为提供军事设施而从事的其他商品及原料的交易活动；在战时或国际关系中的其他紧急状态时采取的措施。任何成员为履行《联合国宪章》中有关维护国际和平与安全的义务可以采取任何行动（第 73 条）。

3. 关于知识产权的效力、范围及使用的标准（第二部分）

5.695 第二部分是关于TRIPS规定的知识产权效力、范围和使用的最低标准。本部分包含8个小节，分别关于版权及相关权、商标、地理标志、工业品外观设计、专利、集成电路布图设计（拓扑图）、对未披露信息保护和在许可合同中对反竞争行为的控制（最后一项并不是第1条第2款知识产权的定义中包括的客体）。

版权与相关权（第1节）

5.696 对版权和相关权保护效力、范围和使用的标准作如下规定：

——各成员均应遵守《伯尔尼公约》1971年文本第1条至第21条及公约附录。但对于《伯尔尼公约》第6条之2规定的权利或对于从该条派生的权利，成员应依本协定不享有权利或义务（第9条第1款）；

——版权保护应延及表达，而不延及思想、程序、操作方法或数学概念之类（第9条第2款）；

——无论以源代码或以目标代码表达的计算机程序，均应作为《伯尔尼公约》所指的文字作品给予保护（第10条第1款）；

——数据或其他材料的汇编，无论采用机器可读形式还是其他形式，只要其内容的选择或安排构成智力创作，即应予以保护。这类不延及数据或材料本身的保护，不得损害数据或材料本身已有的版权（第10条第2款）；

——商业性出租权至少应该授予计算机程序，除非有关程序本身并非出租的主要客体。对于电影作品，成员可不承担授予出租权之义务，除非有关的出租已导致对作品的广泛复制，其复制程度又严重损害了作者的复制专有权（第11条）；

——除摄影作品或实用艺术作品外，如果某作品的保护期并非按自然人有生之年计算，则保护期不得少于经许可而出版之年年终起50年，如果作品自完成起50年内未被许可出版，则保护期应不少于作品完成之年年终起50年（第12条）；

——对专有权的限制或例外的规定局限于一定特例中，该特例应不与作品的正常利用冲突，也不应不合理地损害权利持有人的合法利益（第13条）；

——对于相关权，表演者应该有权利制止未经其许可而对其表演加以固定，以及将已经固定的内容加以复制；或者以无线方式向公众广播或向公众传播其现场表演（第14条第1款）；

——录音制品制作者应享有权利许可或禁止对其作品的直接或间接复制（第14条第2款）；

——广播组织（如果某些成员不授予广播组织上述权利，则对有关广播内容享有版权的人可以行使上述权利）应享有权利禁止未经其许可将其广播固定，将已固定的内容复制，以无线方式重播，以及通过同样方式将其电视广播向公众传播（第14条第3款）；

——出租权适用于录音制品制作者，以及录音制品的任何其他权利持有人。如果在1994年4月15日，某成员已实施了给权利持有人以公平报酬的制度，则可以维持其制度不变，只要在该制度下录音制品的商业性出租不产生实质性损害权利持有人的复制专有权的后果（第 14 条第 4 款）；

——表演者及录音制品制作者享有的保护期至少应当自有关固定的或表演发生之年年终延续到第 50 年年终。对于广播组织，所提供的保护期则应自有关广播被播出之年年终起至少 20 年（第 14 条第 5 款）；

——任何成员均可在《罗马公约》允许的范围内，对本条提供的权利规定条件、限制、例外及保留（依据第 14 条第 1 款至第 14 条第 3 款）。但《伯尔尼公约》第 18 条应在原则上适用于表演者权及录音制品制作者的权利（第 14 条第 6 款）。

商标（第 2 节）

5.697　对商标保护的效力、范围和使用的标准作如下规定：

——任何能够将一企业的商品或服务与其他企业的商品或服务区分开的标记或标记组合（故应包括服务商标），均应能够构成商标（第 15 条第 1 款）；

——标记应是视觉上可感知；对于非天然具有可识别性的标记，可经过使用而获得识别性（第 15 条第 1 款）；

——使用可以作为可注册的依据（第 15 条第 2 款），但不得将商标的实际使用作为提交注册申请的条件，不得仅因为自申请日起 3 年内不主动使用而驳回注册申请（第 15 条第 3 款）；

——申请注册的商标所标示的商品或服务的性质，在任何情况下均不应成为该商标获得注册的障碍（第 15 条第 4 款）；

——成员应公告所有注册商标，并应提供请求撤销该注册的合理机会，还可提供对商标的注册提出异议的机会（第 15 条第 5 款）；

——注册商标所有人应享有专有权防止任何第三方未经许可使用与注册商标相同或近似的标记用以标示相同或类似的商品或服务，从而造成混淆的可能。如果确将相同标记用于相同商品或服务，即应推定已有混淆之虞（第 16 条第 1 款）；可规定商标权的有限例外，诸如对说明性词汇的合理使用（第 17 条）；

——对驰名商标和服务商标权人规定相应的权利（第 16 条第 2 款和第 16 条第 3 款）；

——商标的首期注册及各次续展注册的保护期，均不得少于 7 年，续展注册次数不限（第 18 条）；

——如果要将使用作为保持注册的前提，则只有至少 3 年连续不使用，商标所有人又未出示妨碍使用的有效理由，方可撤销其注册（第 19 条第 1 款）；

——商标的使用不得受到不正当的限制（第 20 条）；

——不得采用商标强制许可制度（第 21 条）；

——注册商标可以连同或不连同商标所属的经营一并被转让（第 21 条）。

地理标志（第 3 节）

5.698　对地理标志保护的效力、范围和使用的标准作如下规定：

——地理标志，是指下列标志：其标示出某商品来源于某成员地域内，或来源于该地域中的某地区或某地方，该商品的特定质量、信誉或其他特征，主要与该地理来源相关联（第 22 条第 1 款）；

——成员应提供法律措施以使利害关系人能够阻止在商品的称谓或表达上，明示或暗示有关商品来源于并非其真正来源地，并足以使公众对该商品来源地产生误解（第 22 条第 2 款 a 项）；

——成员应驳回或撤销包含对公众产生误导性的标记的商标注册（第 22 条第 3 款），并且提供法律措施阻止不论以任何使用方式，如依照《巴黎公约》第 10 条之二构成不正当竞争的行为（第 22 条第 2 款 b 项）；

——如果某地理标志虽然逐字真实指明商品之来源地、地区或地方，但仍误导公众使之以为该商品来源于另一地域，则同样适用上述保护手段（第 22 条第 4 款），并且在涉及葡萄酒与白酒时，应制止用地理标志去标示并非来源于该标志所指地方之行为，即使在这种场合也同时标出了商品的真正来源地，即使该地理标志使用的是翻译文字，或即使伴有某某“种”、某某“型”、某某“式”、某某“类”，或相同的表达方式（第 23 条第 1 款）；

——如果某成员在其地域内的商品或服务上以惯用的通常语言作为通用名使用时，与其他成员地理标志相同，则不要求该成员提供上述保护。如果在 WTO 协定生效之日，某成员地域内已有的葡萄品种的惯用名称与其他成员葡萄酒产品之地理标志相同，则不要求该成员适用上述保护规定（第 24 条第 6 款）；

——对于在其来源国不受保护或中止保护的地理标志或在来源国已废止使用的地理标志，则无保护义务（第 24 条第 9 款）；

——对葡萄酒和白酒地理标志需规定额外的保护（第 23 条）；对葡萄酒使用同音字或同形字的地理标志给予同样保护（第 23 条第 3 款）；特定排除事项包括在先使用（第 24 条第 4 款）以及对个人姓名的使用权（第 24 条第 8 款），以及在特定情况下对注册时间的限制（第 24 条第 7 款）。

——为有利葡萄酒地理标志的保护，应在 TRIPS 理事会中举行谈判，以建立葡萄酒地理标志通告及注册的多边体系，使加入该体系的成员在保护地理标志方面可利用该体系（第 23 条第 4 款）。

工业品外观设计（第 4 节）

5.699 对工业品外观设计保护的效力、范围和使用的标准作如下规定：

——成员应对独立创作的、具有新颖性或原创性的工业品外观设计提供保护，可以对是否提供保护的标准作出规定（第 25 条第 1 款）；

——应保证其对纺织品设计通过工业品外观设计或者版权法规定保护的要求，不得无理损害求得保护的机会，特别是对成本、检验或公布的要求（第 25 条第 2 款）；

——专有权应包括有权制止第三方未经许可而为商业目的制造、销售或进口带有或体现有受保护设计的复制品或实质性复制品之物品（第 26 条第 1 款）；可以对保护规定有限的例外（第 26 条第 2 款）；

——可享有的保护期应不少于 10 年（第 26 条第 3 款）。

专利（第 5 节）

5.700 对专利保护的效力、范围和使用的标准作如下规定：

——一切技术领域中的任何发明，无论产品发明或方法发明，只要其新颖、含创造性并可付诸工业应用均可获得专利（第 27 条第 1 款），但是如果为保护公共秩序（公共安全），包括保护人类、动物或植物的生命与健康，或为避免对环境的严重破坏所必需，各成员均可将某些发明排除于可专利性之外，可制止在该成员地域内就这类发明进行商业性使用，只要这种排除并非仅由于该成员的国内法禁止该发明的使用（第 27 条第 2 款）；各成员还可以进一步将下列各项排除于可专利性之外，如诊治人类或动物的诊断方法、治疗方法及外科手术方法；除微生物之外的动、植物，以及生产动、植物的非生物方法及非微生物方法（第 27 条第 3 款）；但成员应以专利制度或有效的专门权利制度，或以任何组合制度，给植物新品种以保护（第 27 条第 3 款）；

——获得专利及享有专利权，不得因发明地点不同、技术领域不同及产品之系进口或系本地制造之不同而给予歧视（第 27 条第 1 款）；

——专利应赋予其所有人下列专有权：如果该专利所保护的是产品，则有权制止第三方未经许可制造、使用、许诺销售、销售，或为上述目的而进口该产品；如果该专利保护的是方法，则有权制止第三方未经许可使用该方法的行为或者使用、许诺销售、销售或为上述目的进口至少是依照该方法而直接获得的产品（第 28 条第 1 款），对所授的专有权可以规定有限的例外（第 30 条）；

——专利所有人有权转让或通过继承转让其专利，应有权缔结许可证合同（第 28 条第 2 款）；

——应要求在专利申请时披露其发明（第 29 条）；

——任何未经专利权人授权的使用（通常指强制许可），包括政府使用或政府授权的第三方使用，应遵守协定中列举的条件（第 31 条）；如果所使用的是半导体技术，则必须限制在协定列举的使用目的（第 31 条 c 项）；

——撤销专利或宣布专利无效的任何决定，均应提供机会给予司法审查（第 32 条）；

——专利保护期，应不少于自提交申请之日起的 20 年年终（第 33 条）；

——在侵犯专利权的民事诉讼中，如果专利的内容系获得产品的方法，举证责任由被告承担，以证明其是否使用了该专利方法（第 34 条）。

5.701 除了上述的义务，如果 TRIPS 生效之日（即 1995 年 1 月 1 日），在医药化工产品及农用化工产品的专利保护上，某成员尚未规定符合本协定第 27 条规定的义务，则该成员均应自协定生效之日起规定使上述发明的专利申请案可以提交的措施。在适用本协定之日，即应对上述专利申请案适用本协定所规定的可获得专利的标准，视同这些标准从申请案提交到该成员之日即已适用；如果可享有优先权、而且申请人也要求了优先权，则视同这些标准从申请案的优先权日即已适用。对于符合保护标准的申请案，其保护期应当从其专利的批准起，按申请案提交之日计算保护期（第 70 条第 8 款）。

5.702 对提交的专利申请，在该产品于该成员地域获投放市场许可后 5 年或该产品专利之申请被批准或被驳回之前（以二者中时间居短者为准），应授予该产品以独占投放市场权，只要在TRIPS生效之后，该专利申请案已在另一成员提交、并已在该另一成员域内获产品专利及获准投放市场（第70条第9款）。

集成电路布图设计（拓扑图）（第6节）

5.703 除了极个别例外，TRIPS包括了《集成电路知识产权条约》几乎所有实质性规定。《集成电路知识产权条约》规定了对集成电路布图设计（拓扑图）保护的法律制度，特别是规定了受保护的客体、保护形式、国民待遇、保护的范围、利用、登记、信息披露和保护期限。TRIPS对此作出如下规定：

——成员必须依照《集成电路知识产权条约》第2条至第7条（第6条第3款，即强制许可的规定除外），第12条及第16第3款，对集成电路布图设计（拓扑图）提供法律保护（第35条）；

——协定规定，保护期为布图设计创作完成起15年，而没有采纳《集成电路知识产权条约》第8条所规定的最低8年的保护期（第38条）；

——协定对未经权利人授权使用布图设计的情况加以严格限制（第37条第2款）；

——协定对《集成电路知识产权条约》所列的禁止从事的行为增加了一项，即禁止为商业目的进口、销售或以其他方式发行含有非法复制的集成电路的物品，但仅以其持续包含该布图设计为限（第36条）；

——协定规定对于从事任何含有非法复制之布图设计的集成电路或含有这类集成电路之物品的活动，如果从事或提供该活动者，在获得该物品时不知、也无合理根据应知有关物品中含有非法复制的布图设计，则不得认为该活动非法（《集成电路知识产权条约》第6条第4款明确允许上述例外）；但是在上述行为人收悉该布图设计原系非法复制的明确通知后，仍可以就其事先的库存物品或预购的物品，从事上述活动，但应有责任向权利持有人支付合理的报酬（第37条第1款）。

未公开信息的保护（第7节）

5.704 TRIPS规定，在保证按照《巴黎公约》第10条之2规定的反不正当竞争提供有效保护的过程中，成员应保护未披露过的信息以及向政府或政府的代理机构提交的数据（第39条第1款）：

——自然人及法人均应有可能防止他人未经许可而披露、获取或以其他违背诚实商业惯例的方式利用（第39条第2款）；

——该保护要求信息符合以下条件：即在一定意义上，其属于秘密，就是说，该信息并非通常从事有关领域的人们所普遍了解或容易获得的；该信息因其属于秘密而具有商业价值；该信息为保密已经根据有关情况采取了合理措施（第39条第2款）；

——要求以提交未披露过的实验数据或其他数据，作为批准采用新化学成分的医药用或农用化工产品上市的条件时，如果该数据的原创活动包含了相当的努力，则该数据应该获得保护，以防不正当的商业使用（第39条第3款）。

对许可合同中限制竞争行为的控制（第8节）

5.705 TRIPS承认一些抑制竞争的有关知识产权的许可实践和条件可能对贸易产生负面作用并阻碍技术转让和传播（第40条第1款），因此规定各成员可以在其国内立法中具体说明在特定场合可能构成对知识产权的滥用，从而在有关市场对竞争有消极影响的许可证贸易活动或条件；成员可采取适当措施防止或控制这类活动（第 40 条第 2 款）。

5.706 成员可以根据彼此要求，相互进行协商，以保证对域内法的遵守（第 40 条第 3 款）；如果一成员的国民在另一成员境内被诉，可以根据后一成员的要求，提供与之协商的机会（第 40 条第 4 款）。

4. 知识产权执法（第三部分）

基本义务（第 1 节）

5.707 TRIPS 要求，制定特别的执法程序以保证可以采用有效措施制止任何侵犯本协定所包含的知识产权的行为，包括及时的防止侵权的救济，以及阻止进一步侵权的救济。这些程序的应用方式应避免造成合法贸易的障碍，同时应能够为防止有关程序的滥用提供保障（第 41 条第 1 款）。

5.708 知识产权的执法程序应公平合理。它们不得过于复杂或花费过高、或包含不合理的时效或无保障的拖延（第 41 条第 2 款）。就个案的是非作出的裁决，最好采取书面形式，并应说明裁决的理由。有关裁决至少应及时送达诉讼当事各方。对个案是非的裁决应仅仅根据证据，应向当事各方就该证据提供陈述机会（第 41 第 3 款）。对于行政的终局裁决，至少对案件是非的初审司法判决中法律问题，诉讼当事人应有机会提交司法当局复审。但是对刑事案件中宣布无罪的除外（第 41 条第 4 款）。

5.709 但是，成员没有义务为知识产权执法，而代之以不同于一般法律的执行的司法制度，也不产生知识产权执法与一般法的执行之间涉及财力物力分配的义务（第 41 第 5 款）。

民事与行政程序及救济（第 2 节）

5.710 TRIPS 确立了民事和行政程序涉及知识产权执法时必须遵守的原则。这些规定包括公平合理程序（第 42 条）、证据规则（第 43 条）、禁令（第 44 条）、损害赔偿（第 45 条）以及其他救济手段，包括司法当局将已经发现的正处于侵权状态的商品排除出商业渠道（第 46 条）。这些规定还包括处理获得信息权，例如司法当局有权责令侵权人将卷入制造和销售侵权商品或提供侵权服务的第三方的身份及其销售渠道等信息提供给权利持有人（第 47 条），对被告的赔偿（第 48 条），以及在行政程序中适用上述原则（第 49 条）。

临时措施（第 3 节）

5.711 TRIPS 建立了制止侵犯知识产权行为发生，尤其是制止包括刚由海关放行的进口商品在内的侵权商品进入其管辖范围的商业渠道的临时措施。这些措施包括保存被诉为侵权的有关证据；开庭前依照一方当事人请求，采取临时措施，尤其是在一旦有任何迟误则很可能给权利持有人造成不可弥补的损害的情况下，或在有关证据显然有被销毁的危险的情况下（第 50 条）。

有关边境措施的专门要求（第 4 节）

5.712 TRIPS 针对边境措施建立了专门的执行程序，以使有合法理由怀疑假冒商标的商品或盗版商品的进口可能发生的权利持有人，能够向主管的司法或行政当局提交书面申请，要海关中止放行该商品进入自由流通领域。协定分别建立了以下原则，包括海关当局中止放行的相应程序（第51条），上述程序的申请（第52条），保证金或与之相当的担保（第53条），中止放行通知（第54条），中止放行期限（第55条），对进口人及商品所有人的赔偿（第56条），检查权及获得信息权（第57条），依职权的行为（第58条），救济（第59条）和可忽略不计的进口（第60条）。

刑事程序（第5节）

5.713 TRIPS要求全体成员均应提供刑事程序及刑事惩罚，至少对于有意以商业规模假冒商标或对版权盗版的情况是如此。成员还必须提供的救济包括处以足够起威慑作用的监禁、罚金、扣留、没收或销毁侵权商品以及任何主要用于从事上述犯罪活动的原料及工具。

5. 知识产权权利的获得与维持及相关程序（第四部分）

5.714 TRIPS中包括了知识产权的获得与维持程序基本原则的总条款。成员可要求把符合合理程序及符合合理形式，作为获得或维持本协定（未披露信息保护除外）中所指的知识产权的条件。这类程序及形式应与本协定的规定一致（第62条第1款）。授权或注册程序应能够保证在合理期限内批准授权或注册，以免无端地缩短保护期（第62条第2款）。有关获得和维持知识产权的程序，以及行政撤销和当事人间的异议程序，均应适用知识产权执法的总原则（第62条第4款，参考第41条第2款和第41条第3款）。绝大部分行政终局裁定，均受到司法或准司法审查（第62条第5款）。

5.715 协定还规定，《巴黎公约》第4条应原则上适用于服务商标。

6. 争端的预防与解决（第五部分）

透明度

5.716 TRIPS要求，与本协定内容有关的法律、条例，普遍适用的终审司法裁决和终局行政裁定，以及双边条约，成员均应该公布或使得公众知悉（第63条第1款）。

5.717 成员应将相关法律及条例通知TRIPS理事会。与之对应，理事会应与WIPO就建立接收上述法律及条例的共同登记机构进行协商，尽力减轻各成员履行这一义务的负担（第63条第2款）。

5.718 在这一点上，TRIPS理事会还应考虑就源于《巴黎公约》第6条之三的规定，在本协定项下产生的通知义务需要采取的任何行动。

争端解决

5.719 TRIPS特别重要的一个部分是建立了WTO协定之下的争端解决机制。TRIPS本身援引了1994年GATT（WTO协定）第22条和第23条，《世界贸易组织关于争端解决规则与程序的谅解》（作为WTO协定的附件）就此进行了阐述，适用于就TRIPS产生的争端的协商与解决（第64条第1款）。

5.720 但是，依据1994年GATT第23条第1款b项和c项，即所谓“非违反之诉”的争端解决，在WTO协定生效后5年内（至少到2000年1月1日），不得适用于解决就 TRIPS 而产生的争端。部长级会议必须一致通过才能批准延长上述期限（第 64 条第 2 款和第 64 条第 3 款）。

7. WIPO 与 WTO 之间的合作

5.721 WIPO 与 WTO 之间的合作基于 1996 年 1 月 1 日生效的由双方总干事签署的 WIPO – WTO 协议。该协议包括 3 部分实质性内容，即法律和法规、《巴黎公约》第 6 条的执行和对发展中国家的法律技术援助。下文将介绍 WIPO 在 WIPO – WTO 协议下所采取的相关行动。

法律和法规

◎ 知识产权立法领域的信息和文献服务

5.722 对知识产权领域国内法和条约，WIPO 对内部和外部的查询和要求都提供信息和文献服务，并且提供 WIPO 数据库，即电子查询用法律汇编（CLEA）查询到的文本和或信息的副本。

◎ 维护和更新法律汇编

5.723 WIPO 的法律汇编包括了 WIPO 管理的条约文本和非 WIPO 管理的知识产权相关的条约，以及欧洲共同体和其他超过 150 个国家的知识产权立法。

5.724 电子查询用法律汇编（CLEA）自 1999 年 9 月起可以在 WIPO 网站上免费使用，它目前包括了 WIPO 管理的条约文本和非 WIPO 管理的知识产权相关的条约，以及欧洲共同体和其他 67 个国家的知识产权立法。自 2003 年 3 月起，它包括了 2781 个文本的参考书目，并且允许访问 2909 个英文、法文和或西班牙文文件，其中包括了大约 1500 个法律文件的超链接。根据《巴黎公约》第 15 条第 2 款和《伯尔尼公约》第 24 条第 2 款，成员应该将其法律文本移交给 WIPO，或者依据《WIPO – WTO 协议》第 2 条第 4 款，通知 TRIPS 理事会并且由 WTO 转交给 WIPO。

◎ 法律和条约文本的出版

5.725 WIPO 在其《知识产权法律和条约》期刊上（英文和法文）出版两份立法内插页："工业产权法律和条约" 和 "版权和相关权法律和条约"，在其中刊登国内法和条约的最新（尽可能合并）版本。自 2002 年，《知识产权法律和条约》开始仅在 WIPO 网站上出版电子版。

◎ IPLEX

5.726 最新版的 IPLEX 光盘于 2003 年最后一个季度出版，该光盘是一个包括知识产权领域英文和法文的立法文本（多边条约、地区法律、双边条约、国内法）的数据库。该 IPLEX 光盘易于操作、功能齐全，并且提供了广泛而灵活的搜索系统。

◎ 协助法律文本翻译

5.727 根据 WIPO 的现行方案，WIPO 向成员提供法律和法规文本翻译的协助。依据《WIPO – WTO 协议》的第 2 条第 5 款，发展中国家如果是 WTO 成员而非 WIPO 成员，也可以利用该服务，以帮助它们完成将其法律和法规通知 TRIPS 理事会的义务。在 1996 年 1 月至 2002 年 1 月 31 日期间，有 191 个国家（不限于发展中国家）利用了翻译协助，将法律和法规翻译成阿拉伯文、荷兰文、英文、法文、德文、葡萄牙文和西班牙文，或由上述语言翻译英文。

《巴黎公约》第6条之三

5.728 依据《WIPO-WTO协议》第3条，在TRIPS下有关通知徽记和提出异议的程序由WIPO国际局负责管理，并适用《巴黎公约》第6条之三中的程序。

5.729 自1996年1月1日，国际局依据《WIPO-WTO协议》第3条已经作出的通知有：

——对非《巴黎公约》成员的WTO成员，将所有国家的国徽、官方印章和政府间组织的徽章，告知在1996年1月1日前或自该日起的《巴黎公约》成员国。

5.730 需要指出的是，上述通知并不影响依据TRIPS，WTO成员有义务保护徽记的日期的确定。

WIPO与WTO的联合行动

5.731 两个组织致力于依据《WIPO-WTO协议》提供司法技术协助和依据协议第4条加强技术合作。具体来说，两个组织都同意向对方组织的发展中国家成员提供，依据协议第1段所说的，“和给予自身成员一样的有关TRIPS的法律技术支持”。在协议第2段，两组织进一步同意，“加强对发展中国家的法律技术协助和有关TRIPS的技术合作，以便将这些行动的收效最大化并且确保彼此间相互支持的关系”。最后，两组织在协议第3段说明，为了给发展中国家提供法律技术支持，两个组织间“将保持经常性接触和交换非机密信息”。

5.732 依据《WIPO-WTO协议》第4条，WIPO和WTO开展了多项活动，包括以观察员身份参加对方的会议，在对方组织的讨论会、讲习班、研讨会和培训班中提供人员支持，特别是联合举办专题研讨会。

WIPO-WTO联合倡议

5.733 为推进《WIPO-WTO协议》中的合作，WIPO于1998年7月推出了与WTO的联合倡议。该联合倡议的目的是为了帮助WTO的发展中国家成员迎接2000年1月1日，即遵守TRIPS的最后期限。

5.734 联合倡议由两个组织的总干事，WIPO总干事卡米尔·伊德里斯博士和WTO总干事雷纳托·鲁杰罗先生，发出联合通知，并送给所有相关发展中国家的部长。它的目标是在即将到来的关键时期，通过改进计划和技术合作活动的协调，对WIPO和WTO资源进行最大化利用，有一项共识是其中大部分的协助工作将来自WIPO。

5.735 自从开展联合倡议，已经收到了来自发展中国家和最不发达国家的很多回复。很多请求都被纳入了行动的发展合作项目中。

5.736 为了响应联合倡议提出的要求，两个组织的官员多次会晤，并讨论协调活动，在某些情况下，通过在请求国举办联合咨询来联合处理某些特殊请求。在1999年和2000年，受请求的支援被提供给相关成员。特别是在1999年WIPO和WTO采取了大量行动，包括1999年3月23~26日，在中非共和国班吉，为撒哈拉以南法语区非洲国家举办联合区域研讨会“TRIPS的执行”。此外，在1999年后期和2000年，WIPO和WTO还在哥伦比亚、古巴和委内瑞拉分别筹划并举办了三场国内研讨会。

5.737 对于WTO成员中的最不发达国家，面临着2006年1月1日的最后期限，已于2001年策划了一个类似的联合倡议。

第16节 国际知识产权法律的不断发展

1. 引言

5.738 工业产权立法的发展历来都是建立在主权国家之间的国际条约之上。这些条约现在构成了知识产权国际保护制度的基础。然而，知识产权领域的发展步伐，导致必须考虑新的选择来加快国际统一共同原则和规则的发展。一个突出的例子是WIPO对商标权利人面临的日益严峻的挑战采用的应对措施，因为他们的商标遭到第三方抢注并作为网络域名使用。WIPO已经展开国际磋商程序，其中为打击这类做法制定了一系列相关机制建议。这也导致了《统一域名争议解决政策》的采用。

5.739 在知识产权原则和规则的统一方面，一个更灵活的方式，或行政协调机制，可以产生更快速的效果，以确保工业产权系统的管理者和使用者获得更快更实际的好处。上述方法有时被称为“软法”手段。

5.740 在这个方面有几种供选择的方案：对于本质上属于行政性质的项目，例如，达成“谅解备忘录”（MOU）而不是正式条约；目标为统一国内立法的行动可以通过采用WIPO全体大会（或WIPO其他大会）决议的方式；建议成员国和相关的政府间组织通过并执行特别的原则和规则。可以通过为那些寻求在如何解决具体问题方面得到指导的立法者和其他机构公布示范原则和规则的方式，取得迅速和过渡性成果，以期进一步达成协议。

5.741 WIPO全体成员大会和巴黎联盟大会已经通过了3项此类文件：《关于保护驰名商标的规定的联合建议》（1999年）、《关于商标使用许可的联合建议》（2000年）和《关于在互联网上保护商标权以及各种标志的其他工业产权的规定的联合建议》（2001年）。当然这些联合建议不可能和条约具有同等的法律效力，就条约而言，成员国必须遵守。然而，由于是WIPO的两个权威机构的成员国代表所推荐，因此联合建议具有很强的影响力。希望联合建议能够说服成员国将其国内法与上述文件中的规定保持一致。例如，印度1999年的通过《印度商标法》，就直接援引了《关于保护驰名商标的规定的联合建议》的规定（《印度商标法》1999年第2章第11条第6款至第10款）。

5.742 作为建议采纳的规定并不排除在稍后阶段被条约所吸收。因此，一个建议可能是制定特定国际规则和标准的第一步，一旦条件成熟，可以被正式纳入或者插入国际条约。

2.《关于保护驰名商标规定的联合建议》

5.743 《关于保护驰名商标规定的联合建议》的目标是澄清、巩固和补充现有由《巴黎公约》第6条之二和TRIPS第16条第3款建立的对驰名商标的国际保护。它包括关于在成员国如何确定一个商标是驰名商标的具体条款（第2条），以及当驰名商标与其他商标（第4条）、企业标志（第5条）或域名（第6条）产生冲突时的补救措施。这些规定将促进现有国际标准的施行。

5.744 它们对上述保护的补充如下：

——在第2条第1款，规定一个非穷尽列表，是当成员国决定一个商标是否是驰名商标时需要考虑的因素，例如，具体而言，如果某商标被确定至少为某成员国中的一部分相关公众所熟知，该商标即应被该成员国认为是驰名商标（第2条第2款b项）；

——在第2条第3款列出了成员国不得要求作为确定商标是否为驰名商标的条件，例如，特别是当该商标已在该成员国中使用，或该商标已在该成员国进行注册或提出注册申请（第2条第3款i项）。

——规定对于并未在一国注册的驰名商标可以要求在该国禁止在与其不同的商品和服务上使用相同或类似的商标，尽管在特定情况下成员国可要求该驰名商标必须为全体公众所熟知（第4条第1款b项和c项）；

——规定在驰名商标与企业标志（草案第5条）、域名（草案第6条）产生冲突时的救济措施。

3.《关于商标使用许可的联合建议》

5.745 许多国家要求商标使用许可到国家机关备案。这种备案的要求在各国规定不同，在有些情况下给商标权人和被许可人造成了沉重的负担。《关于商标使用许可的联合建议》旨在协调和简化登记的正式要求。在此方面，该联合建议对1994年10月27日《商标法条约》作了补充，上述条约没有涉及商标许可。

5.746 联合建议规定了使用许可登记时，主管机关登记最多能要求登录的事项列表（第2条第1款）；主管机关可以任意要求列表中的事项，但是不得要求超出其范围的其他信息（第2条第7项）。为了便于在不用国家的请求处理，联合建议提供了一个国际书式范本，列出了所有主管机关可能要求的信息。如果申请中包括了书式范本中要求的所有说明和组成部分，主管机关必须接受该申请（第2条第3款）。联合建议还试图将没有遵守登记要求的后果局限于许可协议本身，规定未完成许可登记不应该影响：

——被许可使用的商标的注册有效性或对该商标的保护（第4条第1款）；

——被许可人依该成员国的法律享有参加由注册持有人提起的侵权诉讼，或通过此种诉讼获得因被许可使用的商标被侵权所致的损害赔偿的任何权利（第4条第2款a项）；除非成员国的国内法明确禁止未经登记的被许可人加入上述诉讼程序（第4条第2款b项）；

——第三方使用商标是否可以被认为构成商标权人本人的使用，该判断结果将影响是否满足使用要求（第5条）。

4.《关于在互联网中保护商标及在标记中的其他工业产权的联合建议》

5.747 虽然工业产权特别是商标权具有地域性特点，但是互联网是全球都可以访问的。使用在相似甚至相同商品或服务上的商标的权利，在现实世界的不同国家或许可以和平共存，但是使用于互联网的商标却可以被全球各地的访问者从他们的电脑屏幕上看到。权利的共存很容易就转向了权利的矛盾。联合建议的建立就是为了帮助卷入上述冲突以及其他由商标地域性和互联网全球性导致的矛盾之中的主管机关和法院。所涉及的内容包括：

——在什么条件下在互联网上使用某一标志可以被认为发生在一个特定的国家？

——为避免被授权在不同国家使用的相同或近似标志的权利所有人都在互联网上使用这些标记，应采取哪些措施？

——在决定救济措施时，法院如何考量知识产权的地域性基础？

5.748 第一个问题与决定在互联网的使用是否构成在一个特定国家建立、维持或侵犯标志的知识产权的一个原因相关。通常，要求该标志被视为在该国已经使用。依据联合建议，只有在特定国家具有“商业影响”的使用才能被视为在该国已经使用。为了便于确定，该条款给出了具体的但不是穷尽的相关因素的列表，例如货物或服务的实际交付、语言、网站的交互性，以及网站注册顶级域名国家代码。

5.749 第二个问题涉及标志的权利冲突。因为知识产权限于各自授予的国家和地区，在不同的国家不同的权利所有人可以持有相同或相似标志的工业产权。如果这样的标记在互联网上使用就会引起问题。由于互联网的全球属性，上述使用可能根据某一国家法律被认为是侵权而根据使用者本国的法律并不认为侵权。

5.750 为了解决上述矛盾，规定引入了“通知和避免冲突”程序，在该程序之下，权利持有人和其他合法使用者在收到冲突权利通知前，不承担侵权责任。因此权利持有人和其他合法使用者无需事先进行全球检索查询是否存在已注册或未注册的冲突权利，就可以在互联网上使用“他们”的标记。一旦收到冲突权利通知，使用人必须采取措施避免侵权。如果未采取相应措施可能导致承担侵权责任。为了给诚实守信的权利持有人和其他合法使用者提供如何避免因侵犯冲突权利导致侵权责任的充分的法律确定性，联合建议推荐“免责声明”。上述免责声明旨在用来避免在特定国家商业影响的声明。该免责声明生效，必须满足使用者在交付商品或服务前问明顾客是否处于所述成员国的境内；并且拒绝向表明处于该成员国境内的顾客交付商品或服务。但是使用者不能要求顾客对上述说明加以证明。

5.751 第三个问题引起了由地域性权利和全球媒介紧张关系导致的另一个问题。对于某一标志在互联网使用的禁令的影响将远远超出冲突权利授予地的范围。它的影响将和互联网一样是潜在的全球性的。因此，一项有关补救办法的裁决应考虑商标权或各种标志中的其他工业产权的领土限制。由此，补救办法应尽可能限于此种权利得到承认的领土，只有在被指称对标志的侵权使用可视为发生在该领土的情况下，才应提供补救办法。在所述成员国中此种使用的“商业影响”系据此确定的。因此，联合建议提出，在互联网上的使用所产生的“商业影响”应作为确定“相称的”补救办法的标准。互联网上标志的使用如侵犯了依某一成员国法律受保护的权利，对这种使用作出的限制不应超过与此种使用在该成员国产生的商业影响相称的程度。

第 6 章

知识产权的管理与教学

第 1 节　工业产权的管理
第 2 节　版权及相关权的管理
第 3 节　专利与商标代理人
第 4 节　知识产权法律的教学

第 1 节　工业产权的管理

1. 引言

6.1　一国政府为有效实施工业产权法而需要设立的组织机构，包括 3 种类型：
——在政府系统中作为直接组成部分的机构，即工业产权局以及政策部门；
——政府系统之外的机构，但是受政府监管，即专利与商标代理机构；
——法院系统中的特定部门。

6.2　工业产权局通常被简称为专利局，尽管它除了专利之外还处理商标和外观设计的事务。在某些国家，出于历史或者其他原因，这 3 方面的职能由不同的部门分别行使，但是把 3 种职能整合到一个机构是更有效率的做法。

6.3　工业产权局的性质是政府机构。它在政府组织里面的具体地位可能根据各国政府行政结构的不同而不同。

6.4　工业产权局可能是完全从属于某一个相关的部委，其工作人员是公务员，他们可以在工业产权局与所属部委的其他部门之间灵活调动。经常调动的好处是工业产权局可以常规地获得经历丰富以及可能拥有新鲜想法的新人员；而坏处则是累积了专业经验的官员会因为调出而流失。

6.5　工业产权局的另一种组织方式，是设立为一个准自治的机构，可以按照自己的要求自行招聘与培训自己的员工，自行控制收费标准，从而自行管理财政。它还可以设立一个管理委员会，代表政府以及使用其服务的群体。如此设置的好处是，可以不受政府对于人员和支出的一般性限制，在投资进行新发展方面有更大的自由度，也能够更容易对于用户和消费者的利益作出反应，并且有利于留住有经验的员工。而坏处在于，员工的职业前途会受到限制，从而影响招聘到的员工的素质，这在那些规模较小的工业产权局尤为明显。

6.6　无论采用何种管理结构，工业产权局必须具有司法上的自治性。工业产权局作出的授权、驳回或者撤销某项工业产权的决定，以及对于各方当事人的争议解决决定，都应当是准司法性质的决定，而非行政性的决定。因此，工业产权局在作出具体决定时，必须独立于任何外部干预，在法律规定其决定可以被上诉至法院的情况下，它仅需要服从该法院的决定。

6.7　工业产权局应当接受上级主管部门的行政监督，体现在制定收费标准、任命局领导或者管理委员会成员方面。此外，建立一个顾问委员会是非常可行的做法，成员是来自使用者组织的代表（例如专利与商标代理机构协会、商会、产业协会以及消费者团体）。

2. 工业产权局的管理结构

6.8　如今许多工业产权局的管理者们在计划和组织其运转时，都被要求更加重视最优效率这一原则。近年来，工业产权局越来越活跃于促进和提供工业产权信息方面的服务，这是技术发展的重要因素，而不再仅限于从事工业产权授权相关的检索和审查工作这些传统职能。

6.9 近年来，大多数工业产权局经历了申请率上升导致的工作量显著增加，但与此同时却并不总会相应地配备增加人手。因此，管理者一直在寻找各种不同的方法和手段，包括自动化系统，来提高运作效率，以相同的或者更少的资源取得更多的成果。在这样的背景下，管理者一直在研究不同的组织设置方案，以实现对其拥有人力资源的最优化利用。

6.10 目前的趋势是将所有的工业产权活动集中在一个机构之下，因为这可以最有效率地利用管理技能和部分员工的可互换性，特别是在行政支持的领域。这种组织结构使得那些拥有专门技术和操作知识的管理者可以被安排在特定的层级，而其他管理者则可以被解放出来，主要集中于处理管理性事务。这种结构同样也减少了那些需要精通工业产权专门知识的管理者的数量。其他好处还包括：

—— 为员工提供了多种发展路径；

—— 可以将某些职能进行合并，避免重复设置一些职能；

—— 管理团队拥有多元化的经验和背景；

—— 通过将管理职能运用于宽泛的领域，从而实现其最佳利用；

—— 可以实现服务共享的可能性，通常能够缩减成本以及所需设备和办公空间的数量。

6.11 这种结构同样也具有一些缺点，比如，一部分员工必须成为通才，而不能仅仅深入掌握某个领域的经验，而一部分管理者也被要求能够处理众多本质上各不相同的领域的事务。其他缺点还包括：

—— 由于不同部门的教育程度要求不同，某个部门的员工有可能会占据绝大多数管理岗位；

—— 由于某些级别上的管理岗位较少，晋升到这些级别职位的希望也就比较小。

目前还有一个越来越明显的趋势，是将工业产权局和版权局也进行合并，目前采取此实践的有印度尼西亚、马来西亚、蒙古、新加坡和泰国。

局长

6.12 局长是接受所有该组织机构部门报告的最高领导者。这一职位的具体名称可以各有不同，比如，专利专员、商标注册主任等，也称之为局长。位居该职位的官员负责管理所有与工业产权相关的事务。

6.13 实践中，在每个工业产权局，对于一个管理者来说，上述职责太过繁重。通常会通过任命若干副局长来解决这一问题，由他们各自负责特定的事务，或者将局长的职能细分为法律和行政管理两部分。

工业产权事务

6.14 工业产权事务由局长下属的不同部门进行管理。这些部门负责处理与工业产权授权相关的活动：包括专利审查、商标审查、工业品外观设计审查、辅助服务、复审与异议、PCT、文献与信息、自动化与程序和研究。

3. 专利局

职责

6.15 在发明专利领域，工业产权局的主要职责包括受理专利授权的申请，并针对每个申请决定应当授予专利或者驳回申请。工业产权局的另一个职责是管理授权专利的年费缴纳。另外，工业产权局的职责还包括向一般公众发布技术信息，以及针对强制许可的申请作出裁定。对于专利局的某些职责的更为具体的考察，可以参见本章“专利与商标律师”部分，在该部分从申请人和专利律师的角度介绍了专利局的角色。

受理专利申请并收取费用——形式审查

6.16 专利申请通常是由专业人士撰写的，即专利律师或者专利代理人。不过工业产权局仍然必须审查专利申请是否已经符合法定形式要件，这被称为形式审查。工业产权局审查的内容包括，申请是否使用了正确的纸张尺寸，页边距是否符合规定，是否包括了所有规定的内容，其中最典型的内容是请求书、说明书和权利要求书。它还会审查，是否已经缴纳了所有规定的费用。如果存在瑕疵，它会要求申请人进行补正。此外，工业产权局还会审查，申请所涉的主题事项是否应当出于国家安全的考虑而予以保密。

申请的公布

6.17 如果相关法律或者条约规定申请必须公布，工业产权局就必须做好申请的公布工作，使得公众可以获取其纸质副本。公布工作通常包括准备好申请文书的首页，申请文书通常包括申请的文字内容和作为申请组成部分的附图。首页使用标准格式，包括了所谓的著录项目信息：申请人的名称和地址、发明人（如与申请人不同）与专利代理人；发明名称；申请日；主张优先权的申请在先申请的优先权日、地点及其申请号。工业产权局应当给每个申请分配一个申请号，以及一个分类号，以显示所申请发明所属的国际专利分类（IPC）类别。分配好的申请号与分类号应当显示在标题页上。确认正确的分类号，要求工作人员对于国际专利分类十分熟悉，并且对于申请所包含的发明主题具有准确的理解。这要求他们具备高度专业的技能，相当于对于科学家或者工程师的要求。不过，如果申请涉及一个在先国外申请的优先权主张，那么此时可以简单地要求申请人提供相应的国外工业产权局对该在先申请所分配的分类号，并将相同的分类号分配给国内申请，这种做法通常是安全的。由于很多申请都具有国外来源，涉及优先权主张，在大多数申请中，上述方法可以解决国际专利分类号的分配问题。

6.18 工业产权局需要准备的副本份数可以视需求而定。需要准备的数量可能从几十份到几百份不等。在与国外工业产权局进行交流的时候可能会需要一些副本，也可以销售给有购买需求的人们。副本的制作通常是复印由工业产权局准备的首页，以及由申请人提供并包含在申请文件中的其他内容。也就是说，没有必要制定统一的标准。通常使用的是照相胶印方法进行复制。除了纸质的副本之外，工业产权局还可以使用缩微胶片或者电子版本并提供销售，比如光盘或者上传到互联网。

实质审查

6.19 如果相关法律或者国际条约规定了专利的实质审查，工业产权局就应当针对每一件申请作出决定：是否满足了发明的单一性要求，以及所申请的发明是否具有专利性，即是否具有新颖性、非显而易见性以及工业实用性。

6.20 实质审查需要由具备专业知识的专业人士、工程师或者科学家执行，他们被称为“审查员”。他们需要将申请保护的发明与现有技术进行比较，从而确定申请保护的发明与申请日的现有技术相比，是否具有新颖性与实质性的进步。

6.21 为了了解现有技术的范围，工业产权局必须或者具备自有的专利文献、科学书籍与科学期刊的数据库，或者具有其他获取必需信息的途径。建立并维持数据库是一项昂贵的工程，即使工业产权局决定并不需要拥有全世界范围的数据，也是如此。还有一种方法是，根据 PCT 提起的专利申请通常会包含所谓的国际检索报告或者国际初步审查报告，这是由世界上处于领先地位的工业产权局之一来出具的。还有的方法就是在某些情况下求助于由 WIPO 为发展中国家提供的服务：现有技术检索报告程序，以及“发明检索和审查国际合作计划”（ICSEI）。最后，在申请涉及主张国外在先申请的优先权时，工业产权局可以要求申请人提供上述国外申请的检索与审查结果。

6.22 不管采用何种方式来确定现有技术的范围，对于每一件申请，工业产权局都必须对被申请保护的发明作出是否具有专利性的决定。其决定的作出可以使用所谓的异议程序来进行补充，这在某些国家的立法中有所规定。在异议程序中，申请被公布，任何人都可以致函工业产权局，对专利的授予提出异议。异议的理由通常是主张发明本来就属于现有技术的范围，并且需要提供证据来支持其主张。由此，工业产权局取得由异议人出具的关于现有技术的检索结果，并审查这些结果及其结论的准确性。这些工作的完成并不需要工业产权局具备自有的专利文献数据库。

驳回或授权

6.23 如果相关法律或者条约并未规定需要进行实质审查，那么，在完成形式审查，并且审查中没有因为未被补正的瑕疵而导致驳回的情况下，工业产权局就应当授予专利权。如果规定还需要进行实质审查，而工业产权局决定所申请保护的发明具备专利性，也应当授予专利权。否则，就会驳回申请。

6.24 专利授权应当颁发证书，证书由工业产权局签字盖章，并颁发给申请人，从授权开始，申请人被称为专利权人或者专利所有人。此外，专利授权应当记载在通常被称为专利登记簿的文件中，由工业产权局负责保存。专利授权还应当在政府公报或者工业产权局的专门公报上予以公告。最后，被授予的专利应当出版发行，由工业产权局以纸质书籍的形式提供充足的数量进行销售。这一程序与上文提到的专利申请的公布程序相同。

专利的维持

6.25 专利的效力具有期限，通常是 20 年。但是，如果授权后的专利没有得到“维持”或者“续展”，那么其效力并不会持续到其保护期限届满之日。维持与续展要求专利所有人缴纳年费。在某些制度下，年费的金额随着年限接近保护期限结束之日而逐步增加。

6.26 工业产权局的职责包括接受年费的缴纳，并将其记载于专利登记簿之上。在某些制度下，专利维持的状态还会在公报上进行公告。

维持该体系的成本

6.27 理想状态下，工业产权局可以通过向专利申请人与专利所有人收取费用，从而支付其职责所需的成本。成本主要包括工业产权局员工的工资，出版发行载有专利申请或至少授权专利相应书籍的费用，以及，如果工业产权局拥有开展实质审查所需的自有的文献汇编、书籍与期刊数据库，那么还包括创建与维护这些数据库的成本。

强制许可

6.28 如果法律规定了颁发强制许可的可能性，即在专利权人不实施专利或者出于公共利益的需要，而有必要颁发强制许可的情形下，可以违背专利权人的意愿而在国内给予实施专利发明的许可，有时工业产权局会被授权受理颁发强制许可的申请，并在听取专利权人与申请人的意见后，决定颁发或者拒绝颁发强制许可。

6.29 这是一个准司法的程序，要求相关人员对于政府的整体经济政策以及所涉专利发明之实施的工业可能性与经济需求都非常熟悉。这也同样要求他们有能力判断强制许可申请人的财政和技术能力。由于这个问题涉及很多经济因素，工业产权局之外的政府机构，比如工业部或者规划部通常更适合来处理强制许可的申请。

专利信息服务

6.30 有些工业产权局根据专利文献提供技术信息服务。这意味着个人可以要求工业产权局就某个特定技术问题的解决方案来指定专利文献（甚至提供相应文献的副本）。该技术问题必须由要求提供信息的个人进行描述。能够提供此类信息的工业产权局必须或者拥有自有的实质性专利数据库，或者可以获取本国或者国外的此类现存的服务，有些服务是在线获得的。此类在线服务中最有名的有德温特出版有限公司（伦敦）、国际专利文献中心（INPADOC）（维也纳）以及佩加蒙资讯有限公司（Pergamon Infoline Limited）（伦敦）等。如今，很多工业产权局已经创建了专利信息的数字图书馆。很多此类资源都可以通过互联网访问。

4. 商标局

职责

6.31 在商标以及服务商标领域，工业产权局的主要职责包括受理商标与服务商标注册的申请，并针对每个申请决定应当给予注册或者驳回申请。工业产权局的另一个职责是处理针对现有注册的续展申请。最后，公众可以向工业产权局提出请求，要求提供与指定标识相同或者近似的商标或者服务商标的信息，工业产权局会根据注册记录而提供是否存在此类商标的信息。工业产权局在这最后一方面的服务被称为“检索”或者“相同或近似商标及服务商标检索”。

受理商标注册申请并收取费用——形式审查

6.32 商标注册申请必须包括申请人的名称与地址，如果由律师或者商标代理人代理其提出申请，那么还需要写明该律师或商标代理人的名称和地址。此外，申请中必须标明所申请注册商标的文字、图样或者其他标识。最后，申请中必须列明所申请的产品和服务范围。列明产品和服务范围时必须指明其所属的相应类别，必须从国际商标分类体系的45个类别中进行选择。

6.33 商标申请通常是由专业人士撰写的，即商标律师或者商标代理人。不过工业产权局仍然必须审查商标申请是否已经符合法定形式要件，这被称为形式审查。工业产权局审查的内容包括，申请是否符合关于尺寸的限制性要求，以及是否满足了进行复制的清晰度要求。如果所申请的商标有特定的颜色特征要求，而工业产权局的公告仅限于黑白两色，工业产权局会要求申请人在申请书中就颜色进行说明。

6.34 工业产权局还必须审查，申请人是否已经就申请缴纳了所有规定的费用。一般来说，费用的金额根据所申请商品和服务类别的数量而有所不同：申请的类别数量越多，费用越高。工业产权局会对申请人提出的类别进行审查，以确定需要缴纳费用的正确数额。

审查驳回申请的绝对理由

6.35 工业产权局还必须审查，所申请商标是否具有无法取得注册的绝对理由，这是相对于相对理由而言的。相对理由指的是，由于某个标识与相同或者类似商品和/或服务类别上已经注册的某个商标发生冲突，即与其构成相同或者近似，或者该标识与某个驰名商标发生冲突，因此无法取得商标注册。也就是说，相对理由是通过将所申请注册的标识与一个现有的商标进行比较而产生的结果。与此不同，绝对理由不是基于这种比较，而是与现有的商标注册无关的理由。驳回申请的绝对性理由中，典型的情形包括：所申请注册为商标的标识不具有显著性（仅仅具有描述性，是通用名称，等），或者违反了社会道德（例如具有色情含义），或者有损宗教或者爱国情感（例如，标识使用了宗教符号、知名人物或国家领导人的姓名或肖像）。在这一阶段的审查仅仅考虑驳回申请的绝对理由。如果存在某种绝对理由，那么工业产权局将驳回注册申请。

审查驳回申请的相对理由

6.36 只有部分国家和地区的法律规定了需要审查驳回申请的相对理由。如果没有此类规定，那么除非商标申请中存在形式缺陷或者发现了绝对驳回理由，商标就会得到注册。但是，注册后的商标可能会遭到利害关系人基于相对驳回理由的攻击，如果工业产权局或者法院认定相对理由能够成立，那么商标注册就会被撤销。

6.37 但是，如果法律规定了需要在商标注册前进行驳回申请相对理由的审查，工业产权局就需要进行此种审查。这种审查也被称为“与现有商标存在冲突可能性的审查”，可以在接到所谓异议人的请求之后进行，也可以依职权进行，也就是不需要由异议人提出请求而由工业产权局自行审查。如果法律允许第三方对商标注册提出异议，那么工业产权局必须将商标申请进行公告。“异议”需要在规定的时间期限之内提出，例如，在商标申请在政府公报上公告之日起3个月内。因此，在这样的制度下，工业产权局的职责之一就是将申请注册为商标的标识进行公告，从而接受异议。在规定了依职权进行审查的制度下，工业产权局必须编制索引，帮助其进行相同或近似商标的检索。索引有不同的种类。一种是将所有的文字商标按字母顺序排列；还有一种是按照特定的后缀或者前缀进行排列；还有一种按照元音顺序排列。对于具有形象元素的商标，通过对其的描述进行索引和检索，并将概念从宽到窄进行排列。例如，如果标识包含了一只鹦鹉形象，那么索引的顺序是“生物”“动物”“鸟类”。

6.38　索引必须能够包括所有在先的申请以及现行有效的注册商标。这就意味着数量相当巨大的检索条目，并且索引必须保持最新信息，也就是说，每一件新的商标申请或者注册都必须输入适当的索引之中——通常是多个索引之中，而每一件终止效力的商标注册需要从所有索引当中删除。这是一项浩大的工程，需要经过专门训练的人员，通常被称为“商标检索人员”。

驳回注册申请

6.39　审查完成之后，工业产权局会作出驳回申请或者给予注册的决定。如果决定给予商标注册，工业产权局应当将该注册记载在其商标登记簿中，向申请人颁发商标注册证书，此后申请人被称为商标注册人。工业产权局还应当将商标注册在政府公报或者工业产权局的专门公报上予以公告。必须配备专门的人员和相应的设备编制每一期公报，并进行印刷和发行。

商标注册的续展

6.40　商标首次注册后的有效期通常为10年。可以通过所谓的续展制度来延长商标注册的有效期。续展不限次数，每一次续展之后取得一定年限的有效期，例如10年。

6.41　要进行续展必须提出申请并缴纳费用，即商标注册人必须在规定期限内缴纳规定的费用（“续展费”），例如，在前一阶段有效期届满之前或者之后6个月内。工业产权局的职责包括接受续展费的缴纳，审查是否在规定期限内缴纳，将续展记录记载于商标登记簿，对其在公报上进行公告，并向商标注册人颁发续展证书。

维持该体系的成本

6.42　与专利局的情况类似，理想状态下，工业产权局可以通过向商标申请人与商标注册人收取费用，从而支付其职责所需的成本。成本主要包括工业产权局员工的工资以及出版公报的费用。如果工业产权局需要进行相对驳回理由的审查，那么就会需要更多的人手，这些人手不仅是开展审查工作本身所需，还包括维护此类审查所需的索引数据库。如果对于具有色彩特征的商标的出版采用彩色方式，那么印刷成本也将会更高。

6.43　经验表明，如果能够将费率设定在一个合适的水平，工业产权局的商标业务要做到自给自足并非难事。

检索服务

6.44　前文已经提到，需要进行相对驳回理由审查的工业产权局必须具备多个索引数据库，并且拥有进行索引检索的专业人员。这些工业产权局通常会提供所谓的检索服务或者初步审查服务。任何人可以向其要求，就指定的文字或者其他标识是否与一个或者多个已注册商标构成相同或者类似提供答复。对于想要采用新商标的人来说，这种服务尤其有用，因为采用新商标意味着巨额的投资，包括大量的广告投入。通过这种服务，可以大大减少新商标与现有商标构成冲突的风险。

5. 工业品外观设计局

职责

6.45　在工业品外观设计领域，工业产权局的主要职责包括受理工业品外观设计注册的申请，并针对每个申请决定应当给予注册或者驳回申请。在某些国家，包括中国与美国，对工业品外观设计授予外观设计专利。不过，即使在这些国家，工业产权局在工业品外观设计方面的职责与下文所介绍的情况也大同小异。工业产权局的另一个职责是处理针对现有工业品外观设计注册的续展申请。

受理注册申请并收取费用——形式审查

6.46 工业品外观设计注册申请必须包括申请人的名称与地址，如果由律师或者工业产权代理人代理其提出申请，那么还需要写明该律师或代理人的名称和地址。而且，申请中必须带有所申请注册工业品外观设计的一份或者多份图样或者照片。此外，申请中必须指明工业品外观设计所要使用的对象，例如，“烟灰缸”“手提包”“钢笔”“鞋”“项链”。如果工业品外观设计将特定的颜色也作为关键特征，图样或照片必须能够体现该颜色，而申请书中也应当说明颜色特征是设计的组成部分。

6.47 工业产权局应当审查申请是否符合形式要求，即是否使用了工业产权局分发给申请人的表格，表格是否按照要求进行了填写，是否附有图样或者照片，图样或者照片是否符合尺寸要求，以及申请人是否已经缴纳规定的费用。

审查授权的可能性

6.48 工业产权局还需要审查，是否存在道德或者公共秩序方面的驳回申请的理由，例如，设计具有色情含义，或者有损宗教或者爱国情感等。

驳回注册申请

6.49 审查完成之后，工业产权局会作出驳回申请或者给予注册的决定。如果决定给予注册，工业产权局应当将该注册记载在其工业品外观设计登记簿中，向申请人颁发注册证书，此后申请人被称为工业品外观设计注册人。工业产权局还应当将工业品外观设计注册在政府公报或者工业产权局的专门公报上予以公告。如果是在工业产权局的公报上进行公告，就需要编制每一期公报，并进行印刷和发行。

6.50 需要注意的是，与已经公布或者注册的工业品外观设计相同或者近似的工业品外观设计不受法律保护。但是，在大多数国家，工业产权局并不对申请注册的工业品外观设计进行这方面的审查，以确定是否存在在先的相同或者近似的工业品外观设计。对于此类在先工业品外观设计的注册人，可以采取的救济方法是要求撤销该产生冲突的工业品外观设计的注册。在大多数国家，规定必须向普通法院申请撤销。在某些国家，至少在第一道程序，可以向工业产权局申请撤销。如果可以向工业产权局申请撤销，那么工业产权局的职责就包括了受理此类撤销申请并作出裁定。

注册的续展

6.51 工业品外观设计首次注册后的有效期通常为5年。但是可以进行延长，一般情况下可以延长一次，有些国家规定可以延长两次，从而增加一个或者两个有效期的年限。

6.52 要进行续展必须提出申请并缴纳费用，即工业品外观设计注册人必须在规定前一阶段有效期届满之前一定期限之内（例如1年）缴纳规定的费用（“续展费”）。工业产权局的职责包括接受续展费的缴纳，审查费用金额是否符合要求，将续展记录记载于工业品外观设计登记簿，对其在公报上进行公告，并向工业品外观设计注册人颁发续展证书。

维持该体系的成本

6.53 与专利局和商标局的情况类似，理想状态下，工业产权局可以通过向工业品外观设计申请人与注册人收取费用，从而支付其履行职责所需的成本。成本主要包括工业产权局员工的工资以及出版公报的费用。经验表明，如果能够设定合适的费率水平，工业产权局的工业品外观设计业务要做到自给自足并非难事。

6. 政府间合作

概述

6.54 工业产权授权与维护的程序涉及行政职能的行使，而这方面的实践在很多国家都大同小异或者至少非常类似。因此，在工业产权方面的政府间合作可以导致人力和成本方面的大量节省。正是基于此，世界上一些地区的国家开始进行相互合作，意在使得工业产权授权相关的程序更加高效与经济。

6.55 WIPO 国际局负责管理 3 个主要的知识产权注册体系，下文将对此做出介绍。这些体系基于国际条约与公约而建立，在很大程度上推动了知识产权行政管理方面的国际合作。

6.56 《专利合作条约》（PCT）是关于提起国际专利申请的多边条约。在 PCT 的框架下，可以在条约的任一成员国的工业产权局、欧洲专利局或者直接向 WIPO 提起国际专利申请。无论在哪里提起的申请，都由 WIPO 国际局进行处理。国际申请与申请中各个指定国的国家专利申请（亦即在各国工业产权局或者欧洲专利局提起的专利申请）具有相同效力。在 PCT 框架下，驳回或者授予专利的决定由各国工业产权局基于国际申请而作出。

6.57 《商标国际注册马德里协定》与《商标国际注册马德里协定议定书》是关于商标注册的两部多边条约。提起国际注册申请（“国际申请”）的自然人或者法人必须在《马德里协定》或其《马德里协定议定书》的某一成员国拥有有真实有效的工商业营业场所，或具有住所，或是其公民，或者是在作为《马德里协定议定书》成员方的国际间组织疆域内置有真实有效的工商业营业场所或具有住所，或者是上述组织的某个成员国的公民。国际申请中的商标必须是已经在申请人与之具有必要联系的缔约方的商标局已经得到注册的商标（如果国际申请仅适用《马德里协定议定书》，那么该商标应当已经在上述商标局提出申请），这种必要的联系需要满足前文所述符合提起国际申请的申请人资格的要求。该商标局被称为“原属局”。国际申请必须由原属局递交给国际局。由申请人直接递交给国际局的国际申请不被视为有效的申请，会被退还给发件人。国际注册的效力与在国际申请中的每一指定国的国家商标局进行单独注册的效力相同，不过，如果该商标通过国内商标注册系统提出申请，也不能取得注册的话，各个国家工业产权局可以根据各自的情况拒绝承认其效力。

6.58 《工业品外观设计国际保存海牙协定》在 WIPO 国际局建立了工业品外观设计的保存制度。此种保存与工业品外观设计在每一指定国的国家工业产权局进行分别保存具有相同的效力。

非洲地区工业产权组织（ARIPO）

6.59 从1973年起，WIPO与联合国非洲经济委员会（ECA）就开始进行合作，其目标在于努力协助非洲英语国家的政府能够进行相互协调，发展其知识产权制度，并创设适当的政府间组织结构。

6.60 1976年12月，上述努力取得了阶段性成果，在赞比亚卢萨卡召开的外交会议上，13个非洲英语国家的政府代表出席并通过了《非洲英语国家工业产权组织创建协定》（EASRIPO）。该协定于1978年2月15日生效。1985年12月该组织理事会决定将其更名为“非洲地区工业产权组织”（ARIPO）。ARIPO的总部设于津巴布韦的哈拉雷。其成员名单附在本书附件的相关资料中。

6.61 ARIPO的目标包括：

—— 根据其成员国以及整个地区的需求，促进工业产权法以及相关制度的协调与发展；

—— 为促进影响其成员国的工业产权活动的协调、统一与发展，建立必要的或可取的共同服务设施与机构；

—— 协助其成员国开发与获得合适的技术；

—— 发展形成关于工业产权事务的共识。

6.62 基于（ES）ARIPO的要求，WIPO与ECA一起，协助该组织在其总部哈拉雷建立了一个专利文献与信息中心。这个中心的目的在于，通过向其成员国提供专利和专利相关文献的技术信息，协助这些国家实现其发展目标，从而帮助实现ARIPO的目标。

6.63 上述中心经过初始阶段的准备，于1981年正式设立，它是在联合国开发计划署（UNDP）出资的项目框架下，与WIPO和ECA进行合作，而ECA成为实施机构。

6.64 通过其专利事务、商标事务以及工业品外观设计事务委员会的工作，ARIPO制定了专利法和商标法的示范法，以帮助其成员国加强这些领域的立法。

6.65 《非洲地区工业产权组织（ES）（ARIPO）框架下的专利与工业品外观设计议定书》于1982年12月在哈拉雷举行的一次特别会议上获得通过，于1984年4月25日生效，最早的缔约国包括加纳、马拉维、苏丹、乌干达和津巴布韦。此后，其他国家也加入了该议定书，具体名单与原始成员国一起，附在本书附件的相关资料中。

6.66 在议定书建立的制度下，ARIPO可以代表申请中所指定的缔约国，对专利和工业品外观设计申请进行审查并给予授权或者注册。议定书建立的机制使得针对专利与工业品外观设计申请的技术处理以及对于已授权的专利与工业品外观设计的行政管理由一个集中的机构统一进行。不过，如果某项申请并未符合议定书或者某指定国国内工业产权立法的规定，任何指定国依然有权在专利获得授权或者工业品外观设计获得注册之前宣布，如果该申请取得授权或者注册，该授权或注册在该国境内不发生效力。如果没有作出上述宣称，那么ARIPO颁发的专利授权或工业品外观设计注册，就与相关申请中指定国根据国内法颁发的授权和注册具有相同效力。

6.67 根据议定书中规定的申请和维持费用所产生的部分收入，用于ARIPO机构的运作，剩余的款项在相关缔约国中进行分配。

6.68 1993年在班珠尔（冈比亚城市）举行的一次年度会议上，ARIPO的行政理事会通过了一项《商标法议定书》，议定书允许向 ARIPO 机构提交商标申请。一旦议定书生效，ARIPO 将有权代表申请中所指定的缔约国受理商标申请并颁发商标与服务商标的注册。

6.69 同样在 1993 年，行政理事会原则上同意，PCT 申请人可以就一件 ARIPO 专利指定同时是 PCT 和《哈拉雷议定书》成员国的国家。1994 年，ARIPO 的行政理事会通过了《哈拉雷议定书》的必要的修正案及其实施条例，从 1994 年 7 月 1 日起生效。自此，PCT 申请人可以就一件 ARIPO 专利指定某个同时是 PCT 和《哈拉雷议定书》成员国的国家。这些国家的名单附在本书附件的相关资料中。

非洲知识产权组织（OAPI）

6.70 1962 年的利伯维尔协定在 12 个非洲法语国家间建立了知识产权领域的政府间合作体系，创建了非洲与马尔加什工业产权局（OAMPI）。此后，利伯维尔协定被《关于建立非洲知识产权组织的班吉协定》（以下简称《班吉协定》）所修改，《班吉协定》于 1982 年 2 月 8 日生效。利伯维尔协定在成员国之间建立了一个共同的工业产权（包括专利、商标注册与工业品外观设计注册）授权与维持体系，该体系基于协定附件中的统一立法而设，该立法在各个成员国皆可适用。在这一体系下，由统一的工业产权局，亦即非洲知识产权组织（OAPI）按照统一的程序来授予工业产权，OAPI 位于喀麦隆的雅温得，其职责相当于各个成员国的工业产权局。OAPI 的成员国名单附在本书附件的相关资料中。

6.71 在上述体系下，OAPI 授予的权利在所有成员国皆发生效力；不能将效力仅仅限于一个或者多个成员国。申请通常向位于雅温得的工业产权局直接提出；但是，成员国的公民也可以向各国政府的相关部门提出申请，然后由其将申请转交到 OAPI；各国政府不能自行授权。

6.72 通过这一制度取得的工业产权授权，其效力相当于各个缔约国国内工业产权之和，也就是说，并非是一种超国家性质的权利。因此，其无效的结果也仅限于某个特定的成员国国内。

6.73 除了对于统一实体法部分内容的修改（例如，逐步引入了对于专利申请是否符合专利性实质条件的审查），《班吉协定》对于该制度的主要修改包括，将 OAPI 的权限范围扩展到了版权以及文化遗产的保护，并且，除了专利、商标和工业品外观设计之外，还引入了下列工业产权的保护：厂商名称、实用新型、原产地名称、产地标记以及反不正当竞争。关于各类知识产权的统一实体法的内容，附在协定的各个附件之中。

6.74 1999 年 2 月，通过了修订《班吉协定》的协定。该协定对于《班吉协定》的修改主要是为了符合 TRIPS 的要求。

6.75 在 OAPI 的要求下，WIPO 帮助其在其位于雅温得的总部建设了一个专利文献与信息部门（DEDIB）。DEDIB 的目的是，通过建设专利文献数据库，使得 OAPI 各成员国的政府、研究机构、产业界以及其他技术信息的使用者能够取得技术信息，并且在各成员国建设国内工业产权组织结构以与 OAPI 保持联络，从而促进各成员国的技术与产业发展。DEDIB 以及各国内部组织结构的建设是在联合国开发计划署（UNDP）的一个项目协助下展开的，时间从1979年到1982年，WIPO为执行机构。

6.76 OAPI的财政支出完全通过其在工业产权的授予与管理过程中收取的费用收入来支付。

欧亚专利组织

6.77 1994年2月17日，独联体12个成员国中的10个国家的代表在WIPO位于日内瓦的总部通过并发起了一个名为“欧亚专利公约”的多边协定，这10个国家包括：亚美尼亚、阿塞拜疆、白俄罗斯、格鲁吉亚、哈萨克斯坦、吉尔吉斯斯坦、摩尔多瓦共和国、俄罗斯联邦、塔吉克斯坦和乌克兰。

6.78 该公约于1995年8月12日生效。公约的成员国名单见本书附录。

6.79 该公约建立了一个新的政府间组织，名为“欧亚专利组织”。一旦开始运作，该条约允许任何成员国的公民从欧亚专利局取得发明专利的授权，该专利局将设于莫斯科。这种地区性（欧亚）专利将在欧亚专利体系的所有成员国都发生效力。

6.80 《欧亚专利公约》不仅规定了欧亚专利申请与授权的模式，还规定了其法律效力：未经发明专利权人许可，任何人不得实施该专利。在缴纳年费之后，欧亚专利的有效期最长为20年。

6.81 欧亚专利制度对于当地与外国申请人都能够带来很大的好处。他们不再需要到每个国家逐个申请专利，而是只需要以俄语在莫斯科提出一个申请，只要经过一个程序和缴纳一次费用，就可以在这个新制度的所有成员国取得专利保护。外国人可以通过PCT提出欧亚专利申请，通过这种方式，可以将专利申请翻译成俄语的时间推迟20或者30个月。

6.82 任何国家，只要是WIPO所管理的两个国际条约——《巴黎公约》和PCT的成员国，就可以成为《欧亚专利公约》的成员国。独联体的大多数成员国已经符合了这一条件。

6.83 该公约反映了专利立法与管理方面的现今发展趋势，也能够符合WIPO管理的多边工业产权公约的规定以及GATT乌拉圭回合谈判框架下签订的TRIPS中关于专利方面的规定。

欧洲专利组织

6.84 西欧国家关于专利授权程序政府间合作的努力始于20世纪50年代，目标在于避免各国专利局在专利申请与授权过程中检索与审查方面的重复工作。《欧洲专利公约》于1977年10月7日生效；它创建了欧洲专利局。其缔约方名单附在本书附件的相关资料中。这些国家也都是《巴黎公约》和PCT的成员国。欧洲专利局的总部设于慕尼黑（德国），并在海牙、柏林与维也纳设有分支机构，它代表欧洲专利申请中所指定的缔约国审查并授予专利。自1981年起，欧洲专利局在财政上已经开始自给自足。

6.85 在该公约建立的政府间合作机制中，可以以3种官方语言（英语、法语与德语）中的一种提交一份专利申请，并取得一个欧洲专利，可以在一个、多个或者所有缔约国生效。在该公约生效前，如果要想在该地区内多个国家就发明取得专利保护，就必须要在各个国家分别提起专利申请。

6.86 公约创建了一套缔约国共同的法律体系以及专利授权的统一程序。欧洲专利局负责审查专利申请的形式要件、出具检索报告并进行公告，以及就专利申请是否符合专利性的实质要件进行审查，亦即新颖性、创造性和实用性。

6.87 专利申请和审查过程中减少的重复工作，不仅节省了申请人的成本，也节省了缔约各国专利局的开支。不过，各缔约国仍然拥有各自的国家专利局，负责审查直接向它们提交的国家申请。

6.88 申请人不受国籍限制。他们可以通过 PCT 提出申请，也就是说，任何根据 PCT 提起的国际申请可以要求指定授予欧洲专利。这种申请通常被称为“欧洲 PCT 申请”。关于欧洲专利局授予专利、欧洲 PCT 申请以及欧洲专利一般性的统计数据，附在本书附件的相关资料中。

6.89 欧洲专利局是 PCT 下的国际检索与初步审查机构之一。它同样也是一个具有《布达佩斯条约》下特定职能的政府间工业产权局。

6.90 WIPO 与欧洲专利局于 1978 年 5 月 17 日签订了一个关于工作关系和合作的协议。欧洲专利局与 WIPO 之间的合作一直十分紧密。这在 PCT 运作方面尤其有必要。在专利文献与信息领域，双方的合作也十分活跃。此外，欧洲专利局对于发展中国家也经常给予非常慷慨的技术支援。

欧盟成员国之间的合作

◎ 内部市场协调局（商标与外观设计）（OHIM）

6.91 在欧盟内部，1993 年 12 月 20 日通过了《关于共同体商标的第 40/94 号理事会条例》，并于 2001 年 12 月 12 日通过了《关于共同体外观设计的第 6/2002 号理事会条例》。这两个条例一起创建了内部市场协调局（商标与外观设计）（OHIM），其总部设于西班牙的阿利坎特。

6.92 OHIM 的职责是管理（欧洲）共同体商标与共同体外观设计的注册程序，它们在整个欧盟境内生效。外观设计可以通过所谓“未经注册的共同体外观设计专利”得到保护。此外，还可以通过注册取得对于外观设计的进一步保护。针对共同体商标或者共同体外观设计的注册申请，可以直接向位于阿利坎特的 OHIM 提交，也可以通过欧盟某个成员国的工业产权局提交。

6.93 共同体商标的申请可以以欧盟的一种官方语言提起。不过申请人必须从 OHIM 的 5 种官方语文（英文、法文、德文、意大利文与西班牙文）中选定一种作为异议、撤销或者无效程序可以使用的第二种语文。申请可能被 OHIM 以绝对理由为由驳回。如果没有基于绝对理由驳回申请，而在 OHIM 或者成员国工业产权局出具检索报告之后，申请人也没有撤回申请，该商标申请就会以欧盟的所有官方语言公布在《共同体商标公告》上。在公告之后 3 个月内，第三方可以提出关于商标注册的异议。注册程序完成后，共同体商标会被记载于登记簿上。OHIM 通过公告将登记簿上的信息向公众进行公开。

6.94 在外观设计方面，OHIM 仅负责注册，但不针对新颖性和个性特征展开审查。根据条例规定，对于一项外观设计，如果先前没有相同的外观设计被公之于众，则认定其具有新颖性，如果其给某一懂行的用户留下的总体印象不同于任何已经公之于众的在先外观设计给该用户留下的总体印象，则认定其具有个性特征。在不存在争议的情况下，注册程序应当不超过3个月。注册以欧盟的所有官方语文公布在《共同体外观设计公告》上。在外观设计专利方面，与OHIM的通信可以欧盟的任何官方语文进行。

◎ 国内法的协调

6.95 1988年12月21日，欧盟理事会通过了《关于缩小成员国商标法差距的第一号指令》。该指令规定的内容包括可以注册为商标的标识、驳回商标注册或者宣告商标无效的理由（包括与其他权利发生冲突）、禁止不使用以及撤销的理由。1998年10月13日，欧洲议会与欧盟理事会通过了《关于外观设计法律保护的指令》。该指令的内容包括对于"外观设计""产品"以及"复杂产品"这些用语作出定义。

◎ 假冒商品

6.96 1994年12月22日通过的第3295/94号理事会条例（EEC）《采取措施并以中止程序禁止放行假冒与盗版商品的自由流通、出口、再出口或进入》，规定了在出现涉嫌假冒或者盗版商品时，海关在特定情况下必须采取措施中止其入关和自由流通，以及在已经确定存在假冒商品的情况下，有关部门应当采取哪些措施。

◎ 比荷卢商标局与比荷卢外观设计局

6.97 欧盟的一些成员国，具体而言即比荷卢国家（比利时、荷兰、卢森堡），它们之间在商标和工业品外观设计方面的地区性合作从20世纪60年代和70年代就已经开始。《比荷卢商标公约》签订于1962年3月19日，并于1969年7月1日生效，而统一的《比荷卢商标法》（作为上述公约的附件）于1971年1月1日生效。《比荷卢外观设计公约》签订于1966年10月25日，并于1974年1月1日生效，统一的《比荷卢外观设计法》（作为上述公约的附件）于1975年1月1日生效。根据上述两个公约的第1条，比荷卢国家将统一的《比荷卢商标法》和《外观设计法》纳入其国内立法。它们还设立了共同的行政机构，即比荷卢商标局（BBM）和比荷卢外观设计局（BBDM），其总部皆设于荷兰海牙。这些机构在很大程度上拥有综合性的行政结构，并在财政上自给自足。注册在所有3个成员国都发生效力。比荷卢国家不再对商标注册或工业品外观设计设置国内的注册机构。

6.98 在由WIPO国际局所管理的商标国际注册马德里体系中，BBM与国家商标局的角色相同：在比荷卢商标局注册成功的地区商标注册可以作为国际申请的基础，并且，在并非以比荷卢注册为基础的国际注册中，也可以指定比荷卢3个国家。

6.99 在由WIPO国际局所管理的工业品外观设计保存海牙体系中，BBDM与国家局的角色相同。国际保存在3个比荷卢国家自动生效。这3个国家的公民也可以进行国际保存。

6.100 比荷卢商标局与外观设计局在WIPO作为观察员身份参与其感兴趣的会议，特别是巴黎、马德里以及海牙各联盟大会、处理商标国际注册和工业品外观设计国际保存事项的专家委员会，以及马德里与海牙联盟主持下所成立的工作组的会议。

6.101 基于统一法律的诉讼应当在有管辖权的民事法院提起，其判决在其他两个国家也得到承认。比荷卢司法法院的法官来自各个缔约国，他们必须受理关于统一法律解释任何问题的案件。

《安第斯共同体次区域一体化协定》

6.102 上述协定也被称为《安第斯协定》或者《卡塔赫纳协定》，于1969年订立，根据该协定，安第斯共同体（玻利维亚、哥伦比亚、厄瓜多尔、秘鲁和委内瑞拉）委员会获得授权，有权为协定的实施颁布“决议”。在工业产权领域，委员会于1974年颁布第85号决议，首先建立了一个共同工业产权制度。该决议为共同的工业产权立法创建了基本框架。第85号决议随后相继被第311号、第313号、第344号以及第486号决议所代替，其中第486号决议于2000年12月1日生效。

6.103 第486号决议特别规定了专利、实用新型、工业品外观设计、集成电路布图设计、商标、厂商名称以及地理标志（原产地名称）。它还包括了反不正当竞争的规定，包括涉及未披露信息（商业秘密）的行为，还包括了执法程序的条款。尽管第486号决议没有规定的事项依然由各国国内法进行规定，但是该决议的规定对于安第斯集团国家的工业产权立法的协调产生了深远的影响。总体而言，第486号决议大大加强了工业产权保护，并在工业产权法领域的一些新领域作出了更为详细的规定。不过，《安第斯协定》成员国依然各自保留独立的专利与商标局。尽管尚未建立统一的安第斯工业产权局，不过成员国对此已经开始有所考虑。安第斯司法法院被授权对所有安第斯决议与其他安第斯共同体立法进行解释，目的在于确保各国相关部门能够在适用地区性法规的实践中保持协调一致。值得注意的是，卡塔赫纳协定委员会还颁布了关于植物育种者权（第345号决议）、版权（第351号决议）以及遗传资源获取（第391号决议）的决议。

南方共同市场（MERCOSUR）

6.104 南方共同市场（MERCOSUR）于1991年由4个南美国家共同成立，即阿根廷、巴西、巴拉圭与乌拉圭。1995年，MERCOSUR成员国签订了《关于商标与地理标志协调立法的议定书》。议定书就与其共同市场特别相关的涉及商标、产地标记和原产地名称的特定事项进行了规定。如果议定书被MERCOSUR四国批准，将对于其涉及上述事项的国内法规定进行协调统一。

6.105 1998年，MERCOSUR国家签订了《关于工业品外观设计协调立法的议定书》。如果得到批准，该议定书将成为协调各国立法的指令，对于涉及工业品外观设计保护与注册的实体与程序性规定进行调整。

三国集团（G-3）

6.106 1994年，哥伦比亚、墨西哥和委内瑞拉签订了一个《自由贸易协定》，其中有一章（第18章）专门规定知识产权。该章规定的内容包括版权与相关权利、商标、地理标志与原产地名称、商业秘密和植物育种者权，以及上述权利的执法机制。

《北美自由贸易协定》

6.107 美国、加拿大与墨西哥共同签订的《北美自由贸易协定》（NAFTA）于1994年1月1日生效。该协定的主要目标之一就是为知识产权提供充足有效的保护以及相应的执法机制。与此同时，缔约国必须确保，其为保护知识产权而采取的措施本身亦不得成为合法贸易的壁垒。协定的第17章规定了知识产权的内容。其中的许多条款与TRIPS的规定十分相似。

6.108 除了必须执行NAFTA第17章的相关规定，缔约国还必须贯彻实施由WIPO负责管理的专门规定知识产权保护的一系列国际公约与条约的实体条款，具体而言，包括《巴黎公约》《伯尔尼公约》《国际植物新品种保护公约》（UPOV）以及《保护录制者日内瓦公约》。签订 NAFTA 协定的谈判在 1991 年就促使墨西哥对知识产权法律进行了整体修改与更新，在 1993 年又促使加拿大对知识产权立法进行修改，其中包括对于药品专利强制许可规定的废除。美国近期对其专利法进行了修改，删除了专利法第 104 条中针对加拿大和墨西哥专利申请人申请美国专利的歧视性规定。由此，各成员国现有的立法就已经符合了 NAFTA 协定中所规定的最低保护标准。

《东盟知识产权合作框架协定》

6.109 《东盟知识产权合作框架协定》由 7 个（目前为 10 个）东盟成员国（文莱、印度尼西亚、马来西亚、菲律宾、新加坡、泰国和越南）于 1995 年 12 月签订。最新的成员为柬埔寨、老挝人民民主共和国和缅甸。

6.110 1995 年的框架协定规定了知识产权在成员国之间的贸易行为和资本流动中的重要角色，并指出知识产权领域的紧密合作能够为经济发展和实现东盟自由贸易协定之目标提供基础。在此背景上，协定的主要目标包括促进和加强政府机构间以及私营产业之间的知识产权合作，并促进技术创新、转让与传播。

6.111 为了实现协定的目标，通过了“1996～1998 年东盟知识产权合作行动计划”。该计划规定了在下列领域扩大和加强合作的各种措施：知识产权执法与保护、知识产权管理、立法、提高公众意识、人力资源发展以及私营产业合作，还提出了探讨建立共同专利与商标体系可能性的提案。为实施行动计划，成立了东盟知识产权合作工作组（AWGIPC）。

6.112 在具体措施层面上，框架协定规定东盟国家应当探讨建立共同商标与专利体系的可能性，包括结合地区和国际保护的发展状况，在可行的情况下建立统一的东盟商标与专利局，以促进商标与专利的地区性保护。作为考察上述可能性的努力的成果，已经出台了《东盟国内商标申请共同规范》，并鼓励各成员国在其国内商标申请制度中采纳该规范，可以作出必要的调整。该规范包含了很多东盟的统一要求，其目的是使得东盟境内的企业和投资者无论在境内何地提出申请，其需要遵守的规范都大致相同。

河内行动计划

6.113 “河内行动计划”（HPA）于 1998 年 12 月在越南河内通过，其目的是为了实现东盟各国内部更加紧密的经济一体化的长远目标，该目标规定于 1997 年 12 月由东盟国家元首通过的《东盟 2020 年远景规划》之中。该远景规划包括在东盟经济区实现商品、服务、投资与资本的自由流通，公平的经济发展以及减少贫困与社会经济差异。

6.114 该行动计划包括了与地区知识产权合作相关的各种措施，由此重申知识产权作为东盟领导人关于促进经济进一步一体化之承诺的重要组成部分。计划中关于知识产权的内容目前是 AWGIPC 工作的主要指导性文件，根据 TRIPS 所规定的最惠国待遇、国民待遇与透明度原则，它基于 3 个主要因素：（a）保护，（b）提供便利，以及（c）合作。行动计划反映了时代的迫切需求，它涉及政策、边境执法、驰名商标、知识产权教育以及最为重要的信息交换问题，所有这些内容都扩大了成员国之间的合作范围。

第2节 版权及相关权的管理

6.115 本部分的内容包括版权与相关权的实施与行使的两个不同的方面。第一方面是关于政府组织结构中在版权领域履行政府职能的相关部门，并阐述了这些政府或者其他公共权力机构的角色与职责；第二方面则是关于版权与相关权的集体管理或者联合管理、负责行使版权与相关权的组织以及它们的业务和作用。当今的后一类组织绝大多数是私营组织，不属于国家行政管理机构。

1. 版权及相关权公共权力机构的作用

6.116 版权与相关权领域的公共权力机构的管理职能，各国的情况大不相同。一般来说，在大多数国家，版权与相关权领域的政府管理的重要性远远低于工业产权领域。这一状况的主要原因在于，该领域的国际保护制度是基于自动保护原则，根据该原则，版权的享有与行使都不得要求具备任何形式要件，例如登记、保存或者类似制度（可以参见第5章关于《伯尔尼公约》以及WPPT关于相关权规定的部分）。

6.117 公共权力机构通常至少需要履行政策层面的职责，对于立法与执法战略进行监管。此外，根据各国国内立法对于行政机关规定的不同职能定位，还可能要履行其他一些行政管理职能。在有些国家拥有作品与相关权保护客体的登记制度，那么这一职责就通常成为行政职责中最为重要和最为繁重的内容，工作内容的繁重程度取决于版权产业的繁荣程度、登记制度受欢迎的程度以及国内立法为登记制度的使用提供了什么样的激励措施。还有一项行政职能可能是颁发强制许可，例如翻译和/或复制许可，相应的规定可在《伯尔尼公约》附件中有关发展中国家的特别条款中找到（参见第5章）。此外，有些国家立法可能规定了针对代表权利人集体或者联合行使版权与相关权的私有组织的设立和/或运作（参见下文“版权与相关权的集体管理”部分）的行政管理与控制。在某些国家，此种政府监管仅限于防止权利管理组织对其垄断地位加以滥用的可能性方面。

6.118 最后，立法者在特定情况下可能选择授权政府机关，例如版权局，来行使版权与相关权的集体或者联合管理职能。但是，最近的趋势是更倾向于将该职能授予私有组织，特别是在那些从中央计划经济体制向市场经济体制进行转型的国家，这些国家中大多数都已经将这个职能进行了私有化。另一方面，在一些非洲国家，由于版权的基础设施还处于相对起步和薄弱的阶段，它们选择了由政府部门来履行这一职能。

2. 版权及相关权的集体管理

概述

6.119 在世界各国，对于作者或作曲者这样的创作者，创作者权利都被称为其拥有的个人权利，或者，如果这些权利经过合法转让，则归属于新的权利人。1948年12月10日的《人权宣言》第27条所规定的个人权利就包括了这些权利。在《伯尔尼公约》中，它们被称为“专有权”。

6.120 在版权与相关权领域，近年来的实践经验越来越表明，在使用者需要快速获取大量作品的情况下，由权利人个人行使权利已经越来越不切实际。因此，集体管理组织，经常也被称为“作者协会”，对于作者、作曲者、表演者以及使用者来说，都起到了非常重要与实用的作用。随着新技术大大促进对于作品的使用，集体管理组织也随之取得了巨大的发展，正是出于这个原因。

6.121 随着数字技术日益广泛的传播应用，包括多媒体作品的兴起与互联网此类数字网络的广泛使用，权利的行使与管理面临许多新的挑战。为了应对这些挑战，发展出一系列新的技术解决方案（如加密技术、数字识别号码、权利管理信息系统等），并且依然层出不穷。对于权利人来说，可以选择是自行管理权利还是通过集体管理的方式管理，而且集体管理的可选形式也越来越多（“传统”的集体管理、“结算中心”“一站式”服务体系等），这实际上是增加了权利人的选择自由。还发展出许可并监控使用方式以及收缴与分配报酬的一系列新型手段。

6.122 新的挑战以及作为应对的新型手段，是发展中国家的作者协会主要关注的问题，因为它们如今面临着来自发达国家作者协会的压力。体现了数字技术最新发展成果的机制正在被开发出来，建构数字版权管理的基础设施。一些非政府组织已经在着手建设关于作品、创作者以及权利人信息管理的全新的全球化体系。

6.123 另外一个重要发展与TRIPS的通过有关，TRIPS规定，成员必须遵守《伯尔尼公约》第1～21条（第6条之二除外）及其附件的规定，而且TRIPS本身也规定了特别的保护性规定。成员在加入TRIPS时，承诺将确保协定的条款在本国生效。这就意味着，必须在国内提供《伯尔尼公约》实体条款所规定的最低保护标准，以及遵守TRIPS中关于版权与相关权的特别条款的规定。尽管很多发展中国家已经采取措施执行TRIPS，但是在版权与相关权的集体管理方面，仍然任重而道远（参见第3章）。

6.124 本部分介绍了现存的版权与相关权集体管理不同领域，并对未来进行展望。以下各小节分别就以下内容进行介绍：集体管理的基本运作，特别是许多国家现有的音乐作品管理传统体系；表演者权的进一步发展；对于数字环境的一些探讨，重点在于讨论WCT以及WPPT中规定的权利管理信息和技术措施。

版权及相关权集体管理的基本运作

6.125 作品的创作者有权允许或者禁止他人对其作品的使用。剧作家可以同意他人在满足特定条件的前提下在舞台上表演其作品，作家可以与出版商就其书籍的出版和发行进行合同条款的谈判，作曲家或者音乐家可以同意将其音乐或者表演录制在光盘上。这些例子表明了权利人可以如何亲自行使其权利。

6.126 在其他的情形下，出于现实的原因，对于某些类型的使用，权利人亲力亲为行使权利几乎是不可能的。作者没有能力监控对其作品的所有使用；例如，他无法亲自与每一家广播台或者电视台进行联系，商谈对其作品使用的许可和报酬事宜。反之亦然，对于那些广播组织，要它们对于每一件受版权保护作品的使用都从每一位作者那里单独取得特别的许可，也是不现实的。每年平均有70 000首音乐作品在电视上播出，因此就需要与成千上万个权利人联系授权事宜。因此，集体管理的重要性才突显出来，也就是由集体管理组织来代表权利人行使版权与相关权。

6.127 作曲家、作家、音乐家、歌手、表演者以及其他富有才华的个人，是整个社会最重要资产的组成部分。必须鼓励他们进行创作，方法就是通过提供激励，也就是在他们许可作品的使用时能够取得报酬作为回报。集体管理组织的核心功能就是收取版权费，并在扣除必要的成本费用之后，将适当的金额分发给版权人，费用扣除应当本着非盈利的原则。

6.128 集体管理组织的会员资格向所有版权与相关权的权利人开放，例如作词者、作曲者、出版者、作者、摄影者、音乐家、表演者或者录音制品制作者等。在加入集体管理组织时，会员需要提供一些个人信息，并对自己创作的作品作出申报。他们所提供的这些信息构成集体管理组织资料的一部分，这些资料可以使作品的使用与作品使用费的支付之间挂起钩来，以便准确无误地向权利人支付使用费。集体管理组织的会员所申报的作品就构成了我们常说的“国家”或者“地区”作品库，相对应地，集体管理组织管理的国外作品构成了国际作品库。

6.129 集体管理组织通常在行使下列权利的领域中比较活跃：

—— 公开表演权（在礼堂、迪斯科舞厅、餐馆以及其他公开场合演奏或者表演音乐作品）；

—— 广播权（广播和电视上播放现场表演或者录制的表演）；

—— 音乐作品的机械复制权（在光盘、磁带、黑胶唱片、卡带、微型碟或者其他形式的录音载体上复制作品）；

—— 戏剧作品的表演权（舞台表演）；

—— 文字作品与音乐作品的影印复制权（复印）；

—— 相关权，即表演者权、录音制品制作者权中针对向公众广播或者传播录音制品的取得报酬权。

6.130 根据涉及的作品种类的不同，存在不同种类的集体管理组织或者其组合。“传统”集体管理组织代表会员开展业务，与使用者就适用的费率和条件展开谈判，颁发授权使用的许可，收取并分配版权费。权利人个人并不参与其中任何一个环节。权利结算中心向使用者颁发许可，而其中使用作品的条件和报酬条款则是由每一个权利人自行设定的，这些权利人是权利结算中心的成员（例如，在复印业务上，权利人就包括书面作品的作者，如书籍、杂志与期刊）。实际上，结算中心的角色是权利人的代理人，而权利人自己则直接决定作品使用的条件。“一站式”服务体系是一种各个集体管理组织组成的联盟，为使用者提供集中的作品源，使其能够便捷与快速取得授权。由于“多媒体”作品（由包括计算机软件在内的若干种作品组成，或根据这些不同类型的作品创作而成的作品）的日益兴起，组建此类联盟的趋势也愈演愈烈，因为多媒体创作需要同时取得大量不同种类的作品授权。

6.131 在音乐作品领域（包括所有类型的音乐），作品资料、发放使用许可和分配版税，乃是作为集体管理公开表演权和广播权基础的三大支柱。集体管理组织与使用者

（诸如广播电台或电视台、迪斯科舞厅、电影院、餐馆和其他类似单位）或使用者集团进行谈判，并在支付报酬和遵守某些条件的前提下，授权他们使用其作品库中的受版权保护的作品。根据集体管理组织的资料（有关会员及其作品的信息）和使用者提交的节目单（例如，在电台演奏的音乐节目记录），集体管理组织根据制定的分配规则向其会员分配版税。通常要从版税中扣除管理费，在有些国家还要扣除用于促进社会文化活动的费用。

6.132 在戏剧作品领域（其中包括戏剧剧本、电影剧本、哑剧、芭蕾舞、舞台剧、歌剧和音乐剧），这类作品集体管理的做法有很大的不同，集体管理组织是作为代表作者的代理人。它与代表剧院的组织议定一项一般性的合同，在这份合同中就使用具体作品的基本条件作出了规定。然后每一部剧的演出都须经作者的进一步授权，一般采用明示了作者具体条件的个人合同的形式。然后由集体管理组织宣布已经取得有关作者许可并收取相应的报酬。

6.133 在印制作品领域（即指图书、杂志以及其他期刊、报纸、报道和歌词），集体管理的主要工作包括授予影印复制权，换言之，即允许诸如图书馆、公共组织、大学、学校和消费者协会这样的机构复印受保护的资料。在国际公约允许的条件下，非自愿许可协议也可以列入国内立法；在这种情况下，授予了一种无须经权利人同意只要付酬即可使用的权利。集体管理组织对付酬进行管理。在为私人和个人使用进行复制的特殊情况下，一部分国内法包含了对权利人适当付酬的专门规定并通过向设备或复制件或对两者征税的方式收取报酬。

6.134 当商业性的录音制品向公众传播或用于广播时，一些国家的立法对表演者的获酬权或录音制品制作者的获酬权或该两者的获酬权作出了规定。这一类作品的使用费既可由表演者和录音制品制作者建立起来的联合组织收取并进行分配，也可由单独的组织收取并进行分配，具体采用哪种组织形式，需视参与这些活动的各有关方面之间的关系和所在国的法律制度而定（参见下文6.170段和6.171段）。

6.135 对文学艺术作品的权利和相关权作出规定的国内法仅适用于本国境内。根据《伯尔尼公约》和《罗马公约》所规定的国民待遇原则，外国的权利人在多数情况下应与本国国民受到同样待遇。各集体管理组织承认这项原则，它们依据签订的相互代表协议在其本国领土上管理外国作品库、交换资料并向外国权利人支付版税。

6.136 目前已经牢固建立了以非政府组织为代表的集体管理组织的全球网络，其中具有举足轻重地位的组织有国际作者和作曲者协会联合会（CISAC），国际复制权组织联合会（IFRRO），在欧洲的欧洲表演者组织协会（AEPO）、欧洲集体管理表演者权利组织联合会（ARTIS GEIE）等。

6.137 WIPO正在与上述组织进行密切合作，并还与其他组织，诸如国际演员联合会（FIA）、国际音乐家联合会（FIM）和国际唱片业联合会（IFPI）进行密切合作，以此作为其国际发展合作活动（参见第3章）的组成部分。这些活动的目的是要帮助发展中国家建立集体管理组织，并进一步巩固现有的组织，以确保这些组织在完成其他工作之外，在应对数字环境的挑战中做到卓有成效。

6.138 集体管理的上述工作鼓励了创作者为文化的发展作出贡献，吸引了外部投资并普遍使公众能够充分地利用浩如烟海的作品。总而言之，这些因素都会对国民经济产生不可否认的有利影响；在一些大国中，包含了集体管理组织的文化产业的产值最高可以占到国民生产总值的6%。

6.139 通过成立得到有效管理的基金，可以确保对于作者和表演者提供资金支持，他们最活跃的创作期通常相对来说并不长。这些福利包括帮助为其永久性或者临时性的残疾支付医疗费或保险费、根据会员版税收益的记录支付退休年金或某种有保证的收入。

6.140 福利保护和促进开展文化活动并不是强制性的，但是一旦提供，通常可以通过从集体管理组织收取的版税中扣除一定比例的方式来实现。对于扣除使用费这一理念，在集体管理组织中并没有形成完全一致的看法，根据CISAC的规则，扣除比例不应超过纯收入的10%。集体管理组织可以对文化活动提供赞助，以促进本国作品库在国内和国外的使用。这些组织的一个重要功能就是在文学、艺术、音乐等领域采取措施保存、保护与鼓励创作性活动。对于发展中国家来说，民族文化的保存尤为重要，例如，如果出现非法复制传统民间文学艺术中的音乐的情况，问题就更为凸显。

6.141 集体管理组织可以是私立的，也可以是公共自治性组织，也可以是履行此类职能的政府机构。有一种观点认为，政府应当对其进行充分的控制与监管，并同时在这些组织有效运作所必需的范围内提供资金支持。尽管大多数集体管理组织的组织机构形式是根据私法而成立的社会团体，有一些发展中国家还是更愿意根据公法来设立专门的局或者部门来管理作者的权利。作出这种选择的原因可能是，在发展中国家，此类机构如果能够取得政府的支持作为后盾，就能够更加有效地运作。

音乐作品的集体管理

6.142 解释版权集体管理的概念与实践的一种最好的方法，就是以音乐作品为例。当今，音乐的大众消费大行其道，保护作曲者、作词者、编曲者和翻译们的公开表演权和广播权的唯一方法就是建立音乐“生产者”和音乐“消费者”之间的联系。对这些权利的集体管理具体体现为，在某一国家，音乐作品的表演权和广播权集中在一个集体管理组织手中，由其发放受版权保护的音乐作品的公开表演或者广播的一揽子许可。

6.143 在某个特定国家，如果某个集体管理组织要能够向该国的音乐作品使用者发放一个令人满意的一揽子许可，就需要能够有权处理全部音乐作品的表演权和广播权。在某些国家，可能可以通过授予其垄断性的地位而促进并加强集中所有权利的目标。但是，垄断地位本身亦无法使得集体管理组织自动获得版权的授权：不管是否拥有垄断地位，集体管理组织仍然需要说服创作者将其表演权和广播权转让给自己。

6.144 表演权和广播权的转让或者移转通常通过由权利人和集体管理组织签订的协会合同或者管理合同来实现，使得集体管理组织有权代表权利人行使权利。根据该合同，音乐作品的作词者和作曲者通常将其权利转让给集体管理组织。不过，这些权利人也可能在加入集体管理组织之前已经将其权利转让给了第三方，例如音乐出版者。这种情况下，集体管理组织就通过与出版商之间签订的会员合同来取得权利并进行管理（参见6.153段）。实践中，音乐作品的作者们还会把将来创作的作品的权利也进行转让，也就是他们在会员资格期间或者授权有效期间将创作的作品。

6.145 转让或移转的权利通常包括全球范围内的表演和广播行为。这种广阔的地域范围使得集体管理组织可以与其国外同行签订合同，在国际范围内保护本国的音乐传统遗产。不过也不排除一种可能性，即创作者，通常是最著名的那些创作者，可能在申请加入本国集体管理组织之前，已经注册成为国外集体管理组织的会员或者客户了。

6.146 根据与音乐创作者签订的出版合同，出版者获得授权对作品进行复制并向公众销售其复制件。通常情况下，音乐出版者也拥有表演权与广播权。因此集体管理组织也可以代表出版者行使权利。

6.147 每个集体管理组织会将自己从会员处取得的权利转让或者移转给其国外同类型组织，使其能够在需要的领域发放公开表演和广播的许可。通过这种方式，每个集体管理组织都可以在本国控制世界范围内的音乐作品曲库的表演权和广播权。这种权利的集中状态使得它们处于具有很大优势的地位。不同国家的集体管理组织之间签订的这种合同被称为“相互代表合同”。这些合同的范本在国际作者和作曲者协会联合会（CISAC）的主持下进行了起草。其中第一条作出如下规定：“本相互代表合同范本通过将作者协会在各自区域互相代表的条件进行协调一致，以现实的方式确保在国际领域对于作者的权利与利益提供最佳的保护。”

6.148 所有希望能够公开表演或者广播受版权保护的音乐作品的使用者，能够一次性取得全世界范围曲库的全部授权。这就使得使用者能够非常轻松地实现尊重相关权利人权利的目标。因此，集体管理应当被视为为音乐世界提供了非常体贴周到的服务。授权以合同的形式作出，根据合同条款，集体管理组织允许对于音乐作品进行某种非常具体的使用，而使用者则承诺支付双方同意的版税，并提交表演或者广播的作品的清单。

6.149 权利人可以自行决定自己作品许可的报酬标准。有一些集体管理组织要求在其集体管理活动中拥有定价的自由。但是这些自由并非不受限制；具有垄断地位的集体管理组织的恣意行动可能会直接导致反垄断审查的介入。在版权的集体管理中，使用者的平等待遇以及因此需要建立一个清晰和井然有序的版税体系，是不可或缺的要素。

6.150 为了能够确立经过深思熟虑并合情合理的版税费率，版税征收需要遵守一些基本的标准。比较常见的标准是，权利人要求获得对其作品的使用所产生收益的10%份额。如果表演的内容同时包括受版权保护和不受版权保护的作品，那么就按照表演受保护和不受保护作品的时间比例计算百分比（时间比例缴付规则）。如果音乐的演奏是作为芭蕾舞表演的背景音乐，那么作曲者和编舞者被认为在芭蕾舞的表演中各占5%的参与程度，因此共享10%的版税（芭蕾规则）。根据这些以及其他类似的规则，就有可能制定出所有公开表演和广播音乐作品的版税费率。在很多国家，由于集体管理组织的代表权具有垄断地位，政府就有必要对其制定的费率进行监管，防止其滥用垄断地位。在这种情况下，经过政府批准的费率就被视为是一种官方费率，在出现争议的时候法院也必须予以支持。而要使得收缴的版税能够准确分配，就必须要求使用者提供账本，逐项列出其实际表演或者广播的音乐作品。

6.151 那些未经权利人或者集体管理组织授权而擅自公开表演或播放受版权保护的音

乐的使用者，其行为构成了版权侵权。如果严格和呆板地适用这一原则，集体管理组织每年都需要向法院提起成千上万个侵权诉讼，这很容易使其因耗资巨大陷入瘫痪，在国内完全失去信誉。因此，对于那些做过违法行为的使用者，很有必要在将其诉诸法院之前给予其纠正违法地位的机会。

6.152 集体管理制度能够有效运作的另一个支柱是完备的资料系统。这指的是所有关于作者、作曲者、出版者及其作品的信息，其完备性对于分配版税这个环节至关重要。

6.153 集体管理组织必须要求其成员申报所有自己创作的作品，并在申报时附上证明性文件。那些并非以常规书面形式（如手稿或者乐谱）表现的作品，也可以以其他形式申报，例如盒式录音带。出版者也需要承担申报作品的义务，对自己出版的所有作品作出声明。资料中还可能包括与作品有关的合同的副本，特别是出版合同。这些资料日后可以成为历史或者科学研究的重要参考文献。

6.154 通过集体管理组织在全世界范围内建立的网络，集体管理已经具备了全球规模。根据相互代表合同，它们有权在自己的国家管理国外的作品库。基于此，在CISAC的主持下建设了两个国际性数据库：1973年创建的CAE列表（作曲家、作者、编辑（出版者）列表），由瑞士音乐作品作者权利协会（SUISA）管理并持续维护；以及WWL（全球作品列表），由美国作曲家、作者与出版者协会（ASCAP）编制并维护。这两个数据库历经变更后，现在分别被称为“国际权利人数据信息系统”（IPI）和“作品信息数据库”（WID）。

6.155 老式的技术（例如缩微胶片等）正在被计算机化的工具所替代，作者协会也正在顺应这一潮流，尤其是对于发展中国家的中小型协会来说，安装计算机系统越来越能够符合它们的需求。CAE列表不仅能够帮助管理国外作者的权利，还可以提供持续更新的信息。由于作者协会拥有了最新的信息，它们就可以将自己收集到的版税转交给其他协会。SUISA管理的IPI系统能够确定具体的权利人，不管是自然人或者法人（利益相关方）。IPI中心对每一个利益相关方都分配了一个独一无二的编号，作为这套系统的基础。正如CISAC所言，“这套系统的目的是通过分配IP基础编号，对于那些跨越各个创作阶层、承担各种角色和拥有各项权利的利益相关方能够进行全球范围内的唯一性识别，这正是这套系统的基石所在。”这个数据库包含了权利人的具体信息，诸如生日、国籍、笔名及其所属的集体管理组织等，是CAE列表的升级版本，它与CAE列表的不同之处在于可以包括更多种类的作品与权利人信息。IPI系统于2001年9月开始运行。

6.156 另一个数据库WWL资料库基于的理念是，每个作者协会都了解其作品库中哪些作品可能受到国际性受众的欢迎。这些作品的基本信息，即题目、作者姓名或出版者名称（不包括可能产生的再出版数据）可以被输入这一由ASCAP所维护的列表。由各个作者协会自行决定将哪些作品信息传送给ASCAP。在WWL资料库建立以前，作者协会通过“国际卡片”系统来取得由下列特征所鉴别出来的作品的信息：取得了国际性的成功、持久受欢迎或者具有重要价值、已被再出版。与WWL资料库不同，国际卡片系统可以提供相应作品传播范围的信息。提示表系统包含了电影的基本信息，更加具体地说，是包含了这些电影所使用的配乐信息。与国际卡片系统不同，集体管理组织并不自动提供提示表，而只在电影在其他国家上映或者在电视上播映时，应对方的要求才进行提供。随着数字信息和网络的发展，这些资料库的运作方式都将会从人们的视野中消失。

6.157 全球性数字网络传输技术的兴起，也将使集体管理部门发生革命性的变化，它们必须进行调整以适应日新月异的变化。由此，CISAC 建立了其“共同信息系统(CIS)”。这套系统通过使用一套相互链接的数据库对作者权利进行管理。这些数据库使得作品及其权利人可以被精确地定位，从而改善对于作品不同使用行为的监控能力。这套交换电子信息的设备能够使得集体管理的运作更加合理化、自动化，从而最终能够节省管理费用。

6.158 CIS 是一个将信息和数据传输进行标准化处理的系统，其设计目标就是能够在数字环境下进行运作，它包括多个子系统。这些子系统包括 IPI（国际权利人数据信息系统）系统、WID（作品信息数据库）系统（参见 6.154 段）。其他数据库还有包含了 CISAC 成员协会所管理的不同地域信息的 TIS（地域信息系统）、包含了出版合同信息的 ASI（协议与列表）系统、包含了视听作品中权利人信息的视听作品数据库（IDA）以及与 IDA 相链接的视听作品识别编号系统（ISAN）、伴音载波与录音数据库（SCRI：伴音载波与录音信息，帮助作者协会通过载波与录音上的标准化信息来辨认音乐作品）、用来管理提示表的视听领域音乐作品数据库（AV 索引）以及 CIS 标准数据库（CSC，建立各个子系统所必需的资料索引数据库）。正如 CISAC 所说，这“一系列工具通过将成员协会之间的信息交换进行标准化和简单化，为搭建全球版权管理的大厦提供必不可少的每一砖每一瓦。”CISAC 执行局通过了“CIS 管理框架原则”，规定了系统管理的法律、财务和技术规则。

6.159 由此，上述系统的实施通过消除重复领域和使用共同系统构架的方式，改善了信息管理。对于作品和权利人的这种管理模式能够促进各种交易、颁发许可以及各协会在数字环境中进行检索和监控活动的自动化进程。由于为作品分配了伴随终身的唯一识别编号，这个系统使得各协会能够以更加低廉的成本更为有效地管理其会员的权利，并且使得使用者能够更加便捷地获得信息并获取必要的授权和支付相关费用。CISAC 正在开发一个国际工具 CISNET，可以通过一个搜索引擎将多个数据库链接在一起，包括单个协会的数据库和中央数据库。

6.160 对于集体管理而言，计算机工具越来越不可或缺，应当为世界各地的所有协会所采用。WIPO 正在为发展中国家实施一个合作项目，为这些国家的集体管理组织的计算机化提供具体的援助。考虑到发展中国家所面临的问题，WIPO 正在开发一个程序，目的是为发展中国家的中小型协会提供一个标准的软件程序，使其能够在管理其会员的权利时实现充分的自主和独立。受益于这一项目，新成立的集体管理组织有望迅速与 CISAC 的 CIS 系统进行整合。在今后几年，要改进版权与相关权领域的集体管理，对于计算机工具的熟悉和了解是不可避免的工作。WIPO 根据其成员国、CISAC 根据其成员协会的要求，正在朝着这一方面付出持续不懈的努力，以改进全球范围内的权利管理体系。

6.161 基于资料库的信息收取了版税和收集了表演或广播的作品清单之后，集体管理组织必须要计算应当支付给每位相关权利人的版税金额。这个过程就是所谓的“分配”

过程，是集体管理组织需要完成的最为烦琐的工作。每一位权利人要求集体管理组织支付的金额，是该组织对其作品的相应收费金额减去管理费用和社会与文化费用之后的金额，这些费用会在下文进行具体介绍。这个原则同样也来源于集体管理组织作为作者、作曲者和出版者的受托人这一法律地位。但是，不管信誉多么良好的机构也无法提供完全精确的作品使用清单，在特定的情形下，例如在向公众提供可下载的广播或者使用点唱机时，要求完全精确地使用清单也是根本不可能的。这种表演的版税就必须根据对其他具有可比性的音乐作品的表演清单进行按比例的折算。所有权利人必须严格享受平等的待遇，不应允许任何优惠待遇或者特权。这一原则尤其应当适用于国内权利人和国外权利人之间的关系。

6.162　管理成本从所收集到的版税当中进行支付。在公开表演权和广播权的领域，惯例是将所扣除费用限于实际的、真实发生的费用，这与录制权不同。因此费用扣除的百分比每年各不相同。在发展中国家，新设的作者协会的前几年，通常认为扣除不超过 30% 的费用是可以接受的；近年来，扣除的费率呈下降趋势。欧洲的集体管理组织的管理成本平均扣除率是大约 15% 。

6.163　平等待遇原则同样适用于扣除费用这一环节。对于国内和国外的作者、作曲者和出版者，费用扣除应当适用相同的百分比。

6.164　每个集体管理组织都会与其会员进行常规和密切的协商，从而尽其最大能力来促进会员的社会福利并宣传推广其音乐作品。集体管理组织在其双边合同中可能会同意，在扣减费用之后，使用其收取版税中的 1/10 用于社会与文化活动，以使其会员和客户受益。这 10% 的扣除，可以同时适用于国外和国内的作者、作曲者与出版者的应得版税金额。

6.165　在文化活动方面，集体管理组织通常很欢迎社会各界献计献策。不同国家的做法各不相同，其中可能包括如下活动：音乐比赛、设置奖励、举办音乐节、举行活动促进音乐出版、推出系列或套装出版物、光盘或磁带制作、提供录音设备、提供录音棚、推出音乐主题的出版物、出版传记、手册以及曲目、资助出版音乐公报以及提供音乐内容的制作服务。

出版者组织

6.166　在很多西欧国家，作者协会的活动不仅涉及保护作者的权利和利益，还包括保护出版者的利益，这主要是在音乐表演和机械复制权管理方面。在这些领域，音乐作品的出版者在协会的管理中承担了积极的角色，通常都是这些协会的管理机构的成员。

6.167　出版者组织的主要目标就是保护出版行业的利益并促进其发展，特别是在书籍和期刊的印刷、编辑和交易领域。其目的是鼓励作品在国内外最大范围的传播，因为出版活动正在日益走向国际化。

6.168　某些出版者组织的业务还包括帮助其成员管理公司或者了解与出版者相关的政府政策（诸如税收、贸易条件、内容审查以及版权保护等）。出版者组织还会尽力促进公众理解书籍在文化、社会与经济发展中的重要作用。

音乐领域表演者权利的集体管理

6.169　表演者拥有的权利包括对其表演的录制权、对录有其表演的录音制品的复制权、广播权以及对其现场（未经录制）表演的向公众传播权。1996年12月通过的WPPT已承认了表演者对其表演录制品的向公众传播权这一新型权利，该权利涉及的是公众通过数字网络获取以录音制品录制的表演的问题。由此，在一些已经建立的针对此种权利的集体管理机制的国家，表演者享有专有权和获取报酬权。与作者协会类似，表演者组织在不同的情况下代表其会员行使权利，也能使会员从中受益。

6.170　如果一种为商业目的而出版的录音制品被直接用于广播或向公众传播，表演者与录音制品制作者可以取得合理的报酬，这在《罗马公约》第12条得到了承认。这一获得报酬权由缔约国的国内法进行规定。受益者可以是表演者，也可以是录音制品制作者，也可以两者皆是。WPPT（第15条）包含了一项类似的获取报酬权，但是与《罗马公约》不同的是，它规定此权利同时属于表演者和录音制品制作者。在WPPT生效之后，缔约成员国可以根据自己的意愿决定是否建立这种制度，因为在这个问题上是允许各国进行保留的。从实践来看，各国采用了不同的方式。在某些国家，相关的权利人建立了共同的集体管理组织；在其他一些国家，他们各自建立不同的集体管理组织，而在另外一些国家，权利人委托那些管理作者的表演权的集体管理组织行使其权利。

6.171　在表演者和录音制品制作者之间分配报酬的方法在各国各不相同。与作者协会的情况类似，在分配时很重要的一个工作就是必须从录音制品和表演的广播者或者向公众传播的使用者那里获取信息。在广播的情况下，可以根据广播和电视传输的节目信息对单个表演者进行分配；在向公众传播的情况下，只能通过抽样的方法进行分配。

6.172　对于私人复制的报酬，一些国家在国内立法中规定，表演者和录音制品制作者可以取得家庭录制版税。由于针对私人复制录音制品行使专有权授权在实践中并不现实，一些国家的立法者规定对于用于制作私人复制件的空白磁带或者空白载体进行征税，作为对于权利人的补偿。一些国家的立法规定，录音设备的制造商与进口商需要承担支付报酬的义务。每件作品和录音制品的相关家庭录制数量，通过广播电台的播放记录、唱片销售数字以及其他可得的数据进行确认和量化。由此，代表相关权利人的集体管理组织基于抽样系统对这些版税进行分配。

影印复制权的集体管理

6.173　在影印复制权领域，私人复制的问题与录音制品或视听作品有所不同。影印复制的目的与家庭录制是不一样的。它通常涉及的复制内容是教育、研究和图书馆服务所必需的资料，在这个领域，要考虑到特定的公共利益。而且，尽管先进的影印设备由于其低廉的价格和小型的体积等原因日益普及，但是私人影印复制的现象相对来说还是比较有限的。

6.174　从法律角度看，复制权是《伯尔尼公约》规定的专有权，不应受到限制，无论这种限制是免费使用还是非自愿许可，除非《伯尔尼公约》（第9条第1款和第2款）另有规定。影印复制很明显是复制权所包含的复制的一种形式。各国立法者可以在一些特别情形下规定限制或者例外，但是被允许的复制不能与相关作品的正常利用相冲突，也不能不合理地损害作者的合法利益。对于作者的这种损害在某些情况下可以通过合理的报酬来进行补偿或者减轻。在此种情形下，可以在国内立法中规定符合国际保护标准的非自愿许可制度。尽管可以不经权利人同意使用作品，但是权利人拥有取得报酬权，可以通过集体管理制度得到行使。

6.175 私人和个人目的的复制属于特殊情况。很多立法者决定将私人使用的复制规定为免费。但是，有些立法者决定通过给予权利人合理的报酬作为一种间接补偿，其方式就是对设备和/或基本材料例如纸张进行征税。

6.176 在存在大规模复印的情况下，必须由集体管理组织来收取和分配这些合理的报酬。这方面的集体管理运作存在不同的法律机制，例如，延伸性集体许可制度、使用包含弥偿损失条款的合同以及法律推定方法。第一种制度是北欧国家所采用的，在这一制度下，法律规定对于作品使用的集体管理协议可以对集体管理组织会员以外的成员也同样生效。代表权利人行使权利的集体管理组织原本没有权利代表非会员颁发对其作品使用的许可。但是，集体管理组织与使用者一旦基于自愿谈判达成协议，法律规定这些协议对于有权单独取得报酬的非会员权利人也同样具有约束力。在第二种机制下，合同中包含有弥偿损失条款，根据该条款，集体管理组织承担向非会员权利人支付补偿金的责任。第三种机制亦即法律推定机制下，推定集体管理组织拥有代表权利人的整体授权。其法律和实际效果与延伸性集体许可基本相同。这种机制并不是给予集体管理组织一个一般性的代表权，而仅仅是将该组织签订的协议延伸到对非会员的权利人也同样生效。

6.177 集体管理组织一方面向使用者颁发复制的授权，另一方面也向其作品被复制的会员发放合理的报酬。与音乐领域相同，复制权组织既为国内权利人收取和分配费用，也与外国组织签订互惠协议。国际复制权组织联合会（IFRRO）将各个国家的复制权组织（RROs）联合在一起，促进各个组织之间达成正式或者非正式的协议，代表这些组织行事。IFRRO 还为成立更多的 RROs 作出了贡献。

6.178 数字技术的兴起也给这个领域带来了翻天覆地的变化，因为现如今内容都以数字形式进行存储、复制和传输，采用 0 和 1 的二进制代码。计算机技术也带来了一些新的问题，诸如受版权保护内容的存储、临时性显示和进一步使用。实际上，在电子媒体中以数字形式存储作品这一问题早在 1982 年 6 月就已经进行了讨论，当时一个 WIPO 和 Unesco 的政府专家委员会确认数字形式的存储构成复制，而 WCT 也包含了一个再次对此进行确认的议定声明。该声明指出："《伯尔尼公约》第 9 条所规定的复制权及其允许的例外，完全适用于数字环境，尤其是以数字形式使用作品的情况。不言而喻，在电子媒体中以数字形式存储受保护的作品，构成《伯尔尼公约》第 9 条意义下的复制。"

集体管理与数字环境

6.179 在数字环境下，权利人和使用者都在寻找版权与相关权管理的全新途径，尤其是在多媒体作品领域。

6.180 受版权保护的作品将会越来越多地以数字形式通过诸如互联网一类的全球网络进行传送。因此，对版权与相关权进行集体管理的官方、半官方和市场部门的实体将要进行重组以利用信息技术提供的效益。互联网向权利持有人所提供的日益增加的机会和"多媒体"作品的问世，正在影响着版权与相关权的保护、行使和管理的环境，同时也会影响执法。

6.181 在新千年的在线世界里，权利的管理将具有一种新的含义。现在受保护的作品在互联网上被数字化、压缩、上载、下载、复制并传送到世界任何地方。网络日益扩大的威力使得可以大量地存储受保护的资料并进行在线传送。从计算机化空间下载一本书的内容或者倾听并录制音乐目前已经成为现实。尽管这一发展提供了无可限量的机会，但同时也使权利人、使用者和集体管理组织面临着许多考验。

6.182 许多集体管理组织已经开发了各种系统，这些系统用于在数字环境下进行在线传送有关作品发放许可和内容的信息，监测作品的使用情况并收取各类作品的使用费和进行分配。这些数字信息系统取决于特殊的计数系统和包含在诸如CD和DVD光盘等数字载体内的代码的开发和应用，这一系统可以使作品、权利人、数字载体本身得到正确的识别并提供其他有关信息。

6.183 正如在第5章所介绍的，为了应对数字时代对版权与相关权的保护提出的各种挑战，1996年在WIPO的主持下缔结了两项条约。这就是众所周知的“互联网条约”，即WCT和WPPT。除其他方面的内容之外，这两项条约涉及有关在数字环境下的技术保护措施和权利管理信息方面的义务。这两项条约确保当权利人的作品在互联网上传播时权利人要受到保护；其中的规定还要求国内立法通过禁止进口、制造和发行使技术保护措施无效的非法工具或材料并取缔对权利管理信息系统造成损害的不法行径的方式，为技术措施提供充分的保护。国内立法层面确实有必要规定适当的法律保护措施，以防止试图规避技术保护措施的行为发生，并打击删除或改动数字信息系统任何内容的行为以及其他类似的行为。

6.184 数字化技术已经为某些权利的行使方式带来新的选择。除了在国家和国际层面对于权利进行认可之外，电子环境下的权利保护和管理与不同类型的技术措施的开发也紧密相关。在数字时代，有可能同时进行权利的个人行使和集体行使，通过“附于”作品与相关权保护客体的信息和数据，可以促进这种权利的行使。WCT第12条第2款规定：“‘权利管理信息’系指识别作品、作品的作者、对作品拥有任何权利的所有人的信息，或有关作品使用的条款和条件的信息，和代表此种信息的任何数字或代码，各该项信息均附于作品的每件复制品上或在作品向公众进行传播时出现。”对于作品和相关权客体（WPPT中对于表演和录音制品也有类似的条款，即第19条第2款）的数字识别需要通过技术措施进行适当保护。

6.185 WCT和WPPT规定了权利管理信息的保护条款，其目的在于保护作品与相关权客体的识别不受各种行为的侵犯。WCT的第11条和WPPT的第18条并没有就保护类型或者被保护设施的定义进行具体规定，而是将落实保护的具体方式留由各缔约国的国内立法者自行决定。

6.186 技术措施包括各种设备和电子工具，它们包含允许并监控对于受保护内容和信息的访问的系统。这些系统包括设置密码、加密以及数字信封等。其他诸如水印和指纹等系统是基于不可见的数字标识技术，用于受保护的作品与相关权客体及其权利人，以便更好地对其进行识别。还有一些其他的技术手段，用于不同目的，例如防止制作受保护内容的复制件，比如串行复制管理系统，或者数字视频录制领域的类似反复制设备。在权利集体管理领域使用较多的电子版权管理系统（ECMS）可以对版权与相关权的资料进行识别，并实现为权利人颁发许可和收取报酬，这也是一种技术措施，因为它实现的功能已经不再仅限于识别功能。

6.187 除了这些技术手段的实际效果之外，要成功实现数字环境下的集体管理，还需要具备保护技术保护措施和权利管理信息的法律制度，因为版权管理系统的核心不仅包括内容和权利的识别，还包括许可。实际上，与上述核心紧密相关的 ECMS 必须受到保护，不仅应当禁止对其进行移除、改动、发行、为传播而进口等行为，还应当禁止任何对其进行规避的行为，这在 WCT 和 WPPT 都有规定。

6.188 在多媒体作品的问题上，无论是离线形式的作品，还是在数字网络中同时使用不同类型的作品与相关权客体，现在正在形成越来越多的各种集体管理组织的“联盟”，统一提供授权作品源；它们被称为“一站式服务体系”。

6.189 最后，在音乐作品的集体管理领域，一些作者协会已经达成互惠协议，为使用者提供在互联网上使用受保护音乐作品的全球性许可。这些全球性互联网许可的目的是为作者、作曲者和音乐出版者提供一个确保适当分配许可费的机制。这些协议包括网上直播、流媒体、在线音乐点播以及在线传播视频中的音乐。签订这些协议的作者协会有 BMI（美国）、BUMA（荷兰）、GEMA（德国）、PRS（英国）和 SACEM（法国），协议在智利圣地亚哥举办的 CISAC2000 世界大会上签订。

6.190 上述进展体现了音乐作品集体管理的重要发展，由此颁发的在网上表演的音乐作品的使用许可不再受到地域疆界的局限。这些作者协会将有权授权内容提供者以固定的报酬来在线使用它们所管理的音乐曲库。协议还包含了使用费分配的相应规则。版权与相关权集体管理组织通过使用数字技术，包括为允许新作者协会采用上述数字系统并获取在该系统中进行传输的作品和录制品中的数据而专门设计的计算机程序，可以大大改进其工作效率与精确程度。

政府间合作

6.191 在 WIPO 合作发展部门的工作框架下，由各地区局和版权集体管理司发起并举办了一些会议与活动。为了将效益最大化，WIPO 分别于 2002 年 9 月与 2003 年 10 月与 CISAC 和 IFRRO 签订了两个重要的合作协定。WIPO 与这些组织还展开了一些补充性活动，以加强发展中国家、最不发达国家以及东欧和中欧地区的版权保护。这种工作方式反映了 WIPO 和这些非政府组织所拥有的内在的共同事业目标，即确保权利人的权利受到尊重，这可以通过在各国或者各地区落实集体管理体系来实现。考虑到数字技术的全球性传播以及经济影响，这些合作同样反映了文化和信息的广泛传播并能够为公众所获取的深远意义。

第 3 节　专利与商标代理人

1. 引言

6.192 工业产权代理人在国内法律所允许的范围内，通常处理工业产权领域的几乎所有事务，其中尤其是包括以下3方面的内容：

—— 发明专利（有的国家包括实用新型专利）、商标与工业品外观设计申请的提出与处理，以及注册成功后对其进行维护；

—— 针对有关工业产权的事务进行咨询，包括反不正当竞争、许可、专有技术和技术转让；

—— 各种知识产权类型的诉讼。

2. 专利代理人的职能

概述

6.193 从事这一职业的专业人士通常被称为“专利代理人”，但根据特定国家的具体情况，也可能被称为“专利律师”或者“工业产权律师”或者“律师”。他们的基本职责是提供下列专业服务：

—— 最初阶段就权利的解释和定义提供咨询；

—— 在取得权利阶段提供服务和履行职责；

—— 在权利维持和行使阶段以及在取得或者保护权利过程中可能出现任何冲突的时期，代表权利人并提供咨询。

6.194 一般而言，专利代理人向国内外的两种类型的客户提供意见和建议，即：

—— 个人发明者；

—— 企业，包括中小型公司以及大型和重要的工业企业。

申请前阶段

6.195 在这一阶段，准申请人必须要决定下列事项：

首先，发明是否有可能获得发明专利；

其次，是否应当以专利形式来保护该发明，抑或应当对发明进行保密而不寻求专利保护；

再次，如果决定寻求专利保护，申请人必须决定应当在哪些国家寻求此种保护；

第四，如果要在多个国家取得保护，其中一些国家可能是《专利合作条约》或者地区性专利协定的成员国，申请人需要决定是否提起国际申请和/或地区申请，抑或在各个国家分别提起国家申请。

6.196 此外，在这一申请前阶段，必须准备好申请文件。

6.197 如果想要取得专利保护，那么就必须提起专利申请。否则就可以选择保密，而无须提起专利申请。

◎ 保密

6.198 如果选择保密的方法，那么就需要为发明方案的保密而采取各种措施。

6.199 选择申请专利还是保密的决定必须三思而后行。如果提出专利申请，那么只有在申请于公布之前撤回时，发明方案才能维持其秘密状态，或者如果某国的专利法并未规定申请的公布制度，那么只有在发明专利未被授予的情况下才能继续保密，未授予发明专利的原因可能是申请人撤回申请，或者申请被视为撤回，或者申请被专利局驳回。

6.200 对于获得专利的发明，专利法保障通过申请专利而公开的技术信息不能被未经专利权人授权而用于制造等用途。因此，获得专利的发明方案的公开通常不会为专利权人带来任何风险。但是存在风险的情形是，如果该发明在申请公布之后被拒绝授予专利，或者被授予专利但是嗣后又被宣告无效，那么就无法再对发明进行保密了。不过，如果驳回申请或者无效宣告的理由是发明缺乏新颖性，被申请的发明就实际上不是一个可以取得专利的发明，因此，该发明方案为公众所知这一事实就并非是发明专利申请被公开的结果，而是由于它本身就属于现有技术。但是，如果驳回申请或者宣告无效的理由是由于程序性错误或者遗漏，例如，没有向专利局缴纳必需的费用，那么上述观点就不能成立了。

6.201 在选择将发明进行保密还是申请专利的时候，还需要考虑的一个因素是申请专利时需要承担的所谓被第三方开发“规避发明”（俗称“擦边球发明”）的风险。“规避发明”指的是第三方会撰写一个本质上是基于申请人发明的构思或者“围绕”该构思的技术方案，但是如果将该方案申请专利，也能够与原申请人的发明具有足够的不同点，从而可以获得不同的专利。

6.202 整体而言，试图将发明申请专利比试图将其保密是更佳的选择，更加安全。原因在于，即使成功将发明进行保密，一般来说还是存在很大的风险，相同的发明会被第三方独立开发出来并取得专利。

◎ 确定专利性

6.203 发明是否符合专利性的条件这一问题由专利局作出判断，如果专利局的裁定被诉至法院，则由该法院决定。

6.204 代理人的工作内容包括协助准申请人确定现有技术，并将现有技术与拟申请专利的发明进行对比。但是准申请人在这个问题上可能决定不去征求代理人的意见。

6.205 准申请人作出这种决定可能出于多种原因，比如，可能会导致增加费用，或者他对于现有技术通常比代理人更加熟悉。还有一个原因可能是同一个发明已经是在另一个国家提起的专利申请的主题，至少在申请人看来，现有技术的必要检索已经在这另一个发明申请过程中完成并产生了正确的结果。

◎ 决定在哪些国家寻求专利保护

6.206 如果需要在外国获得专利保护的话，就需要确定应当在哪些国家寻求这种保护，面对这个问题，准申请人与代理人必须将各自对于每一个拟申请专利国家相关情形的经验和掌握的信息进行比较和整合。那个国家是否对于将使用发明的产品而言是一个潜在的重要市场？那个国家是否存在针对相同或者类似发明的研究活动？那个国家是否存在可能的被许可人或者受让人，或者，如果不将发明申请专利，那个国家是否存在潜在的竞争对手可能试图实施专利？如果对于上述问题答案至少有一个是肯定的，那么就应当考虑寻求专利保护。

6.207 对于是否应当在某个国家寻求专利保护，不仅应当咨询本国的代理人，还应当咨询拟申请专利那个国家的代理人。这位外国代理人可能会认为，出于该国专利法上的一些原因，如果提起某件专利申请很可能无法成功。或者他可能知道存在准申请人所不了解的破坏新颖性的现有技术文献，这就实质上排除了在该国取得该项发明专利的可能性。

6.208 如果准申请人决定在多个国家寻求专利保护，而其中至少一些国家是PCT的缔约方和/或地区性专利组织的成员，那么就需要考虑是否应当根据PCT提起国际专利的申请和/或地区专利申请，而不是在每个国家分别提起国家专利申请。

◎ 撰写申请

6.209 主要由代理人负责正确撰写申请文件。申请文件中核心内容的熟练起草对于申请人对其发明取得适当的权利保护十分关键，核心内容具体包括说明书和权利要求。当然，申请文件中记载的大部分事实应当由准申请人提供给代理人，而且准申请人有责任确保这些事实的真实性。但是代理人要负责在申请文件中对这些事实进行适当描述，使得其能够满足全部法律规定的要件，而且没有遗漏必需的内容以及有用的内容。准申请人能够做的，就是在存在多个代理人作为备选人选时，运用准确的判断力来选择最为合适的那位代理人。

6.210 及时提交申请是准申请人和代理人需要共同分担的责任。如果申请是首次提出的，在大多数情况下应当尽早提交该份申请。在申请文件撰写过程中，代理人可能必须要——有时候是多次——与准申请人进行磋商，因此准申请人非常有必要能够提供快速的答复，或者能够即时参与磋商。首次提出的申请之所以具有时间上的紧迫性，是因为根据几乎所有国家的专利法，如果针对同一发明提出了多个专利申请，那么专利将被授予具有最早申请日或者主张最早优先权日的那个申请的申请人。

6.211 如果申请并非首次提出，而是可以根据之前提出的首次申请要求优先权的，那么所谓的及时提出申请指的是在第一次提出申请之日起12个月内提出申请。在这12个月内，具体何时提出申请对于是否能够取得发明专利不具有决定作用，因为对于后提起的这件申请，决定其新颖性和创造性的关键日期都是第一次提出申请的申请日，而不是该后提起申请的申请日。代理人必须负责了解12个月期限届满之日，并确保在这一日之前使得专利局能够收到申请。但是准申请人也有责任在这一日之前提前足够的时间将所有必需的资料提供给代理人，以使代理人有时间从准申请人处要求提供补充信息，进行必要的翻译，并就存疑的问题与准申请人交换意见。

申请阶段

6.212 本阶段始于申请提交之时，终于下列情况之一发生之时：

——申请人撤回申请；

——申请人放弃申请；

——专利局驳回申请；

——专利局接受了申请，即专利局授予了发明专利。

6.213 专利局在收到申请之后，会对申请进行所谓的“形式”审查，或“初步”审查。

6.214 这种审查被称为形式审查，是为了与实质审查相区别。实质审查主要审查专利法规定的专利性要件是否满足，亦即所要求保护的发明是否具有新颖性、创造性、工业实用性以及是否充分公开。形式审查则审查专利法规定的取得专利所需的大部分其他要件。

6.215 形式审查的审查内容主要包括下列6方面的典型问题：

——申请文件是否包含了申请人和发明人所有法定身份信息。通常，申请文件需要指明发明人和申请人（当然这两者可能为同一人）的身份，写明他们的完整的正式姓名或者名称（不仅包括自然人，对于法人或者公司同样重要）及其地址。姓名和名称填写不完整，姓名、名称和地址中存在拼写错误，地址信息存在遗漏以及地址错误通常都被视为可以补正的错误。专利代理人自己可以发现存在这些错误。如果专利局发现存在此类错误，会要求代理人进行补正，代理人应当在规定的时间期限之内进行补正。

——申请文件中是否写明代理人信息，如已写明，该代理人是否有权作为代理人进行执业，申请人是否对该代理人进行了有效的委托（由申请人在申请文件上签字确认，或者签署了单独的“授权书”，亦即委托代理人的文件），以及代理人的姓名和地址是否已经完整提供。

——申请文件是否已经包含了法律规定的所有内容。专利法通常会规定需要包含下列内容：请求书、说明书、权利要求书和摘要。通常还会要求请求书应当包含发明的名称，申请文件应当包含理解发明所必需的附图。

——专利局会审查优先权声明的完整性。“优先权声明”是在申请文件请求书上提出的声明，申请人通过它要求《巴黎公约》所规定的基于在先申请的优先权。优先权声明中必须提供该在先申请的三方面要素以确定该申请：其提出申请的国家名称、申请日、原受理机构给予的申请号。对于在先申请的申请号，大多数国家的专利法允许延后单独提供，只要在规定的时间期限内提供即可。之所以这样规定，是因为申请人在提起在后申请时可能还不知道在先申请的申请号。

——申请文件是否符合了通常所谓的“物理性”要求，尽管这种称呼并不完全准确。这些要求通常包括：申请文件以书面形式提出；纸张符合特定的颜色、尺寸和品质要求；纸张上的文字符合特定的颜色和字号要求；内容容易辨认并易于通过影印方式进行复制；申请文件的各个部分明确分开；每一页的页边距符合特定标准；页边距留白并且每一页的页码位置符合特定要求。这些的确是物理性的要求。还有其他一些要求就严格来说不是物理性的了，它们包括：每项权利要求都有编号；每幅附图都有编号，并且在说明书中对它们通过编号进行引用；申请文件的各个部分都写明了标题；度量单位都使用国际公制，温度都使用摄氏温度，附图要说明缩小或者放大倍率。通常由代理人负责确保申请文件符合这些物理性要求，因为通常是他而并非申请人负责确定申请文件的最终版本。代理人还要负责准备好替换页或者其他修改内容，因为这些内容的准备在大多数情况下也不会与申请人进行具体商讨。

——是否已经向专利局缴纳提起申请所必需的费用。大多数情况下，这些官方费用由专利代理人缴纳，然后再计入给客户的账单。有些专利局允许代理人在它们那里开设所谓的“储蓄账户”。代理人向专利局先行提交大额的金额，但是这仍然属于代理人的财产。在提出申请之时，代理人会说明应当从其自己的储蓄账户向专利局账户转账的金额。这种方法可以防止出现延迟缴费的可能。这种方法还可以进一步发展，以排除出现少付费用的可能。这就要求代理人给予专利局一个整体的授权，使得专利局在不需要得到代理人具体指示的情况下，就可以对代理人所代理的专利申请相关的费用进行主动计算，并直接从代理人的储蓄账户转到专利局账户。

申请的公布

6.216 各国专利法通常规定，应当自专利申请的申请日起满18个月时立即公布该申请，或者，如果该申请以某个在先申请要求了优先权，则在该在先申请的申请日起满18个月时进行公布。但是，专利法通常还会规定，申请人在申请日和18个月届满之日之间的任何时间，都可以要求专利局提早公布专利申请，如果申请人提出这种要求，专利局应当在收到该要求之后立即公布申请。

6.217 申请人之所以要求提早公布申请，可能是因为他希望申请中介绍的技术方案能够尽早成为现有技术的组成部分。如果该种技术方案还没有通过公布申请以外的其他方式为公众所知——并构成了另一未决申请的阻碍（此时申请日就十分关键）——那么专利申请中所介绍的技术方案就通过公布申请而成为了现有技术的一部分。

6.218 一旦技术方案成为现有技术的组成部分，他人随后就缺乏创造性的相似方案提出的申请就无法符合专利性的要求，即使在其他国家提出申请也是一样。也就是说，越早公布申请，对于申请人以外的人针对与申请人申请中所述方案仅仅相似但缺乏创造性的方案取得发明专利，就会越早构成一个障碍。另一方面，越早公布申请，也就是越早解除发明的保密状态，其他人也就越早可以有机会试图对申请的发明进行“规避发明”，或者将其作为后续开发的基础。因此，申请人在专利代理人的帮助下，必须决定选择哪种方案对自己更佳：尽早公布申请还是尽晚公布申请。如果经过权衡决定希望进行提早公布，那么就由代理人负责向专利局请求进行所谓的早期公开。

请求实质审查

6.219 如果专利法规定了所谓的“实质审查请求”制度，那么通常会规定，只有在申请人提出请求之后，专利局才对专利申请进行实质审查；但是，必须在申请公布之日或者申请日起特定年限之内提起这一请求。需要注意的是，如果逾期没有提交实质审查的请求，申请会被视为撤回。

6.220 因此，代理人的一个重要职责就是记清楚申请公布的日期或者申请日，在时限即将届满之时，询问申请人是否要提出实质审查的请求。如果答案是肯定的，那么代理人必须在上述期限届满之前提出请求，而且法律通常规定实质审查的费用也需要在相同的期限之内缴纳，因此，代理人还需要确保所缴费用也能在相同的期限届满之前到达专利局。

实质审查

6.221 实质审查由专利局负责进行。实质审查的目的是决定是否应当授予发明专利。如果专利申请符合了专利法的要求，专利局就应当授予发明专利。

6.222 实质审查应当考虑所有可能的驳回理由。

修改

6.223 大多数国家的专利法允许申请人对专利申请作出修改。与此同时，这些法律通常也会规定，修改不得超出申请提出时最初披露方案的范围。

6.224 大多数国家的专利法规定，申请人可以在多个时间点修改权利要求。典型的时间点包括：首先，在专利局准备公布专利申请之前；第二，提出实质审查的请求之时，同时提出修改请求；第三，在实质审查期间。如果在前两种情况提出修改，一般是申请人主动提出的。在第一种情况提出修改，目的可能是想要公布比最初申请披露的内容更少的内容。而在第二种情况提出修改，目的可能是想要减少在后续程序中受到攻击的风险。而在实质审查过程中提出的修改通常并非出于申请人的主动，而是以对专利局的答复形式提出，因为专利局的审查员在进行实质审查时，会要求申请人以特定的方式修改申请，否则就可能驳回申请。审查员提出的修改建议通常包括删除一项或者多项权利要求，或者限制一项或者多项权利要求的范围，理由是只有删除后的或者限制后的权利要求才能够满足专利性条件，并且/或者才能得到说明书的支持。在审查员和代理人之间会进行对话交流；代理人会努力说服审查员，应当允许较宽的权利要求。在这个对话过程中，代理人和审查员通过交换新的论据和新的文献，各自的观点可能会发生变化。

6.225 这一环节无疑是代理人最具有挑战性也是最为有意思的工作职责。而且这一环节还关系重大，因为权利要求范围过窄的发明专利很可能一文不值。如果审查员坚持要进行限制性修改，而申请人认为这种修改并不合理，那么申请人不一定非得接受审查员的建议。如果申请人拒绝按照审查员的要求修改，专利局会驳回申请。但是驳回申请并不必然意味着申请已经以失败告终。申请人可以诉诸更高级别的机构，例如复审委员会，或者法院。在这些机构的程序中，申请人有可能以自己希望取得的权利要求获得专利发明。

6.226 既然这一职责如此关系重大，一般来说代理人都不会未经申请人的明确和具体的授权而贸然修改专利申请。申请人和他的代理人之间通常会针对每一个修改建议都进行口头或者书面的彻底讨论。

异议

6.227 异议是由申请人之外的个人或者单位向专利局提交的驳回专利申请的请求。异议请求必须写明，异议人基于何种理由认为应当驳回申请。驳回申请的典型理由包括：申请人出于其身份相关的原因而无权取得发明专利；专利申请属于不应当授予专利的情形；专利申请不具有规定的清晰性和完整性，使得所属技术领域的专业人员无法实施发明；或者发明未能满足专利性的条件，即新颖性、创造性和工业实用性。

6.228 授权前异议制度在专利授权之前为第三方提供了请求驳回专利申请的机会。另一方面，行政撤销（授权后异议）制度又在专利授权之后提供了这一机会。

6.229 在这一程序当中，申请人的代理人要承担什么角色呢？专利局会就提出的异议请求向代理人发出通知。然后代理人就需要与申请人讨论，应当针对异议向专利局提交什么样的相反论据。如果异议理由涉及新颖性或者创造性，可能可以通过修改权利要求来避免申请的驳回。

6.230 通常，申请人和异议人都会需要聘请专利代理人。

专利有效期间的作用

◎ 维护

6.231 大多数国家的专利法规定，发明专利的专利权人必须缴纳年费，以维持发明专利的效力。

6.232 准时缴纳专利年费是代理人的一个重要而关系重大的职责。代理人必须保存好每个专利的年费缴费到期日的记录；他必须及时了解发明专利的专利权人是否希望继续维持专利的效力，而且，他也必须确保自己从发明专利权人那里及时收到需要缴纳的年费费用。

6.233 代理人在这个问题上职责重大，因为逾期不缴纳年费会导致额外的费用，亦即滞纳金。而超过宽限期没有缴费的则会导致专利权人丧失其所有专利权。

◎ 无效程序

6.234 大多数国家的专利法规定，任何人可以向一个准司法机构或者法院提起程序或者诉讼，对某个已经授权发明专利的效力提出质疑。根据各国法律的不同规定，被告可以是专利权人和/或专利局，专利局由其领导作为代表（在英语国家通常被称为“委员（Commissioner）”“局长（Comptroller）”“总管（Controller）”或者“注册主任（Registrar）”，在其他国家，则使用相当于“主席”“局长”或者“主任”的头衔）。

6.235 提出专利无效质疑的当事人的代表人当然需要对该项专利的实质审查、行政撤销或异议过程十分了解。他还需要了解，同一项发明是否在其他国家的专利局进行过实质审查，或者是其行政撤销或异议的对象，或者在国外法院是否有过侵权或者无效的诉讼。如果存在这些情形，那么需要了解在这些程序中曾经使用过哪些论据，而这些申请和程序的最后结果又是什么样的。

◎ 强制许可

6.236 有些国家的专利法规定可以授予强制许可。强制许可是由政府机关（例如专利局）根据某个单位或者个人（“强制被许可人”）的明确请求，给予其实施专利发明和/或进口包含了专利发明的产品的许可；如果符合了特定的条件，这种许可可以在未经专利权人同意的情况下颁发。

6.237 强制许可中的双方当事人通常都会需要聘请一位专利法专业人士作为代理人。请求强制许可的一方当事人必须主张发明专利在国内没有实施或者没有充分实施，而且《巴黎公约》规定的3年或4年时限也已经届满。申请人或者专利权人如果希望行政机关驳回强制许可的请求，就需要证明发明专利已由他自己或者他授权的个人或单位在国内充分实施，或者他必须说明并证实存在专利未实施或者未充分实施的“合法理由”。

◎ 侵权

6.238 大多数国家的专利法规定，如果发生侵权行为，专利权人可以到法院提起诉讼，并寻求下列一种或者多种形式的救济：

—— 法院判令侵权人停止侵权行为；

—— 法院判令侵权人向专利权人支付损害赔偿金；

—— 法院对侵权人进行处罚。

6.239 如果准备提起诉讼，会同时需要法律和技术专家的咨询意见与协助。在诉讼中作为被告准备答辩同样也是如此。而且，原告和被告都会需要聘请代理人代表其在法院出庭。

外国客户的申请

6.240 外国的专利代理人通常都会提供必需的申请文件与申请人的具体情况，以及根据《巴黎公约》可以提出的所有优先权要求，但是在以下事项须依靠当地代理人：

—— 确保在规定的期限届满之前提交申请，通常是从提交“基础”申请起满1年；

—— 根据当地的法律和实践提供格式正确的文件；

—— 就需要的进一步的信息提供咨询；

—— 确保所有表格正确完整填写；

—— 及时通知外国代理人提交证明文件的期限，在外国代理人提供这些文件后，在期限届满之前向专利局及时提交。这些文件包括表格、正式附图以及“优先权文件”即基础申请的官方认证复制件，如果需要则还应当包括翻译。

6.241 外国代理人还会期望当地代理人对根据当地法律或实践可能出现的任何特殊困难提供咨询意见，例如，关于申请主题或者权利要求的格式，关于申请的性质，或者根据本地法律申请人提起申请的资格是否足够充分。

6.242 长期来看，当地代理人的关键作用在于确保提醒、监控并遵守所有会对申请产生影响的期限，并就当地法律与实践的特殊要求向外国代理人提出咨询意见。

本国客户的国外申请

6.243 基础国内申请的提交启动了《巴黎公约》所规定的12个月的期限。在这12个月期限内，申请人需要决定还要在哪些国家寻求专利保护。这个问题上，代理人的关键作用在于，指导申请人提出正确的问题，并就短期和长期成本以及国内申请在各国的状态提供明确的信息。申请人自己需要考虑在各个国家的市场发展前景，利用专利的包括许可在内的各种可能模式，以及各国的技术发展水平——这将决定是否可能在该国真正实施该发明，而取得专利则将使发明获得额外的保护。申请人还需要决定整体的预算，并确立优先顺序。

6.244 代理人很重要的一个职责是使得申请人充分了解自己需要支付的成本：在多个国家取得专利保护的费用十分昂贵，特别是如果发明最后并没有取得商业上的成功。很多情况下，专利申请人对于维持其专利保护的中期和长期成本感到瞠目结舌。

6.245 一旦选定了国家，代理人应当采取一系列步骤为指导外国代理人做好准备。第一步是在每一个国家选定将代表他和他的客户行事的代理人。很多国家要求专利申请至少需要提供本国地址，不过，不管规定如何，对于申请人来说，在每一个国家聘请一位经验丰富的当地专业人士进行专利申请，总是十分现实的选择。代理人的选定关系重大，特别是在那些与申请人及其本国代理人语言不同的国家。在作出这个决定的时候，代理人需要考虑的因素包括可靠性、专业技能以及良好的商业判断。

6.246 代理人要准备的下一个步骤，是决定每个申请需要提供哪些正式文件，并且准备好这些文件。大多数国家会要求申请人出具一份授权书。可能还需要签署委托证书。申请表格通常可以由当地的代理人填写并签署。

6.247 下一个初步步骤是为国外申请准备申请文件。很多情况下这些申请文件不会成为最终的文件，因为需要将它们翻译成外国文字。有经验的代理人不会将本国的申请文件进行简单的复制就用于国外申请，而是会考虑是否应当重新调整权利要求的语言或者结构，以更好地适应各个国家的实践，或者还会修改说明书。

6.248 最后，代理人要谨记相应的常规期限，应当在合适的时间向其选定的国外代理人发送完整的指示意见。

3. 公司专利律师

6.249 公司里的专利部门通常既包括技术人员，也包括文秘人员，在很多公司，由专利律师担任负责人。

6.250 专利律师的事务所虽然通常限于处理取得工业产权的程序性事务，公司专利部门的业务范围却要更宽，包括法律、经营和商业方面，例如：

—— 提起并处理申请事务；
—— 检索与监控；
—— 现有技术文档整理；
—— 与公司的研究和开发部门以及专利律师事务所进行协调；
—— 许可以及相关事务谈判；
—— 权利维护；
—— 对于工作内容涉及或者可能涉及工业产权事务的员工进行培训；
—— 根据奖酬规定处理发明的转让和奖励事务；
—— 提起侵权诉讼，或者准备应诉答辩。

6.251 在上述所有领域，都会与专利律师事务所进行沟通，征求他们的意见。不过，在这些问题上，公司专利部门都是处于主动提出问题的地位，向专利事务所就需要完成的工作发出指令，而专利事务所则居于被动的位置。

6.252 那些拥有成功的、计划周密的专利管理政策的公司都公认有效利用外部专利事务所的必要性，这些事务所拥有合格的专业人士，可以熟练地处理各种特殊问题，并且也能够提供足够的后备员工。

6.253 有的公司有时候还会把外部专利律师事务所当作自己的专利部门一样来进行使用，专利律师事务所的人员可以直接与发明人打交道或者进行会谈，拥有自由决定权，只要在事后向公司的专利部门汇报他们所完成的工作以及工作结果。

6.254 大型公司会在公司内部为至少每个单独的技术部门或者实验室配备联络人员，有时候联络人员可能达到100人以上。

6.255 如前文所述，公司专利部门的主要职能包括下列事项。

取得工业产权

6.256 专利律师事务所的服务主要是用于此类工作。负责处理此类事务的员工从发明人那里获取有关某项发明的说明书草稿或者备忘录。有些公司的政策是自己提交专利申请，那么就需要由专利部门的员工以正确的格式重新起草或者完成说明书、权利要求或附图，并提交申请。另外一些公司则聘请外部专利律师来向专利局提交申请。还有很多公司是自己向专利局提交申请，但是聘请外部专利律师来提交国外申请。

6.257 不管怎样，取得授权相关的领域是公司专利部门最能有效利用外部专业服务的领域，通过这种服务的外包，他们可以更加有效地利用自己的时间来处理公司内部其他的政策或者管理事务。

检索与监控

6.258 在这一领域，可以在一定程度上使用外部专利律师事务所的服务，但是大多数此类业务还是由公司专利部门自行处理的。如今，利用计算机系统进行的数据检索或监控正在日益普及。

现有技术文档整理

6.259 这一职能涉及专利公报或者其他专利文献的收集与存档。

与公司研发部门的协调

6.260 公司专利部门的成员参与到研发计划的制订过程中，也参与到专利战略的讨论和制定中，或者与不同相关部门针对专利战略展开共同研究。

许可

6.261 公司专利部门的一个最为重要的职责就是许可专利或者提供各种合同。他们会经常性地考察如何有效利用所取得的权利。公司专利部门还会参与到许可谈判过程当中。

权利维护

6.262 公司专利部门的另一部分重要职责是对于年费的缴纳进行记录并处理，以保持所取得专利权的有效性。

其他工作

6.263 需要对那些工作内容涉及或者将要涉及专利事务的员工进行经常性的培训。专利部门为这些员工举行讲座和讨论会，或者派他们参加外部的课程或者讲座。专利部门的员工有机会考察研究设施和进行中的实际研究活动。所有具有专利保护意识的公司都会拥有某种奖酬制度，对于员工的发明进行奖励。专利部门需要参与评估这些将成为奖励目标的发明。

6.264 每当有一款新产品要投入市场销售，专利部门的职责是要进行彻底的检索，以确保该款产品没有侵犯现有的专利权。这个工作十分耗时，但是事关重大。

6.265 如果公司向第三方提起侵权诉讼，或者需要对于侵权诉讼进行应诉，公司专利部门也需要立即作出反应。

4. 专利代理人协会

国内协会

6.266 首先，专利代理人协会的范围通常是全国性的。通过这些全国性协会，将一国之内的专业人士集中在一起。

6.267 这些协会制定专业操守与行为守则，并对会员的行为进行监督。如果有会员违反了协会的守则，协会将自行进行处罚，或者向相关政府部门提出处罚建议。

6.268 大多数国内协会还会进行工业产权方面的研究，以促进本国的工业产权立法。因此，政府在考虑进行修法的时候，按照惯例都会征询这些协会的意见。

6.269 因此，某些国家在起草或者修改工业产权法律时所成立的官方（政府）委员会中，通常会任命来自专利代理人机构的代表担任成员。

6.270 国内专利代理人协会的每一个会员都必须遵守其专业守则与规范，第三方也可以将协会会员出现违规行为的情况向协会进行举报。

国际协会

6.271 工业产权领域执业人员的主要国际协会是国际工业产权律师联合会（FICPI）。

6.272 FICPI 于 1906 年成立，是私人执业工业产权律师的协会，其总部在瑞士巴塞尔。

6.273 FICPI 的主要目标包括：

—— 扩大私人执业工业产权律师的国际合作，促进信息交流，协调并促进成员之间的业务关系；

—— 在国际层面上保持成员的职业尊严与私人执业工业产权律师的专业标准；

—— 针对业内共同关心的国际和国内立法动态发表意见，保护成员的利益，特别是关于工业产权保护制度的维护与发展以及私人执业工业产权律师的地位问题。

6.274 FICPI 成立于欧洲，不过目前其范围已达全球。目前的成员包括来自非洲、美洲、澳大利亚、亚洲和欧洲的“国内团体”或者“国内部分”。在很多没有成立国内团体或者国内部分的国家，也有 FICPI 的个人成员。

6.275 另一个重要的国际性协会是国际知识产权保护协会（AIPPI），其成员也包括私人执业律师。

6.276 AIPPI 于 1897 年成立，总部在瑞士苏黎世。它的主要目标包括：

—— 宣传工业产权国际保护的必要性；

—— 对现有法律展开研究与比较，并采取措施对其进行维护并统一；

—— 为发展有关工业产权保护的国际公约而展开工作；

—— 发行出版物、发表主张并定期召开大会，目标在于针对工业产权相关的未决问题主持讨论和提出解决方案。

6.277 AIPPI 与 FICPI 一样，在世界各地拥有“国内团体”。

地区协会

6.278 工业产权专业人士在欧洲的地区性协会是欧洲工业产权执业者联盟（UEPIP）。它于 1961 年在布鲁塞尔成立。该协会的成员包括参与制定《欧洲专利公约》各国的将近 1 000 名执业人员和本行业的从业人员。

6.279 联盟的主要目标是针对有关工业产权保护和联盟的欧洲成员职业的问题展开研究。

6.280 上述联盟是一个私人协会，而在欧洲专利局管理的名单上列有的聚集所有专业人士的官方机构是欧洲专利局职业代表机构（EPI）。该机构的目标之一是促进其成员遵守《职业行为操守与规范》。该守则对于成员的行为和其他涉及1973年于慕尼黑签署的《欧洲专利公约》的活动进行规范。

6.281 欧洲还有一个协会，其成员并非私人执业专业人士，而是公司内部的从业者。该协会名称是“欧洲工业产权行业代理人联合会”（FEMIPI）。美国也有一个类似的协会，名称为“企业专利律师协会”。在亚洲也有地区性专利律师协会“亚洲专利律师协会”（APAA）。

5. 商标代理人的职能

概述

6.282 商标代理人为商标权人履行的职能，与专利代理人为专利权人履行的职能相同。在有些国家是由同一批代理人来同时履行专利和商标方面的职能。

6.283 在有些情况下，商标代理人直接受雇于公司，担任其法律部门的员工。担任该职位时，商标代理人直接向管理层就商标事务提出建议，并从事商标注册、续展、商标许可以及防范侵权等业务。

6.284 不过在大多数情况下，商标代理人不受雇于任何企业，而是独立执业，代表企业客户处理事务。因此，商标代理人应当避免同时代理多家互相竞争的企业，也要避免同时担任多家此类企业的法律顾问。

6.285 通常认为，商标代理人必须精通商标的选择和注册业务，并且对于如何在贸易和商业活动中有效使用商标也十分熟悉，才能够名副其实地成为合格的商标代理人。商标代理人还需要在更宽泛的领域内精通商标管理事务，包括商标许可以及处理侵权案件。由于不同国家的商标制度和实践各有千秋，商标代理人需要对各国的情况都有充分掌握。只有这样才能够在全球所有市场都有效地保护商标和商品。

6.286 商标代理人需要履行下列特定的职责：

—— 在其客户需要为其业务选择最为合适的新商标时提供咨询意见；

—— 在商标注册过程中处理不同情况下可能产生的问题，例如由审查员作出的质疑或者第三方提出的异议；

—— 向客户就最佳的商标使用方式提供咨询意见，以增强商标的声誉并永久保有这一权利；

—— 在商标许可中提出必须重视的要点并向客户提供咨询意见，避免在许可过程中遭遇麻烦；

—— 为客户尽早采取最佳措施来打击可能会影响到其商标权的假冒商品。

选取商标

6.287 第一步是要准备一份可以用于特定产品或者特定范围产品的商标备选列表。对于列表上的每一个商标都要按照适当的标准进行审查。剔除掉那些具有描述性、误导性或者带有贬义（特别要注意当某些外语词汇被翻译或者音译成某些重要的语言时，如果具有贬义则不可接受）的标识后，对于其余的标识，可以在相关商品类别进行已注册商标的检索。如果检索发现了冲突性商标，就必须对其进行重点考察。如果这个冲突性商标已经在市场上进行使用，并且其注册也是正常有效，那么就应当放弃相应的备选商标。如果冲突性商标注册是有效的，但是没有证据显示它已经被使用，就可以考虑联系该商标的商标权人，了解其是否有意以“合理”的价格出售（转让）该商标。如果这个商标既没有被使用，但是商标权人也不打算出售，那么可能可以基于未使用的理由而撤销其注册。如果撤销成功，那么此后就可以注册相应的那个备选商标了。

6.288 在大多数国家，商标权的取得是基于注册行为。不过，在有些国家，注册商标还需要具备在先使用这一条件。这种情况下，一旦选定并采用了某个商标，企业就应当开始生产适当的商品外包装并对商标投入广告宣传。

国内注册的申请

6.289 在大多数情况下，商标注册的国内申请会先于国外申请提出。商标注册的时候，当然需要考虑到能够取得对所注册商标的全面保护。

6.290 因此，首先必须要确保所注册的商标不会与他人拥有的在先注册的商标构成冲突。如果所注册的商标不存在这种冲突情形，因而可以得到注册，就需要考虑商标的具体形式。一般来说，采用最简单的形式被认为可以获得最宽泛的保护。

6.291 如果商标局的审查员针对商标申请提出缺乏显著性的质疑，商标代理人需要考虑的一个重要问题就是该商标是否已经在提出商标申请的国家境内进行了长期的商业性使用。也就是说，商标代理人应当证明商标已经取得了第二含义。

6.292 一般来说，判断商标的显著性时会考虑在提出商标注册申请的国家当时使用的语言，以及其他相关情况。因此，需要注意的是，在申请人所在国越早提出商标注册申请，那么在随后提出商标申请的国家也会越早对之进行审议。

6.293 有关在商标注册国进行实质审查的原则，审查员经常会因为申请中的商标与他人拥有的在先注册商标过于近似或者可能导致混淆，而对商标申请提出质疑。

6.294 要应对这些质疑，可以将被申请商标指定的商品范围限定到商标会实际使用的商品类别之上，或者提交论据对于商标与在先注册商标的近似性进行反驳。

6.295 商标申请会在注册之前或之后在官方或者商标公报上进行公告，接受公众质询。这就使得与这些商标存在利害关系的人们有机会针对商标注册提出异议或者撤销请求。

6.296 第三方在针对商标注册提出异议之后，如果申请人愿意作出让步，有时候异议人也会撤回异议。例如，申请人同意将申请中指定的商品类别限制为商标实际使用的商品类别，或者限制商标使用的具体形式。

6.297 如果审查员认为所申请的商标与在先注册的商标构成近似，因而不应取得注册，或者某个在先商标权人基于相似性的理由而提出异议，商标代理人就需要考察是否存在与该在先商标近似的商标，从而对审查员的质疑和/或上述商标权人提出的异议进行评估。

6.298 如果没有找到与审查员或者异议人所引用的在先商标相近似的现有商标，而且被引用的在先商标已经使用了很长时间，那就说明这个商标的保护程度很高，已经消除了在后注册与其相似的商标的任何可能性。

国内商标权人的国外申请

◎ 概述

6.299 在大多数国家的商标申请程序中，外国申请人必须由商标代理人或者其他合格的代表人——例如律师进行代理。此外，申请人在涉及国外的商标申请时可能也会使用国内的商标代理人或者律师的服务。

6.300 在计划提出商标申请的那些国家中，有必要为每个要求指定代理人的国家都准备好授权书。为此，通常需要填写一份由被指定的代理人提供的表格。在每份表格上，需要提供签署授权书的申请人的完整信息。在其他方面，各个国家的要求可能各不相同。

6.301 在所有国家，商标注册申请都要求提交商标图样。因此，在申请中必须提供所申请注册标识的图样。

6.302 在规定通过使用获得商标权的国家，提出商标申请的一个条件就是提交商标具体使用的样本，以说明商标使用的方式。

6.303 不管商标在申请前是否已经使用，都不影响是否要在本国之外提交商标申请的决定。在那些通过注册取得商标权的国家，商标注册尤其具有多种好处。注册能够确保注册人拥有商标的专有使用权。商标注册之后可以禁止混淆性近似商标的注册，同时也是向第三方许可使用商标所不可或缺的前提。

6.304 商标代理人应当在哪些国家提起国外申请呢？最需要商标保护的国家是那些主要通过注册取得商标权的国家，或者并不轻易保护在先使用人的权利的国家。在商标权人希望能够向第三方许可使用商标并且被许可人必须进行登记的那些国家，在将被许可人备案为商标注册使用人之前，商标的注册就是一个前提条件。

◎ 商标申请的复审处理

6.305 商标代理人负责处理国外商标申请的复审。在规定了审查程序的国家，在提出质疑或者异议之后，申请人会有机会作出回应。在应对此类质疑或者异议时，建议根据相关法律规定的行政和/或司法解释提交观点。建议商标代理人引用各国商标法的规定，以便最后可以根据该国的立法作出裁决。

6.306 如果向当地商标局提交的书面论据没能够有效驳回质疑或者异议，在那些规定允许举行听证程序的国家，下一步就是要求举行听证，并进行口头论证。如果商标局根据案件情况认定不能给予注册，就有必要考虑是否可以通过提交证据证明标识已经在该国取得了显著性，来反驳质疑或者异议中的理由。

6.307 除了标识固有显著性这一问题之外，在很多国家申请人会遇到的难题是，商标局认为存在在先的商标注册或者申请会对其商标注册构成障碍。各国的程序规定各有不同。在有些国家，对在先商标注册或者申请的引用仅仅是起到提供信息的目的，申请人依然可以坚持要求给予商标注册并公告。尽管官方报告仅仅具有提供信息的目的，但是当地的做法可能还包括向被引用在先商标的权利人送达给予上述商标注册的通知，这就实际上通知了在先商标的权利人提起异议或者撤销程序的机会。

6.308 在其他一些国家，申请人必须提交论据来反驳这些对于在先商标注册或者申请的引用。在这一法律领域，必须了解法律相关条文的规定以及解释这些规定的法院判决。

6.309 应当考虑是否可以获得被引用在先商标权利人的同意。直接联系在先商标注册人，可能会使本来并不会知情的在先权利人了解到在后商标申请的存在。因此，联系在先权利人的时机十分关键，要考虑在其他国家商标申请的进展情况，在谈判开始之前进行联系。

6.310 建议应当考虑各国的商标局对于在先权利人“同意”各不相同的实际态度。在大多数国家，书面同意能够促使当地商标局作出有利于申请人的决定。在某些国家，比如日本，同意在商标局的决定过程中不予考虑，而在其他一些国家，例如瑞典，书面同意对于商标局来说具有决定性的作用。因此，在决定是否要与在先权利人谈判取得同意的时候，各国商标局对于书面同意的不同接受程度是一个重要的考虑因素。在其他一些国家，经申请人同意，作为授予商标注册的一个条件，需要将授予商标注册的结果向在先商标注册人送达通知，由此为其提供提起异议的机会，在这种制度中，在先权利人的同意也并不起到决定性的作用。

6.311 要想取得在先权利人的同意，商标代理人可能需要考虑对商标申请的商品指定种类进行限定。如果对申请人想要注册并使用的商品类别进行了充分的限制，在先商标权人可能会感到满意。商标代理人可以与在先商标权人直接进行谈判，也可能更愿意由国外的代理人来进行谈判。

6.312 如果经过所有的努力之后，商标申请依然被驳回，那么就需要考虑通过对标识减少或者加上单个字母来进行修改。或者通过加上具有显著性的特征，也可能达到目的。

6.313 最后，如果要针对商标申请的驳回决定向法院提起诉讼，在某些国家，必须要先取得商标局的书面决定，在这个过程中，尽管可能之前并没有出现商标申请可以被受理的迹象，但是有可能通过这个程序最后致使商标申请得到受理。

许可

6.314 如果商标申请人或者注册人想在某个特定的国家许可某一被许可人使用商标，务必要遵守商标注册使用人相关程序，确保被许可人对商标的使用方式或者计划的使用方式符合许可人的利益。

6.315 在普通法国家，通常遵循的程序是将被许可人作为注册使用人进行备案。如果许可人不会或者不打算在国外使用商标，而被许可人是唯一想要使用该商标的人，就非常有必要在提出商标注册申请时同时申请将被许可人备案为注册使用人。曾经有司法判决判定，如果未能在提起商标申请同时申请将使用人备案为注册使用人，会导致商标注册无效。

6.316 登记注册使用人通常所需要的文件包括：

—— 许可人对代理人行使代理权的授权书；

—— 被许可人对代理人行使代理权的授权书；

—— 注册使用人对于注册的共同申请；

—— 法定声明；

—— 情况说明；

—— 许可协议。

6.317 关于商标许可协议，第一条通常规定，根据许可人确定的标准和具体要求，授予一项使用商标的排他或者非排他权利。通常会有一项审查条款，规定由商标权人或者商标所有人授权的代表进行审查。一般来说，该商标的所有人应当在公布前，审查所有的书面资料。往往还会规定所有人终止该协议的条件或者时限。

6.318　在许可领域，世界各国的制度可以被分成5大类。在第一类国家中，建议在该国商标局对于许可协议进行备案。在第二类国家，必须编制注册使用人文件并在国外备案。在第三类国家，必须同时提起注册使用人程序——换言之，商标申请和注册使用人申请必须同时提起。在第四类国家，注册使用人的登记结果可以被扩展到其他国家。在最后一类国家，如果商标权人向第三人许可商标，对商标的这种使用可能会损害到商标注册的有效性。

6.319　需要注意的是，在这个问题上，WIPO大会和巴黎联盟大会于2000年9月通过了一项《关于商标许可的共同建议》，其中规定了商标局针对许可备案可以要求提供的指标和要素所不可超越的最大范围列表（第2条第1款）。建议还试图对于不符合许可协议备案要求的后果进行限制，规定许可未经备案不应当对下列各项产生影响：（i）作为许可标的的商标权的有效性（第4条第1款），（ii）被许可人根据成员国立法所享有的加入由商标权人提起的侵权诉讼的任何权利（第4条第2款第a项），以及（iii）在涉及商标使用义务的问题上，对商标的第三方使用是否可以被视为商标权人的使用这一问题的判断（第5条）。

商标注册后的维持

6.320　商标权被视为是一种脆弱的权利。这是因为商标总是存在成为商品通用名称的危险，或者被“淡化”的危险。实际上，如果商标权人不恰当地使用商标，或者竞争对手、消费者或者诸如报纸或杂志这些大众传媒被允许以通用名称的方式来使用商标，那么商标就会非常容易成为通用名称。著名的例子有“赛璐玢（cellophane，玻璃纸）”和“自动扶梯（escalator）”。

6.321　如果允许竞争对手将近似的商标用于相同商品之上，或者即使容忍在商标注册的商品类别之外的商品上使用商标，商标的原始特征就会被“淡化”，从而使其价值遭到损害。

6.322　必须理解，如果想要防止商标成为通用名称和/或被淡化，就必须强化开展商标管理活动。

6.323　在这种情况下，商标代理人必须密切关注其客户所拥有商标的使用，并防止其不当使用。如果发现了不当使用，商标代理人应当立即或者选择时机采取适当的措施。

6. 专利代理人的技能与知识

6.324　专利代理人的职业需要拥有多种技能，大学毕业的新生通常很难立刻具备这些技能。因此有必要系统地考虑一下，合格的专利专业人士应当具备哪些条件。

技术背景

6.325　专利的本质就涉及处于先进科研前沿的最新技术，因此专利专业人士当然完全有必要对于相关技术领域拥有深入的了解。因此，拥有理工科领域的大学学位或者同等水平的资历就成为一个必备的前提。

语言能力

6.326　对于自己所撰写的专利申请文件所涉及的发明，专利专业人士必须有能力以合理清晰和毫无歧义的语言进行描述，这种素质非常关键。在很多国家，特别是学校里很早就进行文理分科的国家，拥有必需技术背景的申请人并不一定拥有上述能力。

法律背景

6.327 法律方面的知识当然会有帮助，不过这些知识可以通过学习取得。这方面最大的问题在于——尤其对于那些在上述语言能力方面有所欠缺的人而言，是理解包含了大量法律信息的专业性术语方面的困难，即使能够理解这种语言，也很难克服科学/技术的思维方式的惯性，而适应法律性的思维方式。

6.328 这些思维方式之间有实质性的不同，而对于那些三四年来一直按照科学方法考虑问题的理工科毕业生而言，要适应法律分析的思维方法还是颇有难度。他可能会不大关心法律问题，但是，专利权利要求及其范围的解释当然会需要很好地掌握法律技巧。

个性

6.329 与几乎所有其他领域一样，拥有乐于助人、善于合作与善解人意的性格，是一笔巨大的财富，这一点是毋庸置疑的。专利专业人士必须能够以令人愉悦并具有效率的方式与各色人等进行交流，从工厂职工、科研人员到法律顾问和企业管理层，他们首先都希望有人能够快速而清晰地阐述问题，并为其决策提供明确的建议。总结起来，称职的专利专业人士必须拥有实际的或者潜在的能力，将自己作为科技人员、律师和商人的技能都进行交流和表达，很多时候要同时展现这三方面的综合技能。

6.330 准备专利申请文件，并使其能够在最宽泛的意义上覆盖发明方案，是专利律师的职责，并且需要与发明人来合作完成。专利律师不应当仅仅依赖发明人对自己发明的想法。专利律师必须通过与发明人的讨论，从发明人所面临的特定问题的范围出发将发明方案提取出来。通常，通过这种讨论能够确定发明的最宽泛含义，从而撰写一份范围相应较宽的专利申请。

6.331 在专利申请中对发明进行准确和全面的描述，以及专利权利要求的撰写，本质上是一个需要大量实践经验的工作，在这个过程中，受过技术训练的专利律师必须与发明人在讨论中成为真正的合作伙伴。因此，必须要求专利律师具备大学的理工科学位或者同等的教育水平。而且，在大多数发达国家，要从事专利律师的职业还必须通过专门的考试。

6.332 除了实践经验之外，要成为合格的专利律师，还需要具备法律知识，包括其本国的和最主要发达国家的工业产权相关法律规定。这中间当然还包括国际条约的规定。

第4节 知识产权法律的教学

1. 引言

6.333 在全世界不同地区的国家，人们都重新意识到了知识产权的重要作用，近年来各国纷纷制定或者修改关于发明专利、工业品外观设计、商标、版权与相关权以及技术转让的国内立法，并且建立起管理此类立法的政府机构，或将其进行现代化改革。与此同时，针对新型技术、信息和观念传输的新型技术手段所带来的问题，以及它们对工商产业和生活质量带来的影响，包括政府各个部门的执法人员、法官和法律从业者在内的法律职业都在试图作出回应，以期对其拥有更加深入的了解。

6.334　继 WIPO 于 1979 年为致力于工业产权法教学的教授们组织的圆桌会议之后，“国际知识产权教学与研究发展协会”（ATRIP）于 1981 年成立。该协会每年举行一次会议，由世界各国的教师与研究人员组成，选举产生“主席与执行委员会”，任期为两年。

6.335　知识产权在现代世界的重要性远远超过了保护智力成果的范围。它实际上涉及经济与文化生活的方方面面。因此，大学层面的知识产权教学在教育规划中正在占据越来越重要的地位。

6.336　下面各部分的目的在于突出知识产权教学课程在大学层面的重要性，并且就如何有效确立大学知识产权课程向大学教师、管理人员以及政府官员提供一些指导意见。

2. 知识产权教学计划

知识产权教学计划的类型

6.337　能够从知识产权教学中受益的学生范围较广。包括学习商业、法律、美术、工科、理科、新闻等的学生。很多学科的教学计划应当包括知识产权课程。但是，在众多应当包括知识产权的学科中，有 3 个包含知识产权课程的学科最为常见。首先，几乎所有的商学院课程都会包括知识产权基础知识的概论内容。对于想要从事商业或者进入政府的学生来说，对于知识产权在现代经济和贸易环境中的作用具有基本了解，是十分重要的。其次，法学院的基础教学也会包括知识产权课程，使得学生能够对于知识产权法的理念和应用拥有整体性的了解。法学院学生即使不想专门从事知识产权法业务，也应当对知识产权法所保护的基本权利比较熟悉。第三，专业化的研究生课程（LL. M.）可以更为全面、深入地提供知识产权理论与实践方面的知识。此类项目能够涵盖知识产权保护中所有重要问题，从而能够对于从业人员从实践中习得的通常较为零碎的知识进行有效地补充。

6.338　专门的知识产权教学计划主要涉及知识产权实践的 3 个主要方面：可以用以保护知识产权的权利的性质与范围，取得和注册知识产权的程序（包含申请的提交和审查），以及在取得之后保护和实施知识产权的程序。最后一类可以通过在法院进行民事“诉讼”来实现，也可以通过其他更加温和的手段实现。

6.339　商学院的教学内容主要集中在第一方面——可以用以保护知识产权的权利的性质与范围。这种知识对于知识产权从业者来说固然只是最基础的起点，但对于商业管理决策者和政府政策制定者来说，这些知识是最为重要的内容。这些课程使得学生能够基本掌握可以得到保护的创造性和技术性产品和方法的类型、用于保护各种智力成果的知识产权保护方式以及可以使用的保护方式的有效程度。学生可以从中了解，知识产权保护如何能够增强经济上的竞争能力。对于关心公司或者国家的长远经济健康的管理人员或经济学家而言，他们掌握这种知识比作家、艺术家或者发明人更为重要，因为后者主要关心的还仅仅是取得知识产权保护实践性方面的问题。

6.340 除了商学院课程之外，大学中培养律师的所有基础课程都包括商法、财产法的课程，以及民事诉讼法和刑事诉讼法的课程。这些课程中所包含的基础知识，都能够体现在知识产权法中包含的基本概念之中。讲授上述课程的教师，特别是讲授商法、经济法或者财产法的教师，通常都会在其课程中包含知识产权保护各种类型的内容作为其组成部分，尤其是与商业和经济学学生特别相关的内容。

6.341 有些大学的法学院会开设一门或者多门知识产权课程，有时候甚至是一整套完整的课程，针对的受众就是想要成为知识产权从业者的那部分学生。这些课程的目的是为将来的专业人士就知识产权的各种不同形式提供广泛（即使做不到深入）、全面的培训。对于那些想要根据国内法或者国外法帮助作者、发明人保护其成果的学生，以及对于想要成为商业律师并向其企业客户就知识产权法律提供咨询意见（知识产权问题将对其客户的生存和发展都产生重要影响）的学生，这些课程都很有价值。

6.342 知识产权专业研究生项目（例如法律硕士（LL. M.）学位项目）的学生将来一般会成为知识产权从业者，他们希望能够深入理解知识产权法的法律基础，提高知识产权权利取得和保护方面的专业技能。一般来说，某个国家的从业者会到另一个国家学习 LL. M. 项目，从而能够更好地学习该国的知识产权法。此类项目会对知识产权法的理论基础进行深入挖掘。而且，针对那些日常工作主要包括知识产权权利取得和保护的专业从业者，项目课程的设计中还会包括由经验丰富的执业人士讲授的实践性课程，其中包含了知识产权申请和审查以及为保护知识产权而提起诉讼的实践技巧。

知识产权师资

6.343 知识产权教学项目的质量很大部分取决于其师资的经验和兴趣水平。在大多数国家，会有一批全职的大学教师专门就知识产权的一个或者多个领域进行研究。但是，很多大学里没有配备这样的专门从事知识产权的教师，而为学生讲授知识产权的教师只是在其主业之外对知识产权有些附带兴趣。

6.344 填补由于缺乏全职知识产权教师而带来的空缺的一种过渡性的方法，是安排那些愿意贡献出部分时间来讲授知识产权课程的执业律师，他们通常也能够成为合格的教师。他们通常被称为“兼职教师”，他们的参与能够帮助有效而经济地打造一种全面、高品质的知识产权教育。这是一个相辅相成的方法——一方面能够以较小的成本将众多合格专家的优势引入到大学项目，提供宽阔的专业视野，这仅靠大学的全职教师是无法实现的；另一方面也给予实务人士一种与法学院项目相联系的荣誉感，促使他们密切关注法律的最新发展，而且他们还可以从对朝气蓬勃、可以反思传统问题的年轻学生的教学工作中获取刺激和灵感。

6.345 法学院课程中的基础知识产权课程最好还是由全职的法律教师来讲授，他们可以投入足够的时间在整个项目中对学生进行建议和指导，还可以在其专长的领域深入讲授。曾经从事实务的全职教师的优势是拥有知识产权法职业的从业经验，也通常能够很快就掌握指导学生的技巧。经验丰富的法律教师的优势在于对法学教育和法律学生的需求都有很好的理解。

发展中国家的知识产权教学

6.346 为了提高对于知识产权领域教学与研究计划的重视程度，WIPO 在多个发展中国家发起了多项活动。这些活动的目的是为了补充 WIPO 的人员培训项目，后者是 WIPO 发展合作项目的组成部分。

6.347 目前，提供知识产权法教学的大学和其他机构的数目出现了显著增长，但是在一部分发展中国家，知识产权法还没有被设置为教学计划中的课程，或者仅仅是作为商法或者其他法律课程的一部分进行讲授。这种情况主要是由于资源稀缺造成的。

6.348 不过，发展中国家还是有一些大学和其他机构开设了知识产权课程。它们也会与政府部门、法律职业与相关组织进行合作，并且在 WIPO 的支持下，定期讲授知识产权法的一般性的基础课程。此外，在一些发展中国家会针对知识产权法的特定主题组织专门课程以及讲习班和研讨会，面向的受众是大学生、研究机构的研究人员、政府官员、法律实务界人士以及企业家，有时甚至向对于知识产权具有特别兴趣的公众开放。还会举办专题研讨会和其他会议，结合当前的经济、技术和社会发展背景对知识产权法进行讨论。

6.349 大学教师们位于知识产权法教学发展的最前沿，他们拥有长远的眼光，完全了解知识产权不是抽象的概念，而是实现经济和文化目标不可或缺的关键工具。

3. 选择知识产权课程

6.350 大学和法学院层面通常讲授 4 种类型的知识产权课程。它们分别是概论课程、专业课程、高级研讨班和实践课程。

6.351 概论课程是基础的介绍性课程，目的在于对知识产权法各个领域进行综述，同时涉及一些具体问题，有兴趣的学生可能会由此决定专攻知识产权专业。概论课程可能的名称是“知识产权导论”或者“专利、版权与商标法”，商学院学生和来自政府的学生可能会对此类课程很感兴趣，因为他们希望能够从经济学的视角了解对于个人智力成果的保护。概论课程比较适合由刚开始讲授知识产权的教师来教学，因为他们可以与学生一起逐渐掌握知识产权保护的广度与复杂程度。不过，很多知识产权专业的经验丰富的教师也很乐于讲授概论课程，因为他们发现，与学生在广阔的学科背景下进行互动讨论，可以持续扩展他们自己的视野。

6.352 专业课程的重点集中于知识产权的某一个领域。专业课程通常的名称是“专利法导论”“版权法与实践”“国际商标法”“知识产权许可”“反不正当竞争”等。这些课程讲授相应特定法律领域的具体问题，包括法律、法规和相关程序的内容。课程中还会涉及法院对于法律的解释、普通法国家的司法原则、申请并取得权利的程序以及维权程序等问题。学生在学完此类课程后，能够对该法律领域所有重要原则都比较熟悉，对于取得和保护权利最为重要的标准也能够有较好的掌握。

6.353 高级研讨班面向的学生是已经在某个领域上过专业课程，并想在这个领域就某个或者多个特定问题进一步深入学习的学生。专利领域此类高级研讨班的例子可以是一门详细讲解发明的保护历史的课程，从提起专利申请到整个审查过程再到专利局授予专利权，并且还包括向法院提起侵权诉讼以保护专利权的各个阶段。通过这种形式，学生可以将其在专利专业课程当中学到的一般性的专利审查和诉讼方面的原则进行应用。另外一种类型的高级研讨班可以是讨论专业课程中通常不详细讨论的知识产权法的某个具体问题。例如，“知识产权法的反垄断问题”的研讨班，可以填补基础课程没有涉及的知识空白。在高级研讨班上，学生还会有机会就热门的问题撰写研究论文，并且在班上进行专题发言，也可以让教师有机会深入讲授自己学有专长的问题，或者对于前沿问题进行讲授，例如生物技术或者计算机相关法律。

6.354 实践课程重点在于讲授律师在取得和保护知识产权的实践中需要实际采取的步骤。“专利局实务”“版权诉讼”以及“知识产权律师法庭辩论”这些课程要求学生拟真地从事法律实践中真正会做到的工作。最适合讲授实践课程的是作为兼职教师的执业律师，他们可以将其日常工作中实际的内容在课堂上进行讲授。

6.355 如何在知识产权教学计划中选取合适的课程类型，取决于学生、师资以及学位项目类型的具体情况。大多数大学在决定开展知识产权教学的时候，会由浅入深，首先开设概论课程和一到两门专业课程。此后随着学生和教师对知识产权兴趣的逐渐提升，再逐渐增加课程的数量和难度。

4. 选择教材及撰写教学大纲

6.356 教材的选择需要考虑讲授课程的具体内容和形式。但是，在选定某门课程时，教师可能会发现并没有现成合适的书面教材，或者所需要的材料散见于多个来源，必须对其进行编辑和整合。如果找不到令人满意的教材，或者需要重新整理现有的教材，或者需要整合不同的教材，就必须编写一份“教学大纲”，才能更为有效地组织课程，促进学生的学习效率。

选择教材与撰写教学大纲概述

6.357 针对需要讲授的知识产权特定领域编制教材和参考资料需要投入大量的人力。其他教师使用的材料可以作为编制的基础，在新老师累积足够教学经验到有能力自行选择教学材料之前，也可以使用别人的材料。但是还需要一些指导以及某些基础材料。本部分的内容意在帮助教师选择合适的教材。

6.358 教师应当按照自己的兴趣、专长以及教学风格选择一本教材。新教师在第一次讲授知识产权课程时选择的教材不仅能够教育和启发学生，还需要对他自己也有所助益。对于新教师来说，比较妥善的选择是选一本业内公认权威人士撰写的成熟的教材。

6.359 经验比较丰富的教师和实务工作者会对现存的教材更加熟悉，他们可能决定自己收集资料，或者从不同的教材中整合内容，以更好地反映他们认为合适的课程内容和重点。这使得选择的材料更好地反映教师自己的观点和教学风格，防止课堂讲授内容与教材内容的差异导致学生发生困惑。尽管课堂上应该介绍不同的观点，但是只有通过教师的适当讲解才能较好地实现教学目的，如果是在课堂教学和教材内容上出现分歧，学生就比较容易发生困惑了。

6.360 如果相对来说缺乏有效和合适的教材，那么就很有必要由教师来自行编写课程教材，尽管这个过程可能比较困难而且耗时耗力。如果可能的话，不应当把课堂当作教材的实验场所。

6.361　应当在第一次课就向学生提供一份涵盖整个课程的全面的教学大纲。教学大纲列举了课程中将会讲授的所有主题，以及与每个主题相对应的阅读材料。大纲会给学生提供一份“教学路线图”。一份高质量的大纲会以概要的形式将课堂上将会涉及的主题进行分类，列出讲授每个主题的日期，并提供阅读材料的名称和页码。一份好的大纲会连贯地列出课程的概要内容，让学生能够事先了解将要讲授的所有问题，并且在期末指导学生复习自己在课程中学到的（或者应当学到的）内容。在安排各节课的主题时，当然应当按照内容的重要性或者难度来分配每个主题的时间。不过，有些复杂的主题应当仅仅点到为止，留由更加深入的课程进行讲授。衡量一份教学大纲质量好坏的一个方法是将其作为一份内容概要，首先在课程开始时用来介绍课程的内容，并在课程结束时用来对其作出回顾。这符合“预告教学内容、教学、然后回顾已教学内容”这一有效的教学策略。

为特定课程选择教材

6.362　概论课程的教学材料是最容易获取的知识产权教材。建议联系其他大学的知识产权教师，询问他们使用的是何种教材以及使用的理由。选择的教材应当尽可能均衡地安排所有的主题，因为概论课程的每个学生可能会对不同的问题产生兴趣。知识产权教材还可以使用重点关注知识产权的经济和政治作用的文章或者教材进行补充。这些材料可以激发有意义的讨论，并且使得学生对于知识产权与本国经济健康发展的关系加深理解。

6.363　专业课程的教学材料可能比较难找，因为选择专业课程的学生数量比概论课程要少，所以撰写和出版专业课程的教材可能利润较少。不过，通常还是能够找到质量上乘的教学材料，尤其是在专利、商标和版权领域。

6.364　在可以找到专业课程教材的时候，教师应当查看一下作者是否是本领域的专家。即使是质量最好的教材，教师也应当补充一些其他的材料，使得内容可以保持最新，或者使书上的抽象内容更加容易理解或者更加有趣。例如，真实的专利文件、工业品外观设计注册文件以及相应的用作比较的产品样品、带有两个混淆性相似的商标的产品标签样品、两首实质性近似的歌曲的磁带，这些都可以让学生真切地感受到教材中介绍的抽象原则的真实运用。

6.365　如果找不到合适的专业课程教材，教师可以选择一本其中含有对专业课程主题进行详细介绍的章节的概论教材。有的概论教材由于没有对所有的主题进行适当均衡安排而没有被用于概论课程，但是其中过多强调的那部分内容正好可以作为相应的专业课程的教学材料。

6.366　其他可以适合教学使用的材料包括参考书、带有注释的法规、判决书或期刊论文。这些材料通常对于高级研讨班或者实践课程更加合适，不过很多此类材料对于基本原则作出了很好的介绍，可以在课堂教学上进行使用。

6.367　为高级研讨班选择教学材料通常比概论课程和专业课程要简单一些，因为可以按照研讨班的主题来选择材料。申请书样本和法院文书都可以找到相应的出处。还可以将较为深入的论文和研究成果在课堂上作为讨论的基础进行分发。有时候一堂研讨课程使用一个重要的案例判决就可能足够了，不过当然还需要以对该案例的评论和根据该判决而作出的后续判决进行补充。

6.368 实践课程应当使用实务工作者在本领域中使用的相同材料进行教学。应当直接引用法律和法规的条文。可以要求学生购买并学习工业产权局发布的程序手册。在诉讼类实践课程上，应当遵守真实的法庭规则和程序。实践课程是否成功、其质量和效果直接取决于课程内容与该领域真实实践情况的符合程度。如果课程讲授诉讼或者上诉实践，可以让学生就真实的法院案件进行讨论，或者针对已经由上诉法院作出判决的案件，根据双方当事人提交的真实文书模拟进行上诉审判。如果讲授的是专利权利要求撰写的内容，可以使用一份真实专利的发明方案，这样学生可以将自己撰写的权利要求与实际授权的权利要求进行比照。

发展中国家的教材

6.369 专门适合用于发展中国家的教材比较缺乏。现有的教材所包含的法律和实践方面的教学内容，可能不适用于发展中国家。

6.370 因此，很多时候都需要由教师自己来为知识产权课程选择教材。需要为发展中国家有志于规划与讲授知识产权法课程的法律教师提供必要的资料，使他们能够以此为基础编写合适的教材。这些资料可以包括其他国家的法律与法规、WIPO国际局编写的经过研究或者正在研究的各种知识产权问题的预备文件以及专家委员会讨论这些问题的各种报告，以及根据上述研究和报告而通过的新条约或者修改现有条约相应的外交会议记录。每位教师都了解自己所在学校师资资源的局限性，也了解可以开设的新课程的可能性，以及其他限制性条件；他还了解学生在学习知识产权法内容方面的兴趣程度，这需要与其他可能更具有吸引力或者具有更佳就业前景的课程进行竞争，学习其他课程可能使得学生日后从事法律职业时能够获得更好的收入。

5. 教学方法及教育策略

教学方法

6.371 在法律教学领域，最常使用的是两种不同的基本教学方法。它们分别是案例教学法和提问教学法。

6.372 案例教学法。在美国和英国的大学法学院中广泛使用的教学材料是基于普通法的原则，其中覆盖了成文法、行政法规和解释性的司法判决。对于普通法的教学通常通过传统的“案例方法”，出于多种理由，这种方法可能无法在其他国家使用。其中的一部分原因可能是因为欧洲大陆许多国家的法律制度的性质不适合使用这种教学方法，而欧洲大陆的法律制度又影响了一些非洲法语国家、拉丁美洲国家，并且一定程度上也影响了亚洲的一些国家。使用此类教学材料，就要求课程根据普通法的原则以及相关发展中国家法律制度中的法律、法规和司法判决来进行组织。

6.373 提问教学法。案例教学法之外的另一种教学方法目前即使在普通法国家也受到欢迎。在使用提问教学法时，教师会描述一组特定事实场景，并就此提出有趣的法律问题。然后要求学生将相应的法律原则进行适用，对问题进行分析和提出解决方案。这不仅要求学生掌握法律知识，还要努力考虑事实场景的各个方面，进而适用法律以达到公正的结果。关注教学方法问题的专业人士普遍认为，有可能在国际层面上统一编制反映知识产权问题的场景例题或者模型，以及这些场景在各个不同的法律制度下会得到如何不同的处理。

鼓励学生参与

6.374 鼓励学生在课堂教学之外实际参与相关活动，是一个非常有效的教学方法。很多法学院或者大学允许学生参与编辑刊物，例如法律评论或者法学期刊。很多此类刊物是专门的知识产权法方面的刊物，而大多数法学刊物都会接受知识产权法方面的稿件。一些法学院还会举办涉及不同知识产权主题的研讨会。通过参加研讨会或者帮助进行研讨会的组织工作，学生的这种参与可以使其获得不同的视角。此外，如果教学体制允许学生在法学院期间从事实践工作，他们可以兼职为处理知识产权事务的法官、律师或者政府机构工作。

6. 教师在立法过程中的作用

6.375 许多国家都已经通过了知识产权法领域的国内立法和法规，还有些国家会经常对知识产权法律法规进行审查和修改。此类法律法规需要考虑经济形势的变化以及技术发展的效果。在大多数国家，法律的起草和修改工作由行政部门首先启动，工业产权局和版权局都属于行政部门，通常由其官员和法律部或者司法部的官员一起起草立法草案，在此基础上由不同的利益团体进行讨论，最后在立法机关进行审议和作出最终决定。

6.376 在很多国家，知识产权的专业人士不仅分布在工业产权局和版权局，在其他政府机构也经常可以见到，特别是那些处理贸易事务的部门，以及审查或者控制广播电视传播的主管部门，或者监管各个经营领域企业运营的主管部门。

6.377 在很多发达国家，通常不是由行政部门设立的法律改革委员会或者其他特别咨询机构来提出法律修改建议甚至起草立法草案。在发达国家，通常在议会的组织结构中会设立一个专门处理知识产权事务的委员会或者小组委员会。这个委员会的工作人员都对知识产权问题非常精通，并且与相关利益群体保持密切联系，及时了解他们对于各种政策问题以及立法修改过程中需要考虑的各种方案的观点。

6.378 与发达国家不同，在一些发展中国家，不管是某些高层政府官员，还是具体部门的重要官员，都对于知识产权问题相关的政策以及潜在的作用相对缺乏专门知识。在这些国家，法律从业人士和大学的法学教师更有可能在起草和修改立法的过程中起到主要作用。这些专业人士越来越希望能够扩展自己在知识产权领域的视野和知识，因此他们针对其他国家涉及知识产权和相关问题的法律进行比较研究，并向其他国家的政府部门和相关专业人士寻求咨询意见。

6.379 国际社会正努力满足此类需求。上述专业人士可以到其他研究机构进行访问，例如下一部分内容中列出的那些机构，或者到其他知识产权立法比较成熟的国家首都进行访问。他们也可以到日内瓦进行访学，通过与WIPO秘书处讨论当下的热门问题而受益。在合作促进发展计划的框架下，WIPO为那些想要与其他大学的同行以及其他国家工业产权局与版权局官员进行联系的法律教师们，提供资助。有些情况下，某些发达国家的大学和政府也会提供直接支持，以促使这种交流得以实现。

7. 知识产权培训及研究机构

6.380 大学的教育如果离开教师个人作出的研究努力，必定无法取得理想的效果。在高度专业化的知识产权领域，与其他具有相同或者相似研究兴趣的研究者进行合作交流，才能更好地开展研究。正是基于这一理由，近年来成立了越来越多的专业化的知识产权法律研究中心，或者研究与教学相结合的专业中心，这些中心通常都设在大学的法学院之下。

6.381 发达国家的法律研究中心是人们所熟知的特色。尽管专门致力于知识产权法研究的中心目前在发达国家还不是非常普及，但是还是有一些非常著名的此类研究机构。德国的马克斯·普朗克外国及国际专利、版权和竞争法研究所是世界上最为著名的知识产权法研究中心之一。

6.382 1987 年 11 月，慕尼黑的马克斯·普朗克研究所所长弗里德里希·卡尔·贝尔教授在中国北京召开的“亚太区知识产权法教学与研究地区性论坛”上提交的一篇论文中，首先阐述了专门致力于知识产权法研究的机构的目标、结构和功能。该次论坛是由 WIPO 和中华人民共和国国家教育委员会共同主办、联合国开发计划署（UNDP）协办的。自那以后，WIPO 在发展中国家组织的各种研讨会和论坛上，对知识产权领域应当如何开展研究活动、应当或者能够开展哪些研究活动这些问题进行了长期的讨论。

6.383 在美国，专门从事知识产权法的首批中心之一是设置在乔治·华盛顿大学法学院的专利、商标与版权研究所。后来它成为富兰克林·皮尔斯法律中心的一部分，并在法律业内人士和产业界的支持下欣欣向荣地发展。

6.384 还存在其他一些知识产权中心，不过它们不仅仅从事研究工作。在美国北部伊利诺伊州的芝加哥的约翰·马歇尔法学院设有知识产权中心，在开展知识产权的法学院和研究生教学工作同时，也进行知识产权研究和信息传播。加拿大知识产权机构成立于加拿大赫尔市，它与该国知识产权事务的主管机关关系十分密切。

6.385 在欧洲，比利时的鲁汶天主教大学设有一个知识产权法中心。瑞典的斯德哥尔摩经济学院设有知识产权与传媒法中心。英国有伦敦大学玛丽皇后与韦斯特菲尔德学院知识产权研究所。法国的斯特拉斯堡有国际工业产权研究中心（CEIPI），WIPO 与 CEIPI 合作，每年为发展中国家的官员举办一次工业产权培训课程。还有位于巴黎的亨利·德布瓦（Henri－Desbois）工业产权研究所（IRPI），位于格勒诺布尔的工业产权教学与研究大学中心（CUERPI）以及位于里昂的 Paul Roublier 中心。

6.386 在亚洲和太平洋地区，中华人民共和国国家知识产权局主办的中国知识产权培训中心（CIPTC）于 1998 年成立，在中国的北京、上海以及其他城市，也成立了许多知识产权中心。印度的知识产权发展研究所（IIPD）成立于 1997 年 1 月，从事研究工作并提供知识产权方面的培训。新加坡知识产权学院于 2002 年 9 月成立。作为新加坡知识产权教学与研究的重点机构，该学院提供各种入门性和深入性的培训课程，包括知识产权的基础法律知识课程，也包括谈判、品牌建设、专有技术、商业策略以及无形资产评估等各方面的课程。韩国的国际知识产权培训机构（IIPTI）于 1991 年在大德成立。马来西亚的知识产权培训中心成立于1998年。日本发明与创新研究所（JIII）与亚洲太平洋工业产权中心（APIC）位于日本东京。

6.387 在上述中心，专家个人和研究团队根据各自的分工讲授培训课程和开展课题研究。

6.388 大学法学院的学生也会从事研究，因为他们完成学业之后需要取得毕业证书或者文凭或者其他证明文件。大学或者专门研究所或中心的教师们当然要从事个人的研究工作，或者参与到研究团队的工作中去。这些中心的学者都会在知识产权的特定领域拥有专业的知识。尽管这些中心不是专门从事研究或者教学工作，但它们通常在研究、教学和培训方面都能够开展这些领域的高质量项目。

8. 结论

6.389 大学和其他机构将会继续致力于培养未来的立法者、法官、行政官员、法律执业者乃至教师和研究人员。研究机构也会继续致力于分析知识产权制度并为其改进提出建议。

6.390 必须给予研究机构更大的支持力度，这样才能够对知识产权领域法律的运作效果保持持续的评估，从而为教学进程提供支持，并且为立法者、法官和行政官员对现行政策、原则与实践状况进行审查提供基础。

6.391 我们必须为大学和技术研究机构提供适当的指导，以便不仅向其他研究人员广泛宣传和推广技术成果，而且使之在产业中得到广泛应用。通过这样的方式，可以使这些技术成果得到更好的利用，同时也使为其花费的时间、技能和其他资源物有所值。

6.392 最后，知识产权教学与研究要想取得实际效果，就必须对它们投入充足的资源，并有效地组织教学与研究项目。要符合这些要求，政府和各个行业以及教育界必须精诚合作。各个领域的人员都应当主动与其他国家的同行进行交流，了解共同感兴趣的问题，促进国际合作，从而实现互帮互助。

6.393 WIPO时刻准备帮助各国政府及教学和研究界人士，协助他们对可以最佳其实现目标的知识产权法律教学与研究机制作出评价、选择与应用。WIPO将会帮助各国政府与产业界满足公众需求；它也会帮助各个教学与研究机构成为从事教育和科学研究的独立机构。

第 7 章

知识产权领域的科技和法律发展

第 1 节　计算机程序
第 2 节　生物技术
第 3 节　影印复制
第 4 节　通信技术
第 5 节　发展知识产权规范的辅助方法

第1节 计算机程序

1. 引言

7.1 计算机技术在现代社会扮演着越来越重要的角色。能够存储和/或处理数据的计算机-电子机械，我们称之为“硬件”。硬件的发展之快令人吃惊，计算机功能日益强大，计算机技术也渗入到生活的方方面面，不仅包括技术领域、办公领域（计算机最初的据点），也包括更寻常的如家用电器、汽车、手表等产品。

7.2 计算机必须根据指令运作。这些指令（即程序）可以是嵌入到硬件（计算机自身）中的，比如嵌入到ROM（只读存储器，可读取数字信息的线路结构），但更多时候，指令被编写、复制和分布在媒体上，这样它们就脱离了计算机硬件。典型的，个人电脑的程序分布在磁盘，或者光盘（CD-ROM）上。通常，计算机程序由编程语言编写，学过编程语言的人能够看懂。程序的表现形式，既可以显示于计算机屏幕，也可以打印于纸上，通常称之为“源代码”。另一种表现形式叫做“结果代码”，这时程序被转化为二进制数值“0”和“1”。在这种形式中，人们无法看懂程序，但是对于机器却是可识别的，比如通过磁盘读取。实际上，正是通过这种形式的程序来控制计算机的操作。

7.3 通常计算机硬件和程序需要有用户手册和其他支持资料的补充。这些手册和支持资料是由程序厂家准备的，用来对更好地运用程序提供必须的指南和参考资料。程序、参考资料和用户手册（以及厂家更多技术背景资料）即是所谓计算机软件。

7.4 计算机程序的编制需要很大的投资，因此保护计算机程序，防止未获授权的复制和使用显得极为重要。没有这些保护，研发者将不能收回投资，而程序的编制和发展——这是计算机技术关键——也将受损。在那些尚没有提供足够保护的国家，人们常常只能获得并不能满足这些国家特定需要的一些外国程序，因为无法保障必要的翻译和局部改编所需的资金。并且，计算机病毒在这些没有充分保护机制的国家也更加普遍，因为计算机病毒常常分布于盗版软件上，而对这类软件没有与授权产品相同的质量管理。

7.5 因此，国家立法保证计算机程序享有足够的保护至关重要。即使在一些情况下，并不需要局部的翻译和改编，这样的保护可以获得更多最先进的和最适用的软件，因为软件的编写者和传播者显然不愿意将他们宝贵的产品是投放在那些盗版猖獗的国家。

2. 保护计算机程序简史

7.6 20世纪70年代和80年代上半期，国际上就计算机软件保护进行了密集的讨论，主要希望解决的问题是这样的保护应当根据版权法还是专利法，抑或是一种专门的保护计算机软件的制度。

7.7 1985年2~3月，由WIPO和UNESCO的专家共同组成的委员会决定，计算机程序的保护，与文学作品类似的，也归属到版权保护领域，这是一个重大突破。几个月以后，几个国家通过立法，明确将计算机程序视为作品，受版权保护。从那以后，计算程序应受版权保护而非专门制度保护这一观念在全世界范围内被广泛接受。

7.8 选择版权保护有其深刻原因。首先，计算机程序基本上也是作品，并且根据《伯尔尼公约》第2条第1款，从符合文字作品标准的角度来看，创作的目的无关紧要，只要它们是原创的智力创造。

7.9 尽管计算机程序作为文字表达可根据版权加以保护，如果计算机程序背后的想法包括了能提供技术解决方案的技术特征，则这些想法的表述也是具有可专利性的主题。

3. 计算机程序的专利保护

7.10 TRIPS第27条第1款要求专利应适用于所有技术领域，只要它们是新颖的，具有创造性和工业应用性，某些限制性例外不在此列。对专利性的这一宽泛规定引发了一场讨论，即如何界定计算机程序专利保护和版权保护之间的界限。

7.11 在许多国家，如果软件相关的发明具有技术特征或者包括技术示教，那么其是可专利性的主题，例如，某一程序对该领域的技术人员如何使用特定的技术手段解决一个具体技术问题给予指令。换言之，软件相关的发明应当具有技术效果。如果某一软件产生某一技术效果，那么就需要去审查它是否满足可专利性的条件。

4. 计算机程序的版权保护

7.12 采用结果代码形式的计算机程序，与其他以机读形式储存在计算机系统里的文学艺术作品具有相同的版权地位。尽管结果代码形式的计算机程序是人难以理解的，但是它们可以通过检索获得，“解析”成可理解的源代码形式。人们普遍认为，各类作品的保护与数字形式的存储是相悖的，因为这样存储的本身即是复制品；从某方面来说，保存的作品本身不能直接可得并不重要，例如，通过CD我们并不能直接感受到音乐作品，而是要经过CD播放器进行解码。

7.13 版权保护通常的先决条件，即作品必须是原创，这一条件恰好可以适用于计算机程序。尽管大部分程序包含许多子程序，而这些子程序很难被认为是原创的，这样的子程序和整个程序的结构的组合，除了一些非常简单的程序，已经足以认为是创造性的。构思和解决问题的抽象方法（一般称作“算法”）不能根据版权加以保护，这限制了对这类构思和算法的表达的保护，但是实际上这正是版权保护的一个理想的结果：在未对这样一些程序的独立编写制造不合理的障碍的情况下，为之提供了适当保护。

7.14 人们常常争论的是，根据《伯尔尼公约》，文学作品的保护一直延伸到作者去世后50年，这一保护年限对于计算机程序显得过长，因为这些程序往往在很短的时间内就过时了。同样的争论也存在于其他几种文学和艺术作品上。实际上，如果一个作品是过时的，它将很难被使用，因此也谈不上需要保护。《伯尔尼公约》中规定的年限应当被视为是对那些使用者实际仍感兴趣的作品的保护上限。

5. 计算机程序版权保护的国际规范

7.15 关于计算机程序的版权保护的国际共识体现在两个国际条约中，即 TRIPS 的第 10 条第 1 款和 WCT 第 4 条。尽管措辞上稍有不同，两条规定都强调计算机程序应当与文学作品同样获得保护，并且这种保护应当与《伯尔尼公约》中规定对作品的保护一致。这并不是阻止一些国家法可能将计算机程序作为单独一类作品加以保护，只要保护的级别不低于《伯尔尼公约》中规定的对文学作品的保护。TRIPS 同样阐明，这种保护适用于计算机程序“无论是源代码或结果代码形式”。而 WCT 用不尽专业的表述体现了同样的意思：“这样的保护适用于计算机程序，无论其以何种方式或形式表达。”

6. 计算机程序版权保护的国家立法

7.16 下文将根据国际主流观点分析现代版权法中应当强调的一些重点问题。

7.17 现在很明显的一个趋势就是各国法律中都清楚地表明将计算机程序作为一种作品加以保护，更准确地说作为文字作品。因此，毫无疑问版权保护适用于这样的程序，只要它们是原创的。并非所有国内法都定义了计算机程序，一些定义之间表述上也存在差异，但一种还算广泛应用的定义也许是“计算机程序，是一组以文字、代码、模式或任何其他形式表示的指令，当纳入机器可读媒体时，能够使计算机——一种具有信息处理能力的电子或类似的装置——执行或达到一个特定的任务或结果。”这一定义涵盖了计算机程序概念的所有要素。

7.18 将计算机程序归作文学作品，取决于个别法律的其他相关规定以及随后在法院裁决中的判例。需要记住，将计算机程序归作文学作品，这表明对计算机程序原创性的要求不低于其他文学作品。很重要的一点是，商业价值很高的程序不会因为对计算机程序表述形式极高的原创性要求而被拒绝保护。

7.19 对计算机程序给予文学作品等同的保护，则版权保护享有的权利也将适用于这些程序。特别是，复制的权利、发行复制品的权利以及向公众传播的权利。

7.20 关于版权法规定的最重要的一个问题，就是在何种情况下，即使未获得版权人的许可，也可以允许他人复制作品。《伯尔尼公约》的第 9 条第 2 款是适用的国际标准。根据这条规定，联盟成员国法律有权允许在某些特殊情况下复制上述作品，只要这种复制不与作品的正常使用相抵触，也不无理地损害作者的合法利益。专业人士认为，这一条款在对计算机程序适用时，实际上是含糊不清的，并且那些已经或者正在这一领域立法的各国政府在这一问题上也意见不一。

7.21 问题是：在何种特殊情况下复制计算机程序，不与作品的正常使用相抵触也不无理地损害作者的合法利益？在何种情况下才允许这一做法？

7.22 尽管仍然存在不同的意见，但是越来越多的人认为，考虑到计算机程序的目的和价值，除了以下说明的情况以外，为私人目的免费复制计算机程序是不允许的；合法的计算机程序复制品的（不是计算机程序版权）的所有人，在特定情况下可以允许自由复制；免费进行计算机程序的反编译，在特定情况下也是允许的。但是需要指出，对于后一点，并未达成广泛共识。

7.23 很明显，如果在使用机器时必需要同时使用某一计算机程序，并且只要这个程序是通过合法途径获得，则应允许为此目的进行复制。此外作为一种安全措施，为防止可能发生的计算机程序的替换，复制一份作为备份留存，也是合理的。除明确计算机程序的合法拥有者可以复制程序外，还有必要明确，《伯尔尼公约》第12条规定的改编权，并不包括阻止在使用某一机器时同时使用计算机程序所需要进行的改编的权利，就其使用而言，只要该程序为合法获得即可。

7.24 对计算机程序的反编译，意味着复制和改编该程序，成为从中可对其代码和结构进行检查和分析的形式。根据一些观点，在需要进行反编译，以便获得足够的信息，从而在源程序基础上独立创作新的程序，故应当允许计算机程序的合法拥有者进行这样的编译；因为这一做法不会与作品的正常使用相抵触，也不致无理地损害作者的合法利益。然而，为了避免上面提到的抵触和损害，上述过程获得的信息不应当用于开发、生产或者发行一个与源程序在表达上类似的程序，或者发生其他任何侵犯版权的行为。规范相关反编译领域的法律规定是个艰难的任务，因为这其中涉及巨大的经济利益。

7.25 《伯尔尼公约》几乎没有什么规定是涉及发行权的，即有关对作品复制品的最初销售以及随后的对复制品发行权利的控制，比如通过租借的形式。但是这一权利变得越来越重要，特别是数字媒体形式的作品，其中也包括计算机程序。这样的作品在复制时，它们的技术品质不会受到任何损害。如果它们是可以普遍免费获取，或者是以非常便宜的价格就可以获得，那么公众就可以在很短时间内对之进行传播。实际上，即使未经版权人许可不允许进行复制也不会有多大区别，这就说明有必要阻止他人例如通过租借形式发行计算机程序，因为这样的发行方式将会破坏正常的市场销售。人们逐渐认识到，这样的发行都应当经过版权人的授权。

7.26 在计算机程序领域，向公众传播的权利也越来越重要。新的通信技术日益发展，使得作品能够迅速地以数字形式从数据库传送给个人用户。这当然会影响到许多不同类型的作品，不仅仅只包括计算机程序。然而，这样的传送系统基本上都用于计算机程序（实践中还有这些程序的广播）。这些体系体现了对这些程序的大量和有价值的利用，并且由于这一领域技术发展迅速，现代的立法应当确保向公众传播的专有权利，包括广播权和以互动系统向公众提供的权利，都要适用于计算机程序。

7.27 在《伯尔尼公约》的其他对计算机程序（以及其他作品）重要的一般性规定中，亦应提及不需履行任何手续的保护原则（公约第5条第2款）。一些国内法规定了登记制度，但是一般来说，登记并不是获得保护的一个必要条件，而是确立了署名权和所有权的可予驳回的推定，故这样的规定是与《伯尔尼公约》的规定相左的。

7.28 一个总的问题是各国国内法中的保护期限问题。《伯尔尼公约》中并未对计算机程序另作规定，因此计算机程序的保护年限也是作者的有生之年及死后50年。

7. 利用计算机创作和使用作品

7.29 计算机处理的数据，或者经过这样的处理得到的数据，也是可保护的文学艺术作品。这引发了有关这类作品版权保护的一些重要问题，例如：

—— 当经过计算机处理的信息以受版权保护的作品方式表达，那么计算机对这一作品的利用也受版权人的控制吗？

——如通过使用计算机处理信息而产生一种通常会受版权保护的作品，例如，为某一特定目的处理统计数据产生的表格形式的统计成果，或者利用计算机创作音乐，那么谁应当被看做是产生的文学或艺术作品的作者，从而谁又是版权人呢？

7.30 无论国际上，还是各国内部，对这一问题的看法都比较相近，并且总体的意见体现在1982年7月在巴黎举行的、由WIPO和UNESCO联合召集的政府间专家会议第二次会议报告中。报告的主要结论和建议归纳如下：

—— 将受保护的作品输入到计算机系统，这一过程包含了在机器可读材料支持下对该作品的复制，还包括将作品固定存储到计算机内存中。这两种行为（复制和存储）都受到国际条约（《伯尔尼公约》第9条第1款）的约束。无论以何种形式从计算机系统中输出被保护的作品均应当根据版权法加以保护，例如，以原件打印形式，以机器可读形式固定在其他媒介，从一个系统的数据库中传输到另外一个系统的内存中（不管这过程中有无中间媒介），或者以录音或录像形式向公众提供。

——在修正或修改关于计算机使用受保护作品的国内法时，应注意确保作者可以继续行使计算机使用相关的精神权利，也要保证对于版权人控制权利的例外与限制——这是计算机技术界乐于实施的——不能超越公约中规定的界限。

——涉及计算机使用受保护作品时，仅在不能获得自愿许可的情况下，才可以接受非自愿许可，并且不论何种情况，都应当遵循条约的基本原则；当某一国内法采用非自愿许可时，其法律效力应仅限于该国国内。

7.31 许多国家的现行法律似被视为在实施这些一般性结论，但是一些国家对版权法的修正已经落实了这一点。

7.32 对于这些问题的研究得出的一个总的观点是，无论计算机多么复杂，它也只是一个工具，而借助计算辅助完成工作的作者，应当是构思这个作品的人，也是对程序员和技术人员下达制作作品所需的指令的人。无论是设计程序并需操作计算机以编写该程序的程序员，还是为执行该程序而操作计算机的技术人员，都不能被看做是作者或者共同作者；不过，对于原创作者和程序员合作的作品，只有当程序员对作品有创造性的贡献时，他才可以被认为是共同作者。

8. 数据库

7.33 如上所述，将受保护作品存储于计算机内存是一种复制行为，属于复制权范畴。另一问题是，这样的数据库是否也可以根据版权加以保护。

7.34 《伯尔尼公约》第2条第5款这样规定：“文学或艺术作品的汇编，诸如百科全书和选集，凡由于对其内容的选择和编排而构成智力创作的，应得到相应的、但不损害汇编内每一作品的版权的保护。”规定中并没有具体表明何种类别的作品可以获得同等保护。因此，应当推定这里规定的保护级别，总体而言就是根据《伯尔尼公约》对文学和艺术作品的保护级别。

7.35 《伯尔尼公约》第2条第5款的规定限定了原创性的文学或艺术作品汇编的范围。但是这并不意味着，在《伯尔尼公约》中没有规定对其他原创性材料汇编保护的基础，比如数据。

7.36 从《伯尔尼公约》第2条第1款中可以找到这一依据。该条特别指明：“‘文学和艺术作品’一词包括文学、科学和艺术领域内的一切成果，不论其表现方式或形式如何。”尽管该句随后的对于作品类别的清单并不包括数据库，但是很明显这个清单并不是穷尽性的清单，而且普遍的共识认为，上述领域的任何原创性成果均应受公约的保护。

7.37 TRIPS第10条第2款明确规定：“数据汇编或其他资料，无论机器可读还是其他形式，只要由于对其内容的选取或编排而构成智力创作，即应作为智力创作加以保护。该保护不得延伸至数据或资料本身，并不得损害存在于数据或资料本身的任何版权。”

7.38 WCT在第5条中对数据库保护作了规定，标题是“数据汇编（数据库）”，内容如下：“数据或其他资料的汇编，无论采用任何形式，只要由于其内容的选择或排列构成智力创作，其本身即受到保护。这种保护不延及数据或资料本身，亦不损害汇编中的数据或资料已存在的任何版权。”在通过WCT的外交会议上，亦通过如下决定：“本条约中第2条，第5条对数据汇编（数据库）的保护范围，与《伯尔尼公约》第2条的规定一致，且等同于TRIPS中的相关规定”。这里提到的WCT第2条，标题是：“版权保护的范围”，内容为：“版权保护延及表达，而不延及思想、过程、操作方法或数学概念本身。”

7.39 对于原创性的要求，例如，根据WCT的规定，数据库应是“由于其内容的选择或排列”，这意味着某些数据库不能得到保护，即便是斥巨资编制的大型数据库。例如，一套特别完整的数据库，不经选择不经删减地包含了所有相关数据，并且这些数据是根据最基本最直接的原则来排列，如按照英文字母、数字或者年代顺序排列。这样的数据汇编，尽管投入可观，但是当它以机器可读形式保存时，还是可以很方便且便宜地下载、复制或者另作他用。

7.40 一些观点认为，这样的投入仍应受到保护，例如，另设一种保护体系，但涵盖复制、发行或者对公众传播，尽管比版权保护的时间要短。目前国际上正针对建立这一专门保护制度的可能性进行讨论。

第2节　生物技术

1. 引言

7.41 生物技术这一技术领域日益凸显其重要性。生物技术发明对我们未来的生活将产生重要影响，尤其是在医药、食品、农业、能源和环境保护方面。

7.42 生物技术涉及生物体，比如，植物、动物、种子和微生物以及生物材料，如酶、蛋白质和质粒（应用于“基因工程”)。生物技术发明可以分为3类：对生物体以及生物材料的创造和改良的方法；由此方法获得的结果；对该结果的应用。

7.43 生物技术是最古老的技术之一。例如，人们很早就懂得，葡萄酒和啤酒的制作过程包含对生物体的加工，同样悠久的还有动植物的选育。

7.44 近些年，科学家研究出能够改造生物体基因结构的生物方法（即基因工程）。例如，Chakrabarty（美国发明家）利用基因工程研究出一种微生物，可以降解海洋和河流中的原油污染物。美国最高法院将这一发明中经过改造的微生物判定为可授予专利的主题，具有里程碑式的意义。最高法院认为，自然规律、物理现象以及抽象概念是不可授予专利权的客体。而这一要求保护的发明，并非是自然界现存的现象，而是一种与自然界已经存在的细菌相比具有显著不同特性的新的细菌，这有赖于发明者的聪明才智和勤奋努力。由是美国国会将法定的可授予专利权的客体范围（任何新生产的物质，或者物质的组合）扩大到“普天之下的任何人为物质”。

7.45 基因工程技术同样应用于改造微生物和植物以用于生产新药。人们对生物技术寄予厚望，希望在医药领域能有突破性的进展以攻克癌症和艾滋病这样的疾病。同时，人们也希望生物技术为食物和能源问题的解决带来新的契机，为环境污染问题提供新的解决之道。

7.46 在很多人看来，发明的概念仅仅局限于物理化学领域。然而，随着人类控制和描述生物技术领域的方法和产品的能力的提高，对发明的概念扩大了，也包括了生物技术领域的发明。如果可以控制生物技术方法，并且能够将这一方法详细描述，使得该领域的专家在此基础上能够实施该方法，就构成一件生物技术领域的发明。

7.47 今天，生物技术关注细胞生物学和分子生物学的应用以满足人类需要，关注应用细胞和生物分子去解决问题或者制造有用的物质。这需要针对从分子级别去理解并且控制生物体或者具有生物活性的物质，进行科学的和产业的规范。通常这涉及DNA重组技术以及对基因信息的分析。

7.48 需要利用生物技术的领域已经拓展到了诸如，医疗保健、农业、食品加工、生物治理（或生物降解)、林业、酶、化学品、化妆品、能源、造纸、电力、纺织和矿业。这些应用的扩展引发了重要的经济活动和发展。

7.49 基于现代生物技术制造的药物和疫苗大为增加，对包括人类、蚊子和能引发疟疾的恶性疟原虫在内的一些生物完成了基因组测序。人们希望这些进展能够加速新药物和疫苗的发展。

7.50 近年来，转基因作物的种植范围极大扩展。这一增长还将继续，因为越来越多的国家正将转基因作物商业化。通过利用微生物和植物除去或者减少土壤中的有毒物质，这样生物技术还可被用于开垦废弃土地。

7.51 由于转基因作物减少了杀虫剂的使用并且增加了产量，使得这一趋势更受欢迎。发达国家和发展中国家的研究所正联合起来致力于为发展中国家生产新的物质，木薯、土豆和大米都是转基因工程的受益者。

7.52 联合国最近的一份报告（参见参考书目)，总结了利用基因技术的趋势，并提供了一些定义和详细的统计资料。

2. 采用与推广

7.53 发达国家是生物技术的主要投资者，也是采用生物技术的主要受益者。不过，发展中国家也逐渐接受了这一新技术，这从越来越多的发展中国家开始种植转基因植物就能看出来。
7.54 以古巴和印度为例，这两个国家正在成为与健康有关的生物技术研发、制造和销售的中心。古巴的生物技术研究中心已经或者正在研究热带疾病的疫苗、药物和诊断试剂盒。新加坡和中国也专注于生物技术的研究，以及医疗卫生和农业领域的发展项目。
7.55 国际上一些公共-私有的制造疫苗和药物的公司也在为发展中国家谋利。这些公司目前致力于研究治疗疟疾、艾滋病以及肺结核的药物，以便提供给发展中国家。目前，至少一种疫苗已经在肯尼亚进行一期试验，另外一种针对艾滋病的疫苗正在美国进行初步的临床试验，此外一种疟疾疫苗正在冈比亚进行一期试验。
7.56 生物技术的工业应用也在纺织、木材、纸浆、皮革、食品以及矿石加工业得到发展。南非研究出一种基于生物技术的黄金加工体系，利用微生物溶解含矿物质的矿石，称为生物冶金（Biox）工艺。人们期盼生物技术能够在发达国家和发展中国家均得到工业应用。
7.57 知识产权政策可以用来平衡公众和个人的利益，发展和采用知识产权政策可以弥补在采用和发展生物技术上造成的经济差距。例如，增加发展中国家的人民利用知识产权制度的能力，将有助于发达国家和发展中国家之间建立稳固的、战略性伙伴关系。
7.58 建立生物技术产业来生产实实在在的物质需要投资，现代而灵活的知识产权制度和政策，对这一投资作出了很大贡献。灵活的知识产权政策有助于形成稳定的法律环境，这样的环境，有利于那些将生物技术革新传播到更多国家所需要的公私合伙关系、各种投资以及其他经济活动。

3. 保护的必要性

7.59 正如其他技术领域一样，生物技术发明也需要法律的保护。这类发明与其他发明一样也是人类智慧的结晶，是在尖端的实验室里，经过大量研究、创造性劳动和投入的结果。一般情况下，企业家只愿意投资于那些受法律保护的研究成果。和其他发明一样，生物技术发明也显然需要获得保护，这不仅仅是为了维护发明人及其雇主的利益，同样也是为了维护公众的利益以推动技术的进步。
7.60 对发明的法律保护通常是通过授予专利权或者其他权利来进行的。然而，生物技术领域的发明，人们在为其寻求保护时却常常遇到障碍，而这些障碍在别的技术领域却不像生物技术领域那样突出。
7.61 第一个障碍是，生物技术领域的发明，究竟算是发明呢，还是只是一种发现。例如，通过一种复杂的方法，分离出了一种先前不知道的微生物，一些人们可能会争辩说，这样的微生物不能算是发明，只能算是科学发现。回击的人们则可能说，这个分离过程需要相当复杂的技术，且人为干预十分重要，因此其成果当然是一种解决技术问题的方案；或者可以说，分离出的微生物和从自然界提取的化学物质没什么区别，既然后者可被授予专利，分离的微生物也应当可以。

7.62 第二个障碍则是，考虑到公共秩序和道德，现在的专利保护法律规定中排除了一些特定生物技术领域的发明。这些规定源于欧洲，但也影响到了欧洲以外的一些国家。

7.63 尽管未能就所有的问题在国际上达成一致，但已经处理了一部分生物技术领域的发明保护法律问题。关于生物技术发明法律保护的 EC 指令，对国家和政策制定者来说被证明是行之有效的。《国际承认用于专利程序的微生物保藏布达佩斯条约》已于 1977 年在布达佩斯缔结，条约为生物技术发明在许多国家的保护程序提供了便利。第 5 章中有该项条约的详细介绍。

4. 现有保护

7.64 专利是用来鼓励生物技术的创新和商业化的最常用形式，尽管也可以选择商业秘密进行保护。专利制度之外的法律制度传统上更着眼于公众利益，如产品的环境或药学安全性、产品的功效以及不正当竞争。

7.65 作为 WTO 成员的部分义务，许多国家受 TRIPS 的约束。关于 TRIPS 的分析在本章之前已作过阐述（见第 5 章），但是总的来说，WTO 成员必须实施协定的最低限度的知识产权保护。这在那些先前没有密切关注知识产权问题的国家引发了关于知识产权制度和政策的讨论及辩论。这一点都不奇怪，一些问题还将继续争论，如可专利性主题的范围，什么构成了现有技术以及如何保证在避免不当加重经济负担的情况下实施专利授权制度。

7.66 TRIPS 第 27 条第 1 款规定，专利可授予所有技术领域的任何发明，且不应有歧视，只要它们具有新颖性、包含创造性步骤，并可供工业应用。第 27 条第 2 款则赋予成员在某一技术发明的商业化开发有悖于公共秩序和道德时，可将该技术发明排除在授予专利权的范畴之外。此外，该协定第 27 条第 3 款，也允许成员对某些特定发明主题拒绝授予专利权，如动植物。

7.67 然而，微生物确实需要保护。在此方面，涉及研发自由的问题，有些人关注“研究工具”类专利的影响问题。讨论集中在专利应如何利用，以及在商业上有何作用。对这一问题的研究尚未发现广泛存在的或者是不可克服的困难。

7.68 考虑到对植物品种的保护，TRIPS 第 27 条第 3 款 b 项要求，应通过专利或一种有效的专门制度或通过这两者的组合来保护植物品种。人们认为一些植物品种保护体系构成了这里所说的专门制度。这样的制度在保护条件的要求上，在可预防的行为的本质上均不同于专利保护。关于国际植物新品种保护联盟（UPOV）在第 5 章有详细介绍。

7.69 TRIPS 需要灵活执行。例如，最近针对最不发达国家，将符合规定的最后期限延长至 2016 年，其他国家则需要在 2005 年以前就达到要求。2003 年 8 月，WTO 总理事会就同意作出改变，使得那些缺乏药品生产能力的发展中国家，在进口药物时，进一步减少因专利权而带来的限制。这一协议体现了国际社会为在专利权人的权利与满足发展中国家对特定药品需求之间保持平衡所作出的努力。

7.70 各国就此采取的措施证明，这些措施对决策者是有用的。例如，1998年7月30日生效的《关于生物技术发明法律保护的EC指令98/44》，统一了关于生物技术发明专利保护的一些规定。该指令的第3条第2款规定，从自然界分离出来的或者通过技术手段产生的生物材料，即便它之前已经存在于自然界，也可以是专利保护的对象。第4条第1款则排除了一些可专利性的动植物品种和实际上用于动植物生产的生物学方法。考虑到公共秩序和道德，第6条第2款提供了一份不授予专利权发明的非穷尽清单，包括克隆人的方法、改变人类种系遗传特征的方法、人的胚胎的工业或者商业目的应用、改变动物种系遗传特征的方法（而且该方法能造成动物的痛苦，且这一方法不会对人类或者动物有任何实质上的医疗益处），以及由此方法所产生的动物。

5. 传统知识

引言

7.71 第2章的一节讨论了知识产权与传统文化表现形式（TCEs），还界定了民间文艺表现形式。最近，国际知识产权政策议题已经将焦点扩展至传统知识（TK）的相关议题，且特别侧重于如何利用知识产权制度保护传统知识。与传统文化（例如传统歌曲、表演、口头叙述或绘画）的形式、表达或代表相区别，传统知识越来越被视为知识的内容、实质性要素或理念（例如有关植物医药用途的传统诀窍或传统生态管理做法），而传统文化则被归为TCEs或民间文学艺术表现形式。本章综述了当前有关传统知识保护的讨论，其现在仍处于很初步的阶段，但对很多国家来说属于高度政策优先的领域，在WIPO及其他几个国际组织内正对这一领域的问题进行积极审议。

7.72 传统知识的持有人，例如土著和当地社区，强调传统知识与构成其环境一部分的遗传资源之间具有整体性联系，TCEs或民间文学艺术表现形式则反映了其文化的特质。WIPO的知识产权与遗传资源、传统知识和民间文学艺术政府间委员会（IGC）已于2001年建立，以更深入的方式就这些议题开展工作，并认为应当将传统知识和TCEs与知识产权中的遗传资源一并保护。

7.73 通过知识产权制度保护传统知识的呼声带来了挑战性的问题。首先，什么是传统知识？纷杂多样的土著和当地社区的知识以及精神传统能够绑定成单一类别，且不丧失其活力源泉的多样性吗？“保护”的含义是什么，应当保护什么，以及从何保护，保护为了什么目的，为了谁的利益？如果传统知识真的存在权利，谁将拥有该权利，以及如何实施？

7.74 为推动这些议题，IGC在传统知识保护方面的工作同样体现了更深层的考虑。例如，他们考虑到在知识产权制度中保护传统知识的尝试将会导致传统知识变成第三方的资产，进而将其从创造并培育该传统知识的真正社区中割裂出来，最终导致这些社区丧失其最重要的利益。因此，社区主张，对传统知识的任何保护，应当保持其精神、科学以及法律之根源的真实性。对很多社区来讲，传统的习惯法和决定应如何保护知识的做法乃是知识本身的有机组成部分：传统法律和知识构成了不可分割的整体。这些根基——与传统知识密不可分的社区生活、传统实践以及信仰，是否应当像它们所产生的知识和文化一样得到同样的保护？

传统知识与知识产权制度

7.75 这意味着谋求对传统知识的保护，就等同于从根本上对知识产权制度的基本原则和推定进行重估，也是一场关于传统知识如何符合现代知识产权制度中的形式概念和结构的复杂争论。有些人认为知识产权助长了人们对源自传统知识材料提出的不合法的财产权利主张。但实践却证明了知识产权制度可以强化传统知识及其相关遗传资源持有者的权利，并有助于规范和确定如何对其无形财产进行使用和平等的利益分享。

7.76 解决这些问题在很大程度上还要依赖于为土著或当地社区提供更多切实可行的选择方案，并提高他们从这些选择中获益的能力。这就提出了一个重要的问题：什么是迫在眉睫的需求？是为传统知识创设新型法律保护，以强化社区利用已有机制的能力？还是在发展、适应法律制度与实用的能力建设之间构建有机的联系？

传统知识与全球市场

7.77 随着对传统知识在全球市场中价值的逐步认识，关于传统知识保护的争议日趋白热化。传统知识及其相关遗传资源已经被用于创造新产品、药品以及农产品。另外，很多传统知识体系中的文化、精神以及技术分支已经在与现代科技社会的碰撞与交互中生存并适应了挑战：传统知识仍然占据了很多现代社区生活的一部分，并且不能忽略其作为历史性珍贵事物的成就。当然，传统知识在国际知识产权中是一个新概念。WIPO 于 1998 年启动有关传统知识的工作，1992 年缔结的《生物多样性公约》成为在国际法中承认传统知识的一个里程碑。

7.78 尽管传统知识构成了人类最古老的智慧传统、知识及信仰体系之一，技术秘密、传统文化表现形式以及自然环境在寻求惯例、社区法律以及伦理标准的表达方式时以一种复杂的方式相互影响、相互作用。对于某些传统社区，习惯法创造了一种在获取和管理传统知识之间的重要纽带，以及一种对其尊重、保护和合理利用的责任意识。这些知识、法律以及管理的形式远早于现代知识产权法律的出现。因此有一种观点认为，应当尊重和保护这些传统法律概念以及传统知识管理体系。传统智慧对于自然环境的保护同样非常重要，对于生物资源的保护和可持续利用是基本的信息来源。因此传统知识在涉及生物多样性保护方面得到国际法律层面的首先确认并非偶然。

未来的挑战

7.79 传统知识保护的未来发展面临一些表面上的悖论：

—— 这是一个知识产权国际合作的引人注目的新领域，但它所涉及的知识和知识体系具有深厚而古老的根基；

——这是一项国际议题，其特点在于寻求全球化的解决方案，但它涉及传统知识体系，因而高度分化，内在体现于地区习惯法和自然环境中；

——传统知识与用于保护它的正式法律手段看起来截然不同（正如发明和保护它的专利分属不同概念一样），但对当地社区而言，拥有传统知识和同样拥有保护的责任以及按照习惯法加以利用构成了不可分割的整体。

7.80 传统知识保护的国际进程当前正处于十字路口。争议已经导致对于传统知识保护的基本理念和概念的更加清晰的认同，以及对政策选择是什么的更集中的理解。几项特别提案已经强化了传统知识在专利制度中的实际确认，因此传统知识已不再被视为毫无根据的专利权利要求的主题。通过已有法律工具保护传统知识的可能性，包括保密信息法（传统知识作为未披露的技术秘密）、地理标记（某些产品是具有地理-地方性传统知识的文字体现）以及专利法（作为传统中药领域的创新，已向中国提交了20 000多件专利申请）。另外，一些国家还采取了对传统知识的专门保护措施，这些实践经验有助于引导理解未来法律措施如何防止对传统知识的盗用和滥用。

7.81 单独利用已有和新的知识产权方法将不会解决今天传统社区所带来的挑战，需要采取法律和实践方法以强化对那些保护其传统知识习惯法的尊重。迄今有理由乐观地认为，明智地利用知识产权制度能够有力地支持这些社区，并能够对其文化、经济福利和自治作出贡献。实践经验反过来应当在国家和国际层面指导我们更深层地理解需要采用何种新型法律措施。

第3节 影印复制

1. 影印复制与知识产权

7.82 影印复制是个通用名词，现被用于描述所有可用类型的影印设备，使得通过设备复制各种类型文件副本变得快速而便宜，且易于操作。今天，在大多数国家都普遍存在这种设备，世界范围内，大量的文学、戏剧、音乐以及艺术材料复制件通过使用复制设备得以制作。

7.83 《伯尔尼公约》（1971年巴黎文本）第9条规定“受本公约保护的文学艺术作者，享有授权他人以任何方式或形式复制其作品的专有权利”，并且所有当代版权法都含有实施该原则的规定。第9条第2款授权各国版权法在某些特定情况下允许对作品进行复制，两个前提是：

——被允许的复制不得与作品的正常使用相抵触；

——复制不得不合理地损害作者的法定权益。

7.84 当今存在的影印规模似乎与作品的正常使用产生了冲突，这些作品被大量复制；并且该复制规模不合理地损害作者及其出版者的法定权益。不同国家对该问题采取了不同的解决方案。

7.85 1970年，在某些北欧国家，启动了一项涵盖教育机构影印的一揽子自愿许可计划，最初仅涉及本国作品。接下来，在1980年，这些国家中的某些国家修改了版权法，为该总许可途径提供法定援助；根据法律规定，一揽子许可的范围扩展至所有版权作品，包括外国作品，还对处理管理一揽子许可的组织与相关教育机构之间的纠纷规定了仲裁办法。

7.86　在德国，通过修改版权法的原则确立了一个更先进、全面的体系，将法定费用与一揽子许可一起同步双重规定。法定费用由影印设备的制造商和进口者支付，费用数额由设备的操作速度决定。另外，当这类设备用于教育机构、公共图书馆或者其他向公众有偿提供设备的机构时，需要征收版权使用费，并由征收机构根据一揽子许可进行分配。

2. 录音及录像录制

7.87　技术的进步使得高质量地复制声音和视觉录制品成为可能。版权涵盖了这类行为，就如同通过影印设备复制文字或其他材料一样——换言之，这构成了对《伯尔尼公约》第9条以及据此相关国内法所保护的基本权利的潜在侵权。

7.88　家庭录制也成为国际和国家层面着重研究的课题；一些国家已经立法或打算立法以规范此类问题。

7.89　如同影印复制问题一样，各国所采用的解决方案并不相同，但都或多或少基于下述相同的方法：

—— 普遍采用的方法的基本理念是：针对每台录制设备、空白磁带、可录光盘（CD）以及可被用于家庭录制的其他设备且发放给公众的，应当缴纳法定费用。

——该方法的合理性在于：虽然无法确定每一位家庭使用者，但可以将这些使用者归为一类，因为他们购买设备、空白磁带以及CD并用于家庭录制；法定费用构成了用于此目的的设备、空白磁带以及CD购买价格的一部分。

——同样，由于制造者或进口商向公众销售设备、空白磁带以及CD，使公众有可通过这一方式使用作者的作品，因此要求制造者或进口商向版权人支付法定费用是合理的。

——根据相应安排，制造者和进口商向代表有权分享使用费的不同利益方的集体管理机构支付上述法定费用（某些国家只针对设备征收，一些国家只针对空白磁带且有时还针对可录CD收费，某些国家则对两者均征收法定费用）；集体管理机构负责分配所征收的费用。

7.90　不同国家间方案的不同之处主要体现在以下几方面：

—— 法定费用总额分配给个体权利人、其他利益方或者用于社会目的的比例。在某些国家100%分配给个体权利者，而其他国家则有相当比例（有的甚至达到50%）用于总体社会目的，例如作为作者或作曲者的奖学金。

——法定费用总额中分配给有权参与分享的非本国作品的版权所有人的比例；某些国家规定所有其他国家的作品，只要其所在国与本国同属于同一公约的成员国，就均有权参与分享；而其他国家规定只有本国作者及其他利益相关方有权参与分配。

第4节 通信技术

1. 引言

7.91 通信技术最初仅用于传输声音，在20世纪前一二十年开始大规模服务公众。此后三四十年，广播将电磁信号通过无线方式在大气中传播，然后再用适当的设备接收，可以将其转化成人耳和眼能够感知的声音和视觉图像。自20世纪中叶开始，借助卫星和电缆（如下所述）的更完备通信方法成为重要发展。最终，自20世纪90年代开始，电子商务和互联网带来了通信技术的革命。

2. 卫星

7.92 20世纪中叶，在广播通信领域取得了一次大发展。将原始广播传送直接从源发射者发射电磁信号到接收者——中间没有人为居间协助，改变为首先由置于地球表面22 500英里外轨道上的卫星接收传送信号。卫星的运行速度和方向使其相对地球保持静止，被称为静止轨道卫星。该卫星接收到的信号之后被传回地球，出于技术原因，该信号首先只由地面站接收，但很快转换成可由公众拥有和操作的接收装置接收。这意味着原本由一个国家制作和传输的广播和电视节目可由更多其他国家接收；事实上，这些卫星已经涵盖了地球1/3的区域。

卫星类型

7.93 传统上3种不同类型的通信卫星分为：点对点、分布式和直播式卫星，前两种也指通信卫星或固定服务卫星。

7.94 点对点卫星用于大陆间通讯，一个发射点，一个或多个接收点。其信号涵盖约地球表面的1/3，因此在3颗这种卫星（分别位于大西洋、印度洋和太平洋）的帮助下，世界上任何一个国家发出的信号（必要时通过双线路）就可传送至任何其他国家，条件是需要设有必要的地面站。这些地面站功能强大，且后续维护十分昂贵。

7.95 分布卫星覆盖较小的地理区域（例如欧洲或美国部分地区），其信号通常由分布在该特定地区的多种接收者接收（例如广播者或电缆系统操作者）。信号比点对点卫星所发出的更加集中，功率也更大，因此用于从这种卫星接收信号的地面站相比点对点卫星通信系统来说更小，且更便宜。

7.96 直播式卫星设计用于直接向公众传送节目。它们是“悬于太空的普通传播者”，具有自身装载鸟瞰视图的所有优点。

7.97 最初，固定服务卫星与直播卫星泾渭分明，这是因为它们采用不同频率的波段，定位于不同的用途。但随着用于个人的便宜且高效卫星接收器的发展，混淆了它们的区别，这是因为现在大量卫星所传送的节目设计直接为大众所接收，并采用了原来为固定服务卫星保留的频段。因此，现代立法中越来越普遍地包含的“卫星广播”一词，在个人接收信号与直接广播卫星比较的情况下，是指采用了保留用于封闭式点对点通信频段的卫星。因此，例如，如果在传输提供者同意的情况下，公众可以获得解码信号的设备，该传输应一般视为广播，而不是封闭的点对点传输。

版权与卫星

7.98　卫星广播在版权领域引发了大量具有可观利益的问题。根据《伯尔尼公约》第11条之二第1款的规定，广播是一种向公众传播的方式之一，且为该公约授予的权利所涵盖，自从该规定赋予文学及艺术作品作者以“广播其作品的权利，或者通过其他无线发射信号、声音或图像”方式向公众传播作品的权利，显然其权利涵盖了卫星广播。

7.99　在大多数情况下，从一个特定国家（或者治外法权水域，或任何国家主权范围之外的其他地方）向卫星传送的信号，可以被两个以上的国家所接收。首先，应当确定对于这种国际传输应当适用哪国法律；该法律是发出信号国家的法律，还是接收信号国家的法律，或者两者均适用？在这些情况下，这一问题是个关键问题，根据《伯尔尼公约》第11条之二第2款的规定，非自愿许可适用于一个国家，例如发送信号的国家，而不是另外一国或多国——例如接收传送信号的国家。另一个问题涉及在这些情况下确定相关权利的所有者，这关系到所授权利的国界基础，且在播送来源国和接收国权利分属不同的所有者。

7.100　人们似乎可以达成这一共识：适用法应为播送来源国的法律。但是，在播送来源国的法律并不给予专有广播权的情况下，似乎倾向于尽可能地将国内立法扩展至国际适用，以避免把没有版权保护或者保护不充分国家作为“避风港”的可能性。

7.101　有关由地域划分权利的所有人在国际播送中行使其权利的问题，首选解决方案是签订在这方面没有留下任何疑问的国际契约。涉及集体管理组织管理的权利时，国际作者和作曲者协会联合会（CISAC）通过了一项规则，播送来源国所在的协会有权进行必要的授权，但在涉及这些协会的特殊利益时（包括在不同地域划分、权利的所有人之间对许可费的分配），应当有义务与卫星覆盖国的协会进行进一步的协商。

7.102　通常，卫星广播组织采用加密技术以限制其节目的接收。例如，他们广播高质量的节目，并向其观众收取订阅费，在这种情况下，只向订户提供能够解码节目的装置，例如，一种在卡片中植入了微型处理器的“智能卡”，可插入接收者的解码装置。在此之后，如未按期缴费，解码装置可以“关闭”该观众的节目，方法是，在传送节目的同时向智能卡传送特殊的技术信号。通过限制向某些地区的订户提供解码装置，该技术还可以用于限制向该地区广播节目。即使加密技术变得越来越先进，仍然无法避免通过盗版制作侵权智能卡并广泛销售等严重问题，这损害了广播者以及作品广播权所有人的利益。

7.103　WCT以及WPPT解决该问题的方法是，责成缔约国提供充分的法律保护和有效的法律救济以抵制对这些技术保护措施的规避行为。有充分的理由认为，这些未经授权制造、进口和销售智能卡的行为是一种侵犯版权的行为，国家立法应当像对待广为人知的“传统”盗版一样采取有效措施。

3. 有线传播

7.104 有线传播系统以小规模形式存在了多年，以所谓“社区天线”就是这方面的一种典型例子，其服务于一个或多个公寓单元，取代了过去由居民自己竖起的大量天线。还有，在某些因山或高层建筑造成接收困难或者无法接收的地方，这类系统通过一个很高且位置很好的天线使得“阴影区”也能接受到信息。

7.105 最终，特别是在20世纪80年代和90年代，在传载多套节目的技术能力方面，这类系统都得到了长足发展：无论是源自地面、卫星甚至直接将节目导入有线系统（“有线来源节目”）的广播节目，还是在系统的数量上以及在不同国家拥有的用户数量上，都体现了这一点。在世界越来越多的地方，有线电视成为非常重要的商业活动。

7.106 在有线系统中传播作品及其他受保护的客体是向公众的传播。然而，这类传播在《伯尔尼公约》中的地位，取决于节目属于有线来源还是广播。在前面的情况下，还包括通过卫星将节目传送入有线系统，前提是该卫星传送是“封闭”的，且本身不是广播，可适用的《伯尔尼公约》的规定包括：

——第11条，授予戏剧作品、音乐戏剧作品和音乐作品的作者向公众播送其作品的专有权利；

——第11条之三，授予文学作品的作者向公众播送其作品的专有权利；

——第14条，授予文学艺术作品的作者向公众有线传播其作品及复制音像作品的专有权利；

——第14条之二，授予音像（电影）作品版权所有人相同的权利；

另外，应当注意WCT第8条赋予了通过有线或无线方式将各类作品向公众播送的权利。在实践中，这意味着应当给予有线来源的节目排他权。

7.107 针对有线转播广播节目，应适用《伯尔尼公约》第11条之二的规定。该条第1款指出，文学和艺术作品的作者应当享有向公众有线播送或转播广播作品的专有权。这一限制意味着，在议定广播的条件及费用时，应当适当考虑广播组织播送的范围：是原始广播、转播还是有线播送。

7.108 第11条之二第2款规定，国内立法应当“明确权利执行的条件，但这些条件应当仅适用于规定了这些权利的国家。在任何情况下，不应当损害作者的精神权利以及获得正当报酬的权利，该权利在没有协议的情况下，应当由主管机关规定。”该条款意味着应当规定有线转播广播的非自愿许可费。在某些国家法没有规定该费用的情况下，似乎倾向于赋予权利所有人专有权以获得更有利的谈判位置，而不仅是报酬权。同时，应当认识到有必要保护有线广播运行商免受权利所有人的个别诉求，因为有线广播运行商不能影响所转播的广播内容，且在实践中也无法随时切断未获转播权的广播作品的转播。执行的唯一方法是建立转播权的强制集体管理，这样，有线运行商就可以与集体管理组织协商解决所有涉及转播权的问题。

4. 数字传播系统

7.109 近几十年来，涉及版权及其相关权保护的最根本性技术革新之一就是计算机和数字网络在作品存储、传输以及使用方面的应用。在网上，文本、图片、照片以及声音可以通过点击在计算机之间进行交换，还可以进行音像作品的实时传输。随着这些技术实施，开发出了新的商业模式，网络在将作品以及其他受保护的主题向大众的传播中占据了中心地位。特别是当网络强大到可以实时传播视听作品的时候（甚至比实时更快，可以一边被接收者存储，一边在传输的同时或之后被多人实时观看），就可以为普通消费者使用，这种传输就构成了一种重要的发布方式。数字传输可主要替代，例如，通过录像带或 DVD 对视听作品的发布。

7.110 这种发展在版权及其相关权利的保护方面产生了一些重要的问题，包括根据私人家庭的“要求”进行的传播是否构成受权利人专有权覆盖的“向公众传播”。另外一个重要的问题是各种加密系统的法律保护，这些系统对于控制非授权解密装置对作品的制作和传播十分必要，以及对于这些权利管理信息的法律保护，有必要在传播过程中将这些信息加载到作品上，以确保促销目的的正确反馈，最终为了确保权利所有人合理获得费用。WCT 以及 WPPT 对于在这些方面提出的问题作出了重要的回应，这已经在前述第 5 章中详细讨论过。

5. 互联网

7.111 网络是互联网的全球系统，通过公共协议的使用得以运转，通过开放式标准设置的程序得以建立。网络建立在开放、非专有协议上，该协议叫做传输控制协议/网络协议（TCP/IP），并使用了标准的代码系统、超文本标示语言（HTML），用以在万维网上以图形格式显示数据。网络迅速地从一个科学及学术网络发展成为最广为应用的万维网，并自 1990 年开始广泛普及。正是网络的开放属性、多功能特点以及越来越低的使用费用，唤醒了电子商务的潜力。同时，开放的网络开启了通往数字环境的大门，很容易地制作并传输了大量优秀的文本、图像以及声音作品，也使得商标很容易被滥用，给知识产权所有人带来了新的挑战。

6. 电子商务

7.112 在互联网扮演重要角色的“数字时代”，通信、经济和社会得到了迅猛发展。技术创新引发了这些变化，并催生了新的数字经济，这体现在新的金融市场、贸易流动、创新的商业模式，以及为创新者和消费者提供的新机遇。

7.113 这些发展的显著范畴使得电子商务成为经济、政治以及社会的重要主题。通过电子媒介完成的商业并不新鲜。但是，互联网的出现，使用开放标准的“网络中的网络”，导致了包括用户数量以及与我们日常生活相关的应用范围的全球巨大膨胀。目前，有超过 5 亿的用户，且在万维网上可获得超过 20 亿的信息页。在世界的很多地方，个人、公司以及政府组织事务的方式、相互交流以及做生意的方式等多方面都发生了巨大的变化。

7.114 “电子商务”一词已经获得了普遍共识，成为当代信息语言以及通信技术最常见的标志，并在 20 世纪最后几年带来了意义深远的变化。该名词通常用于媒体、商业以及对话中，指的是与使用电脑或其他网络设备相关的活动，并以新的、直接的电子行为通过网络完成的商品和服务贸易。网络商业交易量取得了巨大的增长；从1995年的零开始，到2000年总的电子商务估计增长到4330亿美元，到2002年达到了1.9万亿美元，到2004年预计达到6万亿美元。

7.115 当个人实际介入网络交易后（商家对消费者，或者B2C），电子商务的最大增长受商家对商家或者B2B的驱动。在这里，网络成为改进管理和服务质量的有力工具，强化了现有或吸引了新的消费者和供货关系，并为执行带来了新的效率和透明。它是降低全流程费用的最好机制，包括生产、盘存、销售、配送以及营销等费用。

7.116 可以总结出电子商务的两个定义性特征。首先，是其国际性特征。前述电子方式创造了一个没有边界的全球化媒介，使得在网络上提供商品或服务的任何商业都不必靶向具体的区域市场。取而代之的是，商业网站的建立能够为世界范围的市场和网络用户提供甚至是小型的商务。第二个特征是电子商务的跨界性，相应地带来了趋同的倾向。无论是大企业还是小企业都发现原有商业部门间的传统界线正在变得模糊，这些界线原来存在于所提供商品或服务的不同物理形式及其销售的不同物理方法，例如书籍、电影、CD、电视、无线电以及网络广播等。

7.117 在商业范畴中，知识产权问题总是与物质（离线的）世界相关，包括专利。商标以及版权，也在电子商务中出现，但在很多方面有所不同，例如更短的期限。例如，商标为消费者提供了与企业商誉相关的标识，在电子商务环境下扮演了重要角色，在电子商务中很少有个人交易。在专利方面，开发用于数字网络中做生意的创新性商业方法产生了可专利性的新问题。另外，很多与网络和数字技术相关的产品和服务的寿命周期越来越短，需要缩短对其知识产权的获取和执法时间。

7.118 在涉及数字网络中的商业时，需要进一步地区分知识产权，特别是版权及其相关权：众所周知，网络既方便了有形产品的贸易，也方便了无形产品的贸易。在涉及有形产品的贸易方面，网络构成了便于全球销售的体系，下订单和支付费用（并非必须）都可以在线完成，而商品本身可以独立通过邮寄或其他快递服务进行配送。在涉及无形产品的贸易方面，网络不仅作为促销的系统，还可作为配送无形产品本身的有效系统，例如一首音乐或软件、电影或出版物。这种配送几乎可以瞬间完成，且无形产品可以不受国家边界的限制进行传输。事实上，电子商务的这一方面是其最吸引人的一面：通过网络来购买和销售无形产品是种内在逻辑，这本身就是数字通信流程的固有部分。同时，这种商业的全球销售需要相应的有效知识产权保护。

7.119 无形产品占据了商家对消费者电子商务中最大的部分，其可通过网络直接传送到消费者的电脑中，例如娱乐、旅游、新闻、电子邮件以及金融服务。但是这些无形产品因其属性难以衡量，所提供的大量内容都属于知识产权的主题。这种无形产品的贸易产生了许多知识产权议题，超出了有形产品可能产生的问题。例如，越来越多地通过技术手段和数字权利管理系统对知识产权权利人的权利进行保护。另外，当提供的产品不再有形时，权利范围问题以及如何适用法律问题、司法、可用的法律、合同的有效性以及执法变得越来越复杂。

第5节　发展知识产权规范的辅助方法

7.120　在第5章（知识产权法律的不断发展）提及了发展新方法的必要性，目的是为了加速应对知识产权挑战措施的出台。协商和建立咨询机构成为国家之间传统的、旷日持久缔结国际条约方法的扶助手段：目的就是为了使成员国的代表、政府间组织以及非政府组织联合起来，帮助成员国在寻找保护、管理和实施知识产权的方法的进程中，确定优先考虑的事项和协调各项活动。为了实现这个目的，需要建立能够最好发挥知识产权理念和实践作用的环境，WIPO已经为此开展了面向社会各阶层（包括公众）的活动。

1. 世界知识产权组织互联网域名进程

7.121　两个WIPO互联网域名进程提供了创新方法的实例，WIPO借此发展和实施了国际规范。WIPO这一进程是应WIPO部分成员国的要求启动的，用于研究和开发涉及互联网域名系统（DNS）中知识产权问题保护和冲突解决的建议。域名是互联网协议地址的用户友好形式，以允许信息在网上寻址，并且在在线商业的商业标识方面变得越来越重要。

7.122　WIPO互联网进程通过平衡和透明的方式，以互联网和面对面的方式，通过世界不同地区人们间的对话方式得以推进。WIPO致力于推动更广范围和区域的参与，以获得对其建议的最广泛认同，从而能够照顾到互联网所有的利益有关者，并对所认识到的现实问题找到切实可行的解决方案。

7.123　首个WIPO互联网进程始于1998年6月，旨在解决域名和商标权之间的关系，并研究防止和解决纠纷的方法，这些纠纷产生于含商标域名的滥用和不诚信注册，这便是人们所说的“抢注”。首个WIPO进程最终提出了一份报告，出版于1999年4月，列述了WIPO的各项建议。这些建议最终由互联网域名和数字地址分配公司（ICANN）负责执行，《统一域名争议解决政策细则》（UDRP）得到落实，并由此发展形成了避免出现这种争议的面向域名登记机构的最佳做法制度。WIPO仲裁与调解中心受ICANN的委托，根据UDRP提供争议解决服务。

7.124　在WIPO首个互联网进程范畴之外进行审议的WIPO的报告明确了很多问题，并提出了进一步研究的需要。WIPO的第二项互联网进程于2000年7月启动，旨在解决因恶意、滥用、误导或不公平使用域名所产生的各种问题：

——人名；

——国际药用物质非专有名称（INNs）；

——国际政府间组织名称（IGOs），例如联合国；

——地理标识：包括地理标志，产地标志和包括国家名称的地理名称；

——厂商名称。

7.125 WIPO 的第二个互联网进程旨在与第一进程相同的基础之上齐头并进，并于2001 年9 月公开了一份报告（题名为“在域名系统中的权利识别和名称使用”），该报告被提交至 WIPO 的成员国和 ICANN 委员会。WIPO 的商标、工业品外观设计及地理标志法律常设委员会（SCT）对该报告给予了全面分析，WIPO 成员国根据所形成的建议于2002 年作出了决定。成员国作出决定所根据的建议如下：

——人名：决定认为在该领域不应提起诉讼。

——国际药用物质非专有名称（INNs）：决定认为在此阶段，DNS 不应执行特殊形式的保护，但 WIPO 应与 WHO 一起应继续监控形势，并且在需要的时候，可对成员国的通知进行重大改进。

——国际政府间组织名称（IGOs）：决定认为，虽然考虑到 IGOs 享有国际法规定的特权和豁免权，但应当改进统一的域名争议解决机制，以允许 IGOs 在某种情况下提出投诉。该建议于2003 年2 月被转交至负责修改 UDRP 的机构——ICANN。

——地理标志：产地标志和地理名称；决定认为应将 DNS 的地理标志保护问题委托给 SCT。特别考虑到国家名称的保护，成员国建议应对 UDRP 进行修改从而为反对将这些名称作为域名进行未来注册提供保护，因为此种登记很容易造成混淆。该建议也于2003 年2 月被转交至 ICANN。

——厂商名称：决定认为应根据讨论情况保留 DNS 的商标保护问题，并根据情况需要提出进一步讨论。

2. 世界知识产权组织的全球网络

7.126 认识到信息技术对提升和保护知识产权世界战略的至关重要性，WIPO 于1998年开展了一项被称为 WIPONET 的重要计划，其目的是为提高全球知识产权组织的信息交换提供必要的基础和服务。该网络联接着世界范围内相互依存的知识产权局的业务活动和互联网用户。该项目推动了下述领域的工作：

——知识产权信息的数字发展和交流；

——建立了新的服务；

——知识产权局业务运行的现代化和自动化；

——知识产权事务的全球标准和指南的渐进发展和应用。

7.127 WIPONET 在信息方面为各国带来了实惠，特别是对发展中国家，项目帮助他们融入国际数字环境。为进一步实现该目标，WIPO 正在网络联通和基础设施方面逐步帮助发展中国家和某些其他国家的知识产权局。

3. 常设委员会及顾问委员会

7.128 WIPO 通过常设委员会和顾问委员会正日益寻求辅助方法。WIPO 已在法律事务方面建立了3 个常设委员会。他们分别是专利法常设委员会，版权及相关权常设委员会和商标、工业品外观设计和地理标志法律常设委员会。专利法常设委员会（SCP）商议决定于2000 年5 月召开一次外交会议，此次会议通过了 PLT（参见第5 章），同时版权及相关权常设委员会商议决定在2000 年12 月召集了一次关于音像表演保护的外交会议（参见第5章）。

7.129 在顺利通过PLT之后，SCP成员决定进行进一步的实质性调整，并同意将讨论集中在决定一项发明是否符合专利保护的几项基本法律原则上；概括起来，就是现有技术、新颖性、创造性（非显而易见性）以及工业实用性（有用性）、充分公开、权利要求的结构和解释的定义。有关据此起草的实体专利条约、实施细则和实务指南的讨论于2000年11月开始进行。

7.130 商标、工业品外观设计和地理标志法律常设委员会起草了一系列措施来简化和调整如下的相关程序：首先是驰名商标的相关规定，WIPO大会和巴黎联盟大会于1999年通过了《关于保护驰名商标的规定的联合建议》；然后是有关商标许可的举措，《有关商标使用许可的建议》于2000年通过；最后，是在2001年通过了《关于在互联网上保护商标权以及各种标志的其他工业产权的规定的联合建议》（参见第5章）。该常设委员会已发起了以修改TLT为目的的工作。为与技术发展以及与PLT框架内所采用的某些行政程序的调整和简化保持同步，TLT的修改包括对电子提交商标申请及相关通信的规定。为与近来的发展相适应，修改的TLT还将包括对签名的规定，例如各局对电子签名或其他形式证明的逐步接受。

7.131 致力于加强工业产权执法的顾问委员会建立于2000年，其工作在第4章已有所介绍。

7.132 信息技术常设委员会（SCIT）由WIPO成员国创立于1998年，作为一个论坛为WIPO的所有信息技术战略，包括WIPO标准和知识产权文件方面，提供政策指导和技术建议。在2001年1月的SCIT会议上采用新的结构之后，SCIT现有两个附属工作组，分别负责信息技术项目以及标准和文件。其成员包括所有WIPO成员国和观察员。

7.133 除了包含对所有会议文件的链接，WIPO网站的SCIT板块目前还提供相关年度技术报告、工业产权数据、专利相关文献期刊、WIPO标准和其他文件信息的通道。

参考书目

一、知识产权

（一）总论

［1］世界知识产权组织国际局．世界知识产权组织（WIPO）：综合信息［M］．世界知识产权组织出版物第400号（每年出版）．

［2］卡米尔·伊德里斯．知识产权：经济发展的有力工具［M］．世界知识产权组织出版物第888号，2003.

［3］H. 奥尔森．知识产权法律导论［M］．世界知识产权组织/CNR/S/93/1，1993.

［4］世界知识产权组织国际局．知识产权文件汇编［M］．世界知识产权组织出版物第456号（工业产权、版权及相关权、知识产权管理与应用及全球知识产权事务），2000.

［5］世界知识产权组织国际局．工业产权的基本概念［M］．世界知识产权组织/IP/DUB/97/1，1997.

［6］R. 盖尔芬特．工业产权基本概念导论［M］．世界知识产权组织/TM/KTM/97/1，1997.

［7］世界知识产权组织国际局．工业产权入门［M］．世界知识产权组织/IP/WDH/93/1，1993.

［8］世界知识产权组织国际局．版权与相关权的基本概念［M］．世界知识产权组织/CR/GE/00/1，2000.

［9］政策咨询委员会．世界知识产权宣言［M］．世界知识产权组织出版物第836号，2001.

［10］世界知识产权组织国际局．什么是知识产权？［M］．世界知识产权组织出版物第450号，2003.

（二）条约

［1］世界知识产权组织国际局．工业产权法律与条约［G/OL］．http：//www. wipo. int/cfdiplaw/en/laws_ treaties/index. htm.

［2］世界知识产权组织管理的公约、条约及协定概要［M］．世界知识产权组织出版物第442号，2001.

（三）世界知识产权组织

［1］世界知识产权组织国际局．世界知识产权组织（WIPO）：概要［M］．世界知识产权组织出版物第400号（每年出版）．

［2］世界知识产权组织国际局．世界知识产权组织介绍：目标、组织结构及活动、合作发展计划［M］．世界知识产权组织/ACAD/E/94/2，1994.

［3］世界知识产权组织国际局．管理结构［M］．A/32/INF/2，1998.

［4］世界知识产权组织国际局．组织结构改革［M］．A/33/3，1998.

（四）发明与创新

［1］华威大学，大卫布朗华威学院．创新管理工具［M］．1997.

［2］罗伯特·阿兰·斯班纳．谁拥有创新？——雇主与雇员的权利与义务［M］．1984.

［3］杜伦大学，P. S. 约翰逊．发明及创新经济学［M］．1975.

［4］欧洲委员会SOCINTEC. 创新管理：在中小企业中创建竞争力［M］．1999.

[5] 大卫·牛顿．发明者指南：如何保护创意并获利［M］．1977.
[6] 刘易斯·C. 李，J. 斯科特·戴维森．管理知识产权权利［M］．1993.
[7] 戈登·V. 史密斯，罗素·L. 帕尔．知识产权：许可及合资盈利策略［M］．1995.
[8] 戈登·V. 史密斯，罗素·L. 帕尔．知识产权及无形资产的价值［M］．1989.
[9] 加拿大工业及商业部，知识产权局．知识的确定：知识产权管理指南［M］．2000.
[10] 前德意志民主共和国经济部．发明活动手册：发明活动手册（Die Wirtschaft）［M］．1988.
[11] 发明与创新：获得竞争优势重要因素——创造一个良好的创新环境的必要条件［M］．世界知识产权组织/IP/HEL/00/11，2000.
[12] 促进创新及发明与研究结果的商业化［M］．世界知识产权组织/INN/BRI/99/3，1999.
[13] J. 梅伊．发明与研究结果的商业化：推广及商业计划［M］．世界知识产权组织/IP/R&D/ABV/00/13，2000.
[14] 世界知识产权组织国际局．建立创新/发明的支持体系/服务/网络［M］．世界知识产权组织/INN/CM/99/5，1999.

二、工业产权

（一）总论

[1] 世界知识产权组织国际局．保护工业产权巴黎公约（1883）（1979 年 9 月修订）［M］．世界知识产权组织出版物第 201 号，1979.
[2] 世界知识产权组织国际局．工业产权的主要客体：发明、工业品外观设计、商标［M］．世界知识产权组织/LIC/WLG/91/1，1991.
[3] 世界知识产权组织国际局．工业产权的国际保护：巴黎公约［M］．世界知识产权组织/ACAD/E/00/2（II），2000.

《与贸易有关的知识产权规定》（TRIPS）

[4] 世界知识产权组织国际局．世界知识产权组织与世界贸易组织之间的协定（1995）［M］．与贸易有关的知识产权协定（TRIPS）（1994）［M］．世界知识产权组织出版物第 223 号，1997.
[5] 世界知识产权组织国际局．与贸易有关的知识产权协定（TRIPS）［M］．世界知识产权组织/IPR/BZE/00/4，2000.
[6] D. 沃特斯．TRIPS 与药品［M］．世界知识产权组织/IPR/AMM/00/2. B，2000.
[7] D. 威沃尔．TRIPS 规定的争端解决程序［M］．世界知识产权组织/IPR/MCT/00/6，2000.
[8] Y. 波拉斯奥德．TRIPS 有关商标及地理标志的标准［M］．世界知识产权组织/IPR/PRG/00/2，2000.
[9] 联合国秘书长．新生物技术的影响，特别关注包括食品安全、健康及经济生产力的可持续发展［R］．A/58/76，2003.

（二）专利

[1] P. 德莱豪斯．专利、外观设计与实用新型［M］．世界知识产权组织/IPLT/ABV/99/8，1999.
[2] A. S. 候斯沃斯．在欧洲专利局实践中的专利保护与计算机程序［M］．世界知识产权组织/CNR/KYI/98/3，1998.
[3] 世界知识产权组织国际局．员工培训与发展：利用专利信息系统［M］．世界知识产权组织/R&D/SIN/97/6，1997.

条约

《保护工业产权巴黎公约》

[4] 世界知识产权组织国际局. 保护工业产权巴黎公约（1883）（1979 年 9 月修订）[M]. 世界知识产权组织出版物第 201 号.

《专利合作条约》（PCT）

[5] 世界知识产权组织国际局. 专利合作条约（PCT）及专利合作条约实施细则 [M]. 世界知识产权组织出版物第 274 号，2004.

[6] 世界知识产权组织国际局. 专利合作条约基本常识 [M]. 世界知识产权组织出版物第 433 号（定期更新）.

[7] 世界知识产权组织国际局. 关于专利合作条约的华盛顿外交会议纪要 [M]. 世界知识产权组织出版物第 313 号，1972.

[8] 世界知识产权组织国际局. 专利合作条约的第一个 25 年（1970—1995）[M]. 世界知识产权组织出版物第 884 号，1995.

[9] 世界知识产权组织国际局. 专利合作条约申请人指南 [M]. 世界知识产权组织出版物第 432 号（定期更新）.

[10] 世界知识产权组织国际局. 专利合作条约通讯 [J]. 世界知识产权组织出版物第 115 号（月刊）.

[11] 世界知识产权组织国际局. 专利合作条约公报 [J]. 世界知识产权组织出版物第 108 号（周刊）.

[12] ESPACE - WORLD 只读光盘 [CD]. 世界知识产权组织出版物，编号：ESPACE - WORLD（PCT 国际专利申请汇编光盘）. http：//www. wipo. int/pct/en/index. html.

《专利法条约》（PLT）

[13] 什么是专利法条约? [M]. 世界知识产权组织出版物第 L450PLT 号，2000.

[14] 世界知识产权组织国际局. 专利法条约（PLT）及专利法条约实施细则 [M]. 世界知识产权组织出版物第 258 号.

分类条约

[15] 世界知识产权组织国际局. 国际专利分类斯特拉斯堡协定（1971）（1979 年 9 月修订）[M]. 世界知识产权组织出版物第 275 号.

[16] 世界知识产权组织国际局. 国际专利分类第 7 版综合信息 [M]. 世界知识产权组织出版物第 409 号，1998.

[17] 世界知识产权组织国际局. 国际专利分类：为电脑视窗的分类——国际专利分类（IPC）检索系统 [M]. 1999.

《国际承认用于专利程序的微生物保存布达佩斯条约》

[18] 世界知识产权组织国际局. 国际承认用于专利程序的微生物保存布达佩斯条约（1977）（1981 年 1 月修订）[M]. 世界知识产权组织出版物第 277 号.

[19] 世界知识产权组织国际局. 根据布达佩斯条约进行的微生物保存指南 [M]. 世界知识产权组织出版物第 661 号（更新服务）.

[20] 世界知识产权组织国际局. 国际承认用于专利程序的微生物保存布达佩斯条约信息 [M]. 世界知识产权组织/IP/MOW/00/20，2000.

[21] 世界知识产权组织国际局. 国际承认用于专利程序的微生物保存布达佩斯条约的主要特点

[M]. 世界知识产权组织/BP/LJU/99/2，1999.

（三）商标

[1] 世界知识产权组织国际局．商标法律及实践简介［M］. 2 版．世界知识产权组织出版物第 653 号，1993.
[2] P. 努斯．特许经营［M］. 世界知识产权组织/CEIPI/IP/SB/00/15，2000.
[3] M. 布雷克尼．商标与假冒［M］. 世界知识产权组织/IPLT/ABV/99/9，1999.
[4] 世界知识产权组织国际局．角色营销［M］. 世界知识产权组织/INF/108，1994.
[5] 世界知识产权组织国际局．关于商标使用许可的联合建议［M］. 世界知识产权组织出版物第 835 号，2001.
[6] 世界知识产权组织国际局．关于保护驰名商标的规定的联合建议［M］. 世界知识产权组织出版物第 833 号，2000.

条约

《商标国际注册马德里协定；商标国际注册马德里协定有关议定书；实施细则》

[7] 世界知识产权组织国际局．商标国际注册马德里协定；商标国际注册马德里协定有关议定书；实施细则［M］. 世界知识产权组织出版物第 204 号，2004.
[8] 世界知识产权组织国际局．商标国际注册马德里协定及其议定书：目标、主要特点、优势［M］. 世界知识产权组织出版物第 418 号，1998.
[9] 世界知识产权组织国际局．根据马德里协定及马德里议定书进行商标国际注册指南［M］. 世界知识产权组织出版物第 455 号，2000.

《商标法条约》

[10] 世界知识产权组织国际局．商标法条约及其实施细则［M］. 世界知识产权组织出版物第 225 号，1994.
[11] 世界知识产权组织国际局．商标法条约［M］. 世界知识产权组织/CEIPI/PI/SB/99/3，1999.

分类条约

[12] 世界知识产权组织国际局．商标注册用商品和服务国际分类尼斯协定（1957）（1979 年 9 月修订）［M］. 世界知识产权组织出版物第 292 号．
[13] 世界知识产权组织国际局．建立商标图形要素国际分类维也纳协定（1973）（1985 年 10 月修订）［M］. 世界知识产权组织出版物第 266 号．
[14] 世界知识产权组织国际局．建立商标图形要素国际分类维也纳协定［M］. 世界知识产权组织/CEIPI/PI/SB/99/18，1999.
[15] 世界知识产权组织国际局．商标注册用商品和服务国际分类尼斯协定［M］. 世界知识产权组织/CEIPI/PI/SB/99/17，1999.

（四）工业品外观设计及集成电路

[1] 世界知识产权组织国际局．工业产权的主要客体：发明、工业品外观设计、商标［M］. 世界知识产权组织/LIC/WLG/91/1，1991.
[2] J. 萨格尔．对合同许可中的反竞争行为的控制及对未公开信息、集成电路布图设计（拓扑图）、反不正当竞争的保护［M］. 世界知识产权组织/IP/MLE/99/9，1999.
[3] 安德鲁·克里斯蒂．集成电路与其内容：国际保护［M］. 伦敦：斯韦特及麦克斯韦出版社，1995.
[4] J. 拉蒂．在集成电路布图设计及反不正当竞争（包括滥用秘密信息）领域诉讼所引发的问题概

要［M］. 世界知识产权组织/IP/POS/98/6，1998.

条约

《工业品外观设计国际保护海牙协定》

［5］世界知识产权组织国际局. 工业品外观设计国际保存海牙协定、实施细则、行政指引［M］. 世界知识产权组织出版物第269号，2004.
［6］世界知识产权组织国际局. 工业品外观设计国际保存海牙协定：目标、主要特点及优势［M］. 世界知识产权组织出版物第911号，2000.
［7］世界知识产权组织国际局. 工业品外观设计国际注册指南［M］. 世界知识产权组织出版物第857号，2004.
［8］世界知识产权组织国际局. 海牙协定日内瓦文本：与登记的1960年文本（2）相比较的改进［M］. 世界知识产权组织/HS/99/5，1999.
［9］世界知识产权组织国际局. 工业品外观设计国际保存海牙协定［M］. 世界知识产权组织/INF/14 Rev. 2，1994.

分类条约

［10］世界知识产权组织国际局. 建立工业品设计国际分类洛迦诺协定（1968）（1979年9月修订）［M］. 世界知识产权组织出版物第271号.
［11］世界知识产权组织国际局. 建立工业品设计国际分类洛迦诺协定［M］. 世界知识产权组织/CEIPI/PI/SB/99/19，1999.

（五）地理标志及原产地名称

［1］世界知识产权组织国际局. 制止商品产地虚假或欺骗性标记马德里协定（1891）（1967年7月修订）［M］. 世界知识产权组织出版物第261号.
［2］世界知识产权组织国际局. 保护原产地名称及其国际注册里斯本协定［M］. 世界知识产权组织出版物第264号，1994.
［3］世界知识产权组织国际局. 在世界范围内对地理标志进行国际保护论坛［C］.（1997－10－24～25，匈牙利埃格尔）. 世界知识产权组织出版物第760号，1997.
［4］世界知识产权组织国际局. 地理标志国际保护论坛［C］.（1999－09－01～02，南非开普敦省西萨默塞特）. 世界知识产权组织出版物第764号，1999.
［5］世界知识产权组织国际局. 地理标志、历史背景、权利性质、现存保护制度以及在其他国家获得有效保护［M］. 世界知识产权组织/SCT/6/3，2001.

（六）反不正当竞争保护

［1］反不正当竞争保护［M］. 世界知识产权组织出版物第725号，1994.
［2］世界知识产权组织国际局. 反不正当竞争保护的示范条款［M］. 世界知识产权组织出版物第832号，1996.
［3］J. 萨格尔. 对合同许可中的反竞争行为的控制及对未公开信息、集成电路布图设计（拓扑图）、反不正当竞争的保护［M］. 世界知识产权组织/IP/MLE/99/9，1999.
［4］J. 拉蒂. 在集成电路布图设计及反不正当竞争（包括滥用秘密信息）领域诉讼所引发的问题概要［M］. 世界知识产权组织/IP/POS/98/6，1998.

三、版权及相关权

［1］世界知识产权组织国际局. 版权及相关权的基本概念［M］. 世界知识产权组织/CR/GE/00/

1，2000.
［2］世界知识产权组织国际局．版权及相关权法律和条约［M/OL］．http：//www. wipo. int/cfdiplaw/en/laws_ treaties. /index/htm.
［3］H. 奥尔森．版权的作用及未来对创造者、企业、立法者和广大社会的挑战——作为基本人权的发明者和创造者的权利［M］．世界知识产权组织/IP/HEL/00/15，2000.
［4］世界知识产权组织国际局．版权及相关权保护概述［M］．世界知识产权组织/ACAD/E/00/3（1），2000.
［5］世界知识产权组织国际局．版权及相关权的国际保护［M］．世界知识产权组织/CR/GE/00/2，2000.
［6］P. 斯瑞纳里．版权及相关权的例外和局限［M］．WCT - WPPT/IMP/1，1999.
［7］世界知识产权组织国际局．数字时代的版权及相关权［M］．世界知识产权组织/CR/JKT/02/4，2002.
［8］世界知识产权组织国际局．数字时代的音乐［M］．世界知识产权组织出版物第443号，2001.

传统文化表现形式

［9］M. 菲克塞尔．用知识产权为民间文学艺术提供国际保护的努力［C］//世界知识产权组织，联合国科教文组织．关于保护民间文学艺术的国际论坛论文集，1997.
［10］J. 占克．智力文化——知识产权与传统文化表现形式案例研究［M］．世界知识产权组织/GRTKF/Study/2，2002.
［11］P. V. 库蒂．保护民间文学艺术表现形式研究［M］．世界知识产权组织/GRTKF/Study/1，2002.
［12］S. 瑞克特森．保护文学与艺术作品伯尔尼公约：1886 - 1986年［M］．1987.
［13］W. 温得兰德．知识产权与保护文化表达形式：世界知识产权组织（WIPO）的工作［M］//荷兰乌德勒支大学知识产权法中心莫兰哥拉夫私法研究所．莫兰哥瑞菲卡系列丛书．2002.
［14］世界知识产权组织，联合国科教文组织．关于保护民间文学艺术的国际论坛论文集［C］．世界知识产权组织出版物第758号，1997.
［15］世界知识产权组织国际局．传统知识所有者对知识产权的需求与展望：世界知识产权组织关于事实调查的报告（1998 - 1999）［R］．世界知识产权组织出版物第768号，2001.
［16］世界知识产权组织与联合国科教文组织地区民间文学艺术磋商的决议与建议［G］．世界知识产权组织与联合国科教文组织/FOLK/AFR/99/1，世界知识产权组织与联合国科教文组织/FOLK/ASIA/99/1，世界知识产权组织与联合国科教文组织/FOLK/ARAB/99/1，世界知识产权组织与联合国科教文组织/FOLK/LAC/99/1. 1999.
［17］世界知识产权组织国际局．拉丁美洲和加勒比国家集团：传统知识及给予适当知识产权保护的必要性［M］．世界知识产权组织/GRTKF/IC/1/5，2001.
［18］世界知识产权组织国际局．欧洲共同体及其成员国：民间文学艺术表达方式［M］．世界知识产权组织/GRTKF/IC/3/11，2002.
［19］世界知识产权组织国际局．中国：中国民族民间文学艺术保护及立法现状［M］．世界知识产权组织/GRTKF/IC/3/14，2002.
［20］世界知识产权组织国际局．对民间文学艺术表达方式予以法律保护的国家经验调查表［R］．世界知识产权组织/GRTKF/IC/2/7，2001.
［21］世界知识产权组织国际局．关于对民间文学艺术表达方式予以法律保护的国家经验最终报告［R］．世界知识产权组织/GRTKF/IC/3/10，2002.

[22] 世界知识产权组织国际局. 国家及地区对传统文化表达方式予以法律保护的特别立法经验报告书 [R]. 世界知识产权组织/GRTKF/IC/4/INF 2 至附加 5, 2002.

[23] 世界知识产权组织国际局. 传统文化表达方式法律保护综合分析 [M]. 世界知识产权组织/GRTKF/IC/5/3, 2003.

[24] 世界知识产权组织国际局. 对传统文化表达方式予以保护的特别立法的比较摘要 [M]. 世界知识产权组织/GRTKF/IC/5/INF 3, 2003.

[25] 世界知识产权组织国际局. 传统文化表达方式法律保护技术合作的更新 [M]. 世界知识产权组织/GRTKF/IC/5/4, 2003.

[26] 世界知识产权组织国际局. 知识产权与遗传资源、传统知识及民间文学的相关事项 [M]. WO/GA/26/6, 2000.

[27] 世界知识产权组织国际局. 知识产权与遗传资源、传统知识及民间文学艺术的相关事项——概述 [M]. 世界知识产权组织/GRTKF/IC/1/3, 2001.

《与贸易有关的知识产权协定》(TRIPS)

[28] 世界知识产权组织国际局. 世界知识产权组织与世界贸易组织之间的协定 (1995) [M]. 与贸易有关的知识产权协定 (TRIPS) (1994) [M]. 世界知识产权组织出版物第 223 号, 1997.

[29] 世界知识产权组织国际局. 与贸易有关的知识产权协定 (TRIPS) [M]. 世界知识产权组织/IPR/BZE/00/4, 2000.

[30] D. 威沃. TRIPS 规定的争端解决程序 [M]. 世界知识产权组织/IPR/MCT/00/6, 2000.

[31] H. 奥尔森. 版权及相关权国际公约和条约, 包括与贸易有关的知识产权协定 (TRIPS) [M]. 世界知识产权组织/CR/THP/00/3, 2000.

[32] 联合国秘书长. 新生物技术的影响, 特别关注包括食品安全、健康及经济生产力的可持续发展 [R]. A/58/76, 2003.

条约

《保护文学和艺术作品伯尔尼公约》

[33] 世界知识产权组织国际局. 保护文学和艺术作品伯尔尼公约 (1886) (1979 年 9 月修订) [M]. 世界知识产权组织出版物第 287 号.

[34] 世界知识产权组织国际局. 版权及相关权的国际保护——伯尔尼公约和 TRIPS [M]. 世界知识产权组织/CR/BEY/99/1, 1999.

[35] 世界知识产权组织国际局. 版权的国际保护及保护文学和艺术作品伯尔尼公约概论 [M]. 世界知识产权组织/CRR/S/99/3, 1999.

《世界知识产权组织版权条约》(WCT)

[36] 世界知识产权组织国际局. 世界知识产权组织版权条约 (WCT) [M]. 世界知识产权组织出版物第 226 号, 1996.

[37] 世界知识产权组织国际局. 世界知识产权组织版权条约 (WCT) 及世界知识产权组织表演和录音制品条约 (WPPT) 概论 [M]. 世界知识产权组织/CR/GE/00/3, 2000.

[38] 世界知识产权组织国际局. 新技术对知识产权保护的影响: 世界知识产权组织版权条约 (WCT) 和世界知识产权组织表演和录音制品条约 (WPPT) [M]. 世界知识产权组织/ACAD/E/00/11 (I), 2000.

[39] 世界知识产权组织国际局. 关于某些版权和相关权问题外交会议的纪要 [M]. 世界知识产权组织出版物第 348 号, 1999.

[40] H. 奥尔森. 世界知识产权组织的新条约——世界知识产权组织版权条约 (WCT) 及世界知识

产权组织表演和录音制品条约（WPPT）——及其对版权保护、实施和在数字环境中反盗版的影响［M］. 世界知识产权组织/CR/BAK/00/1，2000.
［41］世界知识产权组织国际局. 数字技术、互联网与新条约（世界知识产权组织版权条约及世界知识产权组织表演和录音制品条约）［M］. 世界知识产权组织/CR/SOF/99/1，1999.

《世界知识产权组织表演和录音制品条约》（WPPT）

［42］世界知识产权组织国际局. 世界知识产权组织表演和录音制品条约（WPPT）［M］. 世界知识产权组织出版物第227号，1996.
［43］H. 奥尔森. 世界知识产权组织的新条约——世界知识产权组织版权条约（WCT）及世界知识产权组织表演和录音制品条约（WPPT）——及其对版权保护、实施和在数字环境中反盗版的影响［M］. 世界知识产权组织/CR/BAK/00/1，2000.
［44］世界知识产权组织国际局. 世界知识产权组织版权条约（WCT）及世界知识产权组织表演和录音制品条约（WPPT）概论［M］. 世界知识产权组织/CR/GE/00/3，2000.
［45］世界知识产权组织国际局. 新技术对知识产权保护的影响：世界知识产权组织版权条约（WCT）和世界知识产权组织表演和录音制品条约（WPPT）［M］. 世界知识产权组织/ACAD/E/00/11（I），2000.
［46］世界知识产权组织国际局. 关于某些版权和邻接权问题外交会议的纪要［M］. 世界知识产权组织出版物第348号，1999.
［47］世界知识产权组织国际局. 数字技术、互联网与新条约（世界知识产权组织版权条约及世界知识产权组织表演和录音制品条约）［M］. 世界知识产权组织/CR/SOF/99/1，1999.

《罗马公约》

［48］世界知识产权组织国际局. 保护表演者、录音制品制作者和广播组织的国际公约（罗马公约）［M］. 世界知识产权组织出版物第328号，1961.
［49］世界知识产权组织国际局. 关于对表演者、录音制品制作者和广播组织进行国际保护（罗马公约）外交会议纪要［C］. 世界知识产权组织出版物第326号，1961.
［50］世界知识产权组织国际局. 保护录音制品制作者防止未经许可复制其录音制品公约（日内瓦录音制品公约）［M］. 世界知识产权组织出版物第288号，1971.

《布鲁塞尔公约》

［51］世界知识产权组织国际局. 关于播送由人造卫星传播载有节目的信号的公约（布鲁塞尔公约）［M］. 世界知识产权组织出版物第289号，1974.
［52］世界知识产权组织国际局. 关于播送由人造卫星传播载有节目的信号（布鲁塞尔公约）成员国国际会议纪要［C］. 世界知识产权组织出版物第331号，1974.

复制

［53］世界知识产权组织国际局. 国际公约和条约中的影印复制权［M］. 世界知识产权组织/CR/ACC/00/1，2000.
［54］M. 斯波尔. 作为民族出版业发展的策略和工具的影印复制权管理［M］. 世界知识产权组织/CR/ACC/00/9，2000.
［55］世界知识产权组织国际局. 从国际公约和国家法律中复制权的角度审视影印与数字技术［M］. 世界知识产权组织/CR/ABU/99/10，1999.
［56］T. 科基宁 - 奥尔森. 复制权组织对由影印复制和电子复制所产生的权利进行保护和集体管理问题的回应［M］. 世界知识产权组织/CR/RT/KUL/98/5，1998.

四、合作发展

（一）总论

［1］卡米尔·伊德里斯．知识产权：经济发展的强有力工具［M］．世界知识产权组织出版物第888号，2003.
［2］S. 阿利克汉．知识产权在经济发展中的作用［M］．世界知识产权组织/ACAD/A/97/1，1997.
［3］世界知识产权组织国际局．新千年：知识产权与最不发达国家［M］．世界知识产权组织出版物第766号，2001.
［4］D. 纳亚尔．知识产权：新千年与最不发达国家，一些在更广阔的发展背景下的思考［M］．世界知识产权组织/RT/LDC/1/6，1999.
［5］S. 阿利克汉．在发展中国家保护知识产权的社会经济利益［M］．世界知识产权组织出版物第454号，2000.
［6］国际许可指南［G/OL］．http：//www. ladas. com/GUIDES/LICENSING/internationalIPLicen sing/Index. html.
［7］独家许可协议（示范合同）［G/OL］．http：//www. techtransfer. harvard，edu/Exclusive License. html.
［8］国际许可贸易工作者协会出版物清单［G/OL］．http：//www. lesi. org/level1/level1 – fr. htm.
［9］H. 新井．二十一世纪知识产权政策：在创造财富方面日本的经验［M］．世界知识产权组织出版物第834号，1999.
［10］世界知识产权组织国际局．中小型企业（SMES）创新与知识产权［M］．世界知识产权组织/IFIA/BUE/00/6，2000.
［11］C. 科雷亚．中小型企业（SMES）的发明者与知识产权：在全球市场中［M］．世界知识产权组织/IFIA/BUE/00/7，2000.
［12］J. 泰能鲍姆．在发展中国家建立支持创新和发明的机构或者服务的必要性［M］．世界知识产权组织/INN/BRI/99/4，1999.
［13］联合国秘书长．新生物技术的影响，特别关注包括食品安全、健康及经济生产力的可持续发展［R］．A/58/76，2003.

《与贸易有关的知识产权协定》（TRIPS）

［14］世界知识产权组织国际局．世界知识产权组织与世界贸易组织之间的协定（1995），与贸易有关的知识产权协定（TRIPS）（1994）［M］．世界知识产权组织出版物第223号，1997.
［15］世界知识产权组织国际局．与贸易有关的知识产权协定（TRIPS）［M］．世界知识产权组织/IPR/BZE/00/4，2000.
［16］世界知识产权组织国际局．TRIPS与药品［M］．世界知识产权组织/IPR/AMM/00/2. B，2000.
［17］联合国秘书长．新生物技术的影响，特别关注包括食品安全、健康及经济生产力的可持续发展［R］．A/58/76，2003.

（二）人力资源

［1］世界知识产权组织世界学院．表现、挑战与机遇［M］．PCIPD/2/2，2001.
［2］人力资源发展策略：世界知识产权产权组织世界学院［M］．ISIP/2/2，2001.
［3］N. 伯恩．教授知识产权法律的系列课程：A）科学家和工程师知识产权管理硕士学位；B）法律研究生法律硕士学位；C）见习律师知识产权法律文凭［M］．世界知识产权组织/IP/CAR/BB/

98/3，1998.
［4］A. 择瑞斯基．网络在线资源［M］．世界知识产权组织/IPLT/ABV/99/11，1999.
［5］P. 德拉豪斯．研究监督［M］．世界知识产权组织/IPLT/ABV/99/12A，1999.
［6］H. 汉森著．研究监督［M］．世界知识产权组织/IPLT/ABV/99/12B，1999.

（三）工业产权

［1］R. 古尔德．工业产权在经济发展中的作用［M］．世界知识产权组织/IP/ULN/97/3.
［2］L. J. 阿戴尔．为发明和研究的推销及商业化对其进行评估［M］．世界知识产权组织/INN/CAL/97/5，1997.
［3］U. 詹森．专利作为技术进行转让的一个手段：使用许可协议［M］．世界知识产权组织/IP/MBB/97/5，1997.
［4］世界知识产权组织国际局．专利许可：商业转让和获取技术的方法及安排［M］．世界知识产权/IP/WDH/93/6，1993.
［5］世界知识产权组织国际局．工业产权使用许可——专利［M］．世界知识产权组织/IPE/IR/93/9，1993.
［6］世界知识产权组织国际局．通过专利制度获得技术：确定新技术［M］．世界知识产权组织/R&D/SIN/97/4.1，1997.
［7］E. 费尔南德斯．专利策略——何时、何物及为何：发明者和中小企业如何为其发明筹划获得保护——利用公共或私人知识产权信息（包括专利合作条约等等）服务［M］．世界知识产权组织/IFIA/BUE/00/8，2000.
［8］联合国秘书长．新生物技术的影响，特别关注包括食品安全、健康及经济生产力的可持续发展［R］．A/58/76，2003.

（四）版权及相关权

［1］世界知识产权组织国际局．保护文学和艺术作品伯尔尼公约：为发展中国家制定的基本规则和具体规则［M］．世界知识产权组织/GIC/CNR/GE/86/4，1986.
［2］M. 布雷克尼．知识产权与传统知识：土著传说保护、民间文学艺术保护［M］．世界知识产权组织/IPR/MRU/00/10，2000.

五、知识产权实施

（一）总论

［1］世界知识产权组织国际局．权利运用、管理及行使的基本概念［M］．世界知识产权组织/CR/GE/94/8，1994.
［2］M. S. 约翰斯顿．诉求［M］．BLTC/28，1980.
［3］M. 帕里．为加强工业产权执法而应用现代信息技术［M］．世界知识产权组织/USPTO/IP/CEI/00/6（C），2000.
［4］H. 奥尔森．数字环境中的知识产权（IPRs）执法［M］．世界知识产权组织/IP/JU/THR/00/7，2000.
［5］E. 穆纳．在工业产权执法中司法机构的作用［M］．世界知识产权组织/IP/RIG/97/3，1997.
［6］世界知识产权组织国际局．知识产权实施的综合问题［M］．世界知识产权组织/ACE/1/3，2003.
［7］世界知识产权组织国际局．实施策略的协调、培训及发展［M］．世界知识产权组织/ACE/1/

4，2003.
［8］世界知识产权组织国际局．主席结论［M］．世界知识产权组织/ACE/1/7，2003.

（二）管理

［1］A. 赫斯特．政府机构在实施知识产权中的作用［M］．世界知识产权组织/IPR/JU/BEY/99/5B，1999.
［2］世界知识产权组织国际局．实施工业产权咨询委员会考虑的组织事项和未来工作［M］．ACE/IP/1/2，2000.
［3］P. 史密斯．知识产权局在实施中的作用［M］．世界知识产权组织/IP/JU/THR/00/6，2000.
［4］G. 多斯曼．工业产权侵权案件中诉讼及救济综述［M］．世界知识产权组织/IP/RIG/97/4 Prov.，1997.
［5］M. S. 艾哈迈德．加强知识产权保护和执法：司法机构、执法机构和律师的作用［M］．世界知识产权组织/IP/CMB/98/3，1998.

工业产权

［6］S. 小野．知识产权管理的现代化：一个未来制度的设想［M］．世界知识产权组织/IP/MOW/00/8，2000.

版权与相关权

［7］世界知识产权组织版权集体管理司拟定的各种文件．
［8］世界知识产权组织国际局．版权及相关权的集体管理［M］．世界知识产权组织出版物第L450CM，2000.
［9］M. 菲克塞尔．世界知识产权组织国际局，版权及相关权的集体管理［M］．世界知识产权组织出版物第855号，2002.
［10］世界知识产权组织．关于面对数字技术挑战，运用和管理版权及相关权的国际论坛［C］．（1997－05－14～16 西班牙，塞维利亚）．世界知识产权组织出版物第756号．
［11］世界知识产权组织国际局．版权及相关权的国际保护［M］．世界知识产权组织/IPR/MCT/00/INF. 5，2000.
［12］F. 阔若伊－克鲁克斯．音像和录音盗版：打击的方式与方法［M］．世界知识产权组织/CR/LUS/00/5，2000.
［13］S. 浅野．参照 TRIPS 实施版权及相关权：边境措施［M］．世界知识产权组织/CR/CAL/99/4（B），1999.
［14］世界知识产权组织国际局．版权和相关权的运用、管理及实施［M］．世界知识产权组织/CNR/BWN/97/5，1997.

（三）调解与仲裁

［1］世界知识产权组织国际局．面向21世纪的争端解决：世界知识产权组织仲裁与调解中心［M］．世界知识产权组织出版物第759号，2003.
［2］大卫·W. 普朗特．世界知识产权组织仲裁与调解中心的作用、规则及服务［G］//联合国贸易和发展会议：争议解决方针．2003.
［3］世界知识产权组织国际局．世界知识产权组织调解指南［M］．世界知识产权组织出版物第449号，1996（2004年更新）．
［4］世界知识产权组织国际局．世界知识产权组织关于调解问题的会议［M］．世界知识产权组织出版物第750号，1996.

[5] 国际商业仲裁机构联合会（IFCAI）两年期会议．关于对用户不断变化的需求的正式回应［M］．世界知识产权组织出版物第 759 号，1997.

[6] 世界知识产权组织国际局．世界知识产权组织调解规则、仲裁规则、快速仲裁规则、建议合同条款及提交协议［M］．世界知识产权组织出版物第 446 号，1994.

[7] 世界知识产权组织国际局．世界知识产权组织关于知识产权争端仲裁的国际论坛［M］．世界知识产权组织出版物第 728 号，1994.

[8] 世界知识产权组织国际局．关于机构仲裁与调解规则的会议［M］．世界知识产权组织出版物第 741 号，1995.

（说明：上述每个出版物，可以在世界知识产权组织仲裁与调解中心网站获得，其首页是：http：//arbiter. wipo. int，在该首页也可以得到关于知识产权仲裁与调解的参考目录）

域名

[9] 2001 年域名争端解决服务［EB/OL］．http：//arbiter. wipo. int/domains.

[10] 世界知识产权组织国际局．世界知识产权组织关于互联网域名进程的报告［R］．世界知识产权组织出版物第 439 号，1999.

[11] 世界知识产权组织国际局．世界知识产权组织关于互联网域名进程的第二份报告［R］．世界知识产权组织出版物第 843 号，2001.

[12] 互联网名称与数字地址分配公司（ICANN）统一域名争议解决政策［M］．ARB/ECOM/00，2000.

[13] 互联网名称与数字地址分配机构（ICANN）统一域名争端解决政策的规则［M］．ARB/ECOM/00/BIS，2000.

[14] 世界知识产权组织统一域名争端解决政策补充规则［M］．ARB/ECOM/00/BIS2，2000.

[15] 解决域名争端：一外未来的模式？［M］．ARB/ECOM/99/22，2000.

[16] 世界知识产权组织国际局．世界知识产权组织解决域名争端指南［M］．世界知识产权组织出版物第 892 号，2003.

[17] 托斯腾·贝廷格．世界知识产权组织互联网域名争议解决服务［G］//联合国贸易和发展会议，争端解决方针．2003.

（说明：上述每个出版物，可以在世界知识产权组织仲裁与调解中心网站获得，其首页是：http：//arbiter. wipo. int，在该首页也可以得到关于解决域名争端的参考目录）

（四）电子商务

[1] 世界知识产权组织国际局．互联网中的知识产权：一项问题调查［R］．http：//ecommerce. wipo. int/survey/index. html，2002.

[2] 互联网名称和地址管理：知识产权问题（世界知识产权组织互联网域名进程报告）［M］．世界知识产权组织出版物第 439 号，1999.（http：//wipo2. wipo. int/process1/report/index. html）.

[3] 世界知识产权组织国际局．世界知识产权组织关于互联网域名进程的第二份报告［M］．世界知识产权组织出版物第 843 号，2001.

[4] 1999 年，世界知识产权关于电子商务与知识产权的国际会议；2001 年，世界知识产权组织关于与知识产权的第二次国际会议（http：//ecommerce. wipo. int/meetings/index. html）.

[5] 世界知识产权组织．数字议程［M/OL］．http：//ecommerce. wipo. int/agenda/index. html.

[6] 西尔克·冯·莱温斯基，约尔格·瑞恩巴斯．世界知识产权组织条约（1996）［M］．巴特沃思出版社，2001.

[7] 世界知识产权组织国际局．计算机程序的工业产权保护［M］．世界知识产权组织/CNR/KYI/

98/1, 1998.
[8] M. 菲克塞尔. 版权和互联网法律 [M]. 牛津出版社, 2001.
[9] K. 寇勒曼, B. 胡根霍尔茨. 在线服务提供商版权侵权责任 [M]. OSP/LIA/1/Rev. 1, 1999.
[10] M. 布雷克尼. 商标保护与互联网 [M]. 世界知识产权组织/IPR/MRU/00/6, 2000.
[11] 联合国贸易与发展会议 (UNCTAD). 电子商务与发展报告 [R]. UNCTAD/SDTE/ECB/2, 2002.
[12] 世界知识产权组织国际局. 关于知识产权与遗传资源、传统知识和民间文学艺术问题 [M]. WO/GA/26/6, 2000.
[13] 世界知识产权组织国际局. 关于知识产权与遗传资源、传统知识和民间文学艺术问题——概览 [M]. 世界知识产权组织/GRTKF/IC/1/3, 2001.

六、保护植物新品种国际联盟 (UPOV)

[1] 保护植物新品种国际公约 (1978) [M]. 保护植物新品种国际联盟出版物第 295 号.
[2] 保护植物新品种国际公约 (1991) [M]. 保护植物新品种国际联盟出版物第 211 号.
[3] 保护植物新品种国际联盟 (UPOV): 其性质与所为 [M]. 保护植物新品种国际联盟出版物第 437 号, 2003.
[4] 罗尔夫·乔丹斯. 根据保护植物新品种国际公约对植物品种保护概述 [R]. 2003.

(说明: 关于保护植物新品种国际联盟的进一步信息, 请访问其网站: http: //upov. int)

注释: 除了用其他语言注明的标题之外, 列举的参考书目均为英语。读者如果需要其他语言的出版物, 应当查询获得的可能性。相应的地址是:

世界知识产权组织 (WIPO)
34, chemin des Colombettes
CH - 1211 Geneva 20
Switzerland (瑞士)
电话: 41 22 3389111
传真: 41 22 7335428
电子邮箱: wipo. mail@ wipo. int
网址: http: //www. wipo. int

附录1 世界知识产权组织管理的条约成员国名单

以下信息按照其在文本中出现的顺序排列。所有信息截至2011年7月15日。

《建立世界知识产权组织公约》（184个成员国）

阿富汗，阿尔巴尼亚，阿尔及利亚，安道尔，安哥拉，安提瓜和巴布达，阿根廷，亚美尼亚，澳大利亚，奥地利，阿塞拜疆，巴哈马，巴林，孟加拉国，巴巴多斯，白俄罗斯，比利时，伯利兹，贝宁，不丹，玻利维亚，波黑，博茨瓦纳，巴西，文莱，保加利亚，布基纳法索，布隆迪，柬埔寨，喀麦隆，加拿大，佛得角，中非，乍得，智利，中国，哥伦比亚，科摩罗，刚果（布），哥斯达黎加，科特迪瓦，克罗地亚，古巴，塞浦路斯，捷克，朝鲜，刚果（金），丹麦，吉布提，多米尼克，多米尼加，厄瓜多尔，埃及，萨尔瓦多，赤道几内亚，厄立特里亚，爱沙尼亚，埃塞俄比亚，斐济，芬兰，法国，加蓬，冈比亚，格鲁吉亚，德国，加纳，希腊，格林纳达，危地马拉，几内亚，几内亚比绍，圭亚那，海地，梵蒂冈，洪都拉斯，匈牙利，冰岛，印度，印度尼西亚，伊朗，伊拉克，爱尔兰，以色列，意大利，牙买加，日本，约旦，哈萨克斯坦，肯尼亚，科威特，吉尔吉斯斯坦，老挝，拉脱维亚，黎巴嫩，莱索托，利比里亚，利比亚，列支敦士登，立陶宛，卢森堡，马达加斯加，马拉维，马来西亚，马尔代夫，马里，马耳他，毛里塔尼亚，毛里求斯，墨西哥，摩纳哥，蒙古，黑山，摩洛哥，莫桑比克，缅甸，纳米比亚，尼泊尔，荷兰，新西兰，尼加拉瓜，尼日尔，尼日利亚，挪威，阿曼，巴基斯坦，巴拿马，巴布亚新几内亚，巴拉圭，秘鲁，菲律宾，波兰，葡萄牙，卡塔尔，韩国，摩尔多瓦，罗马尼亚，俄罗斯，卢旺达，圣基茨和尼维斯，圣卢西亚，圣文森特和格林纳丁斯，萨摩亚，圣马力诺，圣多美与普林希比，沙特阿拉伯，塞内加尔，塞尔维亚，塞舌尔，塞拉利昂，新加坡，斯洛伐克，斯洛文尼亚，索马里，南非，西班牙，斯里兰卡，苏丹，苏里南，斯威士兰，瑞典，瑞士，叙利亚，塔吉克斯坦，泰国，马其顿，多哥，汤加，特立尼达和多巴哥，突尼斯，土耳其，土库曼斯坦，乌干达，乌克兰，阿联酋，英国，坦桑尼亚，美国，乌拉圭，乌兹别克斯坦，委内瑞拉，越南，也门，赞比亚，津巴布韦

《商标注册用商品和服务国际分类尼斯协定》（83个成员国）

阿尔巴尼亚，阿尔及利亚，阿根廷，亚美尼亚，澳大利亚，奥地利，阿塞拜疆，巴林，巴巴多斯，白俄罗斯，比利时，贝宁，波黑，保加利亚，中国，克罗地亚，古巴，捷克，朝鲜，丹麦，多米尼加，埃及，爱沙尼亚，芬兰，法国，格鲁吉亚，德国，希腊，几内亚，匈牙利，冰岛，爱尔兰，以色列，意大利，牙买加，日本，约旦，哈萨克斯坦，吉尔吉斯斯坦，拉脱维亚，黎巴嫩，列支敦士登，立陶宛，卢森堡，马拉维，马来西亚，墨西哥，摩纳哥，蒙古，黑山，摩洛哥，莫桑比克，荷兰，挪威，波兰，葡萄牙，韩国，摩尔多瓦，罗马尼亚，俄罗斯，圣基茨和尼维斯，圣卢西亚，塞尔维亚，新加坡，斯洛伐克，斯洛文尼亚，西班牙，苏里南，瑞典，瑞士，叙利亚，塔吉克斯坦，马其顿，特立尼达和多巴哥，突尼斯，土耳其，土库曼斯坦，乌克兰，英国，坦桑尼亚，美国，乌拉圭，乌兹别克斯坦

《保护工业产权巴黎公约》（173个成员国）

阿尔巴尼亚，阿尔及利亚，安哥拉，安道尔，安提瓜和巴布达，阿根廷，亚美尼亚，澳大利亚，

奥地利，阿塞拜疆，巴哈马，巴林，孟加拉国，巴巴多斯，白俄罗斯，比利时，伯利兹，贝宁，不丹，玻利维亚，波黑，博茨瓦纳，巴西，保加利亚，布基纳法索，布隆迪，柬埔寨，喀麦隆，加拿大，中非，乍得，智利，中国，哥伦比亚，科摩罗，刚果（布），哥斯达黎加，科特迪瓦，克罗地亚，古巴，塞浦路斯，捷克，朝鲜，刚果（金），丹麦，吉布提，多米尼克，多米尼加，厄瓜多尔，埃及，萨尔瓦多，赤道几内亚，爱沙尼亚，芬兰，法国，加蓬，冈比亚，格鲁吉亚，德国，加纳，希腊，格林纳达，危地马拉，几内亚，几内亚比绍，圭亚那，海地，梵蒂冈，洪都拉斯，匈牙利，冰岛，印度，印度尼西亚，伊朗，伊拉克，爱尔兰，以色列，意大利，牙买加，日本，约旦，哈萨克斯坦，肯尼亚，吉尔吉斯斯坦，老挝，拉脱维亚，黎巴嫩，莱索托，利比里亚，利比亚，列支敦士登，立陶宛，卢森堡，马达加斯加，马拉维，马来西亚，马里，马耳他，毛里塔尼亚，毛里求斯，墨西哥，摩纳哥，蒙古，黑山，摩洛哥，莫桑比亚，纳比亚，尼泊尔，荷兰，新西兰，尼加拉瓜，尼日尔，尼日利亚，挪威，阿曼，巴基斯坦，巴拿马，巴布亚新几内亚，巴拉圭，秘鲁，菲律宾，波兰，葡萄牙，卡塔尔，韩国，摩尔多瓦，罗马尼亚，俄罗斯，卢旺达，圣基茨和尼维斯，圣卢西亚，圣文森特和格林纳丁斯，圣马力诺，圣多美与普林西比，沙特阿拉伯，塞内加尔，塞尔维亚，塞舌尔，塞拉利昂，新加坡，斯洛伐克，斯洛文尼亚，南非，西班牙，斯里兰卡，苏丹，苏里南，斯威士兰，瑞典，瑞士，叙利亚，塔吉克斯坦，泰国，马其顿，多哥，汤加，特立尼达和多巴哥，突尼斯，土耳其，土库曼斯坦，乌干达，乌克兰，阿联酋，英国，坦桑尼亚，美国，乌拉圭，乌兹别克斯坦，委内瑞拉，越南，也门，赞比亚，津巴布韦

《制止商品产地虚假或欺骗性标记马德里协定》（35个成员国）

阿尔及利亚，巴西，保加利亚，古巴，捷克，刚果（金），埃及，法国，德国，匈牙利，伊朗，爱尔兰，以色列，意大利，日本，黎巴嫩，列支敦士登，摩纳哥，黑山，摩洛哥，新西兰，波兰，葡萄牙，摩尔多瓦，圣马力诺，塞尔维亚，斯洛伐克，西班牙，斯里兰卡，瑞典，瑞士，叙利亚，突尼斯，土耳其，英国

《保护原产地名称及其国际注册里斯本协议》（27个成员国）

阿尔及利亚，保加利亚，布基纳法索，刚果（布），哥斯达黎加，古巴，捷克，朝鲜，法国，加蓬，格鲁吉亚，海地，匈牙利，伊朗，以色列，意大利，墨西哥，黑山，尼加拉瓜，秘鲁，葡萄牙，摩尔多瓦，塞尔维亚，斯洛伐克，马其顿，多哥，突尼斯

《保护文学和艺术作品伯尔尼公约》（164个成员国）

阿尔巴尼亚，阿尔及利亚，安道尔，安提瓜和巴布达，阿根廷，亚美尼亚，澳大利亚，奥地利，阿塞拜疆，巴哈马，巴林，孟加拉国，巴巴多斯，白俄罗斯，比利时，伯利兹，贝宁，不丹，玻利维亚，波黑，博茨瓦纳，巴西，文莱，保加利亚，布基纳法索，喀麦隆，加拿大，佛得角，中非，乍得，智利，中国，哥伦比亚，科摩罗，刚果（布），哥斯达黎加，科特迪瓦，克罗地亚，古巴，塞浦路斯，捷克，朝鲜，刚果（金），丹麦，吉布提，多米尼克，多米尼加，厄瓜多尔，埃及，萨尔瓦多，赤道几内亚，厄立特里亚，斐济，芬兰，法国，加蓬，冈比亚，格鲁吉亚，德国，加纳，希腊，格林纳达，危地马拉，几内亚，几内亚比绍，圭亚那，海地，梵蒂冈，洪都拉斯，匈牙利，冰岛，印度，印度尼西亚，爱尔兰，以色列，意大利，牙买加，日本，约旦，哈萨克斯坦，肯尼亚，吉尔吉斯斯坦，拉脱维亚，黎巴嫩，莱索托，利比里亚，利比亚，列支敦士登，立陶宛，卢森堡，马达加斯加，马拉维，马来西亚，马里，马耳他，毛里塔尼亚，毛里求斯，墨西哥，密克罗尼西亚，摩纳哥，蒙古，黑山，摩洛哥，纳米比亚，尼泊尔，荷兰，新西兰，尼加拉瓜，尼日尔，尼日利亚，挪威，阿

曼，巴基斯坦，巴拿马，巴拉圭，秘鲁，菲律宾，波兰，葡萄牙，卡塔尔，韩国，摩尔多瓦，罗马尼亚，俄罗斯，卢旺达，圣基茨和尼维斯，圣卢西亚，圣文森特和格林纳丁斯，萨摩亚，沙特阿拉伯，塞内加尔，塞尔维亚，新加坡，斯洛伐克，斯洛文尼亚，南非，西班牙，斯里兰卡，苏丹，苏里南，斯威士兰，瑞典，瑞士，叙利亚，塔吉克斯坦，泰国，马其顿，多哥，汤加，特立尼达和多巴哥，突尼斯，土耳其，乌克兰，阿联酋，英国，坦桑尼亚，美国，乌拉圭，乌兹别克斯坦，委内瑞拉，越南，赞比亚，津巴布韦

《世界知识产权组织版权条约》（WCT）（89 个成员国）

阿尔巴尼亚，阿根廷，亚美尼亚，澳大利亚，奥地利，阿塞拜疆，巴林，白俄罗斯，比利时，贝宁，波黑，玻利维亚，保加利亚，布基纳法索，智利，中国，哥伦比亚，哥斯达黎加，克罗地亚，塞浦路斯，捷克，丹麦，多米尼加，厄瓜多尔，萨尔瓦多，爱沙尼亚，欧盟，芬兰，法国，加蓬，格鲁吉亚，德国，加纳，希腊，危地马拉，几内亚，洪都拉斯，匈牙利，印度尼西亚，爱尔兰，意大利，牙买加，日本，约旦，哈萨克斯坦，吉尔吉斯斯坦，拉脱维亚，列支敦士登，卢森堡，立陶宛，马里，马耳他，墨西哥，蒙古，黑山，摩洛哥，荷兰，尼加拉瓜，阿曼，巴拿马，巴拉圭，秘鲁，菲律宾，波兰，葡萄牙，卡塔尔，韩国，摩尔多瓦，罗马尼亚，俄罗斯，圣卢西亚，塞内加尔，塞尔维亚，新加坡，斯洛伐克，斯洛文尼亚，西班牙，瑞典，瑞士，塔吉克斯坦，马其顿，多哥，特立尼达和多巴哥，土耳其，乌克兰，阿联酋，英国，美国，乌拉圭

《专利合作条约》（PCT）（144 个成员国）

阿尔巴尼亚，阿尔及利亚，安哥拉，安提瓜和巴布达，博茨瓦纳，亚美尼亚，澳大利亚，奥地利，阿塞拜疆，巴林，巴巴多斯，白俄罗斯，比利时，伯利兹，贝宁，波黑，巴西，保加利亚，布基纳法索，喀麦隆，加拿大，中非，乍得，智利，中国，哥伦比亚，科摩罗，刚果（布），哥斯达黎加，科特迪瓦，克罗地亚，古巴，塞浦路斯，捷克，朝鲜，丹麦，多米尼克，多米尼加，厄瓜多尔，埃及，萨尔瓦多，赤道几内亚，爱沙尼亚，芬兰，法国，加蓬，冈比亚，格鲁吉亚，德国，加纳，希腊，格林纳达，危地马拉，几内亚，几内亚比绍，洪都拉斯，匈牙利，冰岛，印度，印度尼西亚，爱尔兰，以色列，意大利，日本，哈沙克斯坦，肯尼亚，吉尔吉斯斯坦，老挝，拉脱维亚，莱索托，利比里亚，利比亚，列支敦士登，立陶宛，卢森堡，马达加斯加，马拉维，马来西亚，马里，马耳他，黑山，毛里塔尼亚，墨西哥，摩纳哥，蒙古，摩洛哥，莫桑比克，纳米比亚，尼加拉瓜，荷兰，新西兰，尼日尔，尼日利亚，挪威，阿曼，巴布亚新几内亚，秘鲁，菲律宾，波兰，葡萄牙，卡塔尔，韩国，摩尔多瓦，罗马尼亚，俄罗斯，卢旺达，圣基茨和尼维斯，圣卢西亚，圣文森特和格林纳丁斯，圣马力诺，圣多美与普林西比，塞内加尔，塞尔维亚，塞舌尔，塞拉利昂，新加坡，斯洛伐克，斯洛文尼亚，南非，西班牙，斯里兰卡，苏丹，斯威士兰，瑞典，瑞士，叙利亚，塔吉克斯坦，泰国，马其顿，多哥，特立尼达和多巴哥，突尼斯，土耳其，土库曼斯坦，乌干达，乌克兰，阿联酋，英国，坦桑尼亚，美国，乌兹别克斯坦，越南，赞比亚，津巴布韦

《国际承认用于专利程序的微生物保存布达佩斯条约》（75 个成员国）

阿尔巴尼亚，亚美尼亚，澳大利亚，奥地利，阿塞拜疆，白俄罗斯，比利时，波黑，保加利亚，加拿大，智利，中国，哥斯达黎加，克罗地亚，古巴，捷克，朝鲜，丹麦，多米尼加，萨尔瓦多，爱沙尼亚，芬兰，法国，格鲁吉亚，德国，希腊，危地马拉，洪都拉斯，匈牙利，冰岛，印度，爱尔兰，以色列，意大利，日本，约旦，哈萨克斯坦，吉尔吉斯斯坦，拉脱维亚，列支敦士登，立陶宛，卢森堡，墨西哥，摩纳哥，黑山，摩洛哥，荷兰，尼加拉瓜，挪威，阿曼，秘鲁，菲律宾，波兰，葡

萄牙，韩国，摩尔多瓦，罗马尼亚，俄罗斯，塞尔维亚，新加坡，斯洛伐克，斯洛文尼亚，南非，西班牙，瑞典，瑞士，塔吉克斯坦，马其顿，特立尼达和多巴哥，突尼斯，土耳其，乌克兰，英国，美国，乌兹别克斯坦

《商标国际注册马德里协定》（56个成员国）

阿尔巴尼亚，阿尔及利亚，亚美尼亚，奥地利，阿塞拜疆，白俄罗斯，比利时，不丹，波黑，保加利亚，中国，克罗地亚，古巴，塞浦路斯，捷克，朝鲜，埃及，法国，德国，匈牙利，伊朗，意大利，哈萨克斯坦，肯尼亚，吉尔吉斯斯坦，拉脱维亚，莱索托，利比里亚，列支敦士登，卢森堡，摩纳哥，蒙古，黑山，摩洛哥，莫桑比克，纳米比亚，荷兰，波兰，葡萄牙，摩尔多瓦，罗马尼亚，俄罗斯，圣马力诺，塞尔维亚，塞拉利昂，斯洛伐克，斯洛文尼亚，西班牙，苏丹，斯威士兰，瑞士，叙利亚，塔吉克斯坦，马其顿，乌克兰，越南

《商标国际注册马德里协定有关议定书》（84个成员国）

阿尔巴尼亚，安提瓜和巴布达，亚美尼亚，澳大利亚，奥地利，阿塞拜疆，巴林，白俄罗斯，比利时，不丹，波黑，博茨瓦纳，保加利亚，中国，克罗地亚，古巴，塞浦路斯，捷克，朝鲜，丹麦，埃及，爱沙尼亚，欧盟，芬兰，法国，格鲁吉亚，德国，加纳，希腊，匈牙利，冰岛，伊朗，爱尔兰，以色列，意大利，日本，哈萨克斯坦，肯尼亚，吉尔吉斯斯坦，拉脱维亚，莱索托，利比里亚，列支敦士登，立陶宛，卢森堡，马达加斯加，摩纳哥，蒙古，黑山，摩洛哥，莫桑比克，纳米比亚，荷兰，挪威，阿曼，波兰，葡萄牙，韩国，摩尔多瓦，罗马尼亚，俄罗斯，圣马力诺，圣多美与普林西比，塞尔维亚，塞拉利昂，新加坡，斯洛伐克，斯洛文尼亚，西班牙，苏丹，斯威士兰，瑞典，瑞士，叙利亚，塔吉克斯坦，马其顿，土耳其，土库曼斯坦，乌克兰，英国，美国，乌兹别克斯坦，越南，赞比亚

欧盟，虽然不是一个国家，但是也有会员资格。

《工业品外观设计国际保存海牙协定》（59个成员国）

非洲知识产权组织，阿尔巴尼亚，亚美尼亚，阿塞拜疆，比利时，伯利兹，贝宁，波黑，博茨瓦纳，保加利亚，科特迪瓦，克罗地亚，朝鲜，丹麦，埃及，爱沙尼亚，欧盟，芬兰，法国，加蓬，格鲁吉亚，德国，加纳，希腊，匈牙利，冰岛，意大利，吉尔吉斯斯坦，拉脱维亚，列支敦士登，立陶宛，卢森堡，马里，摩纳哥，蒙古，黑山，摩洛哥，纳米比亚，荷兰，尼日尔，挪威，阿曼，波兰，摩尔多瓦，罗马尼亚，卢旺达，圣多美与普林西比，塞内加尔，塞尔维亚，新加坡，斯洛文尼亚，西班牙，苏南里，瑞士，叙利亚，马其顿，突尼斯，土耳其，乌克兰

欧盟和非洲知识产权组织，虽然不是国家，但是也有会员资格。

《商标法条约》（TLT）（51个成员国）

澳大利亚，巴林，比利时，布基纳法索，智利，波黑，哥斯达黎加，克罗地亚，塞浦路斯，捷克，丹麦，埃及，萨尔瓦多，爱沙尼亚，法国，德国，几内亚，洪都拉斯，匈牙利，印度尼西亚，爱尔兰，意大利，日本，哈萨克斯坦，吉尔吉斯斯坦，拉脱维亚，列支敦士登，立陶宛，摩纳哥，黑山，摩洛哥，荷兰，尼加拉瓜，阿曼，秘鲁，韩国，摩尔多瓦，罗马尼亚，俄罗斯，塞尔维亚，斯洛伐克，斯洛文尼亚，西班牙，斯里兰卡，瑞士，特立尼达和多巴哥，土耳其，乌克兰，英国，美国，乌兹别克斯坦

《国际专利分类斯特拉斯堡协定》（61个成员国）

阿尔巴尼亚，阿根廷，亚美尼亚，澳大利亚，奥地利，阿塞拜疆，白俄罗斯，比利时，巴西，波黑，保加利亚，加拿大，中国，克罗地亚，古巴，捷克，朝鲜，丹麦，埃及，爱沙尼亚，芬兰，法国，德国，希腊，几内亚，爱尔兰，以色列，意大利，日本，哈萨克斯坦，吉尔吉斯斯坦，卢森堡，马拉维，墨西哥，摩纳哥，蒙古，荷兰，挪威，波兰，葡萄牙，韩国，摩尔多瓦，罗马尼亚，俄罗斯，塞尔维亚，斯洛伐克，斯洛文尼亚，西班牙，苏南里，瑞典，瑞士，塔吉克斯坦，马其顿，特立尼达和多巴哥，土耳其，土库曼斯坦，乌克兰，英国，美国，乌拉圭，乌兹别克斯坦

《建立商标图形要素国际分类维也纳协定》（29个成员国）

亚美尼亚，奥地利，保加利亚，克罗地亚，古巴，法国，几内亚，牙买加，约旦，吉尔吉斯斯坦，卢森堡，马来西亚，墨西哥，荷兰，波兰，韩国，摩尔多瓦，罗马尼亚，圣卢西亚，塞尔维亚，斯洛文尼亚，瑞典，马其顿，特立尼达和多巴哥，突尼斯，土耳其，土库曼斯坦，乌克兰，乌拉圭

《建立工业品外观设计国际分类洛迦诺协定》（52个成员国）

阿根廷，亚美尼亚，奥地利，阿塞拜疆，白俄罗斯，比利时，波黑，保加利亚，中国，克罗地亚，古巴，捷克，朝鲜，丹麦，爱沙尼亚，芬兰，法国，德国，希腊，几内亚，匈牙利，冰岛，爱尔兰，意大利，哈萨克斯坦，吉尔吉斯斯坦，拉脱维亚，马拉维，墨西哥，蒙古，黑山，荷兰，挪威，韩国，摩尔多瓦，罗马尼亚，俄罗斯，塞尔维亚，斯洛伐克，斯洛文尼亚，西班牙，瑞典，瑞士，塔吉克斯坦，马其顿，特立尼达和多巴哥，土耳其，土库曼斯坦，乌克兰，英国，乌拉圭，乌兹别克斯坦

《保护表演者录音制品制作者和广播组织罗马公约》（91个成员国）

阿尔巴尼亚，阿尔及利亚，安道尔，阿根廷，亚美尼亚，澳大利亚，奥地利，阿塞拜疆，巴林，巴巴多斯，比利时，白俄罗斯，玻利维亚，波黑，巴西，保加利亚，布基纳法索，加拿大，佛得角，智利，哥伦比亚，刚果（布），哥斯达黎加，科特迪瓦，塞浦路斯，捷克，丹麦，多米尼克，多米尼加，厄瓜多尔，萨尔瓦多，爱沙尼亚，斐济，芬兰，法国，格鲁吉亚，德国，希腊，危地马拉，洪都拉斯，匈牙利，冰岛，爱尔兰，以色列，意大利，牙买加，日本，吉尔吉斯斯坦，拉脱维亚，黎巴嫩，莱索托，利比里亚，列支敦士登，立陶宛，卢森堡，墨西哥，摩纳哥，黑山，芬兰，尼加拉瓜，尼日尔，尼日利亚，挪威，巴拿马，巴拉圭，秘鲁，菲律宾，波兰，葡萄牙，韩国，摩尔多瓦，罗马尼亚，俄罗斯，圣卢西亚，塞尔维亚，斯洛伐克，斯洛文尼亚，西班牙，瑞典，瑞士，叙利亚，塔吉克斯坦，马其顿，多哥，土耳其，乌克兰，阿联酋，英国，乌拉圭，委内瑞拉，越南

《保护录音制品制作者防止未经许可复制其录音制品日内瓦公约》（77个成员国）

阿尔巴尼亚，阿根廷，亚美尼亚，澳大利亚，奥地利，阿塞拜疆，巴巴多斯，白俄罗斯，波黑，巴西，保加利亚，布基纳法索，智利，中国，哥伦比亚，哥斯达黎加，克罗地亚，塞浦路斯，捷克，刚果（金），丹麦，厄瓜多尔，埃及，萨尔瓦多，爱沙尼亚，斐济，芬兰，法国，德国，希腊，危地马拉，梵蒂冈，洪都拉斯，匈牙利，印度，以色列，意大利，牙买加，日本，哈萨克斯坦，吉尔吉斯斯坦，肯尼亚，拉脱维亚，利比里亚，列支敦士登，立陶宛，卢森堡，墨西哥，摩纳哥，黑山，荷兰，新西兰，尼加拉瓜，挪威，巴拿马，巴拉圭，秘鲁，韩国，摩尔多瓦，罗马尼亚，俄罗斯，圣卢西亚，塞尔维亚，斯洛伐克，斯洛文尼亚，西班牙，瑞典，瑞士，马其顿，多哥，特立尼达和多巴哥，英国，美国，乌克兰，乌拉圭，委内瑞拉，越南

《关于播送由人造卫星传播载有节目的信号布鲁塞尔公约》（35个成员国）

亚美尼亚，澳大利亚，奥地利，巴林，波黑，智利，哥斯达黎加，克罗地那，萨尔瓦多，德国，希腊，洪都拉斯，意大利，牙买加，肯尼亚，墨西哥，黑山，摩洛哥，尼加拉瓜，阿曼，巴拿马，秘鲁，葡萄牙，卢旺达，摩尔多瓦，俄罗斯，塞尔维亚，新加坡，斯洛文尼亚，瑞士，马其顿，多哥，特立尼达和多巴哥，美国，越南

《世界知识产权组织表演和录音制品条约》（WPPT）（89个成员国）

阿尔巴尼亚，阿根廷，亚美尼亚，澳大利亚，奥地利，阿塞拜疆，巴林，白俄罗斯，比利时，贝宁，波黑，博茨瓦纳，保加利亚，布基纳法索，智利，中国，哥伦比亚，哥斯达黎加，克罗地亚，塞浦路斯，捷克，丹麦，多米尼加，厄瓜多尔，萨尔瓦多，爱沙尼亚，欧盟，芬兰，法国，加蓬，格鲁吉亚，德国，希腊，危地马拉，几内亚，洪都拉斯，匈牙利，印度尼西亚，爱尔兰，意大利，牙买加，日本，约旦，哈萨克斯坦，吉尔吉斯斯坦，拉脱维亚，列支敦士登，立陶宛，卢森堡，马里，马耳他，墨西哥，蒙古，黑山，摩洛哥，荷兰，尼加拉瓜，阿曼，巴拿马，巴拉圭，秘鲁，菲律宾，波兰，葡萄牙，卡塔尔，韩国，摩尔多瓦，罗马尼亚，俄罗斯，圣卢西亚，圣文森特和格林纳丁斯，塞内加尔，塞尔维亚，新加坡，斯洛伐克，斯洛文尼亚，西班牙，瑞典，瑞士，塔吉克斯坦，马其顿，多哥，特立尼达和多巴哥，土耳其，乌克兰，阿联酋，英国，美国，乌拉圭

《保护植物新品种国际公约》（UPOV）（69个成员国）

阿尔巴尼亚，阿根廷，澳大利亚，奥地利，阿塞拜疆，白俄罗斯，比利时，玻利维亚，巴西，保加利亚，加拿大，智利，中国，哥伦比亚，哥斯达黎加，克罗地亚，捷克，丹麦，多米尼加，厄瓜多尔，爱沙尼亚，欧盟，芬兰，法国，格鲁吉亚，德国，匈牙利，冰岛，爱尔兰，以色列，意大利，日本，约旦，肯尼亚，吉尔吉斯斯坦，拉脱维亚，立陶宛，墨西哥，摩洛哥，荷兰，新西兰，尼加拉瓜，挪威，阿曼，巴拿马，巴拉圭，波兰，葡萄牙，韩国，摩尔多瓦，罗马尼亚，俄罗斯，新加坡，斯洛伐克，斯洛文尼亚，南非，西班牙，瑞典，瑞士，马其顿，特立尼达和多巴哥，突尼斯，土耳其，乌克兰，英国，美国，乌拉圭，乌兹别克斯坦，越南

欧盟也有会员资格。

《专利合作条约》的非洲成员国（共44个）

阿尔及利亚，安哥拉，贝宁，博茨瓦纳，布基纳法索，喀麦隆，中非，乍得，科摩罗，刚果（布），科特迪瓦，埃及，赤道几内亚，加蓬，冈比亚，加纳，几内亚，几内亚比绍，肯尼亚，莱索托，利比里亚，利比亚，马达加斯加，马拉维，马里，毛里塔尼亚，摩洛哥，莫桑比克，纳米比亚，尼日尔，尼日利亚，圣多美与普林希比，塞内加尔，塞舌尔，塞拉利昂，南非，苏丹，斯威士兰，多哥，突尼斯，乌干达，坦桑尼亚，赞比亚，津巴布韦

非世界知识产权组织管理的条约的成员国信息。

非洲地区知识产权（原为“工业产权”）组织（16个成员国）

博茨瓦纳，冈比亚，加纳，肯尼亚，莱索托，马拉维，莫桑比克，纳米比亚，塞拉利昂，索马里，苏丹，斯威士兰，乌干达，坦桑尼亚，赞比亚，津巴布韦

《非洲地区知识产权组织框架内专利与工业品外观设计哈拉雷议定书》（15个成员国）

博茨瓦纳，冈比亚，加纳，肯尼亚，莱索托，马拉维，莫桑比克，纳米比亚，塞拉利昂，苏丹，

斯威士兰，乌干达，坦桑尼亚，赞比亚，津巴布韦

非洲知识产权组织（OAPI）（16个成员国）

贝宁，布基纳法索，喀麦隆，中非，乍得，刚果（布），科特迪瓦，赤道几内亚，加蓬，几内亚，几内亚比绍，马里，毛里塔尼亚，尼日尔，塞内加尔，多哥

欧亚专利组织（9个成员国）

亚美尼亚，阿塞拜疆，白俄罗斯，哈萨克斯坦，吉尔吉斯斯坦，摩尔多瓦，俄罗斯，塔吉克斯坦，土库曼斯坦

欧洲专利组织（EPO）（34个成员国）

奥地利，比利时，保加利亚，克罗地亚，塞浦路斯，捷克，丹麦，爱沙尼亚，芬兰，法国，德国，希腊，匈牙利，冰岛，爱尔兰，意大利，拉脱维亚，列支敦士登，立陶宛，卢森堡，马耳他，摩纳哥，荷兰，挪威，波兰，葡萄牙，罗马尼亚，斯洛伐克，斯洛文尼亚，西班牙，瑞典，瑞士，土耳其，英国

（说明：可以通过世界知识产权组织获得上述内容的最新信息）

附录2　其他信息

《专利合作条约》

自1978年6月1日（开始接受PCT国际申请的递交）至2007年12月31日，总共接受了1 490 000件国际申请。与过去的年份相比，2007年的增长率为5.9%。2006年，大约有376 000件国际申请在众多指定局/选定局进入国家阶段。

2011年4月，世界知识产权组织的PCT国际专利申请体系，为突破200万件国际专利申请这一新的里程碑举行了庆祝仪式。PCT申请的增长速度令人惊讶。从1978年开始运行以来，用了26年时间实现第一百万件申请（2004年年底），但仅用了6年多时间，便实现了第二百万件申请。

《商标国际注册马德里协定及马德里协定有关议定书》

2007年底，已有483 210件国际注册在国际注册簿上进行了注册，包括总数超过5 400 000件有效指定。2007年，注册活动持续显著增长，达到马德里体系有记录以来一年申请量的最高值（38 471件）。2007年，370 234件在国际注册中的新指定或者注册后的新指定（比2006年增加了1.5%），已经通告缔约方。

WIPO商标国际注册马德里体系（“马德里体系”）的国际商标申请量，2009年因全球经济下滑而减少16%，但该体系一些主要用户发生了增长，主要是欧盟（3.1%）和日本（2.7%），以及韩国（33.9%）、新加坡（20.5%）、克罗地亚（17.5%）和匈牙利（14.5%）。

马德里体系有84个成员，WIPO共受理了35 195件国际申请，2008年为42 075件。与之相似，国际商标注册比2008年减少12%，2009年共有35 925件国际注册。商标注册是新产品和新服务上市的反映，对商业周期很敏感。与2008年相比，国际商标注册续展量的降低相对较少（1.2%），反映了消费者目前对久经考验的商品的选择，体现了历史悠久的品牌所具有的价值。2009年共登记了19 234件国际商标续展。

分类公约

2008年，国际专利分类联盟58个成员国、专利合作条约139个成员国、数个既不是国际专利分类联盟的成员国，也不是专利合作条约成员国的国家、4个地区知识产权组织和国际知识产权组织已经实施了国际专利分类。它们总共发出世界上超过95%的专利文件。国际专利分类专用标志标注在专利文件上，其中稳定增加的超过1 400 000份的文件是在过去5年发出的。据估计，到2008年底，标有国际专利分类标志的专利文件总数将超过50 000 000份。

欧洲专利组织

2006年，欧洲专利组织授予了62 780项专利，接受专利申请135 231项，收到了74 223项PCT进入国家阶段的申请。2007年，欧洲专利组织提交了26 332项PCT国际专利申请。

（说明：可以通过世界知识产权组织获得上述内容的最新信息）

译者简介

北京大学国际知识产权研究中心：北京大学知识产权学术研究机构，与知识产权国际组织、区域机构、政府部门、学术团体和产业进行合作，进行知识产权学术研究、专业咨询、专业人才培养。

中国应用法学研究所：最高人民法院专门从事司法制度、司法政策与应用法学研究的科研机构。承担最高人民法院理论研究工作领导小组办公室工作，负责全国法院理论研究工作的统筹。创办全国法院系统第一部综合性案例出版物《人民法院案例选》，编辑出版《人民法院理论研究丛书》《中国审判理论研究丛书》等。

北京山天大蓄知识产权股份有限公司：经工商行政管理机关批准设立的，专业从事商标注册、版权登记、知识产权咨询等相关知识产权代理业务及法律服务的专门机构。

北京三友知识产权代理有限公司：经国家知识产权局和工商行政管理部门批准的知识产权代理机构，从事专利、商标、法律诉讼、版权（包括计算机软件）登记、知识产权海关保护备案、集成电路布图设计登记及其他知识产权代理业务。

郑胜利　北京大学国际知识产权研究中心主任、中国知识产权法学研究会副会长、北京大学法学教授、博士生导师。毕业于北京大学地球物理系大气物理专业，曾在北京大学从事计算机科学技术教学研究工作，现在北京大学从事知识产权教学研究工作。

常　城　曾任世界知识产权组织亚太经济发展局高级顾问；联合国总部大会及安理会报告员；第九、十届全国政协委员，民进中央常委。曾任国家版权局版权司副司长、中国音乐著作权协会总干事等职。参与获艾美纪录片大奖的大型纪录片《龙之心》的策划和摄制。曾翻译出版多部译著。

罗东川　法学博士，最高人民法院政治部副主任，一级高级法官，国家法官学院教授，中国应用法学研究所博士后科研工作站博士后导师，兼任中国知识产权法学研究会副会长等职。曾任最高人民法院知识产权庭副庭长、最高人民法院研究室副主任兼最高人民法院中国应用法学研究所所长。

何越峰　法学博士、理学硕士，国家知识产权局专利局初审及流程管理部副部长，曾任国家知识产权局专利管理司副司长、保护协调司副司长；世界知识产权组织国际局特邀教官；国家知识产权专家库首批入选国家级专家；北京大学、清华大学、中国政法大学等高校兼职教授、硕士生导师。

张广良　法学博士，北京大学国际知识产权研究中心常务副主任，曾任北京市第一中级人民法院知识产权庭法官，现为中国人民大学法学院/知识产权学院副教授。

王　晔　法学博士，北京大学国际知识产权研究中心客座研究员，律师、专利代理人、商标代理人，世界知识产权组织中国区法律顾问。

刘波林　中国人民大学法学硕士，国家版权局副巡视员，中国版权协会常务理事，曾任《版权公报》（联合国教科文组织季刊）中文版副主编，翻译有多部专著，并参与翻译世界知识产权组织若干出版物和文献资料。

肖云鹏　现任国家知识产权局初审及流程管理部研究处副处长。曾赴英国曼彻斯特大学学习知识产权法，获法学硕士学位。作为专利局涉外培训教师，承担数十次涉外培训任务。参加了《专利审查指南》英文翻译、校对及统稿工作。

陈文颖　毕业于对外经济贸易大学，获管理学与经济学双学士，国家知识产权局专利局审查员，先后从事专利流程管理与法律手续审查工作，曾参与《专利审查指南》与《审查操作规程》的修改工作。

刘小宁　2002 年 8 月进入国家知识产权局工作，翻译了 PCT 实施细则、受理局指南及相关表格，承担了 PCT 培训、专利代理人及审查员培训的授课任务，撰写了《专利审查指南》《审查操作规程》及培训教材的部分内容。

黄文辉　对外经济贸易大学经济学学士，北京大学法学硕士。现任职于国家工商行政管理总局商标局。曾参加世界知识产权组织在日本主办的知识产权长期研修生项目。译有《欧共体商标条例》及《欧共体商标条例实施细则》等。

田芙蓉　北京大学法学博士，高级经济师。主要研究方向为知识产权法学、民商法学和经济法学。主持或参与省部级以上及国际合作科研课题近十项，在国际和国内学术期刊上发表论文多篇。

谢冬伟　中国社会科学院研究生院法学博士，曾任国家工商行政管理总局商标局法律事务处副处长、国际注册处处长，现为国际合作司多边合作处处长。参加了《商标法》第二次和第三次修改工作，著作有《中国商标法的效率与公平》等。

何　隽　北京大学法学博士，博士论文为《论知识产权公约的国民待遇原则》。现为清华大学法学院博士后研究人员。

李晓民　中国政法大学法学博士，中国社科院法学博士后，伦敦政治经济学院高级访问学者，现任最高人民法院中国应用法学研究所科研处处长。著有《一般商标保护机制与地理标志的冲突与协调》等，译著有《电子商务法》等。

冯文生　美国天普大学法学硕士，北京大学法学硕士、博士，最高人民法院法研所研究员，《人民法院案例选》编辑部主任，清华大学等高等院校兼职教授，曾任河北省高级人民法院研究室主任、审判委员会委员。主持或参与省部级、国家级课题 9 项，发表学术论文 23 篇，出版专著《推理与诠释——民事司法技术范式研究》。

丁广宇　中国人民大学法学博士，最高人民法院中国应用法学研究所副研究员。主持和参与了药品知识产权司法保护、软件著作权司法保护、专利惩罚性损害赔偿等重大课题研究。

丁文严　英国阿伯丁大学法学硕士，中国应用法学研究所研究人员。参与多项知识产权司法保护重大课题研究，发表论文十余篇。曾从事审判工作 15 年，参与办理的知识产权案件被收入《最高人民法院知识产权审判案例指导》。

包　蕊　毕业于首都师范大学，获理学学士学位，同时获北京外国语大学英语文学学士学位。2007 年进入国家知识产权局工作，现任国家知识产权局专利局初审及流程管理部受理处处长助理。

汪　晰　毕业于外交学院英语系，国家知识产权局专利局初审及流程管理部审查员，从事 PCT 国际申请进入中国国家阶段的初步审查工作，并参与多项专业研究及翻译课题。

刘　芸　毕业于中国政法大学，2002 年进入国家知识产权局专利局，先后从事 PCT 申请的受理及流程管理工作与发明专利申请的初步审查工作，曾参与《PCT 法规汇编》的翻译、《审查指南》的编写以及多项局级课题的研究等。

刘晓春　北京大学法学博士，中国青年政治学院法律系讲师，研究方向为知识产权法，具体研究领域包括网络知识产权问题、标准化与专利以及知识产权基础理论问题等，在国内期刊上发表论文十余篇。

曹丽丽　毕业于北京师范大学，2007 年 8 月进入国家知识产权局专利局初审及流程管理部国际申请一处工作，现任主任科员，曾获评“星级审查员”和“优秀公务员”称号。

赵　军　现任国家知识产权局初审及流程管理部国际申请一处副处长，曾参与“专利法第三次修改”等十余项课题研究及《专利法第三次修改导读》和《PCT 法规汇编》等书的编写，发表了 19 篇论文，内容涉及多个专业领域。